Wider intellektuelle Moden

Zeitschrift für Lebensrecht

Herausgegeben im Auftrag der Juristen-Vereinigung Lebensrecht e.V.
von Rainer Beckmann, Gunnar Duttge, Klaus Ferdinand Gärditz,
Christian Hillgruber, Winfried Kluth, Peter Schallenberg,
A. Katarina Weilert, Thomas Windhöfel

Beiheft 1

Robert Spaemann

(* 5. Mai 1927 † 10. Dezember 2018)

Wider intellektuelle Moden

Robert Spaemann zum Gedächtnis

Herausgegeben von

Otfried Höffe
Thomas Windhöfel

Duncker & Humblot · Berlin

Dieser Band wurde mit finanzieller Unterstützung
der Stiftung Ja zum Leben realisiert.

STIFTUNG
JA ZUM LEBEN

Bibliografische Information der Deutschen Nationalbibliothek

Die Deutsche Nationalbibliothek verzeichnet diese Publikation in der Deutschen Nationalbibliografie; detaillierte bibliografische Daten sind im Internet über http://dnb.d-nb.de abrufbar.

Satz: 3w+p GmbH, Rimpar
Druck: CPI Books GmbH, Leck
Printed in Germany

ISSN 2749-8875 (Print) / 2749-8883 (Online)
ISBN 978-3-428-18515-3 (Print)
ISBN 978-3-428-58515-1 (E-Book)

Gedruckt auf alterungsbeständigem (säurefreiem) Papier
entsprechend ISO 9706 ♾

Verlagsanschrift: Duncker & Humblot GmbH, Carl-Heinrich-Becker-Weg 9,
12165 Berlin, Germany | E-Mail: info@duncker-humblot.de
Internet: https://www.duncker-humblot.de

Inhalt

Abhandlungen und Aufsätze

I. Robert Spaemann

II. Personsein und Menschenwürde

III. Bioethik

IV. Umwelt- und Forschungsethik

V. Die Beweggründe sittlichen Handelns

Duncker & Humblot · Berlin | https://doi.org/10.3790/978-3-428-58515-1.2025.202196

VORBEMERKUNG DER ZFL-REDAKTION

Robert Spaemann war nicht nur ein gelegentlicher Autor, sondern auch ein treuer Leser der Zeitschrift für Lebensrecht. Doch darin erschöpft sich seine eigentliche Bedeutung für uns nicht. Für viele, die sich in der Juristen-Vereinigung Lebensrecht und für die ZfL engagieren, gehörte er zu den geistigen Leitfiguren. Sein Tod am 10. Dezember 2018 hat eine Lücke weit über das Sichtbare hinaus gerissen. Man kann es als ein Symbol der bleibenden Bedeutung Spaemanns für die ZfL sehen, dass der erste Band unserer neuen Reihe, den Beiheften zur ZfL, dem Gedächtnis Spaemanns gewidmet ist.

Der Stiftung JA ZUM LEBEN danken wir für einen namhaften Druckkostenzuschuss, der die Realisierung des Bandes wesentlich erleichtert hat.

Auch den studentischen Mitarbeiterinnen und Mitarbeitern, ohne die Textverarbeitung und Lektorat nicht möglich gewesen wären, gilt mein ganz herzlicher Dank: Mher Bagdassarjan, Rea Hoxha, Eden Mezgebe, Giulia Potorti, Ann Kathrin Schnieders, Bernhard Schnieders, Clara Schwaninger, Anna Schweppe, Camilla Seemann, Antonia von Strachwitz, Maria Zarrouq und Celina von Zitzewitz.

Die ungewöhnlich lange Entstehungszeit des Buches hat dazu geführt, dass nicht alle Beiträge auf dem gleichen Stand und manche Beiträge zu besonders aktuellen Themen nicht auf dem neuesten Stand sind. Dieses Ärgernis für die Autoren und vielleicht auch manchen Leser hat letztlich, was immer im Einzelnen die Gründe sind, allein der verantwortliche Redakteur zu vertreten. Gleichwohl bin ich überzeugt, dass dieser Band und die darin geäußerten Gedanken ihren Wert auch jetzt noch haben und in der Zukunft behalten werden.

Möge dieser Band dazu beitragen, das Werk und das Andenken des Philosophen und Pädagogen Robert Spaemann für morgen und übermorgen im Bewusstsein zu halten – wider intellektuelle Moden.

Heidelberg, im Dezember 2024 *Th. W.*

Duncker & Humblot · Berlin | https://doi.org/10.3790/978-3-428-58515-1.2025.211360

I. ROBERT SPAEMANN

WIDER INTELLEKTUELLE MODEN

Von *Otfried Höffe*

Über seine Person und seine privaten Verhältnisse machte Robert Spaemann nie viel Aufhebens. Für Dinge aber, die ihm in der Philosophie oder im politischen Denken wichtig waren, wo nötig auch in der politischen Praxis, nicht zuletzt im Blick auf Religion und Kirche, entfaltete Spaemann profunde Kenntnisse der abendländischen Geistesgeschichte und eine hohe rhetorische Begabung, motiviert von einem hohen Engagement.

Das, was heute „Mainstream-Denken" heißt, war ihm fremd. Er brauchte auch nicht die Unterstützung von Kants Gedanken aus der Aufklärungsschrift, um erforderlichenfalls unerbittlich den von Kant hervorgehobenen Wahlspruch wahrhaft zu leben: „Sapere aude! Habe Mut, dich deines *eigenen* Verstandes zu bedienen!" Das Werk- und Lebensmotto, das der Philosoph und politisch Intellektuelle Robert Spaemann zwar nicht großmundig für sich beanspruchte, aber tatsächlich praktizierte, darf als vorbildlich gelten: „Wer gegen den Strich denkt und gegen den Strich lebt, zeigt wahre Freiheit." Es ist die Freiheit, von der George Orwell am Ende seiner „Animal Farm" spricht: „Freiheit besteht darin, den Leuten sagen zu dürfen" – bei Spaemann: zu sagen bereit sein –, „was sie nicht hören wollen".

Von heute aus gegen den Strich verlief schon Spaemanns Studium. Gegen die fachliche Engführung, die der Bologna-Prozess seit Jahren den Universitäten aufzwingt, beschränkte er sein Studium nicht auf ein Fach, sondern verband die Philosophie mit Theologie, Romanistik und Geschichte, später noch mit Pädagogik. Und statt an einem Ort zu bleiben, allenfalls im englischen Sprachraum zu schnuppern, studierte er außer in Münster und München auch im Schweizer Freiburg und in Paris, wo er später – es versteht sich an der Sorbonne – eine Gastprofessur innehatte. Weitere Gastprofessuren nahm er in Rio de Janeiro und in Salzburg wahr. Dabei pflegte Spaemann in seinem Leben eine Internationalität, die sich nicht der Anglophonie verschrieb, sondern aus der Liebe zur französischen Kultur und deren zum Essay hin offenen Argumentationsstil heraus impliziert war.

I. Ambivalenzen: de Bonald und Rousseau

Sehr früh ist Spaemann seinen ureigenen Weg gegangen. Er, einer der bedeutendsten „Schüler" des Aristoteles- und Hegel-Forschers Joachim Ritter, befasst sich in seiner Dissertation mit einem außerhalb von Fachkreisen, zumal heute wenig bekannten Denker Louis-Gabriel-Ambroise Vicomte de Bonald (1754–1840).

In der einschlägigen Schrift seiner Dissertation: „Der Ursprung der Soziologie aus dem Geist der Restauration" (München 1959) tritt schon das Bündel von Motivationskräften zutage, die Spaemanns Denken, auch Leben weiterhin prägen: Während die erwähnte Anglo-

Duncker & Humblot · Berlin | https://doi.org/10.3790/978-3-428-58515-1.2025.202198

phonie bald immer mächtiger werden wird, liebt Spaemann die romanischen Sprachen und Kulturen, insbesondere die Denker und den Esprit des Französischen. Spontan wird man „von Frankreich" sagen wollen. Aber eine gut 20 Jahre später erschienene Schrift behandelt keinen Franzosen, sondern einen „Citoyen de Genève", einen „Bürger von Genf", wie sich der Autor im Titel des „Contrat social" nennt: Jean-Jacques Rousseau.

Hier wie dort ist Spaemann von Ambivalenzen fasziniert. In de Bonald sieht er den Philosophen der Restauration, aber auch den Vater einer fraglos nichtrestaurativen Wissenschaft, der Soziologie. Er betont, dass de Bonald trotz der Religionsfeindlichkeit der Französischen Revolution ein gläubiger Christ blieb, gleichwohl von einem bald wirkungsmächtigen dezidiert atheistischen Positivismus als einer seiner Ahnherren anerkannt wird.

Nach einer weiteren Ambivalenz, sie mag auch „Paradoxie" heißen, begründet de Bonald die Denkrichtung des „Traditionalismus", der eine theologisch-metaphysische Tradition insbesondere in der Sprachphilosophie und der Souveränitätstheorie bewahren will. Im Ergebnis aber, so Spaemanns These, hob er die überlieferte Philosophie und Religion radikaler als die Materialisten des 18. Jahrhunderts auf. Indem die Sprachphilsophie und die Souveränitätstheorie zu Funktionen der Gesellschaft wurden, verloren sie nämlich ihr traditionelles Eigenrecht.

Unter Berufung auf den ebenfalls kaum noch bekannten französischen Schriftsteller und politischen Intellektuellen Charles Péguy vertritt Spaemann die zweifellos provokative These – und der Philosoph wird sein Leben lang das Provozieren lieben –, der moderne intellektuelle Konservatismus stelle einen radikaleren Bruch mit der abendländischen Tradition dar als die Französische Revolution und ihre geistigen Wegbereiter.

Wie die Schrift über de Bonald so nennt auch das Rousseau-Buch die provokative Ambivalenz bzw. Paradoxie schon im Titel. Spaemann bezeichnet Rousseau als einen „Bürger", dem aber, so die Fortsetzung des Titels, genau das fehlt, was für einen Bürger zu erwarten sogar unerlässlich ist: ein Vaterland.

In vier pointierten Kapiteln, denen eine Art von bilanzierender „Einleitung" vorangeht, entfaltet Spaemann seine Leitthese. Ihr zufolge ist Rousseau der moderne Mensch „par excellence". Denn sowohl seine Schriften als auch seine Existenz „repräsentieren alle Hoffnungen und alle Widersprüche des modernen Bewusstseins". Ähnlich hatte der französische Ethnologe und Begründer des Strukturalismus, Claude Lévi-Strauss, Rousseau „unser aller Vater" genannt. In der Tat ist der Genfer Bürger, der viele Jahre der Star der Pariser Salons ist, zugleich der Vater der Moderne und der Antimoderne, er inspiriert nämlich beide, die Französische Revolution und jene Restauration in Frankreich, die selbst die berechtigten Errungenschaften der Revolution aufheben will.

II. Fénelon

In der Bonald-Schrift öffnet sich der Philosoph Spaemann zur Gesellschaftstheorie, der Soziologie, in der nächsten Qualifikationsschrift so deutlich zur Pädagogik, dass er sich mit ihr nicht nur für das Fach Philosophie, sondern zusätzlich für das Fach habilitierte, das früher ein Nachbarfach der Philosophie war. In nicht wenigen Universitäten, beispielweise Freiburg und Tübingen, war ein Philosophielehrstuhl, oft sogar der historisch erste, zugleich für Pädagogik zuständig.

In Spaemanns Worten war ihm „die Entdeckung des Kindes aus dem Geist eines mystischen Antikartesianismus eines der mich selbst überraschenden Ergebnisse" bei seinem Studium eines erneut französischen Denkers, der freilich ein Jahrhundert früher als de Bonald wirkte. Es ist der Theologe und Kirchenfürst, der Seelenführer, Pädagoge und Philosoph, überdies Romanschriftsteller und politische Denker François de Salignac de La Mothe-Fénelon (1651–1715).

Der Titel der dem „unvergleichlichen Fénélon" (Leibniz) gewidmeten Habilitationsschrift Spaemanns nennt wieder ein Gegensatzpaar: „Reflexion und Spontaneität" (1963). Im Mittelpunkt der Untersuchungen steht die Auseinandersetzung, die Fénelon mit dem älteren Geschichtsphilosophen und Kanzelredner Jacques Bénigne Bossuet (1627–1704) führte. Sie betraf ein Thema, das in der Art, wie es damals verstanden wurde, der heutigen Zeit weithin fremd ist, das geistige Europa dieser Zeit jedoch in Atem hielt: Wie verhält es sich mit der wahren „amour pur", nämlich mit der uneigennützigen, folglich auch von Gedanken an Himmel und Hölle gänzlich unabhängigen Gottesliebe?

Auf den ersten Blick erscheint uns heute das Thema nicht etwa bloß als nebensächlich, sondern mehr als nur fremd, nämlich als unverständlich. Denn wer selbst unter Theologen interessiert sich heute noch für die Frage, ob die Liebe zu Gott, freilich auch die zum Nächsten und zum Gemeinwohl, ein wahrer Selbstzweck sein kann, vorab: sein soll und nicht ausnahmslos die Funktion einer aufgeklärten, sublimierten Selbstliebe ist.

Anhand des genannten Gegensatzpaares, Reflexion und Spontaneität, arbeitet Spaemann heraus, dass damals wieder um ein die Epoche der Moderne prägendes Sachthema zur Debatte stand: „Was ist das zentrale Paradigma der neuzeitlichen Philosophie?" Für die Antwort, die Spaemann gibt, die Selbsterhaltung, legen sich für die meisten heutigen Interpreten zwei frühere Denker nahe, Thomas Hobbes und Baruch de Spinoza. Spaemann erwähnt durchaus diese Philosophen, insbesondere behandelt er Spinoza an verschiedenen Stellen und insgesamt recht ausführlich. Für wichtiger als deren teils metaphysische, teils handlungs-, moral- und staatstheoretische Analysen hält er jedoch die innertheologische, genauer innerkatholische Debatte zwischen den beiden gelehrten Theologen Fénelon und Bossuet. Beide berufen sich übrigens auf dieselbe Autorität, den überragenden Kirchenlehrer Thomas von Aquin, allerdings auf unterschiedliche Stellen aus dessen enormen Oeuvre.

Fénelon, so Spaemann, vertieft die Mystik eines „reinen guten Willens" als eines unableitbaren „Faktums", Bossuet hingegen einen „trotzig-frommen religiösen Eudämonismus", der im 20. Jahrhundert in die „systemtheoretische, biologische, psychologische, soziologische Funktionalisierung der Religion" übergehen werde.

Nach 25 Jahren, im Jahr 1990, erhielt die Fénelon-Studie eine Neuauflage. In dessen Vorwort schlägt Spaemann vor, das von ihm selber früher betonte „Paradigma der Selbstbehauptung, das aller europäischen Ontologie zugrunde" liege, aufzugeben und lieber den angeblich überholten Gedanken der Teleologie, also den auf einen leitenden Zweck ausgerichteten Begriff, neu zu denken. Dieser Vorschlag sei zwar „bisher überwiegend auf höfliche Skepsis gestoßen". Er, Spaemann, sehe aber nicht, „wie ohne einen solchen Neuanfang die Dialektik der zwei Kulturen, die eskalierende Dialektik von Naturalismus und Spiritualismus zum Stehen gebracht werden kann, die die Humanität unserer Zivilisation in der Tiefe bedroht. Aber noch übertrifft offenbar der Schrecken vor den theoretischen und praktischen Folgelasten einer solchen Revision die Sorge vor dem, was von selbst geschieht, wenn weiter gedacht wird wie bisher." In diesem Zitat, namentlich im Begriff der Humanität, klingt das Leitmotiv Spaemanns an, das sein leidenschaftlich engagiertes Denken beflügelt: Unsere Zivilisation soll als eine humane bewahrt werden.

Selbst wer da und dort Bedenken äußern will, kann diese meine Zwischenbilanz nicht bestreiten: Im Unterschied, sogar Gegensatz zu den heute dominierenden Herkunftsgeschichten werden laut Spaemann für die Moderne wichtige Weichen auch andernorts gestellt: nicht etwa nur im englisch- und deutschsprachigen Raum, sondern auch in Frankreich und dort nicht bloß durch Descartes, sondern ebenfalls durch einen Antikartesianismus und, so im Bonald-Buch, durch den Geist der Restauration.

III. Kritik der politischen Utopie

Weil sich beim Fremdwort der Anarchie Assoziationen von Regellosigkeit, Chaos und Gewalt aufdrängen, verteidigt die schon damals theoriepolitisch wirkungsmächtige Frankfurter Schule bzw. Kritische Theorie die Sache, die die Anarchie nach ihrer wörtlichen Bedeutung meint, unter dem unbelasteten Ausdruck der Herrschaftsfreiheit. Nach dem harschen Urteil von Theodor W. Adorno (in: „Spätkapitalismus oder Industriegesellschaft?", 1969, S. 103 f.) mag die Herrschaft „sicherlich zuzeiten" gute Seiten gehabt haben. Sie trage aber „immer" das „Moment des Furchtbaren" und die „Tendenz zur Totalität" in sich. Deshalb, so behauptet Adorno, sei nur die Idee der Herrschaftsfreiheit legitimationstheoretisch vertretbar.

Diese These weist Spaemann in der Schrift „Zur Kritik der politischen Utopie. Zehn Kapitel politischer Philosophie" (1977) vehement zurück. Das einschlägige Kapitel „Die Utopie der Herrschaftsfreiheit" beginnt mit dem Satz: „Das Grundproblem aller politischen Philosophie ist das Problem der Legitimation von Herrschaft". Sodann weist Spaemann zwei Antworten als unpolitisch zurück, die „anarchistische Antwort", Herrschaft sei als solche illegitim, und die „Antwort des Sklaven", der „aus Furcht, weil mir nichts anderes übrigbleibt", gehorcht. Ohne dass Spaemann es so ausspricht, kann man die erste Antwort als These, die zweite als Antithese verstehen, auf die als Synthese die die von ihm vertretene Idee gerechter, vernünftiger Herrschaft, die des freiwilligen Gehorsams, folgt.

Aus souveräner Kenntnis der einschlägigen Positionen abendländischer Philosophie verwirft Spaemann Hobbes' Position; er geht auf Rousseau, Kant, Marx und Nietzsche ein und setzt sich mit dem damals wichtigen Jürgen Habermas und dessen Gegenspieler Niklas Luhmann auseinander. Vor allem beruft er sich auf Platon, auf dessen drei Grundannahmen, die Platon für Einsichten hielt: Es gibt ein fundamentales, gemeinsames Interesse der Menschen, über das man grundsätzlich einen Konsens erzielen kann. Der faktische Konsens der Mehrheit artikuliert aber nicht von vorneherein und immer dieses gemeinsame Interesse. Nicht zuletzt sei es „prinzipiell möglich, dass Menschen ihre Praxis vom Vernunftinteresse leiten lassen". Es drohe jedoch die Gefahr, dass der von der Kritischen Theorie unter dem Stichwort der Herrschaftsfreiheit favorisierte Gedanke der rationalen Vernunftherrschaft „doch meistens nur die eigene Herrschaft meine". Spaemanns Überlegungen enden mit einem Zitat, das in rhetorischer Hinsicht fraglos wieder eine Provokation darstellt und erneut von einem Franzosen stammt, dem Politikwissenschaftler und Soziologen Julien Freund („L'essence du politique", 1965): „Es ist vielmehr ein großes Unglück für den Menschen, der Möglichkeit zum Ungehorsam beraubt zu werden".

In einem weiteren Kapitel politischer Philosophie lehnt Spaemann den damals höchst prominenten Gedanken, die „Emanzipation als Bildungsziel", ab. Er beginnt mit der Erinnerung an die ursprüngliche Bedeutung der Emanzipation, ihrer Herkunft aus dem (römischen) Recht, wo sie die „Entlassung des Sohnes aus der väterlichen und des Sklaven aus der herrschaftlichen Gewalt" bezeichnet. Dadurch erwarb man, betont Spaemann, den Rechtsstatus der Mündigkeit, der wiederum die Befugnis meinte, „seine eigenen Interessen selbst zu vertreten, verbindliche Rechtsgeschäfte abzuschließen, seine Bürgerrechte im Rahmen einer geltenden Rechtsordnung Gleicher unter Gleichen wahrzunehmen".

Zu Recht erklärt Spaemann dann: „In diesem Sinne ist von Judenemanzipation, Frauenemanzipation oder von der Emanzipation der ehemaligen Kolonialvölker die Rede." Er räumt auch ein, dass in unserer freien Gesellschaft sich immer wieder neue Ungleichgewichte herausbilden, deren Überwindung als ein Prozess der Emanzipation verstanden werden kann. Entscheidend sei jedoch, dass im Unterschied zur Emanzipations-„ideologie" jeder dieser Prozesse einen Anfang und ein Ende habe. Infolgedessen ist die Emanzipation „kein Lebensideal, sondern das eigentliche politische Leben fängt überhaupt erst mit der erreichten Emanzipation an".

Im Bereich der Pädagogik, fährt Spaemann fort, ist „eine tiefgreifende Krise des autonomen Subjekts" zu konstatieren. Beim Lernen komme es nicht mehr bloß darauf an, Kompetenzen des Könnens und des Verstehens zu erwerben. Vielmehr müsse man sich überhaupt erst zu einem bewussten Subjekt herausbilden. Daraus folgt Spaemanns Pointe: „Die Emanzipationspädagogik aber ist nicht an der Weckung der Kreativität Gesunder orientiert; ihr Modell ist die Psychoanalyse Kranker. Nicht sehen will sie lehren, sondern durchschauen, nicht fragen, sondern ‚hinterfragen', nicht wissen, sondern besser wissen. Naives Hingegebensein an eine Sache, Begeisterung, die Bedingung jeder Kreativität, ist von vornherein verdächtig." Schließlich kommt der schärfste Kritikpunkt, dessen Schärfe man allerdings nur dann bemerkt, wenn man auf den intellektuellen Hintergrund der Emanzipationsideologie achtet: Eine Denkrichtung, die sich der Kritischen Theorie verpflichtet fühlte, mache sich einer Sache schuldig, die die Kritische Theorie immer wieder neu als einen Grundfehler der neueren Zivilisation brandmarkte: „Als sei die Selbstverdinglichung des Menschen zum Programm erhoben."

IV. War Spaemann konservativ?

Kritiker liebten es, Spaemann mit einem Etikett zu versehen, das vielerorts diskreditierend wirkt. Im Gegensatz zum Hautgout des Rückwärtsgewandten zielt der Ausdruck „konservativ" aber ursprünglich auf die Bewahrung des Bewahrenswerten ab. Nach der Französischen Revolution verteidigten konservative Intellektuelle wie der französische Schriftsteller und Staatsmann François-René Vicomte de Chateaubriand nachdrücklich die freiheitlichen Errungenschaften der Revolution. Sie verurteilten aber den Terror der Jakobiner ebenso wie die „Konterrevolution" der Restauration. Der wahre Konservative will also bewahren, was wert ist, bewahrt zu werden; er lehnt lediglich das ab, dem dieser Wert des Bewahrungswürdigen fehlt.

In diesem Verständnis hat Spaemann etlichen in seiner Zeit vorherrschenden Ansichten widersprochen. Dabei bediente er sich je nach Adressatenkreis der ihm angemessenen literarischen Gattungen: der facettenreichen gelehrten Monographie, der philosophischen Abhandlung, des essayistischen Beitrages und gelegentlich auch des Zeitungsartikels, sogar des Briefes.

In der späteren Monographie *Personen: Versuch über den Unterschied zwischen „etwas" und „jemand"* (1996, ^{3}2006) entfaltet er eine Theorie der Person, die namentlich den Ansichten eines Peter Singer Paroli bietet, der laut Spaemann das seit 1945 herrschende Euthanasie-Verbot durchbrechen will. Spaemann sieht hier kein Nebenthema, sondern nichts weniger als eine epochale Herausforderung: dass die Würde des von einer menschlichen Mutter geborenen, aus genau diesem Grunde „menschlichen" Wesens antastbar geworden sei. Er behauptet allerdings auch, man werde erst dann zu einer Person, wenn wir einem Wesen das Personsein zuschreiben. Hier drängt sich die Rückfrage auf, ob diese These des Zuschreibens, also einer mit Nachdruck vorgenommenen, über eine bloße Anerkennung hinausgehenden Leistung, mit dem „naturalen" Kriterium „von einer menschlichen Mutter geboren", nicht kollidiere.

Ohne Zweifel ist Spaemann einer der bedeutendsten Medizinethiker, um diesen nicht sehr schönen Ausdruck zu verwenden, seiner Zeit gewesen. In seinem weitläufigen Werk finden sich jedenfalls zu beiden Grenzphasen des Menschseins, dem Lebensbeginn und Lebensende, etliche ebenso dezidierte wie begrifflich und argumentativ wohlbegründete Stellungnahmen. Eine medizinethische, sogar strafrechtliche Folge seines Personenbegriffs ist beispielsweise diese: Weil ein Embryo keine Sache, sondern menschliches Leben ist, verdient er den Lebensschutz vom veritablen Anfang, der befruchteten Eizelle, an. Aus diesem Grund sei die Abtreibung nicht erlaubt.

Im hierzu einschlägigen Aufsatz: „Am Ende der Debatte zum § 218 StGB" (1974) nimmt sich Spaemann zunächst die damals vertretenen einander widerstreitenden Argumente vor und erklärt am Ende kompromisslos klar und scharf (hier etwas gekürzt): „Die Fristenlösung würde erstmalig seit 1949 in den Augen vieler Bürger unseres Landes die Legitimität des Staates in ihren Grundlagen antasten." Nun gründe aber die Legitimität des neuzeitlichen Staates „in erster Linie auf seiner Schutzfunktion für das Leben. Mit der Freigabe der Fristenlösung würde erstmals seit 1949 der Fundamentalkonsens, auf dem unsere Republik beruht, angetastet. Den Vertretern der parlamentarischen Mehrheit sollte dies zu denken geben. Falls sie trotz allem der Fristenlösung oder einer ähnlichen Ansicht zuneigen, sollten sie sich fragen, ob die Durchsetzung dieses Zieles es wert ist, die Loyalität eines Teiles ernsthafter und gutwilliger Bürger unserer Republik einer solchen Zerreißprobe zu unterwerfen."

In Bezug auf die andere biographische Grenzphase des Menschen, das Lebensende, heißt es nicht weniger deutlich: „Weil Menschen sich nicht selber in die Welt bringen, ihr Leben vielmehr ein Geschenk ist, das zudem bis zum letzten Atemzug die unantastbare Würde verdient, soll man dem Menschen beim Sterben, aber nicht zum Sterben helfen." Für Spaemann bedeutet das nicht, allen medizinischen Aufwand zu betreiben. Denn: „Muss eine 88jährige, die eine Hirnblutung bekommen hat und ohnmächtig ist, zwei Tage vor ihrem Tod eine aufwendige Hirnoperation über sich ergehen lassen? Und muss die Solidargemeinschaft der Versicherten damit belastet werden? Das ärztliche Berufsethos muss angesichts der ständig wachsenden Möglichkeiten der Medizin Kriterien der Normalität entwickeln, Kriterien für das, was wir jedem Menschen, und gerade den kranken und alten, an Zuwendung, an Pflege, an medizinischer Grundversorgung schulden, und für das, was stattdessen abhängig gemacht werden muss von Alter, Heilungsaussichten und persönlichen Umständen." Daraus folgt für ihn: „Die Hospizbewegung, nicht die Euthanasiebewegung ist die menschenwürdige Antwort auf unsere Situation. Wo Sterben nicht als Teil des Lebens verstanden und kultiviert wird, da beginnt die Zivilisation des Todes."

Ein drittes, Spaemann zufolge hier einschlägiges Thema: Weil die Atomkraft Risiken birgt, die die Menschheit samt der Natur auf eine so gut wie unbegrenzte Zeit bedrohen, ist nicht erst die militärische, sondern schon die friedliche Nutzung abzulehnen.

V. Atombomben?

In einem frühen Text „Zur philosophisch-theologischen Diskussion um die Atombombe" (1960) analysiert der damals 33-jährige Spaemann die wichtigsten von Philosophen und Theologen zu diesem Thema vertretenen Ansichten, dabei als letzte Position jene, die Karls Jaspers in der umfangreichen Schrift: „Die Atombombe und die Zukunft des Menschen" (1958) vertritt. Spaemann unterzieht, das versteht sich für ihn, Jaspers' Argumente einer gründlichen Prüfung. Der These, „aus der Verborgenheit des Anfangs der Geschichte auf die Verborgenheit der Maßstäbe für Gut und Böse zu schließen", wirft er einen doppelten Widerspruch vor, sowohl einen Widerspruch zur biblischen Theologie als auch zu aller geschichtlichen Erfahrung. Diese lehre nämlich, dass der Fortschritt der Humanität keineswegs stets die Folge einer auf solchen Fortschritt bedachten moralischen Gesinnung sei. Kant, auf den Jaspers sich so gern beruft, habe gezeigt, dass eher das Gegenteil der Fall sei und dass zum Beispiel von Kant in der entsprechenden Schrift „Zum ewigen Frieden" das im Titel genannte Ziel, eben der ewige Friede, durchaus als Resultat eines absurden Wettrüstens – ohne die Annahme eines plötzlichen Wandels der Menschheit zur Tugend – wirklich werden könne. Kant nannte laut Spaemann als Argument die Erschöpfung der Nationalbudgets; „wir können an das Atompatt denken". Nur in Klammern: Die deutliche Jaspers-Kritik hinderte die Stadt und Universität Heidelberg nicht, den Karl-Jaspers-Preis an Robert Spaemann zu verleihen.

VI. „Europa ist unsere Heimat"

Die Europa-Debatte ist vermint. Ohne Zweifel stellt die allmähliche Fortbildung europäischer Zusammenarbeit zur Europäischen Union eine herausragende Leistung dar, vermutlich sogar die größte politische Innovation, die die Welt seit dem Zweiten Weltkrieg erlebt. Wer diese Einsicht mit Nachdruck herausarbeitet, sich aber ein kleines Fragezeichen gegen eine pure Europa-Euphorie erlaubt, wer insbesondere gewisse Zweifel gegen die Vorstellung äußert, die anstehenden Probleme seien allein durch die Art eines „Mehr Europa" zu bewältigen, das von oben, von Brüssel, statt von unten, den Betroffenen, den Bürgern, ausgeht, wer also nicht mehr, aber auch nicht weniger unternimmt, als das eigentlich doch unbestrittene Demokratieprinzip, ergänzt um das Subsidiaritätsprinzip, auf die Europäische Union anzuwenden, der (O.H., „Für ein Europa der Bürger!") muss sich in einer der besten deutschen Tageszeitungen, der Frankfurter Allgemeinen (19. Mai 2020, S. 6), vom Politikwissenschaftler Wilfried Loth den ehrverletzenden Vorwurf gefallen lassen, „hart am Rande der Verschwörungstheorie" zu argumentieren.

Aus gutem Grund beruft sich die Europäische Union auf gemeinsame Grundwerte und fordert sie von allen neuen Beitrittswilligen – leider nicht selten „nur im Prinzip" – ein. Ohne Zweifel sind beispielsweise das Recht, eine freiheitliche Demokratie mit ihrer Gewaltenteilung und dem Sozialstaat und eine aktive Bürgergesellschaft für die Identität der Union unverzichtbar. Diese Grundwerte können aber auch in anderen Teilen der Welt anerkannt werden. Sie allein schaffen noch nicht das konkrete politische Individuum, das sich die Europäische Union nennt.

Hier setzt nun Robert Spaemann an. Zusammen mit neun weiteren europäischen Intellektuellen, unter anderem mit dem Franzosen Rémi Brague und dem Briten Roger Scruton, hat er ein Manifest veröffentlicht, das sich dem Leitmotiv verpflichtet „Europa ist unsere Heimat". Die Erläuterung müsste jeden Pro-Europäer überzeugen, jeden Europa-Technokraten hingegen zum Nachdenken bewegen. Mit dem ersten Teil „Europa" weist das Manifest nämlich allen Nationalismus, mit dem zweiten Teil „unsere Heimat" hingegen alle Verkürzung auf die skizzierten, zwar unverzichtbaren, jedoch kaum europaspezifischen Grundwerte zurück.

Das Manifest trägt den Titel: „Die Pariser Erklärung: Ein Europa, woran wir glauben können". Dabei geht es den Autoren „um geteilte Geschichte, Hoffnungen und Liebe. Es geht um althergebrachte Gewohnheiten, Pathos und Schmerz. Es sind inspirierende Momente der Versöhnung und das Versprechen einer gemeinsamen Zukunft. Gewöhnliche Landschaften und Ereignisse sind aufgeladen mit besonderer Bedeutung – für uns, aber nicht für andere. Heimat ist ein Platz, an dem die Dinge vertraut sind und wiedererkannt werden, egal wie weit wir umhergewandert sind. Das ist das echte Europa, unsere wertvolle und unersetzliche Zivilisation und Kultur."

In der Tat haben in diesem Europa die Bürger ihre gesellschaftliche, kulturelle und politische Heimat gefunden. Und diese sollten sie einer von Brüssel ausgehenden technokratischen Homogenisierung weder opfern müssen noch opfern wollen.

VII. Zum Beispiel: Schutz des Sonntags

Dass Spaemann persönlich ein praktizierender Christ, ein Katholik, war, dürfte manchen seiner Zeitgenossen bekannt gewesen sein (und hätte eine theologische Fakultät motivieren dürfen, ihm einen theologischen Ehrendoktor zu verleihen!). In seinen Argumenten war ihm die persönliche christliche Praxis aber nicht von Bedeutung – außer in einem generellen Sinn, den er im Vorwort zur Sammlung seiner Texte *Grenzen* (2001) erwähnt. Weil es in Überlegungen *Zur ethischen Dimension des Handelns*, wie der Untertitel sagt, um die Lebenspraxis geht, spielen „Unterschiede der Herkunft … der Religion, des Charakters und des Lebensalters der Gesprächsteilnehmer eine Rolle".

Obwohl Spaemann in einem Interview mit der „Literarischen Welt", dort ausdrücklich als Philosoph angesprochen, die Gretchenfrage unserer Tage darin sah: „Wie hälst du es mit der Religion?" und obwohl er bei gegebenem Anlass und vor entsprechenden Publikum, etwa dem einer Internationalen Katholischen Zeitschrift („Communio"), sich zu einem zweifellos theologischen Thema wie „Christliche Spiritualität und pluralistische Normalität" äußert, bleibt meines Erachtens die Behauptung richtig, in Spaemanns philosophischen Überlegungen spiele sein Christsein „keine ausdrückliche Rolle". Das von Kritikern vorgetragene Gegenargument, bei Spaemann überwiege ein Interesse, das am Guten, das doch der christlichen Tradition entspringe, überzeugt schon deshalb nicht, weil sich dieses Interesse schon bei so deutlich vorchristlichen, „heidnischen" Denkern wie Platon und Aristoteles findet.

Ein gutes Beispiel meiner Interpretation bietet der Essay, der im Mai 1989 in *Die Zeit* erschien: „Der Anschlag auf den Sonntag!" Spaemann beginnt mit dem deutschen Grundgesetz, das in Artikel 140 in Übernahme von Artikel 139 der Weimarer Reichsverfassung sagt: „Der Sonntag und die staatlich anerkannten Feiertage bleiben als Tage der Arbeitsruhe und der seelischen Erhebung gesetzlich geschützt." Ohne sich dann auf Vorbemerkungen oder Seitenwege einzulassen, betont er zunächst die Formulierung „bleiben" geschützt, weshalb der Sonntag keine Schöpfung des Staates, sondern ein fundamentaleres Element unserer Zivilisation sei. Sodann entkräftet er die beliebte Berufung auf angebliche Sachzwänge. Den Hinweis darauf, „dass neue Produktionsmethoden eine Unterbrechung der Produktion verlustreicher machen als bisher", schiebt er unter Verweis auf Dürrenmatts Stück „Der Besuch der alten Dame" mit der scheinbar harmlose Fragen beiseite: „Was kostet uns der Sonntag?" (die bloße Frage setze voraus, „dass wir gedanklich den Sonntag bereits in einen Arbeitstag verwandelt haben"). Dann nennt er als Sinn dieses Tages (analog des Samstags bei den Juden und des Freitags im Islam): „dass der Sonntag nicht Teil des funktionalen Systems der Daseinsvorsorge ist". Die Erläuterung dürfte viele Leser zunächst vermutlich überraschenden, bei näherem Überlegen jedoch überzeugen. Sie hat einen zutiefst humanen Rang: „An diesem Tag sind wir nicht Knechte, sondern Herren."

Von hier aus, fährt Spaemann fort, falle es nicht schwer, der „etwas altmodischen" Rede von „seelischer Erhebung" einen präzisen Sinn zu geben. Der Sonntag ist „der Tag, an dem wir uns über die funktionalen Sachzwänge des Alltaglebens erheben und das Leben selbst feiern". Feiern wiederum sei „etwas Gemeinschaftliches", was sich nicht dadurch ändere, dass hierzulande „nur eine Minderheit sonntags zur Kirche geht". Ohnehin gehöre – vor drei Jahrzenten konnte man das noch behaupten – die große Mehrheit einer christlichen Kirche an und möchte deren vielfältige soziale Leistungen nicht missen.

Gegen Ende fordert Spaemann listigerweise die „unerhört erfindungsreichen" Techniker auf, Produktionsmethoden zu überlegen, die Sinn und Gehalt des besagten Artikel 140 des Grundgesetzes anerkennen: „dass der Sonntag nun einmal nicht zur Disposition steht".

VIII. „Weltethos als ‚Projekt'"

Wenn er es für notwendig hält, wird Spaemann scharf, so in Bezug auf Hans Küngs Projekt „Weltethos". Für eine Art von Zwischenbilanz zu diesem Projekt verwendet er sehr deutliche Formulierungen. Denn an „Küngs Sprache" hebt er deren „wohlmeinendes Pathos" hervor: die „trivialen Merksätze, seine biedere, von keinem Selbstzweifel angekränkelte Selbstgefälligkeit und Geschäftigkeit ‚in Sachen Ethik'". Dann folgt die in argumentativer Hinsicht entscheidende Kritik: „die Verwandlung des Ethos in ein Projekt; die Instrumentalisierung des Ethos; die Institutionalisierung des Ethos."

Schließlich kommt Spaemann zu seinem Hauptvorwurf, den ein Theologe, selbst wenn er ihn nicht für berechtigt hält, doch ernst nehmen, nämlich durch Argumente zu entkräften suchen müsste: „Hans Küng steht ganz in der Tradition neuzeitlicher Instrumentalisierung der Religion im Dienst der Moral und der Moral im Dienst der Staatserhaltung. Er kann kirchliche Strukturen nur in staatspolitischen Kategorien interpretieren und deshalb die Fremdheit des Christentums in der Welt, von der das Neue Testament spricht, nicht akzeptieren. Die Kirche muss den jeweiligen Staatsstrukturen angepasst, also heute demokratisiert werden."

IX. Wer ist ein gebildeter Mensch?

Spaemann beginnt eine „Promotionsrede" mit einem Paukenschlag. Spätestens dann werden seine Zuhörer hellwach gewesen sein: „Gebildete Menschen sind nicht nützlicher als ungebildete, und ihre Karrierechancen sind nicht besser. Die öffentlichen Schulen sind nicht daran interessiert, gebildete Menschen hervorzubringen." Darauf folgen zehn Argumente, warum das für gebildete Menschen kein Einwand ist und die hier, teilweise etwas gekürzt, zitiert werden:

„1. Ein gebildeter Mensch hat den animalischen Egozentrismus hinter sich gelassen. Zunächst ist ja jeder von uns im Mittelpunkt seiner Welt." Gebildete wissen, „es gibt außer uns noch andere Mittelpunkte der Welt und andere Perspektiven auf sie. Gebildet ist, wen es interessiert, wie die Welt aus anderen Augen aussieht."

„2. Ein gebildeter Mensch ist imstande, dies bewusst zu tun. Sein Selbstwertgefühl leidet nicht darunter, sondern wächst damit zugleich."

„3. Das Wissen des gebildeten Menschen ist strukturiert. Was er weiß, hängt miteinander zusammen."

„4. Der gebildete Mensch spricht eine differenzierte, nuancenreiche Umgangssprache."

„5. Der gebildete Mensch zeichnet sich aus durch Genussfähigkeit und Konsumdistanz."

„6. Der gebildete Mensch kann sich mit etwas identifizieren, ohne naiv oder blind zu sein. Er kann sich identifizieren mit Freunden, ohne deren Fehler zu leugnen. Er kann sein Vaterland lieben, ohne die Vaterländer anderer Menschen zu verachten, vor allem diejenigen Vaterländer, die ebenfalls von ihren Bürgern geliebt werden. Das Fremde ist ihm eine Bereicherung."

„7. Der gebildete Mensch kann bewundern, sich begeistern, ohne Angst, sich etwas zu vergeben."

„8. Der gebildete Mensch scheut sich nicht zu werten, und er hält Werturteile für mehr als für den Ausdruck subjektiver Befindlichkeit. Er beansprucht für seine eigenen Werturteile objektive Geltung. Gerade deshalb ist er auch bereit, sie zu korrigieren."

„9. Der gebildete Mensch weiß, dass Bildung nicht das Wichtigste ist. Ein gebildeter Mensch kann sehr wohl zum Verräter werden. Die innere Distanz, die ihn auszeichnet, macht ihm den Verrat sogar leichter als anderen Menschen. Bildung schafft eine menschenwürdige Normalität."

„10. Es gibt aber einen Punkt, da kommen Gebildetsein und Gutsein zwanglos überein. Der gebildete Mensch liebt die Freundschaft, vor allem die Freundschaft mit anderen gebildeten Menschen. Gebildete Menschen haben aneinander Freude, weshalb es sich lohnt, ein gebildeter Mensch zu sein."

Ob man diese und andere Aussagen Spaemanns teilt und deren Begründungen für überzeugend hält oder sie ablehnt, sich dann und wann sogar über sie ärgert – niemand wird bestreiten, was aus einem gewöhnlichen Argumentationskönner, vielleicht sogar Argumentationskünstler oder aus einem Gelehrten der Geschichte einen wahrhaften Philosophen, zugleich einen politischen Intellektuellen macht: Mit seinen Versuchen, die Moderne aus immer wieder neuen Perspektiven zu verstehen und dort, wo er es für dringlich hielt, ihren Gefahren einer Verdinglichung und Dehumanisierung entgegenzutreten, hatte Robert Spaemann und hat er noch immer unserer gefährdeten Welt etwas zu sagen. Nicht sein geringster Verdienst: Ohne Zweifel besaß er jenen Mut, mittels des eigenen Verstandes „wider intellektuellen Moden zu denken", durch den er, ohne es für sich selbstgefällig und beifallheischend zu reklamieren, zu einem wahren Aufklärer wurde.

DER HUMANIST ROBERT SPAEMANN

Von *Walter Schweidler*

Kann man Humanist sein, ohne einen „Humanismus" zu vertreten? Es kommt, wie in der Reflexion auf existenzielle Zusammenhänge fast immer, auf die Begriffe an. Natürlich kann der Humanismus-Begriff ideologisiert werden; aber er kann auch die Quelle aller echt philosophischen Ideologiekritik bezeichnen. „Wir haben uns lange genug Gedanken über den Menschen gemacht, es wird Zeit, an Gott zu denken."[1] So zitiert Spaemann in seiner berühmt-berüchtigten Polemik gegen Hans Küng einen Satz, den Andrej Sinjawski „im Arbeitslager des Sowjethumanismus" geschrieben habe. Was als „ismus" proklamiert wird, davor sollte, wer dem Menschen Gutes will, sich in aller Regel hüten: Dieser wohlbegründeten Skepsis hat Spaemann zutiefst beigepflichtet, ohne sich allerdings die traumatisch anmutende Zuspitzung zu eigen zu machen, mit der Heidegger aus der moralischen Katastrophe des nazistischen Krieges und Zusammenbruchs geschlossen hatte, dass der „Humanismus" geradezu den Inbegriff der seinsvergessenen Selbstbespiegelung des Menschen verkörpere.[2] Was Heidegger in so düsterer Farbe beleuchtet hat und was auch ganz unabhängig von Heidegger bis heute im Verdacht gegen den „Speziesismus" als Selbstauszeichnung des menschlichen Tiers nachhallt, ist durchaus eine Seite, man darf sagen die Rückseite der Medaille, welcher die Kategorie des Humanen ihren ethischen Wert verdankt. Spaemann hat sie freilich als solche präziser erhellt als Heidegger.

Ein Schlüsseltext, der einen hinsichtlich der Humanismusfrage bei Spaemann leiten kann, findet sich in der Sammlung „Grenzen"[3], nämlich der Text der Antrittsvorlesung „Die zwei Grundbegriffe der Moral"[4] an der TH Stuttgart von 1964. Hier unterscheidet Spaemann in Anlehnung an Pareto und Nietzsche die beiden ethisch konstitutiven Seiten des moralischen Handelns: die es intuitiv leitenden, für den Handelnden selbstverständlichen Richtigkeitsüberzeugungen einerseits und deren prinzipiell nachträgliche theoretische Rechtfertigung andererseits.[5] Er nimmt auch Nietzsches noch holzschnittartigere Charakterisierung dieser beiden Seiten als die der moralischen Gefühle einerseits und der moralischen Begriffe andererseits auf und übernimmt die These von der prinzipiellen „Nachträglichkeit der Moralbegründung"[6]. Zu dieser These bekennt er sich in dem fundamentalen

---

1 *Robert Spaemann*, Grenzen. Zur ethischen Dimension des Handelns, 2001, S. 525 (535).

2 Vgl. *Martin Heidegger*, Brief über den Humanismus, in: Wegmarken, Frankfurt am Main 1976, S. 313–364, hier S. 345.

3 *Robert Spaemann* (Fn. 1).

4 *Robert Spaemann* (Fn. 1), S. 64–82; *ders.*, Philosophisches Jahrbuch 74, 2. Halbband, 1967, S. 368–384.

5 *Robert Spaemann* (Fn. 1), S. 65.

6 *Robert Spaemann* (Fn. 1), S. 65.

Duncker & Humblot · Berlin | https://doi.org/10.3790/978-3-428-58515-1.2025.202199

Sinn, den ich nun zweimal mit dem Epitheton „prinzipiell“ markiert habe. Diesem Sinn muss man, um zu ermessen was gemeint ist, wenn man Robert Spaemann einen Humanisten nennt, näher nachgehen.

Von schlüsselhafter Bedeutung ist dabei, wie bei den meisten und vielleicht bei allen philosophischen Denkern, die Auffassung von dem, was wir überhaupt tun, wenn wir philosophieren, also kurz gefasst, Spaemanns Philosophiebegriff. Denn Ethik in dem Spaemann in diesem Kontext und in seinem ganzen Œuvre leitenden Sinne ist eine, und zwar wesentliche und entscheidende, Weise des philosophischen Denkens.[7] „Die Philosophie“ aber, so die für uns richtungweisende Bestimmung in der genannten Vorlesung, „ist wesentlich retrospektiv, wenn sie nicht durch die Anmaßung, Wege in die Zukunft zu weisen, Ideologie werden will“[8]. Diesen Kernsatz muss man in dem ganzen theoretischen Gewicht nehmen, das ihm durch die mehrfache Bezugnahme auf den Begriff des „Substantiellen“ verliehen wird, auf den Spaemann hier zurückgreift. Die „sittliche Substanz“, die der *way of life* der gesellschaftlichen Verhältnisse, denen unser Philosophieren entspringt, in sich tragen muss, ist, so Spaemanns Bekenntnis zu Hegel, der uneinholbare Ausgangspunkt von alledem, was wir zumindest zu jeder formalen Begründung dessen, was unser Handeln gedanklich leitet, hinzudenken müssen, um es und damit uns selbst wirklich zu verstehen.[9]

Natürlich heißt das nicht, dass die ethischen Ansprüche und Überzeugungen, die dem konkreten Gemeinwesen, in dem wir leben, zugrunde liegen, eo ipso die richtigen wären; ob sie etwas taugen und ob sie die wirklichen und also nicht nur deklamatorisch beschworenen Leitlinien unseres Zusammenlebens sind, das kritisch zu prüfen ist die Sache der argumentativen ethischen Reflexion. Aber es heißt doch, dass wir bei aller argumentativen Prüfung nicht nur nicht vergessen dürfen, auf wessen Schultern wir stehen, wenn wir ethisch nachdenken, sondern dass es zum kritischen Selbstverhältnis des Denkenden gehört, sich die Grenzen einzugestehen, an die er in seinem Denken unweigerlich stößt, und es heißt, dass wir an diesen Grenzen durchaus auf die geschichtliche Wirklichkeit verweisen dürfen, aus der die Maßstäbe unseres Denkens kommen. Dass der Mensch nicht reines Denken ist, sondern ein denkendes Wesen, das eine Natur hat, die die uneinholbare Voraussetzung seines Denkens ist: das ist ja die Grundthese, die Spaemanns ganzes Philosophieren trägt. Aber sie wird flankiert von der Bedeutung, die für ihn neben der natürlichen auch die geschichtliche Substanz hat, die den nicht individuellen, sondern, bildhaft gesprochen, den kollektiven und generationenübergreifenden Leib unseres kulturellen Daseins bildet. Die Polis, die den kulturellen Rahmen der größten antiken Philosophien bildete, gibt es nicht mehr, und auch das quasi grenzenlose und geistig homogene Europa, das dem mittelalterlichen und insbesondere dem scholastischen Denken den Nährboden gab, ist noch lange nicht wieder in Sicht. Aber etwas von beidem muss in unseren heutigen soziokulturellen Institutionen fortleben, wenn anders die ethischen Begriffe und Argumente ihre konkrete Begründung finden sollen. Was sein „soll“, das muss sich auch und wesentlich dort zeigen, wo es schon ist und unter Beweis gestellt hat, dass es richtig war, ihm zu folgen. So wie der Ethikunterricht, wenn in ihm nicht auf die wirklichen, aktuell vorhandenen, wenn auch vielleicht nur diffus bewussten, Überzeugungen derer zurückgegangen wird, die an ihm beteiligt sind, zu dem wird, was man oft böswillig, aber nicht immer un-

7 Vgl. *Robert Spaemann*, Was ist philosophische Ethik, in: Grenzen (Fn. 1), S. 15–26.

8 *Robert Spaemann* (Fn. 1), S. 79.

9 Vgl. *Robert Spaemann* (Fn. 1), S. 79.

berechtigt „Geschwafel“ nennt, so wird der gesellschaftliche Diskurs zum Intellektuellengeschwätz, wenn seine Beteiligten sich als Luftbaumeister gerieren, die einander die utopischen Wolkenschlösser um die Ohren hauen, in denen sie ihre Vorstellungen davon gezimmert haben, was es hieße „to make the world a better place“. Die ethische Frage ist nie allein die, *was* gut *wäre*, sondern immer auch die, *ob* das, was *da* ist, gut ist, *wo* es seinen Sitz im Leben hat und *woher* es stammt.

Hier kommt unversehens jener geistesgeschichtliche Aspekt ins Spiel, den wir seit Schulzeiten mit dem Begriff des „Humanistischen“ verbinden, also der Rückgang auf die unverlierbaren Bildungsgüter der griechischen Antike und auch ihre Wiedererweckung in der Neuzeit. Diese Güter drückten zutiefst eine Erfahrung aus, in der ihr Inhalt und ihre Form konvergierten und von der ihr Weiterwirken unablösbar bleibt, nämlich die Erfahrung der kulturellen Eroberung, also des Erobertwerdens des Siegers durch den materiell Schwächeren. „Leichentücher“ nannte Cato zuerst verächtlich die Texte der militärisch und politisch von den Römern unterworfenen griechischen Kultur; aber später revidierte er diese Ansicht, und tatsächlich wurden in den folgenden Jahrhunderten diese Relikte des vermeintlich Unterlegenen zu den Leitdokumenten der Hellenisierung, denen die lateinische Kultur den Kanon und die Sozialstandards ihrer Bildung entnahm.[10] Diese Erfahrung ist bis heute für Europa und die ganze westliche Welt tragend geblieben. Die Wahrheit ist stärker als die Waffen und sogar als der Tod; es ist ihr wesentlich, aus dem Untergang der soziokulturellen Verhältnisse, in denen sie ursprünglich gedacht wurde, in späteren geschichtlichen Kontexten gewissermaßen wiedergeboren zu werden. Die „Renaissance“, das Wiederfinden des Eigenen in dem, was uns innerlicher ist als wir selbst, ist keine einzelne geschichtliche Etappe, sondern eine Grundstruktur jener „exzentrischen Identität“, in der Rémi Brague das Wesen Europas verankert gesehen und die er auf dem religiösen Gebiet als das genuin christliche Bewusstsein der „Zweitrangigkeit“ charakterisiert hat, das „jeder Kultur, die sich, wie Europa, auf das Christentum beruft, sich selbst für die eigene Quelle zu halten“ untersagt.[11] Ethik ist die Auslegung von gegebenen, übernommenen Maßstäben gelungenen Lebens und Zusammenlebens; wer leugnet, dass es diese Maßstäbe gibt und sie durch etwas Neues ersetzen will, muss auch die Ethik mit ersetzen, um nicht in Widerspruch mit sich selbst zu geraten. In diesem ganz speziellen Sinne ist alle Moralbegründung „nachträglich“ und deshalb Ethik etwas prinzipiell anderes als Verkündung von irgendwann neu entdecktem Lebenssinn. Von daher kann und muss man die markanten Eingangssätze von „Glück und Wohlwollen“ lesen: „Dieser Versuch über Ethik enthält hoffentlich nichts grundsätzlich Neues. Wo es um Fragen des richtigen Lebens geht, könnte nur Falsches wirklich neu sein.“[12] Das mit Abstand dümmste Argument, das im ethischen Streitgespräch vorgebracht werden kann, so hat Spaemann im Seminar oft betont, sei die Aussage, „man könne doch heute nicht mehr…“.

Die Dimension der kulturellen Eroberung reicht allerdings noch eine Schicht tiefer als der von Hegel rekonstruierte geschichtsphilosophische Zusammenhang von sittlicher Substanz des antiken Gemeinwesens und autonomer Subjektivität des modernen Freiheitsbe-

---

[10] Vgl. dazu *Walter Schweidler*, Vernunft stand an der Wiege der Demokratie, in: Wolf Schön (Hrsg.), Die schöne Mutter der Kultur. Unsere Grundlagen in der antiken Welt, 1997, S. 103–126.

[11] *Rémi Brague*, Europa – seine Kultur, seine Barbarei. Exzentrische Identität und römische Sekundarität, 2. Aufl. Wiesbaden 2012, S. 118.

[12] *Robert Spaemann*, Glück und Wohlwollen. Versuch über Ethik, Stuttgart 1996, S. 9.

wusstseins. Es ist ja nicht so, dass „die Griechen“ ihre sittlichen Erkenntnisschätze wie Trophäen vor sich hergetragen hätten, sondern viele davon und jedenfalls die geschichtlich wirkungsmächtigsten unter diesen Geistesgütern sind selbst Dokumente der Schmähung, Bedrohung und Vernichtung derer, denen die in ihnen sich schließlich wiederfindende Kultur ihre Maßstäbe verdankte. Sokrates ist vom griechischen wie später Jesus Christus vom römischen Staat umgebracht worden und noch ein Thomas Hobbes entging nur knapp dem Scheiterhaufen. Die geschichtliche Weise, in der die ethischen Maßstäbe ins Bewusstsein unserer Kultur gelangt sind, ist oft genug die der Rehabilitation derer gewesen, die zunächst als ihre Außenseiter erschienen. Es gehört zum originären Potential des „Humanismus“, aus dem noch unser heutiges Rechts- und Sozialdenken sich speist, dass seine geschichtlichen Träger, Staaten wie Verfassungen, sich aus einer geistigen Macht herleiten, vor der sie selbst sich gebeugt haben und in deren Namen sie deshalb Respekt fordern: Respekt vor der ethischen Wahrheit, nicht vor denen, die sie politisch vertreten. Von Sokrates bis Boethius haben die antiken wie auch zu späteren Zeiten viele andere „Lehrer der Weisheit in Lehre und Beispiel“[13] die Wahrheit mit ihrem Leben bezeugen müssen. Und so gut wie immer sind es die Mitläufer des Zeitgeistes, die Nachplapperer des gerade öffentlich propagierten „Werte“-Diskurses gewesen, denen sie zum Opfer gefallen sind.

So schlimm ist es für Spaemann nicht gekommen, aber wer ihm etwas nahe war, hat nur konsterniert sein können angesichts der aggressiven Wut und dumpfen Ablehnung, die diesem liebenswerten Menschen von bestimmten Seiten entgegenschlugen. Argumentativ widerlegt worden ist er in keiner einzigen Angelegenheit von wirklicher Bedeutung. Er hatte so gut wie immer die besseren Argumente als die, denen seine Auffassungen nicht passten, und es war seine oft geäußerte Überzeugung, dass die Qualität seiner Argumente nicht aus irgendeiner Kunst gespeist war, über die er verfügte, sondern, wie er immer wieder sagte und schrieb, aus dem Selbstverständlichen, das jeder, der für diese Argumente offen war, anerkennen musste.[14] Wen Spaemann überzeugt hatte, der sagte nicht: „So hab‘ ich das noch nie gesehen…“ oder Ähnliches, sondern viel eher: „Das hab‘ ich eigentlich selber schon immer so gedacht…“. Dass das Gute, wenn es an den Tag kommt, allen gemeinsam ist, war eins der ganz großen Leitworte des Spaemannschen Denkens. Und die Quelle, aus der er dieses Wort geschöpft hat, entsprang ja der philosophischen Urbeziehung, die hinter die geschichtliche Dimension, die ich als die der kulturellen Eroberung bezeichnet habe, zurückführt in die tiefere, nämlich die personale Dimension der Wahrheit. Für sie exemplarisch ist die Beziehung des unvergleichlichen Denkers und Künstlers Platon zu dem gewesen, dem alles zu verdanken er in jeder Zeile seiner Werke bekennt und den wir doch praktisch nur durch sie, diese Werke, kennen und vernehmen, zu Sokrates. Mit ihr ist in den Ursprung der Philosophie ein Paradox hineingekommen, aus dem sie niemals mehr entkommen konnte und kann, das Paradox des ersten Befreiers, der alle, die er aus der Höhle ans Tageslicht holt, mit sich auf eine Stufe, die Stufe der vollumfänglich von allen miteinander und mit ihm geteilten Wahrheit bringt, der aber doch als einziger von ihnen nicht noch

13 Kants „Weltbegriff der Philosophie“, vgl. *Immanuel Kant*, Kritik der reinen Vernunft, Hamburg 2003, B 866 ff.

14 Vgl. z. B. *Robert Spaemann*, Zum Sinn des Ethikunterrichts in der Schule, in: Grenzen (Fn. 1), S. 516–525, hier S. 520: „Die Beispiele, die die Dimension des Ethischen am überzeugendsten einführen, sind jene, die fast trivial scheinen, die uns normalerweise gar nicht auffallen und bei denen auch der scheinbar abgebrühte Immoralist schamhaft zugestehen muß, selbst schon schön gehandelt zu haben: Beispiele schlichter Dankbarkeit oder Hilfsbereitschaft.“

von einem anderen befreit worden sein kann, wenn anders das Gleichnis sich nicht ins Unendliche verlieren soll. Der Sokrates der „Politeia“ sieht dieses Paradox in aller Klarheit, aber er kann sich zu ihm nur bekennen als zu dem *daimonion*, das er als die Bedingung der Wahrheit in sich trägt, und das ihn von allen anderen „Freunden der Weisheit“ uneinholbar abhebt.[15] Im Grunde kapituliert Platon damit vor der Paradoxie des für sich selbst uneinholbaren Ursprungs aller argumentativen Rechtfertigung unseres Denkens und Handelns. In diesem Bekenntnis des Sokrates sind Größe und Grenze der antiken Philosophie und des in ihr verankerten Humanismus verkörpert, und im Ausgang von dieser Größe ebenso wie im Schritt über diese Grenze hinaus muss man die Spur von Spaemanns Denken aufnehmen.

Spaemann ist der große „Wiedererwecker“ des für die Antike so entscheidenden *teleologischen* Denkens im zwanzigsten Jahrhundert gewesen, in dieser Hinsicht wohl allenfalls vergleichbar mit Heidegger[16] und Merleau-Ponty[17], aber ebenso wie beide frei von jeder nostalgischen Rückkehrsehnsucht. Zu völliger Klarheit über seine Stellung zum antiken *phýsis*-Begriff und seiner philosophischen Bedeutung ist er wohl erst in seinem letzten großen Buch gekommen. In Verbindung mit dem Gedanken, dass es zwischen Leben, Bewusstsein, Selbstbewusstsein und Vernünftigkeit ein ontologisch begründetes Steigerungsverhältnis gibt, dass also Personalität im Grunde die vollendete Wirklichkeit dessen bezeichnet, was in unserem Leben von Natur aus angelegt ist, schließt er hier noch einmal eng an die großen Athener an. „*Qui non intelligit non perfecte vivit sed habet dimidium vitae*“ zitiert er ebenso Thomas von Aquin.[18] Was jedoch demgegenüber nicht ausgeblendet werden darf als die ganz eigene Note, die Spaemanns im Gesamtkontext dieses Buches vorgetragenen Ansatz prägt, ist der darin entwickelte Begriff von *Freiheit.* Dieser nämlich ist in der für die Personalität entscheidenden Dimension, so Spaemann, erst durch einen geschichtlichen Bruch denkbar geworden, hinter den kein Ansatz zur Aktualisierung der ihm voraufliegenden Metaphysik jemals wieder zurück könnte; dieser Bruch manifestiert sich originär in der Rede des Neuen Testaments vom „Herzen“. „Dieser Begriff des Herzens ist...der Begriff, der dem späteren der Person zugrundeliegt. Er bedeutet so etwas wie die Entdeckung der Person.“[19] Weder Platon noch Aristoteles konnten nach Spaemann diesen Begriff und damit das Wesen der Person und ihrer Freiheit denken,[20] und zwar nicht, weil ihnen zu ihrem teleologischen Grundkonzept etwas fehlte, das diesem erst noch hinzugedacht werden müsste, sondern weil ihnen die philosophische Explikation des Aktes, in dem sich unsere Personalität manifestiert, also die Frage nach dem, worin sich zeigt, wer wir selbst sind, gerade wegen dieses Konzepts prinzipiell verwehrt bleiben musste. „Die antike Philosophie hat diese Frage nie klar gestellt. Denn das Stellen dieser Frage führt hinter den Begriff der *physis* als eines ontologisch Ersten zurück.“[21] Die Freiheit der Person ist nämlich nach Spae-

15 *Platon*, Politeia, 496 c.

16 *Martin Heidegger*, Von Wesen und Begriff der *phýsis*, in: Wegmarken (Fn. 2), S. 232–302.

17 *Maurice Merleau-Ponty*, Die Natur. Aufzeichnungen von Vorlesungen am Collège de France 1956–1960, München 2000, S. 19f.

18 *Robert Spaemann*, Personen. Versuche über den Unterschied zwischen ‚etwas‘ und ‚jemand‘, Stuttgart 1996, S. 146 Fn. 6 mit Bezugnahme auf *Thomas von Aquin*, In Eth. Arist. Ad Nic., lib. IX, lectio 11, Nr. 1902.

19 *Robert Spaemann* (Fn. 18), S. 30.

20 Vgl. zu Platon *Robert Spaemann* (Fn. 18), S. 28f.

21 *Robert Spaemann* (Fn. 18), S. 217.

mann ihrem Innersten Wesen nach die *Freiheit von ihrer Natur.* Das heißt nicht, dass die Person ohne diese Natur die sein könnte, die sie ist; aber es heißt, dass sie zu ihrer Natur im Verhältnis des *Habens* steht, dass also ihr Sein das eines aus dieser Natur nicht ableitbaren Wiederholens ihrer Natur ist. Diese Freiheit hat sie exakt durch sich selbst und nicht durch sich selbst und doch durch sich selbst, nämlich durch die Begegnung mit dem Anderen ihrer selbst: „Wovon ist die Person frei? Sie ist frei von ihrer eigenen Natur. Sie hat diese Natur, sie *ist* sie nicht. Sie kann sich frei zu ihr verhalten. Aber das kann sie nicht von sich aus, sondern nur durch die Begegnung mit anderen Personen. Erst die Bejahung anderen Selbstseins – als Anerkennung, Gerechtigkeit, Liebe – erlaubt uns jene Selbstdistanz und Selbstaneignung, die für Personen konstitutiv ist, also die ‚Freiheit von uns selbst'."[22]

Im Kern hat Spaemann auf zwei Seiten seines Personen-Buches alles dargelegt, was seinen Schritt über den antiken Humanismus hinausträgt. Platon, so heißt es hier, habe eines nicht denken können, was doch das Wesen der Person ausmacht, nämlich dass sie, wenn sie ihre Partikularität überwindet und sich für das Allgemeine hingibt, „damit zu einer höheren Weise des Seins kommt, als es das Allgemeine selbst ist. Die in einem gerechten Menschen realisierte und konkretisierte Gerechtigkeit ist mehr als die Idee der Gerechtigkeit, und der Mensch, der für sein Vaterland stirbt, ist mehr als sein Vaterland."[23] Selbstbestimmung kann für die Person nicht, wie es bei Platon erscheint, heißen, sich durch die überindividuelle Vernunft bestimmen zu lassen. „Die Vernunft ist das Organ des Allgemeinen. Wo sie regiert ist der Mensch frei. Aber warum regiert sie in vielen Menschen nicht? Sie ist doch zum Regieren da. Die Antwort: ‚Weil der Mensch nicht will', ist bei Plato sinnlos. Jeder Mensch will das für ihn Gute. Und das für den Menschen Gute ist nur das ‚Gute selbst'. Wenn er dies nicht will, dann nur, weil er es nicht kennt. Warum kennt er es nicht? Hier beginnt sich die antike Philosophie im Kreise zu drehen."[24] Die Antwort, die aus diesem Kreis herausführt, hat erst das Neue Testament gegeben: Er kennt es nicht, weil er „‚die Finsternis mehr als das Licht liebte'. Die erste Offenbarung des Geistes zeigt nach dem Johannesevangelium, daß die Sünde darin besteht, ‚daß sie nicht an mich glauben'. Diese Redeweise ist so unsokratisch wie nur möglich. Aber genau in ihr liegt der Ursprung der Entdeckung der Person."[25] Das Paradox hat sich damit zwar nur verschoben; aber der Platz, den es nun einnimmt, ist der der Wahrheit selbst, das heißt *der Wahrheit, die* eine, die schlechthin unvergleichliche, *Person ist*, die „sagen kann: ‚Wenn ich nicht gekommen wäre, so hätten sie keine Sünde.' Die Erkenntnis der Wahrheit wird als personaler Akt des Glaubens gedacht. Die Wahrheit selbst erscheint nicht als das überindividuell Allgemeine, sondern als konkretes Antlitz eines individuell Anderen."[26] Ich halte das für eine Schlüsselstelle, von der aus sich in bestimmter Hinsicht das gesamte Werk Spaemanns, jedenfalls aber die Bedeutung, die für sein Philosophieren der christliche Glaube gehabt hat, rational rekonstruieren lässt. Wer vor ihr erschauert als dem vermeintlichen Dokument eines *tournemant théologique*, versteht überhaupt nichts. Kaum ein Denker der jüngeren Gegenwart hat so entschieden auf den Unterschied zwischen der Philosophie, die nur Argumente zur Verfügung hat, und

---

22 *Robert Spaemann* (Fn. 18), S. 230.

23 *Robert Spaemann* (Fn. 18), S. 28.

24 *Robert Spaemann* (Fn. 18), S. 29.

25 *Robert Spaemann* (Fn. 18), S. 29.

26 *Robert Spaemann* (Fn. 18), S. 30.

der Theologie, die Offenbarung auslegt, bestanden wie Spaemann; das war sogar ein Hauptärgernis für die Vernebler dieser Urdifferenz, nicht zuletzt im Bereich der katholischen Theologenschaft. Aber Unterscheidung beruht auf Vergleich, und etwas zu vergleichen heißt, die Verschiedenheit der zu vergleichenden Gegenstände auf einen gemeinsamen Nenner zurückzubeziehen, an dem sie sich ermessen lässt. Dieser Nenner ist im Fall der Unterscheidung von Philosophie und Theologie der der *Entscheidung:* Der Theologie liegt die Entscheidung zugrunde, Offenbarung zum Gegenstand wissenschaftlicher Auslegung zu machen. Darum ist sie Glaubenswissenschaft: Der gläubige Christ will, so genau es geht, wissen, was er, eben als Christ, glaubt. Die Entscheidung, die der Philosophie zugrunde liegt, ist, jedenfalls was den Bezug auf autoritativ mitgeteilte Offenbarung angeht, davon prinzipiell unterschieden. Sie ist allerdings nicht so leicht auf den Nenner zu bringen, von dem her sich dieser prinzipielle Unterschied präzise formulieren lässt. Das hat, wie Spaemann in einem mit bewundernswerter Klarheit differenzierenden Artikel über „Christentum und Philosophie der Neuzeit"[27] dargelegt hat, mit geschichtlichen Wandlungen im Verhältnis zwischen der christlichen Lebensform und der Rolle, die sie im sie einbegreifenden soziokulturellen Gesamtkontext spielt, zu tun.[28] Eines aber gehört, wenn man Spaemanns Begriff von Philosophie und das Licht, das von ihm her auf das fällt, was ihn zu einem Humanisten macht, ermessen will, mit Sicherheit zu diesem gemeinsamen Nenner, von dem her die Philosophie von der Theologie zu unterscheiden ist, nämlich dass die Entscheidung, von welcher die philosophische Denk- und Lebensform getragen ist, wenngleich nicht die der Theologie, doch ebenso wie diese, eine *gefallene* Entscheidung ist. Sie ist die Entscheidung, das eigene Leben soweit es möglich ist ganz der argumentativen Vernunft anzuvertrauen und von dieser bestimmen zu lassen. Und als solche ist sie, *nachdem und weil sie gefallen ist*, auch vernünftig einholbar bis zu dem Punkt, an welchem der, der sie übernimmt, damit seinen Glauben bezeugt, *dass* sie gefallen ist. Tut er es, so ist sie gefallen, aber er kann es nur tun, nachdem und weil sie gefallen ist. Dieses letzte, in einem höchst spekulativen Sinn zeitlich verfasste Paradox liegt nach Spaemann dem „philosophischen Glauben" zugrunde. Diesen Begriff hat er in einer späten Rede über Karl Jaspers in Oldenburg präzisiert, in der er nachzeichnet, wie die Bestimmung des absoluten Wissens bei Platon unter den Bedingungen des modernen Wissenschaftsglaubens in die Einsicht transformiert worden ist, „dass Vernunft selbst der Stützung durch den Glauben bedarf"[29]. Auch das scheint mir eine für das gesamte Werk Spaemanns schlüsselhafte These zu sein.

Wieder soll man dazu die Religion nicht vorschnell ins Spiel bringen. Dass das Wissen auf dem Glauben aufruht, ist ein Axiom gewesen, das sich etwa auch bei dem Atheisten

---

27 *Robert Spaemann*, Das unsterbliche Gerücht. Die Frage nach Gott und die Täuschung der Moderne, 2007, S. 65–91.

28 *Robert Spaemann* (Fn. 27), S. 90f.: „Die Antike war durch ein Konkurrenzverhältnis von Christentum und Philosophie gekennzeichnet, das Mittelalter durch ein hierarchisches Verhältnis von Theologie und Philosophie, die Neuzeit durch den Versuch, den christlichen Glauben in Philosophie zu integrieren und auf Philosophie zu reduzieren. Die Zukunft scheint mir durch ein Nebeneinander bestimmt zu sein, eine Bemühung von Theologie und Philosophie um gemeinsame Themen, ohne daß diese Themen durch eine methodische Vorentscheidung koordiniert werden."

29 *Robert Spaemann*, Karl Jaspers' Idee eines philosophischen Glaubens, in: Schritte über uns hinaus. Gesammelte Reden und Aufsätze I, Stuttgart 2010, S. 214–232, hier S. 232.

Merleau-Ponty[30] oder auf Schritt und Tritt beim gänzlich unfrommen Christen Wittgenstein[31] findet. Dass Spaemann im Personen-Buch den für die Kennzeichnung des Schritts über die Antike hinaus entscheidenden Begriff des Glaubens an einer Stelle einführt, an der er Sätze aus der biblischen Offenbarung zitiert, hat gewiss mit einem gemeinsamen Hintergrund von Philosophie und Religion zu tun, rein gar nichts aber mit der Suggestion, die Bedeutung und die Wahrheit dessen, was in diesen Sätzen gesagt wird, aus einer anderen als der Quelle des rationalen Argumentierens zu folgern. Dass das menschliche Leben in wesentlicher Hinsicht vom Glauben, sei es ein religiöser oder nicht, getragen wird, ist eine anthropologische Feststellung und damit etwas völlig anderes als eine „epistemologische" Behauptung, die darauf hinausliefe, das solle man glauben, weil es in der Bibel steht. Man stößt hier vielmehr auf eine anthropologische Dimension, deren philosophische Bedeutung vielleicht am klarsten von Paul Ricoeur in seiner Abgrenzung gegen Heidegger herausgearbeitet worden ist.[32] Mit ihm ist Ricoeur sich zwar in der Grunddevise, den nicht methodologischen, sondern ontologischen Kern der Lebensform des *animal symbolicum* gerade als den „hermeneutischen Zirkel" freizulegen, einig; nicht aber in dem Glauben, die Reflexion unseres symbolischen Weltverhältnisses könne ihrerseits „*dem Zirkel der Interpretation, den sie selbst theoretisiert*", entgehen.[33] Die Freilegung der Einsicht, dass verstehende Vernunft sich selbst immer auch als Übersetzung einer Botschaft zu begreifen hat, die sie nicht zu wiederholen, sondern aufzuklären hat, der jedoch nicht nur der Gegenstand, sondern in eins mit diesem auch der Anspruch, mit dem sie dies tut, sich noch verdanken, muss auch noch denjenigen in sich einbeziehen, der diese Einsicht freilegt, also den Philosophen selbst. Das ist der eigentliche Kern der Devise, die unseren Überlegungen hier das Stichwort vorgegeben hat: „Man muß verstehen, um zu glauben, und man muß glauben, um zu verstehen."[34] Sie steht zwar in einem Kontext, in dem Ricoeur sich bereits mit der gläubigen Vernunft auseinandersetzt, aber ihr Anspruch betrifft das Zentrum seiner gesamten ontologischen Konzeption des Verstehens, denn sie ist für ihn ein Schlüssel zur Bewältigung der spezifisch philosophischen Aufgabe, die uns der „hermeneutische Zirkel" stellt, nämlich zu zeigen, daß er kein *circulus vitiosus* ist.[35] Gerade dafür ist es nun entscheidend, dass die Philosophie sich als ihm nicht entzogen, sondern in ihm begriffen und sich gerade als solche durch ihn begreifend versteht. „Vielleicht muß man die Enttäuschung erfahren haben, die sich an die Idee einer voraussetzungslosen Philosophie knüpft, wenn man den Weg zur Problematik finden will, mit dem wir uns hier befassen", so leitet Ricoeur seine *retractatio* der „Symbolik des Bösen" im „Konflikt der Interpretationen" ein. „Im Gegensatz zu den Philosophien des Ausgangspunktes geht eine Meditation der Symbole von der Fülle der Sprache und vom bereits vorfindlichen Sinn aus […]; keinesfalls versteht sie sich als ein

30 *Maurice Merleau-Ponty*, Das Sichtbare und das Unsichtbare, gefolgt von Arbeitsnotizen, hrsg. v. Claude Lefort, aus dem Franz. v. Regula Giuliani und Bernhard Waldenfels, München 1994, Einleitung: Der Wahrnehmungsglaube und seine Dunkelheit.

31 Am ausgeprägtesten in *Ludwig Wittgenstein*, Über Gewißheit, hg. v. G. E. M. Anscombe und G. H. von Wright, Frankfurt am Main 1970, vgl. §§ 88 f., 92, 102, 106, 141, 144, 159, 160, 173, 209, 234, 236, usw.

32 *Paul Ricoeur*, Existenz und Hermeneutik, in: Ders., Konflikt der Interpretationen. Ausgewählte Aufsätze (1960–1969), Freiburg 2010, S. 25 ff.

33 *Paul Ricoeur*, Existenz und Hermeneutik (Fn. 32), S. 26.

34 *Paul Ricoeur*, Hermeneutik der Symbole I, in: Ders., Konflikt der Interpretationen (Fn. 32), S. 184 (197).

35 *Paul Ricoeur* (Fn. 34), S. 197.

Denken, das ohne Voraussetzungen auskommen will, sondern als ein Denken in und mit all seinen Voraussetzungen. Darum sieht sie ihre erste Aufgabe nicht darin, einen Anfang zu setzen, sondern sich aus der Mitte des Wortes wiederzuerinnern."[36] In diesem Grundanliegen gehört Ricoeurs Philosophiebegriff in die Linie, die in neuerer Zeit wohl am ursprünglichsten durch Schellings Konzeption einer „positiven" Philosophie gewiesen worden ist. Von Schelling her muss man dieses Anliegen verstehen nicht etwa als eines, das darauf gerichtet ist, in der Philosophie den Grund religiöser Offenbarung zu begreifen, sondern in dem es darum geht, die Rekonstruktion des Hintergrundes, den für sie die religiöse Erkenntnisform der Offenbarung bildet, als einen Weg zur Aufklärung dessen zu begreifen, was Philosophie selbst ist und was im Philosophieren mit uns vor sich geht. In dieser Orientierung hat auch Spaemann explizit die zukunftsweisende Bedeutung von Schellings Denken gesehen, mit der bei ihm der Gedanke einer „aposteriorischen Notwendigkeit" entwickelt wird, der „nicht von der Art eines philosophischen Apriorismus, sondern eher mit dem Verstehen eines Kunstwerks vergleichbar" sei. „Wer sich die Jupitersymphonie Mozarts, soweit das möglich ist, verstehend angeeignet hat, begreift sie in ihrer inneren Notwendigkeit; er begreift, daß kein Takt anders sein kann, als er ist. Aber diese Notwendigkeit ist eine nachträgliche, sozusagen eine aposteriorische Notwendigkeit. Wir könnten nicht sagen, wir hätten die Symphonie auch schreiben können, weil wir ja einsehen, wie sie notwendigerweise so ist, wie sie ist. Es handelt sich um eine Notwendigkeit, die die Kontingenz nicht aufhebt."[37]

Hier klingt der Begriff einer *gewordenen Notwendigkeit* an, den Spaemann schon ganz früh im Rückgriff auf die Denkfigur des „necessarium ex suppositione" bei Thomas von Aquin expliziert hat.[38] Es gibt Faktisches, das sich, nachdem und wenn es da ist, als die unreduzierbare Bedingung seiner Erklärbarkeit aus dem, woher es kommt, offenbart. Man kann auch diese Denkfigur bei den verschiedensten bedeutenden Denkern der Gegenwart finden, etwa in Jean-Luc Marions Begriff des *phénomène saturé*, der ebenfalls wesentlich am Paradigma des großen Kunstwerks expliziert wird, oder im Verhältnis der „Epistemen" zueinander bei Michel Foucault. Spaemanns originäres Paradigma ist die Schöpfung des Weltganzen: Ließe sie sich aus dem Wesen Gottes ableiten, wäre der Pantheismus die Folge. Wenn Gott aber frei war, die Welt zu schaffen oder nicht, dann zeigt sich, nachdem sie da ist, dass es gar nicht anders hätte kommen können. Worin zeigt es sich? Auch und schon hier lautet der Schlüsselbegriff: in der Freiheit! Freiheit setzt Alternativen voraus, aber die Alternative zu schaffen oder nicht zu schaffen wird erst durch die Schöpfung konstituiert, denn jenseits von ihr war Gott und sonst nichts, und Gott ist im Verhältnis zu sich alternativlos. Es wäre insofern, so Spaemann, präziser, von der „Unausweichlichkeit" der Schöpfung (das Wort enthält ja die genaue Doppeldeutigkeit von Geschehen und existierendem Weltganzen) als von ihrer „Notwendigkeit" zu sprechen.[39] Eines aber folgt, wenn man diesen Gedanken mitvollzieht, mit Notwendigkeit aus ihm, nämlich dass die Schöpfung ein freies Wesen enthalten musste. Sonst nämlich, auch das ist ein metaphysischer Grundge-

---

36 *Paul Ricoeur* (Fn. 34), S. 184.

37 *Robert Spaemann*, Das unsterbliche Gerücht, 2007, S. 90.

38 *Robert Spaemann*, Zur Frage der Notwendigkeit des Schöpferwillens Gottes (1950), in: Schritte über uns hinaus. Gesammelte Reden und Aufsätze II, Stuttgart 2011, S. 236–257.

39 *Robert Spaemann* (Fn. 38), S. 245.

danke etwa in Leibniz' Theodizee,[40] hätte Gott in Form eines total determinierten Seinsmonolithen – oder des Goetheschen „im Kreis das All am Finger laufen" Lassens – gewissermaßen bei sich bleiben müssen; nachdem er dazu die Alternative hatte, musste die Welt offenbar – das Offenbare ist eben sehr viel mehr als die „Offenbarung" – diese Alternative das freie Wesen beinhalten, das die Notwendigkeit seines Daseins in der Freiheit offenbart, die an der genannten Zentralstelle des Personen-Buches als Definiens der Person angeführt wird, also der Freiheit, zu glauben oder nicht zu glauben. Und, das ist das an dieser Stelle abschließende Fazit, dieser gesamte Gedankengang würde total in sich zusammenbrechen, wenn man hier den Glauben durch das Wissen ersetzen wollte. Wenn man, wie Spaemann es im Einklang mit der gesamten Geistesgeschichte von Cicero über Thomas von Aquin und Pico della Mirandola bis zu Kant tut, die Würde des Menschen in seiner Freiheit begründet sieht, dann ist das Glauben und nicht das Wissen die Quelle, aus der allein der Sinn der menschlichen Existenz zu begreifen ist.

Dann aber kann „das Glauben" nicht nur jene Vorstufe oder Abschwächung bedeuten, die ihm im Verhältnis zum Wissen zukommt. Es ist vielmehr wesentlich „der Glaube", der zu „dem Wissen" notwendig – mit der gerade skizzierten Unausweichlichkeit also, der Unausweichlichkeit des Entscheidens am Grunde von Denken und Sein – in Komplementarität stehen muss. Was den Glauben in diesem Sinne vom Wissen trennt, ist keine epistemische Rangordnung, sondern es ist sein ontologischer Grund, das heißt es ist der unterschiedliche *Gegenstand*, auf den sie sich richten. „Jaspers nennt", so zitiert Spaemann letztendlich zustimmend, „die kognitive Beziehung zum Absoluten ‚Glaube' und unterscheidet sie von der kognitiven Beziehung zu innerweltlichen Gegenständen, die er Wissen nennt"[41]. Damit sind wir wieder im innersten Kern von Spaemanns Philosophiebegriff. Für Spaemann, so könnte man sagen, gerät der Philosophierende, der das menschliche Wissen zum letzten Maßstab aller Dinge inklusive der Beziehung des Menschen zu sich selbst erhebt, in einen performativen Selbstwiderspruch. Philosophie bräuchte es und gäbe es nicht, wenn das Wissen – jedenfalls im Sinne des verallgemeinerbaren kausal-nomologischen Erklärens und der aus ihm je gemäß der geschichtlich herrschenden Paradigmen gefolgerten Weltbilder – die Fragen nach dem Grund der Welt und dem Sinn des Lebens einer Antwort zuführen könnte, bei der der Mensch sich zu beruhigen vermöchte. Der Schritt zur Entdeckung der Person ist für Spaemann essentiell derjenige, in dem der Philosophierende nicht nur seinem, sondern durch diesen und hinter ihn zurück auch dem ersten Befreier begegnet, ohne den es nie einen Ausweg aus der Höhle gegeben hätte. Philosophie spricht, wenn sie es und damit sich selbst begreift, über den Befreiten, aber sie versetzt sich durch das, was sie zu sagen hat, in die Perspektive des Befreiers aller Befreier. Nur so kann sie der Bedeutung, die der Freiheit als dem Grund, aus dem überhaupt eine Welt ist, eignet, gerecht werden. Sie hat also einen notwendigen oder besser unausweichlichen Bezug zum Absoluten. Ich denke, dass man Spaemanns gesamtes Werk unter diesem Gesichtspunkt erschließen kann und will hier nur einige der elementarsten Stellen, an denen es sich zeigt, in Erinnerung rufen:

---

40 Vgl. hierzu *Walter Schweidler*, Die göttliche Freiheit, in: Das Unantastbare. Beiträge zur Philosophie der Menschenrechte, Münster 2001.

41 *Robert Spaemann*, Jaspers' Idee eines philosophischen Glaubens (Fn. 29), S. 226.

1. Der systematisch sehr zentrale Gedanke über „das Sum in Descartes' Cogito sum"[42]: Spaemann – Autor des Artikels „genius malignus" im „Historischen Wörterbuch der Philosophie" – geht auf den Grund zurück, den der universale Zweifel mit dem Gedanken, der ihn definitiv überwindet, gemeinsam haben muss, wenn er nicht jederzeit wieder als der Zweifel daran, ob ich nicht nur denke, dass er überwunden ist, zurückkehren soll. Dieser Grund muss einerseits ein Denken sein, das aber andererseits meinem Denken vorangehen muss als das, worin es ist, was es ist. „Das cartesische *Cogito* ergreift sich erst dadurch als Seiendes, dass es sich aufspaltet in die Assoziation eines absoluten, schlechthin mit sich identischen Seins, das es selbst nicht ist, und in ein durch dieses göttliche Sein bedingtes ‚Ding', die *res cogitans*, die es selbst ist und deren Substanzialität gerade nicht identisch ist mit seiner *cogitatio.* [...] Dieses ‚Ich bin' kann nicht als Resultat eines Prozesses der Reflexion verstanden werden, denn dieser Prozess ist unendlich."[43]

2. In der Schlusspassage von „Glück und Wohlwollen" geht es um das für Spaemann durchweg, auch im Personen-Buch ganz zentrale Phänomen der Verzeihung. Verzeihung erbitten und verzeihen kann man nur, wenn man die Empfindung kennt, in der man sich als für sich selbst verantwortlich erfährt. Diese Empfindung kann einem kein Philosoph andemonstrieren, aber wenn und nachdem sie da ist, kann sie uns gedanklich sehr tief orientieren. „*Denken* läßt sich das, was in diesem Gefühl gefühlt wird, allerdings nur, wenn wir den Menschen als Bild und Repräsentanten eines Unbedingten denken, der sich infolgedessen nicht selbst gehört."[44] Dies ist übrigens der Kernpunkt alles „bioethischen" Ringens von Spaemann gegen den satanischen Gedanken von John Locke, dass der Mensch Eigentümer seiner selbst sei. Aber weiter zu den Schlusssätzen des Buches. „Der Gedanke der Verantwortung für sich selbst ist ein religiöser Gedanke, ja er ist ein für die Religion konstitutiver Gedanke." Dies übrigens noch zum Thema Theologie und Philosophie: Die Religion wird hier verstanden auf der Basis eines philosophisch auszulegenden Phänomens, nicht umgekehrt dieses aus irgendeinem Offenbarungsinhalt. Aber zum Schlusssatz: „Der Gedanke der Verantwortung gegen sich selbst ist deshalb nur durchzuhalten, wo eine mögliche Verzeihung, also auch ein Subjekt dieser Verzeihung gedacht wird."[45] Der ontologische Grund allen personalen Verzeihens also. In sehr kleinem Kreis, nach meiner Erinnerung dem seiner drei letzten Assistenten, äußerte Spaemann einmal, dass er diesem Schlusssatz zuerst noch hatte anfügen wollen: „*Et hoc est quod omnes dicunt deum.*" Aber er kam wohl zum Schluss, dass das nicht notwendig sei.

3. Zu den wirkungsmächtigsten Analysen auf dem Gebiet der praktischen Philosophie gehört Spaemanns Kritik der universalteleologischen Ethik.[46] Ihr Kernpunkt ist der Hinweis, dass die Optimierungsforderung, wonach eine menschliche Handlung nur gut ist, wenn sie die Glücksbilanz der Welt steigert bzw. das Leid darin mindert, für ein end-

---

42 *Robert Spaemann*, Das Sum in Descartes' Cogito Sum, in: Schritte über uns hinaus I (Fn. 38), S. 136–148.

43 *Robert Spaemann* (Fn. 42), S. 147.

44 *Robert Spaemann*, Glück und Wohlwollen (Fn. 12), S. 253.

45 *Robert Spaemann* (Fn. 44), S. 254.

46 *Robert Spaemann*, Über die Unmöglichkeit einer universalteleologischen Ethik, in: Grenzen (Fn. 1), S. 193–212.

liches Bewusstsein nicht erfüllbar ist und mit dem Phänomen der sittlichen Pflichtempfindung nicht zur Deckung gebracht werden kann. Hier wird gewissermaßen die Gegenprobe zur Perspektive vom Absoluten auf das Endliche gemacht, indem sich zeigt, dass die Optimierungsforderung einen Überblick über die Gesamtheit der Weltzustände voraussetzen muss, mit dessen Reklamierung der, der diese Forderung erhebt, für sich die Position eines unendlichen Geistes anmaßt. Ein Wissen um die Totalität der Folgen des eigenen Handelns im Horizont der Geschichte hat kein endlicher Mensch, und wenn dieses ontologisch begründete Defizit in die Reklamierung zumindest des guten Glaubens an die Optimierungsfunktion des eigenen Handelns umschlägt, macht der Gläubige sich selbst, gerade in seiner Endlichkeit, zu dem, was die Tradition „Gott allein als Herrn der Geschichte“ zuschrieb, weshalb sie „stets den legislativen göttlichen Willen von der *voluntas Dei absolute dicta*, dem ‚Geschichtswillen'“ unterschied und es nicht erlaubte, „die Maßstäbe des Sittlichen aus Spekulationen über den Geschichtswillen Gottes zu schöpfen. Es ist der Unterschied zwischen einem endlichen und einem unendlichen Bewusstsein, der diesen unüberbrückbaren Unterschied begründet und deshalb das Verständnis von Moral als universaler Optimierungsstrategie scheitern läßt.“[47]

4. Eng zusammenhängend damit, aber von ganz eigener Orientierungskraft sowohl für die allgemeine Handlungstheorie als auch die ethische Rekonstruktion von konkreten Gewissenskonflikten ist die Differenzierung, die Spaemann in der Auslegung von Quaestio 19 Art. 10 der Summa Theologica I.II von Thomas von Aquin hervorhebt.[48] Auf die Frage, ob der menschliche Wille sich im ethischen Handeln dem göttlichen angleichen solle, antwortet Thomas mit der Differenzierung zwischen formaler und materialer Hinsicht. Formal, also im Hinblick auf das Streben, das umfassende Gute in der Welt zu wollen, sollen wir unseren dem göttlichen Willen angleichen. Aber in materialer Hinsicht, also wenn es um die Frage geht, wie wir das Maß dieser Angleichung zu finden haben, fügt er eine weitere Differenzierung hinzu, die im ganzen Kontext der deontologischen Ethik, insbesondere auch gegenüber dem Kantischen „Rigorismus“, von erheblicher praktischer Bedeutung ist. Es ist nämlich, eben weil jeder von uns nicht aus der Glücksbilanz des Universums, sondern aus dem Lebenskreis, in den er hineingestellt worden ist, also aus dem „besonderen Gut“, das er als endliches Wesen nur zur Leitlinie seines Lebens machen kann, seine Handlungen zu bestimmen hat, „möglich, daß ein Wille, der etwas in einer besonderen Hinsicht will, gut ist, was Gott dennoch in umfassender Hinsicht nicht will“ – und umgekehrt. Daraus entspringt auch die Möglichkeit, „daß die verschiedenen Willen von verschiedenen Menschen, die auf Entgegengesetztes gehen, gleichwohl gut sind, so sie nämlich in verschiedenen eingeschränkten Hinsichten etwas wollen oder nicht wollen“[49]. Hier wird die Unterscheidung von Gebots- und Geschichtswille Gottes wirklich praxisrelevant, auch im Hinblick auf die Grenzen, die man sich bei aller Überzeugung von der Richtigkeit des eigenen Handelns im Verhältnis zu anderen Verantwortlichen setzen sollte, die eine andere Funktion, eine andere Geschichte, eine andere Lebenserfahrung und letztendlich auch eine andere politische Meinung haben. Es gibt wohl philosophische Denkfiguren, mit denen man

47 *Robert Spaemann* (Fn. 46), S. 201 f.

48 *Robert Spaemann*, Einleitung zu: Thomas von Aquin: Über die Sittlichkeit der Handlung. Sum. Theol. I-II q. 18–21, übersetzt und kommentiert von Rolf Schönberger, Weinheim/New York 1990, S. VII-XVI, hier S. IX.

49 *Thomas von Aquin*, Sum. Theol. I-II.19,10 resp. (Über die Sittlichkeit der Handlung, S. 117).

diese für den sozialen Frieden so fundamentale Differenz auch ohne einen Bezug auf den Willen Gottes ausdrücken können mag; aber prägnanter als Spaemann, der hier praktisch Thomas von Aquin zitiert, wird man sie schwer formulieren können: „Nicht was Gott will, sollen wir wollen, sondern das, wovon Gott will, daß wir es wollen.“[50]

An dieser Stelle soll es mit den Hinweisen auf die Glaubensperspektive im Explikationshorizont von Spaemanns Philosophiebegriff sein Bewenden haben, auch weil die letztgenannte Passage uns zur Zusammenfassung dessen dienen kann, was man von ihm über den Begriff des Humanismus zu lernen vermag. Mir scheint, dass man die Achse, um die sich das Rad des Spaemannschen Denkens dreht, mit Pascals bekanntem Wort illustrieren kann, dass der Mensch um ein Unendliches den Menschen übersteigt.[51] Man kann auch an den klassischen Ort in *Platons Nomoi* denken, an dem der „Athener“ die Szenerie vom Menschen als Spielzeug Gottes und seinem Dasein als Marionettenspiel, das „an der Wahrheit nur geringen Anteil“ habe, entwirft. Dort wird ihm von Megillos entgegengehalten: „Da setzt du uns ja das Geschlecht der Menschen völlig herab, Fremder“; worauf der Athener versetzt: „Wundere dich nicht darüber, Megillos, sondern verzeih es mir; denn im Hinblick auf die Gottheit und unter diesem Eindruck habe ich es gesagt, was ich eben gesagt habe. Mag also, wenn es dir so recht ist, unser Geschlecht nicht ganz bedeutungslos, sondern eines gewissen Ernstes wert sein!“[52] So klein die Menschen *im* göttlichen Blick erscheinen, so groß sind sie eben *durch* ihn, wenn es ihnen und damit durch den von ihnen, dem es ihn *einzunehmen* gelingt. Die wahre Kleinheit des Menschen darzustellen verlangt seine eigentliche Größe. Man kann es auch noch eine Nummer lebensnäher sagen mit dem Wort, das von Konrad Adenauer an Carlo Schmid überliefert ist: „Wissen Sie, Herr Schmid, was der Unterschied zwischen Ihnen und mir ist? Sie jlauben an den Menschen; ich jlaube nicht an den Menschen.“ Sicherlich wollte Adenauer, wenn er das so gesagt haben sollte, ausgerechnet Carlo Schmid niemals den Humanismus absprechen; aber eben so wenig sich selbst, im Gegenteil. Den Menschen im guten Sinne ernst zu nehmen, erfordert einen starken Glauben. Nur wer das einsieht, kann einem, der anders als er, aber eben glaubt, den Humanismus zugestehen und für seine Freiheit, ihn zu leben, eintreten, selbst dann, wenn er diesen Glauben in keiner Weise teilen kann. Der Humanismus in diesem Sinne war jedenfalls für Spaemann, der auf die Frage im legendären FAZ-Interview nach seiner Grundbefindlichkeit angab: „Heiterkeit und Skepsis, sich gegenseitig mäßigend“, der propositionale Gehalt des Aktes der Gelassenheit, den er, wiederum im Rückgriff auf die Denkfigur vom Gebots- und Geschichtswillen Gottes, als die rettende Mitte zwischen den Versuchungen des Fanatismus und Zynismus zu beschreiben liebte. Mir scheint ein so definierter Humanismus eine Vermittlungsbasis zu bieten, von der aus man sich mit Spaemanns Philosophie ebenso als Christ wie als jemand auseinandersetzen kann, der anders glaubt. Man kann womöglich sogar, wenn man sich um gar keinen Glauben scheren zu müssen meint, von der Auseinandersetzung mit seinen Einsichten und Argumenten profitieren und vieles, viel Gutes und Wahres, von Spaemann übrig behalten. Von Spaemann bleiben wird dann allerdings nichts.

---

[50] *Robert Spaemann* (Fn. 48), S. IX.

[51] *Blaise Pascal*, Les Pensées, London u. Paris 1913, Art. 1 Nr. 6.

[52] *Platon*, Nomoi 804 b.

II. PERSONSEIN UND MENSCHENWÜRDE

„KEINE ETHIK OHNE METAPHYSIK“.

Robert Spaemann und der „Trugschluss“ um die Menschenwürde*

Von *Thomas Buchheim*

Obwohl man es nicht auf Anhieb erkennt, ist die ‚Menschenwürde‘ in der Philosophie Robert Spaemanns ein höchst problematischer Begriff, über den er selten geschrieben hat und den er vor allem nur äußerst sparsam einsetzt, trotz seiner vielen kräftigen Stellungnahmen zu öffentlich diskutierten Themen von Politik, Ethik und Moral. Woran liegt das?

Man erkennt es beispielsweise an einem der spätesten Bekenntnisse zur Menschenwürde, das er angesichts eines drohenden Missverständnisses seiner Position im Zuge einer philosophischen Kontroverse mit Volker Gerhardt abzulegen sich genötigt sah:

> „Zum Thema ‚Würde des Menschen‘ muss ich nur Folgendes anmerken. Gerhardt unterstellt mir die Ansicht, ich leitete die Würde des Menschen aus seiner Abstammung vom Menschen ab. Es ist erstaunlich, welcher Absurditäten er mich für fähig hält. Die Würde des Menschen hängt natürlich mit seiner Fähigkeit zur Selbstbestimmung zusammen. Die erwachsenen Exemplare der Spezies *homo sapiens* besitzen meistens diese Fähigkeit. Es gehört zu ihrer Gattungsnatur. An dieser Gattungsnatur aber haben alle Menschen teil, auch die, die der Selbstbestimmung noch nicht, nicht mehr oder nie fähig sind. Wer dem nicht zustimmt, wie zum Beispiel Peter Singer, wird einem einjährigen Kind und einem Altersdementen keine Menschenwürde zusprechen und deshalb auch keinen Lebensschutz durch das Gesetz zubilligen. Die Menschenwürde gründet nicht in der Abstammung, aber die Abstammung umschreibt den Kreis derer, denen diese Würde zukommt. Dies zu begründen, ist hier nicht der Platz.“[1]

Spaemanns Zurückhaltung in Bezug auf Begriff und argumentativen Gebrauch der Menschenwürde gründet nicht etwa darin, dass er den Anspruch aller Menschen auf Freiheit und Selbstbestimmung nur eingeschränkt gelten lassen will und stattdessen paternalistischen Vorstellungen einen gewissen Raum übrig lassen möchte, sondern allein darin, dass die Fähigkeit zur Selbstbestimmung nicht zum *Maßstab* der Würde gemacht werden darf, die allen Menschen nach seiner tiefsten Überzeugung zukommt. Denn von Anfang an bewegte Spaemann vor allem diese Frage: Warum rationalerweise, *wenn* der Anspruch auf Selbstbestimmung den Begriffskern der Würde umschreibt, auch diejenigen Menschen, die von

---

* Der Beitrag, obwohl ursprünglich für eine Publikation in dieser juristischen Zeitschrift geschrieben, wurde mit freundlicher Genehmigung der Herausgeber auch als philosophischer Fachbeitrag in einer rein philosophischen Zeitschrift (ZEMO – Zeitschrift für Ethik und Moralphilosophie 4/2019) mit einem zusätzlichen Vorspann über Robert Spaemann veröffentlicht. Den Herausgebern danke ich für ihr verständnisvolles Entgegenkommen.

Das Zitat im Titel stammt aus: *Spaemann*, Glück und Wohlwollen. Versuch über Ethik, 1989, S. 131.

1 *Robert Spaemann/Volker Gerhardt*, Kontroverse über Sterbehilfe, ZfL 2005, 119 (124).

Duncker & Humblot · Berlin | https://doi.org/10.3790/978-3-428-58515-1.2025.202204

ihren Fähigkeiten her unstrittig nicht im geringsten in der Lage sind, ein selbstbestimmtes Leben zu führen, dennoch die gleiche Würde besitzen sollten wie alle anderen? Die Antwort, die Spaemann auf diese Frage in jahrzehntelanger konzeptioneller Arbeit entwickelt hat, ist so kompliziert, dass er sich – trotz seiner sonst ausgeprägten Gabe zu präziser Knappheit der Formulierung – außerstande sah, sie in einer kurzen Stellungnahme zu umreißen.[2] Was er wie in vielen anderen seiner Aufsätze stattdessen allein beteuert, ist dies: dass die „Abstammung vom Menschen" lediglich das für uns in Frage kommende, definitive Kriterium für die Extension des Würde-Anspruches sein müsse, wenn es auch bei weitem nicht den Begründungszusammenhang dafür liefern könne. Spaemann ist daher – weil man den Unterschied von Kriterium und Begründung nicht immer klar auseinanderhielt –, allzu leicht so verstanden worden, als komme sein philosophisches Argument nicht über eine Form des „Speziesismus" hinaus. Dieses vor allem von Peter Singer kritisch eingesetzte Schlagwort besagt, dass uns eine bloß parteiische „Komplizenschaft" als Mitglieder derselben Spezies zur grundlosen und irrationalen Selbstprivilegierung gegenüber allen anderen Mitgliedern anderer Spezies antreibe, obwohl im Einzelfall deren Exemplare mehr rationale und leidsensible Fähigkeiten besitzen könnten als gewisse Fälle einer „Abstammung vom Menschen".[3]

Ganz im Gegenteil zum Anschein einer speziesistischen Begründung für die Universalität der Menschenwürde, ist nach Spaemanns Bekundung in seinem ersten (und letzten Endes einzigen, der sich einlässlicher damit auseinandersetzt),[4] direkt „Über den Begriff der Menschenwürde" geschriebenen Aufsatz von 1987 das Prinzip Menschenwürde sogar für „heilig" zu erachten und allein in einer „Philosophie des Absoluten" zu begründen:

> „Die Kostbarkeit des Menschen „an sich", also nicht nur für den Menschen, macht sein Leben zu etwas Heiligem, und sie gibt dem Begriff der Würde erst jene ontologische Dimension, ohne welche

---

2 Wie ich unten erklären werde, ist die Angelegenheit deshalb so kompliziert, weil man in der führenden Philosophie der 80er Jahre sämtliche klassischen Wege, den Schluss auf die Allgemeingültigkeit der Menschenwürde zu begründen, für eine sich auf rein rationale Argumente stützende philosophische Debatte versperrt glaubte: Es gibt nach dieser Auffassung keinerlei lebensübergreifendes „further fact", das eine Entität zu einer numerisch identischen Person machen würde, außer der Serie von „interrelated physical and mental events" im Kontext eines geeigneten Gehirns und damit verbundenen Körpers derart, dass sie einen gewissen Strang von Erfahrungen andauern und als die je meinigen in die Zukunft hinein kausal in bestimmter Weise anknüpfen lassen (vgl. insbesondere *Derek Parfit*, Reasons and Persons, Oxford 1984, z. B. S. 202–217; 274–293; 341). Der Status als selbstbestimmte Person ist demnach abhängig vom aktuell gegebenen Vorherrschen qualifizierter Erfahrungsverknüpfung. – Eine These, die naturgemäß viele von den Würdeansprüchen personalen Daseins auszunehmen erlaubt, die Spaemann so dringend eingeschlossen wissen wollte.

3 Auf einer solchen kritischen Argumentationslinie (nicht gegen Spaemann insbesondere, sondern gegen die bis dato mit dem Begriff der Menschenwürde und analogen Prämissen argumentierende Ethik klassischen Zuschnitts) bewegte sich besonders Peter Singers wichtiges Buch: *Singer*, Practical Ethics, Cambridge 1979.

4 Sieht man von dem kurzen Vortrag „Menschenwürde und menschliche Natur" vor der Akademie für politische Bildung in Tutzing (2009) ab, der aber eher nur das *Verhältnis* des nicht der Natur entspringenden Würdeanspruchs zu der Tatsache betrifft, dass jeder Mensch mit einer biologisch fassbaren und so erzeugten Natur zu leben hat (veröffentlicht in: *Robert Spaemann*, Schritte über uns hinaus. Gesammelte Reden und Aufsätze II, 2011, S. 93–101).

das mit diesem Begriff Gemeinte gar nicht gedacht werden kann. Der Begriff „Würde“ meint etwas Sakrales: er ist ein im Grunde religiös-metaphysischer.“[5]

Aber was soll „Kostbarkeit des Menschen an sich“ bedeuten?[6] Ist nicht eben dem Menschen sein Leben vergleichsweise am kostbarsten so wie wir es auch wohl allen anderen Lebewesen unterstellen dürfen? Die Antwort Spaemanns auf diese Frage ist bekanntlich „nein“. Zwar ist auch für den Menschen sein Leben kostbarer als das anderer Lebewesen, aber das würde nicht ausreichen, um ihm die *Würde* zuzusprechen, die andere Lebewesen nicht haben.[7] Vielmehr muss darüber hinaus der Mensch, d. h. müssen alle Menschen „an sich“ auf eine philosophisch zu explizierende Weise „kostbar“ sein, wenn sie denn *rationaler* und nicht nur *speziesistischer* Weise vor allen anderen Lebewesen Würde für sich beanspruchen. Eben deshalb kann nach Spaemann der Begriff der Menschenwürde allein im Rahmen einer „Philosophie des Absoluten“ rational begründet und aufgeklärt werden:

> „Seine theoretische Begründung findet der Gedanke der Menschenwürde und ihrer Unantastbarkeit allerdings nur in einer metaphysischen Ontologie, das heißt in einer Philosophie des Absoluten. Darum entzieht der Atheismus dem Gedanken der Menschenwürde definitiv seine Begründung und so die Möglichkeit theoretischer Selbstbehauptung in einer Zivilisation.“[8]

Die Einführung der Position „Gottes“ an dieser Stelle und Rückbindung der Würde an religiöse Überzeugungen macht es Spaemann allerdings nicht unbedingt leichter, ein solches Prinzip inmitten der sich rein auf rationale Argumente berufen wollenden Philosophie-Debatte zu verteidigen.

Ich möchte im Folgenden erstens aufzeigen, welche Schwierigkeiten Spaemann in Begriff und Prinzip der Menschenwürde diagnostiziert und auf dieser Grundlage deutlich machen, warum es nach Spaemanns Ansicht so ist, dass eine Begründung der Universalität der Menschenwürde *mindestens* eine metaphysische Ontologie, wenn nicht gar eine Philosophie des Absoluten verlangt. An zweiter Stelle möchte ich den philosophischen Ausweg skizzieren, den Spaemanns Überlegungen in den folgenden Jahrzehnten entwickeln und einschlagen, um eine Position zu festigen, von der aus eine den vorgebrachten rationalen Argumenten standhaltende oder ihnen legitimer Weise ausweichende „metaphysische Ontologie“ in Reichweite kommt, die das Prinzip der Menschenwürde ihrerseits rational begründbar erscheinen ließe. Drittens will ich noch andeuten, warum man den von Spaemann

---

5 *Robert Spaemann*, Über den Begriff der Menschenwürde (1987), wieder in: *ders.*, Grenzen Zur ethischen Dimension des Handelns, 2001, S. 107 (113).

6 Spaemann führt an dieser Stelle – wie gerne an entscheidenden Angelpunkten der Gedankenführung – nur ein Bibelzitat an: „[...] der 116. Psalm sagt: ‚Kostbar ist in den Augen des Herrn der Tod seiner Heiligen.‘“ (ebd.) Aber damit ist natürlich begründungsphilosophisch noch niemandem weitergeholfen. Das war auch Spaemann immer klar.

7 „Wenn der Wert nur relativ auf wertende Subjekte ist, so kann man die Vernichtung der Gesamtheit aller wertenden Subjekte nicht ein Verbrechen nennen. Denn diese Subjekte haben keinen Verlust erlitten, wenn sie verschwinden. [...] Nur unter zwei Voraussetzungen verhält es sich anders: entweder, wenn der Mensch seinen eigenen physischen Tod überlebt, so daß das Subjekt, welchem Unrecht geschah, weiterexistiert; oder aber, wenn Gott existiert, von dem der 116. Psalm sagt: ‚Kostbar ist in den Augen des Herrn der Tod seiner Heiligen‘.“ (*Spaemann* (Fn. 5), S. 113).

8 *Spaemann* (Fn. 5), S. 122. Man muss wissen, dass das Fazit von Derek Parfits berühmtem Buch (Fn. 2), das die klassischen Begründungsversuche zur Auflösung gebracht hatte, die da meinten, am Begriff der *Person* ansetzen zu können, darin bestand, „Non-Religious Ethics“ als *die* intellektuelle Aufgabe für die Zukunft der Menschheit zu propagieren (*Parfit,* S. 453 f.).

beschriebenen Weg nicht für rational völlig überzeugend halten muss und wie m. E. auf Grundlage von Spaemanns gedanklichem Fundament weitergegangen werden kann, um einer sofortigen Verwerfung der Position durch die Anwälte der „Non-Religious Ethics" mit Gründen zu entgehen.

I. Schwierigkeiten im Begriff der Menschenwürde

Die erste und philosophisch gesehen hauptsächliche Schwierigkeit, die Spaemann in jenem Aufsatz über die Menschenwürde diagnostiziert, liegt in Folgendem: *Wenn* man den Begriff der Menschenwürde und ihre Unverlierbarkeit (lt. Art. 1 Abs. 1 GG „Unantastbarkeit") an dem Anspruch auf Freiheit und Selbstbestimmung einer jeden Person festmacht, dann sitzt man nach Spaemann unvermeidlich einem „Trugschluss" auf, den er folgendermaßen charakterisiert:

> Aus dem Gesagten scheint sich allerdings zu ergeben, daß die Menschenwürde nur solchen Wesen zukommt, die jene Eigenschaft tatsächlich besitzen, derentwegen wir sie einander zuerkennen, also Vernünftigkeit und die Möglichkeit sittlicher Selbstbestimmung. Liegt nicht ein alter Trugschluß darin, daß man zunächst Menschenwürde und daraus abgeleitet Menschenrechte auf die Personalität des Menschen gründet, diese aus seiner Vernünftigkeit und Freiheit herleitet, dann aber die Personwürde allen Exemplaren der Spezies *homo sapiens* zuerkennt, auch denjenigen, die diese Eigenschaften offensichtlich gar nicht besitzen, Embryonen, kleinen Kindern, Debilen, schwer Geisteskranken?[9]

Man muss, denke ich, zugeben, dass nach dem überkommenen Verständnis der Sachlage bis zu Spaemann tatsächlich dieser Trugschluss an der Tagesordnung war: Träger der Würde ist primär die selbstbestimmte Person; Personen sind per se Wesen, die Vernunft und Freiheit im Sinne von Autonomie besitzen; daher sind alle Wesen, die empirisch von gleicher Beschaffenheit sind wie uns bekannte unstrittige Beispiele von Personen, Träger der Würde. Der Trugschluss besteht aber in einer *metabasis eis allo genos* im dritten Satz: *Warum* sollte durch eine Ähnlichkeit von Dingen in völlig anderer Hinsicht (empirische Artmerkmale der Spezies Mensch) auch Gleichheit in Beziehung auf Freiheit und Vernünftigkeit impliziert werden?

Spaemann nennt dies mit Recht einen „Trugschluss" im klassischen Sinne des Wortes, sofern man nicht eine überzeugende rationale Rechtfertigung dafür aufbieten kann. Welche Rechtfertigung lässt sich philosophisch dafür geben? Spaemann zieht drei Möglichkeiten in Erwägung, die er aber zugleich als bloße Spielarten ein und derselben klassischen Auffassung enthüllt:

(1) Die genannte klassische Auffassung gibt eine universell für gültig erachtete „ontologische Begründung", nach der empirische Qualitäten generell nur Ausdruck oder Erscheinungsform einer nicht unmittelbar in Erscheinung tretenden substantiellen Form seien; und dass dann weiterhin diese substantielle Form im Falle des Menschen völlig *allgemein*, d. h. als Spezies mit Vernünftigkeit und Freiheit essentiell verbunden ist.

(2) Für einen „Nominalisten", so Spaemann weiter, ist aber diese Antwort nicht akzeptabel, weil er es ablehnen muss, *universale* Speziesformen als wirklich anzuerkennen. Doch

9 *Spaemann* (Fn. 5), S. 115 f.

gibt es für den Nominalisten ein argumentativ zwar schwächeres, aber doch in vielen Fällen satisfaktionsfähiges Surrogat im Gedanken einer natürlichen „Anlage zum Ich, zur Freiheit als Würde“[10] in jedem menschlichen Individuum, die nur nicht in jedem Fall zur vollen Ausprägung gelange. Dieses beliebte Argument hängt allerdings – wie Spaemann verschwiegen maliziös hinzufügt – an etwas, was schon Hume und in neuester Zeit der schon genannte Derek Parfit vehement bestritten hatten: Nämlich daran, dass wir eine *Identität* der Person so, wie sie frei und selbstbestimmt handelt, bis zurück zur Zeit ihres ersten Auftretens voraussetzen dürfen:

> „Das, was wir ‚Ich‘ nennen, beginnt nicht irgendwann in einem datierbaren Augenblick der menschlichen Biographie. Es erhebt sich in einer kontinuierlichen Entwicklung aus der organischen Natur des Menschen. Wir sagen deshalb auch: ‚Ich wurde dann und dann geboren‘, obgleich wir, als wir geboren wurden, noch nicht „Ich“ sagten und auch selbst keine Erinnerung an diesen Augenblick besitzen.“[11]

Und so wiederholt sich im Grunde die Voraussetzung, dass jeder *geborene* Mensch eine ihn über das ganze Leben hinweg identifizierende substantielle Form habe, die trotz unterschiedlicher empirischer Indikation numerisch ein und dasselbe (und eben Form einer vernünftigen Substanz) ist. Aber diese Voraussetzung wird in der heutigen Philosophie zu allermeist bestritten. Es bleibt also auch hier bei einem Trugschluss.

(3) Die dritte Rechtfertigungsmöglichkeit, die Spaemann nennt, besteht in einer „transzendental-pragmatischen Überlegung“. Sie knüpft, wie jede transzendentale Begründung an dem an, was wir in einem als eindeutig und unstrittig eingestuften Fall des zu Begründenden vorliegen haben und zeigt eine allgemeine transzendentale Voraussetzung für ihn auf: Ein unstrittig gegebener Fall von freier Selbstbestimmung und damit Zuerkennung von Würde wäre gar nicht sinnvoll, sondern vielmehr selbstwidersprüchlich, wenn man ihn von der Bedingung abhängig machen wollte, dass das Subjekt der Selbstbestimmung bestimmte Leistungsmerkmale wie z. B. Vernunftfähigkeit aufweist. Also dürfen für eine Zuerkennung von Würde und damit verbundenen Rechten *generell* keine dem Einzelfall vorgreifende Bedingungen gestellt werden als nur die, ein „geborenes Mitglied der Menschheit“ zu sein, das „kraft eigenen Rechts den anderen gegenübertritt“.[12] Wiederum wird, auch bei dieser transzendentalpragmatischen Begründung, davon ausgegangen, dass die biologische Zugehörigkeit zur Spezies ‚Mensch‘ (anders als andere biologische Abstammungen) auch das transferiert, was eben Freiheit und Vernünftigkeit mit sich bringt. Wie geht das vor sich? Das können wir nicht sagen ohne eine gewisse metaphysische Hintergrundtheorie. Liefern wir diese nicht mit, so bleibt der Trugschluss erhalten.

Spaemanns Abhandlung über die Menschenwürde ist ein schönes Beispiel dafür, wie sein philosophischer Scharfsinn und die Klarheit und Kompromisslosigkeit seines Denkens eine ernsthafte und breitere Rezeption seiner Folgerungen erschwert. Können wir denn vom Prinzip der Menschenwürde nur ausgehen, solange wir old-fashioned-Metaphysik betreiben und außerdem mit Blindheit gegenüber der modernen Philosophie geschlagen sind? Spaemann selbst geht einstweilen lieber so vor, dass er seine Argumente ohne Rekurs auf dieses Prinzip vorträgt – bis er eben eine schlüssige und zugleich vor dem Hintergrund

---

10 *Spaemann* (Fn. 5), S. 115 f.

11 *Spaemann* (Fn. 5), S. 115 f.

12 *Spaemann* (Fn. 5), S. 115 f.

aktuellen philosophischen Denkens akzeptable ontologische Hintergrundtheorie haben würde, die jenen „Trugschluss" wirklich vermeidet. Man kann indessen sagen, dass er nicht ganz bis zu diesem Ziel gelangt ist.

Wenn man die drei Termini des oben herausgestellten Trugschlusses betrachtet (Träger der Würde – selbstbestimmte Person – Mensch), dann scheint klar zu sein, dass man am Begriff der *Person* würde ansetzen müssen. Denn dieser Begriff wird eben einerseits ganz zu Unrecht *exklusiv* an den einer autonomen Selbstbestimmung und Vernünftigkeit gekoppelt; während er gegenüber dem Begriff des Menschen andererseits den Vorzug besitzt, jedenfalls kein *biologisch* interpretierbarer Begriff zu sein. Aber das stand Spaemann selbst zu dieser Zeit (1987) noch alles andere als deutlich vor Augen.

Die zweite tiefgehende Schwierigkeit im Begriff der Menschenwürde, die Spaemann in demselben Aufsatz „Über den Begriff der Menschenwürde" aufdeckt, liegt darin beschlossen, dass er, dieser Begriff, *gleichzeitig* als eine positive Begründung für die Geltung von Menschenrechten überhaupt *und* als besonderer Rechtsartikel, nämlich Schutzgebot eines „unantastbaren", aber auch begrifflich unzugänglichen Minimums der Eigensphäre menschlicher Individualität firmiert. Bei näherem Hinsehen ist dies aber ein unheilvoller Doppelsinn, weil letztlich nichts, was selbst sanktionsbewehrte normative Geltung beansprucht, diese Geltung zugleich rational begründen kann. Spaemann schreibt in dieser Angelegenheit:

> „Die gegensätzlichen rechtsphilosophischen Positionen scheinen mehr die Begründung der Menschenrechte als deren Inhalt zu betreffen. Das Recht, jederzeit gegenüber jedermann frei seine Meinung zu äußern, [...] ist ein Recht, dessen unbedingte Geltung strittig sein mag; der Inhalt dieses Rechts ist jedenfalls einigermaßen eindeutig und als solcher indifferent gegen seine Begründung. Anders ist es mit dem Inhalt von Art. 1 Abs. 1 des Grundgesetzes der Bundesrepublik Deutschland: „Die Würde des Menschen ist unantastbar." Der Inhalt dieses Artikels ist nicht in gleicher Weise immun gegen die Begründungszusammenhänge, in die er gestellt und von denen her er ausgelegt wird. Der Begriff der Menschenwürde ist – ähnlich wie der der Freiheit – ein transzendentaler Begriff. Er bezeichnet nicht primär ein spezifisches Menschenrecht, sondern er enthält eine Begründung für so etwas wie „Menschenrechte überhaupt"."[13]

Das ist nun deshalb misslich, weil sich mit Berufung auf den vorgeblichen Rechtsartikel der Menschenwürde *alles* als rechtlich *geboten* darstellen lässt, was irgendwie als ein wünschenswerter Ausfluss von Menschenrechten begriffen werden kann. Spaemann schildert nur ein zeitgenössisches Beispiel für diese Ausbeutungsstrategie des Artikels der Menschenwürde.[14] Aber es ist klar, dass dies bis heute viel Nachfolge gefunden hat. Indessen geht es mir gar nicht darum, diesen Dissens zwischen minimalistischer und inflationärer Auslegung des Artikels der Menschenwürde hier auszubreiten. Sondern das eigentliche Gebrechen der Sache liegt darin, dass eine Begründung von Rechtsgeboten zugleich als Rechtsgebot in Erscheinung tritt. Das kann aber so nicht sein. Jede Begründung muss er-

---

13 *Spaemann* (Fn. 5), S. 109.

14 Gemeint sind Beispiel und Thesen des Rechts- und Sozialphilosophen *Werner Maihofer* (z. B. in Rechtsstaat und menschliche Würde, 1968, S. 37–42; Spaemann zitiert die betreffende Passage aus einem Vorabdruck desselben Textes mit dem Titel: „Menschenwürde im Rechtsstaat", in: Die Würde des Menschen I. Untersuchungen zu Artikel 1 des Grundgesetzes für die Bundesrepublik Deutschland, Schriftenreihe der Niedersächsischen Landeszentrale für politische Bildung, Verfassungsrecht und Verfassungswirklichkeit – 1 A, 1967), der diese Auffassungen auch als Innenminister in mehreren Kabinetten der SPD-FDP-Koalition politisch vertreten hatte.

laubterweise in Zweifel gezogen werden dürfen. Und nur die rationalen (nicht rechtlichen) Konsequenzen ihrer Leugnung dürfen einen davon überzeugen, dass eine Begründung triftig ist.

Es ist also insgesamt gesehen kein Wunder, dass Spaemann, obwohl ihm die Menschenwürde als Prinzip „heilig" ist, in seinen philosophischen Schriften und Stellungnahmen höchst selten Gebrauch von diesem Prinzip gemacht hat, und wenn, dann nicht als Prinzip einer Argumentation, sondern in der Form einer Wiedererinnerung an etwas, das uns wichtig und geläufig ist.

II. Spaemanns Ringen um eine Behebung des „Trugschlusses"

Mittelbegriff des von Spaemann diagnostizierten Problems im Schluss auf die Universalität der Menschenwürde ist der anscheinend nicht ohne „metaphysische Ontologie" auf alle Menschen beziehbare Begriff der Person. In den zwei wichtigsten auf Spaemanns Abhandlung „Über den Begriff der Menschenwürde" folgenden Büchern, nämlich *Glück und Wohlwollen. Versuch über Ethik* von 1989 und vor allem *Personen. Versuche über den Unterschied von „etwas" und „jemand"* von 1996, schält sich diejenige ontologisch-metaphysische Hintergrundtheorie Spaemanns heraus, die in seinen Augen geeignet ist, sowohl den aufgezeigten Trugschluss zu beheben als auch den Argumenten führender Vertreter der modernen analytischen Ethik etwas entgegenzusetzen, was mit Blick auf deren antireligiöse Prämissen nicht sofort einer Ablehnung anheimfiele.

Entscheidend für Spaemann ist die Idee, das Dasein von Personen einerseits zu einer Frage empirisch zugänglicher „*Wahrnehmung*" zu machen und damit aus der Sphäre metaphysischer Unterstellungen und hypostasierter Formpostulate herauszulösen; andererseits aber auch die exklusive Kopplung des Begriffs an selbstgewisse Vernunftleistungen aufzuheben. Durch das zweite kann der Personenstatus zu einer vom Freiheits- und Vernunftparadigma *unabhängigen* ontologischen Begründung für die ausnahmslose und unserer Zustimmung nicht bedürftige Universalität der Würde und daran anschließend der Grundrechte aller Menschen avancieren. Dank dem ersten wird die Bezweiflung des Daseins von Personen als empirisch unausweisbares „further fact" zu all dem, was wir in der Welt vorfinden, zumindest erschwert. Denn wenn es möglich ist, Personen in ihrer besonderen Art des Daseins *wahrzunehmen*, dann gleicht ihre Leugnung mehr einer ignoranten, willkürlich vorgenommenen Verengung des eigenen Blicks als, wie von der Gegenseite beansprucht, einer rationalen Selbstbeschränkung auf das, was empirisch ausweisbar ist.

Es kommt hinzu – und dies liegt nun in der Verbindung beider Gedanken – dass alles, was wir *wahrnehmen*, jedenfalls nicht nur aus einer Sicht von innen oder aus, wie wir es nennen können, „spekulativer Introspektion" heraus so erachtet wird, sondern dass es allem Wahrgenommenen wesentlich ist, eine Außenseite zu besitzen, durch die es eben der Wahrnehmung unterliegt. So war es Spaemanns wichtigster Schachzug, das Dasein von Personen an die *Außenwahrnehmung* von Personen durch *andere* Personen begrifflich zu knüpfen. Auf diese Weise ließe sich nicht mehr sagen (was eine der zentralen Thesen von Parfit gewesen ist), dass ihrer selbst bewusste lebendige Individuen ‚in Wirklichkeit' nur eine Abfolge einander mehr oder weniger ähnlicher Lebensstadien seien, die keine *Identität* als ein und dieselbe Person über die Zeit hinweg besitzt, wenn doch zugleich alle *anderen* Personen der

Meinung sind, es handle sich um dieselbe Person mindestens seit ihrer Geburt. Eine solche Aussage ist dann genauso unsinnig wie die, dass es die Bäume und Sträucher nicht gibt, die wir wahrnehmen, weil wir sie farbig sehen und Farben keine Objekteigenschaften seien.

Wenn es also, wie Spaemanns zentrale These lautet, für Personen wesentlich ist, *sich selbst nur, indem von anderen wahrgenommen,* als jemanden erfassen zu können, mit der sie lebenslang identisch ist, *dann* ist es offenbar müßig, mit einer Leugnung der Existenz von Personen entgegen der Wahrnehmung das Gegenteil zu versichern. Denn es ist in der Tat ein interessantes Datum der aufwendigen Analysen in Derek Parfits Buch, dass das, was eine Person sein soll, nur *begrifflich,* d. h. aus den angeblichen Merkmalen, die ein je einzelner Fall *in sich* erfüllen müsste, untersucht wird. Die Identität einer jeden Person *ist* aber nach Spaemanns These Identität aus dem Wahrgenommen-Werden durch je andere.[15] Deshalb, so eine der häufig wiederholten Grundaussagen von Spaemann, „gibt es Personen nur im Plural".[16] Oder ähnlich bereits im Buch *Glück und Wohlwollen:* „Ohne Interpersonalität gibt es keine Person."[17]

Selbstverständlich handelt es sich nicht um eine Wahrnehmung im philosophisch geläufigen Sinn einer empirisch-sinnlichen Erscheinung. Vielmehr ist eine Wahrnehmung gemeint, die zugleich den Charakter des *Umgehens* mit dem Wahrgenommenen hat, d. h. lebenspraktische Wahrnehmung, wie man etwa einen Angriff oder einen freundlichen Blick oder eine sich bietende Gelegenheit wahrnimmt. Die gemeinte Wahrnehmung greift durch die Erscheinung hindurch erst zu auf das, was es damit lebenspraktisch auf sich hat und in dieser lebenspraktischen Bedeutung ‚wahrgenommen' oder ‚anerkannt' wird. Dies gilt eigentlich für jede Art echter Wahrnehmung, nur hat das philosophische Konstrukt einer „bloßen Erscheinung für das Bewusstsein" dies im Kontext philosophischer Debatten oft in Vergessenheit gebracht. Spaemann erklärt dazu an einer Stelle:

> „Der Andere muß mir in der sinnlichen Erfahrung und als Lebewesen ‚Mensch' gegeben sein, in der spezifischen Weise, wie uns Lebendiges gegeben ist. Sein Personsein aber ist wesentlich das nie Gegebene, sondern in freier Anerkennung Wahrgenommene. Der Doppelsinn des Wortes „wahrnehmen" kommt hier zum Tragen. So sagen wir, daß wir die Interessen eines Menschen wahrnehmen, wenn wir sie uns zu eigen machen und Dritten gegenüber vertreten. Nur in diesem Sinn werden Personen ‚wahrgenommen'."[18]

Was wiederum nicht heißen soll, dass wir, wenn wir andere Personen wahrnehmen, ihre Interessen vertreten müssten, sondern nur, dass der Charakter der Wahrnehmung von z. B. Personen ein solches Durchgreifen durch die bloß gegebene Erscheinung und hin auf eine lebenspraktische Situierung von mir im Verhältnis zum Wahrgenommenen ist.

Es ist letzten Endes nicht die philosophische Diskussion, welche darüber zu befinden hat, was bestimmte uns vertraute Weltverhältnisse eigentlich sind; sondern umgekehrt: die philosophische Diskussion muss möglichst adäquat in Begriffe fassen, was und wie solche uns

---

15 Aus dieser Charakterisierung erhellt, dass es sich bei der Spaemann'schen „Wahrnehmung" um etwas anderes, viel Gewöhnlicheres und zugleich Grundlegenderes handelt als eine wechselseitige „Anerkennung" *als Personen.* Während die Anerkennung einen gewissen Status und Anspruch des Gegenüber affirmiert, entdeckt die Wahrnehmung *von* anderen nur das Faktum des auch selbst Wahrgenommen-Werdens *durch* andere.

16 *Spaemann*, Personen, 1996, z. B. S. 9, 144; vgl. S. 87 u. a.

17 *Spaemann*, Glück und Wohlwollen, 1989, S. 235.

18 *Spaemann*, Personen, S. 194.

vertrauten Weltverhältnisse gebaut sind. Die *Wahrnehmung* im Sinne empirischer Erscheinung für ein Subjekt ist ein philosophisches Konstrukt und gibt, ebenso wie eine platonisch gedachte ‚Sinnlichkeit‘ nicht adäquat wieder, was eigentlich unter ‚Wahrnehmung‘ zu verstehen ist. Insofern ist es nicht illegitim, wenn Spaemann sich auf andere Beispiellagen bezieht um zu illustrieren, was er unter einer solchen, andere Personen als seinesgleichen entdeckenden gegenseitigen Wahrnehmung versteht. Der entscheidende Punkt ist – im Falle der Wahrnehmung von Personen – die Bemerkung eines „Selbstseins“ des *Anderen* im Unterschied zu mir. Unter „Selbstsein“ des Anderen versteht Spaemann eine Art Spiegelung des eigenen Wahrnehmens ins Wahrgenommen-Werden durch die wahrgenommene Andere: Was ich hier wahrnehme, ist zugleich jemand, die *mich* wahrnimmt und daher *‚selbst‘* eine, für die ich jemand anderes bin. So handelt es sich also im erklärten Sinn um eine Wahrnehmung meiner lebenspraktischen *Situation* des zusammen-wirklich-Seins mit der oder den Anderen, nicht bloß um Erscheinung von etwas, das sich in meiner subjektiven Anschauung so ausnimmt wie ein Mensch. Diese lebenspraktische Situation, in der ich mich immer nur *zugleich* mit anderen wahrnehmen kann und so als ausgeliefert an ein gleichstellendes Verhältnis in Beziehung auf sie, beschreibt noch einmal zusammenfassend folgender Satz:

> „Wenn aber ‚Person‘ den Platzhalter eines einmaligen Ortes in einem durch Personen konstituierten Beziehungsraum meint, dann ist es wiederum *uno actu*, daß wir uns selbst und die andern als solche Platzhalter wahrnehmen.“[19]

Sein als Person entspringt einer alltäglichen Art der gegenseitigen Wahrnehmung. Denn es ist nach Spaemann *„uno actu“*, dass wir diese lebenspraktische Wahrnehmung haben und einen solchen „Beziehungsraum“ für alle die konstituieren, die wir so wahrnehmen. Die Wahrnehmung stiftet die Lebenssituation und den Aufenthaltsort von Personen. Die Verschiedenheit der Plätze, die wir darin „halten“, deutet die für uns unaufhebbare Gleichstellung unter allen „Platzhaltern“ an, gleichgestellt in dem Sinn, dass der andere in ihm für einen selbst so unverfügbar ist wie man selbst dem anderen. Und diese Form der Tiefenwahrnehmung des „Beziehungsraums“ ist eben Wahrnehmung des Selbstseins, das erst im Gegenüber von Personen real wird.

Sofort stellt sich aber die Frage: Was ist in diesem Konzept mit denjenigen, die *nicht* oder sogar niemals eine solche Wahrnehmung haben? Die Antwort ist nun ganz leicht: Auch sie *werden* in der gleichen Situation als gleichgestellte Platzhalter *wahrgenommen*. Der „Trugschluss“ ist damit definitiv zur Auflösung gebracht. Es ist ein echter Schluss geworden: Träger der Würde ist jede Person. – Person ist jemand, der Platzhalter im durch die beschriebene Wahrnehmung konstituierten Beziehungsraum ist. – Alle Menschen sind Platzhalter im durch die lebenspraktische Wahrnehmung konstituierten Beziehungsraum. – Also sind alle Menschen Träger der Würde. Es ist die spezifische untereinander geleistete Wahrnehmung, die *alle* Menschen zu Personen auszeichnet; und obwohl nicht alle diese Art von Wahrnehmung haben, „halten“ sie trotzdem alle einen einmaligen Platz im durch die Wahrnehmung konstituierten Beziehungsraum.

---

[19] *Spaemann*, Personen, S. 196.

III. Die radikale Metaphysik von Spaemanns metaphysischer Ontologie der Würde

So leistungsfähig diese, zweifellos neuartige, „metaphysische Ontologie" der Person in Beziehung auf die Auflösung jenes Trugschlusses ist – so anfällig ist sie in verschiedener Hinsicht doch auch für kritische Nachfragen. Wenn wir Spaemann zugeben, dass Personen solche „Platzhalter" in einem durch die beschriebene Art der Wahrnehmung konstituierten Beziehungsraum sind, und zugleich gelten soll, was Spaemann immer wieder beteuert: Dass die entsprechende Wahrnehmung Personen in ihrem „Selbstsein" entdeckt – ein Selbstsein zumal dessen, der wahrnimmt, und derer, die so wahrgenommen werden – dann stellt sich dennoch die Frage und das Problem: Ob denn das Selbstsein von Personen im Zuge der gegenseitigen Wahrnehmung als ein solches *hervorgebracht* werde, oder ob ihnen das entdeckte Selbstsein auch unabhängig von der Wahrnehmung – gewissermaßen an sich – zukomme?

Der von Spaemann gewählte Ausdruck „Selbstsein" lädt zu dieser Frage und zusätzlich aufgebürdeten Schwierigkeit geradezu ein: Ist etwas auch unabhängig von jener Form gegenseitiger Wahrnehmung nur an und für sich *selbst* genommen schon Person? Oder ist jeder nur *dank* dieser ihn übergreifenden Form der Wahrnehmung auch für sich *selbst* erst Person wie die anderen? Im zweiten Fall müsste jede Person noch etwas *außer* dem System gegenseitiger Wahrnehmung sein, was in Abstraktion vom Wahrnehmungszusammenhang *nicht* essentiell bereits Person ist, nämlich ein lebendiges Wesen oder Individuum, das als solches nicht-personalen (sondern etwa natürlichen) Ursprungs sein kann. Im ersten Fall dagegen ist die Form personaler Wahrnehmung nur wie eine Bestätigung oder Entdeckung der ihr noch ursprünglicher *vorausliegenden* Gegebenheit von Personen. Für Leser von Spaemanns Schriften ist klar, dass er den zuletzt charakterisierten Fall annimmt und gedanklich zu explizieren versucht: Die geschilderte Wahrnehmung ist Bestätigung eines ursprünglich vorgegebenen Faktums personalen Selbstseins jedes menschlichen Individuums. Jedoch ist für eine distanziertere Betrachtung der Frage auch klar, dass es für die Behebung des dargestellten Trugschlusses *genügen* kann, die lebenspraktisch fundierte allgemeine Form der gegenseitigen Wahrnehmung als Grund personalen Selbstseins eines jeden ins Feld zu führen. Denn generell gilt: Eine charakteristische Sorte von Wahrnehmung zu haben oder nicht zu haben ist durchaus ein tiefreichender und manifester Unterschied in der Lebens- und Daseinsweise der betreffenden Wesen. Dass der Maulwurf kaum sieht und die Schildkröte wenig hört macht einen wichtigen Unterschied gegenüber anderen Lebewesen aus.

Wenn man sich die genannte Frage vorlegt, so scheint es auf den ersten Blick freilich einleuchtend zu sagen, dass ein ‚Selbstsein' wohl kein ‚Selbstsein' wäre, wenn es nicht auch unabhängig von einer Situation der Wahrnehmung Bestand hätte. So gesehen (wie Spaemann es auffasst) wären Personen also auch unabhängig von dem in der Wahrnehmung erst *manifest* werdenden Beziehungsraum schon an und für sich „Platzhalter" in einem solchen. Hier gerät die metaphysische Ontologie Spaemanns, wie es scheint, etwas ins Schwanken. Er möchte sichtlich nicht annehmen, dass Personen erst durch die gegenseitige Wahrnehmung zu dem Selbstsein *werden*, in dem sie dank der Wahrnehmung füreinander offenbar sind. Doch auf der anderen Seite erklärt er vielfach, dass erst in Personen eben das Selbstsein als ‚wirkliches, d.h. sich vollziehendes Existieren' zur Ausprägung komme, während ‚Leben' – was die Menschen jedenfalls durch ihre Natur haben – nur eine gleichsam vorläufige „Weise“ zu sein, aber nicht Selbstsein in dem emphatischen Sinne des Worts sei.

Die Passagen, in denen Spaemann diesen Unterschied zu erklären versucht, gehören zu den dunkelsten seines Buches *Personen:*

„Biologische Arten sind „Weisen“ des Lebens, so wie generell Wesenheiten, Soseinsformen, Weisen des Seins sind. Diese Weisen lassen sich von ihrem Vollzug abstrahieren und als ideelle Wesenheiten denken, die verwirklicht oder nicht verwirklicht sein können [...]. Weisen des Seins sind Möglichkeiten, Sein ist Wirklichkeit. Ein geträumtes oder im Film gezeigtes Tier ist eine Weise des Lebens, mit Bezug auf die wir fragen können, ob sie wirklich gelebt wird. [...] Von nichtpersonalem Leben unterscheidet sich personales Leben dadurch, daß wir es nicht als „Weise des Lebens“ beschreiben können. Personen sind, indem sie eine Natur – also zum Beispiel die menschliche Natur haben. Sie sind nicht das, als was Meister Eckhardt die Gottheit bezeichnet: „weiseloses Sein“. Aber sie *sind* nicht eine solche Weise, sondern verhalten sich zu ihr, übernehmen und vollziehen sie oder lehnen sie ab. Das meinen wir, wenn wir sagen, Personen seien nicht etwas, sondern jemand. Dieser Jemand aber existiert entweder, oder er ist tatsächlich eben nicht jemand, sondern etwas.“[20]

Spaemann möchte nicht, dass Person zu sein heißt, auf eine so und so bestimmte Weise zu leben, so dass auch die Weise des Seins qua Person unabhängig von der Frage wäre, ob sie tatsächlich stattfindet oder nicht. Warum möchte er das nicht, obwohl er, wie wir gesehen haben, gerade diese besondere Weise des Wahrnehmend-Seins in dem Buch *Personen* so ausführlich beschreibt? Und warum, so kann man dieselbe Frage noch erweitern, möchte Spaemann nicht, dass eine bestimmte Art und Weise gegenseitigen Wahrnehmens mit darüber entscheidet, ob Personen existieren oder nicht? Denn *kein* Wahrnehmen, erst recht nicht die Art und Weise, die den Beziehungsraum von Personen eröffnet, findet statt, ohne dass die so-Wahrnehmenden lebendige Wesen und damit höchst anspruchsvolle komplexe Substanzen wären, die es wirklich gibt.

Der Grund für all das, ein Grund, den man in Spaemanns „metaphysischer Ontologie“ kaum umhin kann zu erkennen, liegt darin, dass nach seiner Überzeugung nicht etwas, das rein natürliche Wurzeln besitzt, in die höchsten Höhen des metaphysisch Wirklichen reicht, selbst dann nicht, wenn dasselbe erst die entscheidenden Zutaten dazu leistet, die für sich genommen nicht schon aus dem rein natürlichen Leben datieren können. Das personale Wahrnehmen ist eine solche nicht-natürliche Zutat, die wir Menschen leisten, aber das Ergebnis dieser Leistung ist dennoch nichts, das wir von uns allein als bloß lebendigen Naturwesen beziehen können. Sondern es ist nach Spaemann etwas genuin Spirituelles, das höher reicht und auf höhere Quellen zurückgeht, als wir wahrnehmen – und in diesem Fall eben selber *leisten* – können. Keinesfalls möchte ich an dieser Stelle die Behauptung aufstellen, dass Spaemann mit einem solchen Verdikt – dass unser Dasein als Personen durch unsere Weise des Wahrnehmens zwar „konstituiert“,[21] aber letztlich doch nicht gestiftet werden könne – definitiv Unrecht hat. Aber ich möchte doch darauf hinweisen, dass mir dies aus den begrifflich klar nachvollziehbaren Ausführungen seiner „metaphysischen Ontologie“ im Buch *Personen* nicht zu folgen scheint, sondern dass es sich um eine *zusätzliche Prämisse* Spaemanns handelt: Eine Ontologie der endlichen Person ist nur möglich auf dem Hintergrund einer „Philosophie des Absoluten“ und d. h. für Spaemann unter Einbeziehung einer Ontologie der unendlichen Person Gottes. Diese Auffassung verdichtet er anhand ei-

20 *Spaemann*, Personen, S. 80 f.

21 *Spaemann*, Personen, S. 196.

ner berühmt gewordenen Interpretation eines Arguments von Descartes: Warum, so Spaemanns Frage, glaubte Descartes, dem „cogito" (ich denke) durch das „sum" (ich bin) noch irgendetwas hinzuzufügen, was der Mühe eines Schlusses überhaupt wert wäre? Denn klar ist, dass alles, was irgendeine Eigenschaft wirklich erfüllt (wie im Falle des „cogito" eben die Eigenschaft: zu denken), schon eben deswegen (weil es die betreffende Eigenschaft erfüllt) auch existieren muss; was nicht existiert, könnte ja nicht denken. Folgendes Zitat gibt die Auskunft Spaemanns zu dieser Frage:

> „Descartes hielt die Eröffnung der Dimension des Seins als einer absoluten und unendlichen für ebenso unabweisbar wie unableitbar. Da aufgrund dieser Dimension der Verdacht des idiosynkratischen Charakters aller Gedanken erst möglich wird [Spaemann spielt hier an auf die Figur des *genius malignus*, die mir als Denkendem den Verdacht erst ermöglicht, *alles* Denken könnte in Bezug auf seinen Inhalt bloß idiosynkratisch sein], können wir sie selbst [sc. jene „Dimension des Seins"] nicht als Idiosynkrasie verstehen. Sie ist für Descartes nur als unmittelbare Präsenz dieser Dimension, also als Gegenwart Gottes verstehbar."[22]

Immer da, wo wir die personale Wahrnehmung als „Transzendenz" zum anderen Selbstsein vollziehen, bewegen wir uns nach Spaemann notwendig schon in derjenigen „Dimension des Seins", die, nach dem Argument von Descartes, letztlich nur „als Gegenwart Gottes verstehbar" ist. Im Gegenüber von Personen ereignet sich nach Spaemanns übergeordneter metaphysischer These letzten Endes nicht weniger als die Gegenwart Gottes. Das könnte wohl sein – ich will es nicht bestreiten –, aber *muss* man es auch annehmen, um den „Trugschluss" um die Menschenwürde zur Auflösung zu bringen? Mir scheint nicht, sondern wir haben oben gesehen, dass eine solche Prämisse gar nicht bemüht werden muss, um den Trug im Schluss auszuräumen.

IV. Möglicher Anfangspunkt einer moderat-metaphysischen Ontologie der Person

Betrachten wir noch einmal die eingangs des letzten Abschnitts gestellte Frage: Ob denn das Selbstsein von Personen im Zuge der gegenseitigen Wahrnehmung als ein solches *hervorgebracht* werde, oder ob ihnen das entdeckte Selbstsein auch unabhängig von der Wahrnehmung – gewissermaßen an sich – zukomme? Die meines Erachtens beste Antwort auf diese Frage ist: teils – teils. Sowohl *sind* Personen schon unabhängig von der spezifischen Lebenssituation jener personal konstitutiven Wahrnehmung ein Selbstsein – nämlich jede ein von Natur aus lebendiges Individuum; als auch ist die für alle unvermeidliche Lebenssituation einer solchen personalen Wahrnehmungsweise eine Zutat zum Leben selbst, die sie unwillkürlich leisten, und die nicht aus ihrer biologischen Natur kommt, sondern aus der Situation, in der sie leben.[23] Das Selbstsein der Lebendigen erweitert und steigert sich auf

22 *Spaemann*, Personen, S. 74.

23 Genauer habe ich diese von Spaemann inspirierte, aber in punkto Verzicht auf eine ‚Metaphysik des Absoluten' von seinen Vorgaben abweichende Denkmöglichkeit entwickelt in: *Verf.*: What Are Persons? Reflections on a Relational Theory of Personhood, in: Jörg Noller (Hrsg.), Was sind und wie existieren Personen? Probleme und Perspektiven der gegenwärtigen Forschung (Reihe „ethica", Bd. 33), 2019, S. 31–55, sowie zus. mit *Jörg Noller:* Sind wirklich und, wenn ja, warum sind alle Menschen Personen? Zu Robert Spaemanns philosophischer Bestimmung der Person, in: Josef Kreiml/Michael Stickelbroeck (Hrsg.), Die Person – ihr Selbstsein und ihr Handeln. Zur Philosophie Robert Spaemanns, 2016, S. 145–179.

diese Weise zum Selbstsein von Personen. Ich sehe keinen Anhaltspunkt dafür, durch welche ontologisch-theoretische Prämisse diese konsistente Denkmöglichkeit verhindert wird. Es ist m. E. nicht einzusehen, wieso das, was Spaemann als „Selbstsein“ bezeichnet, nur Personen sollte zukommen können. Und genauso wenig kann ich einsehen, warum nicht eine spezifische Weise wahrzunehmen, eine tiefgreifend modifizierte Weise des Seins (oder Existierens) von Lebendigem sollte sein können. Ist denn nicht auch die Weise, in der einzellige Lebewesen ihr Leben fristen, eine tiefgreifend andere als die, in der mehrzellige Lebewesen lebendig sind? Und viele andere dergleichen Unterschiede im Raum des Lebendigen. Gerade beim Lebendigen lässt sich gut unterscheiden, zwischen der Frage, ob es überhaupt so etwas gibt, wie die und die beschreibbare „Weise des Lebens“ (um Spaemanns Ausdruck zu gebrauchen); und der anderen Frage, wie es sich, wenn es das gibt oder vorkommt, als ein Leben biographisch vollzieht oder verläuft? Die Frage, ob die Lebensweise ‚Einhorn‘ oder ‚Engel‘ oder ‚Biene‘ überhaupt vorkommt oder nicht, ist eine andere als die, wie ein Bienenleben gegebenenfalls sich biographisch vollzieht. Dass letzteres eine ganz andere Frage ist, erkennt man daran, dass die Biographien eines Drohns, einer Arbeiterin oder Bienenkönigin ganz unterschiedlich verlaufen: Ihr Leben, das je ein Selbstsein genannt werden darf, vollzieht sich ganz unterschiedlich, und diese unterschiedlichen Biographien tragen wiederum bei zu dem, was Bienen überhaupt sind. Bei der Lebensweise ‚Einhorn‘ stellt sich eine solche weitere Frage nicht; bei ‚Engel‘ wissen wir es nicht; und bei Personen ist der Unterschied der beiden Fragen und was man auf sie antworten kann, noch viel entscheidender für ihr ‚Selbstsein‘ und viel komplizierter als bei Bienen. Und die spezifische Art personaler Wahrnehmung, als eine biographische Zutat, die nicht wie die der Bienen von Natur aus geschieht, spielt eine große Rolle dabei.

Wenn wir den Gedanken Robert Spaemanns so wenden, wie hier angedeutet, so verlieren wir nichts, was die von ihm entwickelte Auflösung des Trugschlusses um die Menschenwürde anbelangt. Wir büßen höchstens gewisse merkwürdig anmutende Auffassungen über Ursprung und Bedeutung von ‚Selbstsein‘, das ‚Existieren‘ und das ‚Haben‘ einer Natur – im Unterschied zum Erfüllen natürlicher oder anderer begrifflicher Merkmale – ein. Doch sind dies vielleicht eher spaemannianische Idiosynkrasien zu nennen, die von anderen zeitgenössisch Philosophierenden kaum anerkannt werden, und die man nicht anerkennen muss, um Substanz und Scharfsinn von Spaemanns neuartigem Vorschlag zur Ontologie von Personen und der damit ohne die *klassische* Metaphysik neu möglich gewordenen Auflösung des Trugschlusses um die Menschenwürde gebührend hochzuschätzen.

MENSCHENWÜRDE, MENSCHENRECHTE UND IHRE NATURRECHTLICHEN GRUNDLAGEN BEI ROBERT SPAEMANN

Von *Karl-Heinz Nusser*

I. Die Neugründung des Naturrechts in der Bundesrepublik Deutschland

Spaemanns Argumentation für Menschenwürde und Menschenrechte erneuert die naturrechtliche Tradition. Das nahezu vergessene Naturrechtsverständnis steht in der Gegenwart einer modernen Praxis funktionaler, meist anthropologisch begründeter Interessen gegenüber. Dagegen lebt das richtig verstandene Naturrecht aus der Einsicht, dass die wahre Natur des Menschen dem Menschen durch die Idee der Gerechtigkeit zur Gestaltung vorgegeben und seiner Willkür entzogen ist. Hinzuzufügen ist die Erkenntnis, dass ohne das Naturrecht das positive Recht bloßer Positivismus und bloßes Zwangsrecht wäre; denn das Verständnis der Menschenwürde und der Menschenrechte bedarf der Voraussetzungen, die das Naturrecht bereitstellt. Menschen in Extremsituationen, wie Maximilian Kolbe im deutschen KZ oder der polnische Kaplan Jerzy Popieluszko, sind für Spaemann Beispiele dafür, dass der Mensch seine auf die Sittlichkeit ausgerichtete Freiheit erfassen und behaupten kann. Naturrecht ist nichts anderes als die Verpflichtung zu dieser auf die Sittlichkeit ausgerichteten Freiheit.

Mit der Existenz der Natur und des Menschen gibt es das Naturrecht. Jede gesetzgebende und herrschende Instanz hat, wenn sie nicht fehlgeleitet ist, ein echtes Interesse an einem friedlichen Zusammenleben der Menschen. Dahingehend nötig sind Gesetze, die nicht gegen das von Natur aus Gerechte verstoßen. Was aber ist das von Natur Gerechte? Das Naturrecht zeigt sich in einer ersten und bleibenden Form, wie wir bei Platon und Aristoteles sehen, im Aufstellen eines Gerechtigkeitsprinzips, nach dem niemandem eine willkürliche Gewalt über einen anderen zusteht, dessen Leben zu zerstören oder zu beenden. Die ersten Einsichten der Philosophic bci Platon und Aristoteles weisen darauf hin, dass die Lebewesen ihre Ziele durch eine Art gehemmtes Naturstreben verwirklichen; denn der Mensch, der ungehemmt eigenwillig Ziele verwirklicht und dabei gegen das erkannte Gute und Gerechte verstößt, kann nicht glücklich werden. Insofern diese Regeln vom Menschen auch beim Zusammenleben aller beachtet werden müssen, um das gute Leben zu erreichen, gelten sie von Natur aus, d. h. vorgängig zu jeglichem individuellen Wollen.

Für seine Überzeugung von der Geltung unverrückbarer wahrer Handlungen findet Spaemann bei Platon und Aristoteles Bundesgenossen. Platon hat den Kern seiner Naturrechtskonzeption im Dialog *Gorgias* dargelegt. Der bekanntere Dialog *Politeia* hingegen enthält gewisse, auf die Höhe philosophischer Weisheit gesteigerte Gesetze, die zwar noch einem zur reinen Vernunft gesteigerten Denken einsehbar, aber nicht für den Normalmenschen

Duncker & Humblot · Berlin | https://doi.org/10.3790/978-3-428-58515-1.2025.202217

lebbar sind. Das platonische Naturrecht ist also deshalb nicht an der *Politeia* abzulesen. Im *Gorgias* widerlegt Sokrates die Position des Sophisten Polos, der behauptet, dass der Machthaber jeden Bürger seiner Polis töten könne, um auf diese Weise an dessen Reichtum zu kommen. Polos gibt schließlich zu, dass dies kein schönes Handeln sei. Die zweite Kernthese von Sokrates im *Gorgias* wendet sich ebenfalls gegen die Willkür des menschlichen Handelns. Unter der Voraussetzung einer für jemand zwingend gegebenen Alternative, entweder ein – ihm befohlenes – Unrecht zu begehen oder selbst Unrecht zu leiden, bestehe das richtige Handeln *im Unrecht leiden.*[1] Das Verbot der Tötung Unschuldiger und die Pflicht, in einer Zwangslage lieber Unrecht zu ertragen, als Unrecht zu tun, werden von Sokrates im *Gorgias* durch das universelle Prinzip, dass das Gute allen gemeinsam sei, abgesichert.

So verschieden die Interessen sein mögen, nur ein Vorschlag, der auf der Erkenntnis des Guten beruht, kann die allgemeine Zustimmung bekommen.[2] Platons These ist, dass es das von Natur Gerechte gibt, dass dies aber eine Natürlichkeit bedeute, die keiner Naturwüchsigkeit, sondern einer natürlichen Angemessenheit der Natur an die Vernunft entspreche. Aristoteles argumentiert für die Gerechtigkeit im Staat mit seiner Unterscheidung von natürlich gerechtem und positivem Recht (dikaion physikon (NE V,10 1134b 18–20) und nomimos (NE V,3 1129b 11–25)). Positives Recht (nomimos) sind die Gesetze, die in einem Gemeinwesen gelten und befolgt werden müssen. Eine Nichtbefolgung wird bestraft. Die Gesetze sind von einem Machthaber erlassen worden. Sie sollten gerecht sein. Wenn sie es nicht sind, gelten sie kraft Gewalt trotzdem und die Menschen müssen dies ertragen. Die Naturrechtslehre wurde von der Stoa und dem Christentum in die europäische Kultur eingebracht. Für die absolute Geltung des Naturrechts sprechen auch Gedanken bei Immanuel Kant. Dieser antwortet auf die Frage, ob die Welt untergehen sollte, damit Gerechtigkeit geschehe, mit der Aussage: „Wenn die Gerechtigkeit untergeht, hat es keinen Wert mehr, dass Menschen auf Erden leben.“[3] Die Gewissheit naturrechtlicher Erkenntnis wurde in einer unheilvollen Tradition der deutschen Geschichte, die nur die Macht des Staates beschworen und die natürliche Erkenntnis eines Rechts geleugnet hat, zugunsten eines Rechtspositivismus aufgegeben. Nach dem Rechtspositivisten Hans Kelsen (1881–1973) kann es überhaupt keine objektive Erkenntnis von Gerechtigkeit im Recht geben. Ein Gesetz hat schon deswegen als Recht zu gelten, weil der Staat es erlassen hat. Das nationalsozialistische Rechtsverständnis erklärt den Führer zum obersten Gerichtsherrn, der unmittelbar Recht schafft. Erst der Niedergang des nationalistisch-rassistischen Wahns im Zweiten Weltkrieg hat zur Rückbesinnung auf die Erkenntnis gerechter Gesetze geführt. Zur positivrechtlichen Verankerung naturrechtlich verstandener Menschenrechte im deutschen Grundgesetz und in der Allgemeinen Erklärung der Menschenrechte kam es wegen der Missachtung des Naturrechts durch die ungeheuerlichen Verbrechen des Zweiten Weltkriegs. Im Nachhinein meinte man, der in der deutschen Justiz geltende Rechtspositivismus habe die Machtergreifung Hitlers wesentlich erleichtert. Bei deren Neugründung stand deshalb das Naturrecht hoch im Kurs, der Rechtspositivismus wurde kritisiert. Das Bewusstsein, dass der Mensch Wahrheitsansprüchen und sittlichen Einsichten genügen muss, war in der Phase der Neugründung Deutschlands bei vielen Menschen vorhanden. Viele erhofften eine Wiederkehr des Naturrechts, ohne dass sie erkannten, welche Chancen bereits in den

1 *Platon*, Gorgias 473 e.

2 *Platon*, Gorgias 505 e.

3 *Immanuel Kant*, Metaphysik der Sitten, B 227.

Menschenrechten für das Naturrecht gegeben waren. Spaemann hat damals, im Jahre 1973, als Theologen und Philosophen unter der Herausgeberschaft von Franz Böckle und Ernst-Wolfgang Böckenförde[4] christliches und allgemeines Naturrecht gegenüberstellten, eine Rettung des Naturrechts angestrebt und Vorwürfe, dass das Naturrecht unkritisch sei, zurückgewiesen. Kritisch verhielt er sich gegenüber dem wertphilosophischen Naturrecht: „Der Rekurs auf materiale Werte, als Sicherung eines unbedingt Geltenden gemeint, erweist sich als das Gegenteil. Das bloße Bekenntnis zur Einsicht in ein Unmittelbares ist an sich selbst schon praktizierter Relativismus.“[5] Christoph Schefold hat auf diese Einseitigkeit hingewiesen.[6] In der damaligen Zeit herrschte – einflussreich durch die Schule von Joachim Ritter – der Hegel'sche Gesichtspunkt der Entzweiung, die sich in einem Dualismus von Recht und Staat ausdrückte, gegen die neomarxistische Attitüde einer Auflösung der Gesellschaft in die Bedürfnisnatur. Der Neomarxismus herrscht heute zwar nicht mehr, aber durch den Biologismus hat sich die zentrale Frage seither dramatisch zugespitzt. Gelingt es, den Aspekt des Lebensschutzes, der zentral zum Naturrecht gehört, als überzeitliches Verständnis der Natur des Menschen, in die Rechtspraxis einzubringen und ihn vor Missverständnissen zu schützen? Wie sich seither bis in die Gegenwart gezeigt hat, ist die dem Menschen im Grundgesetz zugesicherte Menschenwürde für viele Interessenten ein Anlass, ihre Bedürfnisse und Wünsche als Konsequenzen aus der Menschenwürde darzustellen und vom Gesetzgeber einzufordern. Gewarnt konnte Spaemann durch die damalige von Niklas Luhmann und Jürgen Habermas ausgeübte Meinungsführerschaft der Intellektuellen sein. Luhmann interpretierte die Unantastbarkeit der Menschenwürde funktional im Hinblick auf die anderen, dem Funktionieren der Gesellschaft dienenden Gesetze[7] und Habermas sah in der Menschenwürde die Garantie emanzipativ gelingender Diskurse. Auf diese Weise musste jedoch die „Unantastbarkeit der Menschenwürde“ instrumentalisiert und verwässert werden. Für Spaemann, wie auch für Jacques Maritain,[8] gab es als Alternative für die Grundlage der Menschenrechte entweder die Annahme der freiheitlichen natürlichen Person oder den Dualismus von naturwüchsiger Natur des Menschen und apriorischen Bedingungen gegenseitiger Anerkennung, der sich die Utopie der herrschaftsfreien Kommunikation zum Ziel setzte.[9] Der Staatsbürger vertritt zwar konkrete Rechte und fordert diese ein, der Anspruch des Naturrechts wird dabei aber nicht immer gewahrt. Für dieses muss argumentiert werden, und dies tat Spaemann bereits in den siebziger Jahren. Er hatte damals noch den öffentlichen Rückenwind der Präambel des Grundgesetzes, die dieses auf die Verantwortung vor Gott bezog. Heute wird verschiedentlich dieser Gottesbezug in Frage gestellt. Spaemann hat immer deutlich gemacht, dass er Christ ist. Gleichermaßen selbstverständlich aber war für ihn sein Rekurs auf das klassische Naturrecht. Eine damals von manchen Theologen getroffene Unterscheidung eines christlichen Naturrechts von einem allgemeinen Naturrecht lehnte er ab. Entsprechend der durch die Etablierung der Men-

---

4 *Franz Böckle/Ernst-Wolfgang Böckenförde* (Hrsg.), Naturrecht in der Kritik, 1973.

5 *Robert Spaemann*, Die Aktualität des Naturrechts, in: Böckle/Böckenförde (Hrsg.), Naturrecht (Fn. 4), S. 264.

6 *Christoph Schefold*, Kritik „des Naturrechts“ oder Tradition des Lex naturalis, in: Philosophisches Jahrbuch, 95. Jahrgang, 1988, S. 382.

7 *Niklas Luhmann*, Legitimation durch Verfahren, 1969.

8 *Jacques Maritain*, Die Menschenrechte und das natürliche Gesetz, Ersterscheinung in französischer Sprache 1941, deutsche Übersetzung 1951 Bonn.

9 *Robert Spaemann*, Die Aktualität des Naturrechts, in: ders., Philosophische Essays, 1994, S. 75.

schenrechte veränderten Stellung des Individuums zum Staat verlängert Spaemann die Aktualität des Naturrechts, wie wir noch ausführlich beleuchten werden, in den Schutz der Einmaligkeit auch des embryonalen menschlichen Individuums vor Nutzenabwägungen durch die Menschenrechte.[10] Gerade auch im Hinblick auf Interessen der Stammzellforschung ist eine genetische Relativierung des Menschseins je nach Alter des Embryos und der Leibesfrucht abzulehnen. Eine Unterscheidung in eine große und eine kleine Menschenwürde, die von Dietmar von der Pfordten eingeführt wird, erzeugt missverständliche Relativierungen. Die Menschenwürde, die im deutschen Grundgesetz lediglich der Ausdruck, nicht die Begründung für den Anspruch des unbedingten Lebensschutzes ist, wird im Folgenden noch eigens erläutert. In der Auseinandersetzung mit dem modernen Konsequentialismus, der das moralisch Gute immer im Gesamtnutzen einer Handlung sieht, argumentiert Spaemann, dass es Dinge gibt, die man nicht tun darf, so dass derjenige, der sie nicht tut, auch nicht für die Folgen seiner Unterlassung verantwortlich zu machen ist. Er erläutert dies folgendermaßen: „Jener Polizist, dem befohlen wurde, ein 12jähriges Judenmädchen zu erschießen, das ihn um sein Leben anflehte, hat wirklich geschossen. Sein sadistischer Vorgesetzter hatte ihm eine Alternative vor Augen gestellt: die Erschießung von 12 anderen unschuldigen und wehrlosen Personen. Der Polizist schoss und wurde wahnsinnig. Er tat was er nicht musste, weil er es nicht hätte können müssen."[11] Wenn der Polizist das Mädchen nicht erschossen hätte, hätte er richtig gehandelt; denn einen unschuldigen Menschen zu erschießen, ist in sich böse. Wenn die Folge seines Nicht-Erschießens das Erschießen von zwölf Unschuldigen gewesen wäre, hätte er das nicht zu verantworten gehabt. Ein anderes Beispiel dafür, dass das Böse nicht zum Guten führen kann, ist das Urteil des Bundesgerichtshofs (BGH) vom 28. November 1952. In dem Urteil wurden zwei Ärzte, die im Jahre 1941 bei der Durchführung der staatlich angeordneten Massentötung von Geisteskranken mitgewirkt hatten, verurteilt. Ihre Entschuldigung, dass sie bei der Tötungsaktion mitgewirkt hätten, um einen Teil der von der Ermordung bedrohten Kranken zu retten, wurde vom Gericht nicht gelten gelassen. Spaemann führt diese Entscheidung des BGH zur Unterstützung seiner naturrechtlichen Position an, dass das menschliche Leben ausnahmslos geschützt werden muss.[12] Die Prinzipien der Spaemann'schen Position führen, wie ich im Folgenden darlegen werde, auch zu seiner Kritik an der Suizid-Beihilfe und an der künstlichen Lebensverlängerung. Zur Aktualität des Naturrechts als Grundlage der Menschenrechte gehört, dass niemand rechtens eine willkürliche Gewalt über sich selbst ober über einen anderen hat, sein Leben zu zerstören oder die genetischen Grundlagen seines Leibes zu manipulieren. Und selbstverständlich kann auch niemand das Recht haben, einen anderen, selbst auf dessen ausdrückliches Verlangen hin, zu töten. Mit der Kodifizierung der Menschenrechte durch das deutsche Grundgesetz und die Allgemeine Erklärung der Menschenrechte verändert sich die Stellung des Individuums zum Staat. Der Staat muss den grundsätzlichen Schutz des Individuums so formulieren, dass er diesem in seinen Gesetzen entspricht. Dies kommt im Gesetzesvorbehalt der Menschenwürde zum Ausdruck. Überdies ergeben sich – vor allem durch die Dynamik der ökonomisch-politischen Globa-

---

10 *Robert Spaemann*, Die Aktualität des Naturrechts, in: ders., Philosophische Essays, 1994, S. 60–79.

11 *Robert Spaemann*, Wer hat wofür Verantwortung?, in: ders., Grenzen, 2002, S. 237.

12 *Robert Spaemann*, Teleologische und deontologische Moralbegründung, in: ders., Grenzen, 2002, S. 238.

lisierung – Entwicklungen des Staates zum Sozialstaat, die einen gewissen menschenrechtlichen Schutzschirm des Staates und der Gesellschaft für das Individuum zur Folge haben.

II. Naturrecht und Naturalismus im Streit um die Anerkennung der Menschenwürde

Inzwischen sind 70 Jahre vergangen. Heute wird das Verstehen des moralischen Naturbegriffes durch die Denkgewohnheit eines moralischen Naturalismus erschwert, der der physikalisch aufgefassten Natur der Naturwissenschaften ein rein spirituelles und nicht-soziales Subjekt der freien menschlichen Selbstbestimmung gegenüberstellt. In der demokratischen Öffentlichkeit schlägt sich diese Denkweise unter anderem in der Annahme nieder, der Staat gebe jedem die Freiheit, mit seiner sexuellen Veranlagung zu machen, was er wolle. Die hellhörigen Jugendlichen verstehen es so, dass das Individuum diesbezüglich machen kann, was es will. Im öffentlichen Raum kursiert die Parole: „Sei, was du willst." Von der politischen Ethik her muss jedoch klargemacht werden, dass Selbstbestimmung des Individuums keineswegs Willkürfreiheit bedeutet. Eine Verbindung von Menschenwürde und Menschenrechten, wie sie im deutschen Grundgesetz vorliegt, ist nur möglich, wenn man die erste Regel des klassischen Naturrechts oder des Sittengesetzes anwendet, dass das Gute zu tun und das Böse zu lassen ist. Aus der mathematisch-physikalischen Methode und dem heutigen Verständnis der Evolutionstheorie lässt sich keine Ethik und kein Recht ableiten. Im Bereich der positiv in Geltung gesetzten und staatlich durchzusetzenden Normen würde ohne die erste Regel des Naturrechts, d. h. ohne das Sittengesetz, totaler Relativismus herrschen. Die Einführung der Menschenwürde im deutschen Grundgesetz beruht auf einem durch das Naturrecht ermöglichten Verständnis.

Immanuel Kant gehört in der Frage der Naturrechtsbegründung zu den Philosophen, denen Robert Spaemann hinsichtlich der Begründung der Menschenwürde nahesteht. Im Gegensatz zu Thomas Hobbes fordert Kant vom vorstaatlichen Menschen, gemäß einer rechtlichen Verpflichtung aus dem Naturzustand herauszugehen und den bürgerlichen Zustand zu etablieren.

Mit dem kategorischen Imperativ konstatiert er im Sinne einer Verallgemeinerung der Willensmaximen eine unbedingte Pflicht. Im Gehorsam unter die unbedingte Pflicht erlangt der Mensch eine Autonomie als nicht unterworfener, d.h. freier Gesetzgeber. Der bei Kant thematisierte absolute Kern der Person enthält eine gewisse Nähe zum Verständnis der Menschenwürde, sodass diese oft auch für die Erklärung der fraglichen Passagen des deutschen Grundgesetzes mit Bezug auf Kants Personenbegriff verstanden wird. Die Unantastbarkeit der Menschenwürde, die in Art. 1 Abs. 1 GG formuliert wird, entspricht Kants Formulierung, dass etwas, das Würde hat, niemals einen Preis haben kann und mit dem Nutzen inkommensurabel ist. „Was einen Preis hat", so Kant, „an dessen Stelle kann etwas anderes, ein Äquivalent gesetzt werden; was dagegen über allen Preis erhaben ist, mithin kein Äquivalent verstattet, das hat eine Würde."[13] Anwendungen dieses Würdebegriffs sind z. B. ein Embryo als anfänglicher Mensch, oder ein Erwachsener, der, weil er seit seiner Geburt krank ist, niemals der Gesellschaft nützlich ist, sondern gepflegt werden muss. In beiden Fällen handelt es sich um *jemand* mit Menschenwürde, der keinesfalls getötet werden

13 *Immanuel Kant*, Grundlegung der Metaphysik der Sitten, Akademie Ausgabe Band IV, S. 434.

darf, wie wenn er nichts anderes als ein *etwas* wäre. Auch ein Mensch, der geisteskrank ist und kein eigenes von ihm erkanntes Lebenszentrum hat, ist jemand mit Würde. Gerade auch solchen Menschen, die von den Nationalsozialisten als lebensunwertes Leben getötet wurden, schreiben wir Menschenwürde zu. Am Besitz der Menschenwürde hat der Mensch kein eigenes Verdienst. Sie kommt ihm als naturhaftes Geschenk zu, das er sich mit seiner Geburt nicht aussuchen kann, das aber als nicht von ihm gesetzte Qualität das A und O seiner Identität ist. Demgegenüber ist jede sozialpsychologische Bedingtheit zweitrangig für die eigene Identität. Die auch mit Robert Spaemann zu begreifende Menschenwürde ist der Hauptunterschied zum modernen Naturalismus. Ein Mensch hat als Person Menschenwürde. Diese ist mithin von anderer Natur als eine gewisse Würdigkeit eines Elefanten oder Löwen. Der normative Individualismus kann die Normsetzung durch den Menschen nur als ein aus dessen eigenen Interessen entstandenes Faktum begreifen. Wenn die objektive Menschenwürde, wie im deutschen Grundgesetz, durch eine staatliche Gemeinschaft festgelegt wird, dann schützt das positive Recht die Unantastbarkeit der Menschenwürde vor äußeren Verletzungen. Damit harmoniert, dass jeder Mensch durch den Staat in den Grenzen des Rechts Handlungsfreiheit und freie Selbstbestimmung bekommt. Die durch die Rechtsordnung bewirkte äußere Qualität des Individuums ist ohne Rückbezug auf die staatliche Positivierung und damit ohne die Inanspruchnahme der Existenz des Staats nicht möglich.

Die Naturausstattung der Menschen schafft Voraussetzungen für ihre Pflichten. Menschliche Freiheit ist nicht einfach als Wahlfreiheit so wie die physikalische Kausalität gegeben, sondern sie muss als endliche Freiheit vernünftig begrenzt werden. Menschen können *dann* aus Einsicht und Vernunft handeln und sie haben die Pflicht, dies zu tun. Dies ist der naturrechtliche Ausgangspunkt für die Interpretation des Menschenwürdebegriffs, der in der letzten Zeit öfters diskutiert wurde. Spaemann weist darauf hin, dass Würde keine empirisch gegebene Eigenschaft ist. Eine Ableitung vom römischen Begriff der „dignitas" wäre von vorneherein kategorial verfehlt. Auch die persönliche Würde, die jemandem in der Gesellschaft zugesprochen wird, ist kein Menschenrecht. Würde ist nach Spaemann „der transzendentale Grund dafür, dass Menschen Rechte und Pflichten haben. Rechte haben sie, weil sie Pflichten haben können". Die Menschen können nicht naturalistisch von den Tieren her oder aus der Perspektive ihrer isoliert betrachteten Triebe beurteilt werden: „Die normalen, erwachsenen Mitglieder der Menschheitsfamilie" sind „weder instinktiv in ihr Gemeinwesen eingepasste Tiere [...], noch instinktoffene bloße Triebsubjekte, die im Interesse des Gemeinwesens durch Polizei in Schach gehalten werden müssen."[14] Mit diesen Abgrenzungen weist Spaemann Assoziationen, die sich aus dem Denken reduktionistischer Natur- und Evolutionstheorien ergeben, ausdrücklich ab. Ebenso ablehnen würde er, wie ich im Folgenden weiter zeigen werde, Übertragungen des universalen Marktdenkens, das auf die Marktfreiheit und das Interesse des Subjektes rekurrieren würde. Immanuel Kant hat für den Spaemann'schen Gedanken die Inspiration geliefert. Nach Kant ist die Freiheit nicht unmittelbar erkennbar. Auch die Wahlfreiheit erkennt er nicht als wirkliche Freiheit an. Was er dagegen anerkennt, ist die unmittelbare Achtung vor dem moralischen Gesetz. Spaemann verwendet eine ähnliche Einsicht, wenn er den menschlichen Trieb, der in seiner unmittelbaren Seinsweise unreflektiert alles auf das menschliche Subjekt bezieht – Hume hat offenherzig erklärt, dass er lieber das Weltall untergehen sähe, als dass er eine

---

14 *Robert Spaemann*, Menschenwürde und menschliche Natur, in: ders., Schritte über uns hinaus, Band 2, 2007, S. 93.

Verletzung am kleinen Finger in Kauf nehmen würde –, in seinem Verhältnis zum menschlichen Bewusstsein und zur Vernunft interpretiert und diesen Vorgang als ein zum Bewusstsein-Kommen des Triebes versteht. Nichts anderes als Kants gefühlsmäßig erfasste Achtung vor dem vernünftigen Gesetz bringt Spaemanns Einsicht in die Diskussion, wenn er sagt, „dass Natur erst als Vernunft zu sich kommt". Man versteht den Begriff eines von Natur Rechten oder eines natürlichen Sittengesetzes völlig falsch, wenn man meint, dass damit eine Nachahmung der außermenschlichen Natur, z. B. von bestimmten Tieren, vorgeschlagen werde. In dieser gibt es, wie seit Darwin in der Evolutionstheorie herausgestrichen wird, vielfältige Arten von parasitärem Verhalten, Perversionen des Triebes, „nicht zu reden von der Tatsache, dass für das Raubtier das Beutetier überhaupt nicht anders denn als Triebgegenstand erscheint und als ein eigenes Triebzentrum ganz verborgen bleibt". Der Gedankengang von Spaemann muss noch durch eine weitere Abgrenzung gegenüber Kant verdeutlicht werden. Spaemann fasst die Vernunft im Menschen rezeptiv auf, weil sie endlich ist. Sie ist nicht aktiv und formal gesetzgebend wie bei Kant, der die Grundlage der praktischen Vernunft in Vermeidung der Konsequenzen des damals herrschenden französischen Materialismus konzipieren musste. Sowohl die Formel vom kategorischen Imperativ als auch die Formel vom Selbstzweckcharakter des Menschen sind leer. Kants Theorie der praktischen Vernunft hat ihre Spitze darin, so sieht es Spaemann, dass er in einer Art nicht weiter erklärbaren empirischen Erfahrung der Pflicht und des Sollens die Unterscheidung von Ding an sich und Erscheinung, die konstitutiv für die Kritik der theoretischen Vernunft ist, zurücknimmt. Über die Maximen der praktischen Vernunft, die – wenn sie für die Anwendung des kategorischen Imperativs ertragreich sein sollen – schon eine sittliche Einsicht enthalten müssen, kann Kant die nur formale Regel des Imperativs konkretisieren. Spaemann argumentiert ganz richtig, wenn er behauptet, Kant gewinne konkrete inhaltliche Folgerungen aus dem kategorischen Imperativ dadurch, dass er als selbstverständlich voraussetze, der Mensch habe so etwas wie eine Natur, und zwar nicht bloß als Instrument seiner Freiheit, sondern als Darstellung seiner Personalität in der „Erscheinungswelt"[15]. In dieser seiner Natur muss der Mensch geachtet werden, wenn er überhaupt geachtet werden soll, und in dieser seiner Natur ist er und ist seine Würde verletzbar.

Demgemäß betont Spaemann, dass die Menschenwürde in einem bestimmten Natur-Vernunft-Zusammenhang zwar unverrückbar besteht, aber nichtsdestoweniger geschützt werden muss, weil sie bezüglich der körperlichen Erscheinungswelt des Menschen verletzt werden kann. Man kann dem Menschen, wie Spaemann sagt, „nicht ins Gesicht spucken und dabei betonen, man habe ihm als Person nicht nahetreten wollen".[16] Mit diesem Beispiel verdeutlicht Spaemann noch einmal die transzendentale Wurzel der Menschenwürde, die innerlich besteht, gleichwohl aber äußerlich verletzt werden kann. Spaemann unterstreicht diesen Ansatz vom Leibphänomen her, mit dem die innere Natur des Menschen mit der Vernunft zusammengebunden wird, durch eine Polemik gegen einen eingefahrenen Kantianismus, der geistige Personalität mit Kant begründen möchte, dann aber, um die Menschenwürde von Embryonen zu verteidigen, allen Exemplaren der Spezies *homo sapiens* die geistige Personalität zuerkennt, „auch denjenigen, die diese Eigenschaften offensichtlich [nach den Voraussetzungen des Kantianismus – K.-H.N.] gar nicht besitzen kön-

---

15 Alle Zitate bei *Robert Spaemann*, Glück und Wohlwollen. Versuch über Ethik, 1989, S. 217.

16 *Robert Spaemann*, Glück und Wohlwollen (Fn. 15), S. 218.

nen, Embryonen, kleinen Kindern, Debilen, schwer Geisteskranken".[17] Spaemann dagegen sieht diesen Sachverhalt des Leibphänomens nur als Einzelfall einer allgemein gültigen Ontologie. Nach dieser gilt: „Alle empirischen Qualitäten sind nur die nach außen tretende Erscheinungsform einer sich nicht als sie selbst zeigenden Substanz. Diese Auffassung scheint eng gebunden zu sein an den platonisch-aristotelischen Gedanken der Realität des Allgemeinen. Das, was in einer bestimmten Spezies „ut in plurimis", „meistens" sich zeigt, ist ein Indiz dafür, was für diese Spezies immer gilt, weil es ihr wesentlich ist".[18] Von einem philosophischen Nominalismus her könne man diese Position nicht verteidigen. Aber auch für diesen sei der im Wissen um die eigene Identität liegende Zusammenhang mit der eigenen Geburt einsichtig. Spaemann erläutert: „Das, was wir ‚Ich' nennen, beginnt nicht irgendwann in einem datierbaren Augenblick der menschlichen Biographie. Es erhebt sich in einer kontinuierlichen Entwicklung aus der organischen Natur des Menschen. Wir sagen deshalb auch: ‚Ich' wurde dann und dann geboren, obgleich wir, als wir geboren wurden, noch nicht ‚Ich' sagten und auch selbst keine Erinnerung an diesen Augenblick besitzen. Wo wir es deshalb mit einem Wesen, das von Menschen abstammt zu tun haben, da müssen wir in ihm die Anlage zum Ich, zur Freiheit als Würde achten."[19] Spaemanns philosophische Erklärung, die nur von bizarren empiristischen Positionen her bestritten werden könnte[20], liefert eine überzeugende Begründung dafür, dass der Mensch seine Menschenwürde, mit der er geboren wurde und die keine sich vielleicht im Laufe des Lebens ändernde Eigenschaft ist, zeitlebens besitzt.

III. Der normative Individualismus

1. Die falsche Alternative: Die mathematisch-physikalische Natur oder die menschlichen Interessen

In der Behauptung eines unbedingten Lebensschutzes und eines Folterverbots stimmen Robert Spaemann und Dietmar von der Pfordten überein. Von der Pfordten stellt fest: „Wie ist die große Menschenwürde Schlafender, Komatöser und schwer geistig Behinderter zu beurteilen? Schlafende verlieren ihre Eigenschaft der Selbstbestimmung über die eigenen Belange gar nicht ... Vergleichbares gilt für Menschen mit einer schweren geistigen Behinderung: Man kann nicht absolut sicher sein, dass ein solcher Mensch die Fähigkeit zur Selbstbestimmung über die eigenen Belange nicht zumindest rudimentär hat oder wenigstens (wieder-)erreichen kann."[21] Bei Spaemann wird diese Einsicht mit den Einsichten des Naturrechts, die auf einem absoluten Verbot der Tötung Unschuldiger, auf einer Einsicht in Verpflichtungen zur Gerechtigkeit, die über der menschlichen Willkür stehen, begründet. Für den normativen Idealismus gibt es keine unmittelbare Einsicht in die Verpflichtungskraft des Naturrechts. Er meint, eine Metaphysik sei „zu weitgehend", und er stellt Naturrecht fälschlich immer als ein göttliches den Menschen von außen treffendes Gebot hin. Von einer dem Menschen erreichbaren Einsicht in eine auf das Gerechte ausgerichtete Natur des

17 *Robert Spaemann*, Über den Begriff der Menschenwürde, in: Grenzen, 2002, S. 116.

18 *Robert Spaemann* (wie Fn. 17).

19 *Robert Spaemann* (wie Fn. 17).

20 *Derek Parfit*, Reasons and Persons, Oxford 1986.

21 *Dietmar von der Pfordten*, Menschenwürde, 2016, S. 85.

Menschen will dieser Individualismus nicht sprechen, vielleicht weil diese nicht durch die naturwissenschaftlichen Theorien belegt werden kann. Diesen werden menschliche Interessen, die die Menschenwürde schützen sollen, gegenübergestellt. Von der Pfordten erklärt: „Bei der großen Menschenwürde handelt es sich um eine nicht-körperliche, innere, im Kern unveränderliche notwendige und allgemeine Eigenschaft des Menschen [...] Die große Menschenwürde lässt sich – so der hier unterbreitete Vorschlag – am besten *als Selbstbestimmung über die eigenen Belange* verstehen."[22] Auch die Bestimmung, die nicht aus der Gesellschaft, sondern aus dem Individuum erfolgt, ist nicht überzeugend, weil das Individuum rein triebhafte Selbsterhaltungsinteressen verfolgen kann. Denkt man bei den „eigenen Belangen" an das, was zu den eigenen Interessen oder Gütern gehört, dann können dies unberechtigte Ansprüche sein. Geht man von der geistigen Selbstbestimmung eines Wesens aus, das die absolute Selbstbestimmung hat, könnte man an Sartres Freiheitsbegriff denken. Bei Sartre ist jedoch die freie Entscheidung der Existenz die Reaktion auf schicksalhafte Alternativen. Von der Pfordtens Annahme einer Selbstbestimmung über die eigenen Belange ist irrig und nicht begründbar. Auch ist, wie er meint, die Verankerung der Legitimation im Urteilsgrund des menschlichen Gefühls und des menschlichen Bedürfnisses der Selbstbestimmung den Einwänden eines reduktionistischen Naturverständnisses nicht gewachsen. Geht man von objektiven Kausalgesetzen mit mathematisch-physikalischen Methoden aus, dann sind ein Bewusstsein, ein handelndes oder leidendes Ich, ein betroffenes Individuum nicht beobachtbar. Behauptet man, wie von der Pfordten, dagegen, dass das Foltern eines Menschen schlechthin nicht sein solle, weil es schlecht und böse sei, dann nimmt man eine naturrechtliche Position ein und folgt, ohne es zuzugeben, dem *ersten Prinzip des Naturrechts*. Gerade auch bei der Reaktion auf das Beispiel des Folterns zeigt sich, dass der moderne Mensch einen Unterschied zwischen Gut und Böse zu machen in der Lage ist. Die Einsicht in Gut und Böse ist jedoch für von der Pfordten nicht naturrechtlicher Art, weil er von diesem Unterschied einen falschen Begriff hat. Er erklärt: „Die direkte Bezugnahme auf Gott oder ein göttliches Wesen ist für eine religiöse bzw. transzendente Rechtfertigung entscheidend, kann angesichts der Pluralisierung der Weltanschauungen in einer säkularen, immanenten Ethik aber nicht mehr die tragende Grundlage bilden. Auch ein Naturrecht ist in letzter Instanz von weitgehenden metaphysischen Annahmen abhängig."[23] Wenn von der Pfordten, wie wir sehen werden, zugunsten des Lebensschutzes der Embryonen argumentiert, beruht sein Denken selbst auf metaphysischen Annahmen. Gerade durch eine implizite Zustimmung zu einem von Natur Rechten unterscheidet er sich von einem extremen Individualismus. Ein extremer – etwa wie der eines Mafia-Bosses – könnte sich bei seinen Verbrechen immer mit seinem auch bei von der Pfordten nicht für akzeptabel gehaltenen Anderssein rechtfertigen.

2. Das Individuum als letzte Rechtfertigung

Dietmar von der Pfordten benennt sehr klar die beiden obersten Prinzipien der Theorie des normativen Individualismus: „Alle politischen Entscheidungen finden ihre letzte Rechtfertigung ausschließlich im Bezug auf die von der jeweiligen Entscheidung betroffenen Individuen, d. h. – wenn man andere Lebewesen aus Vereinfachungsgründen außer Be-

---

22 *Dietmar von der Pfordten*, Menschenwürde, 2016, S. 10 (Hervorhebung im Original).

23 *Dietmar von der Pfordten/Lorenz Kähler* (Hrsg.), Normativer Individualismus in Ethik, Politik und Recht, 2014, S. 1.

tracht lässt – den betroffenen Menschen.“ Im Gegensatz dazu lautetet das Prinzip des nach dem normativen Individualismus nicht rechtfertigbaren Kollektivismus folgendermaßen: „Politische Entscheidungen können ihre letzte Rechtfertigung in einem politische Legitimität verleihenden Kollektiv d. h. dem Staat, der Nation, dem Volk, der Rasse, der Gesellschaft, der Wirtschaft, der Sprach- oder Kulturgemeinschaft, der Nachbarschaft etc. finden.“[24] Mit von der Pfordtens Theorie des Kollektivismus befassen wir uns im folgenden Abschnitt. Für die Theorie des normativen Individualismus trifft zu, dass ihr Kriterium der Rechtfertigung durch die von einer Entscheidung betroffenen Individuen nicht wirklich allgemein anwendbar ist. Armin Engländer bestreitet zu Recht, „dass der Einzelne an Kollektivgütern stets nur ein Interesse haben kann, soweit sie ein Mittel zu Verfolgung seiner individuellen Ziele darstellen“. Umweltschützer können den Erhalt der Umwelt auch unabhängig von der menschlichen Existenz als Selbstzweck auffassen. „Ebenso mögen gläubige Personen die Achtung bestimmter religiöser Werte als in sich wertvoll und schutzwürdig beurteilen“, und schließlich, so Engländer, „auch an der Wahrung bestimmter gesellschaftlicher Tabus kann ein nicht-instrumentelles Interesse bestehen“.[25]

Nach dem normativen Individualismus wird, wenn die freie Selbstbestimmung verletzt wird, immer auch die Menschenwürde verletzt. Das ist jedoch ein Irrtum; denn sonst könnte man keinen Menschen zu einer Gefängnisstrafe verurteilen. Im Gefängnis ist seine Selbstbestimmung nahezu aufgehoben, seine Menschenwürde wäre es dann ebenso. Aber der Mensch verliert nicht dadurch seine Würde, dass er sich nicht frei bewegen kann. Ähnlich ist es mit der Würde Verstorbener und Abwesender. Wie kann deren in Symbolen verkörperte Menschenwürde über ihre Selbstbestimmung erreicht werden?[26] Eine objektive Würdeverletzung kann nicht mit Hilfe des Kriteriums der Selbstbestimmung erkannt werden. Die Folter gilt allgemein und naturrechtlich als Würdeverletzung. Sie negiert laut der normativen Ethik von der Pfordtens[27] den Menschen als „freies willensbestimmtes Geistwesen und als leid- und schmerzempfindliches Körper- und Seelenwesen“. Diese psychologischen Kriterien reichen aber nicht aus dafür, die Menschenwürde zu bestimmen. Die empirisch erfassbaren psychologischen Eigenschaften sind, wie man aus den Argumenten des Behavioristen Byrell Frederic Skinner ersehen kann[28], alle manipulierbar. Die Menschenwürde gehört zu jedem Menschen in seiner absoluten Einzigartigkeit und nicht zu seinen diversen Eigenschaften. Sie kann nicht über die Selbstbestimmung seiner Eigenschaften gewährleistet werden. Auch gegen das zentrale Prinzip bei von der Pfordten ergeben sich Einwände. Wie wir bereits kennengelernt haben, beruht diesem Autor zufolge die große Menschenwürde auf der Selbstbestimmung über die eigenen Belange: „Bei der großen Menschenwürde handelt es sich um eine nicht-körperliche, innere, im Kern unveränderliche notwendige und allgemeine Eigenschaft des Menschen [...] Die große Menschenwürde lässt sich – so der hier unterbreitete Vorschlag – am besten *als Selbstbestimmung über die*

---

24 *Dietmar von der Pfordten*, Normativer Individualismus, in: Zeitschrift für philosophische Forschung, Band 58, 2004, S. 321 (325).

25 *Armin Engländer*, Personale Rechtsgutslehre und normativer Individualismus, in: Rechtsstaatliches Strafrecht. Festschrift für Ulfrid Neumann, 2017, S. 550.

26 So argumentiert *Holger Gutschmidt*, Immanuel Kant und der normative Individualismus, in: Dietmar von der Pfordten/Lorenz Kähler (Hrsg.), a.a.O., S. 159–176.

27 *Dietmar von der Pfordten*, Normative Ethik, 2010.

28 *Byrell Frederic Skinner*, Walden Two – die Vision einer besseren Gesellschaftsform, 2002.

eigenen Belange verstehen."[29] Die Selbstbestimmung geht aus der Ausstattung des Individuums, und aus seinen Interessen hervor. Würde ist aber keine empirische Eigenschaft, wie Robert Spaemann betont.[30] Der Fehler wird durch eine naturrechtliche Überlegung korrigiert. Wir müssen unsere innere Freiheit, unsere Selbstbestimmung, nach außen, d. h. in Raum und Zeit treten lassen, indem wir die Freiheit anderer anerkennen, d. h. andere als ebenso frei und gleich. Das gilt dann auch von der Würde. Die Würde und ihre Unantastbarkeit ist keine Eigenschaft. Sie ist nur negativ über die naturrechtliche Freiheitszuschreibung möglich, nicht positiv. Wir haben keine automatisch eingestellte naturrechtliche Freiheit, die für sich so eingerichtet wäre, dass wir von selbst das richtige Maß beim Handeln hätten. Freiheit wird immer von möglicher Verantwortung begleitet. Menschenwürde hat ebenso wenig einen empirischen Grund wie die natürliche Freiheit. Beide müssen normativ begriffen werden. Die Würde, so formuliert Robert Spaemann, ist „der transzendentale Grund dafür, dass Menschen Rechte und Pflichten haben. Rechte haben sie, weil sie Pflichten haben können d. h., weil die normalen, erwachsenen Mitglieder der Menschheitsfamilie weder instinktiv in Gemeinwesen eingepasste Tiere sind, noch instinktoffene, bloße Triebsubjekte [...]".[31]

Ein Individuum ist eine lebendige menschliche Natur, der ein Verständnis über ihr Zusammenwirken mit anderen menschlichen Naturen und damit ein Verständnis des Naturrechts zuzutrauen ist. Wäre Würde jene Selbstbestimmung über die „eigenen Belange" isoliert betrachtet richtig, so käme die Gerechtigkeitsfrage nach dem rechten Verhältnis zwischen den Betroffenen bzw. den privat sich selbst Bestimmenden zu kurz. Die politische Grundfrage nach gemeinsamen Belangen der sich selbst Bestimmenden bliebe unterbelichtet.

Dass die Formulierung „Selbstbestimmung über die eigenen Belange" missverständlich ist und wohl nicht ganz das wiedergibt, was von der Pfordten wohl selbst meint, lässt sich daraus ersehen, dass von der Pfordten keineswegs die Abtreibung von Wesen wie menschlichen Embryonen oder den Ausschluss von Personen, die sich nicht selbst bestimmen können – also von Schlafenden, Komatösen und schwer geistige Behinderten – erlaubt.[32]

3. Der Staat als Diener des Individuums

Nach von der Pfordten bedeuten auch Staaten nur von Individuen abhängige Ziele: „Die Rede von Belangen bzw. Interessen einer Gemeinschaft, etwa eines Unternehmens oder eines Staates stützt sich also auf abhängige und nicht auf unabhängige Ziele."[33] Dass ein Staat aufgrund seiner formalen Beschaffenheit eine eigene Begründung von Zielen aus sich entlässt, die von Individuen erfüllt werden müssen, ohne dass sie sich dieser Aufgabe entziehen können, gerät bei von der Pfordten außer Blick. Das über den Interessen der Individuen stehende und diese begrenzende Gemeinwohl wird nicht beachtet. Die Vorrangigkeit des Staatswohls, das mehr ist als die Summe der Interessen der Einzelnen, ist jedoch

29 *Dietmar von der Pfordten*, Menschenwürde, 2016, S. 10 (Hervorhebung im Original).

30 *Robert Spaemann*, Menschenwürde und menschliche Natur, in: ders., Schritte über uns hinaus, Band 2, 2011, S. 93–101.

31 *Robert Spaemann* (wie Fn. 30).

32 *Dietmar von der Pfordten*, Menschenwürde (Fn. 29), S. 83–85.

33 *Dietmar von der Pfordten*, Normative Ethik (Fn. 27), S. 88.

nicht weniger wichtig. Dies zeigen die Staatsziele der Gefahrenabwehr, des Umweltschutzes, der Geldwertstabilität, der Umverteilung, der Bändigung von marktbeherrschenden Stellungen und der Sicherung von Arbeitsplätzen im globalen Standortwettbewerb, wie Matthias Herdegen aufführt.[34] Diese Staatsziele rechnet von der Pfordten dem seiner Meinung nach nicht rechtfertigbaren Kollektivismus zu: „Politische Entscheidungen können ihre letzte Rechtfertigung in einem politische Legitimität verleihenden Kollektiv d.h. dem Staat, der Nation, dem Volk, der Rasse, der Gesellschaft, der Wirtschaft, der Sprach- oder Kulturgemeinschaft, der Nachbarschaft etc. finden."[35] Bei dieser Aufzählung verwundert, dass von der Pfordten den Staat, also auch unsere heutige Demokratie, in einer Reihe mit dem abzulehnenden Rassismus aufführt. Die Rechtfertigung der Staatsziele verdankt sich nicht ihrer politischen Legitimierung, wie von der Pfordten meint, sondern der Natur des umfassenden Zusammenschlusses aller Staatsbürger, dem Staat. Staatsziele müssen, bei Vermeidung des Untergangs bei ihrer Auslassung, erfüllt werden.

Hier lässt sich bei von der Pfordten ein gewisser neoliberaler Trend beobachten, der besonders individuelle Freiheit und Unabhängigkeit in den Vordergrund als zentrale Merkmale der menschlichen Natur stellt. Dagegen steht jedoch, dass das Gemeinwohl sich nicht in das individuelle Wohl aller Mitglieder einer Gesellschaft umformulieren lässt. Dieses Wissen vom Selbstverständlichen des Gemeinwohls, das uns natürlich ist, geht im normativen Individualismus verloren. Mit dem normativen Individualismus wird die freie Selbstbestimmung der Menschen als ein absolutes, aller Ordnung zugrunde liegendes Recht aufgefasst, das den Staat zu einem repräsentativen Instrument der Bürger macht.[36] Der Staat ist jedoch mehr als die Repräsentation individueller Bürger. Er verlangt eine politische Integration und ist die Ermöglichung ihres Zusammenlebens. Das Prinzip seiner ganzen Tätigkeit ist in der Ermöglichung und Förderung des Gemeinwohls zu erblicken. Für alle ist es einsichtig, dass ihr Leben, ihre Menschenwürde und ihr Eigentum durch Gesetze geschützt werden müssen. Was aber allen von sich aus einleuchtet, gehört zum natürlichen Recht.

Der normative Individualismus geht von einem Vorrang des Individuums gegenüber dem Staat und der Gesellschaft aus. Die Natur, dies darf nicht vergessen werden, ist nicht nur die des Individuums, sondern auch die der Gesellschaft. Rousseau sagte einmal, wenn in der Gesellschaft Entscheidungen getroffen werden, die gegen die Natur der Gesellschaft sind, sodass diese sich selber zerstört, dann wird diese so lange sich in Unruhe befinden und von Katastrophen geschüttelt werden, bis die unbesiegbare Natur die Macht wieder ergriffen hat.[37]

Die in der Welt des Lebendigen zugrundeliegende Solidarität, die beim Menschen durch die Fähigkeit des Wohlwollens ergänzt wird, könnte helfen, eine naturrechtsfreundliche Öffentlichkeit in der Gesellschaft herzustellen.

---

34 *Matthias Herdegen*, Staat und Rationalität, 2010, S. 14.

35 *Dietmar von der Pfordten*, Normativer Individualismus, in: Zeitschrift für philosophische Forschung, Band 58, 2004, S. 321 (325).

36 *Dietmar von der Pfordten*, Normative Ethik (Fn. 27), S. 333.

37 *Jean-Jacques Rousseau*, Du contrat social, ed. Marcel Michel Rey 1762, Livre II, Capitre XI: Mais si le Législateur, se trompant dans son objet, prend un principe différent de celui qui nait de la nature des choses, que l'un tende à la servitude & l'autre à la liberté, l'un aux richesses l'autre à la population, l'un à la paix l'autre aux conquêtes, on verra les loix s'affoiblir insensiblement, la constitution s'altérer, & l'Etat ne cessera d'être agité jusqu'à ce qu'il soit détruit ou changé, & que l'invincible nature ait repris son empire.

Verschiedene zentrale Differenzen zwischen dem zeitgemäßen anthropologischen Funktionalismus und der Spaemann'schen Argumentation für das Leben zeigen sich auch in Fragen der Rechtfertigung der Abtreibung und bei der assistierten Suizidbeihilfe. In beiden Fällen wird über Leben entschieden, das Spaemann für unverfügbar hält. Muss jemand, wenn er der Theorie des normativen Individualismus folgt und das Recht der „Selbstbestimmung über die eigenen Belange" vertritt, auch eintreten für ein „Recht" der Frau, die ihr eigenes Kind im embryonalen Zustand beseitigen will, bzw. desjenigen, der dem Suizidwilligen helfen will, sein Ziel zu erreichen? Robert Spaemann und Volker Gerhardt haben über die Frage der Sterbehilfe in der Stuttgarter Zeitung diskutiert. Ihre Texte wurden in der Zeitschrift für Lebensrecht[38] abgedruckt. Spaemann erinnert an die Euthanasie-Praxis in der Nazi-Herrschaft. Aus rassischen Gründen und aus denen einer angeblichen Volksgesundheit wurden vermeintlich oder tatsächlich unheilbar Kranke umgebracht. Spaemann argumentiert mit der Grundlage unserer Rechtsordnung. Sie besteht in der „Achtung des Menschen vor dem Menschen. Diese Achtung darf nicht an das Vorliegen bestimmter Eigenschaften oder Zustände geknüpft sein."[39] Zwar kann der Selbstmörder nicht für seine Tat zur Verantwortung gezogen werden, aber derjenige, der ihm behilflich ist, kann es sehr wohl. Dem frei geäußerten Wunsch des Suizid-Willigen darf nicht Folge geleistet werden, weil damit dieser Wünschende selbst beseitigt würde. Spaemann weist darauf hin, dass der Wunsch, seinem Leben ein Ende zu setzen, oft aus Situationen der Verlassenheit entsteht. Die menschlich angebrachte Reaktion darauf ist es, dem betreffenden Menschen in seiner Situation beizustehen. Sollte die Suizidbeihilfe zum Gesetz werden, so würde dem „Invaliden der modernen Medizin" – so drückt sich Volker Gerhardt aus – unausbleiblich vom Kreis der ihm nahestehenden Menschen suggeriert, doch von dieser Möglichkeit Gebrauch zu machen und sein angeblich von ihm selbst beklagtes Leben mit Hilfe von anderen Menschen zu beenden. Allerdings geht es nicht darum, wie Volker Gerhardt schreibt, dass „Niemand dazu genötigt werden darf, einem Anderen das Leben zu nehmen"[40], sondern darum, dass die Hilfe auch auf freiwilliger Basis nicht erbracht werden darf. Die Positionen zwischen Robert Spaemann und Volker Gerhardt sind nicht völlig gegensätzlich. Volker Gerhardt zeigt eine in Spaemanns Augen nicht angebrachte Toleranz mit dem Vorkommen von Suizid-Beihilfe. Umso entschiedener dürfte Spaemann das am 26.02.2020 im Geist eines vollendeten Rechtspositivismus ergangene Urteil des Bundesverfassungsgerichts zur Suizidbeihilfe abgelehnt haben.

38 Zeitschrift für Lebensrecht 2005, S. 119–126.

39 *Robert Spaemann*, Sterbehilfe ist nur ein anderes Wort für Töten, in: ZfL 2005, 119 (120).

40 *Volker Gerhardt*, Sturmangriff auf eine offene Tür. Selbstbestimmung ist das oberste Gebot – Eine Erwiderung auf Robert Spaemann, ZfL 2005, 121.

PERSONA: MASKE MIT MENSCHLICHEM ANTLITZ

Zur juridischen Archäologie einer Beobachtung
Robert Spaemanns

Von *Jakob Fortunat Stagl**

I. „Naturae rationalis individua substantia"

Wie wurde der Mensch zur Person und was bedeutet dies?[1] Die Geschichte der Person fällt in zwei Epochen:[2] Die Ausformung des juridischen Personenbegriffs bei den Römern und seine Weiterformung zum christlich-thomistischen Personenbegriff im Mittelalter, wo er sein „eigentliches anthropologisches Potential entfaltete", wie Spaemann sagte.[3] Wir behandeln nur die erste Epoche und stellen uns hierbei die Frage, wie es möglich sein kann, dass ein juristischer Begriff „anthropologisches Potential" entfalten, wie die Jurisprudenz einen Beitrag zur Ethik leisten kann.

Es geht uns also darum, zu zeigen, wie der Begriff der Person zunächst dazu diente, den Menschen zu entrechten und dann dazu, ihn mit Rechten auszustatten. Verantwortlich für diese Umwertung und die damit einhergehende Begriffsumwandlung waren, wie wir sehen werden, vom Naturrecht inspirierte Juristen.[4] Dabei reicht dieses Verdienst der römischen Juristen bis in unsere Zeit, hatten doch die von ihnen geschriebenen Texte eine unabsehbare Wirkung auf die abendländische Geschichte.[5] Die hier mehrfach zitierten Institutionen Jus-

* Der vorliegende Beitrag basiert teilweise auf Vorarbeiten, die veröffentlicht sind unter: *J. F. Stagl*, Die Personwerdung des Menschen: Anfänge im römischen Recht, in: H. Thomas/J. Hattler (Hrsg.), Personen: Zum Miteinander einmaliger Freiheitswesen, 2012, S. 89–111 sowie *ders.*, Die ‚Person': phrygische Mütze oder Nessushemd?: Eine Auseinandersetzung mit Roberto Esposito's ‚Terza Persona', Bonner Rechtsjournal 2012, S. 11–20. Zusammengefasst sind alle vorherigen Bemühungen um den Personenbegriff und die Sklaverei in dem Band: Camino desde la servidumbre: Escritos sobre la servidumbre en la Antigüedad, su derrota y la amenaza de su retorno, Madrid 2021, S. 21–46, 47–52, 157–184.

1 Aus der letzten Zeit: *St. Klingbeil*, Der Begriff der Rechtsperson, AcP 217 (2017), 848–885; *P. Perlingieri*, La persona e i suoi diritti: problemi del diritto civile, Neapel 2005.

2 *M. Fuhrmann*, in: J. Ritter et al. (Hrsg.), Historisches Wörterbuch der Philosophie, Bd. VII, Basel 1989, S. 269–271; *J. M. Ribas Alba*, Persona desde el derecho romano a la teología cristiana, Madrid 2011; *J. Rist*, What is a Person, Cambridge 2019; *V. Scarano Ussani*, La ‚scoperta' della persona, Ostraka 18 (2009) 243 ff.; *E. Stolfi*, La nozione di ‚persona' nell'esperienza giuridica romana, Filosofia politica 21 (2007), 379 (382).

3 Hierzu *R. Spaemann*, Was macht Personen zu Personen?, in: H. Thomas/J. Hattler (Hrsg.), Personen – Zum Miteinander einmaliger Freiheitswesen, 2012, S. 29–44.

4 So auch *H.-D. Spengler*, Zum Menschenbild der römischen Juristen, JZ 2011, 1021, 1028 ff.

5 *F. Wieacker*, Römische Rechtsgeschichte Bd. II, 2006, S. 88.

Duncker & Humblot · Berlin | https://doi.org/10.3790/978-3-428-58515-1.2025.202218

tinians gehören neben der Bibel zu den meistgelesenen Büchern unserer Kultur.[6] Über 1500 Jahre lang begann jeder Student der Rechte sein Studium mit ihrer Lektüre und las dort, gleich am Anfang den Satz, dass die Sklaverei „dem Naturrecht widerspricht".[7] Die zu schildernde Entwicklung der Auffassung über den Sklaven vom Großvieh zum Individuum war die Voraussetzung dafür, dass der Begriff Person im Sinne eines vernunftbegabten Individuums Eingang zunächst in die Philosophie und dann in die Theologie finden konnte.[8] Die für das Abendland maßgebliche Definition der Person durch Boethius (ca. 480–525) *naturae rationalis individua substantia*[9] („untrennbare Substanz rationaler Natur") wäre ohne diesen Begriffswandel undenkbar gewesen. Die für diesen Wandel nach unserer Auffassung verantwortlichen Juristen waren nicht irgendwer, sondern hatten die höchsten Ämter im Staate inne.[10] Dennoch waren sie keine fröhlichen Zyniker, dazu war ihr Geschäft zu ernst. Vielmehr waren sie inspiriert von einem tiefen Glauben an die Richtigkeit ihres Tuns, einen Glauben, den sie selbst als Naturrecht (*ius naturale*) bezeichneten. Ob hierbei das frühe Christentum seine Hand im Spiel hatte, ist eine andere Frage,[11] eine Frage, welche sich bei der gegebenen Quellenlage seriös nicht beantworten lässt.[12]

Sein eigentliches „anthropologisches Potential" entfaltete der Personenbegriff, wir sagten es bereits, freilich erst im christlichen Mittelalter und den darauffolgenden Epochen.[13] Und zwar dahingehend, dass Thomas von Aquin, in Erweiterung der Definition Boethius', die Einmaligkeit eines jeden Menschen etablierte.[14] Damit bekam jeder Mensch Würde seinen Mitmenschen gegenüber und Verantwortung gegenüber Gott.[15] Dieser christlich-thomistische Personenbegriff wurde im Laufe der Zeit von seinen christlichen Ursprüngen getrennt und zum Rechtsbegriff, ohne seine Substanz dabei völlig preiszugeben. Als Kern des modernen juristischen Personenbegriffs, wie er etwa der UN-Menschenrechtscharta von 1948 zugrunde liegt[16] oder der Charta der Grundrechte der Europäischen Union

6 *O. Behrends/R. Knütel/B. Kupisch/H. Seiler*, Corpus Iuris Civilis, Bd. I, 2. Aufl. 1997, S. 289: über 600 Auflagen bis 1900!

7 Inst. 1, 2, 2.

8 *D. Mantovani*, Lessico dell'identità, in: A. Corbino/M. Humbert/G. Negri (Hrsg.), Homo, caput, persona – La costruzione giuridica dell'identità nell'esperienza romana, Pavia 2010, S. 40, meint, diese Umwertung sei erst das Werk des Christentums gewesen.

9 *Boethius*, Contra Eutychen et Nestorium 3.

10 Hierzu jetzt *A. Schiavone*, The invention of law in the west, Cambridge, Ma. 2012, S. 309 ff., 391 ff.

11 Hierzu *B. Biondi*, Il diritto romano cristiano Bd. I, Mailand 1952, S. 98 ff., 117 ff.

12 *J. F. Stagl*, Scriptores Iuris Romani. Zu Schiavones Edition der römischen „Rechtsschriftsteller" und ihrem ersten Band ‚Quintus Mucius Scaevola', ZRG RA 138 (2021), 578–594.

13 Hierzu *R. Spaemann*, Was macht Personen zu Personen?, in: H. Thomas/J. Hattler (Hrsg.), Personen – Zum Miteinander einmaliger Freiheitswesen, 2012, S. 29–44 und *ders.*, Personen. Versuche über den Unterschied von zwischen ‚etwas' und ‚jemand', 2006; siehe ebenfalls *C. Moreschini*, in: A. Corbino/M. Humbert/G. Negri (Hrsg.), Homo, caput, persona – La costruzione giuridica dell'identità nell'esperienza romana, Pavia 2010, S. 91 ff.

14 Summa Theologica III, Q. xvi, a. 12, ad 2um. Grundlegend hierzu *B. Meumertzheim*, Menschliche Person und Willensfreiheit bei Thomas von Aquin, 1961, S. 6–23.

15 *R. Heinzmann*, Der Menschen als Person – Zum Verständnis des Gewissens bei Thomas von Aquin, in: J. Gründel (Hrsg.), Das Gewissen: subjektive Willkür oder oberste Willkür, 1990, S. 34 ff.

16 Etwa Art. 3: „Jeder hat das Recht auf Leben, Freiheit und Sicherheit der Person".

(Art. 3 Abs. 1[17]), wird man es mit Spaemann begreifen können, dass durch ihn der Staat gezwungen wird, alle die ‚Person' betreffenden Handlungen zumindest zu rechtfertigen.[18]

Wenden wir uns also der Archäologie von *persona* zu, in der Geschichte dieses Begriffs liegt ihre Entwicklung geborgen – aber auch ihre Gefährdung:

II. Die Fessel des ‚Phersu'

Das Verständnis des juristischen Personenbegriffs ergibt sich aus der Etymologie des lateinischen Wortes *persona.*[19] Dieses hat zwei Wurzeln: Zum einen die altbekannte Erklärung aus dem griechischen πρόσωπον (= Gesicht, Aussehen, Person) und dem ursprünglich auch ‚Maske' bedeutenden lateinischen Worte *persona*, von *per-sonare*, also ‚durchtönen'.[20] Zwar hat vor allem die traditionelle lateinische Erklärung das Gepräge einer Volksetymologie, doch schien sie den Römern selbst so wenig lächerlich, dass wir sie ernst nehmen müssen, was uns zu lehren Maurice Nédoncelles (1905–1976) Verdienst ist.[21] Die zweite Wurzel der Person ist, wie erst in den letzten Jahrzehnten sich durchzusetzen begann, das etruskische Wort *phersu*, was wohl seinerseits auch ‚Maske' bedeutet.

Dieses Wort kennt man seit der Entdeckung einer etruskischen Nekropole in der Nähe Roms. Sie ist mit Wandmalereien geschmückt; auf einer dieser sieht man die beiden unten reproduzierten Figuren mit der Aufschrift υσρεΦ = Phersu:[22] Dort jagt ein maskierter Mann, Phersu, mit einem Lasso einen Mann mit verbundenen Augen, der mit der zweiten Hand geführte Hund des Phersu fügt dem Gefesselten Bisswunden zu. Die Gestalt des Phersu ist seit jeher Gegenstand unterschiedlichster Deutungen: Er wird als Totendämon, also eine Art Teufel, interpretiert, aber auch als Figur des Gladiatorenkampfs (*venatio*) und sogar als Darstellung des Herkules, schließlich als maskierter Priester.[23] Diese Interpretationen schließen sich aber gegenseitig nicht wirklich aus und müssen sich alle auf das rück-

---

17 In der italienischen Fassung etwa ist von „persona" die Rede, die deutsche spricht von „Mensch".

18 *R. Spaemann*, Personen (Fn. 3), S. 30. Gleichsinnig aus der Perspektive des geltenden Rechts *P. Perlingieri*, Persona (Fn. 1), S. 26.

19 *A. v. Blumenthal*, in: Realencyclopädie der classischen Altertumswissenschaft, Neue Bearbeitung, vol. XXXVII, 1937, Sp. 1036–1040; *J. M. Ribas Alba*, Persona (Fn. 2) S. 105ff., 125 ff.; *R. Sacchi*, Antica persona: alle radici della soggettività in diritto romano tra costruzione retorica e pensiero patristico, 2012, S. 25–67, 72–114; *A. Walde/J. B. Hoffmann*, Lateinisches Etymologisches Wörterbuch, 1938, s.v. *persona.*

20 *Gellius*, Noctes Atticae 5, 7; Boethius, Contra Eutychen 3: *Nomen enim personae uidetur aliunde traductum, ex his scilicet personis quae in comoediis tragoediisque eos quorum interest homines repraesentabant. Persona uero dicta est a personando, circumflexa paenultima.*

21 Prosopon et persona dans l'antiquité classique. Essai de bilan linguistique, Revue des sciences religieuses, 1948, S. 277, 287 ff., 293.

22 In griechischen Lettern, von rechts nach links.

23 Übersicht über die neue Literatur bei *A. Yanko*, Game Phersu: Pro et Contra, Journal of Ancient History and Archeology 2 (2015), 7–11.; *Y. Bomati*, Phersu et le monde dionysiaque, Latomus 45 (1986), 21–32.; *J.-R. Jannot*, Phersu Phersuna, Persona. À propos du masque étrusque, in: Actes de la table ronde de Rome (3–4 mai 1991), Publications de l'École Française de Rome, Paris 1993, S. 281–320.

beziehen, was sich aus dem ‚Phänomensinn‘[24] der Phersu-Darstellung ergibt: Ein sehender und damit überlegener maskierter Mann, der einen verbundenen und damit unterlegenen Mann, wie zum Hohne mit einer Keule bewaffnet, mit einem Lasso fesselt und von seinem scharfen Hund quälen lässt. Damit sind die beiden semantischen Ladungen des *persona*-Begriffs bezeichnet: Maske und Macht.

Abb. 1: 6. Jh. v. Chr., Nekropole der Monterozzi in Tarquina, Tomba degli Àuguri'
(hier: Rekonstruktion der Carlsberg Glyptothek in Kopenhagen).
Präzise Beschreibung in: D. Emmanuel-Rebuffat, Le jeu du Phersu à Tarquinia: nouvelle interprétation, in: Comptes rendus de séances de l'Académie des Inscriptions et Belles-Lettres, 1983, S. 421–438.

Die Person genannte „ich-hafte Kulturperson“[25], als welche uns zu empfinden wir stets geneigt sind, ist nicht eine Selbstverständlichkeit des Menschseins, sondern eine kulturelle Errungenschaft und diese erklärt sich, wie Marcel Mauss (1872–1950) auf anthropologischer Grundlage gezeigt hat, aus der Zersetzung des Clans, als dessen unselbständiger Teil die Menschen zuvor begriffen wurden.[26] Der Clan, der Stamm, die *gens*, wie die Römer sagten, ist das ursprüngliche Individuum, als dessen Organe man sich die einzelnen Mitglieder denken kann.[27] Diese *gentes* der Römer feierten sich, indem sie die Masken berühmter Ahnen, die *imagines maiorum*, zu bestimmten Anlässen von Schauspielern aufsetzen

24 Hierzu *E. Panofsky*, Zum Problem der Beschreibung und Inhaltsdeutung von Werken der bildenden Kunst, Logos 21 (1932), 103–119.

25 Ausdruck von Schönfeld, zitiert nach *St. Klingbeil*, AcP 217 (2017), 848 (852).

26 *M. Mauss*, Sociologie et anthropologie, Paris 2013, S. 331 ff., 348 ff.

27 *Th. Mommsen*, Römisches Staatsrecht, Bd. III/1, 1887, S. 9 ff., 74 f. (zu den plebejischen Geschlechtern).

ließen.[28] Die lebenden Mitglieder der Gens und die verstorbenen werden so zu einer mystischen Einheit geführt, denn es ist die Bestimmung der Maske, dass sie dem Träger erlaubt, seine Individualität abzustreifen und die dargestellte überzustreifen.[29] Wie ist aber das Paradox zu erklären, dass die überindividuelle, in magischer Weise Gruppenidentität stiftende *persona* zum Begriff des schieren Gegenteils wurde, nämlich der „ich-haften Kulturperson"? Das können wir erst erklären, wenn wir die *persona* des römischen Rechtslebens in ihrer Gesamtheit erfasst haben.

Nicht minder verwunderlich ist, dass der Menschenjäger Phersu einen Beitrag dazu geleistet haben soll, dass sich in dem Wort *persona* wie in keinem zweiten eine Ethik der Freiheit und der Würde – Schutztugenden der Individualität – kristallisiert:[30] so heißt es in Art. 2 des deutschen Grundgesetzes „Die Freiheit der Person ist unverletzlich". Wie wurde der Menschenfänger zum Hüter der Freiheit? Auch dieses Paradox versteht nur, wer die Denkweise der römischen Juristen versteht. Alle Überlegungen hierzu müssen dabei beginnen, dass der Personenbegriff für die Herrschaftsausübung bestimmt war, und zwar im privaten wie im politischen Bereich. Das nimmt nicht Wunder, denn die Römer haben von den Etruskern besonders politisch-rechtliche Institutionen und Begriffe übernommen, z. B. *lictores* und *augures*, *rex* und *imperium*.[31] Entscheidend für die semantische Umladung des *persona*-Begriffs ist, dass diese Herrschaftsausübung nicht willkürlich ist, wie wir sehen werden, sondern rechtsförmlich ausgeübt werden muss.

III. Das klassische „ius personarum"

Wenden wir uns dazu, wie das römische Recht dieses Erbe der Etrusker weiterformte.

1. „Omnes homines aut liberi sunt aut servi"

Für das römische Recht ist *persona* zunächst ein Oberbegriff, unter welchem verschiedene Formen – persönlicher – Herrschaft zusammengefasst sind. Grundlegend sind die Institutionen des Gaius (Gai., Inst. 1, 8 ff.[32]) aus der Mitte des 2. Jh. n. Chr.:

> (8) Alles Recht, das wir anwenden, gehört den Personen an, den Sachen oder den Aktionen. (9) Die höchste Unterteilung des Rechtes der Personen ist diejenige, daß alle Menschen entweder Freie sind oder Sklaven. (10) Bei den freien Menschen wiederum sind die einen Freigeborene und die anderen Freigelassene… (48) Es folgt eine andere Unterteilung des Rechtes der Personen:…[33]

---

28 *K. Schneider/H. Meyer*, in: Pauly/Wissowa (Hrsg.), Realencyclopädie der classischen Altertumswissenschaft XVI, 1914, S. 1097–1104.

29 *F. Krause*, Maske und Ahnenfigur: Das Motiv der Hülle und das Prinzip der Form, in: W. E. Mühlmann/E. W. Müller (Hrsg.), Kulturanthropologie, 1966, S. 218 ff.

30 *J. Maritain*, Les droits de l'homme et la loi naturelle, Paris 1947.

31 *A. Guarino*, Storia del diritto romano, 12. Aufl., Neapel 1998, § 19.

32 Eine synthetischere und nicht wesentlich veränderte Darstellung findet sich bei Justinian, Inst. 1, 3. Hierzu ausführlich *A. Mantello*, Lezioni di diritto romano, Turin 2004, S. 233 ff.

33 *(8) Omne ius quo utimur, vel ad personas pertinet vel ad res vel ad actiones., aut res aut (9) Et quidem summa divisio de iure personarum haec est, quod omnes homines aut liberi sunt aut servi. (10) Rursus liberorum hominum alii ingenui sunt, alii libertini… (48) Sequitur de iure personarum alia diviso.*

Wollte man die ursprüngliche Bedeutung des Begriffs so scharf wie möglich wiedergeben, so dürfte man nicht wie gemeinhin üblich übersetzen „Über das Recht der Personen", sondern „Über das Recht der Stände". Denn das ist genau das, was Gaius und die Institutionen mit dieser Abstraktion meinten.[34] Gaius bringt alle Menschen unter das Genus Person, um sie in einzelne Spezies einteilen zu können und diese Spezies sind die Stände der römischen Gesellschaft.[35] Der vermeintlich neutrale, da extrem abstrakte Begriff der Person ist also in Wahrheit die Handhabe für einschneidenste Kategorisierungen der Gesellschaft und damit ein Herrschaftsinstrument. So spricht Gaius an anderer Stelle davon, dass eine bestimmte Aussage für Sklaven gelte und „für andere Personen, welche uns von Rechts wegen unterworfen sind" (*eadem de ceteris quoque personis, quae nostro iuri subiectae*).[36] Die Aufteilung der Menschen in verschiedene Stände mit stark akzentuierten unterschiedlichen Rechten entsprach dabei durchaus antikem Denken, ausformuliert vor allem bei Platon und Aristoteles.[37]

Es wäre ein Missverständnis, wollte man daraus schließen[38], die Sklaven seien Personen im modernen, erst im Mittelalter entfalteten Sinn gewesen, weil sie von Gaius als Personen bezeichnet werden, würde man doch auf diese Weise das moderne Personenverständnis auf das der Alten zurückprojezieren. Es bedeutet also keineswegs, dass der Sklave als Person, d. h. modern gesprochen als Rechtssubjekt anerkannt wird, wenn Gaius ihn unter die Kategorie *persona* fasst.[39] Sklaven und Freie werden – zunächst – ausschließlich deshalb unter den Personenbegriff gefasst, um eleganter mit beiden Kategorien von Menschen hantieren zu können, wie sich bei Gaius zeigt (Gai., Inst. 1,121):

> Nur darin unterscheidet sich die Manzipation eines Grundstücks von der Manzipation anderer Sachen, daß versklavte und freie Personen[40], sowie Tiere, welche manzipationsbedürftig sind, wenn sie nicht anwesend sind, nicht manzipiert werden können [...].[41]

An dieser Stelle erweist sich auch die Richtigkeit der Etymologie der *persona* aus dem Bedeutungsfeld der Maske. Die Maske hat ihren Ursprung in der Religion, das zeigen die

---

34 In diese Richtung auch *B. Albanese*, Le persone nel diritto romano privato, Palermo 1979, S. 8; *U. Agnati*, Persona iuris vocabulum. Per un'interpretazione giuridica di „persona" nelle opere di Gaio, Rivista di Diritto Romano 9 (2009), 15 ff., 21 ff.; *F. de Zululeta*, The Institutes of Gaius, Bd. II, Oxford 1953, S. 23. Falsch daher *C. Gioffredi*, Aspetti della sistematica Gaiana, in Nuovi Studi di Diritto greco e romano, Rom1980, S. 243.

35 Hierzu *U. Agnati*, Rivista di Diritto Romano 9 (2009), S. 12 ff.

36 *Gaius*, Inst. 4, 135.

37 Nachweise bei *B. Albanese*, Persone (Fn. 34), S. 347 f.

38 Das aber tut *M. Avenarius*, Corpus der römischen Rechtsquellen zur antiken Sklaverei (CRRS). Teil IV: Stellung des Sklaven im Privatrecht. 3: Erbrecht. Aktive Stellung, Personeneigenschaft und Ansätze zur Anerkennung von Rechten, 2017, S. 16.

39 *J. F. Stagl*, Rez. zu *Avenarius* (Fn. 38), ZRG RA 135 (2018), 654–658; so bereits auch *F. Schulz*, Prinzipen des römischen Rechts, 1933, S. 30.

40 Zur Manzipation eines Freien kommt es z. B. bei der Entlassung aus der väterlichen Gewalt (*emancipatio*), welche durch dreimalige Manzipation des Hauskindes an einen Treuhänder stattfindet; *M. Kaser*, Römisches Privatrecht Bd I, 2. Aufl. 1971, S. 349 f.

41 *In eo solo praediorum mancipatio a ceterorum mancipatione differt, quod personae serviles et liberae, item animalia, quae mancipi sunt, nisi in praesentia sint, mancipari non possunt – adeo quidem ut eum, qui mancipio accipit, adprehendere id ipsum, quod ei mancipio datur, necesse sit: unde etiam mancipatio dicitur, quia manu res capitur –, praedia vero absentia solent mancipari.*

Ahnenmasken (*imagines maiorum*) für die Römer überdeutlich.[42] Die Maske erlaubt es ihrem Träger, sich vorübergehend, solange der Zauber dauert, in das Wesen zu verwandeln, welches die Maske darstellt. Für den Moment des Spieles – es ist ja offensichtlich eine Maske und damit ein Spiel – ist der unbekannte Etrusker ‚Phersu'. Damit ermöglicht es die Maske, die eigene Persönlichkeit abzulegen und eine andere anzulegen. Der für die Maske wiederum verwandte *persona*-Begriff erlaubt es also, von der jeweiligen Person abzusehen, das ist sein Zweck, und nur vom Menschen ohne Eigenschaften zu handeln. Das Wort *homo* ‚Mensch'[43] könnte dies nimmer leisten, bedeutet es doch vielfach Sklave und Mann im Hinblick auf seine Geschlechtseigenschaften (das Gegenstück wäre *mulier*)[44], ist also bereits nicht mehr neutral. *Persona* bezeichnet jemanden, aber niemand konkreten, sie ist sozusagen der juridische Gattungsbegriff des Menschen – wie der οὔτις (Niemand), als welcher sich Odysseus dem Polyphem gegenüber ausgab.

2. Freie und Sklaven

„Freiheit ist", in den Worten des Juristen Florentinus, „das natürliche Vermögen das zu tun, was einem beliebt, wenn es nicht von den Umständen oder dem Recht untersagt ist". Demgegenüber ist Sklaverei ein Rechtsinstitut, „durch welches jemand (*sic!*) dem Eigentum eines anderen wider die Natur (*sic!*) unterworfen wird".[45] Der Freie ist – in unserer Terminologie – Person, also Träger von Rechten und Pflichten, der Sklave hingegen ist eine Sache[46] und wird analog einem Stück Großvieh behandelt.[47] Diese Analogie ist im vollen Sinn des Wortes zu nehmen: Der Herr konnte entscheiden, den Sklaven zu welcher Tätigkeit auch immer zu verwenden und er hatte das Recht, den Sklaven zu töten. Der Freie ist Rechtssubjekt, also Akteur, der Sklave ist Rechtsobjekt, also ein Gegenstand der Handlungen anderer.[48] Gemildert wurde diese absolute Herrschaft zunächst nur durch die Sitte, deren Wahrung dem Zensor oblag.

Der Standesunterschied zwischen Freien und Sklaven konnte äußerste Formen der Grausamkeit hervorrufen. Dieser Standesunterschied war nämlich nicht nur irgendeine Grille, sondern die Grundlage eines ganzen Wirtschaftssystems und zwar in einem solchen Grade, dass Max Weber (1864–1920) davon sprach, die antike Wirtschaft habe den Sklaven ge-

---

42 *K. Schneider/H. Meyer*, in: Pauly/Wissowa (Hrsg.), Realencyclopädie der classischen Altertumswissenschaft XVI, 1914, S. 1097–1104.

43 *W. Faible*, Zur Begriffsgeschichte von ‚Mensch': Skizze einer kognitiven Landkarte, in: J. F. Stagl/W. Reinhard (Hrsg), Grenzen des Menschseins. Probleme einer Definition des Menschlichen, 2005, S. 155–173.

44 *P. G. W. Glare*, Oxford Latin Dictionary, Oxford 1982, i. v.

45 *Flor.* Dig. 1, 5, 4 pr.–1: *Libertas est naturalis facultas eius quod cuique facere libet, nisi si quid vi aut iure prohibetur. Servitus est constitutio iuris gentium, qua quis dominio alieno contra naturam subicitur.*

46 *Gai.* 2, 13.

47 Ausführlich *B. Albanese*, Persone (Fn. 34), S. 19 ff., *A. Mantello*, Lezioni (Fn. 32), S. 185 ff. und *S. Tafaro*, Ius hominum causa constitutum, Neapel 2009, S. 173 ff. Siehe auch *H.-D. Spengler*, JZ 2011, 1021 (1025).

48 *B. Albanese*, Persone (Fn. 34), S. 108.

braucht wie der Hochofen die Kohle.[49] Dementsprechend wenig Humor zeigten die Römer, wenn die Grundlagen dieses Wirtschafts- und Gesellschaftssystems in Frage gestellt wurden. Besonders eindrucksvoll belegt dies das *senatusconsultum Silanianum* aus dem Jahre 10 n. Chr.[50] Danach sollten alle Sklaven eines Haushaltes getötet werden, wenn der Herr aus ihrer Mitte ermordet worden war. *Quot servi, tot hostes* („Man hat so viele Feinde wie man Sklaven hat") lautete ein bekanntes Sprichwort. Tacitus (ca. 56–120 n.Chr.) überliefert eine Debatte im Senat, in der es darum ging, dieses Gesetz auf einen Haushalt von gut 360 Sklaven anzuwenden: Nur mit harter Disziplin könne man einen so bunten und gottlosen Haufen zusammenhalten; zwar seien auch Unschuldige unter den zu Erschlagenden, aber das gelte auch für eine wegen Feigheit vor dem Feind zu dezimierende Legion: „Jedes große Exempel, das um des allgemeinen Nutzens willen gegen den Einzelnen statuiert wird, hat eben etwas Ungerechtes an sich".[51]

3. Freigeborene und Freigelassene

Das *ius personarum* unterteilt weiter in Freigeborene und Freigelassene. Die einzige Möglichkeit, der Rolle des Sklaven zu Lebzeiten zu entkommen, war die Freilassung.[52] Doch führte auch diese nicht zu einer rechtlichen Gleichstellung mit dem Freilasser. Vielmehr ist die wichtigste Unterscheidung innerhalb der Freien nach Gaius die zwischen Freigeborenen (*ingenui*) und Freigelassenen (*liberti* bzw. *libertini*).[53] Der Freigelassene unterstand der Patronatsgewalt seines Freilassers (*obsequium*)[54] und schuldete ihm Tagwerke (*operae*) und er war verpflichtet, ihn zum Erben einzusetzen. Das aus der Freilassung entstehende Klientelverhältnis weist starke Parallelen zum – sogleich zu behandelnden – Verhältnis des *pater familias* zu seinen Kindern *in potestate* auf. Freigelassene konnten keine höheren religiösen oder staatlichen Ämter bekleiden.[55] Ihre Ehe mit Personen senatorischen Ranges wurde von den augusteischen Ehegesetzen untersagt.[56] Erst die Kinder der Freigelassenen hatten den Status des Freigeborenen. Sozial war dieser Status des Freigelassenen nicht sehr vorteilhaft, sondern galt als Makel.[57] Für die Freigelassenen großer Herren, insbesondere des Kaisers und seiner Angehörigen, konnte die Freilassung allerdings zum Beginn eines echten sozialen Aufstieges werden, hatten sie doch Vermögen, Verbindungen und Kenntnisse erworben.[58]

---

49 Die sozialen Gründe des Unterganges der antiken Kultur, in: D. Kaesler (Hrsg.), Max Weber: Schriften 1894–1922, 2002, S. 57.

50 *D. Dalla*, Senatus Consultum Silanianum, Mailand 1994; *J. D. Harries*, The Senatus Consultum Silanianum: Court Decisions and Judicial Severity in the Early Roman Empire, in: du Plessis (Hrsg.), New Frontiers: Law and Society in the Roman World, Edinburgh 2013, S. 51–72.

51 *Tacitus*, Annales 14, 40 ff. [44]: *Habet aliquid ex iniquo omne magnum exemplum, quod contra singulos utilitate publica rependitur.*

52 *B. Albanese*, Persone (Fn. 34), S. 22 ff., 38 ff.

53 Hierzu *B. Albanese* (Fn. 34), S. 57 ff.; *A. Mantello*, Lezioni (Fn. 32), S. 203 ff.

54 *B. Albanese* (Fn. 34), S. 63 ff.

55 *B. Albanese* (Fn. 34), S. 58.

56 *B. Albanese* (Fn. 34), S. 59 f., im Einzelnen bestehen hier Unsicherheiten.

57 *B. Albanese* (Fn. 34), S. 58.

58 Als Beispiel sehr instruktiv der berühmte Pallas; hierzu *S. J. Oost*, The Career of M. Antonius Pallas, American Journal of Philology 79, (1958), 1 ff., 113; allgemein: *G. Alföldy*, Römische Sozi-

Wie sehr aber der rechtliche Status des Freigelassenen diskriminierend war, zeigt sich darin, dass die Kaiser das *ius anuli aurei* genannte Privileg an Freigelassene verliehen, kraft Fiktion als Freigeborene zu gelten.[59]

4. Römer und Fremde

Die Rechtsstellung der Fremden behandelt der zweitwichtigste Standesunterschied innerhalb der Freien, der des *status civitatis.*[60] Kriegsgegner waren vollkommen rechtlos. Sie wurden getötet oder versklavt. Andere Fremde wurden als frei anerkannt. Sie konnten aber nicht an der römischen Rechtsgemeinschaft teilhaben, da diese auch eine Kultgemeinschaft war.[61] Dieser krasse Ausschluss aus der Rechtsgemeinschaft wurde überwunden durch die Zuerkennung von *commercium*, also dem Recht, wirksame Verträge zu schließen[62] und dem *connubium*, also dem Recht, mit einem Bürger der Stadt Rom eine nach römischem Recht gültige Ehe einzugehen.[63] Selbstverständlich hatte der Fremde keinerlei politische Rechte. Der Fremde war, so könnte man sagen, in seiner ursprünglichen Form weder Rechtssubjekt noch Rechtsobjekt, er wurde von der Rechtsordnung schlichtweg nicht wahrgenommen.[64] In späterer Zeit aber wurden Rechte der Fremden in einem solchen Maße anerkannt, dass man davon sprechen kann, darin manifestiere sich eine „Anerkennung von Rechten des Individuums als solchem".[65]

5. Der Hausvater und seine Gewaltunterworfenen

Die Verhältnisse von Überordnung und Unterordnung von Freien innerhalb einer Familie[66] bilden im Kleinen die Stellung von Herren und Sklaven ab:[67] Die wichtigste Unterscheidung ist die zwischen *personae sui iuris* und *alieni iuris.*[68] Das Haupt einer Familie ist der *pater familias*. Solange er lebt, unterstehen seine Abkömmlinge seiner *patria potes-*

algeschichte, 4. Aufl. 2011, S. 175–179; *A. Winterling*, „Staat" und „Gesellschaft" in der römischen Kaiserzeit. Zwei moderne Forschungsprobleme und ihr antiker Hintergrund, in: ZIF-Mitteilungen 3/1998 (98-3-Winterling.doc(uni-bielefeld.de) (zuletzt abgerufen 15. Februar 2021).

59 *Ulp.*, Dig. 2, 4, 10, 1; *idem*, Dig 38, 2, 3 pr.

60 *B. Albanese, Persone* (Fn. 34), S. 192 ff.; *A. Mantello*, Lezioni (Fn. 32), S. 193 ff.; jetzt eingehend *T. Chiusi*, Lo straniero come comparticipe dell'esperienza giuridica – A proposito dello stato giuridico dello straniero a Roma, in: A. Maffi/L. Gagliardi (Hrsg.), I diritt degli altri in Grecia e a Roman, Mailand 2011, S. 30 ff.

61 *B. Albanese*, Persone (Fn. 34), S. 192 ff.

62 *M. Kaser*, Das Römische Privatrecht Bd I, 2. Aufl. 1971, S. 35 f.

63 *M. Kaser* (Fn. 62), S. 75.

64 So auch *H.-D. Spengler*, JZ 2011, 1021 (1025).

65 *T. Chiusi* , Lo straniero (Fn. 60), S. 44.

66 Ein historischer Überblick zur Familie und ihren Rechtsverhältnissen bei *A. Corbino*, in: A. Corbino/M. Humbert/G. Negri (Hrsg.), Homo, caput, persona – La costruzione giuridica dell'identità nell'esperienza romana, Pavia 2010, S. 175 ff., und *S. Tafaro*, Ius hominum (Fn. 47), S. 41 ff.

67 *B. Albanese,* Persone (Fn. 34), S. 271.

68 *A. Mantello* Lezioni (Fn. 32), S. 209 ff., 217 f., 218 ff., 223 ff., 230 ff.

tas, väterlichen Gewalt, sind also *alieni iuris:* Er konnte die Hauskinder züchtigen[69], in die Sklaverei verkaufen[70] und im Extremfall töten:[71] Einem Gesetz des Romulus (753 v. Chr.?) zufolge soll es dem Vater möglich gewesen sein, allen Töchtern mit Ausnahme der ältesten die Nahrung zu verweigern.[72] Insbesondere sind die Hauskinder vermögensunfähig: „Wer väterlicher Gewalt untersteht, kann selbst kein Eigentum haben" *(qui in potestate est nihil suum habere potest)*.[73] Erst mit dem Tod des Hausvaters endet dieser Stand der Hauskindschaft und jeder Abkömmling wird *sui iuris,* so wie vorher sein Vater *sui iuris* war. Gezügelt wurden diese rechtlichen Befugnisse nur durch Religion und Sitte.[74] In der Sphäre des öffentlichen Rechts standen allerdings die *filii familias* ihren Vätern gleich, konnten also insbesondere öffentliche Ämter bekleiden.[75]

Die ursprüngliche Form der Ehe *(cum manu)* führt dazu, dass die Ehefrau die Rechtsstellung eines Hauskindes bekam, sie stand *filiae loco.* Diese *manus* genannte Gewalt des Ehemannes ging ähnlich weit wie seine *potestas* über die Kinder. Insbesondere war die solchermaßen verheiratete Frau vermögensunfähig.[76] Wurde die Frau *in flagranti* des Ehebruchs überführt, hatte ihr Gewalthaber das Recht, sie zu töten.[77] Generell gilt, was der Jurist Papinian (142–213 n. Chr.) sagte, dass „in vielen unserer rechtlichen Vorschriften die Stellung der Frauen schlechter als diejenige der Männer ist" *(in multis iuris nostri articulis deterior est condicio feminarum quam masculorum)*.[78]

Fällt der *pater familias* weg und sind seine Abkömmlinge unmündig oder geschäftsunfähig, wird an seine Stelle ein Kurator gesetzt, meist der gradnächste Verwandte. Steht eine Frau weder unter der *patria potestas* ihres Vaters, noch unter der *manus* ihres Mannes, so wird ihr ein Tutor bestellt, ohne dessen Zustimmung sie kein wirksames Rechtsgeschäft tätigen kann (sog. Geschlechtsvormundschaft).

6. Der pater familias als Vollberechtigter

Das ist im kurzen ein Überblick über das *ius personarum* genannte ‚Recht der Stände' in der Stadt Rom bis etwa Christi Geburt.

An der Spitze steht der *pater familias*, der über alles in seinem Hause herrscht, selbst mit der extremen Befugnis zur Tötung. Alle Menschen, die nicht diese Stellung haben, stehen in mehr oder minder starken Unterordnungsverhältnissen, die im Personenrecht geregelt sind. Bei den Römern ‚hatte' man also eine *persona*, d. h. eine juridisch-soziale Rolle, man ‚war'

---

69 *B. Albanese,* Persone (Fn. 34), S. 250.

70 *B. Albanese* (Fn. 34), S. 252 ff.

71 *B. Albanese* (Fn. 34), S. 246 ff.

72 *B. Albanese* (Fn. 34), S. 351 f.

73 *Gai.*, Inst. 2, 87.

74 *B. Albanese* (Fn. 34), S. 248 f.

75 *B. Albanese* (Fn. 34), S. 246 f.

76 *B. Albanese* (Fn. 34), S. 289 ff.

77 *B. Albanese* (Fn. 34), S. 352.

78 *Papin.*, Dig. 1, 5, 9. Hierzu *B. Albanese* (Fn. 34), S. 347 ff. Siehe auch *Gai.* Inst. 2, 113, wo eine Ausnahme geschildert wird, die die Regel bestätigt.

aber keine *persona* in unserem Sinn.[79] Person in unserem modernen, aber nicht im römischen Sinne war nur der *pater familias.*[80]

IV. Die Lockerung der ständischen Fesseln durch die römischen Juristen

‚Phersu' ist das Sinnbild des klassischen römischen Ständesystems: Mit geistiger Überlegenheit und nicht ohne Sadismus hält er sein Opfer in Fesseln. Diese Fesseln des römischen Ständesystems werden aber ab dem 1. Jh. n. Chr. mehr und mehr gelockert und zerrieben. Dies ist freilich ein langsamer, nicht immer linearer Prozess mit vielen Widersprüchlichkeiten.

Es setzt sich allmählich doch der Gedanke durch, dass Sklaven nicht nur Sachen sind, sondern eben auch ‚Personen'.[81] Das zeigt sich an vielen Stellen: Da die Sklaven aus Sicht des römischen Rechts keine Rechtssubjekte waren, konnten sie auch keine Ehe eingehen. Ihre eheähnliche Verbindung war rechtlich ohne jede Bedeutung und wurde *contubernium*, ‚Zeltgenossenschaft', genannt. Gleichwohl befleißigten sich die Juristen, Regeln dafür zu entwickeln, dass solche *contubernia* nicht ohne Not aufgelöst werden konnten.[82] Auch wurden die Verwandtschaftsgrade der Sklaven anerkannt (*cognatio naturalis* oder *servilis*) und hieraus etwa auch Inzestverbote wie bei den Freien abgeleitet.[83] Wie die Bräute der Freien auch, bestellten Sklavinnen ihren künftigen Männern Mitgiften aus Anlass der ‚Hochzeit'. Wie war zu verfahren, wenn die Sklavin nach Beendigung der ‚Ehe' die Mitgift zurückforderte, wie sie das unter dem für die Freien geltenden *ius civile* konnte? Die Juristen entschieden, dass dies möglich sei, obwohl die Logik des Systems geboten hätte zu entscheiden: ‚Da Sklaven keine Ehe schließen können, ist es ihnen auch nicht möglich, eine Mitgift im Rechtssinne zu bestellen, daher kann die Sklavin auch nicht mit der Mitgiftklage ihre Mitgift zurückverlangen'.[84] Insbesondere entwickelten die Juristen unter Rückgriff auf kaiserliche Gesetzgebungsakte einen juristischen Leitsatz (*favor libertatis*), nach welchem im Zweifel zugunsten der Freiheit des Sklaven zu entscheiden sei. Die volle Anerkennung und Durchführung dieses Prinzips bedeutete, dass die Sklaverei keine wirksame ideologische Basis mehr hatte und als Rechtsinstitut bereits von der Wende vom zweiten zum dritten nachchristlichen Jahrhundert überlebt war[85].

Die Patronatsgewalt des Freilassers über den Freigelassenen wurde stark eingeschränkt, insbesondere konnte der Patron seine Patronatsrechte verwirken, wenn er sich schwerer Übergriffe gegen den vormaligen Sklaven schuldig gemacht hatte. Auch wurden die ge-

---

79 *D. Mantovani* (Fn. 8), S. 39.

80 *F. P. Casavola*, I diritti umani, Padua 1997, S. 3.

81 *H.-D. Spengler*, JZ 2011, 1021 (1027 f.).

82 *B. Albanese, Persone* (Fn. 34), S. 109.

83 *B. Albanese* (Fn. 34), S. 109.

84 *Ulp.* Dig. 23, 3, 39; *Proc.* Dig. 23, 3, 67.

85 Hierzu jetzt ausführlich *J. F. Stagl*, El „favor libertati": una „institución particular". A propósito de Marcell. D. 28,4,3 pr.–1, in: *ders.*, Camino desde la servidumbre (*-Fn.), S. 55–82.

schuldeten Tagwerke mehr und mehr rechtlich geregelt, was dem Schutz des Freigelassenen diente.[86]

Die Fremden wurden zusehends den Stadtrömern gleichgestellt. Das zwischen ihnen und den Römern geltende Recht war das aus dem Naturrecht abgeleitete Völkergemeinrecht (*ius gentium*). In der Sache war dies römisches Recht, von dem die Besonderheiten abgeschliffen waren.[87] Die Rechtspflege zwischen Fremden unter sich und mit Römern wurde durch ein besonderes Amt wahrgenommen. Mit der *constitutio Antoniniana de civitat*e aus dem Jahre 212 n. Chr. wurde schließlich das Bürgerrecht auf praktisch alle Einwohner des Imperiums ausgedehnt.[88] Der Status des Fremden verlor also seine Schärfe.

Die Institution der *patria potestas* wurde zwar formaliter beibehalten, aber in ihren Konsequenzen drastisch gemildert. Das Recht zur Züchtigung und Tötung war bereits um Christi Geburt außer Übung gekommen. Die Abkömmlinge bekamen ein Recht auf Unterhalt[89] – was eine massive Einschränkung der *patria potestas* bedeutete.[90] Die nominelle Vermögensunfähigkeit wurde dadurch umgangen, dass man den Hauskindern ein Sondervermögen gewährte, das *peculium*, mit dem sie selbständig wirtschaften konnten.[91] Dies hatte zur Folge, dass die männlichen Hauskinder in eigener Person Kontraktsobligationen begründen konnten.[92] Ein solches *peculium* wurde vielfach auch den Sklaven gewährt, damit sie die Geschäfte ihres Herren selbständig führen konnten.[93] Dies ermöglichte etlichen Sklaven den sozialen Aufstieg, vor allem den gebildeten Sklaven stadtrömischer Herren.[94]

Ein solches Sondervermögen gab es in der Oberschicht insbesondere auch für die Frauen in Gestalt der Parapherna (παράφερνα): Normalerweise wurde das Erbteil der Tochter als Mitgift gestiftet und damit der Kontrolle ihres Ehemannes unterworfen. Allmählich wurden jedoch die Mitgiften immer kleiner und das der Frau selbständig zu Verfügung stehende Vermögen, die *parapherna* eben, immer größer.[95] Dadurch wurde die Form der Ehe mit *manus*-Gewalt des Mannes über die Frau ausgehöhlt und durch die der *manus*-freien Ehe ab-

---

86 Hierzu *C. Masi Doria*, Bona libertorum, Neapel 1996; *W. Waldstein*, Operae libertorum, 1986; sowie *ders.*, in: A. Corbino/M. Humbert/G. Negri (Hrsg.), Homo, caput, persona – La costruzione giuridica dell'identità nell'esperienza romana, Pavia 2010, S. 551 ff.

87 Die Bedeutung dieses Wandels betont zu Recht *H.-D. Spengler*, JZ 2011, 1021 (1025). Zum *ius gentium* jetzt *F. Sturm*, Ius gentium. Imperialistische Schönfärberei römischer Juristen, in: FS für Detlef Liebs, 2011, S. 663 ff.

88 *F. Wieacker*, Römische Rechtsgeschichte (Fn. 5), S. 159 ff.

89 *B. Albanese,* Persone (Fn. 34), S. 260 ff., 268.

90 *B. Albanese* (Fn. 34), S. 269.

91 *M. Kaser,* Römisches Privatrecht (Fn. 40), S. 343.

92 *B. Albanese* (Fn. 34), S. 275 ff.

93 *M. Kaser* (Fn. 40), S. 605 ff. Hierzu jetzt *A. Bürge*, in: A. Corbino/M. Humbert/G. Negri (Hrsg.), Homo, caput, persona – La costruzione giuridica dell'identità nell'esperienza romana, Pavia 2010, S. 377 ff., der (S. 382 ff.), Sklaven und Hauskind parallelisiert. Siehe auch *W. Buchwitz*, in: A. Corbino/M. Humbert/G. Negri (Hrsg.), Homo, caput, persona – La costruzione giuridica dell'identità nell'esperienza romana, Pavia 2010, S. 393 ff., zur Erbeinsetzung von Sklaven durch Dritte und ihren Konsequenzen.

94 *M. Finley*, Die Sklaverei in der Antike, 1981.

95 *J. F. Stagl*, Favor dotis – Die Privilegierung im System des Römischen Rechts, 2009, S. 222 ff.

gelöst.[96] Bei dieser war die Frau vermögensfähig und sie konnte sich jederzeit von ihrem Mann trennen.[97]

Die Frauenvormundschaft wurde formaliter beibehalten, aber zugleich in Frage gestellt, das zeigt (Gai., Inst. 1, 190):[98]

> Es lassen sich kaum überzeugende Gründe dafür anführen, warum erwachsene Frauen unter Vormundschaft stehen sollen. Denn der gewöhnlich angeführte Grund, dass viele von ihnen aus Schwachheit des Geistes oftmals getäuscht werden, so dass die Billigkeit erheische, sie durch einen Vormund zu leiten, stützt sich mehr auf den Schein als auf die Wahrheit: Erwachsene Frauen führen nämlich ihre Geschäfte [ordentlich] und der Vormund hat keine andere Aufgabe, als ihre Geschäftsführung abzunicken; er muss daher oftmals vom Prätor gegen seinen Willen gezwungen werden, dieses Amt zu übernehmen.

Praktisch behalf man sich damit, einen freigelassenen Sklaven zum Vormund zu bestellen: Kraft der Patronatsrechte seiner Freilasserin musste er tun, was sie wollte und nicht umgekehrt.[99]

Wir sehen also ein Auflockern und Zerreiben der im Begriff *ius personarum* zusammengefassten scharfen Standesunterschiede, dies ist das Werk der Juristen und kaiserlicher Gesetzgebung.[100] Haben die Juristen diesen Prozess nur begleitet, indem sie den juristischen Überbau fein ausbauten oder haben sie ihn gar gestaltet, sind sie vielleicht sogar die Helden der Geschichte? So wie wir diese Frage formulieren, deuten wir an, dass ihre Beantwortung an Grundpositionen der Wissenschaft vom römischen Recht rührt. Bevor wir eine Antwort wagen, wollen wir – phänomenologisch gewissermaßen – die Effekte dieses Wandels betrachten.

V. Wandel des Begriffs persona

Mit diesem Wandel der Anschauungen ging auch ein Wandel des Begriffs Person einher. Der Begriff meint in der Rechtssprache der Klassik, insbesondere der Nachklassik, nicht mehr nur den Menschen in seinen ständischen Fesseln, sondern ohne seine ständischen Fesseln, im Guten wie im Schlechten.[101] Das zeigt sich etwa bei Gaius (Gai., Inst. 1, 48–55):

> Es folgt eine andere Unterscheidung im Recht der Personen. Einige Personen sind nämlich eigenen Rechts, andere sind fremden Rechtunterworfen. Von denjenigen Personen wiederum, welche fremden Recht unterworfen sind, sind die einen ‚in Gewalt', die anderen ‚in der Hand' und wieder andere im ‚Manzipium'. Sehen wir nun auf diejenigen, welche fremden Recht unterworfen sind. Denn wenn wir wissen, wer diese Personen sind, verstehen wir sofort, welche eigenen Rechts sind. Zuerst handeln wir von denjenigen, welcher in fremder ‚Gewalt' sind. In fremder ‚Gewalt' sind die Sklaven des

96 *M. Kaser/R. Knütel/S. Lohsse*, Römisches Privatrecht, 22. Aufl. 2021, § 58/9.

97 *Gai.* Dig. 24, 2, 2, 1.

98 *Feminas vero perfectae aetatis in tutela esse fere nulla pretiosa ratio suasisse videtur: Nam quae vulgo creditur, quin levitate animi plerumque decipiuntur et aequum erat eas tutorum auctoritate regi, magis speciosa videtur quam vera; mulieres enim, quae perfectae aetatis sunt, ipsae sibi negotia tractant, et in quibusdam causis dicis gratia tutor interponit auctoritatem suam; saepe etiam invitus auctor fieri a praetore cogitur.*

99 *Cicero*, Pro Murena 12, 27.

100 *M. Kaser*, Römisches Privatrecht (Fn. 40), S. 285 f.

101 *A. Berger*, Encyclopaedic Dictionary of Roman Law, Reprint, New York 1991, s.v. persona.

Herren […]. Gleichfalls in unserer ‚Gewalt' stehen die Kinder, welche wir in rechtmäßiger Ehe zeugten.[102]

Hier wird die Gewalt über die Kinder in gewisser Weise mit der über die Sklaven gleichgestellt und damit eine Art von Gleichheit zwischen Freien, denn das sind die Hauskinder, auch wenn sie in potestate stehen, und Sklaven hergestellt. Doch sollte man sich hüten, diesen Text überzubewerten– die Juristen waren sich der „feinen Unterschiede" sehr wohl bewusst:[103] *‚Potestatis' verbo plura significantur: in persona magistratuum imperium: in persona liberorum patria potestas: in persona servi dominium,* heißt es bei dem Juristen Paulus (2./3. Jh. n. Chr.).[104]

Doch hat das römische Recht selbst schon damit begonnen, den Begriff der *persona* naturrechtlich aufzuladen, nämlich durch die Fügung (Phraseologismus) *persona servi.* Zwar ist hier bisweilen der Sklave einfach als Mensch gemeint[105], doch bedeutet bisweilen die Fügung so etwas wie „der Sklave als Mensch mit Rechten und Pflichten". Das zeigt sich an den folgenden Texten:

Bei dem Juristen Julian (1. Hälfte 2. Jh. n. Chr.) Dig. 23, 3, 46, heißt es: … *traditione quoque rei dotalis in persona servi vel filii familias facta dos constituitur ita* … Die Mitgift wird also konstituiert durch Tradition des Mitgiftgegenstandes an die *persona servi*, d. h. also einen Sklaven des Schwiegervaters oder den Haussohn und Bräutigam.

Und sein Schüler Afrikan erklärt im Anschluss an die Erklärung eines Problems hinsichtlich der Erbeinsetzung eines Haussohnes: *idque iuris fore et si de persona servi quaeratur.* Das gegenständliche Problem ist also auf dieselbe Weise zu lösen, wenn es sich um eine *persona servi* handelt.[106]

Bleibt die Fügung auch hier noch mehr im Symbolischen bedeutsam, so wird sie für eine echte Rechtsänderung in Dienst gestellt bei Ulpian, dem großen Synthetiker des Römischen Rechts (2/3. Jh. nach. Chr.) in Hinblick auf die Injurienklage. Mit dieser werden Persön-

---

102 *Sequitur de iure personarum alia divisio. Nam quaedam personae sui iuris sunt, quaedam alieno iuri sunt subiectae. Sed rursus earum personarum, quae alieno iuri subiectae sunt, aliae in potestate, aliae in manu, aliae in mancipio sunt. Videamus nunc de iis, quae alieno iuri subiectae sint: Nam si cognoverimus, quae istae personae sint, simul intellegemus, quae sui iuris sint. Ac prius dispiciamus de iis, qui in aliena potestate sunt. In potestate itaque sunt servi dominorum … Item in potestate nostra sunt liberi nostri, quos iustis nuptiis procreavimus.*

103 Auf der gleichen Linie liegt auch *Gai.*, Inst.1, 123: … *quidem quae coemptionem faceret, non redigitur in servilem condicionem, at ex diverso a parentibus et a coemptionatoribus mancipati mancipataeve servorum loco constituuntur, adeo quidem ut ab eo, cuius in mancipio sunt, neque hereditates neque legata aliter capere possunt, quam si simul eodem testamento liberi esse iubeantur, sicuti iuris est in persona servorum …*

104 Dig. 50, 16, 215.

105 Hierzu sind *cum grano salis* zu rechnen: *Paul.* Dig. 11, 1, 20; *Iul.* Dig. 23, 3, 46; *Paul.* D. 31, 82, 2; *Pomp.* Dig. 34, 3, 8, 3; *Paul.* Dig. 35, 2, 21, 1; *Iul.* D. 45, 3, 1, 4; *Ulp.* D. 50, 17, 22; *Diocl./Maxim.* Cod. 4, 36, 1 (a. 293); *Antonin.* Cod. 9, 9, 3 (a. 213); Vat. Fr. 82; Cod. Theod. 4, 10, 1. Interpr. = Brev. Alar. 4, 10, 1. Interpr.

106 In Dig. 39, 6, 23. Dieselbe Idee findet sich in den just. Institutionen (I. 4, 7 pr.): *dirigamus sermonem in personam servi dominique, idem intellecturi de liberis quoque et parentibus, quorum in potestate sunt.*

lichkeitsverletzungen physischer oder psychischer Art durch den Verletzten verfolgt (Dig. 47, 10, 15, 44[107]):

> Der Prätor gewährt nicht aus allen Formen von Rechtsverletzungen eine Klage im Namen des Sklaven: Wenn er [der Sklave eines anderen] nur leicht verletzt wurde oder nur leicht oder nur leicht geschmäht wurde, wird er keine Klage geben; wenn er aber in der Ehre gekränkt wurde, sei es durch eine Handlung oder ein Schmähgedicht, dann halte ich es für richtig, daß die Tatsachenermittlung sich darauf richtet, welcher Art und Weise der Sklave ist. Es kommt nämlich viel darauf an, wie beschaffen der Sklave ist, ob er guter Sitten ist, ein Rottmeister, Schatzmeister, ein gewöhnlicher, ein Knecht oder was auch immer für einer. Wie, wenn er ein Gefesselter, ein übel Beleumundeter oder ein bekannter Bösewicht ist? Der Prätor wird also abwägen sowohl die Rechtsverletzung, welche angeblich begangen wurde, also auch die Person des Sklaven (*personae servi*), gegen welche sie angeblich begangen wurde, und dementsprechend die Klage gewähren oder verweigern.[108]

Zwar ist der Sklave hier nicht als aktivlegitimiert anzusehen, es kann nur *servi nomine* geklagt werden, doch geht es zumindest auch um die Verletzung des Sklaven als solchen, um seine Person im modernen Sin, und nicht nur darum, dass der Herr durch den Sklaven verletzt wird. In letzter Konsequenz ist es ja ein Recht der *persona servi* und nicht einfach seines Herren, des *dominus*„ das hier vom Prätor gewährt wird. Anders gesagt: Es fehlte nicht mehr viel und der Sklave hätte die Ehrkränkung, auch seitens eines Freien, selbst verfolgen können.

Auf der Pflichtenebene wird der Sklave dem Freien im nachstehenden Gaius-Text gleichgestellt (Gai., Inst. 3, 189):

> In den Zwölf Tafeln stand auf handfesten Diebstahl eine Kapitalstrafe, denn der Freie wurde ausgepeitscht und demjenigen zugesprochen, den er bestohlen hatte. Die Alten fragten, ob er durch den Zuspruch zum Sklaven würde oder an die Stelle eines Schuldknechtes geriete. Der Sklave wurde gleichfalls mit Auspeitschen bestraft. Doch hielt man später die Härte dieser Strafe für unangemessen und wurde sowohl für die Person des Sklaven (*servi persona*) als auch für den Freien die Klage aufs Vierfache im Edikt des Prätors festgesetzt.[109]

Auch wird vermittelst der Fügung *persona servi* der Sklave dem Freien gleichgestellt, und zwar gleichgestellt hinsichtlich einer humaneren Regelung des handfesten Diebstahls,

---

107 Siehe auch Inst. 4,4,7: … *nam secundum gradum dignitatis vitaeque honestatem crescit aut minuitur aestimatio iniuriae: qui gradus condemnationis et in servili persona non immerito servatur, ut aliud in servo actore, aliud in medii actus homine, aliud in vilissimo vel compedito constituatur.*

108 *Itaque praetor non ex omni causa iniuriarum iudicium servi nomine promittit: nam si leviter percussus sit vel maledictum ei leviter, non dabit actionem: at si infamatus sit vel facto aliquo vel carmine scripto puto causae cognitionem praetoris porrigendam et ad servi qualitatem: etenim multum interest, qualis servus sit, bonae frugi, ordinarius, dispensator, an vero vulgaris vel mediastinus an qualisqualis. et quid si compeditus vel male notus vel notae extremae? habebit igitur praetor rationem tam iniuriae, quae admissa dicitur, quam personae servi, in quem admissa dicitur, et sic aut permittet aut denegabit actionem.*

109 *Poena manifesti furti ex lege XII tabularum capitalis erat. nam liber verberatus addicebatur ei, cui furtum fecerat; utrum autem servus efficeretur ex addictione an adiudicati loco constitueretur, veteres quaerebant. in servum aeque verberatum animadvertebatur. sed postea inprobata est asperitas poenae et tam ex servi persona quam ex liberi quadrupli actio praetoris edicto constituta est.* Lapidar: Inst. 4,1,5: *Poena manifesti furti quadrupli est tam ex servi persona quam ex liberi, nec manifesti dupli.* S. hierzu *M. Kaser*, Römisches Privatrecht (Fn. 40) S. 158, und U. *Manthe/H. L. W. Nelson*, Gai Institutiones 3 182–225: Text und Kommentar, 2007, S. 147 ff.

welche für beide dieselbe erhabene Gleichheit hat – den einen freilich seiner Ersparnisse beraubt, mit deren Hilfe er sich die Freiheit dermal einst hätte kaufen können.[110]

Allgemeiner kommt derselbe Tatbestand ganz am Ende der klassischen Ära der römischen Jurisprudenz (Ende des 3. Jh. n. Chr.) zum Ausdruck, wenn der Jurist Hermogenian die Summe aus den Werken seiner Vorgänger ziehend sagt (Dig. 1, 5, 2): „Weil daher alles Recht um der Menschen willen geschaffen wurde, handeln wir zuerst von den Personen".[111]

Man kann hieraus auf die die schrittweise Anerkennung des Sklaven als Person in unserem modernen Sinn schließen,[112] muss sich aber der Ambiguität bewusst bleiben, wie sie etwa ein Text aus der Sphäre der Philosophie releviert, in einem Brief Senecas (gest. 65 n. Chr.):[113]

> Jener Teil der Philosophie, welcher jeder Person (*persona*) Ratschläge erteilt, statt den Menschen als Ganzheit aufzufassen und dem Ehemann erklärt, wie er sich seiner Frau gegenüber zu benehmen habe, dem Vater wie man die Kinder erzieht, dem Herrn wie man die Sklaven (*servus*) in Zucht hält, wird von einigen als der einzige anerkannt, die übrigen werden von ihnen als außerhalb unseres Nutzens umherschweifend beiseite gelassen, so als könnte jemand von einem Teil reden, ohne daß er zuvor das Leben in seiner Ganzheit erfasst hätte.[114]

Man möchte zuerst glauben, Seneca spräche als guter Stoiker über die ganze Menschheit, doch die Beispiele belehren eines Besseren: Die „Personen", welche von der Philosophie praktische Ratschläge erhalten, sind die „Herren", welche die „Sklaven in Zucht halten". Logisch denkbar wären aber auch Ratschläge an die Sklaven.

Trotz aller Ambiguität wandelt sich die *persona* unter der Hand der römischen Juristen von einem Begriff eherner Kälte und Technizität zu einem solchen, welcher den Sklaven als Menschen meint.[115]

VI. Die Agenten des Wandels: das römische Naturrecht und der formale Gleichheitsgedanke

Aus eigener Kraft konnte das *ius civile* unmöglich die Sklaverei überwinden, es bedurfte hierzu des Rückgriffs auf die Philosophie, vor allem die Stoa, und ihre Kristallisierung im

110 Siehe auch: *Gai.*, Inst. 1, 120 f.; *Gai.*, Inst. 3,189; Dig. 15, 1, 52pr.; Dig. 23, 3, 46 pr.; Dig. 31, 82, 2; Dig. 35, 2, 21, 1; Dig. 39, 6, 23; Dig. 45, 3, 1, 4; Dig. 47,10, 15, 44; Dig. 50, 16, 215; Dig. 50, 17, 22 pr.; Inst. 4, 4, 7; Inst. 4, 7 pr.; Frg. Vat. 82; Cod. Theod. 4, 10, 1; Cod. 9, 47, 11; Cod. 7, 16, 35; Cod. 4, 36, 1 pr.; Cod. 2, 11, 10.

111 *Cum igitur hominum causa omne ius constitutum sit, primo de personarum statu [...] dicemus.*

112 *R. Quadrato*, La persona di Gaio. Il problema dello schiavo", Iura 37 (1986), 21; so *U. Agnati*, „Persona iuris vocabulum": Per un'interpretazione giuridica di „persona" nelle opere di Gaio, Rivista di Diritto Romano 9 (2009), 33 ff.

113 Epist. 94, 1.

114 *Eam partem philosophiae quae dat propria cuique personae praecepta nec in universum componit hominem sed marito suadet quomodo se gerat adversus uxorem, patri quomodo educet liberos, domino quomodo servos regat, quidam solam receperunt, ceteras quasi extra utilitatem nostram vagantis reliquerunt, tamquam quis posset de parte suadere nisi qui summam prius totius vitae conplexus esset.*

115 *D. Mantovani* (Fn. 8), S. 38.

ius naturale.[116] Seinem Selbstverständnis nach ist das Naturrecht ein Corpus von unwandelbaren Rechtssätzen, die unabhängig von staatlicher Setzung gelten und im Wesentlichen die Essentialia eines gedeihlichen Zusammenlebens der Menschen regeln.[117] Insoweit sie vorgegeben und dem Wandel nicht unterworfen sind, gelten diese Rechtssätze natürlich und nicht als von Menschen gemacht, so wie die Schöpfung auch. Die Römer verwandten das Naturrecht teilweise zur Begründung von Rechtssätzen und ganzen Rechtsgebieten – wie etwa das alle zivilisierten Menschen verbindende *ius gentium*[118] –, aber auch als ein Reservoir von menschenfreundlichem Gedankengut, auf welches sie dann zurückgriffen, wenn sie mit ihrem herkömmlichen Recht in eine Aporie gerieten:[119] So bedarf es etwa des *ius naturale* bei Gaius, um zu begründen, dass auch Frauen Verwandtschaft vermitteln, nämlich die kognatische, was nach der ursprünglichen agnatischen Verwandtschaftszurechnung der Römer ausgeschlossen war.[120]

1. Die Vier-Personen-Lehre des Panaitios von Rhodos

Unabdingbare Voraussetzung für ein Naturrecht – oder seine Konsequenz? – ist ein einheitlicher Begriff vom Menschen. Über dessen Entstehungsgeschichte sind wir im entscheidenden Punkt unterrichtet: Das eingangs zitierte Gaius-Fragment verwendet, wie gesagt, den Begriff Person für alle Menschen. Diese Abstraktionsleistung kommt nicht von ungefähr, sie wurde von der Stoa vorbereitet. Panaitios aus Rhodos (ca. 180–110 v. Chr.) lehrte nach dem Referat Ciceros (106–43 v. Chr.), dass jeder Mensch vier Personen oder

---

116 Hierzu *J.-L. Ferray*, , Le droit naturel dans les exposés sur les parties du droit des traités de rhétorique, in: D. Mantovani/A. Schiavone (Hrsg.), Testi e problemi del giusnaturalismo romano, Pavia 2007, S. 75–94; *G. Cambiano*, La Retorica di Aristotele e il diritto romano, in: Testi e problemi (op. cit.), S. 59–74; *W. Waldstein*, Ius naturale im nachklassischen römischen Recht und bei Justinian, ZRG RA 111 (1994), 1–65; *ders.*, Entscheidungsgrundlagen römischer Juristen, in: Aufstieg und Niedergang der römischen Welt XV, 1976, S. 3 (89 ff.); *ders.*, Ins Herz geschrieben, 2010, S. 31 ff., 38 ff., und der Forschungsband *A. Schiavone/D. Mantovani* (Hrsg.), Testi e problemi del giusnaturalismo romano, Pavia 2007. Dagegen *E. Cicciotti*, Il tramonto della schiavitù, Mailand 1899, S. 263 und *passim*. Kritisch hinsichtlich der Verwendbarkeit antiken Naturrechtsdenkens *J. Urbanik*, On the uselessness of it all: the Roman law of marriage and modern times, Fundamina 20 (2014), S. 947 ff.

117 *Ulp.*, Dig. 1, 1, 1, 3: *Ius naturale est, quod natura omnia animalia docuit: nam ius istud non humani generis proprium, sed omnium animalium, quae in terra, quae in mari nascuntur, avium quoque commune est. hinc descendit maris atque feminae coniunctio, quam nos matrimonium appellamus, hinc liberorum procreatio, hinc educatio: videmus etenim cetera quoque animalia, feras etiam istius iuris peritia censeri.*

118 *Gai.*, Inst. 1, 1: *quod vero naturalis ratio inter omnes homines constituit, id apud omnes populos peraeque custoditur vocaturque ius gentium, quasi quo iure omnes gentes utuntur; Ulp.*, Dig. 1, 1, 1, 4: *Ius gentium est, quo gentes humanae utuntur. quod a naturali recedere facile intellegere licet, quia illud omnibus animalibus, hoc solis hominibus inter se commune sit.* Hierzu nach wie vor grundlegend *M. Kaser*, Ius gentium, 1993, S. 6 ff.

119 *J. F. Stagl*, Favor dotis (Fn. 95), S. 98 f.

120 *Gai.*, Inst. 1, 156: *Sunt autem agnati per virilis sexus personas cognatione iuncti, quasi a patre cognati, veluti frater eodem patre natus, fratris filius neposve ex eo, item patruus et patrui filius et nepos ex eo. At hi, qui per feminini sexus personas cognatione coniunguntur, non sunt agnati, sed alias naturali iure cognati. Itaque inter avunculum et sororis filium non agnatio est, sed cognatio. Item amitae, materterae filius non est mihi agnatus, sed cognatus, et invicem scilicet ego illi eodem iure coniungor, quia qui nascuntur, patris, non matris familiam secuntur.*

Seiten habe: Erstens die Rationalität, welche allen gemein ist, zweitens die durch Geist und Körper bestimmte Individualität, drittens das Schicksal und viertens den eigenen Willen:

> Wir müssen verstehen, daß wir von der Natur mit zwei Personen ausgestattet sind, von den eine aus dem besteht, woran wir alle teilhaben: die Ratio und die Vorzüglichkeit dessen, worin wir uns vor den Tieren auszeichnen, von wo alle Ehre und Anstand stammen und aus welcher sich die vernünftige Verteilung der Pflichten herleitet; die andere Person ist den Einzelnen eigentümlich zugeteilt. Wie nämlich bei den Körpern große Unterschiede bestehen, sehen wir die einen sich in der Schnelligkeit beim Lauf, die anderen mit der Stärke beim Ringkampf sich hervortun; ähnlich gibt es hinsichtlich der Erscheinung solche, denen Würde und solche denen Anmut eignet; bei den Seelen gibt es noch größere Unterschiede. Den beiden Personen, welche ich zuvor erwähnte, ist eine dritte hinzuzufügen: diejenige, welche der Zufall und die Zeit aufzwingen; sowie eine vierte, welche wir uns nach eigenem Gutdünken zulegen, denn Königreiche, Ämter, Berühmtheit, Ehren, Reichtümer, Einfluss – und was ihnen entgegengesetzt ist –, werden vom Zufall und den Zeitläuften beherrscht. Doch können wir selbst bestimmen, welche Person wir sein wollen, geht sie doch von unserem Willen aus. Daher beschäftigen sich die einen mit Philosophie, andere mit Zivilrecht, in der einen oder anderen Tugend versucht man, sich hervorzutun.[121]

Diese offensichtlich an die vier Causen des Aristoteles angelehnte Lehre ist die theoretische Voraussetzung dafür, überhaupt allgemeine Aussagen über Menschen treffen zu können – andernfalls müsste dieser Versuch an der Disparität der Lebensverhältnisse scheitern.

Diese Lehre war direkt dafür verantwortlich[122], dass der Begriff *persona* zum ersten Mal im Sinne von Rechtssubjekt gebraucht wurde, nämlich bei dem Staatsmann Quintus Mucius *pontifex* (gest. 82 v. Chr.), welcher als Begründer der klassischen Jurisprudenz gelten kann.[123]

---

121 *(107) Intellegendum etiam est duabus quasi nos a natura indutos esse personis; quarum una communis est ex eo, quod omnes participes sumus rationis praestantiaeque eius, qua antecellimus bestiis, a qua omne honestum decorumque trahitur et ex qua ratio inveniendi officii exquiritur, altera autem quae proprie singulis est tributa. ut enim in corporibus magnae dissimilitudines sunt, alios videmus velocitate ad cursum, alios viribus ad luctandum valere, itemque in formis aliis dignitatem inesse, aliis venustatem, sic in animis existunt maiores etiam varietates. (115) Ac duabus iis personis, quas supra dixi, tertia adiungitur, quam casus aliqui aut tempus imponit, quarta etiam, quam nobismet ipsis iudicio nostro accommodamus. nam regna, imperia, nobilitatem, honores, divitiae, opes eaque, quae sunt his contraria, in casu sita temporibus gubernantur; ipsi autem gerere quam personam velimus, a nostra voluntate proficiscitur. Itaque se alii ad philosophiam, alii ad ius civile, alii ad eloquentiam applicant, ipsarumque virtutum in alia alius mavult excellere.* Hierzu *B. Forschner*, Der Begriff der Person in der Stoa, in: D. Sturma (Hrsg.), Person – Philosophiegeschichte, Theoretische Philosophie, Praktische Philosophie, 2001, S. 40–45; *P. Steinmetz*, in: H. Flasar (Hrsg.), Die Philosophie der Antike Bd. 4/2, 1994, S. 656 f.

122 *V. Scarano Ussani*, Ostraka 18 (2009) S. 243 ff.

123 *Cicero*, De legibus 2, 19, 48: Hoc posito haec iura pontificum auctoritate consecuta sunt, ut, ne morte patris familias sacrorum memoria occideret, iis essent ea adiuncta ad quos eiusdem morte pecunia venerit. Hoc uno posito, quod est ad cognitionem disciplinae satis, innumerabilia nascuntur quibus implentur iuris consultorum libri. Quaeruntur enim qui adstringantur sacris. Heredum, causa iustissima est; nulla est enim persona quae ad vicem eius qui e vita emigrarit propius accedat. Lit. hierzu bei *V. Scarano Ussani*, Ostraka 18 (2009), S. 238 Fn. 16.

2. Die naturrechtliche Gleichheit des Menschen

Doch das Naturrechtsdenken blieb nicht dabei stehen, nur allgemeine Aussagen über die Menschen zu machen, wobei die Anerkennung des Sklaven als Menschen schon ein bedeutender Fortschritt war – so absurd das für uns auch klingen mag.[124] Aus Naturrecht leiteten die Römer das Postulat der Freiheit und Gleichheit aller Menschen ab, so sagt Florentinus, ein Jurist aus dem 2. Jh. (Dig. 1, 5, 4, 1): „Die Sklaverei ist eine Einrichtung des Völkergemeinrechts, kraft welcher ein Mensch der Herrschaft eines anderen gegen die Natur unterworfen wird".[125] Ähnlich äußert sich Ulpian (Dig. 50, 17, 32): „Was das Recht der Stadt Rom angeht, sind die Sklaven als ein Nichts anzusehen, das gilt aber nicht für das Naturrecht, denn was das Naturrecht angeht, sind alle Menschen gleich".[126]

3. Das Völkergemeinrecht

Als weitere Konsequenz dieses Denkens wird man es bezeichnen können, wenn die Römer über das *ius gentium*, welches sie als eine Emanation des Naturrechts begriffen, ein allen Völkern gemeinsames Recht statuierten bzw. über die *constitutio Antoniniana* allen freien Einwohnern des römischen Reiches das Bürgerrecht verliehen.[127] Wie konnte man dann aber, wenn man solche Sätze geschrieben hatte, die Sklaverei überhaupt noch rechtfertigen? Blicken wir auf eine Stellungnahme hierzu unmittelbar zu Beginn der justinianischen Kodifikation aus der ersten Hälfte des 6. Jh. (Inst. 1, 2, 2):

> Das Völkergemeinrecht ist allen Menschen gemeinsam. Die Völker haben es einander aus Notwendigkeit und wegen der Bedürfnisse der Menschen gegeben. Es brachen nämlichen Kriege aus und zogen Gefangenschaft und Sklaverei nach sich. Dies ist aber gegen das Naturrecht, werden doch nach dem Naturrecht alle Menschen als von Beginn an frei geboren.[128]

Die Römer stützten sich zur Rechtfertigung gegen das Naturrecht auf Nützlichkeitserwägungen. Das aber ist keine oder nur eine sehr schwache Begründung. Das überkommene Recht hatte den naturrechtlichen Grundforderungen nach Freiheit und Gleichheit nichts anderes mehr entgegenzusetzen als das Brecht'sche „Fressen". Und es war eine Illusion zu glauben, dass die beiden Systeme der Legitimation sozialer Entscheidungen – das Recht der Stadt Rom und das Naturrecht – beziehungslos nebeneinander her existieren und voreinander höflich den Hut lüften könnten wie zwei Nachbarn, die sich auf der Straße begeg-

---

124 *P. Catalano*, Diritto e persone. Studi su origine e attualità del sistema romano Bd. 1, Turin 1990, S. 167 ff., 196 ff.

125 *Servitus est est constitutio iuris gentium, qua quis dominio alieno contra naturam subicitur.*

126 *Quod attinet ad ius civile, servi pro nullius habentur: non tamen et iure naturali, quia, quod ad ius naturalem attinet, omnes homines aequales sunt.*

127 Als Beleg für das Naturrecht etwa *Gai.*, Inst. 1, 1, Hierzu und zur *constitutio* die Ausführungen von *J. Giltaij*, Mensenrechten in het Romeinse recht?, Amsterdam 2011, S. 131 ff.

128 *Ius autem gentium omni humano generi commune est. nam usu exigente et humanis necessitatibus gentes humanae quaedam sibi constituerunt: bella etenim orta sunt et captivitates secutae et servitutes, quae sunt iuri naturali contrariae (iure enim naturali ab initio omnes homines liberi nascebantur) [...].*

nen. Es war abzusehen, dass das Naturrecht über kurz oder lang den Vorrang gewinnen würde.[129]

Hinter der Zersetzung der römischen Standesrollen und der damit einhergehenden Umwertung des Begriffs *persona* steht das römische Naturrecht:[130] seinen Grundgedanken nach sind nämlich die ständischen Unterschiede in der Schärfe, wie sie das alte Recht vorsah, nicht zu legitimieren. Das Naturrecht delegitimierte also das römische Ständesystem und schuf damit die entscheidende Voraussetzung für seine Zersetzung.[131]

4. Die Strafsklaverei

Dies zeigt sich z. B. sehr schön bei der noch nicht erwähnten Strafsklaverei:[132] Wurde ein Freier oder ein Sklave zu einer Kapitalstrafe in Gestalt der Verbrennung bei lebendigem Leibe, zur Enthauptung, zum Tod des Verurteilen durch das Kreuz, zu den Zirkus-Spielen, zu einer Gladiatoren-Schule oder zur Bergwerks-Arbeit oder dergleichen (*vivi crematio, ad gladium, ad furcam, in crucem, ad bestias, in ludum venatorium, ad metalla* und *in opus metalli*) verurteilt, so konnte zwischen Verkündigung des Urteils und dem Tod viel Zeit vergehen, vor allem bei den letzten drei Strafen. Die Juristen der Kaiserzeit erklärten den Verurteilten zum Strafsklaven (*servus poenae*), um damit den Zeitraum zwischen Urteil und Tod juristisch zu erfassen. Dieses Schicksal konnte Freie ereilen, die damit jegliche Rechtsfähigkeit verloren: sie könnten kein Vermögen mehr haben, ihre Testamente wurden unwirksam und ihre Ehe aufgelöst. Aber auch Sklaven konnten zum Strafsklaven werden, in welchen Fall sie jede Hoffnung verloren, die Freiheit wieder zu erlangen. So schrecklich das Los dieser Sklaven war, viele davon waren übrigens Christen, so sehr bemühten sich die Juristen, dies Los zu lindern, und zwar unter Berufung auf das Naturrecht; Paulus Dig. 48, 20,7 pr.:

> Nachdem die natürliche Vernunft in einem gewissermaßen ungeschriebenen Rechtssatz den Kindern das Erbe nach ihren Eltern zuspricht, ist es auch billig, daß in dem Fall der Konfiskation des elterlichen Vermögens auf die Kinder Rücksicht genommen wird, damit sie, die keine Schuld trifft, nicht unter einer anderen zugemessenen schweren Strafe leiden, und zwar dergestalt, daß denen, die eigentlich als Universalerben berufen wären, ein Teil ihres Erbes zuzumessen ist.[133]

Freilich sind die Römer nicht dazu gelangt, aus dem Naturrecht und seinen Geboten eine Grundrechtsdoktrin zu formen, da sie – so die plausible Erklärung von Aldo Schiavone

---

129 Eine eigene Geschichte ist dabei das Verhältnis der Kirchenväter zur Sklaverei: Diese wurde als gerechte Strafe für die Sünde angesehen; etwa *Augustinus*, De civ. Dei 19, 5. Ausführlich *R. Klein*, Die Sklaverei in der Sicht der Bischöfe Ambrosius und Augustinus, 1988, S. 87 ff., 94, 105.

130 Siehe auch *H.-D. Spengler*, JZ 2011, 1021 (1029 f.).

131 Mit vielen Nachweisen *U. Agnati*, Rivista di Diritto Romano 9 (2009), 21 ff.; *S. Tafaro*, Ius hominum (Fn. 48), S. 142 ff., 150 ff., 170 ff., 181 ff.

132 Hierzu ausführlich *A. McClintock*, Servi della pena: Condannati a morte nella Roma imperiale, Neapel 2010, S. 92 ff.

133 *Cum ratio naturalis quasi lex quaedam tacita liberis parentium hereditatem addiceret… aequissimum existimatum est eo quoque casu, quo propter poenam parentis aufert bona damnatio, rationem haberi liberorum, ne alieno admisso graviorem poenam haerent, quos nulla contingeret culpa… ut qui ad universitatem venturi erant iure successionis, ex ea portione concessas haberent.*

(geb. 1944) – den hierfür notwendigen Individualismus noch nicht entwickelt hatten.[134] Dies sollte erst dann geschehen, als den Grundrechten in den Worten Günter Dürigs (1920–1996) die „Zähne eingesetzt" wurden, indem sie für klagbare subjektive Rechte erklärt wurden – was erst nach dem 2. Weltkrieg der Fall war, in Deutschland mit dem Grundgesetz von 1949 (Art. 19 Abs. 4) und in Italien mit der Verfassung von 1947 (Art. 2). Entscheidend für diese Individualisierung war das Christentum, vor allem in seiner protestantischen Form,[135] und dieses wiederum baute auf dem von den römischen Juristen geformten Personenbegriff auf.

5. Formale Gleichheit – eine List des Naturrechts?

Zuvor haben wir von materieller Gleichheit gehandelt, von der Beseitigung der römischen Standesunterschiede. Es dünkt uns freilich, dass die formale Gleichheit – letztlich – auf das gleiche hinausläuft, nur eben subtiler, weniger theatralisch. Denn die formelle Gleichheit wirkt nicht im Coup, sondern im langsamen Bohren und Wühlen, so wie es Kant als für den Menschen eigentümlich hingestellt hat:

> Am Menschen (als dem einzigen vernünftigen Geschöpf auf Erden) sollten sich diejenigen Naturanlagen, die auf den Gebrauch seiner Vernunft abgezielt sind, nur in der Gattung, nicht aber im Individuum vollständig entwickeln. Die Vernunft in einem Geschöpfe ist ein Vermögen, die Regeln und Absichten des Gebrauchs aller seiner Kräfte weit über den Naturinstinct zu erweitern, und kennt keine Grenzen ihrer Entwürfe. Sie wirkt aber selbst nicht instinctmäßig, sondern bedarf Versuche, Übung und Unterricht, um von einer Stufe der Einsicht zur andern allmählig fortzuschreiten. Daher würde ein jeder Mensch unmäßig lange leben müssen, um zu lernen, wie er von allen seinen Naturanlagen einen vollständigen Gebrauch machen solle [...].[136]

Dass die Römer wiederum dem Prinzip der formalen Gleichheit huldigten, das zeigt nichts deutlicher als ihre Lehre von der Abfassung der Gesetze, diese müssen nämlich generell und abstrakt sein:[137]

> Celsus: Aus denjenigen [Umständen], welche zufällig in einem einzigen Fall eintreten können, kann man keine Rechtsnormen ableiten, weshalb das Recht sich auf solche [Umstände] beziehen sollte, welche oft und leicht eintreten, als auf die welche nur selten vorkommen.[138]

> Ulpian: Gesetze werden nicht im Hinblick auf einzelne Personen, sondern für die Allgemeinheit erschaffen.[139]

Diese formale Gleichheit resultiert daraus, dass das Gesetz im engeren Sinn, also die *lex publica*, ein Vertrag eines Magistraten mit dem *populus romanus* ist,[140] dieser kann sich seiner Natur nach nur auf alle Bürger richten oder bestimmte Gruppen von ihnen.

---

134 *A. Schiavone*, Invention (Fn. 10), S. 457 ff.

135 *W. Stark*, The sociology of religion Bd. 5, Types of religious culture, London 1972, S. 274 ff.

136 *I. Kant*, Idee zu einer allgemeinen Geschichte in weltbürgerlicher Absicht, Berlin 1784, Zweiter Satz.

137 *J. Bleicken*, Lex publica: Gesetz und Recht in der römischen Republik, 1975, S. 179 ff.

138 *Cels.*, Dig. 1, 3, 4–5: *Ex his, quae forte uno aliquo casu accidere possunt, iura non constituuntur: nam ad ea potius debet aptari ius, quae et frequenter et facile, quam quae perraro eveniunt.*

139 *Ulp.*, Dig. 1, 3, 8: *Iura non in singulas personas, sed generaliter constituuntur.*

140 *J. Bleicken*, Lex publica (Fn. 137), S. 64 ff., 178; *Th. Mommsen*, StaatsR III/1 (Fn. 27), S. 308 ff.

Auf derselben liegt es, dass schon im Recht der Zwölf Tafeln der Grundsatz der gleichen Erbberechtigung von Söhnen und Töchter anerkannt war und die Gleichheit vor Gericht:[141] *Si in ius vocat, ito*, heißt es bereits im Zwölftafelgesestz (um 450 v. Chr.).[142]

VII. Die Zähne der Maske

Persona diente den Römern dazu, persönliche Herrschaftsverhältnisse präzise zu erfassen und ist damit letztendlich ein Werkzeug geistiger Machtausübung von Menschen über Menschen. Diese Herrschaft wurde zunehmend weniger oder weniger streng ausgeübt und daher zersetzt, die *gentes* waren schon zur Zeit Ciceros mehr Folkloregruppen und Rechte des Vaters über Weib, Kinder und Gesinde wurden mehr und mehr eingeschränkt. Es trat das Individuum hervor mit seinem Anspruch auf Würde und Freiheit. Warum aber wurde eben dieses Individuum mit dem Begriff der *persona* bezeichnet, einem Begriff, welcher zuvor dazu diente, es zu negieren, sodass man etwa Frauen nach dem Gentilnamen nannte – die Aemilier, Claudier und Cornelier und waren *gentes!*[143] – und Kinder nach der Reihenfolge ihrer Geburt: Primus, Secundus, Tertius.

Die Lösung dieses Rätsels der persönlichkeitserzeugenden Entpersönlichung liegt darin, dass eben diese Entpersönlichung die Chance der Gleichheit birgt. Gleichheit in der Entrechtung bedeutet *à la longue* die Notwendigkeit, jegliche Ungleichbehandlung zu begründen. Der dem Recht innewohnende Zwang zur formalen Gleichheit bewirkt damit eine materiale Umladung des rein formal verwandten Personenbegriffs. Wenn alle *personae* sind, warum sind dann einige gleicher als andere? Warum bleibt das Kind der Amme Sklave und wird das mitgestillte Kind der Herrschaft ein freier Mann, auch wenn beide, wie es bei Petronius heißt, dieselbe Milch getrunken haben?[144] Es ist dies ein allgemeiner Zug der Menschennatur, dass man für eine Statusänderung, hier: die Herstellung republikanischer Gleichheit, eines *rite de passage* bedarf, indem man sich entpersönlicht durch Festkleider, Tanz und Rausch, um hiernach wieder in die Struktur zurückzukehren – als ein anderer. Eine ähnliche Funktion eignet der *persona.* Der dem *persona*-Begriff innewohnende Gleichheitsgedanke bewirkt die Zersetzung des von ihm so effizient organisierten römischen Ständesystems und lädt sich bei dieser Gelegenheit mit den Gedanken der Würde und Freiheit auf, welcher er zu seinem Flankenschutz bedarf. Damit gewinnt er das „anthropologische Potential", welches sich in späteren Epochen realisieren konnte. Nur das Recht konnte Phersu in die Person verwandeln, ist doch sein Grundprinzip die Gleichheit.[145]

Der Maske erwuchsen Zähne, ihr wurde ein menschliches Antlitz zuteil. Insoweit hat ‚Person', wenn es sich auch um einen Rechtsbegriff handelt,[146] ein ontologisches Substrat und dieses ist der Mensch und zwar der Mensch in der Kultur. Daher die Feindschaft all derer gegen die ‚Person', welche Unbehagen in der Kultur empfinden. Sie wollen Phersus

---

141 *M. Kaser*, Römisches Privatrecht (Fn. 40), S. 91 ff.

142 *G. Falcone*, La citazione ‚Si in ius vocat' in Cic. leg. 2, 9, AUPA 50 (2005), 1 ff.

143 *Th. Mommsen*, StaatsR III/1 (Fn. 27), S. 30.

144 Offenbar ein Topos der antiken Literatur; s. *Aug.* conf. 7, 6.

145 *G. Radbruch*, Rechtsphilosphie, 2. Aufl. 1993, S. 258.

146 *H. Donellus: „Homo naturae, persona iuris civilis vocabulum est"*, zitiert nach *E. Stolfi*, Filosofia politica 21 (2007), 379 (382).

Abb. 2: Phersu, wie Abb. 1 auf S. 64.

Spiele mit dem nackenden, von der ‚Person' nicht bekleideten, Menschen spielen. Die Maske ist nicht nur der Schutz des Menschen, sondern auch der Schutz vor dem Menschen: „Das gern verleugnete Stück Wirklichkeit hinter all dem ist", schreibt Sigmund Freud im ‚Unbehagen in der Kultur',

> daß der Mensch nicht ein sanftes liebebedürftiges Wesen ist, das sich höchstens, wenn angegriffen, auch zu verteidigen vermag, sondern daß er zu seinen Triebbegabungen auch einen mächtigen Anteil von Aggressionsneigung rechnen darf. Infolgedessen ist ihm der Nächste nicht nur möglicher Helfer und Sexualobjekt, sondern auch eine Versuchung, seine Aggression an ihm zu befriedigen, seine Arbeitskraft ohne Entschädigung auszunützen, ihn ohne seine Einwilligung sexuell zu gebrauchen, sich in den Besitz seiner Habe zu setzen, ihn zu demütigen, ihm Schmerzen zu bereiten, zu martern und zu töten.[147]

Phersu ist nicht für immer in der ‚Person' aufgegangen, er leibt und lebt, er tanzt.

---

147 *S. Freud*, Das Unbehagen in der Kultur, Wien 1930, S. 240.

III. BIOETHIK

DEONTOLOGISCHE NORMBEGRÜNDUNG IN DER SÄKULAREN MODERNE – AM BEISPIEL MEDIZIN- UND BIORECHTLICHER GRENZFRAGEN

Von *Gunnar Duttge*

I. Jenseits der „guten Zwecke"?

Eine kürzlich publizierte, mit 70.000 Probanden in 42 Ländern breit angelegte Befragungsstudie des Max-Planck-Instituts für Bildungsforschung zum sog. „Trolly-Problem"[1] brachte u. a. zutage, dass 82 % der befragten Deutschen es offenbar für gerechtfertigt halten, wenn der Tod *eines* Menschen bewusst in Kauf genommen werde, um dadurch eine Mehrzahl von gefährdeten Anderen zu retten (z. B. durch Verstellen der Weiche eines Zuggleises, „switch").[2] Dagegen sinkt die Zustimmungsrate bei Modifikation der Fallkonstellation, wenn der Tod des geopferten Menschen nicht nur ernstlich möglich, sondern zur Rettung der größeren Zahl zwingend notwendig ist (Umleitung des Zuges auf ein Nebengleis, „loop"), und noch mehr, wenn der Tod hierfür gar instrumentell benutzt wird (absichtlich herbeigeführter Sturz von der Brücke, „footbridge"). Man mag dieses Resultat der tatsächlich vorhandenen Gerechtigkeitsempfindungen zwecks Vermeidung eines Sein-Sollen-Fehlschlusses zunächst bloß als ein rein psychologisches Faktum betrachten,[3] etwa in dem Sinne, dass es Menschen eben schwerer fällt, selbst dann Ausnahmen vom fundamentalen Tötungsverbot zu akzeptieren, wenn das „Menschenopfer" sicher und der Betroffene überdies auch noch aktiv-zielgerichtet „zweckentfremdet" wird. Es kommt hinzu, dass sich Werturteile nicht am demokratischen Mehrheitsprinzip orientieren, sondern an normativen Gründen, insbesondere solchen von menschenrechtlicher Dignität.[4] Dies gilt selbst dann, wenn die nominelle Mehrheit einer bestimmten Werthaltung in die Form eines förmlichen Gesetzes gegossen ist, weil dieses wiederum die Grenzen des vorgeordneten verfassungs-

---

1 Aus neuerer Zeit *Philippa Foot*, The Problem of Abortion and the Doctrine of the Double Effect, in: Virtues and Vices and Other Essays in Moral Philosophy, 1978, S. 19 ff.; früher sog. „Weichensteller"-Fall: *Engisch*, Untersuchungen über Vorsatz und Fahrlässigkeit im Strafrecht, 1930, S. 288; *Welzel*, ZStW 63 (1951), 47 (51 f.).

2 Kurzbericht in: https://www.mpg.de/14384755/trolley-dilemma-international?c=2191; ausführlich *Awad/Dsouza/Shariff/Rahwan/Bonnefon*, Proceedings of the National Academy of Scienes of the United States of America (PNAS) 117 (2020), 2332 ff. (online: https://www.pnas.org/content/117/5/2332).

3 Wozu die Autoren der Studie neigen (Fn. 2): „it seems appropriate to explain the qualitative Switch-Loop-Footbridge pattern in terms of basic cognitive processes, rather than to seek explanations based on cultural norms".

4 Zu letzterem vertiefend der „normative Individualismus" bei *von der Pfordten*, Zeitschrift für philosophische Forschung 58 (2004), 321 ff. und JZ 2005, 1069 ff.; i. E. auch *Gusy*, AöR 106 (1981), 329 (349): Vorrangigkeit des grundrechtlichen „Minderheitenschutzes" gegenüber dem demokratischen Mehrheitsprinzip; *Hillgruber*, Kirchof-FS 2013, Bd. I, § 61 Rn. 14 f.

Duncker & Humblot · Berlin | https://doi.org/10.3790/978-3-428-58515-1.2025.202474

rechtlichen Rahmens – insbesondere der Grundrechte mit der Menschenwürdegarantie an der Spitze – zu wahren hat.[5] Und dennoch bleibt ein erheblicher Interpretationsspielraum beim Austarieren der kollidierenden Wertbelange und schon bei der Festlegung ihrer je eigenen Schutzansprüche (besonders in Bezug auf die hochumstrittene Reichweite des Art. 1 Abs. 1 GG in sachlicher wie personeller Hinsicht), so dass im Verständnis der Verfassung als einem bloßen (mehr oder minder zurückgenommenen) „Ordnungsrahmen" für den „offenen politischen Prozess"[6] dann doch die jeweils vorherrschende „Rechtskultur" (verstanden als „Inbegriff der in einer Gesellschaft bestehenden, auf das Recht bezogenen Wertvorstellungen"[7]) *de facto* nachhaltigen Einfluss gewinnt.[8] Mit gehörigem Optimismus könnte man von einem fortwährenden „Ringen um Gerechtigkeit" innerhalb der sozialen Ordnungen sprechen, mit dem jeweils geltenden Recht als dem „Ergebnis differenzierter kultureller Wachstumsprozesse"[9].

Insofern ist es nicht überraschend, wenn auf Basis des vom herrschenden gesellschaftlichen Ethos meist favorisierten „bodenständigen" Nützlichkeitsprinzips[10] auch der „wesentliche Gesichtspunkt des Politikers" in aller Regel ein utilitaristischer bzw. konsequentialistischer ist. Schließlich werden doch „die Regierenden eines Landes" – so treffend *Spaemann* – „auf das Wohl ihres Landes und nicht auf das aller Menschen vereidigt"[11]. Dieser Umstand befördert aber eine generelle Tendenz, in modernen, durch gesellschaftliche und/oder technologische Neuerungen entstandenen Fragestellungen die regelhafte (ggf. gesetzliche) Wertentscheidung allein an einer diffusen Folgenabschätzung („Abwägung") auszurichten und die Möglichkeit evtl. prinzipiell-kategorischer Grenzen von vornherein auszublenden. Eben dies zeigt sich anschaulich nicht nur in jenen unter dem Eindruck des internationalen Terrorismus schon seit längerem kontrovers diskutierten Flugzeugabschuss-[12] und „ticking bomb"-Szenarien (auch sog. „Rettungsfolter")[13], sondern insbesondere auch auf den Gebieten des modernen Medizin- und Biorechts. Der Spaemann-Schüler Walter Schweidler sieht die Bioethik geradezu als paradigmatisches Feld einer „breiten gesellschaftlichen Tendenz ..., die nicht mit den Prinzipien der Normkultur zu erklären ist, sondern die dem gehorcht, was man eine Nutzenkultur nennen kann": die verabsolutierte

---

5 Statt vieler nur *Dreier*, Bioethik zwischen gesellschaftlicher Pluralität und staatlicher Neutralität, in: Reprints and Working Papers of the center for Adcanced Study in Bioethics, 2010.1, S. 8 ff. (m. w. N.).

6 *Dreier* (Fn. 5), S. 41, der sogar ein „Irrationalitätsprivileg der Politik" anerkennen will (S. 43 ff.).

7 *Raiser*, Grundlagen der Rechtssoziologie, 2007, S. 311.

8 Mag man auch noch so sehr die „*normative* Geschlossenheit" des Rechtssystems betonen, in diesem Sinne *Gutmann*, Recht als Kultur. Über die Grenzen des Kulturbegriffs als normatives Argument, 2015, S. 23 f.

9 *Häberle*, Europäische Rechtskultur, 1994, S. 17 f.

10 Vgl. *Max Scheler*, Der Formalismus in der Ethik und die materiale Wertethik, 5. Aufl. 1966, S. 188.

11 *Spaemann*, Grenzen. Zur ethischen Dimension des Handelns, 2001, S. 35.

12 Dazu das ebenso grundlegende wie kritisierte Urteil von BVerfGE 115 (118 ff.).

13 Bereits als akademisches Gedankenspiel *Luhmann*, Gibt es in unserer Gesellschaft noch unverzichtbare Normen?, 1993, mit der offenen Schlussformulierung: „Aber es befriedigt ja auch nicht, wenn man gar nichts tut und Unschuldige dem Fanatismus der Terroristen opfert" (S. 27).

Ausrichtung am (hedonistischen) Ziel einer „gesteigerten Lebensqualität und restlosen Selbstbestimmung des Individuums“[14] hier und jetzt.

Willkürlich ausgewählte Beispiele stellvertretend für viele weitere: An der zuletzt mit der Gen-Schere „Crispr/Cas9“ revolutionierten Möglichkeit der Intervention in die *menschliche* Keimbahn (sog. Genom-Editing) beanstandet der gesellschaftliche und ethische Mainstream nicht etwa einen prinzipiellen Tabubruch, sondern mahnt mit Blick auf die verführerische Perspektive einer künftigen Vorab-Vermeidung genetisch bedingter Krankheiten bzw. Krankheitsrisiken nur mehr zur einstweiligen Zurückhaltung („Moratorium“) zwecks Etablierung (möglichst international äquivalenter) prozeduraler Standards.[15] Die kürzlich erfolgte Verleihung des Chemie-Nobelpreises an die beiden bekanntesten Entwicklerinnen der Methode darf man als einen weiteren Schritt der sukzessiven Legitimierung von Eingriffen in das menschliche Erbgut – sofern nur durch „gute“ Zwecke motiviert – verstehen.[16] Aus dem tradierten Medizinrecht lässt sich etwa die bis heute nicht zufriedenstellend geklärte Rechtfertigung der sog. „indirekten Sterbehilfe“ anführen, also der (im Ergebnis erlaubten) Gabe leidmindernder Betäubungsmittel bei schwerstkranken Patienten selbst dann, wenn diese die verbleibende Lebenszeit verkürzen können: Wegen der bislang (in Deutschland) ausbleibenden „Liberalisierung“ der aktiv-direkten Sterbehilfe (vgl. § 216 StGB)[17] besteht schon seit längerem die unverkennbare Neigung, die sachliche Reichweite des Erlaubten durch normatives Empowerment („Recht auf einen *menschenwürdigen* Tod“)[18] zugunsten des „guten Zwecks“ (Leidminderung) expansiv zu deuten und insbesondere auch eine „sichere“ Lebensbeendigung qua „Notstandsabwägung“ (§ 34 StGB) gutzuheißen[19] – sofern nicht das normative Fundamentalproblem durch Trivialisierung (vulgo: übliche „Therapie am Lebensende“)[20] ohnehin zum Verschwinden gebracht wird. Ein anderes „klassisches“ Anwendungsbeispiel ist die Gabe von Placebos an die (erkrankten) Probanden der Vergleichsgruppe zum Zwecke der effektiven Erprobung neuer Arzneimittel (sog. klinische Arzneimittelprüfungen, § 4 Abs. 23 AMG): Deren Un-

---

14 *Schweidler*, in: Mührel/Birgmeier (Hrsg.), Menschenrechte und Demokratie, 2013, S. 25, 34; siehe auch *ders.*, in: Hoffmann/Schweidler (Hrsg.), Normkultur vs. Nutzenkultur, 2006, S. 3 ff., in: Kauffmann/Sigwart (Hrsg.), Biopolitik im liberalen Staat, 2011, S. 13 ff. und in: *ders.*, Über Menschenwürde. Der Ursprung der Person und die Kultur des Lebens, 2012, S. 135 ff.

15 So z. B. die Empfehlungen des *Deutschen Ethikrats*, Stellungnahme: Eingriffe in die menschliche Keimbahn, 2019, S. 232 ff.

16 Zutr. *Kaulen/Müller-Jung*, F.A.Z. v. 8.10.2020, S. 9: „Der Griff ins Erbgut wird zur Routine“.

17 Inzwischen ist nach Nichtigkeitserklärung des § 217 StGB allerdings die Debatte neu entbrannt und wird vermehrt auch § 216 StGB als verfassungswidrig angesehen, dazu etwa *Leitmeier*, NStZ 2020, 508 ff.; *Lindner*, NStZ 2020, 505 ff.; zuvor bereits *Hoven*, ZIS 2016, 1 (3 ff.); *Rosenau*, Roxin-II-FS 2011, S. 577 ff.

18 Z. B. *Magnus*, Patientenautonomie im Strafrecht, 2015, S. 275 (siehe auch S. 278: höheres „tatsächliches Interesse“); in der Grundtendenz bereits BGHSt 42, 301 (305): „Ermöglichung eines Todes in Würde und Schmerzfreiheit“ sei ein „höherwertiges Rechtsgut“ als das Erleidenmüssen schwerster Qualen.

19 So insbesondere der „Alternativentwurf Sterbebegleitung“, in: *Schöch/Verrel*, GA 2005, 553, 575 f.; ebenso *Roxin*, in: Roxin/Schroth (Hrsg.), Handbuch des Medizinstrafrechts, 4. Aufl. 2010, S. 75 (90 f.); zur Kritik vgl. *Duttge*, in: Kettler/Simon u. a. (Hrsg.), Selbstbestimmung am Lebensende, 2006, S. 36 (53 f.).

20 In diesem Sinne die Stellungnahme des *Nationalen Ethikrates*, Selbstbestimmung und Fürsorge am Lebensende, 2006, S. 27 f.; ähnlich *Borasio*, Über das Sterben, 2012, S. 163 ff.; *Sahm*, ZfL 2005, 45 (48).

terversorgung in Widerspruch zum ärztlichen Hilfeleistungs- und Schadensvermeidungsgebot wird heute weithin als geringeres Übel im Verhältnis zum erhofften medizinischen Fortschritt grundsätzlich akzeptiert, selbst wenn eine Standardtherapie zur Verfügung stünde (vgl. Ziff. 33, Var. 2 der Deklaration von Helsinki i. d. F. von Fortalezza 2013[21]: sofern dadurch kein „ernstlicher oder irreversibler Schaden" droht)[22]. Die gegenwärtige Corona-Pandemie hat schließlich eine Mehrzahl von Leitlinien und Empfehlungen zum Problem der sog. „Triage" generiert, und sie präferieren nahezu sämtlich[23] im Kern das kollektivistische Kriterium der „Erfolgsaussicht"[24] und keine Priorisierung nach Maßgabe der individuellen Bedürftigkeit.

Insofern sind die eingangs berichteten Umfrageergebnisse nicht etwa deshalb bemerkenswert, weil sie (im Ausgangspunkt) ein dezidiert folgen- und rein quantitätsorientiertes Gerechtigkeitsempfinden zum Ausdruck bringen, sondern weil sie dieser Grundorientierung vielmehr Grenzen setzen. Es scheint also so, wie es der Hochgeehrte dieses Bandes unter Anrufung einer Hegelschen Bemerkung einmal wie folgt ausdrückte: „Die Alternative [...] Deontologie *oder* Utiliarismus [ist] tatsächlich geeignet, die Sache, um die es geht, eher zu verdunkeln"[25]; es geht „nicht um das Inbetrachtziehen oder Vernachlässigen von Folgen [überhaupt, *Zusatz G.D.*], sondern [...] darum, ob bestimmte Folgen niemals verursacht werden dürfen oder ob umgekehrt unter Umständen jede Handlung erlaubt ist, wenn, auf die Länge gesehen, die Gesamtheit der positiven Folgen dies [zu] rechtfertige[n scheint, *Zusatz G.D.*]"[26]. Wenn aber in irgendeiner noch sehr diffusen Weise beides zusammenkommt, die Folgenbetrachtung *und* das Pflichtgemäße (als solches), so fragt sich heute mit besonderer Dringlichkeit, nach Maßgabe welcher Maxime bzw. welcher Kriterien und

---

21 https://www.bundesaerztekammer.de/fileadmin/user_upload/downloads/pdf-Ordner/International/Deklaration_von_Helsinki_2013_20190905.pdf.

22 Bis 2000 war diese Option kategorisch ausgeschlossen, siehe dazu wie zum Kompromisscharakter der heutigen Vorgabe *Wiesing/Parsa-Parsi*, Ethik in der Medizin 2009, 45 (48 f.); umfassende Problemanalyse bei *Friske*, Die rechtliche Zulässigkeit von Placebokontrollgruppen in Arzneimittelstudien, 2017.

23 Bemerkenswerte Ausnahme ist die Ad-hoc-Stellungnahme des *Deutschen Ethikrates* zu „Solidarität und Verantwortung in der Corona-Krise" v. 17.3.2020, die sich auf die Formel zurückzieht, dass Entscheidungen nach „wohlüberlegten, begründeten, transparenten und möglichst einheitlich angewandten Kriterien" (S. 4) getroffen werden sollen.

24 Insbesondere Bundesärztekammer, Orientierungshilfe v. 5.5.2020, S. 2: „...die Erfolgsaussichten mit Blick auf das Überleben und die Gesamtprognose möglichst groß sind und die meisten Menschenleben gerettet werden können" (https://www.bundesaerztekammer.de/fileadmin/user_upload/downloads/pdf-Ordner/Stellungnahmen/BAEK_Allokationspapier_05052020.pdf); *DIVI*, S1-Leitlinie v. 17.4.2020 (2. Fassung), S. 4: „höhere Überlebenswahrscheinlichkeit" (https://www.awmf.org/uploads/tx_szleitlinien/040-013 1_S1_Zuteilung-intensivmedizinscher-Ressourcen-COVID-19-Pandemie-Klinisch-ethische_Empfehlungen_2020-07_2.pdf); *SAMW*, Richtlinie v. 17.12.2020, S. 4: „Ziel ist es, so zu entscheiden, dass die größtmögliche Anzahl von Leben gerettet wird" (https://www.samw.ch/de/Ethik/Themen-A-bis-Z/Intensivmedizin.html); siehe auch den europäischen Vergleich bei Gelinsky, Triage Recommendations: A Cross-border Perspective, 2020, S. 9: „All the countries surveyed tend to pursue a supra-individual, utilitarian rationale when deciding on the allocation of scarce lifesaving re-sources for the greatest possible benefit to society as a whole which, according to this line of reasoning, means saving as many lives as possible" (https://www.kas.de/documents/252038/7995358/Triage+Recommendations+-+A+Cross-Border+Perspective.pdf/01e7598b-4336-81ac-701a-a605b32299c7?version=1.0&t=1608045877324).

25 *Spaemann*, Moralische Grundbegriffe, 6. Aufl. 1999, S. 64.

26 *Spaemann*, Moralische Grundbegriffe (Fn. 25), S. 65.

mit welcher Berechtigung denn die irdische Nützlichkeit ihre notwendige normative Grenze finden muss. Welche philosophische Gewährsperson könnte hierfür eine bessere Orientierung und Wegbegleitung verheißen als der prominente Utilitarismuskritiker Robert Spaemann, der die Notwendigkeit der Grenzziehung nicht nur zum Titel einer seiner bedeutenden Publikationen gemacht, sondern im Vorwort derselben auch zum Fixpunkt der Moralität überhaupt erhoben hat: „Himmler verstand Moralität als heroische Befreiung von dem, was für die Griechen deren Kern war – aidos, [...] die Scheu, jene Grenzen zu überschreiten, die dem Menschen gesetzt sind“[27]. Wo aber sind diese zu finden, also dasjenige, „was immer ist“ und deshalb auch den Allmachtsträumen des modernen bioethischen Prometheus Einhalt gebieten könnte?

II. Auf den Spuren Robert Spaemanns

Wenn bislang nur sehr vergröbernd vom „Utilitarismus“ die Rede war, muss selbstredend zunächst klargestellt werden, dass im hiesigen Kontext der Normbegründungsfrage von vornherein nur der sog. Regelutilitarismus in Rede steht. Dieser strebt bekanntlich ein System von Regeln an, die mit Hilfe eines „Glückskalküls“[28] (das prognostisch „größte Glück der größten Zahl“) dem (hedonistischen) Prinzip einer Nutzenmaximierung dienen. Damit handelt es sich zum einen um eine – wenngleich besonders populäre – Variante des Konsequentialismus (der das „Gute“ der als erstrebenswert geltenden Handlungsfolge noch unbestimmt belässt)[29] und ist zum anderen zugleich vorentschieden, dass diese Maximierungsethik nicht allein die Belange des Handelnden, sondern die Folgen für einen größeren Personenkreis (bis hin zur Gesamtheit aller Menschen auf Basis des sog. „universalistischen Utilitarismus“)[30] einbezieht. In die prägnante Formel von Höffe gefasst empfiehlt der Regelutilitarismus somit, die jeweilige Handlungsregel so zu setzen, „dass die Folgen ... für das Wohlergehen aller Betroffenen optimal sind“[31]. Grundlage hierfür sind die generell erwartbaren nützlichen oder schädlichen Folgen des jeweiligen Handlungstypus (wenn die betreffende Handlung zur Normalität würde)[32] und deren quantifizierende „Verrechnung“ im Verhältnis zueinander, was bei einem positiven „Gesamtsaldo“ eine dahingehende Handlungsorientierung empfehlenswert macht.[33] Prima vista erscheint dieser Grundgedanke von „geradezu überwältigender Plausibilität“[34] – wer also wollte da ernstlich widersprechen?

---

27 *Spaemann*, Grenzen (Fn. 11), S. 9.

28 *Ott*, Moralbegründungen, 2001, S. 97.

29 Dies können beliebige Handlungs-Erfolge („Weltverläufe“), aber insbesondere auch Folgehandlungen anderer sein, siehe näher *Nida-Rümelin*, Kritik des Konsequentialismus, 1993, S. 11 ff.

30 *Hilgendorf*, in: Brugger (Hrsg.), Legitimation des Grundgesetzes aus Sicht von Rechtsphilosophie und Gesellschaftstheorie, 1996, S. 249 (256).

31 *Höffe*, Einführung in die utilitaristische Ethik, 2. Aufl. 1992, S. 11.

32 Zur notwendig mitgedachten „Allgemeinheit der Ausführenden einer bestimmten Handlung“ näher *Düsing*, Fundamente der Ethik, 2005, S. 93 f.

33 Anders als im Kontext einer deontologischen Ethik mangelt es derartigen „Empfehlungen“ aber streng genommen an einem Verpflichtungs- oder Notwendigkeitscharakter, siehe auch *Düsing* (Fn. 32), S. 21.

34 *Hilgendorf*, in: Brugger (Fn. 30), S. 260.

Gegen eine Moraltheorie, der dezidiert eine Maximierung „des Gesamtzustandes der Welt" in Bezug auf deren „außersittlichen Werte und Güter"[35] (sonst wäre der Begriff des „Sittlichen" zirkulär) eingeschrieben ist, hat Robert Spaemann bekanntlich mehrere fundamentale Einwände geltend gemacht: Zum einen[36] sei die Gewinnung eines konkreten sittlichen Urteils aus utilitaristischen Prämissen ohne Zusatzannahmen überhaupt nicht realisierbar. Denn dazu müsste der Handelnde (bzw. Normgeber) über ein „vollständiges" nicht-endliches Wissen zu allen denkbaren Gesamtzuständen und Verläufen der „Welt" als Grundlage für die – hierin eingebettet – zu prognostizierende Folgenrelevanz der eigenen Handlung verfügen, was prinzipiell unerreichbar ist. Hinzu komme das Fehlen eines differenzierten qualitativen Maßstabs zwecks eindeutiger Zuschreibung der jeweiligen Werthaftigkeit möglicher Handlungsfolgen als Basis für den notwendigen Wertvergleich, um auf diese Weise halbwegs willkürfrei eine klare Vor- und Nachrangigkeit zu ermitteln („was ist wichtiger/schlechter?").[37] Schließlich ist eine solche Moraltheorie auch noch aus einem anderen Grund schlichtweg überfordernd und vermag es nicht, menschliche Verantwortung adäquat zu strukturieren: Sie „mutet … dem Menschen zu, was nach Leibniz das Werk Gottes ist: die Herstellung der besten aller möglichen Welten"[38].

Darüber hinaus – und vor allem – liefert die „universelle Optimierungsstrategie" des Utilitaristen jedweden sittlichen Imperativ (wie etwa die Beachtung der grundlegenden Gleichheit zwischen „Personen" und des Fairnessprinzips im Rahmen der Verteilungsgerechtigkeit)[39] und letztlich zugleich das Gewissen des Einzelnen der instrumentellen (technischen) Vernunft aus: „Ob Folterung, Tötung Unschuldiger oder sexuelle Selbstpreisgabe erlaubt ist oder nicht, wird zu einer Frage der Abwägung…", deren Beantwortung in die Zuständigkeit selbstermächtigter „Planungsexperten der Menschheitswohlfahrt" fällt.[40] Utilitaristisches Denken reduziert moralische Grenzen daher zu funktionalen Einzelaspekten auf dem Weg zum „guten" Endzweck, mehr noch: es löst diese sogar auf, „wenn das Moralische durch die Optimierungsstrategie selbst erst definiert wird"[41]. Und auch das „Gewissen" ist auf dem Boden des Utilitarismus kein relevanter (allenfalls ein faktisch „störender") Abwägungsbelang, denn es bildet (sofern ein „gutes") erst das Resultat bei Befolgung der nutzenmehrenden Handlungsmaxime.[42] Pointiert: „Ein Konsequentialist muss immer bereit sein, einen Mord zu begehen, wenn man ihm droht, ansonsten zehn Men-

35 So die Spaemannsche Kennzeichnung einer „utilitaristischen" Moraltheorie, s. Grenzen (Fn. 11), S. 195 ff.

36 Zum Folgenden näher *Spaemann*, Glück und Wohlwollen, 4. Aufl. 1998, S. 157 ff.; *ders.*, Moralische Grundbegriffe (Fn. 25), S. 61 ff.; *ders.*, Grenzen (Fn. 11), S. 197 f., 199 ff. (freilich in abweichender Reihenfolge und teilweise zusammenfassend) und S. 391 ff.

37 Pointiert *Hilgendorf*, in: Brugger (Fn. 30), S. 265: „Wie vergleicht man die Lusterlebnisse eines Sadisten mit den Freuden einer Rilke-Lektüre?".

38 *Spaemann*, Grenzen (Fn. 11), S. 202 f.

39 Dazu wie insbesondere zum Grundsatz der Chancengleichheit grdl. *Rawls*, Eine Theorie der Gerechtigkeit, 1975, insbes. S. 105 ff., 133 ff., 333 ff., 378 ff., 555 f.

40 *Spaemann*, Grenzen (Fn. 11), S. 203 f.; siehe auch S. 397: „moralische Entmündigung der gewöhnlichen Menschen".

41 *Spaemann*, Grenzen (Fn. 11), S. 204; siehe auch S. 205: „Die goldene Regel ist eben nicht aus dem utilitaristischen Prinzip ableitbar".

42 *Spaemann*, Grenzen (Fn. 11), S. 200.

schen umzubringen – aber nur einem Konsequentialisten kann man damit drohen“[43]. Würde dagegen die Missachtung intrinsischer Werte wie „Menschenwürde“, „Personalität“ usw. als abwägungsrelevante Gesichtspunkte in das utilitaristische Kalkül einbezogen oder gar als ausschlaggebende Faktoren gewichtet, so wäre praktisch „das universalteleologische Grundprinzip aufgegeben, und wir sind bei der Deontologie des actus intrinsice malus“[44]. Mit Rawls kann man diesen zentralen Gedanken auch so fassen, dass jede teleologische und insbesondere eine utilitaristische Moraltheorie „das Gute unabhängig von Rechten definiert“ (statt diesen im Kontext einer freiheitsrechtlich verfassten Ordnung Vorrang einzuräumen) und im Kern anti-individualistisch ist, d. h. „die von der Gerechtigkeit gewährleisteten Rechte dem Kalkül der gesellschaftlichen Interessen unterwirft“[45].

Obgleich Spaemann dem Utilitarismus damit eigentlich jedwede Eignung abspricht, die allgemeine Forderung nach „Gerechtigkeit“ kohärent zu begründen und die „sittlichen Intuitionen“ plausibel zu re-„formulieren“[46], spricht er einer Folgenbetrachtung gleichwohl nicht eine moralrelevante Berechtigung überhaupt ab – im Gegenteil: „Güterabwägung ist selbstverständlich die normale Art, sich sittlich, und das heißt immer auch vernünftig zu verhalten. Von den Handlungsfolgen absehen kann man überhaupt nicht, wenn man handelt. [...] Im Streit um Deontologie und Konsequentialismus geht es also gar nicht darum, *ob* wir für bestimmte Wirkungen unserer Handlungen die Verantwortung zu tragen haben [...], sondern für *welche*“[47]. Auf diese Weise verwahrt sich Spaemann gegen den Vorhalt eines lebensfernen „Fundamentalismus“, dem eine „rein deontologischen Ethik“ unweigerlich nahekäme – zugespitzt: „Ein Mensch, dessen Moral darin bestünde, ohne Rücksicht auf die Umstände [scil.: insbesondere auch die Folgen, *Zusatz G.D.*] immer bestimmte Handlungen auszuführen und andere zu unterlassen, wäre ein nicht lebensfähiger Idiot“[48]. Damit wird allerdings das generelle Verhältnis von konsequentialistischer und deontologischer Perspektive in der Moraltheorie Spaemanns akut klärungsbedürftig und genügt es dazu nicht, ihn eben als Vertreter eines „Mischtyps“ – einer „partiell deontologischen Ethik“[49] – zu bezeichnen. Denn letztendlich ist die zentrale Frage ja die, was überhaupt den „deontologischen“ Charakter seiner – oder generell einer bestbegründetsten – Ethik ausmacht.

---

[43] *Spaemann*, Grenzen (Fn. 11), S. 398; ausführlicher zu der These, dass in Erpressungssituationen eine utilitaristische Einstellung „schlechte Konsequenzen“ nach sich ziehen könne als eine deontologische Überzeugung (weshalb der Utilitarismus inkohärent und selbstwidersprüchlich sei), näher *Spaemann*, Grenzen (Fn. 11), S. 199 f.

[44] *Spaemann*, Grenzen (Fn. 11), S. 204; siehe auch *Ott*, Moralbegründungen (Fn. 28), S. 117: „Wenn ein Regelutilitarist erkennt, dass eine Ausnahme von der Normbefolgung die Nutzensumme erhöhen würde, steht er [...] vor einem Dilemma: [...] Entscheidet er sich dafür, die Regelbefolgung über die Nutzenmaximierung zu stellen, so stellt er sich außerhalb des Kerns der Theorie...“.

[45] *Rawls* (Fn. 39), S. 48.

[46] *Spaemann*, Grenzen (Fn. 11), S. 397.

[47] *Spaemann*, Grenzen (Fn. 11), S. 221 [Hervorhebung im Original].

[48] *Spaemann*, Grenzen (Fn. 11), S. 221; ähnlich *Rawls*, Eine Theorie der Gerechtigkeit (Fn. 39), S. 48, wonach „deontische Theorien ... nicht als Theorien [definiert sind], nach denen das Rechte an Institutionen und Handlungen unabhängig von deren Folgen ist“: „In allen ethischen Theorien sind die Folgen von Belang dafür, was recht ist; das Gegenteil wäre einfach unvernünftig...“.

[49] *Meisert*, Ethik, die sich einmischt. Eine Untersuchung der Moralphilosophie Robert Spaemanns, 2014, S. 274.

Herkömmlicherweise werden deontologische Theorien dadurch charakterisiert, dass sie die Sittlichkeit oder Moralwidrigkeit von Handlungen bzw. Handlungstypen nicht – jedenfalls nicht ausschließlich – von deren Erfolgstendenz abhängig machen. Klassisch ist die Kurzformel von Frankena, die zugleich eine vollständige Disjunktion zwischen Utilitarismus (Teleologie) und Deontologie postuliert: „Deontological theories deny what teleological affirm“[50]. Ganz in diesem Sinne fasst Spaemann als deontologisches Werturteil „jede Beurteilung einer Handlung auf der ausschließlichen Basis eines Telos [...], das nicht identisch ist mit der Optimierung des Gesamtzustandes der Welt und deshalb geeignet ist, einen Handlungstypus spezifisch zu beschreiben“[51]. Diese Kennzeichnung weckt freilich den Anschein einer weitreichenden Öffnung hin zum konsequentialistischen Argumentationstypus (ausgenommen jenen, der spezifisch utilitaristisch ist), zumal Spaemann selbst für die eigene Position das Label einer „teleologischen Ethik im ursprünglichen Sinne“[52] in Anspruch genommen und immer wieder die teleologische Natur jedweder Handlung (z. B. auch einer Lüge) herausgestellt hat.[53] Es stünde dann also lediglich eine Limitierung der Folgenbetrachtung in Rede, im Lichte des zentralen Vorbehalts, dass „die Universalteleologie des Utilitarismus [...] geeignet [ist], die konkrete Teleologie [!] des sittlichen Aktes zu relativieren und zum Verschwinden zu bringen“[54].

Gerade hierin, in Bezug auf die konkrete Handlung bzw. den konkreten Handlungstypus, findet sich aber dasjenige, was als deontologische Spezifität auszumachen ist: Es gibt, so Spaemann, Handlungsweisen des Menschen, die einer utilitaristischen Optimierungsstrategie deshalb nicht zur Verfügung stehen (dürfen), weil sie als „böse“ von vornherein auszuscheiden haben:[55] Diese „sind immer schlecht, und eine Absicht, die ein gutes Ziel mit Hilfe solcher Handlungen zu erreichen sucht, ist eben keine gute, sondern eine schlechte Absicht – der gute Zweck heiligt nicht das schlechte Mittel“[56]. Als Beispiel führt Spaemann mehrfach[57] die ärztlichen Anstaltsmorde von psychisch Kranken während des NS-Regimes an, bei denen sich die Täter zu rechtfertigen suchten, dass sie nur durch grundsätzliche Mitwirkung an den angeordneten Massentötungen einen Teil der zum Tode Bestimmten retten konnten. Der Bundesgerichtshof lehnte diese Argumentation bekanntlich ab mit der Begründung, dass es der herrschenden „Kulturauffassung über Wesen und Persönlichkeit des Menschen“ widerspreche, „den für die Erhaltung von Sachwerten angemessenen Grundsatz des kleineren Übels anzuwenden und den rechtlichen Unwert der Tat nach dem sozialen Gesamtergebnis abzuwägen, wenn Menschenleben auf dem Spiele ste-

---

50 *Frankena*, Ethics, Second Edition, 1973, S. 15.

51 *Spaemann*, Grenzen (Fn. 11), S. 195.

52 *Spaemann*, Grenzen (Fn. 11), S. 240.

53 Besonders eindringlich in: Grenzen (Fn. 11), S. 393: „Jede Ethik ist insofern teleologisch, als sie sich auf Handlungen bezieht, und diese sind immer teleologisch, das heißt sie haben immer einen Zweck“; zum Beispiel der Lüge *ders.*, Moralische Grundbegriffe (Fn. 25), S. 65: „Wer zum Beispiel jede Lüge für verwerflich hält, der sieht nicht von allen Folgen ab, sondern er zieht nur *eine* Folge in Betracht, nämlich genau jene, die die Lüge zur Lüge macht“ [Hervorhebung im Original].

54 *Spaemann*, Grenzen (Fn. 11), S. 208; siehe auch S. 240, wonach „das Begriffspaar Teleologie – Deontologie nicht von der Trennschärfe [sei], die hier erforderlich wäre“.

55 *Spaemann*, Grenzen (Fn. 11), S. 239.

56 *Spaemann*, Grenzen (Fn. 11), S. 393.

57 Nur beispielhaft: in: Grenzen (Fn. 11), S. 238 f. sowie in: Das Natürliche und das Vernünftige, 1987, S. 77 (99).

hen…"[58]. Dieses Anwendungsbeispiel (scil.: die willentliche Tötung von Unschuldigen) kann eine erhebliche intuitive Evidenz für sich reklamieren, enthebt aber als solches ebenso wenig wie weitere denkbare (genannt werden üblicherweise Folter, aber auch Suizid, Vergewaltigung, Prostitution, Missachtung eines Versprechens u. a. m.) von der Notwendigkeit eines allgemeingültigen Kriteriums, das die besondere Begründungslast der *unbedingten* moralischen Negativbewertung „ohne Ansehen der Umstände, immer und überall"[59] kohärent auszuweisen vermag. Verknüpft ist damit zugleich das weitere Problem einer klaren und trennscharfen Begriffsbestimmung dessen, was überhaupt das deontologische Spezifikum einer deontologischen Ethik ausmachen soll.

III. Begriff und Sonderheit des Deontologischen

Die vorstehenden Überlegungen eröffnen zum begrifflichen Verständnis des Deontologischen mehrere Optionen: Entweder verbindet sich damit ein vollständiger Ausschluss jedweder Folgenbetrachtung oder zumindest der Einbeziehung weiterreichender (Gesamt-)Folgen (i. S. d. Utilitarismus) – was die Spaemannsche Morallehre dann in der Tat als eine kompromisshaft-„gemischte" erscheinen ließe[60] –, oder aber es genügt bereits die Einbeziehung eines nicht-konsequentialistischen Teilelements, so dass die betreffende Morallehre insgesamt nicht mehr als rein konsequentialistische bzw. utilitaristische gelten kann. Bewusst außer Betracht gelassen werden mit dieser Weichenstellung abweichende Definitionsvorschläge,[61] die sich in der philosophischen Debatte de facto als nicht zufriedenstellend erwiesen haben. Das gilt insbesondere für Auffassungen, die das deontologische Moralurteil allein – „aktdeontologisch" – auf spezifische Handlungsweisen in jeweils bestimmten Handlungssituationen beziehen wollen und damit im Verhältnis zu einer konsequentialistischen Moralbegründung als „These verschiedener Kategorie" auffassen.[62] Auch Unterscheidungskriterien anderer Art wie ein besonderer „Akteurs-Bezug" der moralischen Verpflichtung[63] oder ein „Vorrang des Rechten vor dem Guten"[64] dürften zwar regelhaft einer deontologischen Morallehre inhärent sein, treffen jedoch nicht den letztend-

58 BGH NJW 1953, 513 (514).

59 *Spaemann*, Moralische Grundbegriffe (Fn. 25), S. 72.

60 Siehe o. bei Fn. 49.

61 Überblick wie auch nähere Problemerörterung bei *Werner*, in: Wils/Hübenthal (Hrsg.): Lexikon der Ethik, 2006, S. 40 ff.; siehe auch *Düsing* (Fn. 32), S. 10 ff.; *von Kutschera*, Grundlagen der Ethik, 2. Aufl. 1999, S. 1 ff.

62 So insbes. *Sun Hsiao-Chih*, Heiligt die gute Absicht ein schlechtes Mittel? Die Kontroverse über Teleologie und Deontologie in der Moralbegründung unter besonderer Berücksichtigung von Josef Fuchs und Robert Spaemann, 1994, S. 270, mit der folgerichtigen Konsequenz, dass „sich Teleologie und Deontologie gegenseitig logisch nicht unbedingt ausschließen" (sollen).

63 *Werner* (Fn. 61).

64 Vgl. *Rawls* (Fn. 39), S. 48: eine Theorie, „die entweder das Gute nicht unabhängig vom Rechten oder das Rechte nicht als Maximierung des Guten bestimmt"; s. a. *Schnüriger*, in: Holderegger/Wolbert (Hrsg.), Deontologie – Teleologie. Normtheoretische Grundlagen in der Diskussion, 2003, S. 193 ff.: „Rechte-basierter Ansatz".

lichen Grund, der die „Absolutheit" des insofern kategorisch Gesollten („to deon" = „das, was sein muss") zu begründen vermag.[65]

An dieser Stelle hilft die denklogische Überlegung weiter, dass die tradierte (und naheliegende) Auffassung vom kontradiktorischen Gegensatz zwischen deontologischer und utilitaristischer Morallehre, will man diesen in der jeweiligen (Ir-)Relevanz von Handlungskonsequenzen sehen, keineswegs nur zwei Extremformen ermöglicht. Vielmehr folgt, wenn man die utilitaristische Position von der ausschließlichen Richtigkeit einer Handlung (oder Handlungsmaxime) nach Maßgabe ihrer (Gesamt-)Folgen ablehnt, nicht automatisch, dass es nur Handlungen (bzw. Handlungsmaximen) gibt, deren Richtigkeit sich ausschließlich folgenunabhängig erweist. Wie der Göttinger Philosoph Jörg Schroth näher ausbuchstabiert hat, zeigt sich denklogisch ohne Weiteres noch die dritte Option, wonach „die Richtigkeit von Handlungen [bzw. Handlungsmaximen, *Zusatz G.D.*] *nicht nur, aber auch* von ihren Konsequenzen abhängt"[66]. Wenn also in Abwandlung eines Fallbeispiels bei Franz von Kutschera[67] anlässlich eines Grubenunglücks 100 wertvolle Presslufthämmer nur dadurch wiedererlangt werden könnten, dass durch Ableiten des Wassers ein verschütteter Bergarbeiter zu Tode kommt, so wäre diese potentielle Folge natürlich auch für eine deontologische Begründung des Verbotenseins ausschlaggebend (Tötungsverbot!). Aber selbst wenn man anerkennen will, dass bestimmte Handlungen strikt folgenunabhängig bewertet werden können (müssen), zwingt dies keineswegs dazu, solches für alle gleichermaßen anzuerkennen, ohne dass sich der „deontologische Einschlag" innerhalb der Morallehre im Ganzen verflüchtigt. Man muss dann nur mehr eine überzeugende Begründung dafür liefern, warum das postulierte Kriterium lediglich für einen bestimmten Ausschnitt von Handlungen Geltung beanspruchen soll (kann). Für die begriffliche Kennzeichnung des Deontologismus folgt hieraus, dass es genügt, wenn „in deontologischen Theorien [überhaupt etwas] moralisch relevant ist und die Richtigkeit von Handlungen mitbestimmt, das in konsequentialistischen Theorien nicht relevant ist"[68] – so etwa im Fall der „Sterbehilfe": Für einen Konsequentialisten gibt es bei gleicher Handlungsfolge keinen moralisch relevanten Unterschied zwischen aktiver (verlangter) Tötung und (verlangtem) Sterbenlassen („passive Sterbehilfe"), während eine deontologische Moraltheorie im divergierenden Handlungstypus durchaus einen wesentlichen Unterschied auszumachen vermag.[69]

Dies gilt insbesondere auch für die Spaemannsche Morallehre, die mit großem Recht nicht müde wird zu betonen, dass die Zuschreibung von moralischer (gleiches gilt für die rechtliche) „Verantwortung" nur so lange sinnhaft sein kann, wie es sich um eine (durch

65 Damit wird zugleich abgesehen von jenen Lehren, die trotz ihres (vermeintlich) deontologischen Charakters nur Prima-facie-Verpflichtungen anerkennen und daher – nach „Abwägung" – Ausnahmen zulassen.

66 *Schroth*, Zeitschrift für philosophische Forschung 63 (2009), 55 (57) [Hervorhebung *G.D.*].

67 *von Kutschera*, Grundlagen der Ethik (Fn. 61), S. 82 ff., dort allerdings mit der irrigen Annahme, dass – für den originalen Ausgangsfall einer Lebensrettung von 100 verschütteten Bergleuten – „auch der rigideste Deontologe in diesem Fall [...] das Leben von 100 Leuten [für] wichtiger [befinden wird] als das Leben dieses einen" – hiergegen zutr. *Schroth*, ZpF 63 (2009), 55 (61), wonach sich der „Absolutismus ... nicht auf die ... Güterabwägung einlassen würde".

68 Insoweit zutr. *Schroth*, ZpF 63 (2009), 55 (71), der im Übrigen aber– anders als hier – auch das Unbedingte als Begriffsmerkmal deontologisch begründeter Pflichten bestreitet („absolutistisches Missverständnis der Deontologie").

69 *Schroth*, ZpF 63 (2009), 55 (71).

die eigene „Zuständigkeit“ kraft Beherrschung des Tatgeschehens) limitierte handelt: nur dann „ist sie konkret, bestimmt und nicht beliebig manipulierbar“[70]. Die utilitaristische Position provoziert hingegen einen fortwährenden statu impossibilitätis, weil sie zwischen den Handlungsmodi des aktiven (unmittelbaren) Bewirkens und des Unterlassens keinen prinzipiellen Wertunterschied anerkennt und deshalb – in der zugespitzten Wendung bei Konrad Ott – die versäumte Rettung verhungernder Menschen auf unserem Globus eigentlich als Treiben von „Massenmördern“ begreifen müsste.[71] Eben hieraus befreit eine deontologische Position, die Handlungspflichten nur in bestimmten Kontexten und unter zusätzlichen Bedingungen – mithin niemals als unbedingte – anerkennt, von denen zu den unbestreitbaren die Möglichkeit des Eingreifens und Abwendens zählt („ultra posse nemo obligatur“). Zusätzlich zur faktischen muss hierbei aber aus Gründen der Widerspruchsfreiheit auch die normative Handlungsmöglichkeit zwingend Beachtung finden, denn es kann eine Moralordnung nichts zu tun verlangen, was sie zugleich untersagt. Wenn sich also beispielsweise eine Normenordnung – wie die große Mehrheit der Rechtsordnungen weltweit – einem strikten Folterverbot verpflichtet sieht (Anti-Folterkonvention der Vereinten Nationen v. 26. 6. 1987,[72] Art. 7 IPbpR, Art. 4 der EU-Grundrechte-Charta, Art. 3 EMRK, Art. 1 Abs. 1, Art. 104 Abs. 1 S. 2 GG, § 136a StPO), dann kann es hiervon keine gebilligten Ausnahmefälle (übrigens auch nicht zugunsten der nicht minder rechtsunterworfenen Privatpersonen)[73] geben, weil das fremde verbrecherische Tun eine eigene Verantwortung nur dann begründet, wenn es nicht nur (prognostisch) verhindert werden kann, sondern in der eigenen normativen Position kraft eigener Interventionsbefugnis überhaupt verhindert werden darf. Oder in den Worten Spaemanns: „Niemand hat die Verantwortung für etwas, das ohne sein Zutun geschieht und das er nur verhindern könnte, wenn er etwas täte, das zu tun dem Menschen nicht zusteht; […] die Handlung der Ärzte [im NS-Euthanasiefall][74], jemanden auf die Tötungsliste zu setzen, betraf unmittelbar die zu Tötenden: Darum war sie unverantwortlich, auch wenn sie die Bedingung dafür war, dass andere gerettet werden konnten“[75].

Damit zeigt sich zum einen, dass der Handlungsbegriff Spaemanns analytisch betrachtet maßgeblich (ergänzend zur Intentionalität)[76] durch die Kausalität des Geschehens be-

---

70 *Spaemann*, Moralische Grundbegriffe (Fn. 25), S. 70; siehe auch *ders.*, Grenzen (Fn. 11), S. 223: „zerstört den Begriff sittlicher Verantwortung durch Überdehnung“; weiterhin *Nida-Rümelin* (Fn. 29), S. 63, 87: „überbordende Verantwortlichkeit“.

71 *Ott*, Moralbegründungen (Fn. 28), S. 113.

72 https://treaties.un.org/Pages/ViewDetails.aspx?src=TREATY&mtdsg_no=IV-9&chapter=4&clang=_en.

73 Zu dieser umstrittenen Fragestellung statt vieler nur *Duttge*, in: Dölling/Duttge/König/Rössner (Hrsg.), Gesamtes Strafrecht. Handkommentar, 4. Aufl. 2017, § 32 Rn. 32 (m. w. N.): Die Anwendung von Folter ist strikt verboten und kann infolgedessen nicht – auch nicht ausnahmsweise – im Kontext des § 32 StGB „geboten“ sein.

74 Oben bei Fn. 57 f.

75 *Spaemann*, Grenzen (Fn. 11), S. 392 und 393 f.; siehe auch *ders.*, Moralische Grundbegriffe (Fn. 25), S. 70: „Schuldhafte Unterlassung ist die Unterlassung von etwas, was ich hätte tun müssen“.

76 Vgl. *Spaemann*, Glück und Wohlwollen. Versuch über Ethik, 4. Aufl. 1998, S. 186: „bewusste und willentliche Realisierung einer Absicht“; siehe auch *ders.*, Grenzen (Fn. 11), S. 61: „Wo es nur einen Strom des Geschehens gibt, da ist es immer die Willkür, wenn wir an irgendeiner Stelle einen Einschnitt machen und Ursachen von Wirkungen trennen“, und S. 63: „Es handelt sich stets um einen intentionalen Bedeutungsgehalt teleologischer Art“.

stimmt ist.[77] Geradezu Klassikerstatus kommt der Formulierung zu: „Nur wenn die Schnittstellen der Ereignisketten zugleich Schaltstellen sind, deren Schaltung nicht nur passives Resultat des auf sie einwirkenden Kräfteparallelogramms ist, nur dann können sie als Ursachen dessen betrachtet werden, was folgt, und nur dann können Handelnde für diese Folgen Verantwortung besitzen“[78]. Aristoteles würde nach der archê „im Handelnden“ fragen,[79] die moderne (straf-)rechtliche Zurechnungslehre nach der sog. „Tatherrschaft“[80]. Dies schafft erst die Möglichkeit, einen Begriff des Unterlassens zu gewinnen, der nicht „ins Unendliche ausgeweitet“[81] ist. Zum zweiten ist der Spaemannsche Deontologismus aber in der Tat – was nicht zwingend erforderlich wäre – durch einen „Absolutismus“ (s. o.) insofern geprägt, als er die Existenz von Handlungen postuliert, „für die aller menschlichen Erfahrung nach kein Fall denkbar ist, in welchem dieses Verhalten als sittlich gerechtfertigt erscheinen könnte“[82]. Diese sehr grundsätzliche – und entschiedene – Anerkennung der Kategorie „in sich schlechter Handlungen“ (*intrinsece malum*), „deren moralische Verwerflichkeit [...] ohne Ansehung des Kontextes von außen beurteilbar ist“[83], begründet freilich lediglich einen „moderaten Absolutismus“[84], und zwar in zweifacher Weise: Erstens gilt das von möglichen Handlungsfolgen gekappte Werturteil nur für eine bestimmte Auswahl von Handlungen (eines bestimmten Typus)[85], nicht etwa für sämtliche Ver- oder Gebote – wohingegen ansonsten das Prinzip der „Güterabwägung“ fortbesteht. Insofern zeigt sich hier eine gewisse Nähe zur Idee einer „zweistufigen Moraltheorie“[86] – allerdings einer solchen eigener Art, in welcher der „deontologische Einschlag“ einer Folgenbewertung nicht unter-, sondern als vorrangiger Wertmaßstab übergeordnet ist. Zweitens ist das unbedingte Werturteil innerhalb dieses Kreises von Handlungen (bzw. Handlungstypen) nur mehr auf die eine Seite ihrer sittlichen Verwerflichkeit bezogen und daher auf einen Ausschluss des „moralisch Unmöglichen“[87] beschränkt. Eine „gute“ Handlung lässt sich hingegen nur kontextabhängig und gerade nicht „immer und überall“, d. h. allenfalls im Sinne eines vorläufigen „Prima-facie-Urteils“ als solche bewerten. Spaemann spricht von einer „merkwürdigen Asymmetrie“ und verweist zustimmend auf den scholastischen

77 Zur neueren Debatte zwischen „Kausalismus“ und „Teleologie“ näher *Horn*, in: Bormann (Hrsg.), Lebensbeendende Handlungen. Ethik, Medizin und Recht zur Grenze von „Töten“ und „Sterbenlassen“, 2017, S. 171 ff.; zur „kausalen Differenz von Töten und Sterbenlassen“ s. eingehend *Bormann*, in: ebd., S. 249 ff.

78 *Spaemann*, Grenzen (Fn. 11), S. 49.

79 Vgl. *Brüllmann*, in: Bormann (Fn. 77), S. 21, 29 und 37.

80 Klassisch: *Roxin*, Täterschaft und Tatherrschaft, 10. Aufl. 2019.

81 *Spaemann*, Grenzen (Fn. 11), S. 61.

82 *Spaemann*, Grenzen (Fn. 11), S. 245 unter (insofern) zustimmendem Verweis auf *Furger*, Herder-Korrespondenz 36 (1982), 603 (605).

83 *Spaemann*, Grenzen (Fn 11), S. 54.

84 *Schroth*, Zeitschrift für philosophische Forschung 63 (2009), 55 (62).

85 Vgl. *Spaemann*, Grenzen (Fn. 11), S. 49: Handlungen als „individuelle Entitäten eines bestimmten Typus“.

86 *Wolf*, in: Mastronardi (Hrsg.), Das Recht im Spannungsfeld utilitaristischer und deontologischer Ethik, ARSP-Beiheft Nr. 94, 2004, S. 41 (49 ff.).

87 *Spaemann*, Grenzen (Fn. 11), S. 237.

Satz des Aquinus: Das moralisch Schlechte kann durch einen einzigen Mangel begründet sein, das moralisch Gute erwächst hingegen nur aus der Fülle.[88]

IV. Maßstab des „schlechthin Verbotenen"

Anhand welchen normativen Maßstabs könnte aber im vorstehenden Sinne eine dadurch (negativ) ausgezeichnete Kategorie von Handlungstypen einer konsequentialistischen „Güterabwägung" von vornherein entzogen sein? Die moralische Disqualifikation resultiert aus dem Umstand, dass sich der menschliche Wille etwas anmaßt, wozu „ein Mensch zu tun nicht imstande sein soll", weil er sich durch Überschreiten seines Handlungsspielraums als „moralisches Subjekt" per saldo selbst „als sittliche Person in der sinnlichen Erscheinungswelt zum Verschwinden bring[t]"[89]. Normentheoretisch liegt dabei auf der Hand: Das kategorische Verbot müsste „im Dienste des Schutzes von Gütern [oder allgemeiner: von Wertbelangen, *Zusatz G.D.*] stehen, deren einzigartige Ranghöhe die Möglichkeit einer Unterordnung unter vermeintlich höhere Güter [per se, d. h. in sämtlichen aller denkbaren Fallgestaltungen, *Zusatz G.D.*] ausschließt"[90]. Der sich damit aufdrängende Rekurs auf die Fundamentalkategorie der Menschenwürde bildet auch die Antwort Spaemanns, der zur näheren Kennzeichnung des verbotenen Bereiches auf den Instrumentalisierungsgedanken der Kantischen Zweck-Mittel-Formel verweist.[91] Bekanntlich sind dieser aber erhebliche Unschärfen immanent,[92] wenn es gilt, möglichst trennscharf diejenigen „unheiligen Mittel" zu markieren, die nicht nur für sich selbst verwerflich sind, sondern die zugleich den angestrebten „guten" Zweck selbst „vergiften"[93]. Obgleich Spaemann betont, dass der Bereich des „Unverfügbaren" minimalistisch im Sinne eines „letzten, unhintergehbaren Residuums des Selbstseins"[94] verstanden werden muss, gibt er doch eine ganze Reihe von Anwendungsbeispielen aus zentralen Lebensfeldern des Menschen, „in denen sich die Personalität [des Menschen, *G.D.*] unmittelbar ausdrückt und zu denen sie sich deshalb nicht rein instrumentell verhalten kann, ohne die eigene oder die Würde anderer zu verletzen"[95]. Nicht immer scheint dabei der Versuchung widerstanden, aufgrund von genuin theologischen Vorbehalten bemakelte gesellschaftliche und (medizin-)technische Veränderungen (wie z. B. die moderne Reproduktionsmedizin,[96] „Sexualmoral", „künstliche Lebensverlängerung") durchschlagskräftig zu „Negationen des Personseins" überhaupt[97] zu erklären. Von schlagender Überzeugungskraft ist hingegen die Begründung Spaemanns

---

88 Vgl. *Spaemann*, Grenzen (Fn. 11), S. 232: „bonum ex integra causa, malum ex aliquo defectu".

89 *Spaemann*, Grenzen (Fn. 11), S. 211 und 393.

90 *Bormann*, Natur als Horizont sittlicher Praxis. Zur handlungstheoretischen Interpretation der Lehre vom natürlichen Sittengesetz bei Thomas von Aquin, 1999, S. 110.

91 Z. B. *Spaemann*, Grenzen (Fn. 11), S. 231 und Moralische Grundbegriffe (Fn. 25), S. 71.

92 Dazu näher *Hilgendorf*, Paeffgen-FS 2011, S. 1653 ff.; siehe auch *Birnbacher*, in: Brudermüller/Seelmann (Hrsg.), Menschenwürde. Begründung, Konturen, Geschichte, 2008, S. 9 ff.

93 *Wolf* (Fn. 86), S. 52.

94 Vgl. *Spaemann*, Grenzen (Fn. 11), S. 107 ff., insbes. S. 117.

95 *Spaemann*, Grenzen (Fn. 11), S. 232: „das organische Leben, die Sprache und die Sexualität".

96 Vgl. *Spaemann*, Grenzen (Fn. 11), S. 119: „Retortenproduktion".

97 *Spaemann*, Moralische Grundbegriffe (Fn. 25), S. 71.

zum schlechthinnigen Verbotensein jedweder Folter: Diese fügt dem Anderen nicht nur körperliche und seelische Qualen zu, sondern „zerbricht ihn als Freiheitssubjekt“[98].

Die sattsam bekannten fundamentalen Begründungs- und Konkretisierungsprobleme im Kontext des Menschenwürdebegriffs haben im vergangenen Jahrzehnt eine ausgedehnte und die Sachfragen in kaum noch überschaubarem Maße differenzierende rechts- und moralphilosophische Debatte entfacht, die hier nicht einmal ansatzweise nachgezeichnet werden kann. Das zentrale Motiv war und ist dabei nicht allein das fortwährende Streben nach Erkenntnis, sondern wird zugleich durch die Frage gespeist, ob jenseits der tradierten Anwendungsfelder (Sklaverei, Folter, Todesstrafe) insbesondere im Kontext der modernen Biomedizin und künftiger Humantechnologien auch noch weitere, neue zu finden sind („Kandidaten“: Keimbahntherapie, Klonen, Hybride und Chimären, Leihmutterschaft, Neuromodulation, Mensch-Maschine-Systeme u. a.m.).[99] Aus der Perspektive des Verfassungsrechts liegt es nahe, die Menschenwürdegarantie als Basis der Menschenrechte aufzufassen (vgl. Art. 1 Abs. 2 GG: „darum“) – Spaemann spricht in ähnlichem Sinne von einer „Begründung für Menschenrechte überhaupt“[100], was impliziert, dass diese „Bürgschaft“[101] für jedermann mehr als bloß inhaltsleerer „Wortkram“[102] sein muss. Erhöhte Plausibilität kommt daher der Grundidee zu, dass die Verletzungsdimension der Fundamentalnorm aus Art. 1 Abs. 1 GG immer erst dann in Frage steht, wenn nicht nur einzelne Dimensionen menschenrechtlicher Grundfreiheiten tangiert sind, sondern der Zugriff auf das einzelne Subjekt die Ausmaße einer „totalen Inanspruchnahme“ nach Maßgabe kollektiver Nützlichkeit[103] annimmt. Die (nach h. M.) als „absolut“[104] und „unverfügbar“[105] postulierte Sphäre der „Unantastbarkeit“, nicht nur im Rahmen der geltenden Rechtsordnung, sondern gleichsam in die „Ewigkeit“ verlängert (Art. 79 Abs. 3 GG), lässt sich dabei mit Hans Joas durchaus als Resultat eines Prozesses der „Sakralisierung“[106] auffassen – freilich nicht etwa in einem notwendig religiösen Sinne, sondern in Abhebung von der Sphäre des (irdisch-nützlichen) „Profanen“.

98 *Spaemann*, Grenzen (Fn. 11), S. 236 – bemerkenswerterweise urteilt *Spaemann* für Drohungen anders (Moralische Grundbegriffe [Fn. 25], S. 71).

99 Siehe dazu im Überblick die einschlägigen Kapitel im Handbuch von *Joerden/Hilgendorf/Thiele* zu „Menschenwürde und Medizin“, 2013.

100 *Spaemann*, Grenzen (Fn. 11), S. 109: „ursprünglicher als das, was durch Menschenrecht bezeichnet wird“.

101 *Lohmann*, Zeitschrift für Menschenrechte 2020, 46 ff.

102 *Schopenhauer*, Über die vierfache Wurzel des Satzes vom Grunde, § 34, in: v. Löhneysen (Hrsg.), Sämtliche Werke, 1962, Bd. III, S. 138 f.

103 Treffend *Hilgendorf*, in: Brugger (Fn. 30), S. 268: „hedonistisches Kalkül ist prinzipiell schrankenlos“ (am Beispiel einer „Zwangsorganspende“).

104 Was „in aller Beziehung (uneingeschränkt) gültig ist“ (*Kant*, Kritik der reinen Vernunft, in: Weischedel [Hrsg.], Werkausgabe, 2. Aufl. 1978, Bd. III, S. 329 f.).

105 Siehe *Pieper*, in: Herms (Hrsg.), Menschenbild und Menschenwürde, 2001, S. 19 f.: „angeboren“, „unteilbar“, „unveräußerlich“, „unverrechenbar“, „unverlierbar“, „unabgeleitet“ und „unantastbar“.

106 *Joas*, Die Sakralität der Person. Eine neue Genealogie der Menschenrechte, 2011; auch *Spaemann* verwendet den Begriff des „Sakralen“, allerdings wohl eher im religiösen Sinne: Grenzen (Fn. 11), S. 113.

Der Versuch einer rahmenartigen Skizzierung jener „Minima des Humanum“[107] muss seinen Ausgang im originären Sach- und Legitimationsgrund einer solchen vorrechtlichen (metaphysischen) Zuschreibung von „Würde“ nehmen. Die leitende Maxime ist dabei die Anerkennung eines intrinsischen „Wertes an sich“, der nicht vom utilitaristischen Kalkül *vollständig* überspült werden darf: „Wirklich aufgeklärt“ – so treffend Enskat – ist eine am Prinzip der Menschenwürde orientierte Gemeinschaft „erst dann, wenn sie gelernt hat, Nützlichkeitserwägungen mit Hilfe der Autonomie und im Lichte der [...] Solidaritätsverpflichtungen in humanen Grenzen zu hegen“[108]. Dabei ist aber zugleich die Sorge vor der vielzitierten „Tyrannei der Werte“ ernstzunehmen: dass nämlich der Menschenwürde ein perfektionistisches Konzept des (objektiv) „idealen/guten Lebens“ implementiert werden könnte, aus dem sich dann nahtlos als normativ-zwingend ausgewiesene Vorgaben für individuelle Lebensentwürfe wie für das politische Gemeinwesen insgesamt deduzieren lassen. Damit die Menschenwürde auf diese Weise nicht zu einem bloßen „Durchgangserhitzer für beliebige moralische Wertungen“[109] verkommt, muss sie auf den – weithin unstreitigen – formalen Kern ihrer Begrifflichkeit beschränkt bleiben. Dazu zählt ihr/e[110]

- *Egalitarismus:* Sie kommt inkludierend jedem „Menschen“ allein aufgrund seiner Zugehörigkeit zur Gattung homo sapiens unabhängig von seinen jeweils individuellen Eigenschaften, Fähigkeiten oder Leistungen zu.
- *Qualität als inhärente Tatsache:* Sie ist dem Menschen als Menschen „angeboren“, ein ihm eigener intrinsischer Wert, unabhängig von jedwedem Akt gesellschaftlicher oder zivilbürgerlicher Anerkennung.
- *Überpositivität:* Sie ist unabhängig von den rechtlich oder politisch motivierten Fortentwicklungen einer konkreten Rechtsordnung und deren Satzungen hier und jetzt normativ „gegeben“ (Art. 79 Abs. 3 GG).
- *Nichtabstufbarkeit:* Sie ist dem Menschen als Ganzes zugeschrieben, kennt also keine Gradualisierbarkeit, kein „Mehr“ oder „Weniger“.
- *Unverlierbarkeit:* Sie kann dem Menschen unabhängig von seinen Taten und den Forderungen einer konkreten Rechtsgemeinschaft nicht aberkannt und von diesem auch nicht „verwirkt“ oder aufgegeben („veräußert“) werden.
- *emanzipativer Charakter:* Sie bildet die Quelle für zentrale, im Einzelnen freilich kontingente und je nach gesamtgesellschaftlicher Lage variierbare Grund- und Menschenrechte, denen jedoch in toto der geschuldete Mindestrespekt gegenüber dem menschlichen Individuum (als „Person“) und dessen individuellen Lebensentwürfen immanent ist. Hieran fehlt es immer dann, wenn die fundamentale Eigen- und damit Gleichwer-

107 *Duttge/Löwe*, Jahrbuch für Recht und Ethik 14 (2006), S. 351 (380); siehe auch *Ricot*, in: Putallaz/Schumacher (Hrsg.), Der Mensch und die Person, 2008, S. 27 (30): „Prinzip der Menschlichkeit“.

108 *Enskat*, in: Baumgarten/Held (Hrsg.), Systematische Ethik mit Kant, 2001, S. 82 (123).

109 *Birnbacher*, in: Hilgendorf (Hrsg.), Menschenwürde und Demütigung, 2013, S. 63 (64).

110 Zum Folgenden bereits *Duttge*, in: Demko/Seelmann/Becchi (Hrsg.), Würde und Autonomie, ARSP-Beiheft Nr. 142, 2015, S. 145 (151 f.); zuvor *Birnbacher*, in: Joerden/Hilgendorf/Petrillo/Thiele (Hrsg.), Menschenwürde und moderne Medizintechnik, 2011, S. 45 f.; *Pieper* (Fn. 105), S. 19 f.

tigkeit des Einzelnen (oder vieler Einzelner) „von Grund auf negiert“ und damit normativ[111] aberkannt wird.

Welche Folgerungen lassen sich daraus nun für die eingangs benannten Grenz- und Konfliktszenarien ziehen? Im Ausgangspunkt ist evident, dass sich eine konkrete (rechts- und medizin-)ethische Positionierung nicht einfach im Wege der streng logischen Deduktion aus einer vorgelagerten Moraltheorie – noch dazu mit dem Anspruch auf absolute oder gar letztbegründete „Richtigkeit“ – gewinnen lässt.[112] Die beweglichen kulturellen Präferenzen innerhalb einer Gesellschaft, die erheblichen Bewertungsspielräume in Bezug auf die jeweiligen werthaften Entitäten wie vor allem die zwischen ihnen bestehenden Relationen, und der stets offene, sich im Diskurs weiter öffnende Raum für die Entdeckung neuer „guter Gründe“[113] lassen die Vorstellung von „eindeutigen“ (oder gar „letztgültigen“) Grenzziehungen utopisch erscheinen – auch wenn es um die besonders folgenrelevante Aufgabe geht, im Rahmen einer bewertenden Gesamtwürdigung das „schlechthin Verbotene“ auszumachen. Daher besteht Anlass zur Bescheidenheit, ohne dass damit zwangsläufig Beliebigkeit die Folge wäre. Im Gegenteil gibt es durchaus einen weithin konsentierten Kern dessen, was den deontologischen Vorbehalt gegen eine utilitaristische Moraltheorie motiviert: „In einer Gesellschaft aus […] Konsequentialisten wäre niemand davor sicher, als Mittel zur Rettung anderer oder auch nur zur Verbesserung ihrer Lebensqualität geopfert oder ausgebeutet zu werden“[114]. Die effektive („absolute“) Abwehr jedweder „Verdinglichung“, d. h. einer vollständigen Missachtung des Anderen in dessen existentiellen Eigenwertigkeit (nicht mehr auf Basis seiner unverlierbaren „Würde“, sondern bloß noch nach Maßgabe eines ihm zuerkannten „Preises“), bildet daher den gedanklichen Nucleus einer moral- wie rechtstheoretischen Begrenzung des Nützlichkeitskalküls.

Von hier aus erklären sich die prinzipiellen Vorbehalte einer Quantifizierung von menschlichen Existenzen nicht nur im Trolly- und Flugzeugabschuss-Szenario,[115] sondern ebenso im Rahmen der aktuell diskutierten „Triage“-Problematik: Die unvermeidliche Priorisierung zu Lasten der konkurrierenden existentiellen Ansprüche anderer Personen kann sich bei Beachtung der fundamentalen Gleichrangigkeit aller Moral-/Rechtssubjekte nur am Maß der individuellen Bedürftigkeit[116] (bei prognostischer Mindest-Sinnhaftigkeit, d. h. auf Basis einer ärztlichen Indikation[117]) und nicht nach einem kollektivistischen Gesamtnutzen („so viele Menschen wie möglich“) ausrichten. Seit Taureks einflussreichem Aufsatz „Should the Numbers Count“[118] liegt jedoch offen zutage, dass die auf ein quan-

---

111 Wie hier auch *Schaber*, in: Hilgendorf (Fn. 109), S. 60: Würde als „normative Autorität von Personen über sich selbst“.

112 *Tugendhat* bezeichnete es bekanntlich als „grundlegenden Fehler“ der modernen Ethik, dass sie annehme, es gäbe „nur entweder eine schlichte (absolute) Begründung [der Moral] oder keine“ (Vorlesungen über Ethik, 1999, S. 25).

113 Zur „Vielfalt guter Gründe“ siehe statt vieler *Nida-Rümelin*, Protosoziologie 1994, 95 ff.

114 *Wolf* (Fn. 86), S. 52.

115 Siehe o. im Text bei Fn. 1 ff.

116 Näher zu einem „bedürfnissensiblen Egalitarismus“ *Gutmann*, in: Schöne-Seifert/Buyx/Ach (Hrsg.), Gerecht behandelt? Rationierung und Priorisierung im Gesundheitswesen, 2006, S. 31 (35 ff.).

117 Zur Komplexität des Indikationsbegriffs eingehend die gleichnamige Schrift von *Urban Wiesing*, 2017.

118 In: Philosophy and Public Affairs 6 (1977), 293 ff.

titatives „Mehr“ abhebende Richtigkeitsvorstellung einen über Personengrenzen hinweg aggregierenden Zustand des „allgemein Guten“ postulieren muss, der damit aber zugleich die fundamentale Eigenwertigkeit der Individualrechte und damit letztlich den Subjektstatus eines jeden Einzelnen (mehr oder minder weitreichend, bis hin zur Preisgabe existentieller Bedürfnisse[119]) untergräbt. Weyma Lübbe hat darüber hinaus zutreffend angemerkt, dass eine freiheits- und menschenwürdefundierte Rechtsordnung in existentiellen Notlagen nicht etwa eine die eigene Existenz preisgebende „Solidarität“, sondern gerade umgekehrt die lebensrettende Hilfe erwartet (vgl. §§ 13, 323c StGB).[120] Soweit hiergegen neuerdings – zugunsten einer Strategie der „Hybridisierung“ des Werturteils (gemeint: kompromisshafte Akzentuierung auch kollektivistischer „Welfare“-Aspekte) – eingewandt wird, dass normenbasierte Werturteile besser „personenunabhängig“ fundiert werden sollten,[121] unterliegt dieser Einwand einem Kategorienfehler: Auch ein „objektives“ Werturteil auf Basis einer „objektiven“ Normenordnung kann in tragischen Dilemma-Situationen das (gleichrangige) Existenzinteresse des bedürftigsten und vulnerabelsten Subjekts als vorrangig ausweisen gegenüber dem Allgemeininteresse an einer möglichst kleinen Zahl von „Opfern“. Dass von hier aus „keinerlei theoretische Ressource“ mehr zu gewinnen ist, „um unbegrenzt große Wohlergehensopfer zuverlässig zu verhindern“[122] (wie z. B. im „ticking-bomb“-Szenario), ist zutreffend, belegt aber nur eindrucksvoll die anmaßende Allmachtsphantasie des modernen Menschen, die Spaemann unmissverständlich wie folgt getadelt hat: „Eine atheistische Zivilisation neigt schon deshalb zum totalen Konsequentialismus in der Moral, weil dort, wo Gott nicht als Herr der Geschichte verstanden wird, Menschen versucht sind, die Totalverantwortung für das, was geschieht, zu übernehmen und so die Differenz zwischen Moral und Geschichtsphilosophie aufzuheben“[123].

Von hier aus liegt auch die Bewertung für placebokontrollierte Arzneimittelstudien nahe: Gewiss ist der Erkenntnisgewinn über neuartige Wirkstoffe ein gewichtiger Belang der Gemeinschaft zugunsten einer bestmöglichen Gesundheitsversorgung („Public Health“); doch im Umgang mit Erkrankten gibt es, noch dazu angesichts der besonderen ärztlichen Berufsrolle, keinen legitimen Weg, die notwendige medizinische Versorgung zugunsten des (erhofften) „medizinischen Fortschritts“ hintanzustellen. Dies limitiert den Handlungsspielraum bei Vermeidung des utilitaristischen Paradigmas auf sog. add-on-Studien[124] sowie solchen, in denen es von vornherein keine annähernd wirksame (Standard-)Therapie gibt. Mit Recht urteilt auch Spaemann, dass ein Arzt „gar nicht das Recht [habe], diese Verantwortung [gegenüber *seinem* Patienten] zugunsten einer fiktiven Verantwortung für die Heilung einer unbekannten Anzahl potentieller künftiger Kranker [...] zurückzustellen“[125].

---

119 Wichtiger Einwurf von *Fateh-Moghadam/Gutmann* (Gleichheit vor der Triage, https://verfassungsblog.de/gleichheit-vor-der-triage/): Für den Einzelnen geht es „um Alles“!

120 *Lübbe*, MedR 2020, 434 (436); zuvor bereits eingehend *dies.*, Ethik in der Medizin 2001, 148 (155 ff.).

121 *Dufner/Schöne-Seifert*, Zeitschrift für Praktische Philosophie 2019, 15 ff. (38).

122 *Dufner/Schöne-Seifert* (Fn. 121).

123 *Spaemann*, Grenzen (Fn. 11), S. 237.

124 Gemeint: Placebo nur zusätzlich zur Standardmedikation, siehe z. B. *Friske* (Fn. 22), S. 16 (m. w. N.).

125 *Spaemann*, Grenzen (Fn. 11), S. 224; ausführlich zur „Herausforderung des ärztlichen Berufsethos durch die medizinische Wissenschaft“ *ders.*, Grenzen (Fn. 11), S. 336 ff. (342): Unterord-

Soweit die vorherrschenden medizinethischen Wegweisungen kompromisshaft die Grenze dort ziehen wollen, wo eine Unterversorgung keinen „ernstlichen und irreversiblen Schaden"[126] bzw. keine „unannehmbaren [?] Risiken"[127] bewirkt, verharren sie innerhalb des utilitaristischen Kalküls und verweigern damit die Anerkennung einer letzten Grenze zum Schutz der jeweils betroffenen Studienteilnehmer. Gleiches gilt für den neueren Versuch einer (versteckten) Öffnung des bisherigen Verbots einer fremdnützigen Forschung an Nichteinwilligungsfähigen mit § 40b Abs. 4 AMG[128] im Nachgang zur Verordnung (EU) Nr. 536/2014[129]: „Wo sich [...] Personen ohnmächtig dazu benutzt sehen müssen, unter (sicherer oder doch jedenfalls absehbarer) Inkaufnahme von substantiellen Opfern fremden bzw. Gemeinschaftsinteressen dienlich zu sein, verschwindet ihre Einzigartigkeit im verabsolutierten Zugriffsinteresse und würdigt sie zum bloß duldenden Adressaten einer autoritativen ‚Platzzuweisung' herab"[130]. Daran kann die vom deutschen Gesetzgeber zur Gewissensberuhigung konstruierte Begrenzung auf Konstellationen einer „selbstbestimmten" Teilnahme (vermittelt durch antizipierte Zustimmungserklärungen, sog. „Forschungsverfügungen")[131] schon deshalb nichts ändern, weil eine vollständige „Zweckentfremdung" des Selbst – gleichsam zugunsten des Status eines „modernen Sklaven" – jenseits der Dispositionsmacht des Einzelnen liegt – von der Freiwilligkeitsproblematik („therapeutic misconception"!)[132] ganz abgesehen.

Jenseits des Tabus einer aktiv-direkten Tötung („Euthanasie") liegen die Fälle der schmerzlindernden Gabe von Medikamenten, die möglicherweise – aber eben nicht sicher – das Leben eines Moribunden zusätzlich verkürzen könnten. Spaemann will in diesem Zusammenhang – unter Anwendung der Lehre von der Doppelwirkung – schon gar nicht von einer „Tötung" sprechen.[133] Jedenfalls kann die Legitimation des Tuns nicht durch eine extern zugeschriebene Bewertung menschlicher „Lebensqualität" gewonnen werden (wie es die im Recht noch immer vorherrschende Lehre aber unter Inanspruchnahme des „rechtfertigenden Notstands" tut), sondern allein durch die Rückführung des Geschehens auf das betroffene Subjekt selbst (im Wege einer tatsächlichen oder – dann allerdings streng zu handhabenden – mutmaßlichen Einwilligung)[134]. Einem anderen zuzurufen: „Du solltest besser nicht mehr sein" wäre in der Tat eine moralische „Ungeheuerlichkeit", letztlich nicht

---

nung des ärztlichen Berufsethos unter dem des Wissenschaftlers ist eine „Korruption des Berufsethos".

126 *Deklaration von Helsinki* (Fn. 22).

127 Art. 23 des Zusatzprotokolls zur biomedizinischen Forschung v. 25. 1. 2005 zur Biomedizinkonvention des Europarates (https://www.coe.int/de/web/conventions/full-list/-/conventions/rms/090000168008371a).

128 Eingefügt durch das 4. AMG-Änderungsgesetz v. 6. 4. 2016 (BGBl. I, 3048).

129 Amtsblatt der Europäischen Union v. 27. 5. 2014, L 158).

130 *Duttge*, Jahrbuch für Recht und Ethik 24 (2016), 223 (232); siehe auch zur Frage der Übertragbarkeit auf zwangsweise Untergebrachte *Duttge/Steuer*, Ethik in der Medizin 2019, 221 ff.

131 Dazu grundlegend die gleichnamige Monographie von *Reimer*, 2017.

132 Grundlegend *Appelbaum/Roth* et al., International Journal of Law and Psychiatry 1982, 319 ff.; siehe auch *Appelbaum/Anatchkova* et al., Clinical Trials 2012, 748 ff.; im Überblick *Fangerau*, in: Duttge/Lenk (Hrsg.), Handbuch Ethik und Recht der Forschung am Menschen, 2014, S. 267 ff.

133 *Spaemann*, Grenzen (Fn. 11), S. 417.

134 Näher zu den rechtsethischen Fragen einer palliativen Sedierung am Lebensende: *Duttge*, in: Freundesgabe für Winrich Langer und Harro Otto, ZfL 2019, 331 ff.

weniger als eine „Zerstörung des humanen Ethos“[135]. Eben dies dürfte auch – wenngleich auf eine ganz andere Weise – bei genetischen Eingriffen in die menschliche Keimbahn (durch Genom Editing mittels der sog. Gen-Schere auf Grundlage der CRISP-Techniken)[136] drohen: Gewiss liegen die utilitaristischen „Chancen“ im Hinblick auf die künftige Vermeidung schwerwiegender Erbkrankheiten[137] auf der Hand. Deshalb sieht etwa der Deutsche Ethikrat eine hohe Begründungspflicht, „die Möglichkeit einer Verhinderung dieser Belastungen“ zu verbieten, „wenn der Einwand der Unsicherheit [scil: in der Anwendung] entfiele“[138] – die nicht zufriedenstellend erfüllt werde. Der Verweis auf eine „natürliche Schöpfung“[139] dürfte in der Tat nur auf Basis genuin theologischer Vorannahmen zum Ziele führen, Variationen des „Versklavungs“-Paradigmas („Herrschaft der Toten über die Lebendigen“[140], „Instrumentalisierung des Beginns“ münde in ein „instrumentelles Dasein“ im Ganzen[141]) erscheinen jedenfalls intuitiv kontrafaktisch, weil nicht ersichtlich ist, warum sich die nachfolgende Generation nicht dennoch „selbstbestimmt“ entfalten, ihre Mitglieder sich als „alleinige Autoren des eigenen Lebens“ verstehen[142] können sollten. Jenseits des Autonomieprinzips liegt der Gedanke mitmenschlicher Solidarität, wie ihn Michael Sandel fruchtbar gemacht hat – und hierin dürfte die menschenwürdefundierte Berechtigung für das prinzipielle Unbehagen liegen: „Wenn uns die genetische Zurichtung gestattete, die Ergebnisse der genetischen Lotterie zu überspielen [...], würden diejenigen am unteren Ende der Gesellschaft nicht mehr als benachteiligt und daher eines Maßes des Ausgleichs würdig betrachtet, sondern schlicht als untauglich...“[143].

V. Ausblick

Was Sandel als erschreckende Vision einer genetischen Perfektionierung beschreibt, lässt sich ganz generell für den modernen Utilitarismus anführen: Hierin zeigt sich „der stärkste Ausdruck unserer Hartnäckigkeit, uns als Lenker der Welt, als Beherrscher unserer

135 *Spaemann*, Grenzen (Fn. 11), S. 437.

136 Zu den naturwissenschaftlichen Grundlagen und technischen Wirkweise im Überblick: *Fateh-Moghadam*, medstra 2017, 146 (147 f.) (m. w. N.).

137 Zu den möglichen Anwendungsszenarien näher *Deutscher Ethikrat*, Stellungnahme (Fn. 15), S. 83 ff.

138 *Deutscher Ethikrat* (Fn. 15), S. 182.

139 Z. B. *Römelt*, in: Bahne/Waldner (Hrsg.), Die Perfektionierung des Menschen?, 2018, S. 214, 248.

140 *Spaemann*, Grenzen (Fn. 11), S. 348; rezipiert von der Enquete-Kommission „Chancen und Risiken der Gentechnologie“, BT-Drucks. 10/6775, S. 188; ähnlich bereits *Jonas*, Technik, Medizin und Ethik. Praxis des Prinzips Verantwortung, 1987, S. 168: „spätere Knechtschaft Lebender gegenüber Toten“.

141 *Karafyllis*, EWE 17 (2006), 547 (556 f.): „herrschaftsfreier Anfang“.

142 So aber *Habermas*, Die Zukunft der menschlichen Natur. Auf dem Weg zu einer liberalen Eugenik?, 2002, S. 9 (12 f.); s. dagegen *Sandel*, Plädoyer gegen die Perfektion. Ethik im Zeitalter der genetischen Technik, 2008, S. 101: „Habermas lehnt die eugenische Elternschaft zurecht ab, aber er täuscht sich, wenn er meint, die Einwände könnten sich allein auf liberale Annahmen stützen“.

143 *Sandel* (Fn. 142), S. 113 f.: „...würde perfekte genetische Kontrolle die echte Solidarität, die auftritt, wenn Männer und Frauen über die Kontingenz ihrer Talente und Erfolge nachdenken, aushöhlen“.

Natur, zu betrachten. Aber diese Vision von Freiheit ist brüchig: Sie droht, unsere Wertschätzung des Lebens als Gabe zu verdrängen und uns nichts anzuerkennen und beachten zu lassen als unseren eigenen Willen“[144]. Gegen diesen nihilistischen Zeitgeist auf Basis seiner beeindruckenden philosophischen und theologischen Belesenheit mit Scharfsinn und großer Sprachmächtigkeit unbeirrbar als deontologischer „Widerstandsethiker“[145] zu Felde zu ziehen, war die Leidenschaft und Passion Robert Spaemanns. Ihm war ein Begriff und Verständnis von „Verantwortung“ noch selbstverständlich, die nicht beliebige Worthülse, sondern ernstzunehmen war. Als solche muss sie aber angesichts der menschlichen Limitationen notwendig eine begrenzte sein: „Die überdehnte Verantwortungsethik führt in Wirklichkeit in die Unverantwortlichkeit reiner Gesinnungsethik. Es gibt auch eine Verantwortung für uns selbst. [...] Diese Verantwortung setzt jeder anderen Verantwortung ihre Grenze. Je ähnlicher diese moralische Grenze einer physischen Grenze ist, je mehr sie sich dem Nicht-Können annähert, um so besser. Wir sprechen dann von Charakter. Der Charakter begrenzt unsere Disponibilität. Nur Menschen, die zu *vielem* bereit, aber nicht zu *allem* fähig sind, verdienen es, dass man ihnen Verantwortung anvertraut“[146].

---

144 *Sandel* (Fn. 142), S. 120.

145 *Spaemann*, Grenzen (Fn. 11), S. 240.

146 *Spaemann*, Grenzen (Fn. 11), S. 237 [Hervorhebungen im Original].

DAS SPEZIESARGUMENT IN DER BIOETHISCHEN DEBATTE. EINE REHABILITATION

Von *Markus Rothhaar*

I. Einführung

Bioethische Speziesargumente sind Argumente, denen zufolge der moralische Status eines Trägers von Menschenrechten und Menschenwürde jedem Menschen qua seiner Zugehörigkeit zur menschlichen Spezies, und damit unabhängig von seinem Entwicklungsstand, seinen geistigen Eigenschaften usw., zuerkannt werden muss. Unter allen Argumenten für einen moralischen Status von menschlichen Lebewesen an den „Rändern" des Lebens ist das Speziesargument wohl das umstrittenste. Kritiker werfen ihm nicht nur einen ungerechtfertigten „Speziesismus" vor, sondern betrachten es vielfach auch als ein bloßes Relikt religiöser Überzeugungen, die rational nicht verteidigt werden können. Bestenfalls gesteht man dem Argument noch zu, Ausfluss einer überholten „Substanzontologie" zu sein. Daher überrascht es nicht, dass die philosophische Diskussion über diese Art von Argumenten in den letzten Jahren mehr oder weniger stagniert hat, sieht man einmal von der Debatte über Shelly Kagans Aufsatz „What's wrong with speciesism?"[1] ab.

Die weit verbreitete Ablehnung von Speziesargumenten hat ihren Grund nicht zuletzt darin, dass meist nur eine bestimmte, problematische Variante dieser Argumente in Betracht gezogen wird. Nimmt man die logische Struktur von Speziesargumenten aber näher unter die Lupe, so stellt man schnell fest, dass nicht nur eine, sondern zwei grundsätzliche Möglichkeiten gibt, sich in normativer Hinsicht auf die Spezieszugehörigkeit zu beziehen. Die eine, tatsächlich problematische Variante besteht darin, den moralischen Status *direkt* mit der Spezieszugehörigkeit zu begründen. Befürworter einer solchen Position würden argumentieren, dass ein Mitglied der menschlichen Spezies zu sein, bereits der *Grund* dafür ist, Träger von Menschenwürde und Menschenrechten zu sein. Es ist offensichtlich, dass diese Art von „Speziesismus" philosophisch nur schwer zu halten ist. Er beruht in der Regel auf theologischen oder religiösen Prämissen, die über den Kreis der Gläubigen hinaus kaum rational ausgewiesen werden können und daher auch keine Grundlage für die Gesetzgebung in säkularen, pluralistischen Staaten bieten können.

Es gibt jedoch noch eine zweite Möglichkeit, bioethische Speziesargumente zu verstehen, eine Möglichkeit, die deutlich plausibler und weniger angreifbar erscheint. Die Art von Argumenten, die ich dabei im Sinn habe, unterscheidet zwischen dem *Grund* und dem *Kriterium* für die Anerkennung als Träger von Rechten und Würde. Demnach wäre der *Grund* für eine solche Anerkennung das Personsein, während die Zugehörigkeit zur

---

1 *Shelly Kagan*, What's wrong with speciesism? in: Journal of Applied Philosophy, 33(1), 2016, S. 1–21.

Duncker & Humblot · Berlin | https://doi.org/10.3790/978-3-428-58515-1.2025.202475

Spezies „homo sapiens“ als *Kriterium* für den vollen moralischen Status herangezogen werden muss. Jüngste Impulse in der normativen Ethik und der Meta-Ethik sind durchaus geeignet, diese Variante des Speziesarguments wieder auf die Tagesordnung zu setzen. Ich denke dabei zum einen an den neoaristotelischen Naturalismus im Anschluss an Philippa Foot[2] und Michael Thompson[3], die beide versuchen, die Relevanz von speziestypischen „Lebensformen“ für die theoretische Ethik neu zu durchdenken. Ebenso könnte eine vertiefte Auseinandersetzung mit anerkennungstheoretischen Ansätzen in Ethik und Rechtsphilosophie dazu beitragen, eine plausible Variante des Speziesarguments zu formulieren, die nicht den üblichen Einwänden ausgesetzt ist. Im Folgenden möchte ich diese beiden Wege untersuchen, von denen der zweite Weg untrennbar mit dem Namen Robert Spaemanns verbunden ist, wenngleich auch der erste Weg von Spaemann beeinflusst ist.

II. Das aristotelische Argument der Spezieszugehörigkeit nach Gómez-Lobo

Eine mögliche Verteidigung des „Speziesismus“ stellt der Rekurs auf eine aristotelische Metaphysik der Spezieszugehörigkeit dar, wie wir sie zum Beispiel in den Arbeiten von Alfonso Gómez-Lobo finden. Um die Pointe dieses Rekurses deutlich zu machen, ist es notwendig, die Standardkritik am Speziesismus, wie sie von Peter Singer[4] vorgetragen wurde, näher zu betrachten. Singers Kritik hebt darauf ab, dass die Zugehörigkeit zu einer bestimmten natürlichen Art keine normative Relevanz habe, da sie lediglich eine empirische, biologische Tatsache sei, aus der in normativer Hinsicht nichts abgeleitet werden könne. Für den moralischen Status sei demgegenüber ausschließlich relevant, ob ein Wesen eine „Person“ sei oder nicht. In diesem Kontext, d. h. im Kontext des Präferenzutilitarismus, werden „Personen“ als Wesen verstanden, die die Eigenschaft aufweisen, *in actu* Selbstbewusstsein und Präferenzen zu haben. Da weder menschliche Embryonen oder Föten, noch neugeborene Kinder oder Menschen in persistierenden vegetativen Zuständen diese „Personeneigenschaft“ besitzen, sind sie keine „Personen“ im Sinne des Präferenzutilitarismus und haben – da der Präferenzutilitarismus Rechte auf Präferenzen gründet – auch keine Rechte. Unter anderem haben Nicht-Personen gemäß Singer kein Recht auf Leben und dementsprechend gibt es auch keine moralische Verpflichtung, sie nicht zu töten.

Der erste Schritt zur Kritik eines solchen Ansatzes besteht darin zu prüfen, ob er sich auf eine ontologische Voraussetzung stützt, die aus Sicht anderer Ansätze, etwa eines aristotelischen Ansatzes, mit guten Gründen angefochten werden könnte. Die in dieser Hinsicht wohl aufschlussreichste Debatte fand in den frühen 2000er Jahren zwischen Alfonso Gómez-Lobo und seinen Kritikern statt. Sie konzentrierte sich auf die Frage, welche Art von Sortal der Begriff „Person“ ist, oder genauer gesagt, „whether personhood is a phase sortal or a proper sortal“.[5] „Phasensortale“ sind in diesem Zusammenhang Sortale, die sich auf die Eigenschaften bestimmter Phasen in der diachronen Existenz einer Entität beziehen. Durch

2 *Philippa Foot*, Natural goodness, Oxford: Clarendon Press, 2003.

3 *Michael Thompson*, Life and action, Cambridge, MA: Harvard University Press, 2008.

4 *Peter Singer*, Practical ethics, Cambridge: Cambridge University Press, 1993.

5 *Alfonso Gómez-Lobo*, On potentiality and respect for embryos: A reply to Mary Mahowald, in: Theoretical Medicine and Bioethics 26, 2005, S. 105 (108).

den Rekurs auf Phasensortale soll ausgesagt werden, dass die Unterschiede zwischen diesen Merkmalen es rechtfertigen, die fragliche Entität in den verschiedenen Phasen ihrer Existenz verschiedenen natürlichen Arten von Objekten zuzuordnen. „Proper sortals" hingegen beziehen sich auf Merkmale von Entitäten als solchen. Gómez-Lobo selbst bezieht sich hierbei offenkundig auf Aristoteles' Gedanken einer „zweiten Substanz", wenn er sagt: „A sortal is a predicate that tells us what sort of thing an object is".[6] Im Rahmen der Debatte gehen die Teilnehmer/innen nun in der Regel davon aus, dass „Mensch" ein „proper sortal" ist, das sich auf eine bestimmte natürliche, biologisch bestimmte Art bezieht, während der ontologische Status des Sortals „Person" umstritten und die Beziehung zwischen den Sortalen „Mensch" und „Person" unklar ist.

Vor dem Hintergrund der Kontroverse um Sortale können anti-speziesistische Positionen zwei Formen annehmen. Sie können einmal leugnen, dass „Person" ein „proper sortal" ist und es stattdessen als ein Phasensortal behandeln. „Person" wäre dann so etwas wie ein Phasensortal des biologisch definierten proper sortals „Mensch", mit der Konsequenz, dass Menschen nur während der Phase, in der sie zum Phasensortal „Person" gehören, Träger von Rechten und Würde wären. Alternativ dazu könnten sie zugeben, dass „Person" kein Phasensortal, sondern ein proper sortal ist, aber jede Identifikation des proper sortals „Person" mit dem proper sortal „Mensch" zurückweisen. Demzufolge wären „Person" und „Nicht-Person" – bzw. „rationales Wesen" und „nicht-rationales Wesen" – diejenigen proper sortals, mit deren Hilfe die Gesamtheit der Lebewesen in natürliche Arten eingeteilt werden könnte. Nach dieser Prämisse wären „Person" und „Nicht-Person" also diejenigen Sortale, die die Klassifizierung von Lebewesen auf ontologischer Ebene adäquat repräsentieren. In der Tat scheint vor allem die letztere Position unter „liberalen" Bioethikern und Antispeziesisten im Allgemeinen weit verbreitet zu sein.

Gegen diese beiden möglichen anti-speziesistischen Positionen verteidigt der Aristoteliker Gómez-Lobo die Ansicht, dass „Mensch" und „Person" beides proper sortals sind, deren Extension allerdings identisch ist. Gegen die These, dass „Person" lediglich ein Phasensortal sei, argumentiert Gómez-Lobo dabei zunächst, dass „Person" deshalb als ein proper sortal angesehen werden müsse, weil wir sonst davon ausgehen müssten, „that just as we are not essentially teenagers, we would not be essentially persons"[7], was er für offensichtlich falsch hält. Die daran anschließende weitere Argumentation Gómez-Lobos gegen die These, dass „Person" und „Mensch" proper sortals mit unterschiedlicher Extension seien, stellt sich dann wie folgt dar:

1. Die Begriffe „Person" und „menschliches Wesen" sind beides proper sortals.
2. Erwachsene Menschen sind in der Regel Personen.
3. Die Kontinuität in der Entwicklung des Menschen führt zu einer numerischen Identität zwischen menschlichen Embryonen und erwachsenen Menschen.
4. Aufgrund dieser numerischen Identität müssen die proper sortals „Mensch" und „Person" die gleiche Ausdehnung haben, d. h. jeder Mensch ist eine Person.

---

6 *Alfonso Gómez-Lobo*, Does respect for embryos entail respect for gametes? in: Theoretical Medicine and Bioethics 25, 2004, S. 199 (205).

7 *Alfonso Gómez-Lobo* (Fn. 5), S. 105 (108).

Obwohl ich grundsätzlich mit Gómez-Lobos Schlussfolgerung übereinstimme, denke ich, dass seine Argumente, die zu dieser Schlussfolgerung führen, in einigen Teilen noch fehlerhaft oder zumindest unvollständig sind. Das beginnt mit seinem Argument gegen die Einstufung von „Person" als Phasensortal, dem offensichtlich noch eine Erklärung dafür fehlt, warum das Personsein als etwas „Wesentliches" und nicht als zufällig angesehen werden muss. Darüber hinaus ist sein Argument für die Identifizierung der proper sortals „Person" und „Mensch" insofern schwach, als die numerische Identität von menschlichen Embryonen und erwachsenen Menschen, die Personalität aufweisen, genau das ist, was die anti-speziesistische Ontologie verneint. Stattdessen behaupten Antispeziesisten ja gerade, dass es eine solche numerische Identität *nicht* gibt und dass vielmehr alle Wesen der Welt nur unter eines der sich gegenseitig ausschließenden Sortale „Person" oder „Nicht-Person" fallen. Daher kommt Gómez-Lobos Argument einer petitio principii gleich, wenn es nicht weiter substantiiert wird. Die genannten Schwächen von Gómez-Lobos aristotelischem Argument sind vermutlich bis zu einem gewissen Grad eine Folge seiner zu statischen Ansichten von „Substanz" und „Wesen". Andererseits beruhen sie wohl auch darauf, dass Gómez-Lobo den Begriff der Person überhaupt als ein Sortal versteht, auch wenn er dann die These vertritt, dass das Sortal „Person" die gleiche Ausdehnung habe wie das Sortal „Mensch". Ich halte dieses Verständnis des Personseins als Sortal für problematisch. Wie ich im Folgenden mit Spaemanns Überlegungen zum Personenbegriff zu zeigen versuche, ist „Person" überhaupt kein Sortal, sondern eine *Lebensform* im Sinne des neoaristotelischen Naturalismus. Wenn dies richtig ist, dann ist sowohl die anti-speziesistische Unterteilung der Entitäten der Welt in die natürlichen Arten „Person" und „Nicht-Person" unzutreffend, als auch die ebenfalls anti-speziesistische Auffassung, dass „Person" ein Phasensortal und nicht ein proper sortal ist. Beides aber nicht aus dem Grund, den Gómez-Lobo annimmt.

III. Ein neoaristotelisches Speziesargument

Wie bereits eingangs erwähnt, lässt sich m. E. zeigen, dass das neoaristotelische Konzept der Lebensform[8] der Schlüssel zu einem angemessenen Verständnis der Beziehung zwischen Personsein und Zugehörigkeit zur menschlichen Spezies ist. Der Grundgedanke der neoaristotelischen Theorie des Lebens besteht darin, dass jedes Lebewesen einer bestimmten Spezies angehört, die ihre eigene, für die betreffende Spezies typische Lebensform aufweist. Für solche Lebensformen gelten zwei Merkmale:

a) Das individuelle Lebewesen kann seine Lebensform mehr oder weniger erfolgreich verwirklichen.

b) Jedes Lebewesen verwirklicht seine Lebensform durch sich selbst und bringt sie selbst hervor; Lebewesen sind also *autopoietisch* in Bezug auf ihre eigene Lebensform.

Wenn dies zutrifft, dann stellt sich die Problematik, wie man die Gesamtheit der Lebewesen in natürliche Arten aufteilen kann, in Bezug auf den Menschen wie folgt dar: Die Gesamtheit der Lebewesen kann in Arten unterteilt werden, die verschiedene speziestypische Lebensformen haben. Die spezifische Lebensform des Menschen weist nun eine Be-

---

8 Zum Begriff der Lebensform vgl. *Michael Thompson* (Fn. 3), S. 63–84.

sonderheit auf, die keine andere uns bekannte Spezies aufweist: Menschen stehen während des größten Teils ihres Lebens in einer reflexiven, durch Selbstbewusstsein bestimmten Distanz zu ihrer eigenen Natur. Diese reflexive Distanz begründet eine theoretische und praktische Rationalität, d. h. das, was andere Traditionen Personalität nennen. Rationalität und Personalität sind mithin die Kernelemente einer bestimmten Lebensform, die wiederum die Lebensform einer bestimmten natürlichen Spezies, der Spezies *homo sapiens,* ist. Mit anderen Worten ist die Lebensform mindestens einer uns bekannten Spezies durch Rationalität und Personalität gekennzeichnet, nämlich die Lebensform der Spezies *homo sapiens*[9], während die Lebensformen anderer Spezies, wie Bienen, Löwen oder Hunde, nicht durch Rationalität und Personalität gekennzeichnet sind.

Personalität ist nun aber gerade dasjenige an jener Lebensform, was die natürliche Determiniertheit durch die jeweilige Lebensform immer schon transzendiert. Person-Sein besteht mithin darin, zu demjenigen, was man von Natur aus ist, in einem bestimmten Verhältnis zu stehen. Das impliziert aber, dass „Person" kein Sortal wie „Mensch", „Biene" oder „Lampe" ist, sondern eine mit einem bestimmten Sortal intrinsisch verknüpfte Seinsweise. Genau diesen Punkt arbeitet Robert Spaemann präzise heraus, wenn er ausführt: „Das Wort ‚Person' ist kein sortaler Ausdruck, mit dem wir etwas als ein So-und-so kennzeichnen und dadurch identifizierbar machen. Auf die Frage ‚Was ist das?' antworten wir nicht: ‚Das ist eine Person', so wie wir sagen würden: ‚Das ist ein Mensch' oder ‚Das ist eine Lampe'. Wir müssen vielmehr schon zuvor wissen, ob dies ein Mensch oder eine Lampe ist, um wissen zu können, ob es eine Person ist. Der Begriff der Person dient nicht der Identifikation von etwas als etwas, sondern sagt etwas über ein bereits als ein So-und-so Bestimmtes."[10]

Wenn dies zutrifft, dann können „rational" und „nicht-rational" oder „Person" und „Nicht-Person" nicht die Sortale sein, mit denen wir Entitäten angemessen in natürliche Arten einteilen können, einfach weil Rationalität bzw. Personalität keine natürlichen Eigenschaften in dem Sinne sind, in dem „geflügelt" oder „paarhufig" natürliche Eigenschaften sind. Dies bedeutet nicht, dass es sich dabei um mysteriöse metaphysische Eigenschaften handeln würde. Sie ergeben sich aus bestimmten, natürlichen Eigenschaften der natürlichen Art „Mensch", und in diesem Sinne ist an ihnen nichts Geheimnisvolles. Wenn sie aber einmal existieren, dann sind sie etwas anderes als natürliche Eigenschaften, denn dann transzendieren sie diese gerade. Personalität und Rationalität sind dementsprechend ein kontinuierlicher Prozess reflexiven Selbstbezugs und reflexiver Selbstdistanz, der sich nicht mit einer natürlichen Eigenschaft beschreiben lässt.

Für die weiteren Argumentationsschritte ist es dann wichtig zu beachten, dass Lebensformen im Allgemeinen nur diachron beschrieben werden können. Das gilt auch und in besonderem Maß für die durch Rationalität und Personalität gekennzeichnete menschliche Lebensform. Dass die Angehörigen der Spezies „Mensch" im Laufe ihres Lebens irgendwann diese Merkmale aufweisen – das heißt, dass sie einen Entwicklungsprozess durchlaufen, in dem diese Merkmale sich irgendwann manifestieren –, gehört zur menschlichen Lebensform selbst. Aus diesem Grund befinden sich Menschen in denjenigen Lebensphasen, in denen sie kein Selbstbewusstsein zeigen, nicht „jenseits" oder „außerhalb" ihrer spezi-

---

9 Vgl. *Philippa Foot* (Fn. 2), S. 52–65.

10 *Robert Spaemann*, Personen: Versuche über den Unterschied zwischen „etwas" und „jemand", Stuttgart: Klett-Cotta, 1996, S. 14.

fischen Lebensform. Vielmehr gehört es zu ihrer Lebensform, verschiedene Lebensphasen zu durchlaufen, von denen einige gerade nicht durch Selbstbewusstsein gekennzeichnet sind.

Dieser diachrone Charakter der Lebensformen ist entscheidend für ein reformuliertes, neoaristotelisches Speziesargument: Wie bereits erwähnt, sind Lebewesen in einem strengen Sinn autopoietisch:[11] sie bringen sich im Laufe ihrer Existenz selbst hervor. Es ist genau dieser Prozess der Selbsthervorbringung (*autopoiesis*) und Selbstorganisation, der im Laufe der Zeit aktiv die numerische Identität eines Lebewesens mit sich selbst *hervorbringt.* Die Identität eines Lebewesens mit sich selbst ist also nicht etwas, das von außen durch bestimmte Kriterien oder Maßstäbe aufgrund von Eigenschaften, die wir miteinander vergleichen, festgelegt wird. Wäre das so, dann könnten wir die Identität einer Raupe mit einem Schmetterling nie verstehen. Um eine Raupe mit einem Schmetterling numerisch identifizieren zu können, müssen wir uns vielmehr den autopoietischen Prozess ihrer Entwicklung vor Augen führen. Insofern ist die Identität eines Lebewesens mit sich selbst ein intrinsisches, ontologisches Merkmal des Lebens selbst. Die so konstituierte Identität mit sich ist denn auch keine statische, sondern eine dynamische Identität. Wir können mithin über Lebewesen gar nicht sprechen, ohne sie als Entitäten zu verstehen, die in einem autopoietischen Prozess ihre eigene diachrone Identität mit sich selbst hervorbringen.

Gerade von dieser autopoietischen Selbstidentität her müssen wir im Übrigen wohl bereits den aristotelischen Begriff der *ousia* verstehen. Denn bei näherer Lektüre von Aristoteles scheint es plausibel anzunehmen, dass die Begriffe der *ousia*, des *eidos,* der *entelecheia* usw. – und damit von Substanz und Wesen – von der spezifischen Form von Identität her gedacht sind, die Lebewesen ausmacht. Die Kontinuität oder Identität mit sich selbst, die die „Substanz“ und das „Wesen“ nach der philosophischen Tradition aufweisen, ist letztlich der dynamische Prozess der Selbsthervorbringung und Selbstorganisation des Lebendigen. Deshalb sind „Wesen“, „Substanz“ und „Form“ wahrscheinlich auch weniger statisch und „substanzontologisch“, als viele moderne Philosophen es diesen Begrifflichkeiten immer unterstellen. Ich würde sogar so weit gehen, zu sagen, dass wir ein solches dynamisches Konzept von Selbsthervorbringung, Entelechie oder Form (*eidos)* brauchen, um die Phänomene des Lebens überhaupt erschließen zu können, und folglich, um überhaupt Biologie als Naturwissenschaft betreiben zu können.

Der diachrone Charakter der Existenz von Lebewesen ist vor diesem Hintergrund das wichtigste Argument gegen die anti-speziesistische Einteilung von Lebewesen mittels der Sortale „rationale“ und „nicht-rationale“ Wesen bzw. „Personen“ und „Nicht-Personen“: Angesichts des diachronen und autopoietischen Charakters des Lebens ist eine solche Klassifizierung ontologisch, semantisch und epistemologisch unzulänglich. Ein Lebewesen ist immer dasselbe, genau deshalb und insofern, als es aktiv seine Identität mit sich selbst setzt und hervorbringt. Im Gegensatz zu dieser Einsicht isolieren anti-speziesistische Positionen die Entwicklungsstadien einer Lebensform und geben vor, dass die Stadien im diachronen Lebensprozess einer Art *verschiedene*, natürliche Arten von Lebewesen darstellen, auf die sich verschiedene Sortale anwenden lassen. Sie schenken der Tatsache, dass einzelne Lebewesen die Instanzen bestimmter diachron verfasster Lebensformen sind, die für ihre jeweilige Spezies typisch sind, keine Beachtung und vernachlässigen da-

[11] Zum Begriff der Autopoiesis vgl. *Humberto Romesin Maturana/Francisco Varela,* Autopoiesis and cognition: The realization of the living, Dordrecht: D. Reidel Publishing Co., 1980.

mit fast systematisch die Tatsache, dass das Leben als solches diachron und autopoietisch ist. Berücksichtigt man dagegen den diachronen und autopoietischen Charakter von Lebensformen, so bedeutet dies, dass die Manifestation der Rationalität im Laufe der natürlichen Entwicklung des Menschen zeigt, dass jedes Lebewesen der natürlichen Art *homo sapiens* eine Lebensform hat, die wesentlich durch das Personsein gekennzeichnet ist. In diesem Sinne ist der Mensch immer eine Person, unabhängig davon, ob er sein Personsein in bestimmten Lebensphasen in Form bestimmter, empirisch fassbarer mentaler Zustände manifestiert oder nicht. Dies impliziert, dass die Anerkennung als ein Wesen, das moralischen Respekt und rechtlichen Schutz verdient, auch nicht von der empirischen Manifestation des Personseins in Form jener mentalen Zustände abhängen kann, einfach weil nicht die Manifestation des Personseins den Menschen zur Person macht, sondern seine Zugehörigkeit zu einer Spezies, die eine Lebensform aufweist, welche wesentlich Personsein ist.

Auf phänomenologischer Ebene zeigt sich dies darin, dass die Ontogenese eines individuellen Menschen, vom embryonalen und fötalen Stadium bis zur Kindheit und Jugend, von Anfang an etwas anderes ist als die anderer Spezies. Das für die menschliche Lebensform charakteristische Element der Rationalität und Personalität „färbt" notwendigerweise andere Momente und Aspekte dieser Lebensform, wie z. B. Sozialität, menschliche Ernährung, menschliche Sexualität und Reproduktion usw., mit der spezifisch menschlichen Lebensform des Personseins ein. Für ein soziales Wesen bedeutet Vernunft etwas anderes als für ein nicht-soziales Wesen (wenn es denn überhaupt nicht-soziale, rationale Wesen geben kann). Bei einem rationalen Wesen nimmt die Sozialität (ebenso Sexualität, Reproduktion, Ernährung usw.) eine Form an, die sich von der Sozialität eines nicht-rationalen Wesens grundlegend unterscheidet: Sie ist nicht nur als natürliche Tatsache da, sondern hat eine Bedeutung für die Mitglieder der sozialen Gruppe selbst. Dies lässt sich unschwer erkennen, wenn man die spezifische Sozialität von sozialen Tieren wie Ameisen oder Wölfen mit der spezifischen Sozialität von Menschen vergleicht. Die Ontogenese eines einzelnen Menschen besitzt daher auch eine andere Bedeutung und einen anderen Rahmen.

Vor allem ist sie von Anfang an in einen Raum gegenseitiger reflexiver Anerkennung eingebunden, ohne den wir unsere Rationalität nicht hätten (mehr dazu im folgenden Kapitel). Im Vergleich dazu ist die natürliche Entwicklung z. B. einer Maus, einer Kuh oder eines Baumes *nicht* in einen solchen Raum der Anerkennung integriert. Aufgrund dieser Eingebundenheit in einen Raum der Anerkennung fehlt das Personsein weder in den Lebensphasen ungeborener oder neugeborener Menschen noch bei Demenzkranken oder Patienten im vegetativen Zustand. Vielmehr zeigt sie einfach einen anderen Charakter, in dem die menschliche Sozialität (die als solche von praktischer Rationalität geprägt ist, die sie wiederum bedingt) im Vordergrund steht. Ein Neugeborenes ist dementsprechend nicht ein „Lebewesen, das keine Person ist": Es ist vielmehr das Kind von jemandem und damit Teil der intersubjektiven Welt. Jemandes Kind zu sein, ist Teil der menschlichen Lebensform, ebenso wie ein Kind als „mein Kind" zu haben. Beziehungen zwischen Wesen derselben Spezies sind immer *Teil der Lebensform* dieser Spezies, weshalb die im Wesentlichen personale und rationale Natur der menschlichen Lebensform die biologischen Beziehungen zwischen Menschen in soziale und persönliche Beziehungen transformiert und transzendiert.[12] Daher fällt ein neugeborenes Kind oder ein Mensch in einem persistieren-

12 Man könnte an dieser Stelle einwenden, dass Menschen Haustiere oft auch in den Bereich der Sozialität integrieren. Der entscheidende Unterschied ist jedoch, dass Rationalität und Personalität

den vegetativen Zustand nicht aus dem Bereich der für seine Lebensform spezifischen Interpersonalität und Sozialität heraus.

Zusammenfassend lässt sich also sagen, dass, wenn es richtig ist, dass Rationalität ein Schlüsselelement einer bestimmten Lebensform ist, und wenn eine Lebensform immer die Lebensform einer bestimmten Spezies ist, es unmöglich ist, über Rationalität oder Personalität zu sprechen, ohne über diejenige bestimmte Spezies zu sprechen, deren Lebensform durch Rationalität gekennzeichnet ist. Dies bedeutet nicht notwendigerweise, dass der Mensch sein ganzes Leben lang genau gleich behandelt werden muss. Es bedeutet jedoch, dass er nie wie ein bloßes Ding behandelt werden darf, oder wie ein Lebewesen, dessen Lebensform nicht durch Rationalität gekennzeichnet ist. In diesem Sinne spricht das neoaristotelische Argument für einen zumindest moderaten Speziesismus, und zwar einen moderaten Speziesismus, der in der Tat ontologisch begründet ist und nicht nur ein Zugeständnis an kulturelle Gewohnheiten darstellt. Dies würde freilich auch für jede andere Spezies gelten, deren Lebensform von Rationalität und Personalität geprägt wäre. Sollten wir also eines Tages eine solche Spezies auf einem anderen Planeten entdecken, müsste den Mitgliedern dieser Spezies ebenfalls der volle moralische Status eines Trägers von Würde und Rechten zuerkannt werden.

IV. Das transzendentalpragmatische Argument nach Robert Spaemann

Neben aristotelischen bzw. neoaristotelischen Argumenten gibt es noch ein weiteres plausibles bioethisches Speziesargument. Dieses Argument zielt darauf ab, von der logischen Struktur des Gedankens der Menschenwürde und der Menschenrechte her aufzuzeigen, dass die Zugehörigkeit zur menschlichen Spezies das entscheidende Kriterium für den moralischen Status eines Trägers subjektiver Rechte sein muss. Dieses Argument, das im Wesentlichen auf Robert Spaemann zurückgeht und von ihm als „transzendentalpragmatisch" bezeichnet wurde, war insbesondere in der deutschen Debatte um die embryonale Stammzellforschung auch politisch sehr einflussreich. Kern des Arguments ist, dass die Gedanken der Menschenwürde und der Menschenrechte eine Art von Unbedingtheit und Unverfügbarkeit implizieren, die es unmöglich machen, sie als von irgendwelchen Eigenschaften abhängend zu denken. Jede Art von „bedingter Anerkennung" als Träger von Würde und Rechten würde insofern den eigentlichen Punkt der Anerkennung verfehlen, weil Anerkennung als solche gerade mit dem normativen Anspruch der Unbedingtheit einhergeht. Spaemann drückt diesen Gedanken wie folgt aus: „Wenn es überhaupt so etwas wie Rechte des Menschen geben soll, dann kann es sie nur geben unter der Voraussetzung, dass niemand befugt ist, darüber zu urteilen, ob jemand ein Subjekt solcher Rechte ist. Denn der Gedanke des Menschenrechts meint gerade, dass der Mensch nicht ein aufgrund bestimmter Eigenschaften kooptiertes Mitglied der Gesellschaft ist, sondern dass jeder in

nicht Teil der Lebensformen von z. B. Hunden oder Katzen sind. Die Beziehung zwischen Mensch und Haustier wird daher immer eine asymmetrische sein, bei der der Mensch der Beziehung eine reflektierte soziale Bedeutung beimisst, die ihm das Haustier in keiner Phase seiner Existenz zumessen kann.

sie kraft eigenen Rechts eintritt. ,Kraft eigenen Rechts' kann aber nur heißen: aufgrund seiner biologischen Zugehörigkeit zur Spezies homo sapiens."[13]

Leider hat Spaemann diese Überlegung nie systematisch ausgearbeitet. Um daraus ein ausführliches und als solches auch kritikresistentes Argument zu bilden, müssen wir zunächst den Begriff der Anerkennung näher unter die Lupe nehmen. Das Konzept der „Anerkennung" als Grundlage ethischer und rechtlicher Normativität geht auf Fichtes „Grundlagen des Naturrechts nach Prinzipien der Wissenschaftslehre"[14] zurück. Es wurde dann insbesondere mit dem berühmtem „Herr und Knecht"-Kapitel in Hegels „Phänomenologie des Geistes"[15] bekannt und hat so unterschiedliche zeitgenössische Denker wie Jürgen Habermas[16], Axel Honneth[17] und Stephen Darwall[18] inspiriert. Erst kürzlich hat der Psychologe Wolfgang Prinz den Ansatz aus der Perspektive seiner Disziplin neu aufgegriffen und erweitert.[19] Kern des anerkennungstheoretischen Ansatzes ist der Gedanke, dass Intersubjektivität die Bedingung der Möglichkeit individueller, endlicher Subjektivität darstellt, d.h. dass Intersubjektivität der individuellen und endlichen Subjektivität vorausgeht und für diese konstitutiv ist oder, wie Habermas es zusammenfasst: „Selbstbewusstsein bildet sich vielmehr über eine symbolisch vermittelte Beziehung zu einem Interaktionspartner auf dem Wege von außen nach innen. Insofern besitzt es einen intersubjektiven Kern."[20] Dieser intersubjektive Prozess, der jede individuelle Subjektivität konstituiert, hat mithin den Charakter einer wechselseitigen Anerkennung endlicher, rationaler Wesen *als* rationale Wesen. Dementsprechend kann schon die bloße Existenz endlicher, individueller Subjekte nur als das Ergebnis eines intersubjektiven Aktes der Anerkennung durch ein anderes oder viele andere Subjekte erklärt werden. Jedes rationale Wesen kann sich daher nur insofern als rationales Wesen verstehen, als es sich als Teil eines umfassenderen, intersubjektiven Prozesses gegenseitiger Anerkennung versteht, der ihm als individuelles Subjekt vorausgeht.

Wenn dies aber richtig ist, dann kann der Prozess der Anerkennung nicht als ein Schluss von empirisch beobachtbaren Eigenschaften auf einen moralischen Status gedacht werden. Denn wenn dies zuträfe, hätte der Prozess der Anerkennung die Form eines Syllogismus der Form:

1. Eine Entität mit der empirischen Eigenschaft x hat einen normativen Anspruch auf Anerkennung als Rechtssubjekt.
2. Entität P hat die empirische Eigenschaft x.

---

13 *Robert Spaemann*, Glück und Wohlwollen, Stuttgart: Klett-Cotta, 1993, S. 220.

14 *Johann Gottlieb Fichte*, Grundlage des Naturrechts nach Prinzipien der Wissenschaftslehre, in: Immanuel Hermann Fichte (Hrsg.), Fichtes Werke, Band III, ND Berlin, 1971.

15 *Georg Wilhelm Friedrich Hegel*, Phänomenologie des Geistes, Frankfurt a. M: Suhrkamp, 1981, S. 145–155.

16 *Jürgen Habermas*, Nachmetaphysisches Denken, Frankfurt a. M: Suhrkamp, 1992.

17 *Axel Honneth*, Kampf um Anerkennung – Zur moralischen Grammatik sozialer Konflikte, Frankfurt a.M.: Suhrkamp, 1994.

18 *Stephen Darwall*, The second-person standpoint, Cambridge, MA: Harvard University Press, 2009.

19 *Wolfgang Prinz*, Open minds: The social making of agency and intentionality, Cambridge, MA: MIT Press, 2012.

20 *Jürgen Habermas* (Fn. 16), S. 217.

3. Daher hat die Entität P einen Anspruch darauf, als Rechtssubjekt anerkannt zu werden.

Die meisten sogenannten „liberalen" Ansätze in der Bioethik stützen sich auf einen solchen Syllogismus und machen den Akt der Anerkennung damit von der Existenz bestimmter empirischer, äußerlich beobachtbarer Eigenschaften abhängig. Reale Anerkennungsprozesse fragen jedoch nicht nach beobachtbaren Eigenschaften oder Merkmalen einer Entität und schließen aus deren Existenz oder Nicht-Existenz auf den moralischen Status dieser Entität. Bereits das ist ein Hinweis darauf, dass der „bioethische Syllogismus" auf eine fundamentale Weise das Wesen der Anerkennung verfehlt.

Gegen den „bioethischen Syllogismus" der liberalen Bioethik à la Singer führt das transzendentalpragmatische Argument einen Einwand an, der im Gedanken der Anerkennung eines anderen Wesens als Träger von Rechten selbst impliziert ist: Alle Bedingungen für die Anerkennung, wie wir sie im „bioethischen Syllogismus" finden, werden immer von *jemandem* in Form einer Anerkennungsvoraussetzung *festgelegt.* Das subjektiv-partikulare Setzen von Anerkennungsvoraussetzungen untergräbt jedoch genau die genuin intersubjektive Struktur der Anerkennung. Wenn jemand das Recht hat, Anerkennungsvoraussetzungen zu setzen, d.h. Kriterien, die bestimmen, welche Wesen aus welchen Gründen anerkannt werden sollen und welche nicht, dann ist er derjenige, der aus seiner subjektiven und partikularen Sicht über Anerkennung oder Nichtanerkennung entscheidet. Damit wird die Anerkennung des anderen als Träger von Rechten für ihn und seine Setzungen verfügbar; er kann die Macht ausüben, Anerkennung zu gewähren oder zu verweigern.

Dies widerspricht jedoch diametral der Art und Weise, wie jedes Subjekt notwendig seinen eigenen normativen Status denkt. Jedes Subjekt denkt notwendigerweise seinen eigenen normativen Status als Träger von Menschenrechten als etwas, das ihm nicht willkürlich von einem anderen zugestanden wurde und das nicht in der Verfügung des partikularen, anerkennenden Subjekts steht. Vielmehr denkt jedes Subjekt sich selbst notwendigerweise als ein Wesen, das einen vorgängigen *Anspruch* darauf hatte, als Träger von Rechten und Würde anerkannt worden zu sein. Anerkennung kann daher nicht als etwas verstanden werden, über das ein anderes, d.h. das anerkennende Subjekt, aufgrund seiner subjektiven Standpunkte und Meinungen entscheidet, sondern als etwas, zu dem das anerkennende Subjekt kategorisch *verpflichtet* ist. Die Anerkennung darf also nicht vom partikularen *Wollen* des anerkennenden Subjekts oder seinen zufälligen Meinungen abhängen, sondern muss dem anerkennenden Subjekt als unbedingtes und unverfügbares *Sollen* entgegenkommen. Andernfalls wäre es nicht möglich, eine Verweigerung der Anerkennung als etwas moralisch Falsches zu betrachten. Der „bioethische Syllogismus" lässt ein solches unbedingtes Sollen aber nicht zu, gerade weil er die Anerkennung von Vorbedingungen abhängig macht, die ein anderes Subjekt aufgrund einer subjektiven, partikularen Weltsicht formuliert hat. Dies widerspricht jedoch genau dem intersubjektiv-ereignishaften Charakter der Anerkennung.

Zugleich *muss* es aber natürlich irgendeinen Bezugspunkt geben, mit dessen Hilfe die Grenzen der Gemeinschaft der Träger von Rechten und Würde bestimmt werden können. Das scheint vordergründig zu einer Aporie zu führen: Einerseits müssen die Grenzen der Rechtsgemeinschaft in *irgendeiner* Weise bestimmt werden; andererseits *kann* die Anerkennung als Träger von Rechten nicht als etwas betrachtet werden, das von irgendeiner Bedingung abhängt, die von jemandem aufgestellt wird. Es scheint daher, dass der Verweis auf die Spezieszugehörigkeit dieses Problem nicht lösen kann, da die Spezieszugehörigkeit selbst nichts anderes als eine mögliche Bedingung oder ein mögliches Kriterium unter vielen zu sein scheint, das von jemandem nach seinen subjektiven, partikularen, möglicherweise historisch oder religiös konditionierten Maßstäben festgelegt wird. Dementsprechend würde sich die Spezieszugehörigkeit ihrer argumentativen Rolle nach gar nicht von „Eigenschaften" wie dem empirisch beobachtbaren Selbstbewusstsein, der Hirnaktivität oder der Fähigkeit, außerhalb des Mutterleibs zu überleben usw. unterscheiden. Warum sollte also ein Verweis auf die Spezieszugehörigkeit das Paradox der Anerkennung überwinden, während ein Verweis auf andere Merkmale dies nicht tut?

Um dies zu beantworten, müssen wir uns zunächst vergegenwärtigen, dass die Frage nach dem „moralischen Status" und damit die Frage nach den Bedingungen und Kriterien der Anerkennung immer eine *ex-post-Frage* ist. Wir alle haben einen Prozess der Anerkennung durchlaufen, und wir können und müssen uns, wenn wir die Frage nach dem moralischen Status von Menschen an den Grenzen des Lebens stellen, *ex post* fragen, ob dieser Prozess im Sinne des oben erwähnten „bioethischen Syllogismus" angemessen verstanden werden kann. Das bedeutet, dass wir uns fragen müssen, ob es mit unserem Selbstverständnis als rationale, verkörperte Lebewesen vereinbar ist, unsere Anerkennung als Träger von Rechten als etwas zu denken, das aufgrund irgendwelcher Eigenschaften geschehen ist, die wir gehabt oder nicht gehabt haben könnten. Dabei ist zu beachten, dass wir diese Frage überhaupt nur als Subjekte stellen können, die bereits als Träger von Rechten anerkannt und durch Rationalität charakterisiert sind.

Wie ich im Folgenden zeigen möchte, gibt es angesichts dieses ex-post-Charakters der (bio)ethischen Reflexion vier mögliche Argumentationslinien, mit denen sich begründen lässt, dass und warum der Rekurs auf die Zugehörigkeit zur menschlichen Spezies sich grundlegend vom Rekurs auf Eigenschaften wie dem empirisch beobachtbaren Selbstbewusstsein, der Hirnaktivität, der Fähigkeit, außerhalb des Mutterleibs zu überleben usw. unterscheidet. Wenn das gezeigt werden kann, dann stellt der Rekurs auf die Spezieszugehörigkeit in der Tat einen Weg dar, der uns aus der Aporie herausführt:

1. Wenn die Theorie der Anerkennung, die ich oben dargestellt habe, zutreffend ist, dann werden Subjektivität, Rationalität und Personalität erst durch einen intersubjektiven Prozess der Anerkennung konstituiert. Wir *sind* nicht schon vor diesem Prozess schon Subjekte und werden nur als solche anerkannt. Vielmehr sind die Anerkennung als Subjekt und die Subjektwerdung ein und derselbe Prozess; sie geschehen *uno actu.* Das bedeutet jedoch, dass wir bereits existierten, bevor wir anerkannt wurden und bevor wir unser Selbstbewusstsein manifestierten. Wir existierten jedoch *nicht* als irgendein unbestimmtes Seiendes, sondern als Lebewesen einer bestimmten Spezies, nämlich der Spezies homo sapiens.[21] Daher wurde jeder, der diesen Prozess der Anerkennung durchlaufen hat, nur deshalb zu einem Wesen, das Subjektivität und Rationalität manifestieren konnte, weil diejenigen, die ihn

[21] Im Sinne einer weiteren Randbemerkung würde ich sogar so weit gehen zu sagen, dass der Prozess der Anerkennung ein Prozess ist, durch den die unbewusste Selbstreferenz des Lebens in die bewusste Selbstreferenz der Subjektivität transformiert wird – was wiederum bedeutet, dass die Subjektivität nicht im Gegensatz zum natürlichen Leben steht, sondern zu einer bestimmten Form der Selbstreferenz des natürlichen Lebens. Ich denke, genau das versucht Hegel im ebenso berühmten, wie kryptischen „Herr-Knecht"-Kapitel in der Phänomenologie des Geistes zu zeigen, in dem Hegels beharrlicher Bezug auf Leben, Spezies und Reproduktion der Spezies seinen Interpreten stets ein Rätsel aufgegeben hat (vgl. *Georg Wilhelm Friedrich Hegel* (Fn. 15), S. 148 ff.).

anerkannten, empirisch beobachtbares Selbstbewusstsein oder ähnliche Eigenschaften gerade *nicht* als Bedingungen für die Anerkennung setzen, sondern ihn vielmehr alleine aufgrund seiner Zugehörigkeit zur menschlichen Spezies anerkannten. Diese Überlegung ist nichts anderes als eine reflexive Rekonstruktion der Bedingungen für die Möglichkeit der jeweils eigenen Subjektivität und der Subjektivität im Allgemeinen. In diesem Sinne ist das Argument in der Tat ein transzendentales: Jeder von uns kann sich demnach nur als Subjekt verstehen, wenn er sich als ein Wesen versteht, dessen Anerkennung nicht von einer weiteren Bedingung oder einem anderen Kriterium als dem der Zugehörigkeit zur menschlichen Spezies abhängig gemacht wurde. Wenn das aber richtig ist, dann widerspricht es unserem eigenen notwendigen Selbstverständnis als Subjekt, anderen Wesen, die der menschlichen Spezies angehören, die Anerkennung als Träger von Rechten zu verweigern.

2. Der Einwand, dass „ein Mitglied der menschlichen Spezies zu sein" auch eine Art Kriterium darstellt, ist in gewisser Weise richtig. Dies bedeutet jedoch nicht, dass es der Forderung nach Unbedingtheit widerspricht, der in dem transzendentalpragmatischen Argument impliziert ist. Richtig verstanden ist dieser Anspruch eine Art „Bilderverbot", das es verbietet, die Anerkennung als Träger von Menschenrechten von einem bestimmten Menschenbild abhängig zu machen. Das zur Bestimmung der Grenzen der Rechtsgemeinschaft angewandte Kriterium muss daher zwei Voraussetzungen erfüllen: Zum einen muss es möglichst inklusiv sein; zum anderen darf es die Grenzen der Plausibilität nicht überschreiten. In diesem Sinne spricht das transzendentale Argument nicht gegen Grenzen der Rechtsgemeinschaft als solche, sondern gegen jede Art und Weise, diese Grenzen enger als möglich zu definieren. Nun wäre jeder Versuch, sie *über die* Zugehörigkeit zu einer Spezies, deren Lebensform durch Personalität oder zumindest die Fähigkeit zur Personalität[22] gekennzeichnet ist, hinaus auszudehnen, offensichtlich unplausibel. Jede andere Bedingung (wie z. B. empirisch beobachtbares Selbstbewusstsein oder die Fähigkeit, außerhalb des Mutterleibs zu überleben) als die Zugehörigkeit zu einer mit Rationalität ausgestatteten Spezies würde jedoch die Grenzen der Rechtsgemeinschaft weniger inklusiv als möglich definieren. Daher ist die Zugehörigkeit zur menschlichen Spezies dasjenige Kriterium, das den Erfordernissen des transzendentalpragmatischen Arguments passgenau entspricht.

3. Wie wir gesehen haben, muss die Anerkennung des anderen ein Akt sein, der nicht durch die subjektiven Meinungen, Vermutungen, Ziele, Zwecke usw. der anerkennenden Person bedingt ist. Das transzendentalpragmatische Argument führt die Zugehörigkeit zu einer Spezies ein, um genau diesen Aspekt der Anerkennung zu operationalisieren. Anerkennung ist ein intersubjektiver Prozess; er transzendiert unsere endliche, individuelle Subjektivität. Daher ist der Akt der Anerkennung nur dann ein Akt der Anerkennung, wenn er nicht das Ergebnis partikularistischer, subjektivistischer und willkürlicher Entscheidungen eines endlichen Subjekts ist. Nun wird das, was nicht von uns gemacht wird, sondern was sich aus sich selbst heraus entwickelt und aus sich selbst heraus wächst, gewöhnlich „Natur", „Leben" oder, um einen technischeren Begriff zu verwenden, „Entelechie" genannt. Der Bezug auf natürliche Arten ergibt sich mithin aus der Einsicht, dass der intersubjektive Charakter der Anerkennung uns nötigt, sie als etwas zu denken, das unab-

22 Dies bedeutet natürlich nicht unbedingt, dass die menschliche Spezies die einzige Spezies mit einer solchen Fähigkeit ist. Da nicht ausgeschlossen werden kann, dass einige Menschenaffenarten zumindest die Fähigkeit besitzen, unter bestimmten Umständen eine rudimentäre Form der Rationalität zu entwickeln, gilt das Argument auch für diese Arten und würde, sollte jene Annahme sich bestätigen, implizieren, ihnen gewisse grundlegende Rechte zuzugestehen.

hängig von unseren subjektiven, willkürlichen Machenschaften und Annahmen ist. In dieser Welt erfüllen nur die „Natur“, und genauer gesagt das „Leben“ bzw. die „Entelechie“ diese Anforderung, weil sie genau das sind, was unabhängig von unserer endlichen Subjektivität sich selbst entwickelt und formt.

4. Das letzte Argument führt uns zurück zum neoaristotelischen Konzept der Lebensformen und zeigt die enge Beziehung zwischen dieser Art von Argument und dem in diesem Kapitel behandelten transzendentalen Argument auf. Wenn es richtig ist, dass Rationalität und Personalität die Schlüsselelemente der Lebensform einer bestimmten natürlichen Spezies sind, dann muss jedes rationale Wesen ein Angehöriger einer Spezies sein, deren Lebensform sich durch Rationalität auszeichnet. Wie wir gesehen haben, sind Lebensformen streng diachron, aber zugleich bringt der diachrone Entfaltungsprozess jeder Lebensform die Identität der Lebensform einer Spezies mit sich selbst und erst recht jedes Individuums dieser Spezies mit sich selbst hervor. Daher bleibt die Lebensform der Spezies während des diachronen Lebensprozesses eines Individuums mit sich identisch und das ermöglicht es erst, das Individuum als ein Individuum dieser oder jener Spezies zu identifizieren, während sich andere Eigenschaften und Merkmale ändern. Dies impliziert jedoch, dass es einen grundlegenden ontologischen und normativen Unterschied zwischen der Zugehörigkeit zu einer Spezies und jenen Eigenschaften gibt, die während des diachronen Lebensprozesses kommen und gehen. Die Spezieszugehörigkeit sagt uns daher, *was* ein Wesen in Bezug auf seine Lebensform ist, während jene Eigenschaften etwas darüber aussagen, *wie* ein Individuum in verschiedenen Stadien seines Lebens beschaffen ist. Daher wäre ein Akt der Anerkennung, der von Eigenschaften abhängt, die sich im Laufe des diachronen Lebensverlaufs ändern, keine Anerkennung des betreffenden *Individuums*. Und das bedeutet, dass es überhaupt keine Anerkennung wäre.

Entlang der Linien dieser vier Überlegungen muss jedes Subjekt mithin seine eigene Anerkennung als Träger von Rechten, genauer gesagt, sein eigenes „Anerkannt-Worden-Sein“ notwendig denken. Wie ich bereits erwähnt habe, ist alles, was in diesen vier Argumenten ausgesagt und herausgearbeitet wurde, das Ergebnis einer *nachträglichen* Reflexion darüber, was es bedeutet, als Träger von Rechten *anerkannt worden zu sein*. Der Prozess der Anerkennung, durch den ich als Träger von Rechten anerkannt wurde, hat bereits stattgefunden, wenn ich anfange, darüber nachzudenken, was diesen Prozess ausmacht. Insofern sind alle vier Argumente *transzendentale* Argumente im eigentlichen Sinne des Wortes: Sie fragen nach den Bedingungen für die Möglichkeit der Anerkennung. Ein rationales – und nur ein rationales – Wesen ist in der Lage, diese Frage nach den Bedingungen der Möglichkeit seines eigenen moralischen Status zu stellen. Wird sie aber gestellt, dann lautet die Antwort, dass es seinem eigenen Selbstverständnis als Subjekt widersprechen würde, anderen Subjekten zu gestatten, die Anerkennung eines Lebewesens als Träger von Rechten und Würde von einer anderen Bedingung abhängig zu machen als derjenigen, Angehöriger einer Spezies zu sein, deren Lebensform von Rationalität geprägt ist.

Aus diesem Grund muss jeder Mensch als Subjekt der Menschenwürde und der Menschenrechte anerkannt werden. Würden wir Menschen nicht *als* Personen aufgrund dessen anerkennen, was sie von Natur aus sind, würden wir sie überhaupt nicht anerkennen, weil unsere Anerkennung dann durch unsere endlich-partikulare Subjektivität bedingt wäre – und, wie wir gesehen haben, wäre eine derartige „bedingte Anerkennung“ gar keine Anerkennung. Wenn wir uns daher in Debatten über den moralischen Status von menschlichen

Embryonen und Föten, neugeborenen Kindern oder Menschen in einem persistierenden vegetativen Zustand usw. auf Eigenschaften wie Rationalität oder Autonomie beziehen, müssen wir uns immer bewusst sein, dass wir uns bereits auf einer *reflexiven* Ebene befinden. Diese Reflexion kann aber nichts anderes sein als eine Reflexion über die transzendentalen Bedingungen der Möglichkeit moralischer und rechtlicher Anerkennung überhaupt. Darum kann sie gerade nicht den Charakter einer Behauptung haben, dass die fraglichen Wesen die Eigenschaften der Rationalität, der Autonomie oder der Persönlichkeit einfachhin „haben", obwohl sie diese nicht manifestieren. Vielmehr muss gezeigt werden, dass die Verweigerung ihrer Anerkennung auf einem fehlgeleiteten Verständnis der Bedingungen der Möglichkeit unserer eigenen Lebensform beruht: einer Lebensform, die nicht die eines isolierten, individuellen Wesens sein kann, sondern nur die einer Spezies[23]. Richtig verstanden, sind wir körperliche, soziale und zugleich rationale und freie Wesen, in deren Lebensform intersubjektive Anerkennung bereits notwendig eingeschrieben ist. Zusammen mit dem neoaristotelischen Speziesargument zeigt die anerkennungstheoretische Argumentation somit, dass „Speziesismus" kein ungerechtfertigtes Vorurteil oder ein bloßes Relikt religiöser Überzeugungen ist, das in einem säkularen Staat nicht als Grundlage der Gesetzgebung dienen kann, sondern eine philosophisch plausible und haltbare ethische Theorie.

23 In diesem Sinne schreibt Fichte in den „Grundlagen des Naturrechts": „Der Mensch (so alle endlichen Wesen überhaupt) wird nur unter Menschen ein Mensch; und da er gar nichts anderes seyn [sic] kann denn ein Mensch, und gar nicht seyn würde, wenn er dies nicht wäre – sollen überhaupt Menschen seyn, so müssen mehrere seyn. Dies ist nicht eine willkürlich angenommene, auf die bisherige Erfahrung oder auf andere Wahrscheinlichkeitsgründe aufgebaute Meinung, sondern es ist eine aus dem Begriff des Menschen streng zu erweisende Wahrheit. Sobald man diesen Begriff vollkommen bestimmt, wird man von dem Denken eines einzelnen aus getrieben zur Annahme eines zweiten, um den ersten erklären zu können. Der Begriff des Menschen ist sonach gar nicht der Begriff eines Einzelnen, denn ein solcher ist undenkbar, sondern der einer Gattung." (*Johann Gottlieb Fichte* (Fn. 14), S. 39).

INTERESSE UND WOHLWOLLEN

Bioethische Konsequenzen der Philosophie Robert Spaemanns

Von *Peter Schallenberg*

I. Der Unterschied zwischen „etwas" und „jemand"

In den bioethischen Diskussionen in Deutschland wie auch in Europa zeigt sich in den letzten Jahren vermehrt und sehr deutlich, dass es zwar einen allgemeinen Konsens über die unbedingte Schutzgarantie der universal gültigen Menschenwürde gibt und dieser Konsens auch als Fazit einer ökumenischen Bioethik und im Gespräch der verschiedenen christlichen Denominationen und Kirchen in groben Zügen wenigstens festgestellt werden kann,[1] dass es aber kaum noch eine universal verbindliche Begründung des Schutzes der Menschenwürde jenseits, oder besser: vor einer religiös konnotierten, explizit theologischen Begründung gibt. Vielmehr stehen sich in einer pluralen und säkularen Gesellschaft und ihrem Rechtsstaat höchst unterschiedliche Antworten auf die Frage nach einer letztgültigen Begründung der personalen Menschenwürde gegenüber. Dies zeigt eindrucksvoll ein Blick auf die zeitgenössische Bioethik, einer noch jungen und doch auf alten moralphilosophischen Überlegungen basierenden Teildisziplin der Ethik. Ursprünglich und dem angelsächsischen Ursprung folgend, verstand sich die Bioethik in Emanzipation von einer Arztethik oder medizinischen Ethik als naturwissenschaftlich geprägte Ethik ohne irgendeinen metaphysischen Unterbau.[2] Spätestens seit vierzig Jahren und von den USA ausgehend gelten in diesem Rahmen vier Prinzipien für bioethische Entscheidungen im Kontext medizinischen Handelns als leitend: der Respekt vor der Autonomie des Patienten, das Prinzip des Nicht-Schadens, das Prinzip des Patientennutzens und das Prinzip der Gerechtigkeit.[3] Gegenüber einem liberalistischen oder utilitaristischen Modell der bioethischen Normbegründung betonen jedoch sowohl die katholische wie auch weite Teile der protestantischen Ethik im Blick auf fundamentale Entscheidungen am Lebensanfang und am Lebensende des Menschen das Prinzip der unantastbaren Personwürde. Aus philosophischer Sicht war Robert Spaemann ein vehementer Verfechter dieser dezidiert metaphysischen Begründung physischer Schutzwürdigkeit: Das bloße physische Dasein wird identifiziert mit metaphysischer Gutheit. Beides zusammen bildet die grundlegendste Möglichkeitsbedingung des Menschseins überhaupt, indem die Möglichkeit der Person zur Wirklichkeit entwickelt wird und, indem zugleich die bloße Zufälligkeit der Person als strikte Notwen-

---

[1] Vgl. *Peter Schallenberg*, Ökumene in der Bioethik? Theologisch-ethische Beobachtungen, in: Stefan Kopp/Wolfgang Thönissen (Hrsgg.), Mehr als friedvoll getrennt? Ökumene nach 2017, Freiburg/Br. 2017, S. 223–243.

[2] Vgl. *Max Charlesworth*, Bioethics in a Liberal Society, Cambridge 1993.

[3] Vgl. *Tom L. Beauchamp/James F. Childress*, Principles of Biomedical Ethics, Oxford 2013.

Duncker & Humblot · Berlin | https://doi.org/10.3790/978-3-428-58515-1.2025.202476

digkeit interpretiert und festgesetzt wird.[4] Genau dies wird unter Personwürde verstanden: Person ist die Notwendigkeit einer zunächst zufällig existierenden Spezies Mensch. Robert Spaemann baut auf dieser Festlegung seine gesamte philosophische Bioethik auf, auch übrigens im Blick über den Lebensanfang hinaus auf die menschengemäße Art und Weise der gesamten Lebensführung einer menschlichen Person, deren grundlegendes Interesse nicht nur bloßes Dasein, sondern stets und von Anfang an ein bestimmtes Sosein ist, nämlich das Sosein als begehrenswertes, durch Wohlwollen ausgezeichnetes, liebenswürdiges und dadurch menschenwürdiges menschliches Dasein. Anders und kurz gesagt: Person ist so da, dass sie unbedingt gewollt da ist. Der unbedingte Wille zum geliebten Dasein jeder Person ist nach Robert Spaemann ein grundlegendes Versprechen, das sowohl der Staat in seiner Verfassung jeder menschlichen Person gibt, als auch menschliche Personen untereinander sich gegenseitig geben, und damit von bloßen gegenseitigen Nutzern zu aneinander interessierten Mitmenschen werden. Genau hier liegt der alles entscheidende Unterschied zwischen „etwas", dem Ding also, das genutzt und verbraucht und ersetzt werden kann, und „jemand", der Person, die weder bloß genutzt noch verbraucht noch ersetzt werden darf.[5] Warum? Einzig, wie Kant im kategorischen Imperativ zeigt, aus dem universalen Interesse jeder menschlichen Person heraus, nicht einzig als Mittel zum Zweck, sondern stets auch als Zweck an sich betrachtet zu werden. Ein solcher absolut gesetzter und unhintergehbarer Personbegriff von nicht weiter begründungspflichtiger Menschenwürde liegt nach Robert Spaemann allem weiteren Handeln und aller nachfolgenden Güterabwägung und Güterfolgenabschätzung in der Bioethik voraus, auch jeder Art von Biopolitik.[6] Und wiederum verweist er auf den kategorischen Imperativ: „Niemand hat das klarer gesehen, als Immanuel Kant. Aus dem Selbstzweckcharakter des Menschen folgert er nie, dieser „Zweck" müsse auf irgendeine Weise befördert oder „verwirklicht" werden. Er bezeichnet vielmehr die einschränkende Bedingung, unter der alle unsere Zwecktätigkeiten stehen müssen. Die Würde des Menschen kann so wenig wie die Gottes „verwirklicht", sie kann nur als immer schon wirklich geachtet werden. Als solche bleibt sie einschränkende Bedingung auch für diejenigen Handlungen, die dem Wohl des Menschen dienen wollen."[7] Das Natürliche ist eben, in der Sprache von Robert Spaemann, nicht einfach das Naturhafte, sondern exakt das Vernünftige, nämlich: von sich und jeder menschlichen Person als unbedingt wünschenswert und damit unbedingt ersehnt und geliebt denken zu dürfen und zu müssen. Exakt aus diesem Müssen entspringt der unbedingt verpflichtende Charakter des Guten als kategorischer Imperativ unbedingten Wohlwollens gegenüber jeder menschlichen Person. Liebe meint dann gerade die grundlose Anerkennung[8] der zwecklosen Zweckfreiheit der menschlichen Spezies, die so frei sein darf, sich als Person zu verstehen und zu bezeichnen. Denn: Das Interesse der Person ist das ihr entgegengebrachte Wohlwollen, schärfer formuliert: würdig zu sein, geliebt zu werden. Für Robert Spaemann zeigt sich

---

4 Vgl. *Robert Spaemann*, Über den Begriff der Menschenwürde, in: Ernst-Wolfgang Böckenförde/Robert Spaemann (Hrsgg.), Menschenrechte und Menschenwürde, Stuttgart 1987, S. 295–323.

5 Vgl. *Robert Spaemann*, Personen. Versuch über den Unterschied zwischen „etwas" und „jemand", Stuttgart 1996.

6 Vgl. *Michel Foucault*, Die Geburt der Biopolitik, Frankfurt/M. 2006.

7 *Robert Spaemann*, Über den Begriff der Menschenwürde, in: Ders., Das Natürliche und das Vernünftige. Essays zur Anthropologie, München 1987, S. 77–106 (97).

8 Vgl. *Axel Honneth*, Kampf um Anerkennung. Zur moralischen Grammatik sozialer Konflikte, Frankfurt/M. 1994; *ders.*, Anerkennung. Eine europäische Ideengeschichte, Berlin 2018.

gerade hier der personale Charakter der verbindlich geschlossenen Ehe, weit vor jeder theologischen Begründung: „Das Eheversprechen ist das Versprechen, die Entwicklung der eigenen Persönlichkeit – also der eigenen personalen Identität – nicht mehr als unabhängige Variable zu verstehen, die vielleicht mit der Entwicklung der anderen Persönlichkeit einigermaßen kompatibel verläuft, vielleicht aber auch nicht.“[9]

II. Christliches Menschenbild und die Bioethik

An dieser Stelle kommt die theologische Zuspitzung ins Spiel. Gesetzt den Fall, man entschiede sich für die Verwendung des (nicht unumstrittenen) Begriffs „christliches Menschenbild“, dann hätte dies einige inhaltliche Klärungen zur Folge. An der Basis eines solchen christlichen Menschenbildes steht nämlich offensichtlich eine zweifache Festlegung: Erstens, und bei Robert Spaemann deutlich unterstrichen, die griechisch-philosophische Teleologie[10] der Person, der gemäß Lebensprozesse sinnvoll nur als zielgerichtete Prozesse begriffen werden können, und zweitens die alttestamentlich-israelitische Idee einer wie auch immer gearteten Gottebenbildlichkeit des Menschen. Beides wird schon in später nach-exilischer Zeit, im späten Judentum der Weisheitsliteratur und in der Schule von Alexandrien zu einer gewissen Synthese geführt und schließlich in der prägnanten Geschichtstheologie des Augustinus miteinander verbunden.[11] Demnach – vor allem entfaltet in dem monumentalen Werk des Augustinus „De civitate Dei“, aber auch in seinen Werken „De vera religione“ und in „De trinitate“ – werden Welt (Kosmos und Menschheit) und Mensch (Person als Individuum) als Schöpfung verstanden, also als transzendente und nicht weiter rechtfertigungsbedürftige Wahrheit,[12] die ihren Anfang in Gottes freiem Willen zum Dasein von Welt und Mensch – verstanden als liebende Bejahung der Notwendigkeit des an sich kontingenten, durch den Tod begrenzten Seins – und ihr *telos*, ihr Ziel als Vollendung, in der liebenden Gemeinschaft mit Gott hat. Liebe als notwendige Bejahung des

9 *Robert Spaemann*, Personen. Versuch über den Unterschied zwischen „etwas“ und „jemand“, Stuttgart 1996, S. 242; vgl. zum Hintergrund auch *Rudolf Ginters*, Versprechen und Geloben. Begründungsweisen ihrer sittlichen Verbindlichkeit, Düsseldorf 1973.

10 Vgl. *Robert Spaemann*, Die Frage wozu? Geschichte und Wiederentdeckung teleologischen Denkens, München 1981; *ders.*, Bürgerliche Ethik und nichtteleologische Ontologie, in: Hans Ebeling (Hrsg.), Subjektivität und Selbsterhaltung. Beiträge zur Diagnose der Moderne, Frankfurt/M. 1976, S. 76–96.

11 Zu den Voraussetzungen einer klassischen Geschichtsphilosophie vgl. *Karl Löwith*, Weltgeschichte und Heilsgeschehen. Die theologischen Voraussetzungen der Geschichtsphilosophie, Stuttgart 2004.

12 So auch noch in der als unumstößliche Wahrheit qualifizierten Auffassung vom geschaffenen Menschen in der amerikanischen Unabhängigkeitserklärung vom 4. Juli 1776: „We hold these truths to be self-evident: that all men are created equal...“ ; vgl. dazu *Peter Graf Kielmannsegg*, Demokratie und Wahrheit, in: Ders., Die Grammatik der Freiheit. Acht Versuche über den demokratischen Verfassungsstaat, Baden-Baden 2013, S. 11–38 (12): „Man kann in der amerikanischen Unabhängigkeitserklärung das Dokument sehen, mit dem die neuzeitliche Demokratie aus der Sphäre des Denkens heraus- und in die Geschichte eintritt. Die moderne, aus den Menschenrechten hergeleitete Demokratie, heißt das, präsentiert sich in ihrer Geburtsurkunde als „Wahrheit“, mehr noch: als offenkundige, jedermann einleuchtende, keiner weiteren Erläuterung und Begründung bedürftige, aus sich selbst einsichtige Wahrheit.“ Dazu passt, dass Michael Oakeshott die Verfassung der USA „the most profoundly sceptical constitution in the modern world“ nennt, und zwar im Sinne von machtskeptisch gegenüber immanenten Verfügungsansprüchen: *Peter Graf Kielmannsegg*, a.a.O., S. 25, Anm. 18.

Seins ist eine der ursprünglichsten Definitionen Gottes und daher in der Tat der entscheidende Begriff der Ethik des Augustinus: Man kann jemanden nicht stärker bejahen, als wenn man ihn liebt und zu ihm sagt: „Ich will, dass du bist",[13] oder besser und bescheidener als endliches Wesen: Ich würde wollen, daß du notwendig bist, wenn ich selbst die Macht hätte, notwendig zu sein.[14] „Ich will, dass du lebst"[15] als Entfaltung des unbedingten Wohl-Wollens ist in dieser theologischen Sicht der Inhalt des schöpferischen Handelns Gottes und der Beginn seiner Geschichte mit dem Menschen, der von Natur aus überhaupt nicht leben muss, sondern sich vielmehr als zutiefst kontingent, zufällig da seiend erfährt. Diese lineare und ethisch imprägnierte Geschichtstheologie des Augustinus variiert eine griechisch begründete Geschichtsphilosophie in Hinsicht auf eine hier und jetzt schon gelungene eschatologische Vollendung – man denke an den Begriff der Schönheit der Seele in der platonischen Philosophie und nicht zuletzt am Ende des platonischen Mythos des „Gorgias" – und hat entscheidende ethische Relevanz, da der Mensch als Ebenbild Gottes dessen liebenden Willen im eigenen Leben wie im Leben der Menschheit nachahmen und in Freiheit der ethischen Entscheidung[16] zur Entfaltung bringen soll. Man kann es auch nochmals anders sagen, in Anlehnung an die klassisch-griechische Unterscheidung von *praxis* und *poiesis*, von herstellendem, technischen Machen und ausdrückendem, ethischen Handeln: Die Qualität eines geliebten und gewollten Daseins soll vom Menschen in der Quantität seiner (technisch herstellbaren) Lebenslänge zum Ausdruck gebracht werden.[17] Und dies gilt insbesondere nach der so genannten Ursünde, theologisch verstanden als prototypische Ablehnung Gottes als der bestmöglichen Lebensform des Menschen, philosophisch verstanden als die grundsätzliche Möglichkeit des Menschen zur grundsätzlichen Selbstverneinung.

III. Freiheit und Sinn

Damit kommt ein entscheidender alttestamentlicher Gedanke ins Spiel, der den ursprünglichen Begriff der menschlichen Gottebenbildlichkeit kontrastiert. Jeder Mensch als Individuum muss sich zu seiner objektiven Gottebenbildlichkeit verhalten – Robert Spaemann nennt das: in Reflexivität statt Spontaneität[18] – und lebt nämlich faktisch außer-

---

13 Vgl. *Hannah Arendt*, Der Liebesbegriff bei Augustin, Versuch einer philosophischen Interpretation, Berlin 2005, S. 71: „Die Liebe macht den Geliebten zu einem *aequilis sibi*, und liebt in ihm diese Äquilität, gleich, ob jener sie versteht oder nicht. Die selbstverleugnende Liebe verleugnet also den Anderen wie sich selbst, aber sie *vergißt* ihn nicht. Dem Verleugnen entspricht das volo ut sis und das rapere ad Deum. Sie verleugnet ihn, um zu seinem eigentlichen Sein vorzustoßen."

14 Vgl. auch *Tatjana Noemi Tömmel*, Wille und Passion. Der Liebesbegriff bei Heidegger und Arendt, Berlin 2013.

15 Vgl. kritisch *Reiner Anselm*, Leben als Gut, nicht als Pflicht. Der Beitrag der evangelischen Ethik in der Debatte um den assistierten Suizid, in: Zeitschrift für evangelische Ethik 59 (2015), S. 104–113.

16 Vgl. *Klaus Demmer*, Bedrängte Freiheit (= Studien zur theologischen Ethik 127), Fribourg 2010.

17 Vgl. *Peter Schallenberg*, Von der Lebensqualität eines Menschenbildes, in: Die Neue Ordnung 60 (2006), S. 181–186.

18 Vgl. *Robert Spaemann*, Reflexion und Spontaneität. Studien über Fénelon, Stuttgart 2019; dazu auch *Peter Schallenberg*, Liebe und Subjektivität. Das Gelingen des Lebens im Schatten des „amour pur" als Programm theologischer Ethik, Münster 2003.

halb des Paradieses in der ständigen Versuchung des Missbrauchs seiner Freiheit, insofern von transzendentem Sinn zugunsten immanenter Ziele abgesehen und damit ein unsinniges, theologisch: sündiges Leben geführt wird. Was aber ist denn menschliche Freiheit? Robert Spaemann definiert sie so: „Freiheit heißt: Wollen können; wissen, warum ich tue, was ich tue. [...] Es gibt keine Freiheit ohne jene einsehbare und nachvollziehbare Notwendigkeit, die wir als Sinn bezeichnen.“[19] Sinn – griechisch: Logos – heißt hier zunächst schlicht: nicht-immanente Notwendigkeit, und zwar in doppelter Hinsicht: des Seins und des Wollens. Anders gesagt besteht die Versuchung der menschlichen Freiheit darin, sich mit vergänglichen Gütern zufrieden zu geben und Bedürfnisse zu befriedigen, statt Ideale zu verwirklichen. Dahinter steht das Dilemma von Wahl und Wertung, von Freiheit und Bindung: „Wir können nicht beides haben – radikal wählen und tief werten. Wir können nicht zugleich gänzlich frei und gebunden sein.“[20] Exakt in dieser Sicht definiert später Thomas von Aquin als Sünde: „aversio a Deo et conversio ad creaturas“. Daraus folgt dann konsequent auch bei Thomas von Aquin die Zuordnung von göttlichem und menschlichem Willen, worauf Robert Spaemann deutlich hinweist: „Nicht was Gott will, sollen wir wollen, sondern das, wovon Gott will, daß wir es wollen. Was Gott will, erfahren wir immer erst nachträglich, belehrt durch den Gang der Ereignisse. Wovon er will, dass wir es wollen, das lehren uns Natur und gute Sitten.“[21] Wiederum und in engem Anschluss an Thomas von Aquin ist bei Robert Spaemann das Menschengemäße nicht einfach identisch mit dem Naturgemäßen, sondern gefiltert durch das Vernunftgemäße: Gut ist das von der menschlichen Vernunft aus der Natur herausgelesene universale Gut des sinnvollen personalen Lebens. Und dieser Sinn ist philosophisch wie theologisch vorausgesetzt und garantiert durch göttlichen Willensentschluss: Daher die unbedingte Menschenwürde als unbedingte Liebenswürdigkeit. Da aber – im Bild gesprochen – die Tugend der Liebe außerhalb des Paradieses und jenseits von Eden, also in faktischer Vorfindlichkeit, nicht mehr leicht und spontan, sondern mühsam und stets nur in angefochtener Reflexion praktiziert werden kann,[22] bedarf es, schon nach Auffassung des Augustinus, der Stützung dieser Tugend (und aller Tugenden) durch Institutionen, insbesondere durch die nach Kains Brudermord notwendig werdende Staatsordnung (*status iustitiae*). Diese ist eine notwendige, keinesfalls hinreichende Bedingung des guten Lebens, insofern sie Gerechtigkeit als moralischen Grundwasserspiegel des menschlichen Zusammenlebens ermöglicht:[23] Der Staat als permanenter Zustand der Gerechtigkeit kann zwar die Liebe des Kain zum Abel nicht erzwingen, er kann jedoch sehr wohl dessen Recht auf Leben und die Toleranz des Kain gegenüber ihm und seinem Lebensrecht erzwingen. Jedoch kann der Staat infolge falscher Bedingungen verkommen zu einer gut organisierten Räuberbande, die nicht mehr das *bonum commune*, sondern nur

---

19 *Robert Spaemann*, Überzeugungen in einer hypothetischen Zivilisation, in: Ders., Schritte über uns hinaus. Gesammelte Reden und Aufsätze I, Stuttgart 2010, S. 285–309 (298).

20 *Jean-Pierre Wils*, Wahl und Kontexte. Über die Geschicke religiös motivierter Handlungen im säkularen Zeitalter, in: Michael Kühnlein/Matthias Lutz-Bachmann (Hrsgg.), Unerfüllte Moderne? Neue Perspektiven auf das Werk von Charles Taylor, Berlin 2011, S. 294–323 (322).

21 *Robert Spaemann*, Einleitung, in: Rolf Schönberger (Hrsg.), Thomas von Aquin: Über sittliches Handeln. Summa Theologiae I-II q. 18–21, Stuttgart 2001, S. 7–18 (10).

22 Vgl. *Robert Spaemann*, Spontaneität und Reflexion. Studien zu Fénelon, Stuttgart 1990.

23 Vgl. *Wolfgang Huber*, Gerechtigkeit und Recht. Grundlinien christlicher Rechtsethik, Darmstadt 2006.

noch ein *bonum speciale* verfolgt.[24] Schon zu diesem frühen Zeitpunkt also, zur Zeit des Untergangs des Römischen Reiches und der drohenden Auflösung aller äußeren Ordnung, reflektiert die Theologie das Verhältnis der kirchlichen Verfasstheit als Gemeinschaft der Gläubigen zum Staat, der, bald nicht-christlich, bald christlich, ihr gegenüber steht. Augustinus reflektiert dieses Gegenüber mit den aufeinander bezogenen Gegensatzbegriffen von „civitas Dei" und „civitas terrena, von „frui" und „uti", von „forum internum" und „forum externum", immer bemüht, das Verhältnis und den Gegensatz von Natur und Gnade, von Mensch und Gott in den Blick und auf den Begriff zu bekommen. Dieser Reflexionsprozess sollte die Kirche des Westens bis in die Moderne begleiten; er wurde mithin zur immer wieder neu und anders interpretierten Suche nach Weltverantwortung im Angesicht des Gottesglaubens. Hier müssen noch zwei erinnernde Erläuterungen folgen: Zunächst ist wiederum zu erinnern, dass es in der griechischen Philosophie die Unterscheidung von theoretischer und praktischer Vernunft gibt mit der nachfolgenden Unterscheidung von *poiesis* (*actus effectivus*, *facere*, Dual: Richtig/Falsch) und *praxis* (*actus expressivus*, *agere*, Dual: Gut/Böse).[25] Wichtig ist auf diesem Hintergrund auch die bereits erwähnte Kennzeichnung der menschlichen Seele im platonischen Mythos des „Gorgias": Die verwundete Seele steht nach dem Tod, also nach der Trennung von Seele und Leib, vor dem Richter, der ihre Striemen und Wunden infolge der vielen Missachtungen ihrer Schönheit sieht und jetzt heilt. Augustinus wird diesen platonischen Gedanken der Heilung jeder menschlichen Seele später aufgreifen im Nebensatz des „ut anima sanetur", dass nämlich Gott Mensch geworden sei, um den Menschen und sein Selbst-Verständnis, seine Seele nämlich, zu heilen.[26] Sodann ist zu erinnern an den (ersten) Schöpfungsbericht (Gen 1, 26 f.) mit der Erschaffung des Menschen als Abbild Gottes. Und nach der Vertreibung aus dem Paradiesgarten (Gen 4, 6–10) wird diese Abbildlichkeit des Menschen wieder aufgegriffen: „Wo ist dein Bruder Abel?" Ursprünglich, so die jüdische Tradition, war der Mensch von Gott ideal gedacht und erschaffen – im Paradies als Sinnbild der geschenkten Idealität – und zugleich mit der Freiheit des Abwägens und Auswählens ausgestattet. Daher kommt es zur kurzsichtigen Wahl des Bösen, das kurzfristig als nützlich, langfristig aber als zerstörerisch wirkt. Es manifestiert sich zum ersten Mal im Brudermord des Kain an Abel. Daher ist hier aus jüdisch-christlicher Sicht die Geburtsstunde der Ethik anzusetzen, und zwar sowohl der Individual- und der Sozialethik. Natürlich ist nach biblischer Auffassung der Mensch dem Mitmenschen nicht Wolf, sondern Hüter. Kein Mensch soll auf den anderen Menschen verzichten können, selbst wenn dieser nicht der eigenen Familie und Sippe angehört, sondern, wie im Fall des barmherzigen Samariters, einem fremden Volk. Der Mensch ist dazu bestimmt, dem Mitmenschen Freund zu sein; Solidarität ist daher jene Haltung, die dem Menschen angemessen und gemäß ist. Die Erzählung der beiden verfeindeten Brüder Kain und Abel wird neutestamentlich aufgegriffen sowohl im Bild des älteren und des jüngeren Sohnes (im Gleichnis vom barmherzigen Vater), wie auch in der institutionenethisch relevanten Erzählung des Ideals vom barmherzigen Samariter (Lk 10, 25–37). Die Kontingenz des ungeliebten oder bestenfalls geduldeten menschlichen Daseins soll geheilt und abgewehrt werden durch die Rückkehr zur Vaterliebe und durch die liebende Hinwendung zum Mitmenschen; die Vermeidung der Kontingenz und die Institutionalisierung des Ideals ist das

---

24 *Augustinus*, De civitate Dei IV 4.

25 Vgl. zum Hintergrund *Bruno Snell*, Die Entdeckung des Geistes. Studien zur Entdeckung des europäischen Denkens bei den Griechen, Göttingen 2009.

26 *Augustinus*, De vera religione III 1.

Ziel: „Das Ideal besagt, man müsse der Kontingenz Herr werden und das Kontrollnetz so weit ausdehnen, dass die Kontingenz auf das Mindestmaß reduziert wird.“[27] Diese Idee der privaten und öffentlichen Hüterschaft der Person für die Person bündelt sich im spezifisch christlichen Begriff des Gewissens als innerste Mitte der Person, in der sie die Stimme des Urbildes, des Schöpfers hört. Postmodern und im Zeichen eines schier schrankenlosen Individualismus und vollkommen individualisierter Interessensverfolgung schließlich stellt sich sodann auch noch grundsätzlicher die Frage nach dem Verhältnis von positiver und negativer Freiheit im Anschluss an Isaiah Berlin[28]: Reduziert möglicherweise der Prozess der modernen Individualisierung[29] und ein postmoderner Individualismus menschliche Freiheit auf eine rein negativ umschriebene Freiheit ohne universal gültige Kriterien positiver Freiheitsgestaltung und damit unhintergehbare Entwürfe von Sinn an die Hand zu geben? In diese Richtung geht jedenfalls die kritische Sicht von Charles Taylor.[30]

IV. Naturrecht und Bioethik

Gerechtigkeit ist die Grundlage des Naturrechtes, mithin die universal gültige Frage: Wer hat welches Recht und welche Rechte? Die Rede vom Naturrecht will diese Frage mit Blick auf die Vernunftnatur des Menschen beantworten, also mit Blick auf seine Fähigkeit zu Sinn-Antworten: Unter welchen Bedingungen hat menschliches Leben einen unbedingten Sinn? Eine solche Frage stellen zu können und nach der Antwort zu suchen, zeichnet den menschlichen Geist aus. Philosophisch heißt das: die Frage nach Gott uns dem unbedingten Sinn zu stellen. Theologisch: die Offenbarung Gottes als unbedingten Sinn entgegenzunehmen und auszubuchstabieren. Gemäß dieser Offenbarung darf sich der Mensch als Abbild Gottes, als gefährdeten unbedingten Träger von Sinn und Würde verstehen. Und erst dann wird alles weitere im Leben und Handeln verständlich. Für die Bioethik heißt das in Fortführung der Grundideen Robert Spaemanns: Erst kommt das Menschenbild, dann die technische Forschung. Der Mensch als Person nämlich versteht sich weit mehr metaphysisch als physisch, mehr im Raum der Ethik nach gutem und geglücktem Leben strebend als im Raum der Technik um möglichst langes und gesundes Überleben besorgt sein. Jede Forschung muss diese innere Qualität jedes Menschen – von Natur aus als Person – achten und voraussetzen, ohne doch ein Urteil über diese Qualität als Gottesebenbild und mit Men-

27 *Karl Lehmann*, Entsteht aus dem verfälschten Christentum die Moderne? Zur Begegnung von Charles Taylor und Ivan Illich, in: Michael Kühnlein/Matthias Lutz-Bachmann (Hrsgg.), Unerfüllte Moderne? Neue Perspektiven auf das Werk von Charles Taylor, Berlin 2011, S. 327–349 (341).

28 Vgl. *Isaiah Berlin*, Freiheit. Vier Versuche, Frankfurt/M. 1995.

29 Vgl. erhellend *Peter A. Berger*, Alte und neue Wege der Individualisierung, in: Ders./Ronald Hitzler (Hrsgg.), Individualisierungen. Ein Vierteljahrhundert „jenseits von Stand und Klasse“, Wiesbaden 2010, S. 11–25.

30 Vgl. *Charles Taylor*, Der Irrtum der negativen Freiheit, in: Ders., Negative Freiheit? Zur Kritik des neuzeitlichen Individualismus, Frankfurt/M. 1992, S. 118-144; vgl. *Thomas Buchheim*, Negative und positive Freiheit. Überlegungen zu Taylors Begriff der menschlichen Freiheit, in: Michael Kühnlein/Matthias Lutz-Bachmann (Hrsgg.), Unerfüllte Moderne? Neue Perspektiven auf das Werk von Charles Taylor, Berlin 2011, S. 239–260 (240): „Das negative Freiheitskonzept bescheidet sich also mit der bloßen Statuierung eines Möglichkeitsraumes, in dem jedes freie Individuum buchstäblich sich selbst überlassen bleibt, sagt aber eigentlich gar nichts darüber aus, was Freiheit für den, dem sie zukommt, heißt oder bedeutet. Dies vielmehr ist die Domäne derer, die glauben, Freiheit im positiven Sinne bestimmen zu können.“

schenwürde begabt fällen zu dürfen. Gut und Böse sind die grundlegenden Differenzen der ethischen Hochebene, richtig und falsch hingegen die Unterschiede in der technischen Tiefebene. Das letzte Ziel ist die gute Gesinnung und das gute Gewissen der Person – und diese Person entzieht sich einem letzten Zweck. So wie Gott. Und nur dieser philosophisch gedachte und theologisch offenbarte Gott, davon ist der Philosoph und Christ Robert Spaemann überzeugt, vermag dem Menschen als Person – jedem Menschen – letztlich unbedingten und unendlichen Sinn zu schenken: „Der Einzigartigkeit jeder einzelnen Person kann niemand gerecht werden außer Gott.“[31] Genau dies macht den Menschen als Person unbedingt schützenswert.

---

31 *Robert Spaemann*, Antinomien der Liebe, in: Ders., Schritte über uns hinaus. Gesammelte Reden und Aufsätze II, Stuttgart 2011, S. 9–26 (22).

GRUNDLAGEN DES LEBENSBEGRIFFS BEI PLATON UND ARISTOTELES

Von *Max Gottschlich*

Robert Spaemanns Auseinandersetzung mit der philosophischen Tradition sowie mit zeitgeistigen Reduktionismen ist – legt man die Einteilung des philosophischen Systems in Logik, Natur- und Geistphilosophie zugrunde – in erster Linie natur- und geistphilosophischen Problemen gewidmet. Im Gefüge dieser Probleme kommt der Frage nach dem Begriff des Lebens ein besonderes Gewicht zu.

Der Begriff des Lebens stellt das Denken vor nicht geringe Schwierigkeiten. Denn Leben ist – so lässt sich Spaemanns Grundmotiv fassen – als Totalitätsbegriff ernst zu nehmen. Dies bedeutet negativ, dass das Leben nicht begriffen ist, wenn es in äußerer Reflexion beschrieben oder als Eigenschaft gefasst wird, die bestimmten Entitäten zukommt. Das Leben ist auch keine schlecht metaphysische Entität jenseits der Lebendigen. Positiv bedeutet das Bedenken des Lebens als Totalität zunächst, dass der Bedenkende sich als darin zugleich partizipierend begreift. Das Lebendige ist sich individuierende Totalität.[1] Diesen Gedanken gilt es heute neu zu erringen. Denn aufgrund des dominanten wissenschaftlich-technischen Weltumganges haben wir uns daran gewöhnt, Natur als gesetzmäßig formulierbaren Zusammenhang von Objekten anzusehen, die ihr Wesen darin haben, als Mittel unserer Zwecke fungieren zu können. Wo das Herrschaftsdenken den Totalitätsstandpunkt usurpiert, wo also vergessen ist, dass die Totalität im wissenschaftlichen Weltumgang bloß als heuristisches Prinzip im Sinne Kants fungieren kann, hat es gerade die Totalität im Denken verloren. Aber an den auf uns zurückschlagenden Folgen der Ausbeutung natürlicher Grundlagen zeigt sich schicksalshaft der vergessene umfassende Lebenszusammenhang.[2]

Spaemanns Auseinandersetzung mit dem Lebensbegriff ist näher durch folgende Motive geprägt:

(1) Spaemann betont die Notwendigkeit der Wiedergewinnung der Dimension einer sich manifestierenden Natur, mithin einer teleologischen Naturbetrachtung gegenüber der seit der Neuzeit durchgeführten Entselbstung der Natur zur transparenten Objekt- und Warenwelt im wissenschaftlichen und technisch-praktischen Weltumgang. Am Le-

---

1 Philosophiegeschichtlich reichen die Linien dieses Gedankens weit zurück. Man denke etwa an Heraklits Deutung der Seele vom Logos als der umfassenden Seinsordnung her („Der Seele Grenzen kannst du nicht entdecken, selbst wenn du jeden Weg abschreitest; so tief ist die Erklärung, die sie hat." (DK 22 B 45)) oder an Aristoteles' Hinweis darauf, dass die Seele „gleichsam alles Seiende ist" (De anima III, 8, 431b21). Als Totalitätsbegriff wird das Leben v. a. bei Hegel gefasst, in Überwindung der Reflexionsphilosophie und ihrer Trennungen.

2 Wird Leben als Totalitätsbegriff gefasst, gilt es wiederum zu beachten, dass dieses nicht – am Ich vorbeigedacht – zu einer schlecht objektiven Macht bzw. einem alles durchwaltenden Quasi-„Willen" hypostasiert wird (Vitalismus, Evolutionismus).

Duncker & Humblot · Berlin | https://doi.org/10.3790/978-3-428-58515-1.2025.204926

bendigen als existierendem Selbstverhältnis wird offenbar, dass Natur nicht darin aufgeht, bedeutungsnackter Horizont unserer Zwecksetzungen zu sein. Es bedarf für eine solche Wiedergewinnung zunächst eines klaren Blicks auf die Prämissen der Naturwissenschaften, der begreift, dass sich gerade ihr Anwendungserfolg einer methodischen Abstraktion vom Charakter des Lebendigseins verdankt. Diese ermöglicht eine material- und wirkursächlich orientierte „Bedingungsforschung"[3], die das Lebendige unter dem Aspekt seiner Nutzbarkeit behandelt. Unter Ausklammerung der (inneren) Teleologie muss das verständige Erklären bei Chiffren wie „Emergenz" und „Fulguration" stehenbleiben.[4] Daraus ergibt sich die Tendenz, den Ausdruck „Leben" aus der Wissenschaftssprache zu eliminieren, indem man meint, „Leben" sei nur ein Name für gegenständlich beschreibbare, funktionale Zusammenhänge. Dagegen bestehe die Aufgabe der Philosophie, der es um die Erkenntnis des Lebens geht, zunächst und vor allem darin, das Bewusstsein des zureichenden Grundes im Sinne der teleologischen Selbstvermittlung wachzuhalten.

(2) Spaemann betont die systematische Schlüsselfunktion des Lebensbegriffs für die Wiedergewinnung des Personbegriffs, als Sein und Bewusstsein „verbindende[r] Mittelbegriff"[5]. Nötig sei diese Wiedergewinnung angesichts eines quasi-cartesianischen Substanzendualismus, in welchem sich die Freiheit in abstrakter Emanzipation von der Natur imaginiert. Spaemann ortet hier eine genuin moderne[6], radikal humanitätsbedrohende „Krise des Personbegriffs"[7]. Die Hybris der Vorstellung eines isolierten Ichsubjekts zeigt sich nach Spaemann besonders in den objektiven Rückwirkungen der Kolonialisierung des Leibes.[8] Zwar unterscheidet sich die Person als sich wissendes Selbstverhältnis von allem, was sie nicht ist; doch dies, dass die Natur im Ich die Augen aufschlägt (Th. Adorno), hat, wie Spaemann betont, zunächst eine Vermittlung im Rücken, die ohne das Andere der Natur und deren Aufhebung in der Entelechialität des Leibes unmöglich wäre. Der Kerngedanke, um den Spaemanns anthropologische Studien kreisen, lautet in Hegels Worten: Der Geist gelangt zu einem sich wissenden Selbstverhältnis „nur als Zurückkommen aus der Natur."[9] Das meint auch bei Spaemann nicht, dass das sich wissende Selbstverhältnis „von unten" im Sinne der Evolutionstheorie ableitbar wäre[10], sondern dass der menschliche Leib als Manifestation –

---

3 *R. Spaemann*, Personen. Versuche über den Unterschied zwischen „etwas" und „jemand", 2019, S. 194.

4 *R. Spaemann* (Fn. 3), S. 188.

5 *R. Spaemann/R. Löw*, Die Frage Wozu. Geschichte und Wiederentdeckung des teleologischen Denkens, 1981, S. 164. Cf. auch *R. Spaemann*, Personen, S. 162–177. Dabei wäre weitergehend mit W. v. Humboldt und Bruno Liebrucks auf die Sprache zu verweisen, in der sich erst jegliche Einheit sowie Differenz von Bewusst-Sein, von Sinnlichkeit und Sinn vermittelt.

6 *R. Spaemann*, Über den Begriff der Menschenwürde, in: R. Spaemann, Das Natürliche und das Vernünftige. Aufsätze zu einer Anthropologie, 1987, S. 101.

7 *R. Spaemann*, Personen, S. 164. „Die Geschichte der Destruktion des Personbegriffs ist die Geschichte der Destruktion des Lebensbegriffs." (*R. Spaemann/R. Löw*, Die Frage Wozu, S. 164).

8 Zu den objektiven Rückwirkungen cf. den Duktus, der sich von der PND über die PID, die prädiktive Gendiagnostik und -therapie bis hin zum Genome Editing vollzieht.

9 *G. W. F. Hegel*, Enzyklopädie der philosophischen Wissenschaften III, in: Werke 10, § 381, 17.

10 Cf. *R. Spaemann*, Sein und Gewordensein. Was erklärt die Evolutionstheorie?, in: R. Spaemann, Philosophische Essays. Erweiterte Ausgabe, 1994, S. 185–207.

mit Hegel gesagt: des Geistes als des Manifestierens selbst – zu fassen ist. Gegenüber einer Trennung des Personbegriffs vom Begriff des Menschen und seiner Leiblichkeit betont Spaemann deren Kontinuität.[11] Er wurde nicht müde, die Implikationen dessen für eine vernünftige Selbstbegrenzung der Handlungsfreiheit zu betonen. Als Grundsatz gilt ihm dabei: „wir können [...] die Achtung vor der Personwürde nur operationalisieren durch eine bestimmte angemessene Weise des Umgangs mit der Natur eines Menschen.“[12] Von da her verstehen sich Spaemanns Stellungnahmen zur Grundfrage, ob es hinsichtlich des Menschen beim Lebensschutz *zugleich* um Würdeschutz und damit um einen kategorischen Imperativ geht oder nur um einen pragmatisch bedingten Imperativ, der eine Schutzwürdigkeit an das Vorliegen gewisser Eigenschaften knüpft. Schon die menschliche Physis ist Präsenz des Unbedingten.

(3) Hinsichtlich des konkreten Freiheitslebens (βίος im Unterschied zu ζωή) akzentuiert Spaemann die Bedeutung der inneren Zweckmäßigkeit des Guten, Wahren und Schönen für das wirkliche Sich-Zeitigen der Person als Einheit mit sich oder als Totalität[13] gegenüber bloß utilitären Selbst- und Weltinterpretationen, die zum Nihilismus tendieren. Damit steht er im Gefolge der Bemühungen um eine Aufklärung der Aufklärung. Dazu gehört ein vernunftgeleitetes Interesse an der Religion, in der die Frage nach Sinn inmitten der Erfahrung von Kontingenz wachgehalten werde.[14]

Der folgende Text will, an einige dieser Motive anknüpfend, bleibend relevante Grundeinsichten Platons und Aristoteles' im Begriff des Lebens herausstellen. Dabei soll die Aufmerksamkeit auf einen systematischen Gesichtspunkt gelenkt werden, der bei Spaemann im Hintergrund bleibt, nämlich die Frage nach der logischen Einholung des Lebensbegriffs. Was hat das Logische mit dem Leben zu tun? Die Antwort hängt vom Begriff des Logischen ab. Wird das Logische vom Mechanischen her bzw. technisch-praktisch gefasst, wie in der formalen Logik oder wird das Logische als lebendiger Logos gefasst? Formale Logik versteht die logische Form als inhaltsneutrales Instrument zur Herstellung widerspruchsfreier gegenständlicher Bestimmtheit im Dienst der Wissenschaft und Technik. Das Denken des Lebens fordert aber, was auch bei Spaemann anklingt[15], nicht das Vermeiden, sondern das Denken und Auflösen des Widerspruchs. Was nicht widerspruchsfrei konzipierbar ist, kann in einer formallogisch zubereiteten Realität keinen Ort haben. Zudem ist das Leben, wie wir sehen werden, nicht eine leere Form, die von einem außer sie fallenden Prinzip betätigt wird, sondern vielmehr jene Form, die sich erfüllt und individuiert. Ist das Leben logisch ortlos, hängt die Rede vom natürlichen und geistigen Leben unbegründet in der Luft. Im Denken des Lebens geht es also letztlich um eine Revolution im Denken des Denkens.

---

11 *R. Spaemann*, Personen, S. 191.

12 *R. Spaemann*, Die Herausforderung des ärztlichen Berufsethos durch die medizinische Wissenschaft, in: R. Spaemann, Grenzen. Zur ethischen Dimension des Handelns, 2001, S. 345.

13 *R. Spaemann*, Personen, S. 210.

14 *R. Spaemann*, Einsprüche. Christliche Reden, 1977, S. 63.

15 *R. Spaemann*, Personen, S. 185.

I. Platon

1. Ansatz

Platon lässt in seinen frühen Dialogen Sokrates vorführen, wie das Denken als Denken beginnt: als Schritt vom Einzelnen zum Allgemeinen, vom Entlanglaufen an Wahrnehmungen hin zum Erfassen der Idee als des Wesens einer Sache. Dies gilt auch für unser Thema. Wenn wir einmal so weit kommen, die Was-Frage (τί ἐστι) in Bezug auf das Leben als solches zu stellen, so kann diese Frage nicht dadurch beantwortet werden, dass auf einzelne Instanzen für das Leben hingewiesen wird. Beispiele für eine Sache begründen sich nicht selbst *als* Beispiele, sondern sie setzen ein Kriterium voraus, von dem her sie als Beispiele gelten. So müssen wir den Schritt vom Beispiel zum Begriff des Lebens machen – d. h. nach einem *Prinzip* fragen, aufgrund dessen wir zwischen Lebendigem und Totem unterscheiden. Dieses ist das Lebensprinzip, das die Tradition der Philosophie „Seele" (ψυχή) nennt.

Mit diesem Ansatz sind grundlegende Differenzierungen gewonnen:

(1) Die Seele qua Lebensprinzip ist ein Allgemeines, das sich in den einzelnen Lebendigen repräsentiert, daher von diesen zugleich unterschieden ist (χωρισμός). Diese Unterscheidung hat zunächst den Sinn, dass die Seele nicht wie ein körperliches Ding zu fassen ist.

(2) Platon geht über die Undifferenziertheit der Allbeseeltheitslehren (Hylozoismus) hinaus, die noch keine prinzipielle Differenz zwischen Belebtem, Organischem und Unbelebtem, Anorganischem kennen.

(3) Zugleich denkt Platon Leben und Seele umfassend: d. h. Leben nicht eingeschränkt auf natürliches Leben und Seele nicht eingeschränkt auf die sich wissende Seele. Erst in der Neuzeit wird im Zusammenhang mit der Entstehung der exakten Naturwissenschaftlichkeit und dem Nominalismus[16] die teleologische Naturbetrachtung, mithin die Seele als Lebensprinzip ausgeklammert, wodurch das Leib-Seele-Problem entstehen musste.

2. Selbstbewegung als Prinzip des Lebens

Platon entwickelt den Lebensbegriff über den Begriff der Bewegung (κίνησις, was weit gefasst Veränderung, Prozesshaftigkeit, Wechsel bedeutet). Dabei ist es schon eine gewaltige Errungenschaft der Ideenlehre in der Auseinandersetzung mit dem Eleatismus, dass die Rede von κίνησις nicht von vornherein dem Verdikt der Gehaltlosigkeit anheimfällt, weil sie sich auf nichts Wirkliches bezieht. In der Lehre von der μέθεξις (Anteilhabe) geht es um die Vermittlung der im Eleatismus getrennten Seiten des Allgemeinen (Einheit) und Einzelnen (Vielheit). Dies ist ein entscheidender Schritt in der „Rettung der Phänomene"[17] vor dem eleatischen Einen. Das Reich der Phänomene, in denen sich stets κίνησις zeigt, ist nicht ein Reich bloßen *Scheins*, sondern ein Reich der *Erscheinung*. Bestimmte κίνησις ist immer *Einheit von Einheit und Vielheit*, nicht ungerichtetes Werden, das ein gänzlich Unbestimm-

---

16 *R. Spaemann/R. Löw*, Die Frage Wozu, S. 98 ff.

17 Cf. *R. Spaemann/R. Löw*, Die Frage Wozu, S. 30 ff.

bares wäre, sondern manifest gerichtetes Werden.[18] Die Seele ist nach Platon *Prinzip aller gerichteten Bewegung.*[19]

Platon gibt an zwei Stellen eine Definition der Seele als Lebensprinzip, eine knappere im *Phaidros* 245c–d und eine entwickeltere im Spätwerk der *Nomoi* X 892a–896d[20], die so lautet:

> Welches ist nun die Definition dessen, was den Namen „Seele" trägt? Haben wir eine andere als die eben angegebene: „die Bewegung, die sich selbst bewegen kann"?[21]

Es gilt also zu unterscheiden:

(1) Das anderes Bewegende und von anderem Bewegte: das charakterisiert das Anorganische. Dieses bewegt sich nicht selbst, wirkt nicht von sich her, sondern wird von anderem bewegt und bewegt anderes. Damit ist in gewisser Weise das Kausalitätsprinzip formuliert: Jede Bewegung oder Veränderung im Bereich des bloß Materiellen, Anorganischen ist immer als Wirkung einer anderen Bewegung oder Veränderung zu verstehen.[22] Ursache und Wirkung sind hier voneinander getrennt: eines ist die Ursache, ein anderes die Wirkung. Das betrifft auch alle Produkte der Technik. Es ist falsch, zu sagen, dass die Maschine *sich* bewegt, sondern sie *ist* bewegt.

(2) Das Sichselbstbewegende: das ist die Definition des Prinzips des Lebens, das Platon Seele (ψυχή) nennt. Hier gilt nicht, dass eine Bewegung Ursache für eine andere Bewegung ist, sondern Ursache und Wirkung der Bewegung bzw. Veränderung fallen zusammen.

Halten wir an dieser Stelle inne, um einige erklärende Gesichtspunkte festzuhalten:

(a) Wir sagen alltagssprachlich: Das Lebendige *hat* eine Seele. Das ist eine ungenaue Redeweise. Es müsste heißen: Das Lebendige *ist* Seele, die einen Leib *hat*. Leib[23] und Seele verhalten sich nicht wie zwei Dinge zueinander, sodass gefragt werden könnte: Wie kommt die Seele in den Leib? Wann verlässt die Seele den Leib? Die Seele ist nicht als „superveniente" Eigenschaft eines Körpers vorzustellen. Sondern – das ist bei Platon im Sinne der Ideenlehre grundgelegt – die Seele setzt das Körperliche zu einem Unselbständigen herab, d.h. sie ergreift Besitz vom Körper, der damit Leib ist. So

---

18 Cf. *R. Spaemann/R. Löw*, Die Frage Wozu, S. 35f.

19 Cf. *R. Spaemann/R. Löw*, Die Frage Wozu, S. 38.

20 Der Kontext im *Phaidros* ist ein Argument für die Unsterblichkeit der Seele als Lebensprinzip, in den *Nomoi* eine Widerlegung des Materialismus durch den Aufweis der ontologischen Priorität der Seele als des bewegenden Prinzips gegenüber dem Bewegten. Dies kehrt bei Aristoteles im Verhältnis von *causa finalis* und *causa efficiens* wieder.

21 *Platon*, Nomoi X, S. 895e–896a.

22 In der neuzeitlichen Physik werden Bewegung und Ruhe als Zustände eines Dings gefasst, das Kausalitätsprinzip mithin so, dass jede Veränderung eines Zustandes einer Ursache bedarf, die zeitlich vorangeht. Kant wird die dabei in Anspruch genommene Bedeutung der Zeit als Form der Anschauung für die Erstellung einer gesetzmäßig bestimmbaren Welt von Erscheinungen aufzeigen.

23 Als Terminus für den beseelten Körper im Unterschied zum anorganischen Körper.

ist der Leib *Präsenz* der Seele.[24] Die Seele regiert das Anorganische, sie ist das tätige Integrieren der Vielheit in die Einheit des Selbstverhältnisses.

(b) Leben bedeutet *Selbstverhältnis*, Selbstkausation, Sich-Hervorbringen und Sich-Erhalten. Das Lebendige ist – im Unterschied zum Anorganischen – ein wirkliches Selbst, ein Individuum, das sein Wesen in Form seiner Selbstbewegung verwirklicht. Dieser Gedanke ist entscheidend für die Begründung der Integrität des Lebens. Dieses Selbst werden Platon und Aristoteles in ihrer Seelenlehre differenzieren. Seele oder ein Selbst zu sein, ist von der Platonischen Definition her zunächst weit zu nehmen. Es bedeutet nicht schon unmittelbar, *sich wissendes* Selbst zu sein, ja es muss – im Fall der pflanzlichen Seele – nicht einmal über eine Innerlichkeit im Sinne der Empfindung bzw. Sinneswahrnehmung verfügen. Selbst zu sein bedeutet zunächst nur dies, dass das Lebendige *Beziehungsmacht* ist, die sich darin erweist, dass es sich *von seinen wirkursächlichen Entstehungsbedingungen emanzipiert hat*[25]: es bezieht sich auf anderes und verhält sich, indem es sich auf anderes bezieht, zugleich zu sich (Selbst- und Arterhaltung). Das Anorganische hingegen, z. B. der Kristall, hat – genauer: *ist* – kein Selbst, das sich in „seiner" κίνησις verwirklichte oder erhielte, sondern es wird in den Bezügen, in denen es steht, in den physikalischen und chemischen Prozessen, ein anderes.

(c) Der Gedanke der Selbstbewegung, der Verwirklichung eines Selbst, fordert (was bei Platon noch nicht näher expliziert wird) den Zweckbegriff. Das Zusammenfallen von Ursache und Wirkung wird erst im Begriff des Zwecks und seiner Verwirklichung gedacht.

3. Zum fundamentalphilosophischen Kontext des Lebensbegriffs

Im Begriff der Seele bzw. des Lebens geht es um das zentrale systematische Problem des Verhältnisses des Allgemeinen und Einzelnen, mit dem der mittlere Platon zu ringen beginnt und dessen Auflösung den Ansatz des Aristoteles auf den Plan ruft. Welches ist das bewegende Prinzip in aller Selbstbewegung? Es ist die Repräsentation des Allgemeinen im Einzelnen. Das lebendige Individuum ist nur dadurch ein solches und als ein solches erkennbar, dass es sein Allgemeines repräsentiert. *Der Begriff des Lebens steht und fällt mit der Denkbarkeit von μέθεξις.*

Der Gedanke, dass das einzelne Lebendige Präsenz des Allgemeinen ist, wird auch für Aristoteles gelten. Doch es gibt eine methodische Differenz zwischen Platon und Aristoteles in Bezug auf die Erkenntnis der Natur: Platon denkt die Natur bzw. das natürlich Lebendige in Bezug auf den Logos der Ideen. Der sinnliche Kosmos ist als *Bild* der Ideen gefasst, somit setzt die Erkenntnis der Natur die Erkenntnis der Ideen voraus. Bildhaftigkeit bedeutet aber nicht nur Darstellung und Präsenz der Idee[26], sondern zugleich partielle Nicht-Repräsentation, Verzerrung, Selbstverlust der Idee im Außereinander des Materiel-

24 Erst die sich wissende Seele wird sich von ihrem Leib unterscheiden. Dennoch ist das Ich für die anderen präsent in seinem Leib.

25 Cf. *R. Spaemann*, Personen, S. 187.

26 Im Timaios will Platon die Verwandtschaft des Kosmos mit den Ideen über Zahlenverhältnisse entschlüsseln. Cf. *R. Spaemann/R. Löw*, Die Frage Wozu, S. 31 f.

len (χώρα).[27] Aristoteles geht zwar von den Errungenschaften der Ideenlehre aus, aber er fasst die Natur nicht als Bild der Idee, weshalb auch der Gesichtspunkt des partiellen Selbstverlusts der Idee in individuo in den Hintergrund tritt.

Das Movens aller Selbstbewegung ist also die Repräsentation des Allgemeinen im Einzelnen. Das Lebendige ist nicht unmittelbar mit sich identisch, ein Ruhendes (dies ist das Anorganische), sondern – darin zeigt sich bereits der Kerngedanke der Dialektik des späten Platon[28] – es hat seine Identität oder sein Selbst darin, dass es in Bezug zu anderem tritt. Nur in dieser Bezüglichkeit kann sich das Allgemeine realisieren.[29] *Zu leben bedeutet also den Vollzug der μέθεξις, das Innewerden des Allgemeinen.* Den großen Bogen dieses Innewerdens des Allgemeinen, der sich von dem natürlich Lebendigen beginnend über das menschliche Handeln bis hin zur Schau der Idee selbst spannt, schildert die Eroslehre.[30]

In der Systematik Platons ist diese alles Leben bestimmende Tätigkeit des Eros in der *Idee des Guten* fundiert[31], die sich in einem durch Vernunft geordneten natürlichen und sittlichen Kosmos zur Darstellung bringt. In jedem Lebendigen ist ein Selbstverhältnis präsent. Dieses ist wiederum als solches Präsenz des Guten. Denn die Idee des Guten ist die Vermittlung actu des Allgemeinen im Einzelnen als Prinzip selbst gesetzt. Der Inhalt dieses Prinzips besagt, dass die Bewegung des Sich-Erhebens des Einzelnen zum Allgemeinen zugleich die Bewegung des Allgemeinen hin zum Einzelnen, die Individuation des Allgemeinen ist.

Daraus erhellt der Ort des teleologischen Erklärens: „Teleologisch erklären heißt bei Platon und Aristoteles: etwas ‚durch das Beste erklären', d. h. zeigen, daß etwas geschieht, weil es so am besten ist."[32] Die zureichende Antwort auf die Frage, warum dieses Lebendige da ist, lautet so: weil es gut ist. Das ateleologische Erklären führt dagegen „zu einem unendlichen Regress in der Kausalforschung"[33] – man denke auch an die iterierenden kindlichen Warum-Nachfragen –, der für das ἄπειρον, das Unvernünftige steht. Die Haltepunkte der Bedingungsforschung sind ja stets nur pragmatische, vom jeweiligen Anwendungshorizont her bestimmt. Der Imperativ der Technik: Du sollst, weil Du kannst!, tendiert ebenfalls zur schlechten Unendlichkeit und damit zur Maßlosigkeit.

4. Das Prinzip menschlichen Lebens

Mit der höchsten Stufe des Innewerdens des Allgemeinen nach Platon, dem Erkennen bzw. Schauen der Idee als des Allgemeinen, stehen wir vor der Bestimmung des menschlichen Lebens. Wie verhält sich das geistige Leben zum natürlichen Leben? Einerseits ist

27 Die Frage nach der ideentheoretischen Begründung der χώρα bei Platon bzw. dieses Selbstverlustes der Idee wäre wohl von der Dialektik des Einen und Vielen im Sinne des Dialogs *Parmenides* her zu betrachten.

28 Man denke v. a. an die Kategorie des ἕτερον.

29 Aristoteles wird daran anschließend die entgegengesetzte Seite, den „Weg" vom Allgemeinen zum Einzelnen betonen. Der Kern seiner Platon-Kritik besteht ja in der Behauptung, dass Platon zu wenig gesehen habe, dass das Allgemeine als „unteilbare Art" die Tendenz zum Individuum hin ist.

30 *Platon*, Symposion, S. 201d–212c; Cf. *R. Spaemann/R. Löw*, Die Frage Wozu, S. 40 ff.

31 *R. Spaemann/R. Löw*, Die Frage Wozu, S. 37 f.

32 *R. Spaemann/R. Löw*, Die Frage Wozu, S. 27.

33 *R. Spaemann/R. Löw*, Die Frage Wozu, S. 29.

nach Platon das menschliche Leben Teil einer umfassenden Seinsordnung, die in der Eroslehre charakterisiert wird. Andererseits wiederum nicht. Denn so nahe im Platonischen Ansatz natürliches und menschliches Leben aneinander gerückt zu sein scheinen, dürfen wir nicht übersehen, dass Platon erstmals gezeigt hat, dass zwischen dem Menschen und den übrigen Lebewesen eine nicht zu gradualisierende prinzipielle Differenz besteht. Diese gründet im Wissen seiner selbst.[34] Die menschliche Seele hat als λογιστικόν Anteil am Logos selbst, d. h. dass der Mensch das *sich wissend auf sich beziehende Allgemeine*, mithin das Allgemeine alles Allgemeinen ist. Als solches ist der Mensch nicht bloß *Repräsentant* einer Spezies unter anderen.[35] Daher sind auch die menschlich naturalen Lebensvollzüge nie *nur* natural, sondern gewinnen als gewusste Zwecke eine neue Bedeutung im Zeichen des guten Handelns. So betont Platon, dass das λογιστικόν über die beiden anderen Seelenvermögen, das „begehrende" (ἐπιθυμετικόν) und das „mutartige" (θυμοειδὲς) Seelenvermögen, herrschen solle – im Handeln des Einzelnen wie in der menschlichen Gemeinschaft. Durch das Wissen seiner selbst wird also eine Teilhabe an den Ideen, am Logos möglich, die über das bloße Repräsentieren einer Art bzw. Artgesetzlichkeit hinausgeht und die spezifisch menschlichen Tätigkeitsweisen von τέχνη, πρᾶξις und θεωρία sowie deren spezifische Erfüllungsgestalten vom Handwerk über den Staat bis hin zur Wissenschaft allererst ermöglicht. Durch das Denken unterscheidet sich der Mensch vom Tier. *Das Prinzip des geistigen Lebens ist das Wissen seiner selbst.* Die „Schau" der Idee selbst ist das Telos der Bewegung des Eros.

5. Kritik gegenwärtiger Positionen mit Platon

Das bisher Ausgeführte unterscheidet sich von gegenwärtig wirkmächtigen Ansätzen in der Auseinandersetzung mit dem Leben. Greifen wir zwei besonders markante Punkte heraus:

(1) Man kann bereits mit Platon erkennen, dass das sogenannte Leib-Seele-Problem, wie es sich in der Neuzeit im Anschluss an Descartes gestellt hat, in doppelter Weise von falschen Voraussetzungen ausgeht, was zu aporetischen Fragestellungen führt: zum einen wird die Bedeutung der Seele als Lebensprinzip übersehen, wodurch der Körper nicht als Organismus begriffen werden kann, woraus wiederum folgt, dass die „Geistseele" äußerlich, wie ein Techniker, zu einem solchen Körper hinzutreten müsste; zum anderen werden Körper und Seele als ein Verhältnis von zwei Substanzen aufgefasst. Entscheidend ist: Dem Anorganischen kommt keine Substanzialität gegenüber der Seele zu. *Im Organismus und in seiner Selbstbewegung (Selbst- und Arterhaltung) manifestiert sich geradezu die Unselbständigkeit des Anorganischen.* Ebenso hat das natürliche Leben gegenüber der sich wissenden, vernünftigen Seele keine Substanzialität. Das Denken ist nach Platon nicht als Eigenschaft des Organismus zu begreifen. Das finden wir gegenwärtig einerseits in der Form, dass Denken als Inbegriff „mentaler Zustände" beschrieben wird, die Hirnprozessen korrelieren sollen („Geist" als „Emer-

34 Cf. die Dialoge *Charmides* und *Theaitetos*.

35 Das ist der entscheidende Punkt in der Widerlegung des „Speziesismus"-Vorwurfs von Peter Singer. Der Würdestatus des Menschen gründet nicht in einer Beschaffenheit, sondern darin, dass der Mensch sich wissendes Allgemeines ist (das sich freilich in einer bestimmten speziesartigen Physis, vor allem in der Sprache manifestiert).

genz"), andererseits in der Form, dass „das Mentale" als Funktion von Zuständen des Gehirns („Supervenienz") gefasst wird. In beiden Fällen ist das Denken in seiner Form des Sich-Wissens schon im Ansatz verfehlt. Nimmt man Platons Einsichten ernst, so kann man das Leib-Seele-Problem nicht mehr als Frage nach dem Verhältnis von einem Ding namens Gehirn und dem, was das Mentale oder das Bewusstsein genannt wird, auffassen.

(2) Die Platonische Perspektive auf das Leben insgesamt ist uns fremd geworden. Heute, so scheint es, sehen wir das Leben nüchterner, ohne metaphysischen Ballast einer Ideenlehre. Seit dem 19. Jahrhundert hat man sich im Sinne der Evolutionstheorie daran gewöhnt, das menschliche Leben als eine Art natürlichen Lebens anzusehen. Seit der Neuzeit klammern wir die Frage nach der Zweckursache aus der Naturwissenschaft aus. Was Platon „Idee" nennt, bedeutet biologisch allenfalls die Artgesetzlichkeit. Aber: Das, was wir Artgesetzlichkeit nennen, strebt nicht danach, sich *in individuo* zu verwirklichen, sondern ist nur ein abstrakt Allgemeines, ein Konstrukt, das zur möglichst durchgängigen Bestimmung der Individuen, ihrer Klassifizierung und weiteren Bearbeitung i. S. der Biotechnologie nützlich sein können soll. Was ist dann der Grund der Prozessualität des Lebendigen? Was tritt an die Stelle der Idee des Guten? Die *äußere Teleologie*, die sich als Kampf ums Dasein im Sinne des *survival of the fittest* formuliert. Was ist das Subjekt dieses Kampfes? Nicht das Individuum, sondern dieses ist nur das Vehikel für die Selbsterhaltung der Art (was die sein soll, scheint schwer bestimmbar geworden zu sein[36]) bzw. des Genoms. Platon würde einwenden: das Genom beschreibt die materielle (chemische) Grundlage, die die Prozessualität des Lebendigen voraussetzt. Dennoch ist die *Grundlage* als Bedingung (συναιτία) der κίνησις von dem zureichenden *Grund* (αἰτία) zu unterscheiden. Sowenig wie das Ich das Gehirn ist, sowenig ist das Leben – als Vollzugswirklichkeit gedacht – gleichbedeutend mit dem Genom. Wird dies übersehen, entsteht eine Form von Gespenstermetaphysik, welche die „Gene" zum Quasi-Subjekt des Lebensprozesses hypostasiert, denen es um die Selbsterhaltung im Prozess von Mutation und Selektion ginge. Natur- und Weltgeschichte (wobei diese Unterscheidung hinfällig wäre) wären nur die Bühne, auf welcher der Kampf der Gene um ihre Selbsterhaltung zum Bewusstsein gelangt.

Zudem würde Platon einwenden, dass das Problem der Entstehung des Lebens überhaupt außerhalb der Reichweite einzelwissenschaftlichen Erklärens liegt – wie auch insgesamt die Frage nach dem Grund dafür, warum überhaupt Natur ist, keine naturwissenschaftliche Frage sein kann.[37] Die Evolutionstheorie setzt das Leben und Lebendiges im Sinne des methodischen Vorgehens der διάνοια im Platonischen Liniengleichnis[38] voraus, um die Entstehung neuer Lebensformen zu erklären. Sie vermag jedoch nicht ihre Voraussetzung, *dass* es Leben überhaupt gibt, einzuholen. Der Versuch einer Ableitung der Seele aus dem Anorganischen (physikalischen, chemischen Objekt) wird immer eine *petitio principii* bleiben.

---

36 Zur Problematik einer Definition des Artbegriffs angesichts der Resultate moderner Biologie cf. *P. Heuer*, Art, Gattung, System. Eine logisch-systematische Analyse biologischer Grundbegriffe, 2008.

37 Cf. *H. Tegtmeyer*, Art. Seele, in: Enzyklopädie Philosophie, H. J. Sandkühler, (Hrsg.), Bd. 3, 2010, S. 2380.

38 *Platon*, Politeia VI, S. 509d–511e.

Platon ist ein Korrektiv gegen das Begründen „von unten“ im Sinne des Materialismus oder Naturalismus. Wir haben hier ein Denken, das das Konkrete nicht vom Abstrakten her verstehen will, sondern umgekehrt: das Abstrakte (Anorganische) vom Konkreten (Lebendigen), das die Wirklichkeit von der Idee des Guten her begreift. Damit ist Platon auch ein Korrektiv gegen die Verabsolutierung instrumenteller Rationalität.

6. Die logische Herausforderung im Denken des Lebens

Für die exakte Wissenschaftlichkeit formuliert der Begriff des Lebens als αὐτοκινοῦν ein Unding. Denn der Gedanke der Selbstbewegung ist nicht widerspruchsfrei konzipierbar. Er spricht die *Einheit der Entgegengesetzten* aus: Ein und dasselbe ist das Bewegende und das Bewegte, etwas ist zugleich Ursache und Wirkung seiner selbst. Dies widerspricht dem Satz des zu vermeidenden Widerspruchs, der besagt, dass von etwas nicht zugleich a und non-a ausgesagt werden kann. Formallogisch gesehen ist das Leben daher Nonsens. Das gilt übrigens für alles, was selbsthaft ist, was ein Selbst ist – auch für das Ich (als Subjekt-Objekt). Das Herstellen widerspruchsfreier Bestimmtheit beim Lebendigen würde bedeuten, dieses als Totes, als Anorganisches im Sinne Platons anzusehen.

Damit noch nicht genug: Nicht nur *Selbst*bewegung, schon der Begriff der κίνησις ist nicht widerspruchsfrei konzipierbar. Dies haben die Zenonischen Aporien in großer Folgerichtigkeit aufgezeigt: Wenn ich Werden, Bewegung, Veränderung denke, dann muss ich die Entgegengesetzten zusammendenken, denn sonst gibt es keine Bewegung, sondern nur Ruhe. Es hilft nichts zu sagen: zu *diesem* Zeitpunkt haben wir die Eigenschaft a, zu *jenem* Zeitpunkt die Eigenschaft b und *dazwischen* soll dann der „fließende Übergang“ zwischen den Entgegengesetzten stattfinden. Damit wird das Problem nur in die Vorstellung eines Kontinuums verschoben, denn im „fließenden Übergang“ müssen die Entgegengesetzten wiederum zugleich sein.

Das fundamentalphilosophische Problem lautet: Wenn der Satz des zu vermeidenden Widerspruchs nicht nur logisches, sondern zugleich ontologisches Prinzip sein soll, d. h. für das Sein, das Wirkliche gelten soll – und das setzt die Philosophie bis zu Kant voraus (außer der späte Platon), gleichfalls alle Einzelwissenschaftlichkeit –, dann ist Leben im Sinne der Platonischen Definition ein Unding. Die oberste Forderung aller Wissenschaftlichkeit ist doch die der Widerspruchsfreiheit, wie wir seit Parmenides wissen. Wenn der Widerspruch keine Existenz haben darf, dann können wir nicht davon sprechen, dass Lebendiges – als αὐτοκινοῦν – existiert. In Anbetracht dieses Problems gibt es zwei Optionen:

(1) Der Weg des technisch-praktischen Umgangs des (einzel-)wissenschaftlichen Verstandes:

Der Verstand, der die entgegengesetzten Bestimmtheiten gegeneinander fixiert, versucht den Widerspruch zu vermeiden, indem er κίνησις so beschreibt, dass dieser (scheinbar) eliminiert ist. So lassen sich die Zenonischen Bewegungsaporien durch die Formel der Geschwindigkeit bzw. gleichförmigen Bewegung: $s = v \cdot t$ zunächst aushebeln. Auf dieser Grundlage kann zwar – wenn zudem die unterschiedliche Beschleunigung und Geschwindigkeit der Läufer berücksichtigt wird – berechnet werden, zu welchem Zeitpunkt und an welchem Raumpunkt Achilles die Schildkröte überholt. Jedoch ist mit diesem Verfahren, das die Geschwindigkeit als Verhältnis von Raum und Zeit bestimmt, κίνησις nicht schon *begriffen*, sondern nur ein *technisch-praktischer Umgang mit Bewegung* ermöglicht. Denn der Raum besteht so wenig aus Raumpunkten wie die Zeit aus Zeitpunkten. Diese sind (wie sich mit Kants *Kritik der reinen Vernunft* einsehen lässt) technisch-praktische Setzungen, um mit κίνησις berechnend umgehen zu können.[39]

Dass der Begriff des Lebens den Widerspruch in sich schließt, bedeutet keineswegs, dass Leben etwas Irrationales sei, sondern *seine Vernünftigkeit besteht vielmehr geradezu darin, entgegengesetzte Bestimmungen in sich zu vereinigen*. So lässt sich schon von Platon her vermuten, was Kant in der *Kritik der Urteilskraft* in der Tat zeigen wird, dass nämlich das Leben kein möglicher Gegenstand exakter Wissenschaftlichkeit ist, anders gewendet: dass formale Logik (die als solche weder Platon noch Aristoteles kennen, wenngleich Letzterer deren Auftreten vorbereitet) keine Erkenntnisdignität in Bezug auf das Leben hat.[40] Sehr wohl ermöglicht die Applikation formaler Logik auf Erscheinungen (im Sinne Kants, die geradezu dadurch definiert sind, dass sie *nicht* Präsenz einer sich von ihr selbst her zeigenden Physis sind) den technisch-praktischen Umgang mit Lebendigem. Doch dies hat einen Preis, den man nicht übersehen sollte: die Verdinglichung des Lebens, die auf den Verdinglichenden zurückschlägt. Sobald der Widerspruch im Begriff des Lebens im Sinne exakter Wissenschaftlichkeit „theoretisch" wie „praktisch" im Zeichen der Herstellung eindeutiger Bestimmtheit eliminiert werden soll, wird das Lebendige getötet. Kant zeigt in der *Kritik der reinen Vernunft*, dass der Gegenstand der exakten Naturwissenschaftlichkeit, der im Kontext der einen wissenschaftlichen Erfahrung stehen können soll, der Forderung durchgängiger eindeutiger und widerspruchsfreier Bestimmtheit entsprechen muss. Nur unter der Voraussetzung einer unumschränkten Erkenntnisdignität formaler Logik, insbesondere des Satzes des zu vermeidenden Widerspruchs, kann man meinen, dass das Leben auch möglicher Gegenstand exakter Wissenschaftlichkeit sei.

Dem vergegenständlichenden Zugriff des Verstandes steht die Übergegenständlichkeit des Lebens gegenüber. Diese zeigt sich darin, dass wir das Leben nie so objektivieren könnten, dass wir aus diesem heraustreten vermöchten, um es aus einer „Außenperspektive" zu betrachten.[41] Nur als Lebendige, die am (allgemeinen) Leben teilhaben, können wir dieses auch in objektivierender Weise thematisieren[42], oder grundlegender: nur als an der Idee wissend Partizipierende, also am geistigen Leben Teilhabende, können wir um Leben überhaupt wissen.[43] Die beiden systematischen Hauptgegensätze im Denken – Einzelnes und Allgemeines sowie Subjektives und Objektives – lassen sich also im Denken des Lebens nicht im Sinne eines Versuchs der Widerspruchsvermeidung auf zwei getrennte Seiten ver-

39 Die logische Grundfrage nach der Erkenntnisdignität formaler Logik ins Zentrum stellt *B. Liebrucks*, Sprache und Bewußtsein (Bd. 4): Die erste Revolution der Denkungsart. Kant: Kritik der reinen Vernunft, 1968.

40 Cf. das Resultat der *Kritik der Urteilskraft* hinsichtlich des „Naturzwecks": das Lebendige ist kein möglicher Gegenstand eines Erkenntnisurteils, *wenn formale Logik Erkenntnisdignität haben können soll*.

41 Dieser Gedanke wäre in Bezug auf die Sprache noch zu vertiefen.

42 Das Prinzip, dass Gleiches von Gleichem erkannt werde, lässt sich als Reflexion des μέθεξις-Problems verstehen. Cf. *C. W. Müller*, Gleiches zu Gleichem. Ein Prinzip frühgriechischen Denkens (Klassisch-Philologische Studien, 31), 1965.

43 Nämliches gilt für die Sprache. Nur sprechend können wir Sprache (z.B. linguistisch) vergegenständlichen, nie aber aus ihr heraustreten. In unserem Sprechen sind wir immer schon Teil eines die Generationen umfassenden Zusammenhangs, der sich in jedem Satz weiterbildet.

teilen, sondern diese sind zusammenzudenken. *Das Ernstnehmen des Widerspruchs ist die conditio sine qua non in der Erfassung des Lebens als eines Totalitätsbegriffs, seiner übergegenständlichen Bedeutung.*

(2) Der andere Weg besteht darin, das Leben zu denken. Dies ist die Aufgabe der Philosophie. Der Widerspruch wird gedacht und wirklich aufgelöst, indem *die entgegengesetzten Bestimmungen als Momente eines Prozesses* begriffen werden. Das ist der eigentliche Sinn des Konkreten, des *concrescere.* Der erste, der den Gedanken des Lebens in diesem Sinne formuliert, ist Heraklit von Ephesos. Heraklit gilt gerade deshalb als der „Dunkle", schwer zu Verstehende, weil er nicht bloß bei einem widerspruchsfreien Modell von Wirklichkeit im Sinne des Eleatismus stehenbleibt, sondern in der Tat bei der Wirklichkeit gedanklich ankommt, indem er den Logos als das ἕν διαφερόμενον ἑαυτῷ, als *Einheit der Entgegengesetzten* fasst:

> Das Widerstrebende vereinige sich und aus den entgegengesetzten (Tönen) entstehe die schönste Harmonie, und alles Geschehen erfolge auf dem Wege des Streites. (25 fr. 8)

Und:

> Sie begreifen nicht, daß es [das All-Eine], auseinanderstrebend, mit sich selber übereinstimmt: widerstrebende Harmonie wie bei Bogen und Leier. (27 fr. 51).[44]

Wirklich ist nicht der Logos der Eleaten, des abstrakten Verstandes, der alle Vielheit, die Bewegung, Veränderung ausschließt, sondern der Logos als das Eine, das alles Sein in sich schließt (ἓν πάντα εἶναι), als die Einheit von Einheit und Vielheit, als das Eine sich in sich selbst Entgegensetzende. Für den abstrakten Verstand, der die entgegengesetzten Seiten gegeneinander fixiert, der also mit Platon gesagt den Begriff der μέθεξις nicht fasst, muss Begriff des Lebens als „dunkel" erscheinen.

Die späte Dialektik Platons, die Wissenschaft von der Verbindung und Trennung der Begriffe[45] wird im *Sophistes* und *Parmenides* in exemplarischen Untersuchungen zeigen, wie dieser Logos näher zu denken ist.[46] Platon *denkt* hier in der Tat das, was die Metapher μέθεξις besagt, indem er die *Idee als sichselbstbewegend* fasst – d. h. als Allgemeines, das seine Bestimmtheit, seine Identität *in seiner Relationalität* auf die anderen Ideen im Sinne der συμπλοκή (Verflochtenheit) der höchsten Gattungen hat (alle Ideen partizipieren an der Idee des ἕτερον). Diese Vermittlung der Ideen untereinander aber ist nicht wirklich ohne ihr Sich-Repräsentieren im Einzelnen, dem aisthetischen Kosmos. Die Idee ist nicht eine abgetrennte Wesenheit, sondern sie ist nur wahrhaft Idee, wenn sie sich instantiiert, in Gestalten individuiert. Damit ist die Idee dynamisiert[47]: Bewegung, Leben und Seele[48]

---

[44] Zitiert nach: Die Vorsokratiker. Die Fragmente und Quellenberichte, übersetzt und eingeleitet von W. Capelle, mit einem Geleitwort und Nachbemerkungen von C. Rapp, 9. Aufl., 2008, S. 100. – Dieser Gedanke formuliert zugleich das Wesen der Schönheit (cf. *Hölderlins* Hyperion).

[45] *Platon*, Sophistes, S. 253c ff.

[46] Zur Dialektik des späten Platon cf. *B. Liebrucks*, Platons Entwicklung zur Dialektik. Untersuchungen zum Problem des Eleatismus, 1949; *M. Gottschlich*, Der Begriff des konkret Allgemeinen bei Platon und Aristoteles – Eine Infragestellung formallogischer Ontologien?, in: Theologie und Philosophie, Heft 1 (Jg. 89) 2014, S. 1–28.

[47] Der Ausdruck „dynamisierte Idee" in Bezug auf den späten Platon geht, soweit wir sehen, auf den Wiener Philosophen Franz Ungler zurück.

[48] *Platon*, Sophistes, S. 248e.

sind Bestimmungen, die nicht nur der sogenannten Sinnenwelt angehören, die nicht bloßer Schein gegenüber der unwandelbaren Sichselbstgleichheit des Allgemeinen sind, wie der verstandeswissenschaftliche Standpunkt besagt[49], sondern diese Bestimmungen gehören dem wahrhaften Sein (der Idee) selbst an. Damit überwindet Platon den Eleatismus der mittleren Ideenlehre, überhaupt den Standpunkt des Verstandes.[50] Erst damit wird geistiges Leben begreiflich. So ermöglicht etwa erst diese Verflochtenheit der Begriffe überhaupt eine gehaltvolle Rede und ihre Selbstunterscheidung von der Kenologie.[51] Von den Einsichten Platons in die Natur des Logischen sind wir heute in der Logik, sofern wir die logische Form als inhaltsneutrales Werkzeug für beliebige endliche Zwecke perfektioniert haben, denkbar weit entfernt.

II. Aristoteles

Aristoteles' Denken dreht sich im Kern um die gedankliche Bewältigung des μέθεξις-Problems. Und Aristoteles hat die erwähnte gedankliche Herausforderung im Begriff des Lebens zu lösen versucht. Das Hauptthema der Naturphilosophie des Aristoteles ist der Begriff der κίνησις. Alles, was von Natur aus existiert, ist durch κίνησις bestimmt. Dabei bezieht er sich nicht nur auf Platon, sondern vorrangig zunächst auf den Eleatismus. Man kann die Naturphilosophie des Aristoteles insgesamt verstehen als den Versuch, die Herausforderung des Sinnlosigkeitsverdachts einer Rede vom Sein der Bewegung/ Veränderung zu bewältigen. Im Sinne der Eleaten ist ja die Rede von Bewegung, Veränderung usw. der Weg der Täuschung, in welchem die Sprache etwas festhält, das nicht in Wahrheit existiert, was hier soviel heißt: was weder im widerspruchsfreien Denken noch als exakt bestimmbare Realität vorkommen kann. So ist es für Aristoteles von besonderer Wichtigkeit, die Zenonischen Aporien zu widerlegen.[52] Die Auseinandersetzung mit dem Eleatismus durchzieht sein gesamtes Werk.

1. Differenzen zu Platon und zur neuzeitlichen Naturwissenschaft

Einerseits müssen wir einen methodischen Unterschied zu Platon festhalten: Aristoteles will die Vernünftigkeit der Natur nicht darin begründen, dass sie *Bild* der Idee sei, sondern er setzt voraus, dass die Vernünftigkeit der Natur *spezifische* Prinzipien hat. Nicht müssen wir zuerst den Logos im Sinne der ersten Philosophie erkannt haben, sondern es bedarf eines Neubeginns. In Bezug auf die Natur gibt es andere Prinzipien als in der ersten Philosophie (Metaphysik). Die Methodik richtet sich nach dem Gegenstandsbereich. Daher gibt Aristoteles keine Theorie *der* Natur, sondern eine Theorie des natürlich Seienden, des φύσει

49 So ist das naturwissenschaftliche Gesetz das ruhige Bild, in das wir die wechselnden mannigfaltigen Phänomene bringen. Die damit erreichbare exakte Bestimmtheit verdankt sich aber der Abstraktion vom Wirklichen, Individuellen. Kein wirklich Seiendes fällt z. B. in der „idealen" Exaktheit, die das Galileische Fallgesetz vorschreibt.

50 Damit wird auch der umgekehrte Zug des Allgemeinen ins Einzelne begreiflich. Wenn die Idee des Guten die Idee aller Ideen ist und diese sich wesentlich *mitteilt*, so kann dies nur spätplatonisch gedacht werden. Vorher gibt Platon davon Bilder (das Sonnengleichnis in der *Politeia*).

51 *Platon*, Sophistes, S. 259e.

52 Davon handeln Physik I und v. a. VI.

ὄν.[53] Dieses gilt es in seinem *eigentümlichen* Prinzip (οἰκεῖον) zu denken.[54] Mit diesem Eigentümlichen der Natur muss sich die Naturphilosophie vertraut machen. Dazu braucht es Erfahrung. Daher haben wir einen Hang zur empirischen Forschung bei Aristoteles. Aristoteles ist indes kein Empirist, der meint, er könne den Wahrnehmungen entlanglaufend zur Erkenntnis gelangen, sondern sein Interesse an Empirie ist spekulativ vermittelt.

Dieses Interesse an der Empirie hängt auch mit dem Grundeinwurf des Aristoteles gegen Platon zusammen, dass Platon die Idee als selbständiges Ding, als Substanz gefasst habe (als statische *causa formalis* und nicht zugleich als *causa efficiens*, als Tendenz zum Individuum). Platon habe die Idee oder das Allgemeine noch zu sehr in eleatischen Bahnen von der logischen Gattung her gedacht, mithin die Idee hypostasiert, wodurch gerade die Anteilhabe des Einzelnen am Allgemeinen undenkbar werde. Aristoteles setzt dagegen, auch in der Physik, beim Individuum an. Zunächst und primär bezeichnet Aristoteles als Substanzen die natürlichen Körper, die Lebewesen, Gestirne usw. Im Gegensatz zu Platon spricht er von einer οὐσία αἰσθητή (die Idee ist ja im Sinne des mittleren Platon gerade *nicht* sinnlich wahrnehmbar).

Aristoteles' Interesse an den Naturphänomenen, sein methodischer Ansatz unterscheidet sich zugleich von der exakten, mathematischen Naturwissenschaft, wie sie in der Neuzeit entsteht. Aristoteles' Interesse an der Empirie ist auch von dem naturwissenschaftlichen Umgang mit der Empirie zu unterscheiden. Denn bei Aristoteles steht die Naturphilosophie im Zeichen der θεωρία, der Erkenntnis des φύσει ὄν, sie gehört zu den theoretischen Wissenschaften. Die θεωρία lässt den Gegenstand ihrer Betrachtung gewähren, greift nicht ein, und wenn sie es tut (etwa Tiere seziert, was Aristoteles vielfach tat), dann *stets im Zeichen der Erkenntnis des οἰκεῖον des φύσει ὄν.* Aristoteles interessiert sich für das, was *sich zeigt* in der Natur, für die Naturphänomenalität als solche und deren Prinzipien. Die Voraussetzung dabei ist, dass jedes Naturphänomen ein Wesen, ein Selbstsein *zeigt.* Dieses zeigt es in der Weise seiner κίνησις. Es bedarf aufgrund dieses Sich-Zeigens daher auch nicht spezieller Geräte zur Erfassung dieses Selbst, es genügen die fünf Sinne.[55]

Dagegen geht es in den Ansätzen der neuzeitlich mathematischen Naturwissenschaft nicht um das Erfassen eines Ansichseins, sondern um die Erstellung widerspruchsfreier Modelle von Wirklichkeit, die möglichst weitgehendes Vorhersagen und Vorausberechnen von Phänomenen zum Zweck der Naturbeherrschung ermöglichen.[56] Diese Naturwissenschaft muss dazu von der Frage nach dem Zweck und einem οἰκεῖον, einem sich zeigenden Selbst in der Natur schon im Ansatz abstrahieren. Das φύσει ὄν interessiert im Blick der Einzelwissenschaftlichkeit nicht als dieses wirkliche, anschauliche Individuum da, sondern nur als Fall einer intelligibel zu erfassenden Bestimmtheit von Gesetzen bzw. Kräften, also nur insofern sich an ihm Eigenschaften mittels der Mathematik beschreiben lassen, die es als funktionale Tatsache in einem Sachverhalt ausweisen. Dieser Sachverhalt aber ist –

53 Zur Systematik und zum Ansatz der Aristotelischen Naturphilosophie cf. *Th. S. Hoffmann*, Philosophische Physiologie. Eine Systematik des Begriffs der Natur im Spiegel der Geschichte der Philosophie, 2003, S. 21 ff., 257 ff.

54 Cf. *Th. S. Hoffmann*, Philosophische Physiologie, S. 314 ff.

55 An der Frage nach der Legitimität des Gebrauchs technischer Instrumente zur Naturerkenntnis entzünden sich später Konflikte zwischen Aristotelikern und den Gründervätern der neuzeitlichen mathematischen Naturwissenschaft.

56 Cf. *J. Mittelstraß*, Leonardo-Welt. Über Wissenschaft, Forschung und Verantwortung, 1996.

im Sinne des Eleatismus – unsinnlich und sich *als solcher* auch nicht in individuo repräsentierend (das Naturgesetz wird nie „rein" oder „ideal" realisiert).

Schließlich gilt: Aristoteles versteht die Natur von dem Lebendigen her, als dem in ihr Höchsten. So ist der Begriff des Lebendigen in gewisser Weise auch Schlüsselbegriff für die gesamte Naturerkenntnis. Die neuzeitliche exakte Naturwissenschaftlichkeit versteht dagegen die Natur vom Mechanismus, d.h. vom Toten her. Um Willen ihrer Exaktheit muss sie dies.

2. Das Lebendige als Entelechie

Der Begriff des Lebens fasst sich in einem von Aristoteles geprägten Neologismus zusammen: ἐντελέχεια[57], was zunächst bedeutet, dass etwas zu seinem Ziel, zu seiner Vollendung gelangt.[58] Terminologisch steht ἐντελέχεια dem Begriff ἐνέργεια (lat. actus) nahe;[59] ἐνέργεια bedeutet Wirklichkeit, aber es ist immer zu betonen: nicht als Vorhandensein (als ein Ding), sondern als *Vollzug*. Das gilt ebenso für die ἐντελέχεια.

Aristoteles gebraucht „ἐντελέχεια" nicht ausschließlich für die Seele, sondern auch für das Anorganische und die Artefakte.[60] Aber das Werkzeug hat seinen Zweck *außer sich*, in seinem Gebrauch, es ist Mittel. Das Lebendige dagegen hat den Zweck *in sich*. Das ist der nähere Sinn von Entelechie in Bezug auf das Lebendige: den Zweck oder das Ziel *in sich* zu haben. Kant wird in diesem Zusammenhang von „innerer Zweckmäßigkeit des Naturwesens", von einem „Naturzweck" sprechen, im Unterschied zur „relativen Zweckmäßigkeit" im Sinne der Nützlichkeit des Naturwesens für die Zwecke des Menschen.[61]

Aristoteles gelangt zum Begriff des von Natur aus Seienden indirekt, nämlich über die *bestimmte Negation*[62] des Begriffs des Werkhervorbringens (ποίησις bzw. τέχνη). Er teilt das Seiende zunächst[63] in zwei Klassen: in die Naturgegenstände und in die Artefakte, dasjenige, was durch menschliche Tätigkeit da ist. Das ist eigentümlich: Warum macht Aristoteles diesen Umweg über die Technik, um das natürlich Seiende zu bestimmen? Weil es darum geht, das φύσει ὄν als dasjenige zu denken, das von ihm her selbst da ist und nicht durch menschliche Hervorbringung. Dies können wir nicht direkt, sondern nur *via negationis* der Bestimmung des Werkherstellens denken. Da zeigt sich: Die natürlichen Dinge haben, im Unterschied zu den Produkten der τέχνη, den Ursprung bzw. das Prinzip von Be-

57 Zum Begriff der Entelechie cf. v.a. *Aristoteles*, De anima II 1 und II 5.

58 R. Spaemann übersetzt mit „Darinsein des Telos" (*R. Spaemann/R. Löw*, Die Frage Wozu, S. 75, Anm. 3).

59 „Aristoteles bevorzugt aber den Ausdruck ‚Entelechie', wenn er das Moment des Erfüllt- und Vollendetseins, und den Ausdruck ‚Akt' [ἐνέργεια], wenn er das Moment der Aktivität betonen will." (*O. Höffe*, Aristoteles, 2., überarbeitete Auf, 1999, S. 143).

60 Entelechialität meint hier, dass diese Dinge, wenn sie einen Anstoß zur Bewegung oder Veränderung erfahren, dieser nicht nur passiv aufgenommen, „sondern durch die Natur des Dinges *aktiv* vermittelt" wird. (*R. Spaemann/R. Löw*, Die Frage Wozu, S. 54).

61 *I. Kant*, Kritik der Urteilskraft, § 63.

62 R. Spaemann stellt dagegen das „analoge" Verhältnis von Naturdingen und Artefakten heraus, das es uns erst ermögliche über natürlich Seiendes zu sprechen. (*R. Spaemann/R. Löw*, Die Frage Wozu, S. 63).

63 *Aristoteles*, Physik II, Kap. 1.

wegung und Ruhe in sich selbst. Dabei hat Bewegung bzw. Veränderung, wie auch bei Platon, mehrere Bedeutungen, die auch hier nicht gleichrangig nebeneinanderstehen, sondern gemäß der Lehre von den Kategorien in vier Arten unterschieden werden[64]:

1. quantitative Veränderung: Größer- und Kleinerwerden
2. qualitative Veränderung: Veränderung einer Eigenschaft
3. der Relation nach: Ortsbewegung
4. substanzielle Veränderung: genetische Veränderung, die nicht nur Akzidenzien, sondern die Substanz betrifft: Entstehen und Vergehen, Durchlaufen des Lebensprozesses überhaupt.

Die eigentliche und die anderen Formen begründende bzw. ermöglichende Form der Bewegung ist jene der Substanz, während die anderen drei Formen nur Akzidentelles betreffen, d. h. sich nur an der Substanz (das wahrhafte Sein) und ihrer κίνησις finden lassen.[65]

Die natürlichen Dinge sind im Unterschied zu den Produkten der τέχνη dadurch bestimmt, dass sie einen *in ihnen selbst liegenden Trieb zur Veränderung* haben. Die künstlichen Dinge haben diesen Trieb zur Wandlung nur akzidentell, d. h. insofern ihre Bestandteile natürliche Dinge sind (z. B. das Verfaulen des Holzes, aus dem der Tisch besteht). Aber *als* Kunstprodukte haben diese den Ursprung der Ruhe und der Bewegung nicht in sich. Ein Kunstwerk stellt sich nicht selbst her, erhält sich nicht selbst. Das durch Kunst hervorgebrachte Werk vermag weder sich selbst hervorzubringen (im Sinne der Selbsterhaltung), noch sich zu verändern. Die Herausforderung besteht hier darin, die Vorstellung der äußeren Vermittlung zu transzendieren und Selbstvermittlung zu denken: Die Seele mache „ein Etwas zu einem neuen Zentrum einer ‚Umwelt', innerhalb derer etwas anderes für diese lebendige Entität bedeutsam werden beziehungsweise daseinsrelativ auf sie existieren kann."[66]

Inwiefern ist das φύσει ὄν in bestimmter Negation des Werkhervorbringens zu fassen? Aristoteles entwickelt dies in Bezug auf die Vier-Ursachen-Lehre. Die Unterscheidung von Materialursache, Formursache, Bewegungsursache und Zweckursache ist ja nichts anderes als eine Reflexion auf die τέχνη. Der Unterschied besteht in einer bestimmten Beziehung der vier Ursachen. Während bei der τέχνη die vier Ursachen auseinanderfallen, ist es beim φύσει ὄν so, dass Formursache, Bewegungsursache und Zweckursache zusammenfallen und der Materialursache gegenüberstehen. Die Form ist als tätige Form gefasst: sie ist zugleich Bewegungs- und Zweckursache. So bleibt nur der Gegensatz von Form und Materie, wobei die Form für das Wesen (εἶδος, μορφή) steht. Das φύσει ὄν ist dadurch gekennzeichnet, dass sich in ihm eine Form „von selbst", d. h. eigenursprünglich manifestiert, und zwar als κίνησις, als Prozess. Wichtig zu sehen ist: Das φύσει ὄν ist bei Aristoteles nicht als ein Ding, sondern als *Tätigkeit* gefasst, als Manifestieren und Manifestation. Die bestimmte Weise des Tätigseins des φύσει ὄν zeigt sich phänomenal in seiner κίνησις.

---

64 Cf. *Aristoteles*, Physik III, Kap. 1.

65 In der mathematischen Naturwissenschaft wird der Begriff der Bewegung auf die berechenbare und planmäßig herstellbare Ortsbewegung restringiert.

66 *R. Spaemann*, Personen, S. 188.

So lautet die abschließende und konkreteste Definition der φύσις aus der Reihe der im Definitionenbuch der *Metaphysik* vorgetragenen Begriffsbestimmungen von „Natur":

Nach dem Gesagten ist also Natur im ersten und eigentlichen Sinne die Wesenheit (οὐσία) der Dinge, welche das Prinzip der Bewegung in sich selbst haben, insofern sie das sind, was sie sind; denn der Stoff wird Natur genannt, weil er diese aufzunehmen fähig ist, das Werden und Wachsen darum, weil es Bewegungen sind, die von dieser ausgehen. Und Natur ist auch das Prinzip der Bewegung der natürlichen Dinge, immanent in den Dingen entweder dem Vermögen oder der wirklichen Tätigkeit nach.[67]

Hier spricht sich aus, dass Aristoteles die Natur insgesamt vom Lebendigen her denkt. Die „Natur" eines φύσει ὄν ist gefasst als Wesen von Dingen, die eine Quelle der Bewegung in sich selbst haben. Dies ist die Aristotelische Fassung der Bestimmung der Selbstbewegung. Wir sprechen heute von Selbstorganisation. Dabei ist stets zu bedenken, dass diese Bestimmungen *nicht* als gegenständliche Beschreibung einer Eigenschaft aufgefasst werden dürfen (was meistens geschieht), sondern diese sind im Sinne des Aristoteles immer als *Vollzugswirklichkeit* zu denken sind.

In der Aristotelischen Fassung der Selbstbewegung gibt es zwei gewichtige Unterschiede zu Platon:

(1) Platon scheint davon auszugehen, dass es so etwas wie eine reine Selbstbewegung gibt, eine absolute Selbstbewegung (bezogen auf die Seele ergibt sich von da her das Argument für die Unsterblichkeit), ein *perpetuum mobile*. Nach Aristoteles gibt es so etwas wie eine reine Selbstbewegung nur im Element des Allgemeinen, im Denken des Denkens (νόησις νοήσεως) – d. h. im Leben des Gottes, nicht in der Natur. Denn eine reine Selbstbewegung setzt ein autarkes Seiendes voraus. Das Natürliche ist aber nicht autark, da es in seiner Bewegung stets auf seine Umwelt als Mitursache angewiesen ist, immer durch anderes φύσει ὄν vermittelt ist, exzentrisch ist.[68] Beim natürlich Seienden gibt es nur relative und partielle Selbstbewegung. Die Selbstbewegung in der Natur ist daher immer auch Ausdruck der Endlichkeit des Einzelnen: Naturwesen wie Pflanzen und Tiere bewegen sich immer auch, weil sie nicht völlig in sich stehen, sondern bedürftig sind. Sie sind in sich in die Differenz von möglichem und wirklichem Selbstsein gebrochen. Gleichwohl vermögen sie *von sich aus* in Beziehung auf sich selbst und auf anderes Bewegung und Ruhe zu initiieren. Dies ist eine wichtige Konkretisierung der Platonischen Seelendefinition.

(2) Aristoteles versucht andererseits die trennscharfe Platonische Unterscheidung zwischen Anorganischem und Organischem zu unterlaufen, indem er den Gedanken der Selbstbewegung in gewisser Weise wiederum auf das Anorganische ausdehnt. Er betrachtet unter dieser Perspektive auch nichtorganische Naturprozesse, mechanische Bewegungsvorgänge wie wir neuzeitlich sagen würden. Z. B. ist das Fallen eines Steines für den Stein nicht in der Weise eine Anlage, wie für den Organismus das Wachstum. Aber das Fallen des Steines ist durch Eigenschaften bestimmt, die dem Wesen des Steins angehören. Das Fallen des Steins ist auch zu denken als eine Anlage, die

---

67 *Aristoteles*, Metaphysik, 1. Halbbd.: Bücher I–VI, Neubearbeitung der Übersetzung von H. Bonitz, mit Einleitung und Kommentar von H. Seidl (Hrsg.), gr.-dt., 3., verbesserte Aufl., 1989, Buch V., Kap. 4, S. 191, 1015a11 f.

68 Cf. *Aristoteles*, Physik II 2, 194b13.

in ihrer Verwirklichung das οἰκεῖον des Steins zur Erscheinung bringt. Wenn nämlich den Stein nichts hält, dann fällt er immer. Darin zeige sich, so Aristoteles, das Streben nach seinem „natürlichen Ort“.[69]

Wir halten fest: In seiner Selbstbewegung bringt der Naturgegenstand sein Selbst, sein Wesen (οὐσία, εἶδος) zum Ausdruck. Selbstbewegung (das Wachstum, das Verhalten eines Lebendigen usw.) ist die Präsenz des εἶδος. Die verschiedenen sich zeigenden Bewegungs- bzw. Prozessformen sind Ausdruck eines verschiedenen οἰκεῖον.[70]

Damit sind wir beim entscheidenden Punkt, dem Entelechiebegriff angelangt. Um die Entelechie zu denken, müssen wir zwei Begriffspaare zusammendenken:

(a) Materie (ὕλη) – Form (εἶδος, μορφή) und

(b) Möglichkeit (δύναμις) – Wirklichkeit (ἐνέργεια).

Wobei die Grundlehre des Aristoteles lautet: Die Materie verhält sich zur Form wie die Möglichkeit zur Wirklichkeit.[71] Form bedeutet also nicht bloß die Gestalt oder die äußere Form (das wäre eher μορφή), sondern die formende, tätige Form (εἶδος als *forma formans*).

Der Begriff der Entelechie (κίνησις als Selbstbewegung) bedeutet also nicht bloß eine Zustandsbeschreibung (im Ziel zu sein, Vollendetsein), sondern er bedeutet den Prozess des Sichübersetzens der Anlage in die Wirklichkeit.[72] Aus einer anfangshaften, noch relativ mangelhaften (im Sinne von unbestimmten) enhyletischen Formwirklichkeit wird eine volle enhyletische Formwirklichkeit (z. B. Same – Pflanze). Wenn wir dies auf die vier Bedeutungen von Bewegung/Veränderung beziehen, so handelt es sich um die Bewegung der Substanz nach. Das Ziel (τέλος) etwa beim menschlichen Embryo ist die (tätige) Ausgestaltung der Form (εἶδος), die volle Wirklichkeit des Menschseins. Dieses Ziel müssen nicht *wir* an einem Material realisieren wie in der Technik, sondern die Form verwirklicht *sich selbst* – die Form ist also sowohl Ursprung der Bewegung (*causa efficiens*) als auch Ziel der Bewegung (*causa finalis*). Selbstbewegung bedeutet, wie wir mit Aristoteles näher sehen, *Entwicklung* – d. h. keine kontingente κίνησις, sondern eine *Prozessualität, die ohne unser Zutun einer Ordnung folgt, die von einem Anfang ausgehend an einem Ziel orientiert ist.* Dass

---

69 In der Neuzeit wird dies gedeutet als Kraft, der die einzelnen Dinge unterliegen (Schwerkraft); die Rede von einer Entelechie wurde dagegen als Annahme einer (vermeintlich) okkulten *vis insita* angesehen.

70 Die exakte Naturwissenschaft lebt davon, von der Frage nach einem jeweils individuellen οἰκεῖον des Naturgegenstandes, das sich jeweils phänomenal zeigt, abzusehen. Sie lebt von der Nivellierung, Identifizierung, Herstellung der Gleichheit der Gegenständlichkeit mittels der Mathematik. Paradigmatisch ist hier Galileis Formulierung des Fallgesetzes: Galilei wendet sich da gerade gegen die Annahme verschiedener Bewegungsformen, die auf ein verschiedenes οἰκεῖον verweisen; das Fallgesetz soll diesbezüglich eine Einheitlichkeit herstellen. Das natürlich Seiende wird im Sinne der Neuzeit nicht mehr als sichselbstbewegend gefasst, sondern als materielles Ding, das äußerlich induzierten Bewegungen unterliegt.

71 Cf. *Aristoteles*, Metaphysik VIII 1, 1042a27 f.; VIII 6, 1045a23–33; b17–19.

72 Cf. *Aristoteles*, Physik III, 1–3.; R. Spaemann kritisiert mit Thomas von Aquin allzu simple und damit zirkuläre Wiedergaben wie: Bewegung sei der Übergang von der Möglichkeit zur Wirklichkeit. (*R. Spaemann/R. Löw*, Die Frage Wozu, S. 57). Möglichkeit und Wirklichkeit stehen eben nicht in schlankem Gegensatz zueinander.

ein lebendiges Wesen den Zweck in sich selbst hat, zeigt sich darin, dass es sich in seinen Lebensvollzügen, Veränderungen, Bewegungen usw. selbst und seine Art erhält.

Wichtig ist, den *Möglichkeitsbegriff* adäquat zu fassen. Wir müssen im Sinne des Aristoteles vor allem zwischen zwei Bedeutungen von Möglichkeit[73] unterscheiden:[74]

(1) Eine Möglichkeit, die, wenn weitere Bedingungen gegeben sind, in die Wirklichkeit treten *kann.* Diese Möglichkeit enthält nicht die Tätigkeit, derer es bedarf, um sie zu realisieren. Damit z. B. aus dem Stück Holz da, das der Möglichkeit nach Tisch ist, auch ein wirklicher Tisch wird, bedarf es der Tätigkeit eines herstellenden Subjektes, der Vorstellung des Zwecks, des Einsatzes der Mittel. Aristoteles spricht in diesem Zusammenhang von der Möglichkeit in dem Sinne, dass etwas ein bestimmtes Vermögen hat, verändert zu werden.[75] Das ist jene Möglichkeit, auf deren Nutzung die τέχνη beruht: sie ist eine dem Material nach mögliche Form, die eine dem Material äußerliche Tätigkeit herauszubilden vermag. Wir können diese „Herstellungsmöglichkeit" oder „technische Möglichkeit" nennen.

(2) Die andere Weise von Möglichkeit, die wir als „substanzielle Möglichkeit" bezeichnen können, bedarf zu ihrer Verwirklichung keiner äußerlichen Tätigkeit, sondern diese verwirklicht sich mit Notwendigkeit, wenn nur nichts Hinderndes dazwischentritt und die entsprechenden Bedingungen gegeben sind.[76] Aristoteles spricht in diesem Zusammenhang von der δύναμις, die Prinzip der Bewegung oder bestimmter Veränderungen ist. Im Deutschen bezeichnen wir dies als Anlage. Um diese Bedeutung von Möglichkeit geht es beim Lebendigen als Entelechie. Die Möglichkeit, die etwa im menschlichen Embryo steckt, ist angelegt auf eine bestimmte Wirklichkeit: mit (innerer) Notwendigkeit geht etwas Bestimmtes hervor aus dem Embryo, wenn keine äußere Gewalt hindernd dazwischentritt und die Bedingungen gegeben sind. Aus einem Embryo wird ein Individuum dieser Art und keiner anderen. Die Form, die sich hier verwirklicht, ist Ursprung der Bewegung und zugleich Ziel der Bewegung des Lebensvollzuges.[77] Die Form, der die Bestimmtheit dieses Prozesses angehört, ist im Lebendigen die unteilbare Art (ἄτομον εἶδος, „zweite Substanz"), die sich in der Materie individuiert und darin „erste Substanz" ist. Bei der Herstellungsmöglichkeit ist das geformte Material nicht von sich her schon die Tendenz zur Aktualität einer bestimmten Form.[78]
Nach Aristoteles ist diese auf ihre Wirklichkeit hin aufgespannte Möglichkeit eine Seite der Substanz (οὐσία), des Wirklichen selbst. Sie ist also von dem Wirklichen (im Sinne des Wirkenden) nicht als getrennt zu betrachten, im Sinne einer Phase oder eines Zustandes, der zu einem Zeitpunkt überwunden wäre. Das Lebendige ist nicht zuerst nur Mögliches, dann zu einem späteren Zeitpunkt nur Wirkliches, sondern als Mögli-

73 R. Spaemann kontrastiert die hier angeführte zweite Bedeutung dagegen mit dem megarischen Möglichkeitsbegriff (*R. Spaemann/R. Löw*, Die Frage Wozu, S. 55 ff.).

74 Cf. *Aristoteles*, De anima II, 5. Von der Möglichkeit im Sinne der Zufälligkeit, die Aristoteles ebenfalls bedenkt, und zwar sowohl hinsichtlich der Natur als auch der Sphäre des menschlichen Handelns, sehen wir hier ab. R. Spaemann geht darauf in lehrreicher Weise mit Blick auf die Unterscheidung von Teleologie und Teleonomie ein (*R. Spaemann/R. Löw*, Die Frage Wozu, S. 65 f.).

75 Cf. *Aristoteles*, Metaphysik V, 12.

76 Cf. *Aristoteles*, Metaphysik V 12, 1020a1 f.; IX 1, 1046a11.

77 Die scholastische Metaphysik spricht in diesem Zusammenhang von der *anima forma corporis*.

78 Cf. *R. Spaemann/R. Löw*, Die Frage Wozu, S. 62.

ches ist es zugleich wirklich und als Wirkliches ist es zugleich möglich.[79] Hier zeigt sich wiederum: eine eindeutige, widerspruchsfreie Bestimmtheit (*entweder* möglich *oder* wirklich), die formallogisch gefordert wäre, kann es in Bezug auf das Lebendige nicht geben.

Diese substanzielle Möglichkeit ist durch eine *Kontinuität der Verwirklichung des Möglichen* charakterisiert.[80] Diese Kontinuität, die nichts anderes als die Entelechie ist, gewährleistet, dass wir *schon das Mögliche vom Wirklichen her verstehen*. Die Entelechie enthält also – wie der Begriff der Selbstbewegung bei Platon – den *Widerspruch* in sich: die befruchtete Eizelle ist Mensch und ist zugleich nicht Mensch; *an sich* oder der substanziellen Möglichkeit nach ist schon die befruchtete Eizelle Mensch. Die substanzielle Möglichkeit ist also Einheit von Sein und Nichtsein (eine Voraussetzung, die Aristoteles in seiner Polemik gegen Platons Annahme des Seins des Nichtseienden (*Sophistes*) übersehen zu haben scheint).

So begründet sich schon im Entelechiebegriff (und nicht erst in einem davon abgetrennten Personbegriff) die diachrone Identität des lebendigen Individuums über Gestaltungen und Zeiten hinweg, eine Identität, die nicht Resultat einer Zuschreibung eines äußeren Verstandes ist, sondern uns objektiv entgegenkommt. Der (einzelwissenschaftliche) Verstand dagegen versucht, den Widerspruch im Begriff der Entelechie zu vermeiden, indem er den Lebensprozess auf die als Linie verräumlichte Zeit projiziert[81] und auf dieser Linie das Lebendige gemäß dem, was sich in der Erscheinung beobachten lässt, in Phasen oder Zustandsquerschnitte einteilt. Der Verstand bringt das Lebendige damit in ein ruhiges und vermeintlich widerspruchsfreies Bild. Entscheidend ist zu begreifen, dass dies eine Reflexion eines äußeren Verstandes darstellt, deren Sachhaltigkeit und wissenschaftliche Validität nur darin fundiert sein kann, dass das Lebendige sich selbst einteilt. Es selbst hat das Prinzip seiner Organisation und Gestaltung in sich. Das Lebendige ist keine äußere Einheit dessen, was da unterschieden wird. Der Verstand hat damit aber den Widerspruch nur in die Voraussetzungen abgeschoben, denn er setzt die Kontinuität des Lebendigen in den unterschiedenen Phasen zugleich voraus und steht irgendwann vor der Frage nach dem Übergang von einer Phase zur nächsten, den nicht bloß wir in der äußeren Betrachtung machen. Den Übergang zu denken, bedeutet aber, Entgegengesetztes in Einem denken zu müssen.

Von da her begreift sich der Organismus. Er ist jene Gestalt, in der die innere Zweckmäßigkeit, die Entelechie aisthetisch präsent ist. Der Organismus ist nicht, wie das anorganische Objekt, bloß ein Ganzes, das aus Teilen besteht, ein Aggregat, eine äußere Einheit, sondern ein Ganzes, in dem jeder Teil zugleich Mittel wie Zweck ist. Daher sprechen wir beim Organismus nicht von Teilen, sondern besser von Gliedern bzw. Organen. Jedes

79 Letzteres liegt in der Konsequenz der Aristotelischen Bestimmungen. Lebendiges ist nur solange wirklich lebendig, als seine ἐνέργεια an ihr selbst dynamisch, d.h. auf eine neue ἐνέργεια hin ausgespannt ist.

80 Die in den „SKIP"-Argumenten unterschiedenen Momente sind im Entelechiebegriff zusammengedacht. Cf. *G. Pöltner*, Spezies, Identität, Kontinuität, Potentialität. Philosophisch-anthropologische Voraussetzungen einer Bioethik, in: A. Covic/Th. S. Hoffmann (Hrsg.), Integrative Bioethik, 2007, S. 35–42.

81 Kants Kritik der reinen Vernunft wird dieses schematisierende Vorgehen als notwendiges Moment in der Zubereitung der wissenschaftlichen Erfahrung und der Ermöglichung des technisch-praktischen Weltumgangs aufweisen.

Glied, jedes Organ erhält den Organismus und wird von allen den anderen Organen des Organismus erhalten. Diese wechselseitige Vermitteltheit ist weder bloß kausalmechanisch, noch bloß mittels der Kategorie der Wechselwirkung zu fassen, sondern fordert den Zweckbegriff, näher: den Begriff der inneren Zweckmäßigkeit.

3. Die Formen von Seele und das Leben des Menschen

Aristoteles unterscheidet drei Formen von Seele[82], die sich durch unterschiedliche Vermögen charakterisieren:

(1) die *vegetative (pflanzliche) Seele*: sie hat das Vermögen der Ernährung bzw. des Stoffwechsels, der Fortpflanzung und des Wachstums;

(2) die *animalische (tierische) Seele*: sie hat darüber hinaus eine „Innerlichkeit" (Hegel) in Gestalt der Vermögen der Sinneswahrnehmung, des Begehrens, des Gedächtnisses, der Phantasie; die meisten Tiere haben auch das Vermögen der Ortsbewegung;

(3) die *vernünftige (menschliche) Seele*: sie hat die Vermögen des Denkens und Wollens.

Diese stehen nicht nebeneinander, sondern bilden eine Hierarchie des Seienden in der Natur, in der die jeweils höhere Stufe die vollkommenere ist, weil diese eine konkretere Weise von Substanzialität, d.h. von Einheit in der Mannigfaltigkeit verkörpert. Sie unterscheiden sich mithin in der Präsenz des Allgemeinen. Aristoteles steht hier ganz auf dem Boden Platons. So ist die tierische Seele, die schon Empfindung hat, also ein Zusammenlaufen der Äußerlichkeit in den einen Punkt eines empfindenden (gleichwohl nicht sich wissenden) Selbst, eine konkretere Einheitsform als die Pflanze, die kein Selbst hat, das empfindet. Die menschliche Seele wiederum, die durch das Sich Wissen gekennzeichnet ist (wie bei Plato), erreicht in diesem Wissen eine Einheitswirklichkeit, die wiederum über die animalische Seele hinausgeht. Denn im Wissen ist es für mich, dass ich empfinde. Die menschliche Seele als Wissen oder Denken unterscheidet sich also nochmals von der Empfindung, Wahrnehmung usw. Zugleich ist die je niedrigere Stufe als Grundlage vorausgesetzt – aber so, dass die je höhere Stufe die niedrigere als unselbständige Bestimmung in sich hat. So leitet im Menschen die Vernunft die animalischen Vermögen, die wiederum die vegetativen beeinflussen können.[83]

Für alles Lebendige gilt zunächst: Seine Bewegung richtet und ordnet sich durch die Verwirklichung und Erhaltung seines spezifischen Selbst. Aristoteles fragt noch weiter: Welches ist wiederum das *Telos alles Selbsterhaltungsstrebens* des Lebendigen überhaupt? In

---

82 Cf. *Aristoteles*, De anima II, 2–4. Zur Aristotelischen Psychologie cf. *H. Busche*: Die Seele als System. Aristoteles' Wissenschaft von der Psyche, 2001.

83 Die bildhafte Vorstellung einer Hierarchie voneinander unterschiedener und aufeinander aufbauender Vermögen kann zur Auffassung führen, dass die höhere Stufe die untere überfliegen könne. Es gilt jedoch zu begreifen, dass zwar die jeweils „höhere" Wirklichkeitsweise von Seele nicht aus der jeweils „unteren" ableitbar ist, andererseits wiederum die „höhere" oder konkretere Wirklichkeitsweise nicht an den unteren Stufen vorbei gedacht werden kann. So werden erst im Denken die „unteren" Stufen wie das Wachstum und die Triebe in ihrer Bedeutung für das geistige Leben anerkannt.

Anknüpfung an die Eroslehre Platons weist er hier auf die *Teilhabe am Göttlichen*[84], also am ursprünglichen Selbstverhältnis (der Vernunft).

Nun näher zum menschlichen Leben: Einerseits steht, wie bei Platon, der Mensch in einer hierarchischen Seinsordnung in der Natur (einer *scala naturae*), andererseits wiederum nicht. Denn Aristoteles teilt die Auffassung Platons, dass sich der Mensch durch das Denken vom Tier unterscheide, wodurch der Mensch auch aus der Seinsordnung heraustritt. Das Denken selbst ist daher auch nicht zufällig in keiner der ontologischen Einteilungen des Seienden, den Begriffspyramiden (*arbor porphyriana*) vorgekommen. Ich verweise auf zwei Aspekte der Nous-Lehre:

(1) In *De anima* III, Kap. 4 wird betont, dass der νοῦς (das Erkennen, allgemein: das Denken als Element des geistigen Lebens) nicht etwas ist, das aus der natürlichen Seele, aus den Vermögen, die auch den höheren Tieren zukommen, ableitbar ist.[85] Der νοῦς ist nicht ein Seelenvermögen *neben* den Sinnen, weil er sie – man kann hier den Hegelschen Terminus gebrauchen – aufgehoben in sich enthält, was bedeutet, dass er sich von ihnen unterscheidet. Er ist ein Selbst oder ein Inneres, für das diese sensualen Weisen des Selbstseins nochmals eine Äußerlichkeit sind.[86] Insofern ist er „unvermischt" mit dem Körper (gerade auch wenn er sich auf das, was die Sinne liefern, bezieht, dieses unterscheidet und vereinigt). Das bedeutet keinen psycho-physischen Dualismus, wie dies manche in verdinglichender Weise missverstehen, sondern dass das Denken *sich selbst vom Körperlichen unterscheidet* und es daher in seiner Tätigkeit nicht (wie die Sinne) nur *Ausdruck* einer bestimmten physischen Disposition ist. Nur so ist Erkenntnis und Wissenschaft möglich. Alles andere würde unmittelbar dem Skeptizismus unterliegen, der sich dann freilich selbst in seiner Möglichkeit auch nicht begründen könnte.

(2) In *Nikomachische Ethik* I, Kap. 6, wo es um die Bestimmung der spezifisch menschlichen Tätigkeit geht, wird ausgeführt, dass diese nicht schon darin bestehe, bloß zu leben im Sinne der Ernährung, des Wachstums und der Sinneswahrnehmung:

> So bleibt nur ein nach dem vernunft-begabten Seelenteile tätiges Leben übrig, und hier [in der menschlichen Seele, M. G.] gibt es einen Teil, der der Vernunft gehorcht, und einen anderen, der sie hat und denkt.[87]

Wir können diese Stelle so deuten: Das denkende Wesen bezieht sich wissend auf sich, auf all die Bewusstseinsinhalte, Vorstellungsbilder, Anschauungen, Empfindungen, naturalen Impulse, Triebe – und es *unterscheidet in sich* zwischen dem, was es selbst ist, als Denken, und dem, was das Denken vorfindet. So haben wir diese zwei „Seelenteile". Der der Vernunft gehorchende ist der Inhalt der natürlichen Seele, das Nicht-Rationale (was nicht irrational i. S. von vernunftwidrig bedeutet). *Prinzip des geistigen Lebens ist*

---

84 *Aristoteles*, De anima II 4, 415a28–30.; dazu *R. Spaemann/R. Löw*, Die Frage Wozu, S. 73.

85 Dies ist der Sinn der berühmten Metapher in De generatione animalium II 3, 736b27 ff., dass der νοῦς (näher als νοῦς ποιητικός) θύραθεν („von außen herein") in die natürliche Seele trete.

86 Das Problem des Gemeinsinnes als vermittelndes Element zwischen den Sinnen und dem Geist klammern wir hier aus.

87 *Aristoteles*, Nikomachische Ethik I, Kap. 6, 1098a3–5, in: Aristoteles, Philosophische Schriften in sechs Bänden, Bd. 3, nach Übers. von E. Rolfes bearbeitet von G. Bien, 1995, S. 11.

die Verwirklichung der Vernunft in der Formierung des Nicht-Rationalen, in den dianoetischen und ethischen Tüchtigkeiten:

> [...] das eigentümliche Werk und die eigentümliche Verrichtung des Menschen [bestehe] in vernünftiger oder der Vernunft nicht entbehrender Tätigkeit der Seele [...].[88]

Dieses Werk vernünftigen Lebens als Ziel menschlichen Handelns ist die εὐδαιμονία. Der Mensch wird nicht geboren, um bloß zu leben, sondern um des gelungenen, des *guten* Lebens willen.[89] Da lassen sich nach Aristoteles typologisch fassbare Lebensformen unterscheiden, je nach dem, was in diesen erstrebt wird: erstens das *Genussleben*, das die Realisierung des Angenehmen und Zuträglichen im Sinne der ἡδονή anstrebt (da interpretiert sich der Mensch als Bedürfniswesen), zweitens das *praktische Leben*, dem es um die Verwirklichung des Guten im Leben der Gemeinschaft geht und drittens das *theoretische Leben*, dem es um die Erkenntnis um der Erkenntnis willen geht. Diese Strebensziele stehen nicht gleichrangig nebeneinander, sondern stellen jene Lebensformen dar, in denen wir uns – durchaus im Sinne Platons – *sukzessive zum substanziell Allgemeinen erheben, das verwirklichen, was bei Platon Teilhabe heißt*. So ist das geistige Leben nach Aristoteles insgesamt als Entelechie fassbar, letztlich als die Bewegung vom möglichen Wissen zum wirklichen Wissen im Sinne der Wissenschaft, die es wesentlich mit dem Allgemeinen zu tun hat.

Die philosophische Tradition bestimmt im Anschluss an Aristoteles den Menschen als *animal rationale* bzw. *rationabile*, das sich als Vernunftwesen selbst zur Aufgabe hat. In Bezug auf diese Definition ist zu sehen, dass sich gemäß aristotelischer Definitionslehre das Wesen einer Sache in der spezifischen Differenz und nicht in der Gattung ausspricht, der Animalität (davon, dass das Denken nichts ist, was ein Lebewesen „hat", nichts von einer Art ist, abstrahieren wir hier).[90] Dass die Selbstbewegung der vernünftigen Seele nicht als Verwirklichung eines Wesens, das Teil einer *ordo entium* ist, sondern als *Selbstbestimmung* zu denken ist, wird die philosophische Tradition im Anschluss an die Kantische Revolution der Denkart herausstellen. Ansätze dazu finden sich sowohl bei Platon als auch bei Aristoteles[91].

4. Menschwerdung durch „Sukzessivbeseelung"?

Die Aristoteles-Rezeption kennt ein Theorem, auf das in bioethischem Kontext von Befürwortern der Fristenlösung rekurriert wird: die Sukzessivbeseelungs- oder Stufenbeseelungsthese (Epigenismus). Diese stützt sich auf Stellen in biologischen Schriften des Ari-

---

88 *Aristoteles*, Nikomachische Ethik I, Kap. 6, 1098a3–5, in: Aristoteles, Philosophische Schriften in sechs Bänden, Bd. 3, nach Übers. von E. Rolfes bearbeitet von G. Bien, 1995, S. 12.

89 Cf. *Aristoteles*, De partibus animalium II 10.

90 Der Naturalismus kehrt dies um: das Substanzielle ist die Animalität, während die Rationalität eine (emergente) Eigenschaft an dem Naturwesen sein soll.

91 Zu den Einsichten des Aristoteles in den Freiheitsbegriff cf. *F. Ungler*, Die Dialektik der Aristotelischen Freiheitsdefinition, in: F. Ungler, Zur antiken und neuzeitlichen Dialektik, M. Wladika/M. Höfler (Hrsg.), 2005, S. 95–103. Zu den Grenzen der Auffassung von Freiheit bei Aristoteles im Sinne der im Wesen des Menschen verankerten und auf Eudaimonie ausgerichteten primären Zielwahl cf. *R. Spaemann*, Personen, S. 247–250.

stoteles.[92] Sie besagt, dass nach der Empfängnis die menschliche Seele zunächst als vegetative Seele zu sein beginne, sodann als animalische und erst später die „Beseelung" mit einer vernunftbegabten Seele erfolge. Dieser Ansatz scheint auch kompatibel mit der Betrachtungsweise des Lebens in der modernen Biologie zu sein,[93] die, wie wir gesehen haben, das Lebendige in Phasen aufteilt und die Kontinuität derselben in die Voraussetzungen abgeschoben wird. So versucht man, Aristoteles mit der modernen Biologie bzw. Resultaten derselben zu verbinden: es gäbe Zäsuren, keine kontinuierliche, sondern eine stufenweise Ausprägung der Entelechie.[94] Man argumentiert etwa mit der Unselbständigkeit des Embryos zu Beginn seines Lebens: die befruchtete Eizelle bedürfe der Ernährung durch die Mutter, der Einnistung, die Anlage der Körperachsen werde vom mütterlichen Organismus gesteuert usw.[95] Wie auch immer die nähere Argumentation aussieht – entscheidend ist dabei, dass die Sukzession der Seelenstufen so interpretiert wird, als handle es sich jeweils um *der Art nach* differente Seiende, also nicht um *eine* einzige Substanz, die Prinzip der sich wandelnden Selbstorganisation wäre. Der Embryo beginne als pflanzliche Seele, sodann werde er Tier, indem die empfindende, animalische Seele hinzukäme, und dieses Tier werde zum Menschen, indem die vernunftbegabte Seele hinzukäme. Auf einem solchen Ansatz fußt dann eine Trennung zwischen dem bloßen Lebensschutz und dem Schutz der Menschenwürde. Zunächst sei da *bloß* Leben und erst ab einem gewissen Zeitpunkt hätten wir es mit *menschlichem* Leben zu tun.

Geht das Stufenbeseelungstheorem mit den Grundbestimmungen der Substanzmetaphysik des Aristoteles zusammen?

(1) Die Rede von einer „Beseelung" ist per se den gedanklichen Errungenschaften der Formmetaphysik Platons und Aristoteles' zuwider, denn sie setzt voraus, dass die substanzielle Form ein Agens wäre, das von außen, „supervenient" zu einem Material hinzukäme, dem damit umgekehrt Substanzialität zugesprochen wird.[96] Zu fragen, wann denn die Seele in den Körper komme, ist von vornherein falsch. Der Körper als lebendiger Organismus *hat* nicht Seele als Eigenschaft, sondern *ist* (der Substanz nach) Seele.

(2) Aristoteles unterscheidet ein der Zeit nach Erstes von dem der Sache nach Ersten. Das der Zeit nach Erste ist bei der Entelechie das unvollkommene, noch am wenigsten aktualisierte εἶδος, das von dem der Sache nach Ersten, der vollen Wirklichkeit des Menschseins her zu verstehen ist. Nicht ist der zeitliche Anfang als eigene „Stufe" zu isolieren. Dies geschieht, wenn die Entelechie als Ding mit Eigenschaften angesehen wird, dessen Wandel auf einer vorgestellten Zeitlinie festgehalten wird – darin koinzidiert das Stufenbeseelungstheorem mit der einzelwissenschaftlich-biologischen

92 *Aristoteles*, Historia animalium 7, 3 und De Generatione animalium 2, 3, 736b.

93 In diese Richtung argumentiert etwa *Nikolaus Knoepffler* (cf. Der Beginn der menschlichen Person und bioethische Konfliktfälle, 2021, S. 86). Er setzt die Zäsur der Beseelung mit dem Ende der Möglichkeit einer Zwillingsbildung.

94 Cf. *R. Spaemann*, Am Ende der Debatte um § 218 StGB, in: ders., Grenzen, S. 352–360.

95 Cf. *G. Rager*, Der Anfang des individuellen menschlichen Lebens, in: Zeitschrift für Lebensrecht, Heft 4/2016, 134–142. Rager zeigt zudem, dass die embryologischen Befunde das Entwicklungskontinuum bestätigen.

96 Cf. *R. Spaemann*, Personen, S. 186. Diese verdinglichende Vorstellung wurde in der Aristoteles-Rezeption durch die Übersetzung des σύνολον mit „compositum" begünstigt.

Betrachtung des Lebendigen. Werden am Anfang das Vegetabilische und das Animalische isoliert, dann wird vorausgesetzt, dass der Embryo zunächst ein *der Art nach Anderes* als ein Mensch ist. Der Mensch ist aber nicht zuerst eine Zeit lang vegetabilischer, dann animalischer Organismus und dann vernunftbegabter Organismus, sondern der Embryo ist *an sich wirklicher* Mensch vom Zeitpunkt der Empfängnis an.[97]

(3) Die δύναμις ist gemäß Aristoteles von ihrer ἐνέργεια her zu verstehen. Wir wissen von der Aristotelischen Seelenlehre her, dass die höherstufigen Formen die niedrigeren in sich enthalten, wie auch, dass die höherstufigen Formen die niederstufigeren als Grundlage voraussetzen. Die niederstufigeren Formen gehören also zur δύναμις der höherstufigeren Formen. So versteht es sich, dass die δύναμις wirklichen Menschseins, der Embryo, in seiner Entwicklung zur vollen ἐνέργεια hin, der Zeit nach als erstes die vegetabilische und dann die animalische Seele ausbildet.

(4) Die Rede von einer Sukzessivbeseelung hat daher den Aristoteles entgegengesetzten Blick auf das Wirkliche, eine Tendenz zu einem „Ableiten von unten". Was ist aber dafür verantwortlich, dass die menschliche Seele nicht bei der Phase des Vegetabilischen oder des Animalischen – wenn nichts Hinderndes dazwischentritt und alle Bedingungen gegeben sind – stehenbleibt? Wohl die Seele als das sich selbst bestimmende Lebensprinzip.

(5) Die Seele als Substanz ist wesentlich *eine*, ihre κίνησις zerfällt nicht in die Vielheit von Phasen oder Stufen, sie ist nicht bloß äußere Einheit verschiedener Phasen, sondern sie ist wahrhafte Einheit, Einheit in der Vielheit auch aller Vermögen, die sie in sich hat. Das Vegetative und das Animalische stehen bei der menschlichen Seele nicht als Stufen neben der vernünftigen Seele, sondern sind deren Vermögen. Daher sind in der embryonalen Entwicklung nicht einmal eine vegetative Seele, dann eine animalische Seele und später eine vernunftfähige Seele vorhanden, sondern es ist immer die *eine* menschliche Seele, die sich – ihrem Begriffe entsprechend – entwickelt. Wir halten das Vegetative und Animalische auch beim verwirklichten Menschen nicht als isolierte Stufen fest: Das Wachsen der Haare oder Nägel ist Wirklichkeit des Vegetativen am Menschen. Das bedeutet nicht, dass der Mensch zum Teil oder in dieser Hinsicht Pflanze ist.

(6) Ein Argumentieren aus der anfänglichen Unselbständigkeit und Abhängigkeit des Embryos von der Mutter kann keinesfalls mit Aristoteles gestützt werden. Es beruht auf der unhaltbaren Voraussetzung zu meinen, dass eine Entelechie, wenn sie *actu* existierte, autark sein könne oder müsse. Wir haben ja gesehen: Nach Aristoteles ist das φύσει ὄν seinem Begriff nach *kein* autark Seiendes (im Sinne einer reinen Selbstbewegung), sondern in seiner Selbständigkeit zugleich auf seine Umwelt als Mitursache angewiesen, durch anderes φύσει ὄν vermittelt. Dies gilt *mutatis mutandis* auch für den geborenen Menschen! Auch da gilt nach Aristoteles, dass der Mensch ζῷον πολιτικόν ist, d. h. nur unter Menschen Mensch wird.

Der Ansatz der Stufenbeseelungstheorie steht – zumindest in der Fassung, in der er in bioethischen Debatten um den Lebensanfang meist auftritt – im Gegensatz zum aristote-

97 Mit Hegel gesagt: Die Entelechie ist nicht ein „*Übergehen* [von einem Etwas in ein anderes Etwas], sondern *ein Zusammengehen mit sich selbst.*" (*G. W. F. Hegel*, Wissenschaft der Logik II, Werk 6, 1986, S. 210).

lischen Denken. Es vermag leicht als argumentatives Werkzeug genutzt zu werden, um durch spitzfindige Unterscheidungen Handlungen in Bezug auf den Embryo, die man aus technisch-praktischem Interesse legitimieren möchte, auch (vermeintlich) legitimieren zu können. Hier wird auch klar, dass es in den Fragen der Bioethik nie nur um einen bloßen Streit um Worte geht. Die jeweiligen Bestimmungen haben ihre Voraussetzungen und ihre Konsequenzen.[98]

5. Der Entelechiebegriff als Korrektiv gegen eine technizistische und vermenschlichende Betrachtung des Lebendigen

Der Entelechiebegriff ist von ideologiekritischer Bedeutung für unsere Zeit, die vielfach durch zwei falsche Auffassungen des Lebendigen gekennzeichnet ist:

(1) Als Korrektiv gegen eine technizistische Deutung der Entwicklung von Lebewesen: Wir sind heute aufgrund des Primats des Technisch-Praktischen in unserem Weltumgang dazu geneigt, auch das Lebendige als technische Möglichkeit und nicht als substanzielle Möglichkeit zu betrachten: als Material, mit dem wir unsere Zwecke realisieren können, das uns nützlich sein kann. Die Anlage als substanzielle Möglichkeit wird zur *Erbanlage* im Sinne eines mittels der Biochemie beschreibbaren Sets von „Erbinformationen“. Dieser Blick deutet schon um. Das Lebendige wird zum Datenträger, und welche Daten es trägt und zur Erscheinung bringt, kann dann auch modifiziert werden. So wird diese Erbanlage zur technischen Möglichkeit, denn mittels gentechnischer Eingriffe ist der Chemismus des Lebendigen *behandelbar.* Somit wird aber das, was Aristotelisch ein sich Zeigendes ist, ein Selbst, zu einer Konstruktionsgrundlage für ihm äußere Zwecke. Dasjenige, welches sich entwickelt im Sinne der Entelechie, ist nicht immer etwas anderes, etwas, das seine Bestimmtheit nur kraft unserer Zuschreibung hätte. Der Embryo ist nicht etwas *der Art* nach anderes als der wirkliche Mensch, als die Person, etwa bloß Material, sondern Möglichkeit und Wirklichkeit sind hier in Einheit: der Möglichkeit nach, *an sich* ist der Embryo bereits wirklicher Mensch.

(2) Umgekehrt würde Aristoteles (wie auch Platon) einer Vermenschlichung der Natur widersprechen. Ganz selbstverständlich auftretende Anthropologisierungen naturaler Prozesse finden sich in den Beschreibungen der Biowissenschaften (die Gene „wollen“ dies und jenes usw.).[99] Aristoteles lehnt die Ansicht ab, dass das φύσει ὄν die Fähigkeit hätte, Zwecke zu setzen, zu begehren und die entsprechenden Mittel zu wählen.[100] Die Natur kennt nicht sich wissende Zwecksetzung wie beim menschlichen Handeln, sondern sie ist durch eine unbewusste Zwecktätigkeit im Sinne der Entelechie bestimmt. Das, was wir instinktives Verhalten bei Tieren nennen, ist nicht (bewusstes) Handeln. Diese Unterscheidung zwischen sich nicht wissender Zwecktätigkeit und sich wissen-

98 Dies in vielen Belangen aufgezeigt zu haben, zählt zu den Verdiensten R. Spaemanns. Cf. auch *G. Pöltner*, Wertneutrale Deskription oder semantische Politik? Zum Sprachproblem in der Embryologie, in: R. Esterbauer/E. Pernkopf/H. W. Ruckerbauer (Hrsg.), WortWechsel. Sprachprobleme in den Wissenschaften interdisziplinär auf den Begriff gebracht, 2007, S. 203–211.

99 Die Bezeichnung „selfish genes“ von Richard Dawkins ist dafür ein populäres Beispiel.

100 *Aristoteles*, Physik II, 8, 199a20.

der Zwecktätigkeit ist in der Neuzeit im Zusammenhang mit der Entstehung mathematischer Naturwissenschaft und der Eliminierung der Finalkausalität aus der Betrachtung zunächst verloren gegangen. Nach Leibniz war es v. a. Kant in der *Kritik der Urteilskraft* in der Lehre vom Naturzweck, der diese Unterscheidung wieder in das systematische Denken eingeholt hat.

Beide Punkte haben mit einem Grundproblem der modernen (einzelwissenschaftlichen) Biologie zu tun: Sie will einerseits – wie die Physik – exakte Wissenschaft sein, was die Ausklammerung der Teleologie aus dem Erklären erforderlich macht. Andererseits ist ihr Gegenstand, das Leben, nicht möglicher Gegenstand exakter Wissenschaftlichkeit. Diese Problematik manifestiert sich in ihrem Erklären. Seit dem 19. Jahrhundert versucht die Biologie ihre Wissenschaftlichkeit dadurch zu begründen, dass sie nicht nur eine Kenntnissammlung bietet, Arten beschreibt und systematisiert (im Sinne der an Aristoteles anschließenden Systematik des Carl von Linné), sondern es unternimmt, die Arten aus einem Prinzip heraus abzuleiten im Sinne der Evolutionstheorie: Mutation und Selektion. Aber: da ist die Teleologie keineswegs ausgeklammert, vielmehr handelt es sich um eine Mischung aus wirkursächlichem und teleologischem Erklären. Die Biologie steht nicht zufällig in ihrem Erklären zwischen zwei Extremen: einerseits gibt es den Versuch einer Reduktion des Lebens auf das, was sich in der Tat mit den Mitteln exakter Wissenschaftlichkeit fassen lässt, auf das Anorganische („alles Leben ist Chemie"); andererseits führt der Gebrauch der Teleologie, die von der sich wissenden Zweckverwirklichung her verstanden wird, zur Vermenschlichung des Lebendigen in der erwähnten anthropologisierenden Rede.

6. Biotechnik als begriffliche Herausforderung

Angesichts der modernen Biotechnologie drängt sich die Frage auf, wie tragfähig die Aristotelischen Gedankenbestimmungen sind.[101] Wie steht es mit dem Aristotelischen Gegensatz zwischen Naturprodukten und Artefakten? Ist dieser ein ausschließender (kontradiktorischer) Gegensatz oder ein konträrer Gegensatz, der ein Drittes, Graduierungen zulässt? Für Aristoteles war klar: Ein Lebewesen erzeugt im Gattungsprozess ein anderes Lebewesen. Kann man Lebendiges überhaupt im Labor aus Anorganischem herstellen oder ist in biotechnischen Eingriffen nicht immer schon Lebendiges in seiner (substanziellen) Möglichkeit vorausgesetzt, das allenfalls in seiner Entelechialität modifiziert werden kann? Können gar neue Arten geschaffen werden? Was bewirken Eingriffe? Worauf zielen die Eingriffe? Auf eine „Perfektionierung" eines gegebenen φύσει ὄν (z. B. schädlingsresistentes Saatgut) – oder darauf, neue artbildende Differenzen zu generieren? Welche Möglichkeit haben diese Eingriffe überhaupt? Handelt es sich dabei um die Realisierung einer akzidentellen Veränderung oder gar einer solchen der Substanz nach? Wenn der Substanz nach, so wäre vorausgesetzt, dass a) ein selbsterhaltungsfähiges Individuum hervorgeht, das fortpflanzungsfähig ist (zwei Geschlechter), somit b) eine eigene Art bildet, die sich im Gattungsverhältnis erhält. Es stellt sich aber auch die Frage an die Aristotelische Substanzmetaphysik, ob eine schlanke Trennung zwischen einer Veränderung der Substanz nach und den Akzidenzien nach überhaupt haltbar sein kann. Denn wo erweist die Substanz ihre Substanzialität, wenn nicht in den Akzidenzien?

---

101 Cf. dazu *R. Spaemann*, Das Natürliche und das Vernünftige, in: Das Natürliche, S. 109–135.

Wir halten dazu folgendes fest (was einen Teil der Fragen beantworten mag):

(1) Es liegt im Begriff des Lebens, dass es nichts Machbares ist. Ein εἶδος, das sich verwirklicht, ein Selbstsein, das sich erhält, als Individuum und als Art (1. und 2. Substanz nach Aristoteles) lässt sich niemals technisch induzieren, nicht im Reagenzglas herstellen. Die Biotechnologien setzen vielmehr ein schon wirkliches lebendiges Individuum bzw. Teile desselben (Zellen, Moleküle usw.) voraus, die an der Grundlage ihrer Lebendigkeit, nämlich an ihrer chemischen Beschaffenheit und Funktionalität ergriffen und manipuliert werden können. Möglich ist dies durch die Plastizität des Lebendigen.

(2) Die Biotechnologien setzen substanzielle Möglichkeiten (im Chemismus vorhandener Erbmassen) voraus, um eine bestimmte Wirklichkeit, die vom Techniker als Zweck gesetzt ist, zu erreichen. So ist der Blick des Biotechnikers auf die Möglichkeiten dominiert von der technischen Möglichkeit im Sinne der Frage, was alles an Machbarkeiten unter Zugrundelegung dieses „Materials" widerspruchsfrei konzipierbar ist. *Die Biotechnologie vollzieht somit eine Umdeutung des Lebendigen von der substanziellen zur technischen Möglichkeit.* Das aber ist der Blick, der das Lebendige als solches verliert. Wir stehen in der Gefahr, uns an diesen Blick zu gewöhnen.

7. Hat Aristoteles den Widerspruch im Begriff des Lebendigen gedacht?

Wenden wir uns abschließend wieder unserer fundamentalphilosophischen Perspektive zu! Wir haben gesehen, wie sich die platonische Selbstbewegung als Entelechie konkretisiert. Die logische Herausforderung bleibt aber bestehen: Wie geht Selbstbewegung (als Entelechie) mit der eleatischen Forderung der Widerspruchsfreiheit zusammen? Wir erinnern uns an den Punkt, den wir im Zusammenhang mit Platon festgehalten haben. Aristoteles sieht dieses Problem und versucht, dieses gleich am Anfang seiner Naturphilosophie zu lösen (*Physik* I). Denn ist es nicht gelöst, steht die gesamte Naturphilosophie auf Nichts, allenfalls unter Sinnlosigkeitsverdacht.

Aristoteles versucht das Problem auf folgendem Weg in den Griff zu bekommen. κίνησις hat entgegengesetzte Bestimmungen in sich (am Gegensatz von Sein – Nichts illustriert: der Übergang von Sein zu Nichts ist Vergehen, der Übergang von Nichts zu Sein ist Entstehen). So geht Aristoteles zunächst auf die Lehre von den Gegensätzen ein und stellt den höchsten Gegensatz überhaupt dar. Alle Gegensätze reduzieren sich auf den Gegensatz von Form (εἶδος, μορφή, lat. species, forma) und Mangel an Form (στέρησις, lat. privatio), Formlosigkeit. Der Anfangspunkt (z. B. die Pflanze als Same) ist mangelhaft vom Ziel der Bewegung her gesehen (von der voll entwickelten Pflanze, die wiederum Samen erzeugt). Aber noch ein Drittes ist vorausgesetzt: die ὕλη, die Materie, als die Grundlage, das ὑποκείμενον (lat. substratum), das Zugrundeliegende, das beharrliche Substrat, an dem sich die Veränderung vollzieht. Bewegung ist also möglich als Übergang von Form zu Formlosigkeit oder umgekehrt, wobei das Zugrundeliegende selbst nicht übergeht. Das ist nach Aristoteles die Voraussetzung dafür, dass wir von Bewegung überhaupt sprechen können. Die Lösung für das Problem des Seins des Nichtseienden ist also eine andere als jene Platons in dessen später Dialektik. Mit der Setzung der Materie als Substrat der entgegengesetzten Bestimmungen scheint der Widerspruch beseitigt zu sein. Zunächst: Was geschieht in dieser Analyse?

(1) In der Lehre vom höchsten Gegensatz formuliert sich das, was später als die kategorische Urteilsform bezeichnet wird. Wenn die Form des Urteils im Sinne traditioneller formaler Logik lautet: Subjekt – Copula – Prädikat, so lautet die kategorische Urteilsform: Jedem Prädikat muss ein Subjekt zugrunde liegen. Der griechische Ausdruck für „Subjekt" ist ὑποκείμενον. Dieses ὑποκείμενον ist zunächst logisch gesetzt – aber auch in der Wirklichkeit liegt, so scheint es, ein solches ὑποκείμενον zugrunde. *In der Lehre vom höchsten Gegensatz wird also die logische Form des kategorischen Urteils als zugleich für das natürlich Seiende relevant vorausgesetzt.*[102]

(2) Näher handelt es sich um eine ontologische Explikation eines logischen Prinzips, nämlich des Satzes des ausgeschlossenen Dritten, das formallogisch eine andere Formulierung des Prinzips des zu vermeidenden Widerspruchs sein soll. Das Prinzip des zu vermeidenden Widerspruchs besagt, dass entgegengesetzte Bestimmungen demselben Ding nicht zugleich zukommen können. Nicht zugleich – sehr wohl aber aufeinander folgend. Es kann also einen Übergang von Form zu Formlosigkeit oder Formlosigkeit zu Form geben, einen Übergang, der sich in der Zeit vollziehen soll. Grundlage dieses Überganges ist das beharrliche Substrat, das selbst nicht übergeht, nicht dem Wandel unterworfen ist, sondern mit sich identisch ist.

Der Satz des ausgeschlossenen Dritten besagt: Von entgegengesetzten Bestimmungen kommt einem Ding eine dieser Bestimmungen mit Notwendigkeit zu. Etwas ist entweder a oder non-a, es gibt kein Drittes (*tertium non datur*). Aber das Dritte ist in dem Satz vorhanden, nämlich als das *Etwas*, das entweder a oder non-a sein muss. Dieses Etwas konkretisiert sich hier als ὕλη bzw. ὑποκείμενον, während das a sich als εἶδος bzw μορφή und das non-a als στέρησις konkretisiert.[103] Die Lehre vom höchsten Gegensatz ist also der ins Ontologische gewendete Satz des ausgeschlossenen Dritten. Ontologisch bedeutet dabei: das Sein der Bewegung betreffend.

Sind damit die gedanklichen Schwierigkeiten, die der Eleatismus aufgedeckt hat, überwunden? Wie ist denn der Übergang von dem einen Glied des Gegensatzes in das andere Glied zu fassen? Gestalt und Gestaltlosigkeit als Glieder des höchsten Gegensatzes können doch nicht *gleichzeitig* in demselben Ding anzutreffen sein, sondern – im Sinne des Satzes des zu vermeidenden Widerspruchs – zu verschiedenen Zeiten. In einer Zeit hat dieses Dritte Anteil an der Form, in der anderen Zeit am Mangel an Form. Hier müssen wir aber weiter fragen: Wann findet denn der Übergang statt? Wenn wir antworten: Zu diesem Zeitpunkt, hier und jetzt, so müssen wir bedenken, dass *im Übergang* selbst beides gesetzt sein müsste, also die Entgegengesetzten in einem. Das widerspricht wiederum dem Satz des zu vermeidenden Widerspruchs, denn es würde bedeuten, dass das zugrundeliegende Substrat gleichzeitig an der Form und am Mangel an Form, an der einen und an der anderen Qualität Anteil hat.

---

102 Kants transzendentale Logik wird aufzeigen, dass sich dieses beharrliche Substrat, das Aristotelische ὑποκείμενον oder die ὕλη, einer notwendigen *Setzung* des logischen Ich verdankt. Die Kategorie der Substanz ist Kantisch die Denkhandlung, den wechselnden Erscheinungen ein Substrat zugrunde zu legen.

103 Jede Substanz (οὐσία) ist nach Aristoteles ein ὑποκείμενον, eine Grundlage – aber nicht jede Grundlage ist Substanz. Metaphysik VII zeigt, dass die ὕλη ein ὑποκείμενον, nicht aber οὐσία ist, sondern dass (im Sinne des Ergebnisses von Metaphysik VI) die Form (εἶδος) Substanz ist.

Wir sehen: Selbst wenn wir ein beharrliches Substrat setzen, dann hat sich das Problem nicht gelöst, sondern nur verschoben, nämlich in das *Übergehen* einer Qualität in die andere.

Hat also, im Sinne der erwähnten zwei Wege, wie man sich zum Widerspruch im Begriff der Selbstbewegung verhalten kann, Aristoteles den Widerspruch gedacht und aufgelöst, oder ihn zu vermeiden versucht? Die Lehre von den höchsten Gegensätzen ist ein paradigmatischer Fall für die Strategie des Verstandes, den Widerspruch zu vermeiden. Dem entgegen steht die spätplatonische Dialektik, die das Leben im Logischen selbst gefunden hat und dabei über Aristoteles in logischer Hinsicht hinausgegangen ist. Hier sehen wir: Die Denkbarkeit des Begriffs des Lebens entscheidet sich am Begriff des Logischen.

Wir halten fest:

(1) Unter der Ägide formaler Logik und in dem durch sie ermöglichten technisch-praktischen Weltumgang begegnen uns nur funktional nivellierte Singularitäten. Platon und Aristoteles können uns lehren, aus dem Spiegelkabinett utilitärer Zweckentwürfe herauszutreten und auf dem Weg über die Gewinnung der Logik des Lebens *Wirklichem* zu begegnen.

(2) Platon und Aristoteles lehren einen Blick auf das Leben, der das Lebendige in seinem Selbstsein als gut, als partizipierend am „Göttlichen" – man kann sagen: am Selbstverhältnis der Vernunft – fasst. So ist es für ein Lebendiges niemals besser, nicht zu sein als zu sein – ein Gedanke, der nicht nur für Fragen der Medizinethik, sondern auch für unsere Mäßigung unseres Umganges mit der Natur relevant ist.

(3) Das Leben fordert das Denken der Vermittlung, die nicht bloß eine solche eines äußeren Verstandes ist, sondern *Selbstvermittlung*. Ansätze dazu entwickelt der späte Platon. Im Feld der Logik wird dies erst durch jene beiden Revolutionen der Denkart eingeholt, die mit den Namen Kant und Hegel verbunden sind.

ANFANG UND ENDE DES LEBENS IN ROBERT SPAEMANNS BIOETHIK

Von *Manfred Spieker*

Zeugen und Sterben sind elementare Lebensvorgänge. Sie betreffen jeden Menschen, das Zeugen meist in doppelter Hinsicht. Der Mensch ist nicht nur die Frucht einer Zeugung, sondern er zeugt als Mann zusammen mit einer Frau und als Frau zusammen mit einem Mann auch seinerseits Menschen. Gemeinsam geben sie das Leben weiter. Die Bioethik, die, wie jede Ethik, nach den Bedingungen eines gelingenden Lebens fragt, befasst sich mit dem richtigen Verhalten des Menschen im Zeugen und im Sterben – sowohl im eigenen Sterben als auch in der Begleitung von Sterbenden. Robert Spaemann hat sich mit diesen Fragen zum Anfang und zum Ende des Lebens immer wieder befasst, nicht nur in Büchern, sondern auch in Zeitungsartikeln und in Interviews – oft veranlasst durch politische Debatten und legislative Projekte.

I. Spaemanns Bioethik

Mit dem Begriff des „gelingenden Lebens" übersetzt Spaemann den Begriff der „eudaimonia", der „Glückseligkeit", die in der aristotelischen Ethik das höchste Ziel des menschlichen Handelns ist. „Gelingen des Lebens ist ja nicht ein bestimmter Zweck, im Verhältnis zu dem andere Inhalte des Wollens zu bloßen Mitteln herabgesetzt werden. Es ist vielmehr ein bestimmter, reflexiv gewonnener Inbegriff, der alles Wünschbare in seiner Vielfalt zu einer wünschbaren Ganzheit zusammenwachsen lässt".[1] Jeder Mensch möchte, dass sein Leben gelingt. Es sei unmöglich, so Spaemann, „das Ziel des gelingenden Lebens nicht zu wollen".[2] Das gelingende Leben ist kein Produkt eines technischen Planungs- und Herstellungsprozesses, kein Artefakt. Es ist das Ergebnis einer Praxis, des richtigen Umgangs des Menschen mit sich selbst, seinen Mitmenschen und seiner natürlichen Umwelt. Es hängt darüber hinaus, so Spaemann in Anknüpfung an Aristoteles, ab „von bestimmten Strukturen des gemeinschaftlichen Lebens, von einer bestimmten Verfasstheit der öffentlichen Institutionen, die das Gehäuse menschlicher Handlungsmöglichkeit und Handlungsorientierung darstellen".[3] Die Ordnung dieses „Gehäuses" ist Gegenstand der Sozialethik, die aber nie im Zentrum von Spaemanns Werk stand.[4]

---

1 *Robert Spaemann*, Glück und Wohlwollen. Versuch über Ethik, Stuttgart 1989, S. 28.

2 *Robert Spaemann*, Glück und Wohlwollen (Fn. 1), S. 21.

3 *Robert Spaemann*, Glück und Wohlwollen (Fn. 1), S. 24.

4 Eine Ausnahme ist sein Buch „Zur Kritik der politischen Utopie. Zehn Kapitel politischer Philosophie", Stuttgart 1977, mit einem langen Briefwechsel mit Jürgen Habermas zur Utopie des guten Herrschers.

Duncker & Humblot · Berlin | https://doi.org/10.3790/978-3-428-58515-1.2025.202477

Zwei Überlegungen sind für Spaemanns Bioethik zentral: zum einen die Unterscheidung zwischen einer moralischen und einer technischen Perspektive, zum anderen die Feststellung, dass der Mensch Person ist. Die Unterscheidung zwischen einer moralischen und einer technischen Perspektive knüpft an der aristotelischen Unterscheidung zwischen der Poiesis, dem technischen Verfügungs- und Herrschaftswissen, und der Praxis als dem richtigen Handeln des Menschen im Hinblick auf sein letztes Ziel an. Die moralische Perspektive beurteilt eine Handlung als gut oder schlecht im Hinblick „auf das Leben als Ganzes", die technische „im Hinblick auf die Erreichung partikularer Zwecke".[5] Einen Menschen als „Person" zu bezeichnen, bedeutet, ihm den Status der Unantastbarkeit zuzuschreiben, den einzigen Status, „der niemandem von anderen verliehen wird, sondern der jemandem natürlicherweise zukommt". Die Verwendung des Begriffs „Person" ist deshalb „gleichbedeutend mit einem Akt der Anerkennung bestimmter Verpflichtungen gegen denjenigen, den man so bezeichnet".[6] Anerkennung heißt, „dass ich den Anderen als jemanden ansehe, der sein Selbstsein nicht mir verdankt, so wie ich das meine nicht ihm verdanke".[7] Personen stehen „a priori in einer auf Anerkennung basierenden wechselseitigen Beziehung".[8] Personen „haben ein Gesicht, durch das sie sich einander als Personen zeigen. Personen sind füreinander Personen. Personen gibt es nur im Plural".[9]

Weitere für die Bioethik relevante Aspekte in Spaemanns Reflexionen über die Personalität des Menschen sind zum einen die Leiblichkeit und die Intentionalität der Person und zum anderen die Antwort auf die Frage, wann das Personsein beginnt. Die Personalität des Menschen ist, so Spaemann, „nicht etwas jenseits seiner Animalität. Die menschliche Animalität ist vielmehr von vornherein nicht bloße Animalität, sondern das Medium der Verwirklichung der Person".[10] Die Leiblichkeit gehöre also „wesentlich zu seiner Personalität". Sie sei „das Medium des Seins für andere".[11] In einem Vortrag im Kölner Lindenthal-Institut sprach Spaemann 1982 von der „Personalität der Leiblichkeit und der Leiblichkeit der Personalität".[12] Zur Personalität des Menschen gehöre auch die Intentionalität, das bewusste Wollen und Handeln. „Lebendiges ist charakterisiert durch ein Gerichtetsein, ein ‚Aussein-auf', durch Triebe".[13] Der Mensch ist kein „saturierbares Wesen".[14] Aristoteles habe dieses Aussein des Lebendigen auf Sein als „Teilhabe am Ewigen" interpretiert.[15]

---

5 *Robert Spaemann*, Glück und Wohlwollen (Fn. 1), S. 19.

6 *Robert Spaemann*, Personen. Versuche über den Unterschied zwischen ‚etwas' und ‚jemand', Stuttgart 1996, S. 26.

7 *Robert Spaemann*, Personen (Fn. 6), S. 202.

8 *Robert Spaemann*, Personen (Fn. 6), S. 11.

9 *Robert Spaemann*, Personen (Fn. 6), S. 144.

10 *Robert Spaemann*, Personen (Fn. 6), S. 256.

11 *Robert Spaemann*, Personen (Fn. 6), S. 89.

12 *Robert Spaemann*, Verantwortung, in: Peter T. Geach/Fernando Inciarte/Robert Spaemann, Persönliche Verantwortung, Köln 1982, S. 29.

13 *Robert Spaemann*, Personen (Fn. 6), S. 65.

14 *Robert Spaemann*, Kritik der politischen Utopie (Fn. 4), S. 121.

15 *Robert Spaemann*, Personen (Fn. 6), S. 119. Augustinus spricht in seinen Bekenntnissen eindrücklich von dieser inneren Spannung: „Du hast uns auf dich hin geschaffen, und ruhelos ist unser Herz, bis es ruhet in dir".

Der Geist sei „das Vermögen und der Ort der Wahrheit, der Teilhabe am Göttlichen".[16] Die religiöse Dimension bleibe deshalb „konstitutiv für die Personalität des Menschen". Die Religion verstehe die Natur „nicht als ein unhintergehbar Letztes, sondern als ein ‚Gehabtes'", ...als Schöpfung, aus deren teleologischen Strukturen für den Menschen der Wille des Schöpfers ablesbar ist. Nur ein solcher personaler Wille kann für Personen Ursprung der Normativität eines ‚von Natur Rechten' sein".[17]

Die Frage, wann der Mensch beginnt, Person zu sein, ist für jede Bioethik eine zentrale Frage, die sehr kontrovers diskutiert und sehr verschieden beantwortet wird. Für Spaemann „kann und darf (es) nur ein einziges Kriterium für Personalität geben: die biologische Zugehörigkeit zum Menschengeschlecht".[18] Weil das Personsein des Menschen keine einzelne Eigenschaft, sondern identisch mit dem Sein des Menschen ist, beginne es auch „nicht später..., als die Existenz eines neuen, mit dem elterlichen Organismus nicht identischen menschlichen Lebens". Werde die Zugehörigkeit zur Spezies homo sapiens und damit die Abstammung von anderen Mitgliedern dieser Spezies als einziges Kriterium für Personalität aufgegeben, werde „es zu einer reinen Frage der Macht, welchen Menschen Personenrechte zukommen und welchen nicht". Es gehöre „zur Würde der Person, dass sie nicht als kooptiertes, sondern als geborenes Mitglied ihren Platz innerhalb der universalen Personengemeinschaft einnimmt".[19]

Die Gleichsetzung der Personwerdung mit der Zeugung sei die Konsequenz der Unmöglichkeit, einen Beginn des Personseins in der Zeit zu fixieren. Jemanden „Person" zu nennen, heiße, ihm den Status des Selbstzwecks zuzuerkennen. Die Person sei ein „jemand" und nicht ein „etwas". Es gebe keinen Übergang von etwas zu jemand. Alle Versuche, Personalität von der Existenz eines menschlichen Organismus abzulösen, nennt Spaemann kontraintuitiv, unvereinbar mit dem Sprachgebrauch jedes normalen Menschen. Eine Mutter pflege zu ihrem Kind zu sagen: „Als ich mit dir schwanger war" oder „Als ich dich geboren habe" und nicht: „Als ich einen Organismus in mir trug, aus dem dann später du wurdest".[20] Das Bundesverfassungsgericht hat diese Sicht geteilt, als es in seinem Urteil zur Reform des Abtreibungsstrafrechts 1993 feststellte, das ungeborene Kind entwickle sich in der Schwangerschaft nicht zum Menschen, sondern als Mensch.[21]

II. Genitum non factum

Spaemanns Unterscheidung zwischen einer moralischen und einer technischen Perspektive und sein Verständnis von Person als Zentralbegriff der Anthropologie haben erhebliche Konsequenzen für seine Überlegungen zur Zeugung des Menschen und darüber hinaus zu allen bioethischen Themen, die an die Zeugung anknüpfen: Abtreibung, künstliche Befruchtung, Präimplantationsdiagnostik, Forschung an embryonalen Stammzellen und Gen-

16 *Robert Spaemann*, Personen (Fn. 6), S. 161.

17 *Robert Spaemann*, Personen (Fn. 6), S. 105.

18 *Robert Spaemann*, Personen (Fn. 6), S. 264.

19 *Robert Spaemann*, in: Manfred Spieker (Hrsg.), Wann beginnt der Mensch Person zu sein?, Biopolitik. Probleme des Lebensschutzes in der Demokratie, Paderborn 2009, S. 42 f.

20 *Robert Spaemann*, in: Wann beginnt der Mensch Person zu sein? (Fn. 19), S. 43.

21 BVerfGE 88, 252.

therapie. Zu allen Themen hat Spaemann Stellung bezogen. Neben der Zeugung sollen nur zwei dieser Probleme näher betrachtet werden: die Abtreibung und die künstliche Befruchtung. Die Zeugung sei kein Produktionsvorgang. „Zeugen ist eine Weise des Umgangs zwischen Menschen, und zwar jene Weise, durch die neue Menschen ‚von Natur', also ohne gemacht zu werden, entstehen". Allein diese Entstehungsweise sei „mit der Würde des Menschen vereinbar". Allein sie bringe zum Ausdruck, „dass Menschen nicht Kreaturen anderer Menschen sind und dass sie nicht auf Grund von Kooptation, sondern kraft eigenen Rechts in den Kreis der einander als Personen anerkennenden Rechtssubjekte eintreten".[22] In der Zeugung durch einen Beischlaf komme die „Selbsttranszendierung des Menschen" zum Ausdruck. Der Beischlaf sei die „Überschreitung des Bei-sich-Bleibens im Rahmen einer vorbehaltlosen Übereignung zweier Personen aneinander".[23]

Die künstliche Befruchtung – Spaemann spricht immer von der „Retortenproduktion" – unterscheidet sich „von der Zeugung dadurch…, dass sie eine zweckrationale Handlung, eine poiesis ist, nicht die natürliche Folge eines zwischenmenschlichen Umgangs".[24] Auch die Schwangerschaft sei dementsprechend kein Produktionsvorgang, in dem die Schwangere die Verantwortung für ein Produkt trägt. Sie ist vielmehr „der ganzheitliche Zustand einer menschlichen Person, eine anthropologische Grundbefindlichkeit".[25] In der Ablehnung der assistierten Reproduktion unterstützt Spaemann die Position der katholischen Kirche, wie sie in der Instruktion der Glaubenskongregation „Donum Vitae" 1987 dargelegt wurde.[26] Die assistierte Reproduktion mache das Kind zum Produkt des Reproduktionsmediziners. Sie verwandle das Kind „aus einem Subjekt und einem personalen Gegenüber mitmenschlichen Umgangs in ein Objekt technischen Machens".[27] Der Reproduktionsmediziner sei „der eigentliche Demiurg", die Eltern liefern das „Rohmaterial".[28] Auch wenn das auf diesem Weg erzeugte Kind als Geschöpf und Ebenbild Gottes wie jeder andere Mensch geachtet werden müsse, so bleibe die künstliche Befruchtung doch „ein schweres Unrecht", ein in sich schlechter Akt, in moraltheologischer Terminologie ein „actus intrinsece malus", weil er die fundamentale Gleichheit der Menschen verletze. Er verfälsche „die wesentliche Gestalt des Personalen".[29] Den Machern stehen die Gemachten gegenüber. Dies verstoße, um einen Ausdruck von Jürgen Habermas aufzugreifen, gegen „die Symmetrie der Beziehungen", die eine wesentliche Voraussetzung der Menschenwürde sei. Allerdings sieht Habermas diese Symmetrie der Beziehungen erst durch die Präimplantationsdiagnostik verletzt.[30] Für Spaemann verstößt bereits die künstliche Befruchtung gegen die-

---

22 *Robert Spaemann*, Menschen machen, Menschen verbessern? Ein Plädoyer für Zurückhaltung, in: Neue Züricher Zeitung vom 17. 5. 2000, S. 67.

23 *Robert Spaemann*, in: Persönliche Verantwortung (Fn. 12), S. 28.

24 *Robert Spaemann*, Glück und Wohlwollen (Fn. 1), S. 216.

25 *Robert Spaemann*, Kommentar zur Instruktion der Glaubenskongregation „Donum Vitae" über die Achtung vor dem beginnenden menschlichen Leben und die Würde der Fortpflanzung, in: Die Unantastbarkeit des menschlichen Lebens, Freiburg 1987, S. 91.

26 Vgl. neben *Robert Spaemanns* Kommentar zu „Donum Vitae" (Fn. 25) auch *Robert Spaemann*, Interview in: Rheinische Post vom 19. 9. 1998, „Eine Zeugung ohne Lust lehnt die Kirche ab".

27 *Robert Spaemann*, in: Die Unantastbarkeit (Fn. 25), S. 74.

28 *Robert Spaemann*, in: Die Unantastbarkeit (Fn. 25), S. 94.

29 *Robert Spaemann*, in: Die Unantastbarkeit (Fn. 25), S. 92 f.

30 *Jürgen Habermas*, Die Zukunft der menschlichen Natur. Auf dem Weg zu einer liberalen Eugenik? 4. erweiterte Ausgabe, Frankfurt 2013, S. 62.

se Symmetrie. Sie verletze die fundamentale Gleichheit der Menschen, die erfordert, „dass wir alle den gleichen ‚naturwüchsigen' Ursprung haben und nicht die einen Menschen sozusagen die Geschöpfe der anderen sind".[31] Sie überschreite eine Grenze, „die Grenze zwischen Zeugen und Machen". Wenn „die einen die Planer der anderen" sind, ist die fundamentale Gleichheit der Menschen, auf der die universale Solidarität des Menschengeschlechts beruhe, verletzt.[32]

Die Abkoppelung der Weitergabe des Lebens vom Zeugungsakt hat in mehrfacher Hinsicht fatale Konsequenzen, die Spaemann andeutet und die eine Generation später unübersehbar sind. Sie eröffne erstens „ein Grauen erregendes Feld, das durch Stichworte wie Handel mit Embryonen, Experimente mit Embryonen, Leihmütter usw. gekennzeichnet ist".[33] Eine präzise, weltumspannende Kartographie dieses Feldes liefert eine Generation später Andreas Bernard.[34] Sie eröffne zweitens die Möglichkeit, dass Kinder von ihren Eltern Rechenschaft für ihre Erzeugung verlangen. Wenn ein Kind wegen seiner vielleicht unglücklichen Existenz „seine Eltern zur Rechenschaft ziehen würde, dann bräuchten Eltern diese Rechenschaft nicht zu geben", weil sie das Kind nicht „gemacht" hätten. Es sei „von Natur entstanden, als sie etwas anderes taten. Anders das Retortenbaby. Es ist ins Leben gezwungen worden".[35] Eine Generation später weist Michael Sandel darauf hin, dass sich die Verantwortung, die Eltern durch die assistierte Reproduktion und die Versuchung zu einer genetischen Optimierung aufgeladen werde, „in erschreckende Dimensionen" ausdehnt: „Eltern werden verantwortlich dafür, die richtigen Eigenschaften ihrer Kinder ausgewählt oder nicht ausgewählt zu haben".[36] Sandel plädiert, wie Spaemann, für die natürliche Zeugung und dafür, „Kinder als Gabe zu schätzen,... sie zu akzeptieren, wie sie sind, nicht als Objekte unseres Entwerfens oder als Produkte unseres Willens oder als Instrumente unserer Ambitionen".[37] Auch Habermas prognostizierte diese unerträgliche Ausdehnung elterlicher Verantwortung: Jede Person könne, „ob sie nun programmiert worden ist oder nicht, fortan die Zusammensetzung ihres Genoms als Folge einer vorwerfbaren Handlung oder Unterlassung betrachten".[38] Eine dritte fatale Konsequenz der Abkoppelung der Weitergabe des Lebens vom Zeugungsakt sind die verwaisten Embryonen, die vor ihrer Beseitigung „nützliche Dienste" für die Forschung und für die Gesundheit leisten sollen. Die

---

31 *Robert Spaemann*, in: Die Unantastbarkeit (Fn. 25), S. 84 und S. 93.

32 *Robert Spaemann*, Wozu der Aufwand? Sloterdijk fehlt das Rüstzeug, in: Frankfurter Allgemeine Zeitung vom 7. 10. 1999.

33 *Robert Spaemann*, in: Die Unantastbarkeit (Fn. 25), S. 91.

34 *Andreas Bernard*, Kinder machen. Neue Reproduktionstechnologien und die Ordnung der Familie. Samenspender, Leihmütter, Künstliche Befruchtung, Frankfurt 2014. Wenig nachvollziehbar, weil durch die reiche Materialsammlung nicht gedeckt, sind allerdings seine Schlussfolgerungen, die assistierte Reproduktion bestätige das Modell der bürgerlichen Kleinfamilie (S. 475) und bringe „überdurchschnittlich glückliche Kinder" hervor (S. 480).

35 *Robert Spaemann*, in: Die Unantastbarkeit (Fn. 25), S. 93.

36 *Michael J. Sandel*, Plädoyer gegen die Perfektion. Ethik im Zeitalter der genetischen Technik, Berlin 2008, S. 109.

37 *Michael J. Sandel*, Plädoyer (Fn. 36), S. 67.

38 *Jürgen Habermas* (Fn. 30), S. 138; Zu *Michael J. Sandels* „Plädoyer gegen die Perfektion" hat Jürgen Habermas ein Vorwort geschrieben, in dem er diese Prognose bekräftigt (Fn. 36), S. 14.

Menschheit will sich „mithilfe von Kannibalismus sanieren".[39] Zu den fatalen Perspektiven der Reproduktionsmedizin gehört die Herstellung von Mischwesen aus Menschen und Tieren. Spaemann nennt dies „ein solches Verbrechen", dass er „jedes Attentat auf die Menschen billigen würde, die das machen".[40] Eine weitere Konsequenz der Abkoppelung der Weitergabe des Lebens vom Zeugungsakt ist die erhöhte Scheidungsrate bei Paaren, die sich einer künstlichen Befruchtung unterzogen haben. Spaemann spricht von einer „dreifach erhöhten Scheidungsrate" und, im Gegensatz zu Andreas Bernard, von vermehrt unglücklichen Kindern und psychotherapeutischen Behandlungen.[41] Die assistierte Reproduktion scheint der Beziehung ungewollt kinderloser Paare eher zu schaden als zu helfen. Von erhöhten Scheidungsraten ist zwar auch an anderer Stelle die Rede.[42] Aber empirische Untersuchungen mit belastbaren Ergebnissen bleiben ein Desiderat.

Um Kinder zu zeugen, so Spaemann, brauche man keinen Grund. Einen hinreichenden Grund für eine Zeugung könne es nicht geben. Würden Kinder von ihren Eltern Rechenschaft für ihre Zeugung verlangen, würde er mit dem Dichter Gottfried Benn antworten: „Glaubt doch nicht, dass ich an euch dachte, als ich mit eurer Mutter ging. Ihre Augen wurden immer so schön bei der Liebe". Und er würde fortfahren: „Du verdankst dein Leben nicht deiner Mutter und mir, sondern der gleichen Natur, der auch ich das meine verdanke und der der Schöpfer die Entstehung neuen Lebens anvertraut hat. Menschenwürdige Entstehung ist Folge einer Praxis, nicht einer Poiesis, Folge eines Umgangs, nicht Produkt einer Herstellung". Deshalb bezeichne der Satz im Großen Glaubensbekenntnis der Christenheit „'Genitum non factum' nicht nur die Weise des Ursprungs des göttlichen Logos, sondern auch die einzig angemessene Weise der Entstehung jedes Menschen".[43] Dem so gezeugten Menschen stehe von Anfang an das Recht auf Leben zu, weil er Person ist, und der Status einer Person bedeute, „dass er nicht verliehen wird, sondern dass jede Person kraft eigenen Rechts in den Kreis der Personen eintritt".[44] Spaemann hat sich deshalb immer wieder an den Debatten um den Lebensschutz und die Reformen des Abtreibungsstrafrechts beteiligt.

III. Das Recht auf Leben

Die rechtliche Regelung der Abtreibung ist für Spaemann wie die assistierte Reproduktion Symptom eines Trends der modernen Zivilisation, „alles technisch in den Griff zu nehmen, auch das menschliche Leben selbst".[45] Gegen diesen Trend Widerstand zu leisten, sei

39 *Robert Spaemann*, Vorwort zu Adrienne Weigl, Der preisgegebene Mensch. Überlegungen zum biotechnischen Umgang mit menschlichen Embryonen, Gräfelfing 2007, S. 10.

40 *Robert Spaemann*, Interview mit Oliver Maksan und Michael Stallknecht, „Aufhalten ist alles" in: Die Tagespost vom 30. 12. 2010, S. 13.

41 *Robert Spaemann*, in: Die Unantastbarkeit (Fn. 25), S. 94.

42 *Theresia Maria de Jong*, Babys aus dem Labor. Segen oder Fluch?, Weinheim 2002, S. 17 spricht von einer doppelten Scheidungsrate.

43 *Robert Spaemann*, in: NZZ vom 17. 5. 2000 (Fn. 22), S. 67; *ders.*, in: Die Unantastbarkeit (Fn. 25), S. 91.

44 *Robert Spaemann*, Wer jemand ist, ist es immer. Es sind nicht die Gesetze, die den Beginn eines Menschenlebens bestimmen, in: Frankfurter Allgemeine Zeitung vom 21. 3. 2001, S. 65.

45 *Robert Spaemann*, Verantwortung für die Ungeborenen, in: Schriftenreihe der JVL, Bd. 5, Köln 1988, S. 16.

ein Gebot des Rechtsstaates. Alle Humanität hänge von einem solchen Widerstand ab.[46] Widerstand leistete Spaemann schon gegen die Reformen des § 218 StGB von 1974 und 1976 und dann erneut gegen die Reformen von 1992 und 1995. Die Reform von 1974 hatte eine Fristenregelung vorgesehen. Eine Abtreibung sollte in den ersten 12 Wochen einer Schwangerschaft nicht strafbar sein. Diese Reform wurde vom Bundesverfassungsgericht 1975 als verfassungswidrig verworfen.[47] Spaemann opponierte im Vorfeld dieser Reform: „Die Fristenlösung würde erstmalig seit 1949 ... die Legitimität des Staates in ihren Grundlagen antasten. Die Legitimität des neuzeitlichen Staates gründet in erster Linie auf seiner Schutzfunktion für das Leben".[48] In der gleichzeitig eingeführten eugenischen Indikation sah er den ersten Schritt zur Euthanasie.[49]

Die Reform von 1976 hatte statt der Fristenregelung eine Indikationenregelung eingeführt und vor einer straffreien Abtreibung eine doppelte Beratung verlangt: eine Indikationsfeststellung durch einen Arzt und eine soziale Beratung, die auch von den Kirchen angeboten wurde. Spaemann führte für seine Kritik an dieser Regelung folgende Gründe an: 1. Das Kind sei nicht Teil der Mutter, sondern ein selbständiges Leben, eine Person mit eigenen Rechten. Gerade die Retortenproduktion von Embryonen habe gezeigt, „dass der Embryo offensichtlich ein selbständiges Leben hat", eine Abtreibung also ein Straftatbestand bleibe.[50] 2. Die Selbstbestimmung des Menschen finde ihre Grenze an der Existenz des anderen Menschen. Der Augenblick der Selbstbestimmung liege „nicht nach der Zeugung, sondern vor ihr".[51] 3. Der Not, in die eine Frau durch eine ungewollte Schwangerschaft geraten kann, müsse zwar abgeholfen werden, aber ihr dürfe „nicht jene Erniedrigung der Menschenwürde hinzugefügt werden", die darin bestehe, dass man ihr zubilligt, „Tötung als mögliche Alternative in Betracht zu ziehen". Das Wesen, um das es sich hier handle, sei „ein Mensch, es wird nicht erst Mensch".[52] 4. Die soziale Indikation bleibe eine „Schande für den Sozialstaat", weil der Staat damit erklärt, „er könne der Mutter keine zumutbare Alternative zur Tötung bieten".[53] 5. Dem Strafrecht komme in säkularisierten Gesellschaften eine sittenbildende Wirkung zu. Gerade die Forderung nach einer Kriminalisierung der Vergewaltigung in der Ehe bediene sich immer dieses Arguments.[54] 6. Die obligatorische Beratung habe einen korrumpierenden Effekt. Die Ausstellung der Beratungsbescheinigung, die keinem anderen Zweck als dem der Abtreibung dient, stelle „eine reale Mitwir-

---

46 *Robert Spaemann*, Verantwortung für Ungeborene (Fn. 45), S. 17; *ders.*, Interview „Planungsgesetze zur Gentechnik wären unerhörter Totalitarismus" Debatte um Sloterdijks Biopolitik, in: Junge Freiheit vom 8. 10. 1999. Robert Spaemann sieht im „Aufhalten des Schlimmsten" die wesentliche Aufgabe der Politik, wichtiger „als das Beste zu erstreben"; vgl. auch Fn. 40.

47 BVerfGE 39, 1 ff.

48 *Robert Spaemann*, Kein Recht auf Leben? Argumente zur Grundsatzdiskussion um die Reform des § 218 (Kirche und Gesellschaft Nr. 12), Köln 1974, S. 10. In dieser Publikation sind zwei Aufsätze zusammengefasst, die Robert Spaemann in ZRP 1974, S. 49 ff. und S. 114 ff. veröffentlicht hatte.

49 *Robert Spaemann* (Fn. 48), S. 5.

50 *Robert Spaemann*, JVL-Schriftenreihe 5 (Fn. 45), S. 19.

51 *Robert Spaemann*, JVL-Schriftenreihe 5 (Fn. 45), S. 22.

52 *Robert Spaemann*, JVL-Schriftenreihe 5 (Fn. 45), S. 21; vgl. auch Fn. 48, S. 11 f.

53 *Robert Spaemann*, JVL-Schriftenreihe 5 (Fn. 45), S. 23.

54 *Robert Spaemann* (Fn. 48), S. 15; die Vergewaltigung in der Ehe ist seit 1997 strafbar.

kung (cooperatio formalis) bei der Tötung Ungeborener dar". Sie mache die Kirchen „ungewollt zu Komplizen der Abtreibungsorganisation".[55]

Ein Staat, der den Schutz des Lebensrechts an ein Beratungssystem abtritt, verrate, so Spaemann, seine eigenen Grundlagen. Eine Beratung, deren Ziel nur darin bestehe, der Schwangeren eine Gewissensentscheidung zu ermöglichen, mit der sie leben könne, verrate das Lebensrecht des ungeborenen Kindes. Auch die Richtlinien des Deutschen Caritasverbandes für die Schwangerschaftskonfliktberatung von 1984 sahen in einer solchen Gewissensentscheidung das Ziel der Beratung.[56] Spaemanns Kritik, die er in einem Vortrag auf der Jahrestagung der „Juristenvereinigung Lebensrecht" am 6. Mai 1988 in Köln zusammenfasste, traf deshalb in besonderer Weise den Caritasverband. Die These, letzte Instanz für die Entscheidung über Leben und Tod sei das Gewissen der Mutter, sei „gleichbedeutend mit der These, dass es so etwas wie ein Recht des Kindes auf Leben überhaupt nicht gibt".[57] Schon 1982 hatte er geschrieben, das Gewissen respektieren, könne nicht heißen, „jedermann müsse tun dürfen, was sein Gewissen ihm gebietet". Wenn er dabei „Rechte anderer, das heißt eigene Plichten gegen andere verletzt, dann haben die anderen und hat auch der Staat das Recht, ihn daran zu hindern. Es gehört zu den Menschenrechten, dass das Recht eines Menschen nicht vom Gewissensurteil eines anderen Menschen abhängig gemacht wird. ... Denn entweder gibt es gar kein Lebensrecht von Ungeborenen, dann braucht man das Gewissen gar nicht zu bemühen, oder es gibt ein solches Recht, dann kann es nicht zur Disposition des Gewissens andrer Menschen gestellt werden".[58] Es bleibt eine schmerzhafte Wunde in der Geschichte der katholischen Schwangerschaftskonfliktberatung, dass nicht die Bischöfe die Ansicht, Abtreibung sei eine Gewissensentscheidung, als inakzeptabel verurteilten, sondern das Bundesverfassungsgericht, das in seinem Urteil zur Reform des Abtreibungsstrafrechts 1993 erklärte, eine Frau könne sich „für die mit dem Schwangerschaftsabbruch einhergehende Tötung des Ungeborenen" nicht auf die in Art. 4 Abs. 1 GG geschützte Gewissensfreiheit berufen.[59]

Die Diskussion über die nach der Wiedervereinigung Deutschlands notwendige Reform des Abtreibungsstrafrechts begann schon bald nach der Annahme des Einigungsvertrages von 1990, der in Art. 31 vorschrieb, bis spätestens zum 31. Dezember 1992 sei eine Neuregelung vorzunehmen, die das ungeborene Kind besser schütze als die bis dahin geltenden Regelungen sowohl in Ost- als auch in Westdeutschland. Die Neuregelung vom 26. Juni 1992 ersetzte die Indikationenregelung von 1976 mit doppelter Beratungspflicht durch eine Fristenregelung mit einfacher Beratungspflicht, in der der Beratungsschein zum einzigen Schlüssel für eine straflose Abtreibung in den ersten 12 Wochen der Schwangerschaft wurde. Das Bundesverfassungsgericht verwarf diese Reform am 28. Mai 1993, weil der neue § 218 StGB die Abtreibung nach Beratung als „nicht rechtswidrig" bezeichnete und weil die Beratung nach Ansicht des Gerichts nicht ausreichend am Lebensschutz orientiert war. Das Gericht billigte jedoch den Paradigmenwechsel vom Lebensschutz durch Androhung strafrechtlicher Sanktionen bei Zuwiderhandlung hin zum Lebensschutz durch

55 *Robert Spaemann*, JVL-Schriftenreihe 5 (Fn. 45), S. 24.

56 *Deutscher Caritasverband*, Ja zum Leben. Rahmenbedingungen für die Arbeit katholischer Beratungsstellen für werdende Mütter in Not- und Konfliktsituationen vom 9.5.1984, S. 6 und S. 15.

57 *Robert Spaemann*, JVL-Schriftenreihe 5 (Fn. 45), S. 26.

58 *Robert Spaemann*, Moralische Grundbegriffe, München 1982, S. 83.

59 BVerfGE 88, 203 (Leitsatz 5) und 308.

Beratung.[60] Die zweite Neuregelung von 1995 erklärte dann schlicht, eine Abtreibung unter den Bedingungen des § 218 a Abs. 1 StGB erfülle nicht den Tatbestand einer nach § 218 StGB strafbaren Abtreibung. Von der vom Bundesverfassungsgericht verlangten Rechtswidrigkeit ist im Strafgesetzbuch aber nichts zu finden. Der Beratungsschein wurde zur Tötungslizenz.

Spaemanns Kritik an der Beratungsregelung von 1976 galt unvermindert auch für die Beratungsregelungen von 1992 und 1995, die nicht das Lebensrecht des Kindes, sondern die Entscheidungsfreiheit der Frau schützen wollten. Schon zu Beginn der Debatte über den Paradigmenwechsel kritisierte Spaemann, dass die Schwangere zwar zum Aufsuchen einer Beratungsstelle gesetzlich verpflichtet werden sollte, nicht aber dazu, das Leben ihres Kindes zu respektieren. „Im Unterschied zu einem Abtreibungsverbot“ sei „eine Beratungspflicht für Abtreibungswillige eine Entmündigung“.[61] In einer Kontroverse mit dem Mainzer Moraltheologen Johannes Reiter in der Zeitschrift „Communio“ begründete Spaemann 1992 erneut seine Kritik an der kirchlichen Mitwirkung in der Schwangerschaftskonfliktberatung. Die Bescheinigung diene nach ihrer inneren Zweckbestimmung (finis operis) der Ermöglichung der Abtreibung, obgleich sie in der Absicht des Handelnden (finis operantis) das Lockmittel für den Besuch der Beratungsstelle sei. Deshalb handle es sich bei der Ausstellung der Bescheinigung um eine unerlaubte cooperatio formalis auch dann, wenn der Aussteller die Abtreibung missbilligt.[62] Während die Moraltheologen und die ihnen folgenden Bischöfe die cooperatio formalis lediglich an zwei Kriterien festmachten, am Wesen der Tat – wie der Abtreibung – oder an der inneren Zustimmung zu einer verwerflichen Handlung, ist für Spaemann noch ein drittes Kriterium relevant: der gesetzliche Rahmen, der aus dem Beratungsschein einen Schlüssel für die Abtreibung macht. Papst Johannes Paul II. folgte in seiner Enzyklika Evangelium Vitae 1995, in der er an die „allgemeinen Grundsätze über die Mitwirkung an schlechten Handlungen“ erinnerte, der Linie Spaemanns.[63] Von Moraltheologen wurde die Enzyklika deshalb heftig kritisiert und als „lex Germaniae“ verurteilt.[64]

Die Reform von 1995 führte innerhalb der katholischen Kirche in Deutschland zu einem heftigen Konflikt, in dem Robert Spaemann eine bedeutende Rolle zukam.[65] Eine Mehrheit der deutschen Bischöfe unter Führung des Vorsitzenden der Deutschen Bischofskonferenz, des Mainzer Bischofs Karl Lehmann, der auch eine Mehrheit des Zentralkomitees der deutschen Katholiken hinter sich wusste, setzte sich bei der Herbstvollversammlung vom 25. bis 28. September 1995 für eine Fortsetzung der kirchlichen Schwangerschaftskonfliktberatung ein, obwohl Papst Johannes Paul II. am 21. September 1995 noch geschrieben hatte, er fühle sich „im Gewissen verpflichtet“, die Bischöfe an einige Grundsätze zu erinnern, die

60 BVerfGE 88, 204 (Leitsatz 11) und 264 ff.

61 *Robert Spaemann*, Das Entscheidungsrecht der Frau entlastet den Mann und die Mitwelt, in: Frankfurter Allgemeine Zeitung vom 27.5.1991.

62 *Robert Spaemann*, Der Beratungsschein aus kirchlicher Hand? Communio 21 (1992), S. 163.

63 Johannes Paul II. Evangelium Vitae 74.

64 *Eberhard Schockenhoff*, Schwangerschaftskonfliktberatung – der Ernstfall der Ethik, Caritas 98 (1997), S. 357; *Josef Schuster*, Schwangerschaftskonfliktberatung. Anmerkungen zur aktuellen Diskussion, Stimmen der Zeit 123 (1998), S. 545 f.

65 Vgl. zu diesem Konflikt *Manfred Spieker*, Kirche und Abtreibung in Deutschland. Ursachen und Verlauf eines Konflikts, 2. Aufl. Paderborn 2008, S. 132 ff.

sie bei der „Neudefinition der kirchlichen Beratungstätigkeit" beachten sollten. Sie sollten die Beratungstätigkeit zwar intensivieren, um den Frauen in Not zu helfen, aber auf jeden Fall so, „dass die Kirche nicht mitschuldig wird an der Tötung unschuldiger Kinder". Johannes Paul II. gab auch zu verstehen, wo er die Gefahr einer solchen Mitschuld sah: im Beratungsschein, der „nun de facto die alleinige Voraussetzung für eine straffreie Abtreibung" geworden sei.[66] Eine Minderheit der deutschen Bischöfe, allen voran Erzbischof Johannes Dyba aus Fulda, und eine Minderheit des ZdK stellten sich in diesem Konflikt hinter Papst Johannes Paul II. und den Präfekten der Glaubenskongregation, Joseph Kardinal Ratzinger. Die Mehrheit verteidigte nicht die katholische Lehre gegenüber dem deutschen Gesetzgeber, sondern das deutsche Abtreibungsstrafrecht gegenüber Rom.

Der Konflikt, der sich über vier Jahre hinzog, bevor Johannes Paul II. am 19. September 1999 die Kardinäle Sodano und Ratzinger anordnen ließ, die kirchlichen Beratungsstellen in der Schwangerschaftskonfliktberatung dürften den Beratungsschein nicht länger ausstellen,[67] betraf vor allem die Bedeutung des Beratungsscheins. Während Johannes Paul II. und Kardinal Ratzinger in diesem Schein eine unerlaubte Mitwirkung an der Tötung ungeborener Kinder sahen, war der Schein für seine Verteidiger die Dokumentation einer am Lebensschutz orientierten Schwangerschaftskonfliktberatung, durch die das Leben ungeborener Kinder gerettet werde. Von rund 20.000 jährlich in der katholischen Schwangerschaftskonfliktberatung ausgestellten Beratungsscheinen würden rund 5000 nicht für eine Abtreibung benutzt. Die Kirche würde sich der unterlassenen Hilfeleistung schuldig machen, wenn sie diese Chance zur Rettung ungeborener Kinder nicht nutzen würde. Ungeachtet der Frage, wie zuverlässig diese Zahlen sind, bedeutete diese Kalkulation, dass die Verteidiger des Scheins die Verwendung der anderen 15.000 Scheine als Tötungslizenzen verdrängten.[68]

Spaemann hielt dieser konsequentialistischen Verteidigung des Scheins entgegen, „die Rettung noch so vieler Leben" könne „zwar das Opfer des eigenen Lebens, nicht aber die absichtliche Tötung eines Unschuldigen rechtfertigen".[69] Dass die Kirche ohne den Beratungsschein so wenig wie mit dem Beratungsschein alles Unrecht verhindern kann, sei noch keine Schuld. Niemand habe „die Verantwortung für etwas, das ohne sein Zutun geschieht und das er nur verhindern könnte, wenn er etwas täte, das zu tun dem Menschen nicht zusteht". Wer, wie die katholische Kirche, Abtreibung als verwerflich betrachte, dürfe „nicht Beihilfe zu ihr bieten". Dieses Unterlassungsgebot sei „von anderer Unbedingtheit als die Pflicht, eine solche Handlung zu verhindern oder zu bekämpfen".[70] Als die Bischöfe Anfang 1999 den Beratungsschein mit einem „Beratungs- und Hilfeplan" koppelten und glaubten, damit der Forderung von Papst Johannes Paul II. nachzukommen, zwar weiterhin in der Beratung zu bleiben, aber einen „Schein solcher Art" nicht mehr auszustellen,[71] ant-

---

66 Der Brief ist abgedruckt in: *Rainer Beckmann*, Der Streit um den Beratungsschein, Würzburg 2000, S. 199 ff.

67 Der Brief von *Sodano/Ratzinger* ist abgedruckt bei *Rainer Beckmann* (Fn. 66), S. 241 ff.

68 Zu diesen Zahlenspielen vgl. *Manfred Spieker* (Fn. 65), S. 129 ff.

69 *Robert Spaemann*, Personen (Fn. 6), S. 137.

70 *Robert Spaemann*, Die schlechte Lehre vom guten Zweck. Der korrumpierende Kalkül hinter der Scheindebatte, in: Frankfurter Allgemeine Zeitung vom 23. 10. 1999, Beilage Bilder und Zeiten, S. I.

71 Johannes Paul II. Brief an die deutschen Bischöfe vom 11. 1. 1998, in: *Rainer Beckmann* (Fn. 66), S. 202 ff.

wortete Spaemann, der „Beratungs- und Hilfeplan" sei ein „Trick aus der moraltheologischen Trickkiste, die schon im 17. Jahrhundert von Pascal dem staunenden Publikum vorgeführt und unsterblicher Verachtung preisgegeben" worden sei.[72]

Papst Johannes Paul II. genehmigte am 3. Juni 1999 zunächst den Beratungsschein mit dem „Beratungs- und Hilfeplan" mit der Auflage, dieser müsse einen Vermerk tragen, der deutlich mache, dass er nicht zur Durchführung straffreier Abtreibungen verwendet werden könne.[73] Als wenige Wochen später deutlich wurde, dass die staatlichen Behörden mit mehr oder weniger heimlicher Zustimmung der Bischöfe diesen Vermerk ignorieren würden, revozierte Johannes Paul II. die Genehmigung. Der erwähnten Anweisung der Kardinäle Ratzinger und Sodano, die Ausstellung des Beratungsscheins sei zu beenden, folgte am 20. Oktober 1999 ein weiterer Brief von Kardinal Sodano, in dem der Grund für die Ablehnung des Beratungsscheins noch einmal genannt und die Diskussion für beendet erklärt wurde: Weil die Beratungsregelung „in unentwirrbarer Weise Ja und Nein verknotet, den Lebensschutz durch die Beratung über den Nachweis der Beratung zugleich zum Mittel der Verfügung über menschliches Leben macht", könne die Kirche nicht mitwirken.[74] Mit diesem Argument folgten Johannes Paul II. und Joseph Kardinal Ratzinger der Argumentation Spaemanns.

IV. Sterben

Zum Gelingen des Lebens gehört das Sterben. Auch das Sterben ist, wie die Zeugung, kein Produkt, sondern eine Weise des Umgangs mit dem Leben. Sterben ist eine Praxis, keine Poiesis. Das Wissen um den eigenen Tod, so Spaemann, ist nicht ein Wissen unter anderem. Es ist keine Information, die wir einfügen könnten in einen sinnvollen Zusammenhang, der uns eine rationale Lebensführung erlaubt.[75] „Die Antizipation des Endes durchdringt das Leben im Innersten. Sie ermöglicht Sinnerfahrung ...Die Antizipation des Todes macht es möglich, dass wir uns zu unserem Leben als zu einem Ganzen verhalten. Sie ermöglicht jenes Haben des Lebens, das das Sein der Person ist. Nur ein Leben, das man hat, kann man hingeben. Sterben als Akt der Hingabe des Lebens ist ein wesentlich personaler Akt".[76]

Den Trend der modernen Zivilisation, alles technisch in den Griff zu nehmen, auch das menschliche Leben selbst, den Spaemann im Hinblick auf den Anfang des Lebens sowohl bezüglich der künstlichen Befruchtung als auch bezüglich der rechtlichen Regelung der Abtreibung kritisierte, beklagt er auch im Hinblick auf das Ende des Lebens. Hier zeigt sich dieser Trend ebenfalls in doppelter Weise: zum einen in der Form extremer künstlicher Lebensverlängerung, zum anderen im assistierten Suizid. Die künstliche Lebensverlängerung an Apparaten im Krankenhaus, die, so Spaemann, heute zur Routine geworden ist, mache „den Tod immer häufiger zu einem Verenden". Aber Sterben sei und bleibe ein personaler Akt. Die christliche Bitte, von einem plötzlichen Tod verschont zu bleiben, bringe, wie alle Sterberiten der Religionen, zum Ausdruck, „dass das Zuendegehen des Lebens für

72 *Robert Spaemann*, Das Ei des Kolumbus? In: Frankfurter Allgemeine Zeitung vom 29. 1. 1999.

73 Der Brief ist abgedruckt in: *Rainer Beckmann*, Der Streit (Fn. 66), S. 224 ff.

74 Der Brief ist abgedruckt in: *Manfred Spieker*, Kirche und Abtreibung (Fn. 65), S. 176 ff.

75 *Robert Spaemann*, Personen (Fn. 6), S. 125.

76 *Robert Spaemann*, Personen (Fn. 6), S. 131.

den Menschen nicht einfach ein Verlöschen ist, sondern ein Letztes, das ihm zu tun abverlangt wird… Im personalen Sterben treten Aktivität und Passivität nicht als Extreme auseinander, sondern Passivität, Erleiden ist selbst das, was als Akt vollzogen wird… Wenn Hergeben die eigentliche Bewährung wirklichen Habens ist, dann ist Sterben der actus humanus schlechthin. Und es ist die Antizipation des Sterbens, das Wissen unausweichlichen Hergebenmüssens, das, indem es unser Leben durchdringt und strukturiert, es zu einem personalen Leben macht".[77] Die „rituelle Totenbestattung" ist für Spaemann „das älteste Unterscheidungsmerkmal des homo sapiens".[78]

Spaemanns Überlegungen zum Sterben als letztem personalen Akt finden eine Parallele bei Josef Pieper, der sie freilich deutlicher im christlichen Glauben verankert: „Die letzte Verfügung des Menschen, mit welcher er sein irdisches, viatorisches Dasein zugleich beendet und vollendet, ist ein im strikten Sinn kultischer Akt liebender Hingabe, worin der Mensch, sein Todesschicksal ausdrücklich annehmend, sich selber mitsamt dem ihm jetzt entgleitenden Leben Gott darbringt und überliefert." Das sei, so Pieper, zwar keine philosophische Antwort auf die Frage nach dem Tod, aber doch eine Antwort, die auch dem Philosophen Respekt abnötige, weil sie die verborgene Bauform eines sinnvollen Lebens ahnen lasse, „dass man nämlich nur das besitzt, was man loslässt". Das eigene Leben buchstäblich und wirklich zu verlieren, das sei dem Menschen zum ersten und einzigen Mal im Angesicht des Todes abverlangt.[79] Das sich hingebende, nicht das sich selbst behauptende Ich ist für Pieper und für Spaemann das wahrhaft menschliche Ich.

Zum Aktivismus der modernen Medizin, der dem Menschen die Möglichkeit nimmt, menschenwürdig zu sterben, gehört für Spaemann auch die Transplantationschirurgie. Nicht selten würden „heute Menschen am Sterben gehindert aus reinem Fremdinteresse, um ihre Organe funktionstüchtig bis zum nächsten Transplantationstermin zu erhalten".[80] Konsequenterweise lehnt Spaemann auch die der Transplantationschirurgie zu Grunde liegende These ab, der Hirntod sei der Tod des Menschen. Mit der Definition des Todes als Hirntod sei erstmals eine Definition des Todes eingeführt worden. Der Tod lasse sich aber so wenig wie das Leben definieren, „weil wir Sein und Nichtsein nicht definieren können".[81] Die Behauptung, das Gehirn sei der Sitz der Seele oder das Gehirn habe eine integrative Funktion für den Organismus, die in der Debatte um das Transplantationsgesetz 1997 auch in der Moraltheologie vertreten wurde,[82] sei naturwissenschaftlich unhaltbar. Deshalb

---

77 *Robert Spaemann*, Personen (Fn. 6), S. 131 ff.

78 *Robert Spaemann*, Sterben – heutzutage, Communio 35 (2006), S. 179.

79 *Josef Pieper*, Tod und Unsterblichkeit, in: Werke, Bd. 5, Hamburg 1997, S. 370.

80 *Robert Spaemann*, Die Vernünftigkeit eines Tabus, in: Robert Spaemann/Bernd Wannenwetsch, Guter schneller Tod? Von der Kunst, menschenwürdig zu sterben, Basel 2013, S. 38. Dieser Beitrag ist weitgehend identisch mit der Publikation *Robert Spaemann*, Es gibt kein gutes Töten, in: Robert Spaemann/Thomas Fuchs, Töten oder Sterben lassen? Worum es in der Euthanasiedebatte geht, Freiburg 1997, S. 12 ff. Nur die Aussage zur Transplantationschirurgie fehlt in der Publikation von 1997.

81 *Robert Spaemann*, in: Manfred Balkenohl/ Roland Rösler (Hrsg.), Ist der Hirntod der Tod des Menschen? Zum Stand der Debatte, Handbuch für Lebensschutz und Lebensrecht, Paderborn 2010, S. 486; englisch: *Robert Spaemann*, Is brain death the death of a human person? Communio 38 (2011), S. 326 ff.

82 *Eberhard Schockenhoff*, Vor dem Gesetz: Das Ereignis des Todes, in: Frankfurter Allgemeine Zeitung vom 6.3.1997.

lasse sich „die Identifikation von Hirntod und Tod des Menschen nur noch halten, wenn man... die Personalität des Menschen von seinem biologischen Menschsein abkoppelt".[83]

Den Aktivismus der modernen Medizin, das Leben künstlich zu verlängern und den Tod hinauszuschieben, kritisiert Spaemann nicht nur, weil dieser dem Sterbenden die Möglichkeit nehme, das Sterben als bewussten Akt zu erleben und „das Zeitliche zu segnen", sondern auch, weil er die Türen zum assistierten Suizid und von diesem zur aktiven Sterbehilfe und zur Euthanasie öffne. Die aktive Sterbehilfe sei schließlich „die Kehrseite jenes Aktivismus, der bis zum letzten Augenblick etwas ‚machen' müsse".[84] Dem assistierten Suizid und der aktiven Sterbehilfe als Einstieg in die Euthanasie gilt Spaemanns Sorge in den letzten 20 Jahren seines Lebens.

Den klassischen Suizid, den es auch schon vor der modernen Zivilisation gab, bezeichnet Spaemann als „die extremste Form der Nichtidentität des Menschen".[85] Wie für Kant ist der Suizid für ihn „nicht Ausdruck von, sondern Absage an Autonomie und Freiheit des Menschen, denn mit diesem Akt wird ja gerade das Subjekt von Freiheit und Sittlichkeit vernichtet". Der Suizid sei jener „Akt der Selbstvergessenheit, mit welchem ein Mensch dokumentiert, dass er sich selbst nur als Mittel zur Erreichung oder Erhaltung wünschenswerter Zustände versteht, als Mittel, das sich, wenn es versagt, selbst beiseite räumt. Wir stehen aber zu unserem eigenen Leben... nicht nur in einem rein instrumentellen Verhältnis". Die Ansicht, Suizid sei rechtlich erlaubt, weist Spaemann zurück. Suizid sei nicht „ein Recht, sondern eine Handlung, die sich der Rechtssphäre entzieht". Von ihr führe kein Weg zu einem Recht, „einen anderen zu töten, bzw. von einem anderen getötet zu werden".[86] Dass der Selbstmord moralisch geächtet bleibt, sei für die menschliche Gemeinschaft „von größter Wichtigkeit. Denn wenn er eine sozial akzeptierte und institutionell ausgestattete Möglichkeit ist, wird es unvermeidlich sein, zu verhindern, dass daraus die Pflicht wird, von dieser Möglichkeit Gebrauch zu machen, um den anderen nicht weiter zur Last zu fallen".[87]

Spaemann wurde nicht müde, vor der Legalisierung der Suizidbeihilfe zu warnen. Schon vor der Legalisierung der aktiven Sterbehilfe in den Niederlanden und in Belgien 2002 hat er auf die Logik des assistierten Suizids hingewiesen, an die Euthanasiepraxis in Deutschland während der Herrschaft der Nationalsozialisten erinnert und vor einer Entsolidarisierung der Gesellschaft gewarnt. Das Sterben sei „eingebettet in die Riten menschlicher Solidarität". Wer Suizid begehen wolle, müsse das „folgerichtig allein tun". Anderen zuzumuten, dabei behilflich zu sein, hieße von ihnen zu verlangen zu sagen: „Du sollst nicht mehr sein". Es hieße, „das Fundament menschlicher Solidarität zu zerstören".[88] Der assistierte Suizid ist für Spaemann „der infamste Ausweg, den die Gesellschaft sich ausdenken kann, um sich der Solidarität mit den Schwächsten zu entziehen – und der billigste. Der billigste Ausweg aber ist der, der in unserer durchökonomisierten Zivilisation mit Sicherheit am Ende gewählt wird, wenn er nicht durch Gesetz und Sitte so fest verriegelt bleibt,

83 *Robert Spaemann*, in: Hirntod (Fn. 81), S. 497.

84 *Robert Spaemann*, in: Töten oder sterben lassen (Fn. 80), S. 29.

85 *Robert Spaemann*, in: Hirntod (Fn. 6), S. 132.

86 *Robert Spaemann*, Töten oder sterben lassen (Fn. 80), S. 18 f.

87 *Robert Spaemann*, Euthanasie, in: Die Zeit vom 12.2.2015.

88 *Robert Spaemann*, in: Guter schneller Tod ? (Fn. 80), S. 32; Vgl. auch *Robert Spaemann*, Gespräch mit dem Journalisten Bartholomäus Grill, der seinen Bruder in den Suizid begleitete, in: Stern 48/2006, S. 42 ff.

dass diejenigen, die seine Öffnung fordern, vollständig entmutigt werden". Dass die Beihilfe zum Suizid in Deutschland nicht bestraft wird, stehe „in einem seltsamen Widerspruch zur Strafbestimmung für unterlassene Hilfeleistung".[89]

„Wo das Gesetz es erlaubt und die Sitte es billigt, sich selbst zu töten oder sich töten zu lassen, wird der alte, kranke und pflegebedürftige Mensch sich unversehens in der Situation vorfinden, sämtliche Mühen, Kosten und Entbehrungen zu verantworten, die seine Angehörigen, Pfleger und Mitbürger für ihn aufbringen müssen. Nicht mehr Schicksal, Sitte und selbstverständliche Solidarität sind es dann, die den Mitmenschen diese Opfer abverlangen, sondern der Pflegebedürftige…, zumal er seine Mitmenschen ja leicht davon befreien könnte. Er lässt… andere dafür zahlen, dass er zu egoistisch oder zu feige ist, seinen Platz zu räumen. Wer möchte unter solchen Umständen weiterleben?"[90] Die Beihilfe zum Suizid sei „nur die Einstiegsdroge für die Enttabuisierung der Tötung ‚lebensunwerten Lebens' – auch ohne Zustimmung".[91] Sie ist der erste Schritt zur Tötung auf Verlangen. Der Übergang von der Tötung auf Verlangen zur Tötung ohne Verlangen sei dann „von der gleichen Konsequenz wie der Übergang von der gesellschaftlichen Akzeptanz des Selbstmordes zur Legalisierung der Tötung auf Verlangen. Die Tötung auf Verlangen wird mit dem unveräußerlichen Recht auf Selbstbestimmung begründet. Aber wäre das ernst gemeint, so müsste jeder Todeswunsch eines erwachsenen, zurechnungsfähigen und informierten Menschen erfüllt werden. Aber das verlangt tatsächlich niemand".[92] Hier irrte sich Spaemann: Das Bundesverfassungsgericht hat genau dies in seinem Urteil zur Suizidbeihilfe vom 26. Februar 2020 verlangt: Das allgemeine Persönlichkeitsrecht des Grundgesetzes, so das Gericht im ersten Leitsatz seines Urteils, „umfasst als Ausdruck persönlicher Autonomie ein Recht auf selbstbestimmtes Sterben". Die Entscheidung des Einzelnen, „seinem Leben entsprechend seinem Verständnis von Lebensqualität und Sinnhaftigkeit der eigenen Existenz ein Ende zu machen" und dafür Hilfe von Dritten, soweit sie angeboten wird, in Anspruch zu nehmen, sei „als Akt autonomer Selbstbestimmung von Staat und Gesellschaft zu respektieren".[93] Spaemann hat dieses Urteil nicht mehr erlebt. Er hätte dem Gericht sicher vorgehalten, von einem Autonomieverständnis auszugehen, das der conditio humana nicht gerecht wird und die Solidarität der Gesellschaft untergräbt.

Um dem Sterben wieder seinen Sitz im Leben zu geben, es also vor dem Verenden zu bewahren, rät Spaemann erstens zu einem ärztlichen Berufsethos, das „Kriterien der Normalität" entwickelt, die deutlich machen, „was wir jedem Menschen und gerade den kranken und alten an Zuwendung, an Pflege, an medizinischer Grundversorgung schulden und was statt dessen abhängig gemacht werden muss von Alter, Heilungsaussicht und persönlichen Umständen". Er möchte, dass nicht jeder Verzicht auf den Einsatz der äußersten Mittel als Tötung durch Unterlassen gebrandmarkt wird. Wer jeden Verzicht auf den Einsatz der äußersten Mittel als Tötung durch Unterlassen brandmarke, der bereit „den Weg für das aktive Umbringen". Zweitens rät Spaemann, der Hospizbewegung Aufmerksamkeit zu schenken. Sie, nicht die Euthanasiebewegung, sei „die menschenwürdige Antwort auf un-

89 *Robert Spaemann*, Guter schneller Tod ? (Fn. 80), S. 34 f.

90 *Robert Spaemann*, Guter schneller Tod ? (Fn. 80), S. 21 f.

91 *Robert Spaemann*, Guter schneller Tod ? (Fn. 80), S. 24.

92 *Robert Spaemann*, Die Vernünftigkeit eines Tabus (Fn. 80), S. 26.

93 BVerfGE 153, 182 ff.; Vgl. dazu *Manfred Spieker*, Die Logik der Suizidbeihilfe. Anmerkungen zum Urteil des Bundesverfassungsgerichts, Die Neue Ordnung 75 (2021), S. 40 ff.

sere Situation. Wo Sterben nicht als Teil des Lebens verstanden wird, da beginnt die Kultur des Todes".[94] Wenn die Familie in der Begleitung von Sterbenden überfordert ist, dann ist die Hospizbewegung die geeignete Hilfe, um Sterbenden zu einem menschenwürdigen Tod zu verhelfen. Im Hospiz ist es möglich, kompetente Pflege mit liebender Fürsorge durch Angehörige und Seelsorger zu verbinden und so dem Sterbenden die Chance zu geben, das Hingeben des eigenen Lebens als personalen Akt zu vollziehen.[95]

---

94 *Robert Spaemann*, Guter schneller Tod ? (Fn. 80), S. 39 f.

95 *Manfred Spieker*, Was heißt: In Würde sterben? Wider die Normalisierung des Tötens, in: Thomas Sören Hoffmann/Marcus Knaup (Hrsg.), Sterbehilfe? Selbstbestimmung und Selbsthingabe am Lebensende. Eine katholische Perspektive, Wiesbaden 2015, S. 215 ff.

IV. UMWELT- UND FORSCHUNGSETHIK

FORSCHUNGSETHIK – FORSCHUNGSRECHT

Von *Klaus Ferdinand Gärditz*

Die wissenschaftlichen Themenfelder Robert Spaemanns waren stets breit und vielfältig, er war nicht nur akribischer Wissenschaftler, sondern auch *public intellectual*, der sich an vielen Grundsatzdebatten der deutschen Nachkriegsgeschichte wortmächtig beteiligt hat. Als Philosoph hat er auch immer wieder Themen der Forschungsethik aufgegriffen. Naturphilosophie und Ethik beherbergen immer auch Facetten angewandter Wissenschaftsethik. Die Forschungsethik kennt daher vieldimensionale und aufgefächerte Probleme, von denen hier nur skizzenhaft solche aus dem Wirken Spaemanns herausgegriffen werden sollen, die das Forschungsrecht berühren, weil sie nicht nur nach ethischen, sondern auch nach rechtlichen Antworten verlangen.

I. Forschungsethische Positionen Robert Spaemanns

Ein Gravitationszentrum im Werk Spaemanns war fraglos der einzufordernde Respekt vor dem Leben. Obgleich er Tieren kraft speziesistischer Differenz keine Personalität zusprach,[1] war für ihn Respekt vor den Tieren ein Gebot menschlicher Selbstachtung:[2] So mache es „gerade die Menschenwürde aus, im Umgang mit der Wirklichkeit deren eigenem Wesen Rechnung zu tragen".[3] Dies überträgt er nun auf die Instrumentalisierung des Tieres zu Forschungszwecken. Die ethische Rechtfertigung sowie Kritik von Tierversuchen hat zwar eine lange Geschichte,[4] jedoch trat Spaemann in der bundesrepublikanischen Tradi-

---

1 *Spaemann*, Personen: Versuche über den Unterschied zwischen „etwas" und „jemand", 2018, S. 303. Sein Speziesismus setzt allerdings nicht an bestimmte aktuelle Fähigkeiten von Menschen an, sondern an einer metaphysischen Idee von Menschenrechten, die davon unabhängig sind, was er z. B. anhand von Embryonen und ihrer Rechte exemplifiziert. Etwa *Spaemann*, Schritte über uns hinaus, Bd. 1, 2010, S. 245 ff.

2 *Spaemann*, Tierschutz und Menschenwürde, in: Händel (Hrsg.), Tierschutz: Testfall unserer Menschlichkeit, 1984, S. 71 (78).

3 *Spaemann*, Tierschutz (Fn. 2), S. 77.

4 Vgl. *French*, Antivivisection and Medical Science in Victorian Society, 1975; *Maehle*, Kritik und Verteidigung des Tierversuchs: Die Anfänge der Diskussion im 17. und 18. Jahrhundert, 1992. Vgl. bereits *Alexander von Humboldt*, Versuche über die gereizte Muskel- und Nervenfaser, nebst Vermutungen über den chemischen Prozess des Lebens in der Tier- und Pflanzenwelt, Bd. 1, Berlin/Posen 1797, S. 290: „Die Frösche zogen durch die Leichtigkeit, sie in Menge zu sammeln, durch ihren starken Nervenbau, ihre fast unzerstörbare Reizbarkeit, ihr reinliches Muskelfleisch, ihre fast durchsichtigen Körper, zu ihrem Unglück, die Hauptaufmerksamkeit der Physiologen auf sich. Das Blutbad, welches Haller, Rösel, Spallanzani und 30 Jahre früher Abt Nollet [...] unter ihnen anrichtete [...] war nur ein schwacher Vorbote von dem, was am Ende des achtzehnten Jahrhunderts in allen Teilen Europens, ja im nördlichen Amerika, sie erwartete [...]. Schade indeß, daß so zahllose Versuche

Duncker & Humblot · Berlin | https://doi.org/10.3790/978-3-428-58515-1.2025.202576

tion tierethischer Debatten vergleichsweise früh als scharfsichtiger wie scharfzüngiger Kritiker tierischen Leids in Erscheinung. Schon in den 1970er Jahren prangerte er die Quälerei in den Labors eines aufstrebenden Forschungslandes an,[5] die zwar immer wieder Gegenstand öffentlicher Debatten war, was aber lange Zeit nur begrenzte Beachtung fand. Für die forschungsethische Rechtfertigung von Tierversuchen formulierte Spaemann drei Kriterien: Erstens dürfe es nicht um Versuche gehen, die lediglich die Unschädlichkeit von Genussmitteln untersuchten. Versuche dürften zweitens nur ein „geduldetes Provisorium" sein, das von Anstrengungen begleitet werden müsse, Ersatzwege für eine baldige Ablösung zu finden. Drittens dürfe das Leiden nicht der wesentliche Teil tierischen Lebens werden.[6] Das ist auch deshalb bemerkenswert, weil die praktisch wichtigste Gruppe der Tierversuche in den Bereich der Arzneimittelforschung fällt, die der Minderung menschlichen Leids und dem Schutz menschlichen Lebens dient, das seinerseits Spaemann Lebensthema und Herzensanliegen war. Er war gleichwohl nicht bereit, aus schlichten Nutzenerwägungen den Respekt vor der Kreatur als Objektivierung menschlicher Würde preiszugeben, die ihm Gebot basaler Selbstachtung blieb, auch wenn Verzicht absehbar Folgen haben würde.

Seine Distanz zur tierexperimentellen Forschung war erkennbar nicht nur tierethisch motiviert, sondern hatte immer auch eine forschungs- und fortschrittskritische Tendenz – ein Aufbäumen gegen den Szientismus der Moderne. Hinsichtlich der Anerkennung tierischer Subjektivität als Selbstzweck, der der Wissenschaft Grenzen setze, hätten Wissenschaftlerinnen und Wissenschaftler „anderen Menschen nichts voraus".[7] Gehe es um ihre eigenen Interessen am Tierversuch, seien sie aufgrund eigener Befangenheit sogar schlechter geeignet, das Tierwohl angemessen zu beurteilen.[8] Auch organisatorische Konsequenzen thematisiert Spaemann: Er sprach sich dezidiert dagegen aus, den Tierschutz bei einem Ministerium anzusiedeln, dessen Portfolio der Nutzen von Tieren sei; ginge es um eine sittliche Substanz der öffentlichen Ordnung, sei das Innenministerium der richtige Ort.[9]

Skeptizismus gegenüber wissenschaftlichen Fortschrittsversprechen bildete – gewiss auch einer allgemeinen Modernisierungsskepsis[10] erwachsen – die Matrix des zweiten technik- und forschungsethischen Großthemas Spaemanns, zu dem er sich mit beharrlichem Engagement zu Wort gemeldet und in die öffentlichen Debatten als kritische Stimme eingemischt hat: die Kernkraftnutzung und deren Erforschung. Unter dem Eindruck gravierender Szenarien menschlicher Fehlbarkeit beäugte er bereits das Erkenntnisstreben der Kernforschung mit tiefem Misstrauen. Bei Anerkennung legitimen Erkenntniswillens sei Vorsicht dort geboten, wo dieser von kreierter Technologie abhängig oder mit deren Ent-

---

angestellt werden, bei denen die Erweiterung unseres Wissens gar nichts gewinnt, und bei denen man auch freut zucken und abermals zucken zu sehen! Schade, daß Menschen, die auf feinere Bildung Anspruch machen, oft dabei eine Grausamkeit ausüben, die schlechterdings unnütz ist […]". Die Tierethik selbst ist viel älter als die Diskussion der Tierversuche. Vgl. dazu *Horn*, Antike, in: Ash/Borchers (Hrsg.), Handbuch Tierethik: Grundlagen – Kontexte – Perspektiven, 2018, S. 3 ff.; *Oelze*, Mittelalter, ebd, S. 9 ff.

5 *Spaemann*, Bestialische Quälereien Tag für Tag, Deutsche Zeitung Nr. 33 v. 10.8.1979, S. 20.

6 *Spaemann*, Tierschutz (Fn. 2), S. 78 ff.

7 *Spaemann*, Tierschutz (Fn. 2), S. 80 f.

8 *Spaemann*, Tierschutz (Fn. 2), S. 81.

9 *Spaemann*, Tierschutz (Fn. 2), S. 80.

10 Vgl. etwa *Spaemann*, Schritte (Fn. 1), S. 12 ff.

wicklung verbunden sei.[11] Er nahm die rechtliche Absicherung der Kernforschung und Kernkraftnutzung zwar zur Kenntnis, beharrte aber auf der Unabgeschlossenheit wissenschaftlicher Diskurse über die Richtigkeit gegenüber hoheitlichen Entscheidungen[12]. Wohl auch als Antwort auf einen planulistischen Zeitgeist der 1970er und 80er Jahre[13] misstraute er fortwährend szientistischer Planbarkeit,[14] obgleich sein Bekenntnis zur Nachhaltigkeit im Umgang mit knappen Ressourcen[15] eigentlich inhärent planerisch ist und zudem in hohem Maße staatliche Planung voraussetzt, wie auch der Atomausstieg (und die damit eingeleitete Energiewende) zu einem der größten Planungsszenarien der Rechts-Zeitgeschichte wurde.[16]

Die Irreversibilität der Nutzung von Kerntechnik mache es späteren Entscheidern unmöglich, Folgen rückabzuwickeln.[17] Daher trat Spaemann konsequent für einen Verzicht auf gegenwärtige Nutzungsvorteile von Atomkraft ein, die nur durch immense Zukunftslasten erkauft wären, für die Künftige den Preis zu zahlen hätten. Er forderte bei Risikotechnologien zudem eine Beweislastumkehr: Bei irreversiblen Schäden könnten Laien verlangen, dass die Wissenschaft ihnen die Unschädlichkeit glaubhaft mache; es sei ihr Recht, misstrauisch zu sein, wenn eine relevante Minderheit in der Wissenschaft Skepsis hege.[18] Auch Extremszenarien seien einzukalkulieren.[19] Betrachtet man den Atomausstieg nach der Havarie von Fukushima, hat sich seine Position letztlich durchgesetzt. Spaemann selbst haderte damit, insoweit am Ende Recht behalten zu haben.[20] Wer in der ethischen Verantwortung für die Zukunft aufgrund der über das Gegenwärtige und seine Egoismen hinausweisenden Selbstbeschränkung ein Fortschrittsversprechen sieht, wird Spaemann hier als unabhängigen Denker würdigen, der seiner Zeit voraus und ein Verfechter intergenerationeller Nachhaltigkeit war, die heute die Leitidee politischer Ökologie schlechthin geworden ist. Wer hingegen den Verdacht hegt, Nachhaltigkeit sei eigentlich ein stockkonservatives Projekt, grün schillerndes Derivat einer restaurativen Natürlichkeitsidee, mag sich ebenfalls bestätigt sehen. Wahrscheinlich ist es beides, aber das wird auf viele Ethiken zu-

---

11 *Spaemann*, Nach uns die Kernschmelze: Hybris im atomaren Zeitalter, 2011, S. 105.

12 *Spaemann*, Kernschmelze (Fn. 11), S. 21.

13 Dazu *Aderhold*, Kybernetische Regierungstechnik in der Demokratie, 1973, S. 46 ff.; *von Beyme*, Der Gesetzgeber, 1997, S. 18 ff.; *Kaelble*, Kalter Krieg und Wohlfahrtsstaat: Europa 1945–1989, 2011, S. 111 ff.; *Schober*, Der Zweck im Verwaltungsrecht, 2007, S. 65.

14 *Spaemann*, Kernschmelze (Fn. 11), S. 31.

15 *Spaemann*, Kernschmelze (Fn. 11), S. 34 f.

16 Allgemein zum Zusammenhang von Nachhaltigkeit und Planung *Frenz*, Sustainable Development durch Raumplanung, 2000, S. 103; *Gärditz*, Umweltgesetzbuch und Umweltgesamtplanung, Die Verwaltung 40, (2007), 203 (215); *ders.*, Nachhaltigkeit durch Partizipation der Öffentlichkeit, in: Kahl (Hrsg.), Nachhaltigkeit durch Organisation und Verfahren, 2016, S. 351 (352 f.). Zum Planungsrecht und Planungsbedarf der Energiewende *Franzius*, Planungsrecht und Regulierungsrecht: Bedeutung dieser Interdependenz für eine geänderte Vorteilszuordnung bei der Windernte, ZUR 2018, 118, 11 ff.; *Kment*, Das Planungsrecht der Energiewende, Die Verwaltung 47 (2014), 377 ff.

17 *Spaemann*, Kernschmelze (Fn. 11), S. 45.

18 *Spaemann*, Kernschmelze (Fn. 11), S. 46 f.

19 *Spaemann*, Kernschmelze (Fn. 11), S. 102 f.

20 Vgl. Die Zeit online v. 12. 12. 2018: „,Es ist für mich keine schöne Befriedigung, recht gehabt zu haben', sagte er nach der Atomwende der Bundesregierung 2011. ,Ich hätte lieber unrecht gehabt.'"

treffen, deren zukunftsgerichteter Richtigkeitsanspruch auf Werten fußt, die in die Vergangenheit weisen.

Diese grundsätzlichen forschungsethischen Erwägungen Spaemanns, die Bedeutung weit über seine Anwendungsbeispiele – Tierversuche, Kernforschung – hinaus haben und sich etwa auf den Bereich der Bioethik übertragen lassen, sollen Anlass sein, einige vorläufige und selektive Gedanken zum Verhältnis von Forschungsethik und Forschungsrecht zu skizzieren.

II. Forschungsethik

Forschungsethik ist ein Untergebiet der Ethik, also eine philosophische Disziplin, die sich mit Werten, Verantwortung und Verantwortbarem in der Forschung befasst. Ethik ist wiederum die Wissenschaft von der Moral.[21] Aus der Außenperspektive der Rechtswissenschaft ist Forschungsethik deshalb interessant, weil sie ebenfalls normative Sollen-Aussagen über Forschung behandelt. Diese unterscheiden sich zwar von rechtsnormativen Aussagen durch ihren Geltungsgrund, haben aber oftmals vergleichbare Argumentationsstrukturen, Gesolltes zu rechtfertigen. Dies erleichtert einerseits einen Transfer aus dem argumentativen Reservoir der Ethik in das Recht, mahnt aber andererseits auch zur besonderen Vorsicht, weil oftmals semantische Ähnlichkeiten zur voreiligen Rezeption verleiten, ohne mögliche begriffliche Differenz hinreichend zu hinterfragen. Die Abstraktionshöhe von Kategorien wie Menschenwürde, Verantwortung oder Autonomie ist – wie nicht zuletzt bioethische Debatten im Recht zeigen – besonders anfällig für eine Vernachlässigung funktional notwendiger Differenz von Ethik und Recht.

1. Forschungsethik als Grenze und Funktionsbedingung von Forschung

Forschungsethik kann einerseits Konflikte der Forschung mit externen Gütern oder Werten thematisieren, die nach Begrenzung oder Verantwortung verlangen. Plakative Beispiele aus dem Bereich der biomedizinischen Forschung wären etwa der Schutz Nichteinwilligungsfähiger oder der Embryonenschutz aus medizinethischen Gründen. Aber auch der Tierschutz im Tierversuch ist ein moralischer Belang, der nicht forschungsinterne Interessen abbilden, sondern die Verwirklichung wissenschaftlicher Erkenntnisziele auf Kosten der Tiere begrenzen soll. Es gibt daneben aber auch eine Binnenethik der Forschung, die diejenigen Regeln adressiert, die den Eigenwert wissenschaftlicher Forschung (nicht zuletzt deren Verlässlichkeit, Objektivität, Distanz) sichern. Regeln guter wissenschaftlicher Praxis lassen sich so auch als Abbildung einer praktischen Wissenschaftsethik verstehen.[22] Schon der Anspruch auf Sachlichkeit, die Gesetze der Logik und die fachliche Be-

---

21 *Hübner*, Theorie der Ethik, in: Fuchs u. a. (Hrsg.), Forschungsethik, 2010, S. 1 (5).

22 *Sponholz/Baitsch/Richter*, Praktische Forschungsethik, in: Wiesing/Simon/Engelhardt (Hrsg.), Ethik in der medizinischen Forschung, 2000, S. 137 (137); ferner *Deplazes-Zemp*, Wissenschaftliches Fehlverhalten im Labor, in: Elger/Biller-Adorno/Rütsche (Hrsg.), Ethik und Recht in Medizin und Biowissenschaften, 2014, S. 215 (217 ff.); *Fuchs*, Gute wissenschaftliche Praxis, in: ders. (Hrsg.), Forschungsethik, 2010, S. 41 (41).

gründungsrationalität verpflichten auf eine spezifische, wissenschaftsimmanente Ethik.[23] Wissenschaft lebt von der besonderen Glaubwürdigkeit ihrer Aussagen, die qualifiziert begründet sind, setzt damit aber auch besonders die Integrität der Wissenschaftlerinnen und Wissenschaftler – eine spezifisch wissenschaftliche Geisteshaltung – voraus.[24] Integrität und gute wissenschaftliche Praxis machen wiederum Erkenntnis stärker, weshalb Wissenschaftsethik immer auch etwas mit den Funktionsbedingungen von Wissenschaft zu tun hat.[25] Wissenschaft braucht eine Ethik des Zweifels, die gegen schlichte Gläubigkeit und falsche Gewissheiten schützt, also die Offenheit der Erkenntnis durch eine distanzierte Haltung zum Erkannten und zum zu Erkennenden absichert.

2. Ethik der Richtigkeit und Begründbarkeit

Gerade durch diese besondere Ethik der Richtigkeit und Begründbarkeit wird die Forschung erst externen Erwartungen an wissenschaftliche Erkenntnis gerecht. Jedes Fach hat hier seine eigene Sub-Forschungsethik. Beispielsweise nur eine von Wissenschaftlichkeit und damit von Zweifel sowie von empirischer Evidenz getragene Medizin genügt den ethischen Ansprüchen an die Menschlichkeit.[26] Wissenschaftliche Erkenntnis muss ihre Risikostrukturen und Unsicherheiten verlässlich offenlegen, damit sie gesellschaftliche Orientierung vermittelt. Gerade in Zeiten, in denen ein neuer Hang zur Esoterik Urstände feiert und Wissenschaft zur Zielscheibe anti-rationalistischer Gegenentwürfe verschiedenster Provenienz wird,[27] ist es umso wichtiger, durch forschungsethische Selbstdisziplin die Glaubwürdigkeit und Verlässlichkeit wissenschaftlicher Aussagen im Kontrast zu beliebigen Meinungen und Glaubenssätzen nicht nur zu behaupten, sondern fortwährend unter Beweis zu stellen. Das schließt es immer auch ein, die Leistungsgrenzen wissenschaftlicher Aussagen und Unsicherheiten offenzulegen. Forschungsethik liegt so im wohlverstandenen Eigeninteresse der Forschenden, deren Annahmen zwar besser begründet sein mögen als eine Alltagsvernunft, die aber von infrastrukturellen Voraussetzungen abhängig bleiben, die ein demokratisches System bereitstellt, das auf egalitärer politischer Teilhabe aller und nicht auf klügeren Einsichten gründet.[28] Der für sachlich begründbare politische Entscheidungen notwendige Verständnishorizont ist ebenfalls etwas grundlegend anderes als der Stand wissenschaftlicher Diskurse, zu denen ohnehin nur ein überschaubarer Kreis

---

23 *Gerhardt*, Wahrheit verpflichtet, in: Becker/Engelen/Vec (Hrsg.), Ethisierung – Ethikferne: Wie viel Ethik braucht die Wissenschaft, 2003, S. 217 (226 ff.).

24 *Hirsch Hadorn*, Risiken der technologischen Zivilisation als wissenschaftsethisches Problem, in: Becker/Engelen/Vec (Hrsg.), Ethisierung – Ethikferne: Wie viel Ethik braucht die Wissenschaft, 2003, S. 138 (150).

25 Vgl. *Stewart*, Research Ethics for Scientists, 2011, S. 7 ff.

26 *Köbberling*, Der Wissenschaft verpflichtet, 2020, S. 141 ff.

27 Dazu *Strohschneider*, Zumutungen: Wissenschaft in Zeiten von Populismus, Moralisierung und Szientokratie, 2020.

28 Vgl. pointiert auch *Möllers*, Demokratie – Zumutungen und Versprechen, 2008, S. 80. Forschungsethiken als selbst generierte Regeln des Wissenschaftssystems bergen Risiken der Expertokratie. Zutreffend *Günther*, Ethische Selbstkontrolle statt Recht? Regulierungsprobleme des Wissenschaftssystems, in: Becker/Engelen/Vec (Hrsg.), Ethisierung – Ethikferne: Wie viel Ethik braucht die Wissenschaft, 2003, S. 196 (201).

an Wissenschaftlerinnen und Wissenschaftlern kognitiven Zugang hat.[29] Gerade daher sind eine Demokratie und ihre offene Gesellschaft auf eine freie Wissenschaft angewiesen, die immer auch diejenigen Wahrheiten markiert, die der politischen Verfügungsgewalt entzogen bleiben.[30] Spaemanns latente Modernitätsskepsis muss man nicht teilen – auch ich tue dies nicht. Sie sichert jedoch jedenfalls kritische Distanz zu Heilsversprechen des Fortschritts, für die sich auch rationale Wissenschaft bisweilen als anfällig erweist.

3. Dezentrale soziale Kontrolle

Überlässt man die Regelbildung innerhalb der Forschung einer Binnenethik der Scientific Community, statt sie zu verrechtlichen, geht damit typischerweise eine Erwartung an selbstregulative Kräfte einher, die Probleme sachnäher zu lösen.[31] Forschungsethik als solche kennt weder zentrale Institutionen der Regelsetzung noch eine Sicherung durch Sanktionen bzw. zwangsbewehrte Durchsetzungsmacht. Soziale Erwartungen hinter einer Forschungsethik lassen sich nur dezentral durch gesellschaftliche Sanktionen der Nichtanerkennung, Missbilligung oder negativen Markierung stabilisieren. Umso wirksamer freilich diese Formen dezentraler sozialer Kontrolle in einem selbstregulativen Wissenschaftssystem wirken, desto stärker nähern sie sich der Typik des Rechts an. Für die Forschungsethik ist dies besonders augenfällig. Was gute oder schlechte Forschung ausmacht, bleibt zwar dem freien Diskurs der Fachgemeinschaft überlassen. Auch unterhalb rechtlicher Reaktionen auf positives Fehlverhalten fließen aber Erwartungen an gute wissenschaftliche Praktiken in Entscheidungen über Berufungen, Mittelvergabe, Annahme von Publikationen oder Projektförderung ein, die nicht nur entscheidende Determinanten von Wissenschaftsprozess und Wissenschaftskarrieren sind, sondern auch rechtliche Folgen zeitigen. Damit wird zugleich eine Ethik des Umgangs mit forschungsethisch begründeter Macht notwendig. Geht es der Forschungsethik gar um Belange, deren Schutz kein inhärentes Forschungsinteresse ist – dies hat Spaemann klar gesehen[32] –, sind diese in einer selbstregulativen Binnenethik nicht in den besten Händen. Dort wo sich Konflikte nicht mehr angemessen allein durch ethisch begründete Erwartungen und deren soziale Stabilisierung bewältigen lassen, kommt das Forschungsrecht auf den Plan.

III. Forschungsrecht

Die Ethik als Wissenschaft kann den Umgang mit Moral rationalisieren und nach allgemeingültigen Wertungen fragen, kann aber ethischen Standards nicht Geltung in einem

29 Anschaulich *Mohr*, Einführung in (natur-)wissenschaftliches Denken, 2007, S. 37, 81 f.

30 *Möllers* (Fn. 28), S. 45; siehe auch *Mohr*, Wissen: Prinzip und Ressource, 1999, S. 192 ff., der auch auf die Gefahr hinweist, wissenschaftliche Momentaufnahmen als abgeschlossene Endpunkte zur Grundlage dann ihrerseits geschlossener politischer Ideologien zu machen (S. 184 ff.).

31 *Günther* (Fn. 28), S. 198, der dies selbst sehr kritisch bewertet. Zur strukturellen Differenz von autonom-dezentralem Diskurs in der Wissenschaft einerseits und Recht andererseits *Rieble*, Wissenschaftsredlichkeit durch ethische Selbstlenkung oder rechtlichen Zwang?, in: Demko/Brudermüller (Hrsg.), Forschungsethik, 2014, S. 11 (13 ff.).

32 *Spaemann*, Tierschutz (Fn. 2), S. 81.

rechtlichen Sinne verleihen.[33] Möglich ist hingegen eine Transformation von Ethik in Recht durch Positivierung.[34] Das die hierdurch entstehenden Regeln des Forschungsrechts dann nicht nur gelegentlich und rein taktisch, sondern kohärent beachtet werden, setzt – wie ganz allgemein[35] – parallele Sozialnormen voraus, die das Rechtliche verinnerlichen. Die Compliance-Kultur in der Wissenschaft[36] gründet hierauf, setzt aber als Vorstufe regelstabilisierender Praktiken zunächst einmal eine Vergewisserung über moralische Standards und deren wissenschaftlich-ethische Reflexion voraus. Liegen dem Forschungsrecht Standards einer aus dem Wissenschaftssystem heraus generierten Ethik und ihrer Praktiken voraus, fällt die Einhaltung lediglich abbildender rechtlicher Regeln aber im Zweifel leichter.

1. Autonomie des Rechts, Forschungsrecht, Forschungsethik

Forschungsrecht, das auf die Einhaltung bestimmter forschungsethisch begründeter Standards verpflichtet, vermittelt einer Ethik die Durchsetzungsmacht des Juridischen. Recht setzt zwangsbewehrte Rechtsfolgen, deren Durchsetzung in die Hand staatlicher Institutionen gegeben wird, die über besondere – formalisierte, hierarchisierte und zentralisierte – Machtmittel verfügen. Der Machtgewinn ist freilich erkauft mit einem Funktionswandel, der auf der autonomen Setzung und Deutung von Recht beruht. Das Recht des modernen, vollpositiven Verfassungsstaats bezieht seine Geltung nicht aus Höherem bzw. aus exogenen Geltungsgründen, sondern ruht in sich selbst.[37] Auch eine verrechtlichte Ethik ist Recht ohne Abstriche; ihr Geltungsgrund wurzelt nicht in moralischer Einsicht oder wissenschaftlich-ethischer Deduktion, sondern in der durch die Rechtsordnung delegierten Rechtserzeugungsmacht derjenigen Institution, die zur Setzung ermächtigt wurde und diese Ermächtigung in Anspruch genommen hat.[38] Das kann ein parlamentarischer Gesetzgeber sein, ein Verordnungsgeber oder der Satzungsgeber einer Ärztekammer oder Hochschule. Ethik verliert damit im Recht ihren Eigenstand und wird auf einen neuen Geltungsgrund gestellt, der auch die Deutungshoheit von den (auf wissenschaftliche Wahrheit verpflichteten) Philosophinnen und Philosophen auf die Institutionen der Rechtsanwendung überträgt. Die Auslegung der verrechtlichten Ethik richtet sich dann nach Regeln rechtlicher Hermeneutik, die beim Rechtserzeugungswillen der zur Setzung ermächtigten Insti-

33 Siehe auch *Röhl/Röhl*, Allgemeine Rechtslehre, 3. Aufl. 2008 S. 311.

34 Hierzu *Vöneky*, Recht, Moral und Ethik, 2010, S. 101 ff.

35 Vgl. *Lepsius*, Standardsetzung und Legitimation, in: Möllers/Voßkuhle/Walter (Hrsg.), Internationales Verwaltungsrecht, 2007, S. 345 (351).

36 Speziell zur guten wissenschaftlichen Praxis *Gärditz*, Compliance-Regeln und Wissenschaftsfreiheit, WissR 52 (2019), 299 (300 f.); *Löwer*, Regeln guter wissenschaftlicher Praxis als Compliance in Hochschulen und Forschungseinrichtungen, in: Nagel/Pallme König (Hrsg.), Compliance-Management an Hochschulen – Mehr als Regelkonformität?, 2013, S. 110 ff.; ferner allgemein zur Compliance als Set an Praktiken, ethische und rechtliche Standards zu stabilisieren *Geis*, Hochschulen, in: Stober/Ohrtmann (Hrsg.), Compliance: Handbuch für die öffentliche Verwaltung, 2015; *Weber/Lejeune*, Compliance in Hochschulen, 2019.

37 *Jestaedt*, Grundrechtsentfaltung im Gesetz, 1999, S. 288.

38 Zur rezeptiven Autonomie *Jestaedt*, Das mag in der Theorie richtig sein… Vom Nutzen der Rechtstheorie für die Rechtspraxis, 2006, S. 56 f.

tution ansetzen. Hinreichend dokumentierter[39] Wille des Normgebers, Wortlaut, Systematik und Vereinbarkeit mit höherrangigem Recht sind maßgebliche Koordinaten, die ggf. dazu führen können, dass sich – trotz (ex- oder impliziter) Verweisung auf ethische Standards – die rechtliche Interpretation von der ethischen Matrix ablöst.

a) Verrechtlichung der Bedeutung

Motive der Rechtserzeugung, positivierter Regelungszweck oder Vorgaben des höherrangigen Rechts überformen kraft Autonomie des Rechts auch in seinen institutionellen Anwendungsbedingungen den ursprünglich wissenschaftlich-autonomen Anspruch einer Forschungsethik, der nicht auf Geltung, sondern auf guten Gründen ruht. Eine innere Kohärenz von Forschungsethik und Forschungsrecht kann damit nicht generell gewährleistet sein. Übereinstimmung mit einer konkreten praktischen Ethik ist überhaupt nur dann ein legitimes rechtliches Deutungsziel, wenn sich dieses als Bestandteil eines Normgeberwillens nachweisen lässt. Am Tierversuchsrecht lässt sich dies besonders deutlich nachzeichnen,[40] welches sich längst von Tierethiken abgekoppelt und eigene Formate des Konfliktausgleichs ausdifferenziert hat, bei dem gerade Ethiker ihre Standards oftmals als bis zur Unkenntlichkeit deformiert empfinden. Das ist kein Defizit, sondern im Gegenteil die Stärke des Rechts, sich kraft seiner Autonomie gegen eine Indienstnahme durch partikulare Ethiken zu armieren. Gerade eine ethisch konsequente Position – und Spaemann hat solche immer mit Leidenschaft, bisweilen auch mit Härte begründet wie verteidigt – ist oftmals für das Recht einer pluralistischen Gesellschaft, deren Herz der kompromisshafte Ausgleich und nicht die innere regulative Kohärenz ist, nicht wirklich brauchbar.[41] Dafür bleibt auch Ethik gegenüber dem Recht autonom, muss sich also ihre Strenge nicht dadurch nehmen lassen, dass das Recht ihr nicht folgen mag.

b) Vielfalt der Ethiken, Bestimmtheit des Rechts

Angesichts der Palette an Ethiken, die typischerweise miteinander konkurrieren, muss Gesetzgebung eine Auswahl treffen, welcher Ethik rechtliche Verbindlichkeit zukommen soll. Auch ethisch begründete „Wahrheit"[42] ist oft ambivalent.[43] Das Beispiel des Tierschutzes in der tierexperimentellen Forschung kann dies verdeutlichen, konkurrieren hier doch verschiedene und teils miteinander strukturell inkompatible tierethische Positionen (z. B.

---

39 *Wischmeyer*, Der „Wille des Gesetzgebers" – Zur Rolle der Gesetzesmaterialien in der Rechtsanwendung, JZ 2015, 957 (960 ff.).

40 Vgl. *Brandstetter/Spielmann/Löwer/Spranger/Pinsdorf*, Tiere in der Forschung, 2016, S. 131 f.

41 Dazu *Gärditz*, Kompromissloses Strafrecht? Zur verfassungsrechtlichen Rolle des Gesetzgebers bei der Entscheidung existenzieller Fragen, in: Beckmann/Duttge/Gärditz/Hillgruber/Windhöfel (Hrsg.), Gedächtnisschrift für Herbert Tröndle, 2019, S. 729 ff.

42 Hier kann nicht auf die wissenschaftstheoretische Frage eingegangen werden, ob eine Ethik, die normative Werturteile formuliert, überhaupt in einem wissenschaftlichen Sinne wahr sein kann. Aus einer puristischen Position des Kritischen Rationalismus aus ließe sich so durchaus der Wissenschaftscharakter von Ethik in Frage stellen, weil diese keine hypothetisch falsifizierbaren Aussagen formuliert. Für die vorliegende Diskussion muss es genügen, dass sich mit ethischen Prämissen jedenfalls wissenschaftlich-rational arbeiten lässt, weil es wissenschaftliche Regeln der Argumentation gibt und sich jedenfalls Folgerungen aus den Prämissen als richtig oder falsch ausweisen lassen.

43 *Gerhardt* (Fn. 23), S. 218.

Biozentrismus, Anthropozentrismus, Altruismus, Physiozentrismus, Kontraktualismus)[44]. Das daraus resultierende Dissensproblem wird durchaus auch in der Tierethik gesehen.[45] Das Recht ist hier einem pathozentrischen Ansatz gefolgt,[46] hat damit aber anderen ethischen Ansätzen die rechtsdogmatische Relevanz abgeschnitten. Schon 1978 stellte das BVerfG für das damalige Tierschutzgesetz fest, dass der Gesetzgeber zwar auf ethische Debatten zurückgegriffen, aber eigene normative Wertungen getroffen habe, die einen kompromisshaften Ausgleich verschiedener Interessen einschließen: „Das Tierschutzgesetz von 1972 beruht auf der Grundkonzeption eines ethisch ausgerichteten Tierschutzes im Sinne einer Mitverantwortung des Menschen für das seiner Obhut anheimgegebene Lebewesen. Aus dem Werdegang des Gesetzes wird deutlich, daß der Gesetzgeber bestrebt war, im Bereich des Tierschutzes ethische Grundsätze und wissenschaftliche sowie wirtschaftliche Erfordernisse miteinander in Einklang zu bringen".[47] Noch deutlicher wird dies vielleicht im Bereich der Bioethik, um die sich Robert Spaemann verdient gemacht hat. Vom ESchG[48] über das StZG[49] bis zum GenDG[50] geht es jeweils um Regelungen auf ethisch umstrittenen, aber eben auch ethisch bestellten und damit vorstrukturierten Feldern, deren Konflikte durch ein Gesetzgebungsverfahren in politische Kompromisse übersetzt wurden. Die genannten Gesetze fungieren wiederum durchweg auch als Forschungsrecht.

Dort wo die Rezeptionsrichtung des Gesetzes, das auf Ethik verweist, nicht eindeutig erkennbar ist, werden letztlich philosophische Dispute in die Auslegung des Rechts verlagert, das aber keine geeigneten Verfahren zur wissenschaftlichen Streitentscheidung bereitstellt.[51] Nicht immer werden zudem Forschende zugleich eine kohärente ethische Gemeinschaft bilden können, weil etwa Kulturprägung[52] oder fachliche Divergenz dem entgegen-

---

44 Vgl. *Alzmann*, Zur Beurteilung der ethischen Vertretbarkeit von Tierversuchen, 2016, S. 27 ff.; *Röcklingsberg/Gjerris/Olsson*, Animal Ethics in Animal Research, 2017, S. 20 ff. Feindifferenziert *Bode*, Einführung in die Tierethik, 2018.

45 *Borchers*, Ethiktools für Güterabwägung oder: Wie pragmatisch dürfen Ethiker sein?, in: dies./Luy (Hrsg.), Der ethisch vertretbare Tierversuch, 2009, S. 15 (36 ff.).

46 *Gärditz*, in: Beckmann/Durner/Mann/Röckingshausen (Hrsg.), Landmann-Rohmer Umweltrecht, Stand: 2020, Art. 20a Rn. 22, 66; *Löwer*, Tierversuche im Verfassungs- und Verwaltungsrecht, 2006, S. 70.

47 BVerfGE 48, 376 (389). Entsprechend zuvor bereits BVerfGE 36, 47 (56 f.).

48 Embryonenschutzgesetz v. 13. 12. 1990 (BGBl. I S. 2746), das zuletzt durch Art. 1 des Gesetzes v. 21. 11. 2011 (BGBl. I S. 2228) geändert worden ist.

49 Stammzellgesetz v. 28. 6. 2002 (BGBl. I S. 2277), das zuletzt durch Art. 50 des Gesetzes v. 29. 3. 2017 (BGBl. I S. 626) geändert worden ist.

50 Gendiagnostikgesetz v. 31. 7. 2009 (BGBl. I S. 2529, 3672), das zuletzt durch Art. 23 des Gesetzes v. 20. 11. 2019 (BGBl. I S. 1626) geändert worden ist.

51 Das hat in jüngerer Zeit auch das BVerfG namentlich für gerichtliche Verfahren näher herausgearbeitet. S. BVerfGE 149, 407 (414): Einem Verwaltungsgericht sei durch Art. 19 Abs. 4 Satz 1 GG nicht auferlegt, ein außerrechtliches tatsächliches Erkenntnisdefizit aufzulösen. Gerichte seien „nicht in der Lage, fachwissenschaftliche Erkenntnislücken selbständig zu schließen, und auch nicht verpflichtet, über Ermittlungen im Rahmen des Stands der Wissenschaft hinaus Forschungsaufträge zu erteilen".

52 Eingehend zu Tierversuchen *Loue*, Case Studies in Society, Religion, and Bioethics, 2020, S. 209 ff.

stehen.[53] Hier gilt für die Forschung das, was bei Wertungskonflikten auch sonst gilt: In einer pluralistischen Gesellschaft ist das demokratische Gesetz der (oftmals einzige) Anker, der eine anderenfalls zentrifugal erodierende Sozialität zusammenhält.[54] Das vielleicht größte Defizit der Ethik besteht in ihrer institutionellen Abstinenz. Anders als das Recht, das ein System konkreter Ermächtigungen ist und institutionelle Entscheidungsmacht durch konkrete Zuständigkeiten möglichst eindeutig verteilt, sind Ethiken das Produkt diffuser wissenschaftlicher Diskurse, die weder Zentrum noch Hierarchie kennen. Ubiquitäre Konflikte zwischen verschiedenen Ethiken lassen sich daher auch nicht hierarchisch (durch Vorrang einer höheren Regelungsebene oder durch Instanzenzug) auflösen, sie bleiben nebeneinander im – konstitutiv offenen – wissenschaftlichen Diskurs bestehen. Es bleibt daher völlig unbestimmt, wer ethische Regeln eigentlich setzen darf, wie sie relative Verbindlichkeit erlangen und wer zu Änderung ermächtigt ist.[55] Es ist daher auch keine Trivialität, dass alle Hochschulen in der Fachgemeinschaft anerkannte – etwa von der Deutschen Forschungsgemeinschaft selbstregulativ ausformulierte[56] – Regeln guter wissenschaftlicher Praxis in GWP-Satzungen und Verwaltungsvorschriften umgegossen haben.[57] So werden zunächst unverbindliche Regeln in ein operatives System der Rechtsanwendung überführt, welches Zuständigkeiten für Setzung, Anwendung und Änderung kennt.

c) Geltung statt Klugheit

Das Recht kann und soll nicht die Klugheit seiner Regelungsinhalte garantieren. *Auctoritas non veritas facit legem.*[58] Ein immer wieder auch naturrechtlich argumentierender Denker wie Spaemann hätte diesem Leitsatz des Rechtspositivismus, zu dem ich mich aus tiefster Überzeugung bekenne, wohl energisch widersprochen. Wahrheitsabstinenz wäre freilich auch für die Wissenschaft ein ernstzunehmendes Problem, die nicht demokratischer Autorität, sondern der Wahrheit und damit dem besseren Argument verpflichtet ist. Zwar findet Wissenschaft natürlich nie außerhalb sozialer Bedingtheit und auch nicht außerhalb einer konkreten Rechtsordnung statt, die ihren Freiheitsanspruch überhaupt erst sichert. Im demokratischen Rechtsstaat, der nicht nur Organisationsform individueller wie kollektiver Selbstbestimmung ist, sondern mit dem sich immer auch ein freiheitlicher Rationalitätsanspruch verband, entschärft sich jedoch diese Spannungslage. Grundrechte gewährleisten den Einzelnen nicht nur Freiheitssphären zur individuellen Autonomie (Will-

---

53 *Lotter*, Was für eine Ethik braucht die Wissenschaft?, in: Becker/Engelen/Vec (Hrsg.), Ethisierung – Ethikferne: Wie viel Ethik braucht die Wissenschaft?, 2003, S. 207 (215).

54 Vgl. *Volkmann*, Grund und Grenzen der Toleranz, Der Staat 39 (2000), 325 (352).

55 *Günther* (Fn. 28), S. 199.

56 Zuletzt DFG (Hrsg.), Leitlinien zur Sicherung guter wissenschaftlicher Praxis, 2019.

57 Dazu *Löwer*, Regeln guter wissenschaftlicher Praxis, Herkommen – Rechtsgrund – Durchsetzung, in: Stuckenberg/Gärditz (Hrsg.), Festschrift für Hans-Ullrich Paeffgen, 2015, S. 111 ff.; *von Bargen*, Wissenschaftliche Redlichkeit und zentrales hochschulinternes Verfahrensrecht, JZ 2013, 714 (718 ff.). Vgl. ferner für die ethische Dimension der Guten Laborpraxis nach § 19a ChemG i. V. mit Anhang 1: *Reich*, Ethische Implikationen chemischer Praxen am Beispiel der Guten Laborpraxis, 2014.

58 Zur rechtsstaatlichen Basisstruktur dieses *Hobbes*-Diktums *Jestaedt*, (Fn. 37), S. 290 ff.; *Rhonheimer*, „Autoritas non veritas facit legem": Thomas Hobbes, Carl Schmitt und die Idee des Verfassungsstaates, ARSP 86 (2000), 484 ff. Zum damit verbundenen Bruch mit dem alteuropäischen Ordo-Denken *Euchner*, Auctoritas non veritas facit legem?, in: Bermbach/Kodalle (Hrsg.), Furcht und Freiheit, 1982, S. 176 ff.

kür im positiven Sinne[59]), sondern legen vor allem dem Staat rationalisierende Rechtfertigungslasten auf, wenn er in diese Freiheitssphäre eingreift. Auch bestimmte – z. B. fundamentalistische – Ethiken dürfen damit normativ nicht in die Gesetzgebung einwandern,[60] weil sie den Anforderungen an ein verfassungskonformes Regelungsziel bzw. die rationalisierende Verhältnismäßigkeitsprüfung nicht genügen würden. Beispielsweise theologisch begründete Ethiken müssen sich in säkular anschlussfähige Argumente transformieren lassen (was nicht immer gelingt), Ethiken, die mit der Menschenwürde (Art. 1 Abs. 1 GG) und der in ihr angelegten gleichen Freiheit aller zur Selbstbestimmung unvereinbar sind, können keinen Bestand innerhalb der Rechtsordnung haben. Forschungsrecht muss sich also auf rationale Gründe von hinreichendem Gewicht stützen lassen. Forschungsethiken können hierbei den Gesetzgeber unterstützen, Gründe für Beschränkungen der Forschungsfreiheit (Art. 5 Abs. 3 Satz 1 GG) zu formulieren, können aber rechtliche Abwägungen nicht ersetzen, die weder von einer exogenen Ethik abhängig noch dieser zwangsläufig unterlegen sind.[61] Grundrechte sind eben immer auch Abwehrrechte dagegen, fremden Ethiken unterworfen zu werden. Und die Forschungsfreiheit ist damit zunächst einmal auch ein Grundrecht gegen forschungsethische Freiheitsbeschränkung.

d) Ethik, Fachlichkeit, Rechtsnorm

Forschungsethik darf nicht mit den jeweiligen fachlichen Anforderungen der Disziplin kurzgeschlossen werden. Wissenschaft ist fachlich filigran ausdifferenziert, höchst komplex und hat eine extrem hohe kognitive Eintrittsschwelle. Dies bedeutet aber nicht, dass Regelsetzung den Expertinnen und Experten des Faches überlassen bleiben müsste. Denn die allgemeinen Standards guter wissenschaftlicher Praxis sind von vergleichsweise geringer Komplexität: Ausschluss bei Befangenheit, Transparenz, Integrität, Verhinderung von externer Einflussnahme oder Korruption und gute Laborpraxis (vgl. § 19a ChemG i. V. mit Anhang 1) erfordern weder wissenschaftlich-fachliche Spezifität noch besonderes Fachwissen. Fachliche Probleme können auftreten, wenn es darum geht, konkrete, fallbezogene Problemstrukturen zu verstehen, nur ist das eine Frage der Rechtsanwendung, die – wie in anderen Bereichen auch – ggf. auf sachverständige Unterstützung angewiesen sein kann. Ethischer Sachverstand zählt hierzu aber durchweg nicht. Die ggf. vorzunehmenden Abwägungen sind juristischer Provenienz, meist weniger kategorisch, offener für den demokratischen Prozess sowie ausgerichtet auf die Kontingenz sowie Willkür individueller Freiheit. Juristische Abwägungen sind damit weniger konsistent als eine wissenschaftliche Ethik, dafür aber pragmatisch und in der Lage, veränderte Anschauungen in einer pluralistischen Gesellschaft innerhalb des rechtsnormativen Korridors abzubilden.[62] Etwa die Tier-

---

59 Vgl. *Dreier*, Recht und Willkür, in: Starck (Hrsg.), Recht und Willkür, 2012, S. 1 ff.; zum liberal-grundrechtlichen Modell der Freiheit zur Beliebigkeit *Klein*, Die Grundrechte im demokratischen Staat, 1974, S. 10; *Ossenbühl*, Grundsätze der Grundrechtsinterpretation, in: Merten/Papier (Hrsg.), Handbuch der Grundrechte, Bd. I, 2004, § 15 Rn 51.

60 *Günther* (Fn. 28), S. 202.

61 Luzide *Poscher*, Was Juristen besser können als Ethiker: Ein interdisziplinäres Argument für die gerichtliche Kontrolle von Ethikkommissionen, in: Vöneky/Beylage-Haarmann/Höfelmeier/Hübler (Hrsg.), Ethik und Recht – Die Ethisierung des Rechts, 2013, S. 43 ff.

62 Wenn für die ethische Vertretbarkeit von Tierversuchen (§ 7a Abs. 2 Nr. 3 TierSchG) gefordert wird, gesellschaftlichen Wandel abzubilden – so *Hager*, Das Tier in Ethik und Recht, 2015, S. 116 f. –, dann zeigt dies (unabhängig von der Richtigkeit dieser Interpretation) doch besonders deutlich, dass

ethik ist hierbei in der Regel vornehmlich an der moralphilosophischen Konsistenz und Kohärenz von Begründungen, nicht aber an der administrativen Handhabbarkeit interessiert.[63] Gesetzgebung und Verwaltung müssen hier anders vorgehen, wenn sie zu wissenschaftsadäquaten Konzepten gelangen wollen.

2. Verfassungsimmanente Schranken der Forschungsfreiheit

Das Grundrecht der Wissenschaftsfreiheit in Art. 5 Abs. 3 Satz 1 GG enthält keine expliziten Schranken. Verfassungsrechtlich generiert die Rechtsprechung bei vorbehaltlosen Grundrechten die notwendigen Schranken seit jeher verfassungsimmanent.[64] Das gilt auch für die Wissenschaftsfreiheit.[65] Die Verfassung als Wertungssystem verlangt einen Ausgleich im Wege der praktischen Konkordanz, wenn die Inanspruchnahme eines verfassungsrechtlich gewährleisteten Freiheitsrechts andere Verfassungsgüter beeinträchtigen kann. „Die Konflikte zwischen der Gewährleistung der Wissenschaftsfreiheit und dem Schutz anderer verfassungsrechtlich garantierter Rechtsgüter müssen daher nach Maßgabe der grundgesetzlichen Wertordnung und unter Berücksichtigung der Einheit dieses Wertsystems durch Verfassungsauslegung gelöst werden. In diesem Spannungsverhältnis kommt der Wissenschaftsfreiheit gegenüber den mit ihr kollidierenden, gleichfalls verfassungsrechtlich geschützten Werten nicht schlechthin Vorrang zu. Auch ohne Vorbehalt gewährte Freiheitsrechte müssen im Rahmen gemeinschaftsgebundener Verantwortung gesehen werden".[66]

Forschungsrechtliche Beschränkungen der Forschungsfreiheit lassen sich rechtfertigen, wenn sie externe, forschungsindifferente Güter um ihrer selbst willen und ohne Inanspruchnahme einer kontingenten Wissenschaftsethik schützen oder wenn sie dem Erhalt der Funktionsbedingungen freier Wissenschaft dienen. Dass eine (welche?) Wissenschaftsethik zugleich den grundrechtlichen Schutzbereich begrenze, wurde nur sehr vereinzelt vertreten. Martin Kriele meinte in einem Sammelband zu den Tierschutz-Debatten der 1980er Jahre, an dem auch Spaemann mitgewirkt hatte, dass „nicht alles, was wissenschaftlich ist, ohne weiteres ethische Anerkennung verdient und vom Grundrechtsschutz der Wissenschaftsfreiheit umfaßt" sei.[67] Dies läuft auf eine immanente Reduktion des grundrechtlichen Gewährleistungsgehalts nach Maßgabe einer bestimmten Ethik hinaus, was aber nicht haltbar

---

selbst hier, wo explizit auf Ethik verwiesen wird, an die Stelle philosophisch-wissenschaftlicher Rationalität die Funktionsbedingungen des Rechts treten.

63 *Borchers/Luy*, Ethisch vertretbare Tierversuche – eine Einführung, in: dies. (Hrsg.), Der ethisch vertretbare Tierversuch, 2009, S. 7 (9).

64 S. allgemein *Sachs*, in: ders. (Hrsg.), GG, 8. Aufl. (2018), Vor Art. 1 Rn. 120 ff. m. w. Nachw.

65 BVerfGE 126, 1 (24); *Britz*, in: Dreier (Hrsg.), GG, Bd. I, 3. Aufl. (2013), Art. 5 III (Wissenschaft) Rn. 41, 50; *Gärditz*, Die äußeren und inneren Grenzen der Wissenschaftsfreiheit, WissR 51 (2018), 5 (29); *Huber*, Staat und Wissenschaft, 2008, S. 61; *Losch*, Wissenschaftsfreiheit, Wissenschaftsschranken, Wissenschaftsverantwortung, 1993, S. 239 f.; *Löwer*, Freiheit wissenschaftlicher Forschung und Lehre, in: Merten/Papier (Hrsg.), Handbuch der Grundrechte, Bd. IV, 2011, § 99 Rn. 27; *Schemmer*, in: Epping/Hillgruber (Hrsg.), GG, 2. Aufl. (2013), Art. 5 Rn. 199; *Starck/Paulus*, in: Huber/Voßkuhle (Hrsg.), GG, Bd. 1, 7. Aufl. (2018), Art. 5 Rn. 536.

66 BVerfGE 47, 327 (369).

67 *Kriele*, Gesetzliche Regelung von Tierversuchen und Wissenschaftsfreiheit, in: Händel (Hrsg.), Tierschutz: Testfall unserer Menschlichkeit, 1984, S. 113 (119).

ist. Allgemein sind Versuche[68] gescheitert, grundrechtliche Schutzbereiche apriorischen Einschränkungen nach wertethischen Vorbehalten zu unterwerfen. Eine Kappung des Grundrechtsschutzes im Schutzbereich schneidet letztlich die Rechtfertigungsprüfung ab,[69] die auch ethische Einschränkungen der Forschung grundsätzlich benötigen, schon weil die subjektive Kontingenz ethischer Werturteile ihrerseits ohne rechtliche Rationalisierung und Kontrolle zum inadäquaten Freiheitsrisiko würde. Zum anderen würde es die Schutzfunktion der Forschungsfreiheit untergraben, wenn deren Regelungsgehalt von exogenen Funktionsbedingungen eines außerrechtlichen Normensystems abhängig gemacht würde, dessen Gehalte nicht nur dynamisch, sondern auch umstritten und institutionell ungesichert sind. Letztlich sind also ethisch begründete Beschränkungen der Forschungsfreiheit, jedenfalls sofern sie externe Gemeinwohlbelange schützen sollen, als Eingriff in den Schutzbereich zu verstehen und entsprechend zu rechtfertigen. Nach allgemeinen Grundsätzen[70] müssen solche Regeln wissenschaftsadäquat ausgestaltet sein, was ein Denken vom grundrechtlichen Freiheitsschutz und nicht von einer exogenen Forschungsethik aus erfordert. Die Wissenschaftsfreiheit (Art. 5 Abs. 3 Satz 1 GG), die als höherrangiges Recht die Auslegung des Forschungsrechts determiniert, kann hierdurch sogar die Bedeutung der Forschungsethik stärken, weil letztere die Essenz derjenigen Eigengesetzlichkeiten ist, die das Wissenschaftssystem selbst hervorgebracht hat und die dann auch im Zweifel wissenschaftsadäquate Problemlösungsansätze enthalten.

Ungeachtet dessen gibt es aber auch wissenschaftsinterne Parameter, die den Schutzbereich des Grundrechts determinieren und sich nicht gänzlich von basalen Regeln der Wissenschaftsethik abkoppeln lassen. Wissenschaft nach Art. 5 Abs. 3 Satz 1 GG ist, „was nach Inhalt und Form als ernsthafter und planmäßiger Versuch zur Ermittlung von Wahrheit anzusehen ist".[71] Das Grundrecht schützt einen grundsätzlich von Fremdbestimmung freien Bereich autonomer Verantwortung,[72] der wissenschaftlich Tätige von staatlicher Einwirkung auf die Gewinnung und auf die Vermittlung wissenschaftlicher Erkenntnisse abschirmt.[73] Gegenstand dieser Freiheit sind vor allem die auf wissenschaftlicher Eigengesetzlichkeit beruhenden Prozesse, Verhaltensweisen und Entscheidungen bei der Suche nach Erkenntnissen, ihrer Deutung und Weitergabe.[74] Ernsthaftigkeit, Planmäßigkeit und prozesshafte Offenheit sind Rationalitätsgaranten, durch die sich das Grundrecht der Wissenschaftsfreiheit von anderen Grundrechten (namentlich der Meinungs- oder

---

68 Vor allem *Böckenförde*, Schutzbereich, Eingriff, verfassungsimmanente Schranken, Der Staat 42 (2003), 165 ff.; *Hoffmann-Riem*, Grundrechtsanwendung unter Rationalitätsanspruch, Der Staat 43 (2004), 203 (214 ff.); *Papier*, Aktuelle grundrechtsdogmatische Entwicklungen in der Rechtsprechung des Bundesverfassungsgerichts, in: Grupp/Ufeld (Hrsg.), Festschrift für Reinhard Mußgnug, 2005, S. 45 (56 f.); *Volkmann*, Veränderungen der Grundrechtsdogmatik, JZ 2005, 261 ff.

69 Grundsätzliche Kritik bereits bei *Höfling*, Kopernikanische Wende rückwärts? Zur neueren Grundrechtsjudikatur des Bundesverfassungsgerichts, in: Muckel (Hrsg.), Festschrift für Wolfgang Rüfner, 2003, S. 329 ff.; *Kahl*, Vom weiten Schutzbereich zum engen Gewährleistungsgehalt, Der Staat 43 (2004), 167 (184 ff.); *Martins*, Grundrechtsdogmatik im Gewährleistungsstaat: Rationalisierung der Grundrechtsanwendung?, DÖV 2007, 456 (462 ff.).

70 BVerfGE 35, 79 (123); 111, 333 (352 f., 363); 127, 87 (114, 117 f.); 136, 338 (359 f., 363 f.).

71 BVerfGE 35, 79 (113); 47, 327 (367).

72 BVerfGE 35, 79 (113); 47, 327 (367); 90, 1 (12); 111, 333 (354); 127, 87 (115); 139, 148 (182).

73 BVerfGE 35, 79 (112f.); 47, 327 (367); 90, 1 (11f.); 111, 333 (354); 141, 143 (164).

74 BVerfGE 35, 79 (112); 111, 333 (354); 122, 89 (105); 127, 87 (115); 128, 1 (40).

der Religionsfreiheit) strukturtypisch unterscheidet. Ernsthaftes und methodengeleitetes Erkenntnisstreben setzt aber voraus, dass grundlegende Regeln guter wissenschaftlicher Praxis eingehalten werden, ohne die dem Handlungssystem die inhärente Wissenschaftlichkeit abhandenkommt. Wissenschaftsethik wirkt hier nach Maßgabe eines normativen Rezeptionsfilters auf den Schutzbereich des Grundrechts zurück.

Es gibt gewiss immer gute und schlechte Wissenschaft; Ethik ersetzt keine Qualitätsbeurteilungen. Es gibt aber auch Regelverstöße, die den Kern der Wissenschaftlichkeit berühren. Um der Glaubwürdigkeit und der Funktionsfähigkeit der Wissenschaft als sozialer Diskurszusammenhang willen muss solches Fehlverhalten sanktionierbar sein.[75] Ein adäquater Umgang mit Fehlverhalten behindert Wissenschaft nicht. Im Gegenteil macht dieser gerade erst die Wissenschaftlichkeit eines Handlungssystems aus.[76] Wenn eine Wissenschaftlerin bzw. ein Wissenschaftler „die Grenzen der Wissenschaftsfreiheit zweifelsfrei überschritten hat" könnten – so das BVerwG – „Arbeiten nicht als ein ernsthafter Versuch zur Ermittlung von Wahrheit beurteilt werden […], somit auch nicht den Schutz des Art. 5 Abs. 3 Satz 1 GG genießen".[77] Das Gericht ist daher überzeugend davon ausgegangen, dass Forschungstätigkeit, die zumindest grob fahrlässig elementare Regeln guter wissenschaftlicher Praxis durch Fehlverhalten verletzt, nicht dem Schutzbereich des Art. 5 Abs. 3 Satz 1 GG unterfällt.[78]

3. Schutzverantwortung und Wissenschaftsethik

Hinzu tritt eine objektive Schutzverantwortung des Staates für die Funktionsbedingungen des Grundrechts der Wissenschaftsfreiheit nach Art. 5 Abs. 3 Satz 1 GG.[79] Staatliches Recht (autonomes Hochschulrecht eingeschlossen) muss beispielsweise eine angemessene Kontrolle wissenschaftsgefährdender Praktiken – etwa Befangenheit[80] oder Beeinflussung durch Auftraggeber – institutionalisieren und Sanktionsmöglichkeiten für Fehlverhalten bereitstellen. Das BVerwG hat für das Promotionsrecht – aber verallgemeinerungsfähig – aus der Wissenschaftsfreiheit kohärent abgeleitet, dass für Dissertationen, die den Anfor-

75 Vgl. *Köbberling* (Fn. 26), S. 179 f.: Es dürfe grundsätzlich keine widerspruchslose Hinnahme von erkannter Unwissenschaftlichkeit geben.

76 *Baer*, Wissenschaftsfreiheit als verteilte Verantwortung, Forschung und Lehre 2017, S. 214 (215).

77 BVerwGE 102, 304 (312).

78 BVerwGE 147, 292 (301). So auch zuvor die überwiegende Auffassung, siehe *Apel*, Verfahren und Institutionen zum Umgang mit Fällen wissenschaftlichen Fehlverhaltens, 2009, S. 387; *Gärditz*, Die Feststellung von Wissenschaftsplagiaten im Verwaltungsverfahren, WissR 46 (2013), 3 (20); *ders.*, Wissenschaftsunwürdigkeit? Zu Begriff und Folgen des wissenschaftlichen Fehlverhaltens in der Rechtsprechung des Bundesverwaltungsgerichts, WissR 47 (2014), 119 (136); *Schulze-Fielitz*, Forschung, in: Geis (Hrsg.), Hochschulrecht im Freistaat Bayern, 2009, Kap. II, Rn. 238; *ders.*, Reaktionsmöglichkeiten des Rechts auf wissenschaftliches Fehlverhalten, in: Löwer/Gärditz (Hrsg.), Wissenschaft und Ethik, 2012, S. 1 (51); weitergehend (einfache Fahrlässigkeit) *Stumpf*, Wissenschaftliches Fehlverhalten und akademische Konsequenzen, JöR n.F. 61 (2013), 329 (354).

79 *Gärditz*, Universitäre Industriekooperation, Informationszugang und Freiheit der Wissenschaft, 2019, S. 72 ff.

80 Dazu etwa *Burgi/Hagen*, Unparteilichkeit versus Fachkompetenz: Zum Umgang mit befangenen Mitgliedern in Berufungsausschüssen, OdW 2021, 1 ff.; *Wernsmann/Bering*, Umgang mit Interessenkollisionen in wissenschaftlichen Einrichtungen, WissR 52 (2019), 276 ff.

derungen an eine redliche wissenschaftliche Arbeit nicht genügen, ein Doktorgrad nicht verliehen werden *darf.* Daher ist dieser bei späterer Aufdeckung der Täuschung auch grundsätzlich wieder zu entziehen: „Die sich aus Art. 5 Abs. 3 Satz 1 GG ergebende Verantwortung der Fakultäten für die Redlichkeit der Wissenschaft verbietet es, den Doktorgrad für eine Dissertation zu verleihen, die dem Gebot der Eigenständigkeit nicht genügt. Durch eine solche Arbeit kann die Befähigung zum selbständigen wissenschaftlichen Arbeiten nicht nachgewiesen werden. Daraus folgt, dass die Verleihung durch Entziehung des Doktorgrades rückgängig zu machen ist, wenn sich die Täuschung über die Erfüllung dieser grundlegenden Pflicht – aus welchen Gründen auch immer – erst nach der Verleihung herausstellt".[81] Über die Schutzverantwortung des Staates erlangen so – für das Funktionieren von Wissenschaft als Diskurszusammenhang zentrale – Fragmente wissenschaftsethischer Erwägungen objektiv-grundrechtlich induziert Eingang in das Forschungsrecht.

4. Beispiel 1: Tierschutz

Spaemanns Ansatz, Grenzen der Forschung aus einer in der Menschenwürde radizierten Selbstachtung zu gewinnen, wurde in den Rechtswissenschaften – meist unter Rekurs auf ein angebliches Menschenbild – für den Tierschutz durchaus strukturanalog diskutiert,[82] hat sich aber nicht durchgesetzt.[83] Rechtliche Zurechnung kann sich sinnvollerweise allein auf menschliches Verhalten beziehen, sodass das Recht von vornherein eine anthropozentrische Perspektive[84] auf die Natur einnehmen muss.[85] Das Recht adressiert Menschen als

---

81 BVerwGE 159, 148, Rn. 44; im Anschluss VGH Baden-Württemberg, Urt. v. 7.7.2020 – 9 S 2809/19, Rn. 25.

82 Impulsgebend für die juristische Diskussion *Erbel*, Rechtsschutz für Tiere, DVBl. 1986, 1251 ff.; ferner *Brandhuber*, Kein Gewissen an deutschen Hochschulen?, NJW 1991, 725 (728); *ders.*, Tiertötungen zu Ausbildungszwecken im Spannungsfeld von Tierschutz, Gewissens- und Lehrfreiheit, NVwZ 1993, 642 (645); *Caspar*, Tierschutz im Recht der modernen Industriegesellschaft, 1998, S. 343 ff.; *Heydebrand/Gruber*, Tierversuche und Forschungsfreiheit, ZRP 1986, 115 (118); *Mädrich*, Forschungsfreiheit und Tierschutz im Spiegel des Verfassungsrechts, 1988, S. 110 ff.; *Sailer*, Massentierhaltung und Menschenwürde, NuR 2012, 29 (30 f.). Analoge Argumente finden sich in einer Rechtsprechungslinie, die seit der Peepshow-Entscheidung des BVerwG von 1981 gelegentlich eine vermeintlich objektive Selbstentwürdigung als in der Menschenwürde radizierter Verbotsgrund akzeptiert hat. Siehe BVerwGE 64, 274 ff. („Peepshow"); BVerwGE 115, 189 ff. („Laserdrome"); BayVGH, Beschl. v. 9.12.1983 – 22 CE 83 A.3074, BayVBl 1984, 152 („Damen-Schlamm-Catch oben ohne"); OVG Nordrhein-Westfalen, Beschl. v. 28.6.1995 – 5 B 3187/94, NWVBl 1995, 473 ff. („Laserdrome I"); Urt. v. 27.9.2000 – 5 A 4916/98, NWVBl 2001, 94 ff. („Laserdrome II"); VG Neustadt (Weinstraße), Beschl. v. 21.5.1992 – 7 L 1271/92.NW, NVwZ 1993, 98 ff. („Zwergenweitwurf"). Dies ist jedoch ganz überwiegend auf deutliche Kritik gestoßen. Etwa *Drews/Wacke/Vogel/Martens*, Gefahrenabwehr, 9. Aufl. (1989), S. 257 f.; *Gusy*, Sittenwidrigkeit im Gewerberecht, DVBl. 1982, 984 (985 f.); *Hillgruber*, Der Schutz des Menschen vor sich selbst, 1992, S. 108 ff.; *Höfling*, Offene Grundrechtsinterpretation, 1987, S. 114; *ders.*, Menschenwürde und gute Sitten, NJW 1983, 1582 (1583 ff.); *Würtenberger*, Zeitgeist und Recht, 2. Aufl. (1991), S. 229. Die Auffassung des BVerwG hat insoweit schon seit längerem keine Gefolgschaft mehr gefunden und dürfte sich durch Ausschleichen erledigt haben.

83 Ablehnend etwa *Spranger*, Auswirkungen einer Staatszielbestimmung „Tierschutz" auf die Forschungs- und Wissenschaftsfreiheit, ZRP 2000, 285 (289).

84 Aus ethischer Sicht in diesem Sinne z. B. auch *Hoerster*, Haben Tiere eine Würde? Grundfragen der Tierethik, 2004.

handlungsfähige Subjekte der Normbefolgung, nicht die Tiere, deren etwaige Eigenrechte zwar rechtstheoretisch konstruierbar sind,[86] die aber letztlich strukturell Schutzobjekte des Menschen bleiben. Gerade eine auf die Würde des Menschen verpflichtete Rechtsordnung (Art. 1 Abs. 1 GG) kann zudem keine nichtmenschlichen Eigenrechte auf gleicher Stufe mit Menschen einräumen.[87] Eine solche Abstufung nach Spezieszugehörigkeit wäre im Übrigen auch mit dem Ansatz Spaemanns vereinbar, der selbst die Notwendigkeit dieser Differenz aus der Idee des menschenrechtlichen Personalismus heraus betont.[88] Die Menschenwürde als Ankerpunkt subjektiver Selbstbestimmung der Einzelnen[89] ist zudem kein geeigneter rechtsnormativer Ansatz, dem Menschen Selbstachtung nach Maßgabe einer bestimmten Moralität abzuverlangen, also Menschen dazu zu verpflichten, sich – holzschnittartig gesprochen – „würdig" zu verhalten. Die Menschenwürde steht aber umgekehrt auch der Anerkennung objektiver tierethischer Eigenwerte nicht entgegen.[90] Es liegt daher in der inneren Matrix des verfassungsrechtlichen Würdeverständnisses, legitime öffentliche Interessen – wie die Befolgung tierethisch begründeten Respekts vor der Kreatürlichkeit – als objektive Belange zu normativieren, die dann Eingriffe in die individuelle Forschungsfreiheit rechtfertigen können.

Diesen Weg ist auch der verfassungsändernde Gesetzgeber gegangen. Die Unsicherheit, welcher verfassungsrechtliche Status dem Tierschutz in einem anthropozentrischen Recht zukommt, hat als rechtspolitische Konsequenz[91] die Einfügung des Staatsziels „Tierschutz" in Art. 20a GG[92] zur Folge gehabt. Damit wurden vor allem zuvor bestehende Unsicherheiten über die (schwer zu begründende) verfassungsrechtliche Absicherung des tierethisch motivierten Tierschutzes gegenüber vorbehaltlos gewährleisteten Grundrechten (wie der

85 *Epiney*, in: Huber/Voßkuhle (Hrsg.), GG, Bd. 2., 7. Aufl. (2018), Art. 20a Rn. 26; *Gärditz*, Invasive Tierversuche zwischen Wissenschaftsethik und Wissenschaftsfreiheit, in: Löwer/Gärditz (Hrsg.,), Wissenschaft und Ethik, 2012, S. 97 (102); *Sommermann*, in: von Münch/Kunig/Kämmerer/Kotzur (Hrsg.), GG, 7. Aufl. (2021), Art. 20a Rn. 37; *Steinberg*, Der ökologische Verfassungsstaat, 1998, S. 67 f. Daher lassen sich aus Art. 20a GG auch keine subjektiven Tierrechte ableiten, vgl. BVerfG-K, Beschl. v. 10.5.2001 – 1 BvR 481/01, 1 BvR 518/01, NVwZ 2001, 1148 (1149); Beschl. v. 10.11.2009 – 1 BvR 1178/07, BVerfGK 16, 370 (377); BVerwG, Beschl. v. 19.12.1997 – 8 B 234.97, NVwZ 1998, 1080 (1081); *Berg*, in: Kahl (Hrsg.), Nachhaltigkeit als Verbundbegriff, 2008, S. 425 (429); *Jarass*, in: ders./Pieroth (Hrsg.), GG, 16. Aufl. (2020), Art. 20a Rn. 2.

86 *Fischer-Lescano*, Natur als Rechtsperson: Konstellationen der Stellvertretung im Recht, ZUR 2018, 205 ff.

87 *Faller*, Staatsziel „Tierschutz", 2005, S. 112; *Gärditz* (Fn. 46), Art. 20a Rn. 23.

88 *Spaemann*, Personen (Fn. 1), S. 303. An der vermeintlich mangelnden Rationalität dieser gewillkürten Differenz setzt dann bekanntlich die ethische Kritik des Speziesismus an, etwa *Nussbaum*, Frontiers of Justice: Disability, Nationality, Species Membership, 2007, S. 325 ff.

89 Vgl. *Hässy*, Tierschutz im Grundgesetz – Notwendig, überflüssig oder bedeutungslos?, BayVBl. 2002, 202 ff.; *Hobe*, Tierversuche zwischen Tierschutz und Forschungsfreiheit, WissR 31 (1998), 309 ff.; *Schelling*, Tierversuche und medizinische Forschungsfreiheit, NuR 2000, 188 ff.

90 *Pröbstl*, Das Recht der Tierversuche unter Berücksichtigung unionsrechtlicher Vorgaben, 2017, S. 26 f.

91 Gesetz zur Änderung des Grundgesetzes v. 26.7.2002 (BGBl. I S. 2862).

92 S. BVerfGE 49, 286 (298); 65, 1 (41); 108, 282 (300); *Huber*, Das Menschenbild im Grundgesetz, Jura 1998, S. 505 (507); *Kahl*, Die Schutzergänzungsfunktion von Art. 2 Abs. 1 Grundgesetz, 2000, S. 35 ff.; *Lepsius*, Steuerungsdiskussion, Systemtheorie und Parlamentarismuskritik, S. 61 f.; *Lindner*, Theorie der Grundrechtsdogmatik, 2005, S. 224, 248 ff.; *Morlok*, Selbstverständnis als Rechtskriterium, 1993, S. 283, 326.

Forschungsfreiheit) beseitigt.[93] Dies war nicht nur eine Absicherung der verfassungsimmanenten Beschränkungspotentiale des Tierschutzes, sondern auch pathozentrische Positivierung vor dem Hintergrund konkurrierender Tierschutzethiken.[94] Wenn Vernunft mehr als instrumentelle Intelligenz ist[95] und auch die Achtung vor den Anderen einschließt, transportiert diese verfassungspolitische Änderungsoperation auch eine verfassungsethische Wertentscheidung, wie sie Spaemann unter den abweichenden Auspizien einer auf Selbstachtung ausgerichteten Menschenwürde gefordert hat. Art. 20a GG ist eine objektiv-rechtliche Gewährleistung, die Tieren keine Eigenrechte zuspricht, aber einen Schutzauftrag an Träger öffentlicher Gewalt enthält, der seinerseits eine verfassungspolitische Ethik der Verantwortung für die anvertrauten Tiere spiegelt.

Tierschutzbelange können dann aber keinen generellen – menschenwürdeanalogen – Vorrang beanspruchen, weshalb der Tierschutz nach Art. 20a GG auch nur ein Abwägungsbelang ist, der ggf. hinter höherrangigen Freiheitsinteressen (z. B. der Forschenden) zurücktritt.[96] Hierbei ist nicht nur der Forschungsfreiheit, sondern auch anderen konkurrierenden – zumal verfassungsrechtlich armierten – Belangen Rechnung zu tragen, deren Schutz letztlich Tierversuche dienen, z. B. den Interessen künftiger Patientinnen und Patienten an der Entwicklung wirksamer und verträglicher Arzneimittel. So wird von Seiten der pharmakologischen Forschung – mit Recht – geltend gemacht, dass die Anwendung von Arzneimitteln am Menschen im Rahmen der klinischen Prüfung ohne vorherige toxikologische Prüfung im Tierversuch durchweg gerade ethisch nicht vertretbar sei.[97] Konfliktausgleich ist also multipolar, damit aber nicht einfach nach Maßgabe einer spezifischen Ethik glattzuziehen. Der Gesetzgeber hat wiederum einen weiten Gestaltungsspielraum, das abstrakte Konzept des Tierschutzes umzusetzen,[98] was einerseits die Wahl zwischen verschiedenen verfassungskonformen Konzepten der Tierethik, andererseits aber auch die zwingende Beachtung der Forschungsfreiheit (Art. 5 Abs. 3 Satz 1 GG) einschließt.[99]

Das geltende Tierschutzrecht, das diesen Verfassungsauftrag umsetzt, hat das Ziel, Tierschutz und Forschungsfreiheit zum Ausgleich zu bringen, aufgegriffen und – unionsrechtlich flankiert[100] – durch das Tierversuchsrecht operationalisiert (§§ 7 ff. TierSchG[101], TierSchVersV[102]), welches Elemente der Tierethik auch in den Bereich insbesondere der bio-

---

93 *Ruffert*, Grund und Grenzen der Wissenschaftsfreiheit, VDStRL 65 (2006), S. 146 (206 f.).

94 Vgl. *Kuhlmann*, Aufnahme der Mitgeschöpflichkeit ins Grundgesetz?, JZ 1990, 162 ff.

95 *Spaemann*, Tierschutz (Fn. 2), S. 77.

96 *Gärditz* (Fn. 46), Art. 20a Rn. 65; *Jarass* (Fn. 85), Art. 20a Rn. 13.

97 *Freissmuth*, Arzneimittelentwicklung und -zulassung – Arzneimittel in der Schwangerschaft, in: ders./Offermanns/Böhm (Hrsg.), Pharmakologie und Toxikologie, 3. Aufl. (2020), S. 71 (75). Siehe namentlich zur Anwendung in der Toxikologie DFG (Hrsg.), Tierversuche in der Forschung, 1993, S. 38 ff.; *Marquardt/Schäfer/Barth*, Toxikologie, 4. Aufl. (2019), S. 331 f., 387 f., 1260–1261.

98 BVerfGE 127, 293 (328).

99 *Ruffert* (Fn. 93), VDStRL 65 (2006), S. 146 (206 f.).

100 Richtlinie 2010/63/EU des Europäischen Parlaments und des Rates v. 22.9.2010 zum Schutz der für wissenschaftliche Zwecke verwendeten Tiere (ABl. L 276, S. 33).

101 Tierschutzgesetz in der Fassung der Bekanntmachung v. 18.5.2006 (BGBl. I S. 1206, 1313), das zuletzt durch Art. 280 der VO v. 19.6.2020 (BGBl. I S. 1328) geändert worden ist.

102 Tierschutz-Versuchstierverordnung v. 1.8.2013 (BGBl. I S. 3125, 3126), die zuletzt durch Art. 394 der VO v. 31.8.2015 (BGBl. I S. 1474) geändert worden ist.

logischen und medizinischen Forschung projiziert. Die ethische Vertretbarkeit des Tierversuchs (§ 7a Abs. 2 Nr. 3 TierSchG) ist nachgerade ein Paradebeispiel der expliziten Verrechtlichung von Ethik.[103] Namentlich die Anwendung der 3R-Standards (Replace, Reduce, Refine[104]), die in das Erfordernis der Unerlässlichkeit (§ 7a Abs. 1 TierSchG) projiziert werden,[105] folgen konkreten forschungsethischen Erwägungen.[106] Das Begrenzungskonzept des § 7a Abs. 1–2 TierSchG entspricht jedenfalls in seiner Grundstruktur den von Spaemann formulierten Anforderungen an eine exzeptionelle und interimistische Rechtfertigung. Noch stärker kommt dies im europäischen Tierversuchsrecht zum Ausdruck, das vor allem die Prüfungsanforderungen bei der Genehmigungsbehörde stärker ausgeschärft hat (vgl. Art. 38 Richtlinie 2010/63/EU).

5. Beispiel 2: Nachhaltigkeit bei Langzeitentscheidungen

Lassen sich damit auch Langzeitfolgen der Anwendung wissenschaftlicher Forschung rechtlich bewältigen? Umso weiter die potentielle Zukunftsdimension heutiger anwendungsbezogener Forschung reicht, desto komplexer werden die Abwägungen, die vorzunehmen sind. Neben den aktuellen und fiktiven Interessen Künftiger, die sich auch nur durch Gegenwärtige repräsentieren lassen, müssen noch die möglichen Irrtümer einkalkuliert werden, deren Risiko erheblich ansteigt, umso langfristiger Prognosen gestellt werden. Gerade wer über Zukunft spekuliert, neigt oft zur Überschätzung des gegenwärtigen Erkenntnishorizonts. Die Geschichte der Zukunft ist daher – wenig überraschend – vor allem eine Geschichte der Irrtümer.[107] Eine freie und verantwortungsbewusste Wissenschaft kann damit noch am besten umgehen, bleibt diese doch notwendig offen[108] und vermag daher den erkannten Irrtum als Korrektiv ebenso erkenntnisfördernd zu integrieren wie die positive Erkenntnis.[109] Es entspricht einer wissenschaftsimmanenten Ethik, die Fehlbarkeit von Er-

---

103 Eingehend zur Auslegung und zur vollständigen gerichtlichen Kontrolle BVerwG, Beschl. v. 20.1.2014–3 B 29/13, NVwZ 2014, 450 ff.; OVG Bremen, Urt. v. 11.12.2012–1 A 180/10, ZUR 2013, 425 ff.; *Gärditz*, Zur Vereinbarkeit von Makakenversuchen mit Tierschutzrechten, ZUR 2013, S. 434 ff.; kritisch aber *Raspé*, Zur Tierversuchsgenehmigung und deren gerichtlichen Überprüfbarkeit im Lichte des Art. 20a GG, RW 2016, 542 ff.; kritisch aber zur Unbestimmtheit *Frankenberg*, Tierschutz oder Wissenschaftsfreiheit?, KJ 1994, 421 (423 ff.).

104 Dazu *DeGrazia/Beauchamp*, Principles of Animal Research Ethics, in: Beauchamp/DeGrazia (Hrsg.), Principles of Animal Research Ethics, 2020, S. 5 (21 ff.); *Röcklingsberg/Gjerris/Olsson* (Fn. 44), S. 41 ff.

105 *Lorz/Metzger*, Tierschutzgesetz, 7. Aufl. (2019), Rn. 14, 16.; *Weiss/Becker/Bernsmann/Chourbaji/Dietrich*, Versuchstierkunde, 4. Aufl. (2014), S. 38.

106 Vgl. *Röcklingsberg/Gjerris/Olsson* (Fn. 44), S. 41 ff.

107 Vgl. *Radkau*, Geschichte der Zukunft, 2017, S. 404 ff.

108 Verfehlt daher *Grimm*, Ethik im Kontext des Tierversuchs, in: Binder/Alzmann/Grimm (Hrsg.), Wissenschaftliche Verantwortung im Tierversuch, 2013, S. 25 (27). Diese meint, der Verzicht auf Tierversuche und der damit einhergehende Verzicht auf Erkenntnis könne gar nicht moralisch falsch sein, weil der Ausgang des Versuchs ungewiss sei und nicht zwingend die erwarteten Ergebnisse erbringen müsse. Hier wird ganz grundlegend verkannt, dass dies gerade die konstitutiven Bedingungen von Wissenschaft sind. Wäre ein Versuchsergebnis sicher vorhersehbar, würde der Versuch zu einem – letztlich überflüssigen – Ritual reduziert. Und wer bestimmte Ergebnisse erwartet, die Falsifikation im Experiment aber als Defizit (und nicht als Erkenntnisbeitrag) missversteht, handelt unwissenschaftlich.

109 *Mach*, Erkenntnis und Irrtum, 3. Aufl. (1917), S. 110.

kenntnis bewusst einzukalkulieren, vermeintliche endgültige Antworten zu vermeiden und großen Zukunftsentwürfen – gleich ob utopisch oder dystopisch – mit größter Vorsicht zu begegnen. Insoweit trifft sich die Skepsis Spaemanns gegenüber den Verheißungen der Atomforschung durchaus noch mit einer wissenschaftsspezifischen Vorsicht, die gerade gegenüber den disziplineigenen Technik-Infrastrukturen und deren Eskalationspotentialen aufrecht zu erhalten ist. Dass derzeit die Künstliche Intelligenz zu einem zentralen Referenzgebiet der Forschungsethik avanciert ist, hätte Spaemann als Ethiker des Lebens und Kritiker einer Ideologie der Machbarkeit kaum überrascht.[110]

Nachhaltigkeit ist zunächst ein Konzept politischer Klugheit,[111] für die Wissenschaft, die immer nur probabilistische Wahrscheinlichkeitsurteile liefern kann,[112] aber vor allem ein Prognoseproblem. Irreversible Zukunftsbelastungen durch politische Entscheidungen sind kein Spezifikum der Atomkraftnutzung, sondern der Normalfall. Politische Organe treffen permanent – und oftmals nicht einmal bewusst – Zukunftsentscheidungen, die uns auf Entwicklungspfade setzen, die nur schwer wieder zu revidieren sind. Meist lässt sich die Frage, ob etwas rückblickend eine Fehlentscheidung war, auch sehr unterschiedlich beurteilen. Keine wissenschaftliche Entdeckung bzw. deren Anwendung ist ausschließlich und intertemporal stabil vorteilhaft. Auch die Erfindung des Küchenmessers hatte schon zahlreiche tödliche Konsequenzen gefordert. Auch das Technikfolgenproblem, das Spaemann der Kernkraftnutzung zuschreibt, ist letztlich eines der intertemporalen Kontingenz. Wir wissen eben heute nicht, wie die Präferenzen der Künftigen aussehen und ob unsere heutigen Abwägungen auch in der Zukunft noch positiv bewertet werden. Wer „Zukunft" sagt, verfolgt damit nicht selten auch nur seine gegenwärtigen Präferenzen.

Noch schwieriger ist die Frage zu beurteilen, ob wissenschaftliche Forschung schon deshalb untersagt werden soll, weil sie Anwendungsbezüge eröffnet, die sich potentiell als schädlich erweisen könnten. Hinter der verfassungsrechtlichen Entscheidung für die Forschungsfreiheit (Art. 5 Abs. 3 Satz 1 GG) steht die Wertung, dass wissenschaftliche Erkenntnis einen Selbstzweck hat. „Zugunsten der Wissenschaftsfreiheit ist stets der diesem Freiheitsrecht zugrundeliegende Gedanke mit zu berücksichtigen, daß gerade eine von gesellschaftlichen Nützlichkeits- und politischen Zweckmäßigkeitsvorstellungen befreite Wissenschaft dem Staat und der Gesellschaft im Ergebnis am besten dient".[113] Dahinter steckt verfassungsethisch mehr als eine utilitaristische Erwartung. Der Verzicht auf eine systematische Verzweckung von Erkenntnis ist auch eine Anerkennung menschlicher Fehlbarkeit, die typischerweise diejenigen ausblenden, die Erkenntnisprozesse gerne politisch finalisieren möchten. Zudem steht hinter der grundrechtlichen Entzweckung das Vertrauen in den verantwortungsvollen, ethisch vertretbaren Umgang mit Wissen.

---

110 Positionen von ihm zu diesem Thema sind mir nicht bekannt.

111 Zum von Rechtsbindungen zu unterscheidenden Eigenwert politischer Klugheitsregeln *Hillgruber*, Verfassungsrecht zwischen normativem Anspruch und politischer Wirklichkeit, VVDStRL 67 (2008), S. 7 (49 ff., 56); ferner *Gärditz*, Atomausstieg ins Grundgesetz?, 2016, S. 26; *Smeddinck*, Gesetzgebungsmethodik und Gesetzestypen, in: Kluth/Krings (Hrsg.), Gesetzgebung, 2014, § 3 Rn. 31 ff.; *Unruh*, Der Verfassungsbegriff des Grundgesetzes, 2002, S. 457.

112 *Lepsius*, Prognose als Problem von Wissenschaft und Politik, in: Dreier/Willoweit (Hrsg.), Wissenschaft und Politik, 2010, S. 181 ff.

113 BVerfGE 47, 337 (370).

Die Wissenschaftsfreiheit gründet auf einem normativen Grundvertrauen in das Verantwortungsbewusstsein der Forscherinnen und Forscher und konnotiert wissenschaftliche Erkenntnis verfassungsrechtlich positiv. Dies ist auch eine Demutsgeste des Politischen, nicht alle Folgen hinreichend absehen zu können und daher dem Staat die Selektionsmacht über gutes und schlechtes Wissen grundsätzlich zu entziehen. Nur konkrete Gefährdungen höchstrangiger verfassungsimmanenter Rechtsgüter könnten es im Ausnahmefall rechtfertigen, bereits den Prozess der Wissensgenerierung zu blockieren, wenn die reine – stets neutrale – Erkenntnis völlig hinter die sich aufdrängende missbräuchliche Anwendung zurücktritt. Ein Verbot setzt voraus, dass entweder Forschungsziele auf verfassungsrechtlich illegitime Anwendungen gerichtet sind (z. B. Forschung zur Entwicklung biologischer oder chemischer Waffen) oder bereits konkret absehbare Missbrauchsrisiken nicht hinreichend eingehegt werden können, also der normativ legitime Erkenntnisprozess nur durch unerträgliche Risiken einer Kaperung von Forschungsergebnissen zu missbräuchlichen Zwecken erkauft wäre. Schon die Verhältnismäßigkeit gebietet einen Vorrang der Eindämmung durch geeignetes Forschungsrecht vor einem gänzlichen Verbot. So ist etwa die Arbeit mit gefährlichen Viren durch GenTG[114] (nebst untergesetzlichem Regelungswerk), IfSG[115] und BioStoffVO[116] hinreichend eingehegt, um auch solche Forschung zuzulassen, die – wie grundsätzlich alles Wissen – mit fatalen Folgen missbraucht werden könnte. Das abstrakte Missbrauchsrisiko allein rechtfertigt es hingegen nicht, die Entstehung von Wissen zu unterdrücken.[117] Eine prohibitive Forschungsethik, die Spaemann in Bezug auf die anwendungsbezogene Atomforschung zu präferieren scheint, wäre jedenfalls nicht in rechtliche Verbote übersetzbar, solange sie nur mit der Schädlichkeit des angestrebten Wissens begründet wird und nicht schon die Forschungsmethoden gefährlich sind.[118]

Diese Zurückhaltung hat auch gute ethische Gründe. Um bei Spaemanns Beispiel zu bleiben: Die Entscheidung, keinen Atomstrom zu nutzen, hat ebenfalls Langzeitfolgen, etwa unter dem Gesichtspunkt des Klimaschutzes oder der Versorgungssicherheit. Die – in den Konsequenzen gegenüber dem radioaktiven Abfall vielleicht noch viel gravierenderen – Langzeitfolgen der Kohleverstromung sind uns inzwischen bewusst und die klimaschutzpolitisch unvermeidbare Umstellung der Energieversorgung auf klimaneutrale Quellen wird ihre eigenen (nicht zuletzt ökologischen[119]) Langzeitfolgen haben, die sich auch nicht

---

114 Gentechnikgesetz in der Fassung der Bekanntmachung v. 16.12.1993 (BGBl. I S. 2066), das zuletzt durch Art. 95 der VO v. 19.6.2020 (BGBl. I S. 1328) geändert worden ist.

115 Infektionsschutzgesetz v. 20.7.2000 (BGBl. I S. 1045), das zuletzt durch Art. 2 des Gesetzes v. 18.11.2020 (BGBl. I S. 2397) geändert worden ist.

116 Biostoffverordnung v. 15.7.2013 (BGBl. I S. 2514), die zuletzt durch Art. 146 des Gesetzes v. 29.3.2017 (BGBl. I S. 626) geändert worden ist.

117 *Gärditz*, Forschungsfreiheit, in: Lenk/Duttge/Fangerau (Hrsg.), Handbuch Ethik und Recht der Forschung am Menschen, 2014, S. 149 (154).

118 Natürlich kann die Atomforschung reguliert werden, soweit von Forschungsreaktoren sozial inadäquate Risiken für die Bevölkerung ausgehen. Auch hierbei wird man jedoch die Forschungsfreiheit sowie die Freiheitsinteressen hinter den Erträgen (namentlich für die Radiomedizin) in Rechnung zu stellen haben. Siehe *Gärditz*, Radiopharmazierecht, PharmR 2020, 749 (756).

119 Eingehend *Gärditz*, Ökologische Binnenkonflikte im Klimaschutzrecht, DVBl. 2010, 214 ff. Vgl. ferner etwa *Breuer*, Rechtsfragen des Konflikts zwischen Wasserkraftnutzung und Fischfauna, 2006, S. 17 ff.; *Prall*, Offshore-Windparks in FFH-Gebieten: Der Konflikt zwischen Klima- und Naturschutz am Beispiel des Entzugs der Vergütungsprivilegierung in § 10 Abs. 7 EEG, ZNER 2005, 26 (27); *Reinhardt*, Die gesetzliche Förderung kleiner Wasserkraftanlagen und der Gewässerschutz –

einfach revidieren lassen. Schon das Bevölkerungswachstum und der gleiche Lebenswert jedes Menschen auf Erden wird ohne ökologische Folgeschäden nicht menschlich zu bewältigen sein. Wir bürden also permanent und unvermeidbar nachfolgenden Generationen Zukunftslasten auf, deren Gesamterträge für die Künftigen als unbekannt gesetzt werden müssen. Ob Staatsschulden oder Investitionsstaus künftig als die größere Last empfunden werden, können wir heute nicht abschließend beurteilen,[120] Entscheidungen müssen wir gleichwohl treffen. Demokratische Legitimation im rechtlichen Sinne besteht hierfür.[121] Bessere Legitimierungsstrategien für das letztlich ubiquitäre Problem der Zukunftslasten hat die wissenschaftliche Ethik bislang nicht zur Verfügung zu stellen vermocht. Zukunftsfolgen sind hochpolitisch[122] und müssen politisiert werden, um wenigstens den demokratischen Prozess zu aktivieren, der zwar Repräsentationsprobleme der Künftigen nicht aufheben, aber für gegenwärtige Entscheidung Legitimation bereitstellen kann.

Dabei geht es letztlich um Zielkonflikte, die sich weder rechtlich noch ethisch abschließend ausbuchstabieren lassen, weil die Komplexität und die Unsicherheit gerade globaler und weitreichender Zukunftsprognosen typischerweise für eindeutige Bewertungen überdimensioniert sind. Auch die Gegenwärtigen haben zudem konkrete Interessen, deren Vorzug darin besteht, diese aktuell im Jetzt artikulieren und verhandeln sowie meist hinreichend präzise relationieren zu können. Solche Zielkonflikte sind der Normalfall der Gesetzgebung. Sie lassen sich daher im parlamentarischen Verfahren abtragen.[123] Intertemporale Probleme, die dadurch entstehen, dass Wahlperioden aus demokratischen Gründen überschaubar bleiben müssen,[124] kann auch eine Ethik der Zukunftslasten nicht beseitigen, denn irgendjemand muss heute immer Entscheidungen treffen, deren Folgen sich künftig nicht oder jedenfalls nur unter hohen Kosten revidieren lassen. Eine politische Ethik kann daher sinnvollerweise nicht – wie Spaemann mit einem gewissen Exzeptionalismus für die Kernkraft postuliert – prohibitiv auf die pauschale Vermeidung von Zukunftslasten gerichtet sein. Dies würde unvermeidbar zukunftswirksame demokratische Entscheidungen verunmöglichen und durch die damit eintretende Paralyse des Politischen eigene Zukunftslas-

---

Zum Schutz der Umwelt vor dem Umweltschutz, NuR 2006, 205 (206); *Roßnagel/Hentschel*, Rechtliche Gewährleistung des Umweltschutzes bei erneuerbaren Energien, UTR 100 (2009), 253 (258 ff.); *Schalast*, Vorrang für den Klimaschutz: Der Umbau des Regelungsrahmens der Energieversorgung in Deutschland durch die Eckpunkte der Bundesregierung für ein integriertes Energie- und Klimaprogramm, IR 2008, S. 34 (36).

120 Etwa der lange Investitionsstau bei Verkehrsinfrastrukturen kann dauerhaft wirtschaftliche Nachteile nach sich ziehen, ökologische Probleme verschärfen (man denke etwa an das unzureichende Schienennetz) oder künftigen Sanierungslasten aufbürden, die ad hoc (anders als möglicherweise das Schuldenmanagement) gar nicht zu stemmen sind. Oder die oft als „Friedensdividende" verharmloste Vernachlässigung der Landesverteidigung nach dem Zusammenbruch des Ostblocks wird vielleicht einmal von künftigen Generationen nicht als sinnvolle Einsparung, sondern als für die freiheitliche Demokratie gefährliche Schwäche gedeutet werden, wenn autoritäre Regimes wieder Bedrohungspotential erlangt haben.

121 Vgl. *Gärditz* (Fn. 111), S. 20 f.; *Henseler*, Verfassungsrechtliche Aspekte zukunftsbelastender Parlamentsentscheidungen, AöR 108 (1983), S. 489 (500 f.); *Höfling*, Staatsschuldenrecht, 1993, 95 f.

122 Vgl. *Lübbe*, Herrschaft und Planung: Die veränderte Rolle der Zukunft in der Gegenwart, in: Rombach (Hrsg.), Festschrift für Max Müller, 1966, S. 188 (210 f.).

123 *Lepsius*, Nachhaltigkeit und Parlament, in: Kahl (Hrsg.), Nachhaltigkeit als Verbundbegriff, 2008, S. 376 ff.

124 *Glaser*, Nachhaltigkeit und Demokratie, 2006, S. 270 ff.; *Kahl*, Nachhaltigkeitsverfassung, 2018, S. 14 ff.

ten provozieren. Man kann allenfalls versuchen, spezifische Zukunftsperspektiven in gegenwärtigen Verfahren institutionell besser zu verankern,[125] um Folgen deutlicher sichtbar zu machen. Beispiele für ethisch sensibilisierte Verfahren wären etwa die Standortauswahl für ein atomares Endlager[126] oder die bioethische Technikfolgenabschätzung in der Gesetzgebung[127]. Die allgemeine Sensibilität für das globale Makroproblem des Klimawandels zeigt freilich, dass sich drängende Zukunftsprobleme auch im regulären Prozess der demokratischen Willensbildung angemessen politisieren und diskutieren lassen.

IV. Vom Eigenwert forschungsethisch reflektierten Forschungsrechts

Forschungsethik kann verbindliches, mit Hoheitsgewalt durchsetzbares und damit zugleich qualifiziert rechtfertigungsbedürftiges Forschungsrecht nicht ersetzen. Aber auch Forschungsrecht macht Forschungsethik nicht überflüssig. Forschungsethik kann der Forschungspolitik argumentative Orientierung bieten,[128] kann Instrument einer kritischen Gegenöffentlichkeit sein, die die moralischen Grenzen des wissenschaftlich Machbaren mit wissenschaftlichen Argumenten aufzeigt. Sie kann nicht zuletzt dort Überzeugungskraft entfalten, wo die Wissenschaftsfreiheit die Verantwortung für die Folgen von Erkenntnis in die Hände derjenigen legt, auf deren Schultern in einem freiheitlichen Gemeinwesen der Erkenntnisfortschritt vornehmlich ruht: Wissenschaftlerinnen und Wissenschaftler. Verantwortungsbewusste Wissenschaft verlangt dann aber einen vorsichtigen, selbstkritischen und tastenden Umgang mit Wissen und seiner Unsicherheit sowie die fortwährende Überprüfung der eigenen Prämissen.[129] Forschung bedarf daher immer auch kritischer Begleitung durch eine Ethik, die mehr ist als Funktionsbedingung von Erkenntnis. Die scharfen Beobachtungen und Parteinahmen Spaemanns sind daher auch für diejenigen ein Gewinn, die seine Prämissen – wie ich als beinharter Positivist, der etwa mit naturrechtlichen Theoriegebäuden oder einer Philosophie materialisierter Natürlichkeit grundlegend fremdelt – nicht teilen. Die normative Sprache der Ethik ermöglicht eine Verhandelbarkeit in einem rechtlichen Bezugssystem, in dem Forschungsethik nicht das letzte Wort haben kann, aber immerhin stets ein Wort von Gewicht bleiben wird.

---

125 Institutionelle Vorschläge *Kahl* (Fn. 124), S. 53 ff., 105 ff.

126 Standortauswahlgesetz v. 5. 5. 2017 (BGBl. I S. 1074), das zuletzt durch Art. 1 des Gesetzes v. 7. 12. 2020 (BGBl. I S. 2760) geändert worden ist. Zur ethischen „Imprägnierung“ treffend *Smeddinck*, Freiwilligkeit bei der Realisierung eines Endlagers für Atommüll – Zu Kompensationen ohne Beeinträchtigung konkreter Rechtspositionen, in: Ott/Smeddinck (Hrsg.), Umwelt, Gerechtigkeit, Freiwilligkeit – insbesondere bei der Realisierung eines Endlagers, 2018, S. 59 (71 ff.). Vgl. zum legalplanerischen Verfahren *Kürschner*, Legalplanung, 2020, S. 173 ff. Die ethisch motivierte Einbeziehung qualifizierten Sachverstandes gerät wiederum in – lösbare – Konflikte mit dem Demokratieprinzip. Dazu scharfsichtig *Langer*, Die Endlagersuche nach dem Standortauswahlgesetz, 2021, S. 435 ff.

127 Vgl. jüngst etwa *Hardt*, Technikfolgenabschätzung des CRISPR/Cas-Systems: Über die Anwendung in der menschlichen Keimbahn, 2019.

128 Treffend *Ruffert* (Fn. 93), S. 203: der auf den verfassungsrechtlichen Wert einer philosophisch und theologisch informierten Diskussion hinweist.

129 *Radkau* (Fn. 107), S. 430 ff.

Das allgemeine demokratische Gesetz als Konkretisierung verfassungsimmanenter Schranken der Forschungsfreiheit weist schließlich die Forschenden als Teil einer Allgemeinheit aus, gegenüber der sich die Scientific Community nicht bildungsaristokratisch abkapseln kann. Dies verdeutlichen auch die von Spaemann formulierten wissenschaftsethischen Zweifel. Ethische Verantwortung gegenüber Tieren als Mitgeschöpfen und gegenüber künftigen Generationen sind normativ darstellbare Interessen des Gemeinwohls, die nicht im Wissenschaftssystem selbst wurzeln und darin allein auch nicht gut aufgehoben wären. Entsprechendes würde für viele Bereiche der Bioethik und der Verfügbarkeit von Leben gelten. Die demokratische Verrechtlichung macht sie zu dem, was sie sein sollen: zu Themen, die alle angehen und über deren Gewichtung demokratisch legitimierte Institutionen verhandeln und entscheiden müssen. Zur allgemeinverbindlichen Auflösung der Konflikte sind dann aber weder die Wissenschaften der Ethik noch die Naturwissenschaften berufen. Deren Wahrheitsanspruch bleibt von politischer Setzung wiederum unberührt und lässt sich dem politischen System als Spiegel vorhalten, der keine Macht jenseits des besseren Arguments hat. Das ist viel mehr, als es zunächst erscheinen mag.

NATURVERSTÄNDNIS UND UMWELTSCHUTZ IM WERK VON ROBERT SPAEMANN

Von *Winfried Kluth*

I. Natur, Kultur und das Recht

1. Ein Blick auf die Entwicklung von Umweltschutz und Umweltrecht

Die Beschäftigung der verschiedenen Wissenschaftsdisziplinen mit der Natur, die auch das wissenschaftliche Werk von Robert Spaemann prägt[1], ist immer dadurch gekennzeichnet, dass sie auf menschlicher Praxis basiert und damit zugleich durch die jeweiligen Perspektiven und die in ihnen zum Ausdruck kommenden Forschungsinteressen und Aufmerksamkeitsschwerpunkte bestimmt ist. Dieser Prägung kann man auch nicht dadurch entkommen, dass man die Berücksichtigung von Eigeninteressen der unbelebten oder belebten Natur und der Tierwelt[2] als Fokus der eigenen Forschung oder der eigenen Praxis bestimmt.

Die Wahrnehmung der Natur hat im Laufe der Kultur- und Rechtsgeschichte eine facettenreiche Entwicklung durchlaufen, in der sich zugleich die Veränderung gesellschaftlicher Selbstverständnisse, Eigenwahrnehmung und Wertordnungen widerspiegelt. Ohne Anspruch auf Vollständigkeit und wissenschaftlichen Tiefgang lassen sich hier die folgenden Sichtweisen als prägend herausarbeiten:

Die frühe kulturelle Entwicklung, wie sie u. a. in der griechischen Mythologie dokumentiert ist, war durch eine Mystifizierung der Natur und der Naturgewalten in verschiedenen Zusammenhängen gekennzeichnet. So wurde die Natur als solche in einer naturreligiösen bzw. mythologischen Sichtweise „vergöttlicht", damit aber auch den natürlichen Ereignissen eine besondere schicksalhafte Bedeutung beigemessen. Die Gesetzmäßigkeiten der Natur zu erkennen, sie zu respektieren und das eigene Verhalten daran auszurichten, wurde als ethische Maxime angesehen, wobei nicht verkannt werden darf, dass bereits damals der Kampf um die Deutungshoheit eine zentrale gesellschaftliche Rolle gespielt haben dürfte.

---

1 Die Ausführungen stützen sich insbesondere auf die folgenden Arbeiten aus der Feder von *Robert Spaemann*, in: Krings et al (Hrsg.), Handbuch philosophischer Grundbegriffe, Bd. 2, 1973, S. 956 ff.; Naturteleologie und Handlung, in: Zeitschrift für philosophische Forschung 32 (1978), 481 ff.; Technische Eingriffe in die Natur als Problem der politischen Ethik, in: Scheidewege. Jahrbuch für skeptisches Denken, 1979, S. 476 ff. (hier zitiert nach dem Neuabdruck in *Spaemann*, Grenzen. Zur ethischen Dimension des Handelns, 2. Aufl. 2002, S. 448 ff.); Das Natürliche und das Vernünftige, in: Scheidewege. Jahrbuch für skeptisches Denken, 1986/87, S. 1 ff.; Die Bedeutung des Natürlichen im Recht, in: Lübbe/Röttgers/Saß (Hrsg.), Politik und Kultur nach der Aufklärung. Festschrift Hermann Lübbe zum 65. Geburtstag, 1992, S. 26 ff.

2 Dem Tierschutz widmete sich *Spaemann* ebenfalls mit eindrucksvoller Kritik an Tierversuchen: Tierschutz und Menschenwürde, in: Händel (Hrsg.), Tierschutz. Testfall unserer Menschlichkeit, 1979, S. 71 ff.

Duncker & Humblot · Berlin | https://doi.org/10.3790/978-3-428-58515-1.2025.202577

In den verschiedenen Kulturkreisen wurde in diesem Zusammenhang auch einzelnen Tierarten sowie Pflanzen und Orten eine besondere Würde und kultische Bedeutung beigemessen[3], wobei die Deutungen dieser Praktiken aus heutiger Sicht durchaus vielfältig sind. Das Leben und Handeln in Einklang mit den Gesetzen der Natur und in Respekt vor ihr kann jedenfalls in vielen Fällen beobachtet werden. Der Respekt vor Natur gründete hier in ihrer Unergründlichkeit, war aber auch Ausdruck der Abhängigkeit des Menschen von der Natur bzw. den Naturereignissen.

Das Christentum, so die überwiegende Deutung, führt zur einer Entmythologisierung der Natur, indem anknüpfend an die jüdische Überlieferung durch ein personales Gottesverständnis die Natur als Schöpfung, zu der auch der Mensch gehört, deutlich von der göttlichen Sphäre unterschieden und durch das sowohl als Berechtigung als auch Verpflichtung zu verstehende (alttestamentliche) Wort: „Macht euch die Erde untertan" der Auftrag zur Kultivierung der Natur formuliert und umgesetzt wurde. Hier fand ein instrumentelles Naturverständnis seine Grundlage.

Der Weg zur wissenschaftlichen Analyse, der auch in der Begegnung mit der griechischen Kultur und ihrer Philosophie eine wichtige Wurzel fand und zur Entwicklung der Naturwissenschaften führt, war eine der zentralen Bedingungen für die aus einem instrumentellen Naturverständnis heraus sich entwickelnden neuen Formen der Nutzung der Natur und ihrer Ressourcen. Dass diese Entwicklungen verantwortungsethisch eingebunden sein sollten, war zwar für die Schöpfungstheologie[4], die die Güter dieser Erde als geschenkt verstand und damit eine Rechtfertigungspflicht verband, selbstverständlich. Im Laufe der Zeit wurde dieser Zusammenhang aber immer weniger beachtet und löste sich nach und nach auf.

Vor diesem Hintergrund wurde dem Christentum etwa von Klages[5] auch vorgeworfen, dass es einen wesentlichen Beitrag zu der mit der Industrialisierung verbundenen Ausbeutung der Natur, vor allem in Bezug auf die nicht erneuerbaren Ressourcen geleistet habe. Verwissenschaftlichung und Industrialisierung lieferten die Instrumente für eine expansive Ausbeutung der Natur und die Belastung der Umweltmedien durch Schadstoffe – um es auf einen ganz knappen Nenner zu bringen.

Grundlegende Kritik an dieser Entwicklung wurde zunächst im Rahmen der romantischen industriekritischen Strömungen formuliert, wobei nationalromantische[6] und idealistisch-romantische[7] Strömungen sich gegenseitig verstärkten. Man kann bei vielen Autoren aus dieser Zeit eine neu formulierte und fundierte Rückkehr zu pantheistischen und mystifizierenden Naturvorstellungen erkennen, die sich auch im zwanzigsten Jahrhundert immer wieder antreffen lässt.

---

3 Siehe exemplarisch *Stone*, Haben Bäume Rechte? Plädoyer für Eigenrechte der Natur, 2012; *Appel*, Staatliche Zukunfts- und Entwicklungsvorsorge, 2005, S. 66 ff. Zu Tieren: *Stuck*, Grundrechte für Tiere, 2016. Speziell zur kulturellen Stellung von Tieren in Geschichte und Gegenwart: *Ach/Borchers* (Hrsg.), Handbuch Tierethik, 1. Aufl. 2018, S. 3 ff.

4 *Link*, Schöpfung: ein theologischer Entwurf im Gegenüber von Naturwissenschaft und Ökologie, 1. Aufl. 2012. Siehe auch *Hardmeier*, Naturethik und biblische Schöpfungserzählung, 1. Aufl. 2015.

5 *Klages*, Mensch und Erde, 1913.

6 Vertreter sind u. a. *Wilhelm Heinrich Riehl* und *Ernst Moritz Arndt*.

7 Vertreter ist u. a. *Ernst Rudorff*.

Das vielfältige Engagement in der Romantik für einen freilich thematisch stark begrenzten Natur- und Artenschutz war überwiegend ästhetisch-konservierend motiviert und der etwa im Zusammenhang mit der Wandervogel-Bewegung zu beobachtende Trend zu einer natürlichen Lebensweise war zugleich Ausdruck einer kulturkritischen Distanzierung zu den schwerwiegenden Umweltbelastungen, die durch Industrieanlagen verursacht wurden.

Der Nationalsozialismus machte sich dies wie so manche andere gesellschaftskritische Bewegung zu Nutze, aber nicht zu Eigen. Denn sein Bekenntnis zum Naturschutz, das im Jahr 1935 zum Erlass des Reichsnaturschutzgesetzes führte, ging einher mit einer rücksichtslos auf Produktivitätssteigerungen ausgerichteten Landwirtschaftspolitik, die sich nur schwer von den Grundhaltungen der kritisierten kapitalistisch ausgerichteten Privatunternehmen unterscheiden lässt. Auch die naturschützende Verbrämung vieler Maßnahmen – etwa in Gestalt der Begrünung der Reichautobahnen –, sollte aus heutiger Sicht nicht darüber hinwegtäuschen, dass ein konsequenter Naturschutz seinerzeit noch nicht etabliert war.

Der wichtige Schritt zu einer „echten" Naturschutzgesetzgebung erfolgte – durchaus anknüpfend an die in den 20er Jahren entwickelte Wissenschaft der Ökologie – erst in der zweiten Hälfte des 20. Jahrhunderts auf der Grundlage eines naturwissenschaftlichen, thematisch umfassenden und zugleich pragmatischen Ansatzes. Die „Grüne Charta von der Mainau" aus dem Jahr 1962, die auch zur Gründung des Deutschen Rates für Landespflege führte, stellt hier eine sichtbare Wegmarke dar. Sie ist naturwissenschaftlich fundiert, thematisch weit und pragmatisch abgefasst und berücksichtigt bereits früh die sozialpsychologische Komponente des modernen Umweltschutzes.

Zusammen mit einer neuen Umweltethik, für die die Arbeit von Hans Jonas zum Prinzip Verantwortung exemplarisch zu erwähnen ist, wurde so die Grundlage für eine neue Umweltschutzpolitik geschaffen, in deren Kontext zunächst auf der Länderebene und dann ab 1976 – ganz im Sinne der Grünen Charta von der Mainau – auf Bundesebene der Naturschutz gesetzlich verankert wurde.

Man kann diese Rechtsentwicklung auch als Antwort auf die Folgen der menschlichen Eingriffe in die Natur begreifen, die Robert Spaemann kritisch beobachtet und kommentiert hat. In diesem Sinne sollen im Folgenden zunächst seine Stellungnahmen analysiert und anschließend hinsichtlich ihrer möglichen Auswirkungen auf die Rechtsordnung thematisiert werden.

2. Umweltschutz im Werk von Robert Spaemann

Die Beschäftigung mit der Natur motivierte Robert Spaemann auch, sich mit aktuellen Fragen des Umweltschutzes und insbesondere der Umweltethik zu befassen. Dies erfolgte auf der Grundlage eines weit gefassten und aristotelisch geprägten Verständnisses von Natur und Natürlichkeit, das durch die Annahme eines inhärenten Telos der Natur, zu der auch der Mensch gehört, die Natur nicht nur als Teil der (Um-)welt, sondern zugleich auch als eine Grundlage normativer Orientierungen versteht.

Das Naturverständnis von Robert Spaemann kann zusammenfassend in einem Zitat aus seinem Handwortbuchbeitrag aus dem Jahr 1973 verdeutlicht werden:

„Herausgehen aus der Natur findet nur statt, wo Natur als sie selbst erinnert wird. Die Grundbedeutung des Wortes Kultur ist Ackerbau, Pflege eben jener Natur, aus welcher Kultur befreit. Jahrtausende lang bedeutete Kultur ein Verhältnis der Symbiose von Mensch und Natur, in welcher Natur zugleich als Feind, als Spenderin und als Gegenstand pflegender Herrschaft des Menschen auftrat, „weil eine Natur, die man zu Freundlicherem zügeln und zähmen kann, das Schönste ist, das es auf Erden gibt“. In der Neuzeit ist an die Stelle dieser Symbiose das Verhältnis einer progressiven Herrschaft getreten, die despotisch genannt werden muss, weil der Eigenstand des beherrschten Objekts fortschreitend abgebaut wird. Konnte Sokrates noch sagen, die Kunst des Hirten sei durch das Wohl der Schafe, nicht durch den Gesichtspunkt des Schlachters definiert, obgleich die Schafe am Ende bei diesem abgeliefert werden, so kann dies vom modernen Tierhalter und Züchter nicht mehr gesagt werden.

Der Prozess der naturwüchsigen Naturbeherrschung ist allerdings nun an einem Punkt angelangt, wo er sich gegen den Menschen selbst wendet. Erstmals kommt zum Bewusstsein, dass die Ressourcen der Natur hinsichtlich dessen, was die Lebensbedingungen der menschlichen Gattung ausmacht, endlich sind. Das Überleben der Gattung ist damit geknüpft an die Bedingung, dass die technische und industrielle Expansion sowie durch die moderne Medizin herbeigeführte Bevölkerungsexplosion beendet wird zugunsten eines neuen längerfristigen Gleichgewichtszustandes, einer neuen Symbiose, die nun nicht mehr durch die menschliche Ohnmacht stabilisiert wird, sondern durch bewusste Erinnerung der natürlichen Voraussetzungen menschlicher Existenz. Die naturwüchsige Expansion der Naturbeherrschung, weit entfernt, Herrschaft des Menschen über den Menschen zu verringern, steigert vielmehr sowohl deren Notwendigkeit wie deren Möglichkeiten. Sie steigert die Notwendigkeit wachsender Manipulation des Menschen, um ihn zu einem brauchbaren Glied seiner eigenen Naturbeherrschungsmechanismen zu machen. Die Emanzipation von allen geschichtlichen Lebensordnungen dient dieser Funktionalisierung. Umgekehrt steigern wiederum die wachsenden Möglichkeiten der Naturbeherrschung die der Beherrschung von Menschen, einer Beherrschung, die nicht als Verhältnis von Befehl und Gehorsam Freiheit zum Inhalt hat, sondern die als Manipulation den Menschen als Natur objektiviert. Die Rechtfertigung solcher Manipulation wird darin gesehen, dass der Mensch, soweit er manipulierbar ist, ohnehin Natur, also nicht frei und dass es nur darum gehe, an die Stelle naturwüchsiger Sozialisationsprozesse rational gesteuerte zu setzen. Aber Freiheit ist nicht ein „Kern“, der zurückbleibt, wenn alle Natur unterjocht ist. Der fundamentale Akt der Freiheit ist der des Verzichtes auf Unterjochung einer Unterjochbaren, der Akt des „Seinlassens“. In ihrer gegenseitigen Anerkennung und Freilassung allein überschreiten natürliche Wesen die Natur.“[8]

Was hier in einem kurzen Handbuchbeitrag in großer gedanklicher Dichte formuliert wird, hat Spaemann in anderen Arbeiten vorbereitet und entfaltet, wobei aktuelle politische Entwicklungen und Debatten immer wieder den Anlass dazu geliefert haben.

---

[8] *Spaemann*, in: Krings et al (Hrsg.), Handbuch philosophischer Grundbegriffe, Bd. 2, 1973, S. 968f.

II. Die Finalität von Natur

1. Robert Spaemann als Aristoteliker

Die philosophische Grundausrichtung von Robert Spaemann ist unter anderem durch seine aristotelische Prägung bestimmt, für die wiederum die Annahme einer Naturteleologie als Grundlage einer „natürlichen Weltsicht" zentral ist, aus der sich grundlegende Orientierungen auch für das Handeln des Menschen ableiten lassen.[9] Eng damit verbunden ist eine Schöpfungstheologie und damit der Gedanke, dass die Welt im Ganzen auf einem vorausgehenden Akt der Zwecksetzung beruht, mit dem eine normative Orientierung („objektive Zweckhierarchie") einhergeht[10], die in Gestalt eines (aufgeklärten) Naturrechts auch für die Rechtsordnung grundlegend ist.[11]

Das teleologische Welt- und Naturverständnis wurde „abgelöst" durch das die Naturwissenschaften prägende kausale Verständnis, bei dem Ursachen vor allem aus dem Blickwinkel des Bewirkens und nicht aus dem der Zwecksetzung und Sinngebung betrachtet werden („Hermeneutik der Natur"[12]).

2. Der Deutsche Idealismus als Wendepunkt

Einen Wendepunkt der Entwicklung markiert nach Ansicht von Spaemann der Deutsche Idealismus, indem die Finalität von der (bewirkenden) Kausalität getrennt und die Sinngebung der menschlichen Vernunft zugewiesen wird. „Der klassische Gedanke der Zweckhierarchie setzte so etwas wie eine objektive Teleologie voraus: Dinge sind nicht nur *für sich* selbst Zweck, sondern sie sind *an sich* Naturzwecke. Die neuzeitliche Ontologie aber kennt Zwecke nur als Tendenzen der Selbsterhaltung, das heißt der Erhaltung dessen, was ist. … Aristoteles dagegen hatte Selbsterhaltung interpretiert als eine unterste Form des Strebens alles Endlichen nach Teilhabe am Ewigen."[13] An dieser Aussage wird deutlich, dass für Spaemann der entscheidende Unterschied darin besteht, dass die klassische aristotelische Sichtweise von einer zweckgerichteten Schöpfungsordnung ausging, während im Zentrum der neuzeitlichen Teleologie die autonome Sinngebung durch die menschliche Vernunft steht.[14]

---

9 *Spaemann*, Naturteleologie und Handlung, in: Zeitschrift für philosophische Forschung 32 (1978), 481 ff.

10 *Spaemann* (Fn. 9), 484.

11 *Spaemann*, Die Bedeutung des Natürlichen im Recht, in: Lübbe/Röttgers/Saß (Hrsg.), Politik und Kultur nach der Aufklärung. Festschrift Hermann Lübbe zum 65. Geburtstag, 1992, S. 26 ff.; Ob die Anerkennung von Menschenrechten als Wiederbelebung des Naturrechtsgedankens zu verstehen ist, ist umstritten. Auf jeden Fall wird dabei eine zwingende Zuschreibung von elementaren Rechten anerkannt, die ihrerseits im Person-sein wurzelt. Dazu *Spaemann*, Personen, 2. Aufl. 1998.

12 *Spaemann* (Fn. 9), 488.

13 *Spaemann* (Fn. 9), 485.

14 Das gilt im Übrigen auch für das Verständnis von Menschenwürde. Während das christliche Verständnis der Gottebenbildlichkeit mit einem normativ-teleologischen Gehalt verbunden ist, verabsolutiert das auf rein formalen Selbststand und Selbstbestimmung abzielende Verständnis gerade die Loslösung von jeder vorgegebenen Ordnung. Die Unterschiede kulminieren bei der Einordnung der Selbsttötung und der Ablehnung oder Befürwortung eines Rechts, über das eigene Leben zu verfügen. Das Bundesverfassungsgericht folgt dabei abweichend von der bislang überwiegenden Sichtweise im

In seinen Überlegungen zu den technischen Eingriffen in die Natur verbindet Spaemann die „neuzeitliche Denkweise“ eng mit der neuen Intensität der Naturbeherrschung durch den Menschen: „Sie hat gegenüber allen früheren Perioden der Menschheit eine qualitativ neue Dimension erreicht. Entscheidend ist, dass sie nicht mehr einen hierarchischen Aufbau der Natur mit dem Menschen an der Spitze voraussetzt, sondern einen dynamischen Prozess progressiver Unterwerfung der Natur unter den Menschen, dem sich die Natur als Objekt entgegenstellt.“[15]

Auf den Punkt gebracht wird dieser Einstellungswandel nach Ansicht von Spaemann unter anderem durch die Genetik, die einerseits formal an die teleologische Sichtweise der Natur anknüpft und sich diese (naturwissenschaftlich) zunutze macht, sie zugleich aber dahingehend verändert, dass es der Mensch ist, der die Ziele der Entwicklung korrigiert und den von ihm bestimmten Interessen[16] unterordnet.[17]

Allerdings sieht sich auch dieses Verständnis grundlegenden Einwänden ausgesetzt, sobald die Wirkungen der Handlungen über die Sphäre des Einzelnen hinausgehen, was fast immer der Fall ist. Im Bereich der grünen Gentechnik hat die Furcht vor unabsehbaren und irreversiblen Folgen für Natur und Menschen zumindest in Europa einen weitgehenden Anwendungstopp bewirkt.[18] Im Bereich der roten Gentechnik sind die Anwendungsmöglichkeiten noch sehr begrenzt und hier stellt sich die Frage, ob Eingriffe, die mit Einwilligung der betroffenen Personen erfolgen, auch dann verantwortbar sind, wenn die Langzeitfolgen ungewiss sind und sich auch bei den Nachkommen auswirken können.[19]

3. Möglichkeiten der Rückbesinnung?

Vor allem die kontroversen Debatten über die Anwendung der grünen und roten Gentechnik haben dazu beigetragen, dass die Auswirkungen technischer Einflussnahmen auf die Natur wieder kritischer betrachtet werden. Ob es dadurch jedoch zu einer Rückbesinnung auf die Naturteleologie im aristotelischen Sinne kommt, ist offen. Immerhin dürfte aber der zu Beginn der Moderne formulierte Gedanke der Wahrung eines Selbststandes auch der Natur gegenüber menschlich-technischen Inferenzen inzwischen wieder mehr Zustimmung und Aufmerksamkeit erfahren haben.

Verfassungsrecht (die auch Kant teilte) in seiner Entscheidung vom 26. 02. 2020 (NJW 2020, 905 ff.) der zweiten Sichtweise.

15 *Spaemann*, Technische Eingriffe in die Natur als Problem der politischen Ethik, in: Scheidewege. Jahrbuch für skeptisches Denken, 1979, S. 476 ff. (hier zitiert nach dem Neuabdruck in *Spaemann*, Grenzen. Zur ethischen Dimension des Handelns, 2. Aufl. 2002, S. 448 ff.).

16 Die durchaus anerkennenswert sein können, wie das Beispiel der sog. Genschere verdeutlicht, die vor allem zur Bekämpfung von genetisch bedingten Erkrankungen eingesetzt werden soll. Siehe dazu *Faltus* (Hrsg.), Recht, Ethik und Kommunikation des Genome Editings, 2019.

17 *Spaemann* (Fn. 9), 486 f.

18 *Kluth*, Verfassungsrechtliche Unterschiede der Regulierung der grünen und roten Genomeditierung, in: Faltus (Hrsg.), Ethik, Recht und Kommunikation des Genome Editings, 2019, S. 78 ff.Zu den verfassungsrechtlichen Aspekten *Kluth*, Das Gentechnik-Urteil, 2012.

19 Dazu *Cullen/Kiworr/Bauer*, Die Stellungnahme der Nationalen Akademie der Wissenschaften Leopoldina „Fortpflanzungsmedizin in Deutschland – für eine zeitgemäße Gesetzgebung“. Eine Analyse und Wertung aus der Perspektive des Lebensrechts, ZfL 2020, 329 ff.

Wichtig und hilfreich erscheint es in diesem Zusammenhang, eine weitere Schicht in der Argumentation von Robert Spaemann in den Blick zu nehmen, weil diese gewissermaßen über einen Umweg deutlich macht, welche Gefahren von technischen Eingriffen des Menschen in die Natur ausgehen können, wenn dabei die naturteleologischen Aspekte ausgeblendet werden.

III. Das Phänomen der Nebenwirkungen

1. Die Gefährdung des Selbststands der Natur durch Nebenwirkungen

Die Geschichte der Zerstörung der Natur bzw. der natürlichen Lebensgrundlagen (Art. 20a GG) wird von Robert Spaemann nicht nur aus naturteleologischer Sicht, sondern auch aus dem Blickwinkel der Nebenwirkungen von Handlungen beleuchtet. Diese Herangehensweise ist deshalb von großer Bedeutung, weil sie eine analytische Perspektive wählt, die auch aus rechtlicher und psychologischer Perspektive das Verständnis dafür fördert, warum in den letzten Jahrzehnten umweltschädigendes Verhalten in derart großem Ausmaß zugelassen werden konnte, ohne dass starke rechtliche und ethische Schranken aktiviert wurden.

Die Unterscheidung zwischen einem Hauptzweck menschlicher Handlungen und deren Nebenwirkungen ist für Spaemann gewissermaßen eine Bedingung der Möglichkeit verantwortbaren Handelns überhaupt.[20] Denn nur durch die unterscheidende Gewichtung und die Ausblendung aller denkbaren Folgen einer Handlung wird die Verantwortung, die der Menschen als sittliche Person trägt, so überschaubar, dass diese auch übernommen und bewältigt werden kann. Die Rechtslehre knüpft an diese Erkenntnis mit der Verantwortung begrenzenden Kausalitätstheorien an.[21]

Mit Blick auf den Selbststand der Natur und damit auch den Umwelt- und Tierschutz kann man eine Ursache für ein lange fehlendes Problembewusstsein darin erblicken, dass durch die Annahme eines weitgehenden bis unbeschränkten menschlichen Verfügungsrechts sowie die gleichzeitige Annahme einer übertrieben optimistischen Gestaltungsmacht des Menschen Bedeutung und Gewicht der Nebenfolgen ausgeblendet oder unterschätzt wurden: „Bis vor kurzem war der Prozess noch dadurch charakterisiert, dass er einerseits zwar Natur fortschreitend menschlichen Zwecksetzungen unterwarf, sie andererseits aber doch noch als unendlich Umgreifendes betrachtete, dessen Regenerationsfähigkeit und dessen Kapazität, menschliche Handlungsfolgen zu neutralisieren, prinzipiell unbegrenzt ist."[22] Diese Annahme ist aber inzwischen obsolet geworden und die tiefgreifenden Schädigungen der Natur treten seit Anfang der 1970er Jahre zunehmend in das allgemeine Bewusstsein.

---

20 *Spaemann* (Fn. 15), S. 449.

21 Diese sind bereichsspezifisch für das Strafrecht, das Zivilrecht und das Gefahrenabwehrrecht unterschiedlich ausgestaltet worden. Während das Strafrecht Vorsatz und Schuld als Korrektiv heranzieht, arbeitet das Zivilrecht in den meisten Fällen mit der Sozialadäquanz. Bei der (staatlichen) Gefahrenabwehr fehlt es an entsprechenden Einschränkungen. Hier steht der effektive Rechtsgüterschutz im Vordergrund.

22 *Spaemann* (Fn. 15), S. 457.

Aus einer rechtlichen Perspektive lässt sich der Prozess der Veränderung in der Wahrnehmung der Relevanz von Nebenfolgen exemplarisch am Beispiel grundlegender Gesetzgebungsakte nachzeichnen. In der – aus heutiger Sicht weitsichtigen – Gewerbeordnung des Jahres 1869 wurde auf die Gesundheitsgefahren reagiert, die von Industrieanlagen ausgehen, wobei sowohl der Schutz der Arbeitnehmer als auch der Nachbarschaft berücksichtigt wurde.[23] Es folgten, mit langem zeitlichen Abstand, spezialgesetzliche Regelungen des Naturschutzes[24], des Wasserhaushalts[25] sowie im Bereich des Abfallrecht.[26] In den neunziger Jahren wurden sodann umfangreiche planerische Instrumente zur Ermittlung der Umweltauswirkungen von Vorhaben eingeführt (Umweltverträglichkeitsprüfung).[27]

Von übergeordneter rechtlicher Relevanz war die Einbeziehung der nicht erneuerbarer Ressourcen als natürliche Lebensgrundlage in den Schutz durch die Verfassung, die durch die Einfügung von Art. 20a in das Grundgesetz im Jahr erfolgte[28] und einige Jahre später um den Aspekt des (Einzel-)Tierwohlschutzes ergänzt wurde.[29]

Aus dem Blickwinkel der Arbeiten von Robert Spaemann wurde durch die Verfassungsänderung der Selbststand der Natur in der Rechtsordnung gestärkt, indem die natürlichen Lebensgrundlagen zu einem objektiven Rechtsgut des Verfassungsrechts erhoben wurden, das der Staat zu achten und zu schützen hat.[30] Rechtssystematisch bedeutet dies, dass die Naturgüter formal auf eine Ebene mit den menschliche Existenz und Freiheit schützenden Grundrechten angehoben wurden, was zugleich deutlich macht, dass sie weiterhin Gegenstand von Abwägungsprozessen sind. Allerdings verbietet das Staatsziel Umweltschutz, dass der Staat einen Ressourcenverbrauch zulässt, der die Existenzgrundlage künftiger Generationen gefährdet. Das ist nach dem Grundsatzurteil des Bundesverfassungsgerichts zum Klimaschutz vom 24. März 2021 auch zu befürchten, wenn die „Lasten" des Umweltschutzes einseitig auf künftige Generationen verlagert werden mit der Folge, dass diese unverhältnismäßig in Anspruch genommen werden.[31] Insoweit entfaltet die Norm auch einen

---

23 *Kluth*, GewArch 2019, 278 ff. Die Regelungen wurden 1972 in das Immissionsschutzgesetz ausgelagert. Dazu *Beaucamp*, in: Kluth/Smeddinck (Hrsg.), Umweltrecht, 2. Aufl. 2021, § 2.

24 *Wolf*, in: Kluth/Smeddinck (Hrsg.), Umweltrecht, 2. Aufl. 2021, § 5.

25 *Walter*, in: (Fn. 24), § 4.

26 *Smeddinck*, in: (Fn. 24), § 3.

27 *Kluth*, in: (Fn. 24), § 1, 4.2.2.

28 Zu Einzelheiten *Kluth*, in: Friauf/Höfling (Hrsg.), Berliner Kommentar zum Grundgesetz, 2020, Art. 20a, Rn. 22 ff.

29 *Kluth* (Fn. 28), Rn. 27 f.

30 *Kluth* (Fn. 28), Rn. 57 ff.

31 BVerfG, B. v. 24.03.2021, 1 BvR 2656/18 u.a., Leitsatz 4. Dort heißt es: „Das Grundgesetz verpflichtet unter bestimmten Voraussetzungen zur Sicherung grundrechtsgeschützter Freiheit über die Zeit und zur verhältnismäßigen Verteilung von Freiheitschancen über die Generationen. Subjektivrechtlich schützen die Grundrechte als intertemporale Freiheitssicherung vor einer einseitigen Verlagerung der durch Art. 20a GG aufgegebenen Treibhausgasminderungslast in die Zukunft. Auch der objektivrechtliche Schutzauftrag des Art. 20a GG schließt die Notwendigkeit ein, mit den natürlichen Lebensgrundlagen so sorgsam umzugehen und sie der Nachwelt in solchem Zustand zu hinterlassen, dass nachfolgende Generationen diese nicht nur um den Preis radikaler eigener Enthaltsamkeit weiter bewahren könnten.

Die Schonung künftiger Freiheit verlangt auch, den Übergang zu Klimaneutralität rechtzeitig einzuleiten. Konkret erfordert dies, dass frühzeitig transparente Maßgaben für die weitere Ausgestaltung der Treibhausgasreduktion formuliert werden, die für die erforderlichen Entwicklungs- und

absoluten Schutz der natürlichen Lebensgrundlagen und etabliert zwingende Schranken menschlicher Eingriffe. Auch nach dem Staatsziel Umweltschutz des Grundgesetzes kommt die zentrale Verantwortung dem Gesetzgeber zu, der die technischen Eingriffe in die Natur begrenzen muss.

2. Die Verantwortung für die Grenzziehung

Der Umweltethik und dem Umweltrecht kommt aus dem Blickwinkel der Argumentation von Robert Spaemann die Aufgabe zu, die Nebenwirkungen menschlicher Handlungen zu begrenzen, indem diese in die Verantwortung einbezogen werden und damit auch die Verfolgung legitimer Zwecke begrenzen.

Dabei folgt, wie in anderen Bereichen, die inhaltliche Ausrichtung einerseits der jeweiligen Erkenntnislage und andererseits der Unterscheidung nach Verantwortlichkeiten. Während der erste Aspekt in gewisser Weise banal anmutet (man kann bei der Folgenabschätzung nur berücksichtigen, was man erkennen und wissen kann) ist der zweite Aspekt zentraler Gegenstand grundlegender ethischer Überlegungen, denen sich Spaemann in vielen Untersuchungen gewidmet hat, die nicht auf Fragen des Umweltschutzes beschränkt sind. Die Beschränkung der Folgenverantwortung für Nebenwirkungen in sich lauterer Handlungen ist für ihn vielmehr eine zentrale Bedingung menschlichen Handelns überhaupt, weil ansonsten der Freiheitsgebrauch unangemessen limitiert würde.[32]

Das daraus auf den ersten Blick folgende Dilemma, dass damit schädliche Auswirkungen menschlichen Handelns nicht angemessen begrenzt und unterbunden werden können, löst *Spaemann* jedoch dadurch, dass er dem Staat und damit dem Gesetzgeber eine umfassende Verantwortung zuweist, die Nebenfolgen von legitimen Zwecken dienenden Handlungen einzudämmen: „Für den Staat gilt nicht, wie für das Individuum, dass das Handeln nur durch partielle Blindheit gegen entferntere Folgen ermöglicht wird. Der Staat hat, im Unterschied zum Individuum, die Pflicht, so weit zu sehen, wie es unter Zuhilfenahme aller in einer bestimmten Epoche zur Verfügung stehenden Mittel möglich ist. Gerade deshalb kann er sich selbst nicht, ohne seine eigentliche zu verfehlen, als Verwirklichter von ‚Zielen', von ‚Programmen' verstehen wollen. Er kann seiner primären Aufgabe, die unerwünschten Nebenfolgen menschlicher Zweckhandlungen zu neutralisieren, nur genügen, wenn er sich selbst nicht als der größte Realisierer von Zwecken auch die größten und dann von niemandem mehr kontrollierten Nebenfolgen produziert."[33]

Das damit skizzierte Staatsaufgabenverständnis steht in einem deutlichen Kontrast zu dem heute vorherrschenden umfassenden Steuerungsanspruch des Staates für Wirtschaft und Wohlfahrt und erklärt dabei zugleich, warum sich der Staat bislang auf eine Strategie der bereichsspezifischen Begrenzungen von Nebenwirkungen und Gefahren beschränkt. Ob der inzwischen eingetretene Klimawandel hier zu einem Umdenken führt bzw.führen

---

Umsetzungsprozesse Orientierung bieten und diesen ein hinreichendes Maß an Entwicklungsdruck und Planungssicherheit vermitteln."

32 *Spaemann* (Fn. 15), S. 455.

33 *Spaemann* (Fn. 15), S. 455.

muss, ist insoweit eine entscheidende Frage der Zeit, die Spaemann selbst nicht beantwortet hat.[34]

3. Die unterschätzte Dynamik der Natur

Dass die Menschheit im Allgemeinen und die Wissenschaft im Besonderen die Dynamik der Natur hinsichtlich der Reaktionen auf technische Eingriffe in einem weit verstandenen Sinn unterschätzt hat bzw. diese irrtümlich nur im Sinne einer Regeneration und „Selbstheilung" fehlinterpretiert hat, wurde von Robert Spaemann nicht nur konstatiert, sondern zugleich vergleichsweise früh durch den Hinweis auf den Punkt gebracht, dass inzwischen die „Interdependenz aller ökologischen Systeme in Bewusstsein" getreten ist.[35]

Neben der Zunahme der Komplexität der Prozesse, die nicht nur Vorhersagen, sondern auch zuverlässige Zustandsbeschreibungen erheblich erschwert, zeigt die immer tiefer in die „Geheimnisse der Natur" eindringende Forschung auch, dass diese sehr viel schneller in der Lage ist, sich an veränderte Rahmenbedingungen anzupassen, als es die Erzählung von der langfristigen Evolution suggeriert. So reagieren manche Organismen innerhalb von kurzer Zeit auf gentechnische Eingriffe, die gezielt bestimmte gefährliche Eigenschaften ausmerzen lassen. Die Wissenschaft ist immer wieder überrascht, wie begrenzt technische Eingriffe in die Natur steuerbar sind und wie schnell und ins Ungewisse hinein die Natur reagiert.

IV. Die Herausforderung Klimawandel

Das aktuelle Megathema, in dem diese Herausforderungen kumulieren, ist das Phänomen des Klimawandels, das Spaemann als solches in seinen Schriften noch nicht thematisiert hat. Seine grundlegenden Aussagen sind aber gut geeignet, um zu verdeutlichen, was von welchen Akteuren vor dem Hintergrund der damit verbundenen Problemlagen erwartet werden muss.

Das Phänomen des Klimawandels ist so vielfältig, dass es hier nur grob beschrieben werden kann. Durch menschliche Aktivitäten verursachte, sogenannte anthropogene Emissionen erhöhen die Konzentration von Treibhausgasen in der Atmosphäre und bewirken einen globalen Temperaturanstieg. Im Vergleich zum vorindustriellen Niveau (1880) ist die mittlere Jahrestemperatur um 1,5 Grad Celsius gestiegen.[36] Für den Zeitraum bis 2100 prognostiziert der sogenannte Weltklimarat, das Intergouvernemental Panel on Climate Change (IPCC), je nach zugrunde gelegtem Emissionsszenario eine globale Erderwärmung zwi-

---

34 Für die Notwendigkeit einer Neuausrichtung *U. Beck*, Die Neuvermessung der Ungleichheit, 2008. Ansätze finden sich inm Beschluss des Bundesverfassungsgerichts v. 24. 03. 2021, siehe oben Fn. 31.

35 *Spaemann* (Fn. 15), S. 457.

36 Bundesministerium für Umwelt, Naturschutz und nukleare Sicherheit, Klimaschutz in Zahlen – Fakten, Trends und Impulse deutscher Klimapolitik, Ausgabe 2019, S. 8, im Internet unter https://www.bmu.de/fileadmin/Daten_BMU/Pools/Broschueren/klimaschutz_zahlen_2019_broschuere_bf.pdf (letzter Zugriff: 18. 11. 2020).

schen 0,9 bis 5,4 Grad Celsius gegenüber dem vorindustriellen Niveau.[37] Die Folgen eines solchen Klimawandels sind vielfältig und regional unterschiedlich stark ausgeprägt: Einerseits bewirkt der Anstieg der globalen Mitteltemperatur, dass Gletscher tauen, Eisschilde an Masse verlieren, sich Ozeane erwärmen und der mittlere Meeresspiegel steigt. Andererseits könnten sich Jahreszeiten und Niederschlagsmuster verändern und zur Verschiebung von Klima- und Vegetationszonen führen.[38] Dies wirkt sich auf die Bodenfruchtbarkeit und in der Folge die Nahrungsmittelproduktion sowie die Artenvielfalt aus. Damit steht das ökologische Gesamtsystem vor einem Wandel[39], dessen Ausmaß und Auswirkungen nur begrenzt antizipiert werden können und nach den Beobachtungen der letzten Jahre wohl schneller eintreten, als bislang angenommen.

Während die herkömmlichen Instrumente des Umweltschutzes ganz überwiegend auf örtliche und regionale Auswirkungen fokussiert waren und sind, stellt das „Klima" einen globalen Wirkungskreislauf dar, bei dem sich Änderungen entsprechend global auswirken und verarbeitet werden müssen. Das hat zur Folge, dass in diesem Bereich letztlich nur ein weltweit koordiniertes Vorgehen Abhilfe schaffen kann, soweit dies überhaupt (noch) möglich ist. Die umweltethische und umweltpolitische Herausforderung trifft damit auf die Schwächen internationaler Verhaltenssteuerung und dies zu einem Zeitpunkt, in dem der nach 1945 etablierte Multilateralismus, der auch im Bereich des Umweltschutzes zu zahlreichen Abkommen geführt hat, zunehmend skeptisch betrachtet wird.

Die Reaktionen des Rechtssystems, die inzwischen unter dem Oberbegriff des Klimaschutzrechts verortet werden und ein beträchtliches Ausmaß erreicht haben[40], sind zwar einerseits entsprechend vielfältig, andererseits aber in ihrer Reichweite begrenzt. Sie werfen insbesondere auch aus Gerechtigkeitsgesichtspunkten Fragen auf, wenn die für den Klimawandel in erster Linie ursächlichen Industriestaaten auch den weniger entwickelten Gesellschaften Beschränkungen auferlegen.[41]

Die neue Qualität des Klimawandels als Folge von technischen Eingriffen in die Natur wird u. a. daran deutlich, dass er Migrationsbewegungen auslöst (sog. Klimaflüchtlinge[42]) und die politische und soziale Lage in vielen Staaten einem Stresstest unterwirft.[43]

---

37 IPCC, Climate Change 2014, Synthesis Report, S. 60. Siehe zu weiteren Daten auch https://www.umweltbundesamt.de/themen/klima-energie/klimawandel (letzter Zugriff am 10. 11. 2020).

38 Bundesministerium für Umwelt, Naturschutz und Reaktorsicherheit (BMU), Umweltbericht 2010 – Umweltpolitik ist Zukunftspolitik, 2010, S. 45.

39 Leicht verständlicher populärwissenschaftlicher Überblick bei *Steffens/Haberkuss*, Überleben. Zukunftsfrage Artensterben: Wie wir die Ökokrise überwinden, 2020.

40 Zu Einzelheiten *Hoffmann-Much*, in: (Fn. 24), § 6.

41 In den entsprechenden Rechtsakten wird auch vor diesem Hintergrund ein *burden sharing* vorgesehen, bei dem den Industriestaaten höhere Lasten zugewiesen werden. Siehe exemplarisch Art. 4 der Klimarahmenkonvention von 1995, an den u. a. das Kyoto-Protokoll von 1997 und das Pariser Übereinkommen von 2015 auch hinsichtlich der Lastenverteilung anknüpfen. Dazu jeweils näher *Hoffmann-Much*, in: (Fn. 24), § 6, 3.2.

42 Dazu etwa *Nümann*, Umweltflüchtlinge? Umweltbedingte Personenbewegungen im Internationalen Flüchtlingsrecht, 2014; *Hanschel*, Klimaflüchtlinge und das Völkerrecht, ZAR 2017, 1 ff.

43 Siehe auch *U. Beck*, Die Neuvermessung der Ungleichheit, 2008.

V. Herausforderungen für Staat und Recht

Der Klimawandel ist zugleich ein guter Anknüpfungspunkt, um die Herausforderungen für Staat und Recht auf der Grundlage der Positionen von Robert Spaemann zu thematisieren und herauszuarbeiten, wo seine Sichtweise von der bisherigen Vorgehensweise sowie der theoretischen Rahmung des Umweltschutzes abweicht.

Dass es eine ganze Reihe von relevanten Abweichungen gibt, wird daran deutlich, dass Spaemann ein radikaler Gegner der Nutzung nicht nur der Atombombe[44] sondern auch der Atomenergie war, weil er das Postulat aufstellte, dass eine Generation nur umweltbezogene Risiken als Nebenfolgen eigenen Handelns erzeugen kann, die sie auch selbst in ihren Folgen bewältigen und nicht als ungelöste Belastung an künftige Generationen weitergibt.[45] Auch gegenüber Tierversuchen hat sich Spaemann wegen der damit verbundenen Instrumentalisierung von Leid kategorisch ablehnend geäußert.[46] Schließlich hat Spaemann in Bezug auf diese Fälle die Gehorsamspflicht gegenüber dem Staat in Frage gestellt.[47] Er war insoweit radikalen Positionierungen gegenüber nicht abgeneigt.

Verallgemeinert lässt sich daraus ableiten, dass für Spaemann der Selbststand der Natur auch für den Menschen, dessen Sonderstellung als Person in der Natur er in einem seiner Hauptwerke eindrucksvoll herausgearbeitet hat, eine zu respektierende Grenzen eigener Zweckverfolgung darstellt, mit der Folge, dass es nicht nur auf eine Folgenabschätzung in Bezug auf die Eigeninteressen der Menschheit ankommt, wie er anthropozentrischen Konzepten des Umwelt- und Ressourcenschutzes zu eigen ist, sondern auch absolute Grenzen für technische Eingriffe anzunehmen sind.

Verantwortliches Subjekt für die entsprechende Grenzziehung ist der Staat und damit vor allem der Gesetzgeber, der in einer umfassenden Art und Weise alle erkennbaren Nebenwirkungen menschlichen Handelns in seinen Entscheidungen berücksichtigen muss. Der entscheidende Akzent, den Spaemann insoweit setzt, besteht darin, dass er nicht auf offene Abwägungsprozesse vertraut, wie dies u. a. im Staatsziel Umweltschutz des Art. 20a GG angelegt ist, sondern mehrere Postulate einführt, die zu strikten Vorgaben und damit Limitierungen von Handlungsoptionen führen.

Das erste Postulat wurde bereits erwähnt und bezieht sich darauf, dass nur Eingriffe, deren Folgen man bereits zum Zeitpunkt der Entscheidung vollständig beurteilen und bewältigen kann als verantwortliche und verantwortbare Handlungen einzustufen sind. Daraus folgt – bis heute – ein Verbot der Nutzung von Kernenergie.

Das zweite Postulat verlangt, dass der Staat eine neutrale Position einnimmt und bei der Entscheidung über den Umweltschutz nicht zugleich als Akteur gesellschaftlicher und wirtschaftlicher Wohlfahrt auftritt und damit die Belange des Naturschutzes relativiert. Darin liegt in der Sache eine Infragestellung einer zentralen Annahme des Nachhaltigkeitskonzepts, bei dem ökologische, ökonomische und soziale Belange auf einer Ebene gesehen

44 *Spaemann/Böckenförde*, Die Zerstörung der naturrechtlichen Kriegslehre. Erwiderung an P. Gustav Gundlach SJ, in: Fleischmann (Hrgs.): Atomare Kampfmittel und christliche Ethik. Diskussionsbeiträge deutscher Katholiken, 1960, S. 161–196.

45 *Spaemann* (Fn. 15), S. 457 ff.

46 *Spaemann* (Fn. 2).

47 *Spaemann* (Fn. 15), S. 464.

und der wechselseitigen Abwägbarkeit unterworfen werden. Spaemann verlangt insoweit eine herausgehobene Stellung des Natur- und Umweltschutzes und spricht sich dagegen aus, in der Sozial- und Wirtschaftspolitik in gleicher Weise schutzwürdige Gesetzmäßigkeiten anzunehmen wie im Umweltschutz.[48] Damit ordnet er das gesellschaftsbezogene und individuelle Recht auf Entwicklung jedenfalls soweit es mit weitreichenden Eingriffen in die Natur verbunden ist, dem Umweltschutz unter und verlangt von der Menschheit insgesamt insoweit deutliche Selbstbeschränkungen. Zudem erliegt er nicht dem Glauben, dass es einen Fortschritt gibt oder geben kann, der die Nebenwirkungen technischer Eingriffe in die Natur annähernd vollständige kompensiert.

Folgt man diesen Einsichten, so bedarf es nicht nur einer Anpassung des Leitbildes der Nachhaltigkeit, sondern auch einer „Nachbesserung“ beim Staatsziel Umweltschutz. Auch die Option, den Ausstieg aus der Atomenergie zugunsten eines besseren Klimaschutzes zu revidieren, ist damit umweltethisch nicht vertretbar. Das Bundesverfassungsgericht hat dazu in seinem Beschluss zum Klimaschutz durch die Herausarbeitung eines intertemporalen Grundrechtsschutzes und die Einbeziehung ökologischer Aspekte in das Existenzminimum einen wichtigen Anstoß gegeben.[49]

Unabhängig von diesen grundlegenden Auswirkungen ist die Beschäftigung mit den umweltethischen Schriften von Robert Spaemann aber auch deshalb immer wieder lohnend, weil sie sehr viel über die herausgehobene Verantwortung des Staates lehren, der deutlich mehr sein muss als ein Sachwalter mehrheitlicher gesellschaftlicher Interessen.

---

48 *Spaemann* (Fn. 15), S. 463.

49 BVerfG (Fn. 31), Rn. 116ff.

MASCHINEN STATT MENSCHEN, TECHNIKGLÄUBIGKEIT STATT GOTTVERTRAUEN?

Reflexionen zur Realisierbarkeit von Geist und Gefühl in Robotern

Von *Axel W. Bauer*

I. Einführung

In dem 2018 erschienenen Gesprächsband *Beten bei Nebel*, einem philosophischen Dialog mit dem Sozialphilosophen Hans Joas, erzählte Robert Spaemann (1927–2018) die Anekdote, wonach er einst bei einer Atlantiküberquerung mit dem Ozeandampfer einer Ordensschwester die Vorzüge des Radargeräts erklärt habe. Ein Zusammenstoß mit anderen Schiffen sei durch die technische Neuerung keinesfalls zu erwarten, so erläuterte der kundige Spaemann seinem erstaunten Gegenüber. Die Nonne zog daraus den freudigen Schluss, dass das „Beten im Nebel" nun nicht mehr notwendig sei: Die Gefahr sei ja auch ohne Gott beherrschbar geworden, der Nebel durchdringbar. Robert Spaemann sah angesichts des technischen Fortschritts den Glauben als die auf dem Rückzug befindliche anspruchsvollere Lebenshaltung. Hans Joas hingegen bestritt ursächliche Zusammenhänge von technischem Fortschritt und religiösem Wandel. Das Beten bleibt für Joas eine Möglichkeit angesichts des „Nebels", der die Existenzführung des Menschen in einer notwendig unübersichtlichen Welt unvermeidlich umgibt.[1]

Wohin mag uns der technische Fortschritt im 21. Jahrhundert tatsächlich führen, und wie weit sind wir heute schon gekommen? Werden bald Maschinen an die Stelle des Menschen treten und die Herrschaft übernehmen, ersetzt der Glaube an die Technik nicht bereits jetzt das Vertrauen auf Gott? Brauchen Roboter eine Nationalität, soll der Einsatz von Robotern von den Krankenkassen bezahlt werden, gibt es Pläne, bei Rechtsstreitigkeiten sogenannte „Robo-Schlichter" einzusetzen? Mit diesen Fragen wollte die FDP-Bundestagsfraktion herausfinden, wie weit die Bundesregierung beim Thema Künstliche Intelligenz (KI) gehen will. Die Antworten liegen seit dem Spätsommer 2018 vor.

„Können Ärzte eine Behandlung mit Sex-Robotern verschreiben?", hieß eine Frage, und wenn ja, ist das dann eine Kassenleistung? Die Antwort der Bundesregierung war eher lakonisch: Die Gesetzliche Krankenversicherung sei dazu da, die Gesundheit der Versicherten wiederherzustellen oder zu verbessern. Es sei nicht ersichtlich, wie sogenannte Sex-Roboter zur Erfüllung dieser Aufgabenstellung beitragen könnten.

Wie sieht es mit Robotern aus, die über Algorithmen in der Lage sind, juristische Streitfälle zu analysieren? Plant die Bundesregierung den Einsatz von sogenannten „Robo-

[1] *Volker Resing* (Hrsg.), Hans Joas und Robert Spaemann: Beten bei Nebel, 2018, S. 23.

Duncker & Humblot · Berlin | https://doi.org/10.3790/978-3-428-58515-1.2025.202617

Schlichtern“? Dies sei aktuell unzulässig, so lautete die Antwort; man werde aber die weitere Entwicklung der Künstlichen Intelligenz auch mit Blick auf Streitschlichtung beobachten. Auf die Frage schließlich, ob die Bundesregierung es für denkbar halte, einer Künstlichen Intelligenz eine Nationalität zuzusprechen, berief sich das Bundesministerium für Bildung und Forschung (BMBF) auf die „derzeitige“ Rechtsauffassung: Bei der KI handele es sich nicht um eine natürliche Person im Sinne des Gesetzes. Die ausweichenden Antworten und andauernden Verweise auf noch zu klärende Sachverhalte würden den rasanten globalen Entwicklungen rund um das Thema Künstliche Intelligenz nicht gerecht, kritisierte daraufhin der Technologiepolitische Sprecher der FDP-Bundestagsfraktion die Bundesregierung.[2]

Roboter galten lange als seelenlose Maschinen, die in Fabriken und Lagerhäusern stereotype Handgriffe ausführten. Doch der technische Fortschritt befähigt sie zusehends zu kommunikativer Interaktion: Roboter arbeiten in Callcentern und Hotels, in Hedgefonds und Anwaltskanzleien, sie komponieren Musik und schreiben Gedichte. In immer mehr Berufen stellt sich die Frage, ob Maschinen den Menschen ersetzen können. In Japan ist diese Entwicklung besonders weit fortgeschritten, denn dort mangelt es aufgrund der demografischen Überalterung in vielen Sektoren an Fachkräften. Ausländische Fachkräfte lässt die Regierung nur im Ausnahmefall ins Land. Stattdessen sollen Roboter möglichst viele Tätigkeiten verrichten, auch in Bereichen, in denen sie direkt mit Menschen kommunizieren müssen.

Der japanische Pflegesektor ist dafür ein lehrreiches Beispiel. Der Personalbedarf ist hier besonders hoch. Mehr als ein Viertel der Japaner ist älter als 65 Jahre, es fehlen schon heute mindestens 37.000 Pflegende. Entsprechend viel Robotertechnik gibt es schon jetzt in dieser Branche. Die Maschinen verändern zunächst einzelne Tätigkeiten. Meist unterstützen sie Pfleger bei bestimmten Aufgaben. Manche Arbeiten, wie die Aktivierung der Bewohner, führen die Maschinen aber schon jetzt fast komplett ohne menschliche Hilfe aus.

In Europa sehen manche Forscher darin ein ethisches Problem. Man dürfe mit Pflegerobotern keine Scheinwelten erschaffen, kritisierte etwa der Wirtschaftsinformatiker Oliver Bendel. Menschen hätten immer Anspruch auf Echtheit und Wirklichkeit, auch im hohen Alter.[3] Wohin also geht die Reise – brauchen wir nicht längst dringend eine Maschinen- und Roboterethik, wie sie die Philosophin Catrin Misselhorn für die Themenbereiche Pflegesysteme, Militärroboter und Autonomes Fahren jüngst bereits vorgelegt hat?[4]

II. Vom Cartesianischen Dualismus zum Reduktiven Materialismus

Wenn im medizinethischen und medizinrechtlichen Diskurs das Problem der Realisierbarkeit Künstlicher Intelligenz angesprochen wird, dann stellt sich die Frage, was das mit

---

2 *Julia Emmrich*, Bundesregierung lehnt Sex-Roboter auf Kassenrezept ab, Hamburger Abendblatt vom 8.8.2018, https://www.abendblatt.de/politik/article215036087/Bundesregierung-lehnt-Sex-Roboter-auf-Kassenrezept-ab.html (Stand: 30.6.2020).

3 *Stefan Schultz*, Japans Roboterrevolution, Spiegel online vom 19.7.2019, https://www.spiegel.de/gesundheit/diagnose/roboter-in-japan-die-pflegemaschinen-a-1277539.html (Stand: 30.6.2020).

4 *Catrin Misselhorn*, Grundfragen der Maschinenethik, 2. Aufl., 2018.

den Aufgabenstellungen von Ärztinnen und Ärzten zu tun hat. Am ehesten denkt man dabei vielleicht an die Psychiatrie, also an jenes Fach, das Maßnahmen zur Diagnose, nichtoperativen Therapie, Prävention, Rehabilitation und lebensbegleitenden Versorgung von Patienten mit psychischen Störungen[5] ergreifen soll. Wen oder was aber behandelt der Psychiater eigentlich, was ist Gegenstand seines Handelns?

Geht es um die Beeinflussung einer immateriellen Seele, einer *res cogitans*, wie sie in der ersten Hälfte des 17. Jahrhunderts der französische Rationalist René Descartes (1596–1650) auf dualistische Weise der Materie, der *res extensa*, gegenübergestellt hatte? Descartes schuf damals ein neues philosophisches Konzept der *Seele*, das auf den ersten Blick anatomisch fundiert zu sein schien: Während seine mechanistische Theorie davon ausging, dass die organischen Prozesse in der materiellen *res extensa* nach denselben Regeln abliefen wie anorganische Vorgänge, sollte der immateriellen *res cogitans* eine eigenständige, indessen metaphysische Ontologie zukommen. Der Ort der Interaktion, der „sensomotorische Umschlagspunkt" zwischen diesen beiden inkompatiblen Substanzen, wurde von Descartes mit Rücksicht auf die subjektive Einheitlichkeit der Sinneswahrnehmung in eine unpaarige Gehirnstruktur, nämlich in die *Epiphyse* verlegt[6].

Als konträre Gegenposition zum *Cartesianischen Dualismus* wurde im 19. Jahrhundert der *Reduktive Materialismus* entwickelt, wie er in der Naturwissenschaftlichen Medizin zur Entfaltung gelangte. In der Psychiatrie war es vor allem Wilhelm Griesinger (1817–1868), für den psychische Störungen auf Erkrankungen des Gehirns hinwiesen. Griesingers Bestreben richtete sich darauf, seelische Prozesse mit den Erkenntnissen der damals aktuellen Neurophysiologie zu erklären. Die Psychologie betrachtete er als eine empirische Naturwissenschaft, die auf der „Mechanik der Gehirnaktionen" basieren müsse. Für Griesinger war die Seele zwar die Summe aller „Gehirnzustände", doch gestand er ihr gleichwohl eine biographische Dimension *jenseits* des physikalischen Determinismus zu.[7]

Am Beginn des 21. Jahrhunderts hatte sich die von Griesinger eingenommene Position innerhalb der Neurowissenschaften ebenso wie innerhalb der Philosophie des Geistes eher noch verschärft, so etwa bei Paul M. Churchland[8] von der der University of California in San Diego. Paul Churchland und seine Frau, die kanadische Philosophin Patricia Churchland, sind als Repräsentanten des sogenannten *Eliminativen Materialismus* bekannt geworden, also jener Richtung innerhalb der Philosophie des Geistes, die davon ausgeht, dass langfristig alle mentalistischen Begriffe in Philosophie und Psychologie aus dem wissenschaftlichen Vokabular eliminiert werden können, indem sie durch neurobiologische Termini ersetzt werden.

Gegen diese nicht nur in kausaler Hinsicht reduktive und somit wissenschaftlich legitime, sondern womöglich unter dem ontologischen Aspekt reduktionistische und somit fehlerhafte Auffassung gibt es deutliche Kritik, und zwar nicht nur vonseiten idealistischer Philosophen im Sinne der Kantischen Tradition. Denn auch wer eine prinzipielle Sympathie für Churchlands Anliegen hegt, sieht sich zu der Frage veranlasst, ob psychische Zu-

5 *Pschyrembel*, 257. Aufl., 1994, S. 1262.

6 *Michael Hagner*, Homo cerebralis, 1997, S. 29–30.

7 *Heinz-Peter Schmiedebach*, Wilhelm Griesinger, in: Eckart/Gradmann (Hrsg.), Ärztelexikon, 1995, S. 161–163.

8 *Paul M. Churchland*, Die Seelenmaschine, 1997.

stände tatsächlich eine lückenlose ontologische Reduktion auf physikalische Prozesse zulassen.[9] Während eine ursächliche Zurückführung von Geist, Bewusstsein oder Selbstbewusstsein auf neuroanatomische Substrate und neurophysiologische Prozesse manchen Forschern heute als immerhin vorstellbar gilt, muss man erhebliche Einwände gegen eine darüberhinausgehende ontologische Identifikation der genannten Phänomene geltend machen, die dem erlebenden Subjekt als naturale, intrinsische und irreduzible Qualitäten erscheinen.[10]

Mit dem Cartesianischen Dualismus sowie mit den diversen Spielarten des Reduktiven Materialismus wurden zwei konträre und zugleich historisch relevante Gruppen von philosophischen Lehrmeinungen zum sogenannten *Leib-Seele-Problem* angesprochen. Für Psychiatrie und Psychopathologie ergibt sich in diesem Kontext nun folgendes Dilemma: Die Behandlung psychischer Störungen könnte im Grenzfall *entweder* auf der therapeutischen Beeinflussung einer immateriellen Seele *oder* auf der anatomischen beziehungsweise pharmakologischen Manipulation einer bestimmten Materie, nämlich derjenigen des *Gehirns* beruhen. Während dualistische Positionen – auch in den zur Zeit der Romantischen Psychiatrie im frühen 19. Jahrhundert entwickelten und während des 20. Jahrhunderts weiter ausgearbeiteten subtileren Versionen psychosomatischer[11] oder somatopsychischer Wechselwirkungen – heute aufgrund ihrer fehlenden empirischen Prüfbarkeit an Plausibilität und Überzeugungskraft eingebüßt haben, bildet die monistisch-materialistische Position, die eine Identität von Geist und Gehirn postuliert, derzeit das wissenschaftstheoretische Rückgrat der biologischen Forschungsrichtung innerhalb der Psychiatrie.

So schrieb etwa 1989 der britische Neurobiologe John Young (1907 – 1997) in seinem Buch *Philosophie und Gehirn:* „Ohne Gehirn gibt es keinen Geist, keinen Intellekt, gar nichts. Klinisch gesehen liegen keinerlei Anhaltspunkte vor für die Vorstellung, dass es irgendetwas Eigenständiges oder Geistig-Substanzielles gibt, das unabhängig vom Gehirn existieren kann. Ebenso wenig kann daher behauptet werden, dass unser Geist eine Kontrollfunktion über die Zellen des Gehirns ausübt. Es ist unbestreitbar, dass wir Bewusstsein besitzen, aber müssen wir sagen, wir haben einen Geist im Sinne einer Entität, die in ihrer eigenständigen Existenz auf die Welt einwirkt? Wer kann sagen, was geistige Fähigkeiten sind, was der Geist ist? Handelt es sich um eine empirische Frage, die von Psychologen zu beantworten wäre, oder ist es eine Frage der Wortwahl und damit Sache der Linguisten?“[12]

---

9 In einer Rezension (1996) über die amerikanische Originalausgabe von *The Engine of Reason, the Seat of the Soul* (1995) bemerkte *Danny Yee:* „To extend one of Churchland's own analogies, it doesn't follow from life being entirely physical that anything particularly interesting can be said about it at the atomic level.“ http://www.anatomy.usyd.edu.au/danny/book-reviews/h/Engine_Reason_Seat_Soul.html (Stand: 22. 1. 1999, mittlerweile offline).

10 Eine nicht reduktionistische Position zur Philosophie des Geistes hat 1992 *John R. Searle* in seinem Buch *The Rediscovery of the Mind* bezogen, auf die noch ausführlicher eingegangen werden soll. Man beachte aber bereits jetzt die kritische Auseinandersetzung Churchlands mit der „Zwitterhypothese“ von Searle, die Churchland als „konservativ-modern“ charakterisiert: Sie sei konservativ, weil sie fest von der unabhängigen Existenz und dem metaphysisch unterschiedlichen Status mentaler Phänomene ausgehe, und sie sei zugleich modern, weil sie diese Existenz den Merkmalen des Gehirns zuordne, die mit naturwissenschaftlichen Mitteln erforschbar sei seien. Vgl. *Churchland* (Fn. 8), S. 239.

11 Der Ausdruck *Psychosomatik* wurde von dem Psychiater Johann Christian August Heinroth (1773 – 1843) geprägt.

12 *John Z. Young*, Philosophie und Gehirn, 1989.

III. Humanoide Roboter zwischen Science Fiction und Realität

Die meisten Menschen werden vermutlich entweder zu einer idealistisch-dualistischen oder zu einer materialistisch-monistischen Grundeinstellung tendieren. Nun klingt es zunächst überraschend und vielleicht auch verwirrend, wenn festgehalten werden muss, dass mit dem *Dualismus* und dem *Monismus* wohl zwei klassische Erklärungsansätze für das *Leib-Seele-Problem* genannt wurden, dass damit jedoch keineswegs sämtliche relevante Facetten in der aktuellen Philosophie des Geistes erfasst worden sind. Um mit dem jetzt zu besprechenden Themenkreis vertraut zu werden, sei hier ein kurzer Ausschnitt aus einem 1962 veröffentlichten Science-Fiction-Roman wiedergegeben:

> „Mich friert!" tönte eine klare Altstimme durch den heulenden Sturm. Eine Frau! dachte Mike. „Ich komme!" brüllte er und stapfte weiter. Noch einmal zehn Schritte. Er blieb erneut stehen. Er konnte nichts und niemanden sehen. [...] Es blieb ihm nichts anderes übrig, als zurückzugehen und über den Vorfall Meldung zu erstatten. Er machte sich auf den Rückweg. Er trat durch den Heißluftvorhang und klappte die Maske hoch. „Warum bist du in den Sturm hinausgegangen?" fragte eine klare Altstimme unmittelbar hinter ihm. Mike fuhr wütend herum. „Hören Sie, Fräulein, ich ..." Er verstummte. Das Fräulein war kein Fräulein. Eineinhalb Meter von ihm entfernt stand eine Maschine. Von den Hüften aufwärts von humanoider Form, war sie unterhalb eher wie ein Tank konstruiert. Im Kopf befanden sich zwei schwarze Löcher, hinter denen sich, wie Mike vermutete, wohl Fernsehkameras irgendeiner Art verbargen. An beiden Seiten des Kopfes sah man Gitter, hinter denen wohl Mikrophone steckten, und an der Stelle, wo der Mund hingehörte, war ein weiteres Gitter angebracht. Eine Nase fehlte. [...] „Ich bin Snookums", erklärte der Roboter."[13]

In dieser Szene seines „technischen Zukunftsromans" *Unwise Child* (deutscher Titel: *Das elektronische Genie*) hat der amerikanische Science-Fiction-Autor Randall Garrett (1927–1987) bereits wesentliche Probleme der Robotik und der Künstliche-Intelligenz-Forschung (KI-Forschung) vorweggenommen, die auch heute, fast 60 Jahre nach dem Erscheinen des Buches, noch von unverminderter Aktualität und von theoretischer wie praktischer Brisanz sind. Einen so cleveren, zugleich rührend naiven und lernbegierigen Roboter[14] wie *Snookums,* mit intrinsischer, also eingebauter Intentionalität[15], gibt es in der Wirklichkeit des Jahres 2020 nämlich noch immer nicht. Gäbe es ihn, so wäre der Nachweis einer multiplen Realisierbarkeit von Geist und Gefühl in der *Turing-Maschine* erbracht und das menschliche Bewusstsein müsste fortan als *supervenient* bezeichnet werden. Damit wären nun zwei Fachbegriffe aus der KI-Forschung beziehungsweise aus der Philosophie des Geistes genannt, die jetzt näher erläutert werden sollen.

IV. Die Turing-Maschine als Modell der Künstlichen Intelligenz

Zunächst sei die *Turing-Maschine* vorgestellt. Es ist dies der Name für einen idealen Digitalcomputer, der eine theoretische Modellvorstellung illustriert, jedoch niemals wirklich

---

13 *Randall Garrett,* Das elektronische Genie, 1965, S. 50–53.

14 Zur Möglichkeit von „Geist aus der Maschine" siehe *Gero von Randow,* Roboter. Unsere nächsten Verwandten, 1998, S. 243–257.

15 Zum Begriff der *Intentionalität* vgl. *John R. Searle,* Intentionalität, 2. Auflage, 1996.

gebaut wurde. Der britische Mathematiker Alan M. Turing (1912–1954) gab 1936 ein Verfahren an, mit dem jeder streng regelhaft gesteuerte Prozess prinzipiell darstellbar ist[16]. Er beschrieb eine Maschine, die aus einem unendlich langen Band und einem Schreib-Lesekopf besteht. Auf das Band werden die Zeichen 0 und 1 in beliebiger Reihenfolge hintereinander geschrieben. Der Lesekopf kann nach links oder rechts um eine Position weiterbewegt werden, das dort vermerkte Zeichen lesen, bei Bedarf das Zeichen löschen und ein neues Zeichen an dieser Stelle eintragen.

Die Entscheidungen, wann der Schreib-Lesekopf nach links oder rechts bewegt wird, und ob gelesen, gelöscht oder neu geschrieben wird, hängen von den zuvor gelesenen Zeichen und den vorgegebenen Handlungsanweisungen in Form von Algorithmen ab. Diese Algorithmen legen fest, beim Lesen welcher Zeichenkombination die Maschine das Band um eine Position nach rechts oder links bewegt, liest, löscht oder schreibt. Solch ein Gerät kann prinzipiell jeden beliebigen regelhaften Prozess auf mechanische Art und Weise durchführen. Sofern es sich nicht um einen rein mathematischen Prozess handelt, sondern falls ausführende Organe benötigt werden (wie beim Essen, Zähneputzen oder Bäumefällen), kann die Maschine zumindest die Durchführung steuern, wenn entsprechende technische Hilfsmittel vorhanden sind.[17]

Turings Idee sollte deutlich machen, dass jedes beliebige Gerät, das auf jedem Speicherplatz mindestens zwei verschiedene Zustände zu unterscheiden und von einem Speicherplatz zum anderen zu wandern in der Lage ist, eine universelle *Turing-Maschine* sein könne, sei sie auf mechanischer, biochemischer oder anderer Grundlage konstruiert. Da es sich bald herausstellte, dass die einfachste Möglichkeit zur Realisierung des Konzepts auf elektrischer Basis möglich ist, konnte bereits 1944 der erste Digitalcomputer unter Verwendung von 3.000 Telefon-Relais-Schaltern gebaut werden. Im Laufe der vergangenen 75 Jahre ließen sich Arbeitsgeschwindigkeit und Speicherkapazität der Computer immer weiter steigern, wenngleich sie niemals unendlich groß werden können wie in Turings Modell. Man darf jedoch annehmen, dass diese Beschränkung für die Frage nach Künstlicher Intelligenz ohne Belang ist, da auch jedes „intelligente“ Lebewesen nur aus einer endlichen Anzahl von Elementarbausteinen besteht.[18]

Für die Protagonisten der KI-Forschung geht es darum, das richtige Programm (die richtigen Algorithmen) zu finden, nachdem die Eingaben in den Computer behandelt werden müssen, um „intelligentes“ Verhalten hervorzubringen. Ein – wenn auch noch recht einfaches – Modell für dieses Projekt waren die höchst leistungsfähigen Schachprogramme, wie sie etwa in dem IBM-Computer *Deep Blue* verwendet wurden, dessen gigantischer Rechenkapazität sich schon 1997 der russische Schachweltmeister Garri Kasparow beugen musste. Für die Kritiker der KI-Forschung geht es hingegen darum zu zeigen, dass artifizieller *Geist*, artifizielle *Gefühle* und artifizielles *Bewusstsein* grundsätzlich nicht in einer Turing-Maschine verwirklicht werden können.

---

16 *Alan M. Turing*, On Computable Numbers, Proceedings of the London Mathematical Society, 2, 42, 1936.

17 *Dirk Wildgruber*, Der Gedankenautomat, 1992, S. 11–12.

18 *Wildgruber* (Fn. 17), S. 13.

V. Künstliche Intelligenz (KI), Künstliches Leben (AL) und der Turing-Test

Um das komplexere Problem von Künstlichem Geist, Gefühl und Bewusstsein auch sprachlich von dem vermutlich einfacheren und wohl auch ein wenig anders gelagerten Problem der Künstlichen Intelligenz abzugrenzen, wird neuerdings der Begriff des *Künstlichen Lebens* (KL oder englisch AL) ins Spiel gebracht, das man vom konventionellen *Bioleben* (BL) auf DNA- und Proteinbasis unterscheidet.[19] Der Begriff *Artificial Life* (AL) wurde 1986 von dem Theoretischen Biologen Christopher Langton eingeführt. Computerwissenschaftler schufen oftmals in Kooperation mit Biologen ihre eigenen AL-Formen, die – versehen mit den unterschiedlichsten Eigenschaften – sehr heterogene Computerchipwelten bevölkern. Die AL-Programme werden dann als „lebendig“ bezeichnet, wenn sie die Fähigkeit besitzen, spontan eine „Evolution“ zu neuen Eigenschaften zu durchlaufen. Eine derartige Evolution ereignet sich dann, wenn der Kopiervorgang nicht völlig exakt abläuft, wenn also die „Nachkommen“ von Programmen sich ein wenig von ihren „Vorfahren“ unterscheiden und wenn dieser Unterschied so beschaffen ist, dass er an künftige Generationen weitergegeben werden kann.

Eine frühe kommerzielle Anwendung der AL-Forschung war etwa das Computerspiel *Creatures*, das seit 1996 im Fachhandel vertrieben wurde. Es bot eine bunte Bildschirmwelt, in der die Spieler eigensinnige Wesen, genannt *Norns*, von „Geburt“ an aufziehen konnten. Die Norns beschäftigten sich gerne mit Bällen, Kofferradios oder Trommeln, und sie naschten gelegentlich von Honigtöpfen oder auch von Giftpilzen, wonach sie umfassender Krankenpflege bedurften. Nichts von dem, was sie trieben, war im Programm festgelegt. Sie lernten nach und nach, was ihnen Spaß machte, was essbar war und was nicht und wie sie sich der grünen *Grendels* erwehren konnten, die ab und zu über sie herfielen.

Wenn sie „erwachsen“ wurden, strebten die Norns danach, sich zu paaren. Die Nachkommen gerieten oft ganz nach den „Eltern“, weil sie deren „Gene“ erbten. Bisweilen kam es jedoch durch Kopierfehler zu „Mutationen“, das heißt es entstanden Norns mit unvorhersehbaren neuen Eigenschaften. Die britische Luftwaffe entdeckte die künstlichen Wesen schon bald auch für sich: Durch Mutation und anschließende differentielle Reproduktion sollten Norns herangezogen werden, die als clevere und gelehrige Gegner von künftigen Piloten der *Royal Air Force* im Flugsimulator einsetzbar wären.[20]

Nun könnte man auf den ersten Blick meinen, dass Begriffe wie *Fortpflanzung*, *Evolution*, *Mutation*, *Bewusstsein*, *Geist* oder *Gefühl* im Kontext der KI- und AL-Forschung allenfalls metaphorisch verwendet würden. Dem ist jedoch nicht so. Die Grenze zwischen *Simulation* und *Erzeugung* von Künstlichem Leben hat sich – zumindest nach Meinung seiner Fürsprecher aus Informatik, Psychologie und Philosophie – weitgehend verflüchtigt. Schon Alan Turing war 1950 zu der Auffassung gelangt, dass man in der Zukunft einen Computer mit „echtem“ Bewusstsein würde konstruieren können. In der britischen Philosophie-Zeitschrift *Mind* ging er auf die Frage ein, wie man herausfinden könne, ob es gelungen sei, einen solchen Computer zu bauen.[21] Seine Antwort lag ganz auf der Linie der

19 Den Terminus *Bioleben* (BL) findet man bei *Lee M. Silver*, Das geklonte Paradies, 1998, S. 27–37.

20 Der Spiegel 23/1998, S. 192–197.

21 *Alan M. Turing*, Computing Machinery and Intelligence, Mind 59 (1950), 236.

alten Faustregel: „Wenn etwas läuft wie eine Ente, quakt wie eine Ente und schwimmt wie eine Ente, dann ist es eine Ente". Und so sieht der berühmt gewordene *Turing-Test* aus:

Man setzt die auf ihr Bewusstsein hin zu testende Maschine zusammen mit einem Menschen in einen Raum ohne optischen oder akustischen Kontakt zu den Schiedsrichtern in einem zweiten Raum. Die Kommunikation zwischen den Schiedsrichtern und der Maschine beziehungsweise der menschlichen Kontrollperson erfolgt allein durch Schreibcomputer. Die Schiedsrichter müssen anhand einer langen, schriftlichen Konversation mit den unsichtbaren Gesprächspartnern entscheiden, wer Mensch und wer Maschine ist. Die Fragen dürfen das Wissen der Kandidaten, ihr emotionales Profil, ihre sozialen Fähigkeiten, politischen Ansichten und vieles mehr betreffen, damit sich konkrete Anhaltspunkte für das Urteil der Juroren finden lassen. Wenn es durchschnittlichen Schiedsrichtern nicht gelingt, auf diese Weise Mensch und Maschine auseinanderzuhalten, dann, so Turing, haben wir keinen guten Grund mehr, einem Menschen Intelligenz und Bewusstsein zuzuschreiben, der Maschine derartiges jedoch abzusprechen. Wenn eine Maschine den Turing-Test bestünde, dann besäße sie nach Turings Meinung Bewusstsein.[22]

Abwandlungen des Turing-Tests werden beim alljährlichen Wettbewerb um den *Loebner-Preis in Künstlicher Intelligenz* am Zentrum für Verhaltensstudien in Cambridge in Massachusetts ausgetragen, der von der Elektronikabteilung der *General Dynamics Corporation* organisiert und gesponsert wird. Der Soziologe Hugh Gene Loebner (1942–2016) stiftete den Preis im Jahre 1991. Der Philosoph Paul M. Churchland schildert in seinem Buch *Die Seelenmaschine* den Verlauf eines solchen Contests.[23] Dabei zeigt sich, dass manche einsilbigen Versuchspersonen von der Jury für „intelligente" Turing-Maschinen und umgekehrt manche Computer für Menschen gehalten werden. Diese Ergebnisse verweisen auf gravierende konzeptionelle Mängel des Turing-Tests, insbesondere auf eine Überbewertung verbaler Ausdrucksfähigkeit bei gleichzeitiger Ausblendung nonverbaler Kompetenzen, wie sie bei „intelligenten" Lebewesen regelmäßig vorhanden sind.

Interessant ist, dass der Loebner-Preis drei Kategorien kennt. Da wäre zunächst die Bronzemedaille, bei der 4.000 US-Dollar dasjenige Programm erhält, das sich als das „menschenähnlichste" erweist. Sodann käme die Silbermedaille mit 25.000 US-Dollar, sofern das Programm den schriftlichen Turing-Test bewältigt. Schließlich winkt die Goldmedaille mit 100.000 US-Dollar demjenigen, dessen Programm den kompletten Turing-Test bestünde, bei dem auch Multimedia-Inhalte wie Musik, Sprache, Bilder und Videos verarbeitet werden müssen. Bis 2019 wurde der Preis 29 Mal vergeben, jedoch stets nur auf dem Niveau der Bronzemedaille.[24]

VI. Das Computerprogramm PSI – ein künstliches Tier?

Obgleich der Turing-Test also zur zweifelsfreien Identifikation von intelligentem Künstlichem Leben keineswegs ideal ist, stellt er doch ein erstes Prüfkriterium für entsprechende maschinelle Kreationen dar. Das Zutrauen der Forscher zu ihren Wesen mit „synthetischer Seele" ist mitunter jedenfalls erstaunlich groß. Dietrich Dörner etwa, emeritierter Professor

22 *Churchland* (Fn. 8), S. 267–268.

23 *Churchland* (Fn. 8), S. 268–274.

24 Vgl. https://de.wikipedia.org/wiki/Loebner-Preis (Stand: 30.6.2020).

für Allgemeine Psychologie und Methodenlehre an der Universität Bamberg, erläuterte 1998 das Forschungsprojekt *PSI*, eine angeblich „im Computer simulierte Psyche". Nach Dörners damaliger Behauptung konnten er und seine Mitarbeiter mit Hilfe dieses Programms auf einem ganz gewöhnlichen seriellen Computer „das meiste von dem, was wir bei Menschen an Emotionen beobachten – Angst, Furcht, Freude, Überraschung, Schreck, Neugier, Übermut, Stolz, Ärger und Zorn – auch bei den künstlichen Wesen beobachten".

Nehme man den Wesen diese emotionalen Reaktionen weg, so würden sie weniger leistungsfähig. Nur eines fehle seinen PSI-Geschöpfen noch: die Fähigkeit, ihren Gefühlen *Bedeutung* beizumessen. Dörner konzedierte: „Unsere Systeme haben *emotions*, aber keine *feelings*. Das heißt, sie können ihre eigenen inneren Zustände nicht zum Objekt ihrer Betrachtung machen. [...] All diese Reflexionen, die beim Menschen die Emotionen in hohem Maße bestimmen, die sind unseren Wesen nicht möglich. Sie haben Emotionen wie Tiere Emotionen haben"[25].

Nach Dörners Meinung sollte sich dieser unbefriedigende Zustand jedoch ändern, sobald die Computerwesen über natürliche *Sprache* verfügen würden, die ihnen Selbstreflexion ermöglichen sollte. Daran arbeiteten er und seine Schüler in den letzten 20 Jahren, jedoch ohne durchschlagenden Erfolg. Ihr Vorhaben führt nun direkt in das konzeptionelle Zentrum jener bereits angesprochenen dritten Theorie zum *Leib-Seele-Problem*, die in der Philosophie des Geistes im 21. Jahrhundert sowohl mit dem klassischen *Cartesianischen Dualismus* als auch mit dem *Reduktiven Materialismus* konkurriert, nämlich die Theorie des *Funktionalismus*[26].

VII. Funktionalismus und Supervenienz als Schlüssel zur Philosophie des Geistes?

Der Funktionalismus ist die notwendige theoretische Basis für die Denkbarkeit denkender und – mehr noch – fühlender Maschinen. Wenn der Funktionalismus auf falschen Annahmen beruhen sollte, dann bliebe von der Idee eines Künstlichen Geistes und eines Künstlichen Gefühlslebens nicht mehr viel übrig. Es ist daher wichtig zu wissen, was der Funktionalismus behauptet, wenn man ihn grundsätzlich in Frage stellen will. Nach Meinung der Funktionalisten sind Bewusstsein, Geist und Gefühle nichts anderes als Programme beziehungsweise Funktionen, und als Funktionen müssten sie *multipel realisierbar* sein. Verschiedene materielle Strukturen könnten geistig äquivalent sein, sofern sie un-

25 *Thomas Zimmermann*, „Unsere Systeme haben emotions, keine feelings". Ein Gespräch mit dem Bamberger Psychologieprofessor Dietrich Dörner über den Computer als „Werkstatt für Theorien" und den Versuch, Gefühle am Computer zu simulieren, Psychologie Heute, 1998, 10, S. 64–69. Die Arbeit des Bamberger Psychologen und seiner damaligen Mitarbeiter an dem Projekt eines „emotionalen" Computerprogramms sowie die persönlichen Einstellungen von Dietrich Dörner zum Leib-Seele-Problem schilderte in sehr eindringlicher und zugleich kritisch-distanzierter Weise der am 22. 6. 1997 im Fernsehprogramm *Südwest 3* ausgestrahlte Film *EMO – die Seelenprogrammierer.* Das 45-minütige Feature enthielt auch ein Interview mit John R. Searle (Berkeley), der sein bekanntes Gedankenexperiment des „chinesischen Zimmers" mit Dietrich Dörner diskutierte. Überraschend indifferent verhielt sich Dörner hier gegenüber dem im Raum stehenden Problem, ob er in seinen Programmen Emotionen lediglich *simuliere* oder sie tatsächlich *erzeuge.* Man gewann den Eindruck, dass die Computer-Funktionalisten die Frage nach dem *ontologischen* Status des Bewusstseins weitgehend ausblenden.

26 *John R. Searle*, Die Wiederentdeckung des Geistes, 1996, S. 19 und S. 57–60.

terschiedliche Hardware-Versionen desselben Programms wären. Ein und derselbe Gedanke, ein und dasselbe Gefühl könnten, falls sie tatsächlich Funktionen sein sollten, sowohl in einem konventionellen menschlichen oder tierischen „Bio-Gehirn" auf Eiweißbasis als auch in einem maschinellen „Computer-Gehirn" auf Siliziumchip-Grundlage verwirklicht werden.

Anders als beim Reduktiven Materialismus bestünde zwischen *Materie* und *Geist* dann keine exakte *Eins-zu-Eins-Beziehung*, sondern eine variablere *Viele-zu-Eins-Relation.* Anders als beim *Cartesianischen Dualismus* gäbe es aber auch keine in der Raumzeit frei flottierende, immaterielle, metaphysische *res cogitans.* Stattdessen wäre die Funktion stets an ein materielles Substrat gebunden, jedoch an kein singuläres. Der Geist wäre demnach eine Art Computerprogramm, und das Gehirn nur eine unter mehreren denkbaren Hardware-Realisierungen dieses Programms.[27]

In der Philosophie des Geistes hat es sich eingebürgert, diese relativ lockere Beziehung zwischen einer bestimmten Funktion und ihren verschiedenen materiellen Realisierungen als *Supervenienz*[28] zu bezeichnen. Eine bestimmte Funktion F_1 ist genau dann supervenient zu ihrer (subvenienten) materiellen Basis P, wenn aus einer Änderung von F_1 zwar sicher auf eine Änderung von P geschlossen werden kann, nicht jedoch aus einer Änderung von P auf eine zwangsläufige Änderung von F_1. In eine formallogische Darstellung gebracht, setzt Supervenienz demnach die Gültigkeit der beiden Klauseln

(1) $\Delta F_1 \Rightarrow \Delta P$ [Aus Delta F_1 *folgt* Delta P]

(2) $\Delta P \not\Rightarrow \Delta F_1$ [Aus Delta P *folgt nicht* Delta F_1]

voraus.[29] Die erste Klausel garantiert, dass die superveniente Funktion von einer ihr unterlegten (subvenienten) materiellen Anordnung abhängig ist. Die zweite Klausel trägt hingegen dem Ziel der multiplen Realisierung von Funktionen Rechnung, das KI- und AL-Forschung gemeinsam verfolgen: Physikalisch unterschiedliche subveniente Strukturen können die gleiche superveniente Funktion ausüben. Noch einmal anders ausgedrückt: Die erste Klausel grenzt den Funktionalismus gegen den Cartesianischen Dualismus ab, die zweite Klausel trennt ihn vom Reduktiven Materialismus. Falls Geist, Gefühl und Bewusstsein superveniente Funktionen sein sollten, so wäre damit in der Praxis ihre multiple Realisierbarkeit durch eine technische Apparatur zwar noch keineswegs garantiert, doch wäre die Supervenienz zumindest eine ganz entscheidende Voraussetzung für die theoretische *Möglichkeit* einer multiplen Realisierung der genannten Phänomene.

---

27 *Searle* (Fn. 26), S. 60–62.

28 *Searle* (Fn. 26), S. 145–148 sowie *Jaegwon Kim*, Causality, Identity, and Supervenience in the Mind-Body Problem, Midwest Studies in Philosophy 1979, S. 31–49 und *ders.*, Psychophysical Supervenience, Philosophical Studies 1982, S. 51–70.

29 Selbstverständlich ist es möglich, dass eine gegebene materielle Struktur (P) verschiedene Funktionen ($F_1, F_2, F_3, \dots F_n$) ausüben kann. Die Katze P könnte beispielsweise sowohl Mäuse fangen (F_1) als auch behaglich schnurren (F_2) oder verschüttete Milch auflecken (F_3). Durch die hier gewählte Beschränkung der Supervenienzbeziehung auf das Verhältnis zwischen P und einer spezifischen Funktion F_1 wird jedoch die problematische allgemeine Klausel (1) $\Delta F \Rightarrow \Delta P$ vermieden. Damit kann einem berechtigten Einwand gegen die Supervenienz von Funktionen Rechnung getragen werden.

VIII. Supervenienz des Mäusefangens und die Attraktivität des Funktionalismus

Zur Erläuterung der mehrfachen Realisierbarkeit von Funktionen sei ein recht unproblematisches Beispiel für Supervenienz[30] angenommen: Das Mäusefangen kann von einer gewöhnlichen Hauskatze ausgeübt, ebenso aber mit Hilfe einer mechanischen Mausefalle oder durch das Auslegen vergifteter Haferflocken ins Werk gesetzt werden. Ganz ohne einen materiellen Akteur fängt man jedoch keine Maus. Sinkt nun plötzlich die Wirksamkeit einer der genannten Mäusefangmaßnahmen, obgleich die Mäusepopulation trotz schlechter Erfahrungen nichts hinzugelernt hat und obwohl auch sonst kein anderer Parameter modifiziert wurde, so muss man daraus den Schluss ziehen, dass offenbar irgendeine Veränderung auf Seiten (1) der Katze, (2) der Mausefalle oder (3) der Haferflocken eingetreten ist, zum Beispiel (ad 1) Faulheit, (ad 2) Verklemmung oder (ad 3) eine Toxizitätsminderung.

Man erkennt relativ leicht, warum der Funktionalismus insbesondere den KI- und AL-Forschern aus Informatik, Robotik, Psychologie und Philosophie attraktiv erscheint: Während die Annahme der Supervenienz psychischer Phänomene einerseits zwar den Rückfall in eine explizit dualistische und somit antimaterialistische Metaphysik vermeidet, so scheint sie andererseits gleichwohl das traditionelle, aber oftmals lästige Monopol der klassischen „Wetware-Spezialisten“[31] (vor allem Biologen und Mediziner) für lebendige Strukturen und Prozesse brechen zu können. Es entspricht offenbar einer tief verwurzelten Wunschvorstellung vieler außerhalb der Biowissenschaften tätigen Forscher, das menschliche Bewusstsein, der menschliche Geist und das menschliche Gefühlsleben mögen, wenn schon nicht gänzlich im Reich der körperlosen Ideen angesiedelt, so doch wenigstens vermittels eines „sauberen“, unverweslichen und in jeder Weise ästhetischen Materials herstellbar und kontrollierbar sein.

Der Computer-Funktionalismus oder der Glaube an eine „starke“ Künstliche Intelligenz[32] geraten an dieser Stelle zumindest in die Nähe einer idealistischen Traditionslinie, die den Hang zum *Cyberplatonismus*[33] nicht verleugnen kann. Die (erhoffte) Supervenienz-Beziehung zwischen Geist und Materie führt zu dem Resultat eines eigenartigen Schwebezustandes, zu einem beinahe schwerelosen „Tanz des Geistes“ über seinen diversen körperlichen Realisierungen.

---

30 Das instruktive Beispiel der diversen Mausefallen verdankt der Verfasser dem Bielefelder Philosophen Martin Carrier.

31 *Searle* (Fn. 26), S. 60, schreibt ironisch: „Mit dieser Antwort lässt sich auch einsehen, dass der Geist einfach ein Computerprogramm ist und das Hirn einfach eine der unbestimmt vielen Computer-Hardwares (oder, wie angesichts der glibberigen Beschaffenheit des Hirns manchmal gesagt wird: ‚wetwares‘), die einen Geist haben können.“

32 *Searle* (Fn. 26), S. 19.

33 *Elisabeth List*, Platon im Cyberspace, in: Modelmog/Kirsch-Auwärter (Hrsg.), Kultur in Bewegung, 1996, S. 83–109.

IX. Das Bewusstsein – superveniente Funktion oder emergentes Merkmal des Gehirns?

Ist das Bewusstsein supervenient und somit physisch in ähnlicher Weise multipel realisierbar wie der Vorgang des Mäusefangens? Sind also die semantischen neuronalen Netzwerke des menschlichen Gehirns, wie sie etwa der Ulmer Psychiater Manfred Spitzer dargestellt hat,[34] lediglich *eine*, zwar im Verlauf der biologischen Evolution[35] entstandene, indessen letztlich kontingente Version von *vielen* denkbaren Materialisierungen dessen, was man früher gemeinhin *Psyche* nannte? Wenn man eine kritische Auseinandersetzung mit dem Funktionalismus führen will, so muss man augenscheinlich seine zentrale These aufgreifen und diese in Frage stellen: Handelt es sich beim menschlichen Bewusstsein, beim menschlichen Geist und den Gefühlen überhaupt um *Funktionen?* Ist die Analogie zwischen dem Bewusstsein und dem Mäusefangen berechtigt, oder leitet sie in die Irre?

Der Sprachphilosoph John R. Searle von der University of California in Berkeley, seit nahezu vier Jahrzehnten bekannt als führender Kritiker der KI-Forschung, hat in seinem Buch *The Rediscovery of the Mind*[36] eine Gegenposition sowohl zum Computer-Funktionalismus als auch zum Eliminativen Materialismus bezogen. Anknüpfend an seine Darlegungen soll diese Position thesenartig – allerdings in einer vom Verfasser dieses Beitrags modifizierten Version – vorgestellt werden:

Geist und Bewusstsein sind keine Funktionen; deshalb sind sie auch nicht supervenient, sondern vielmehr intrinsische Merkmale oder Eigenschaften des Gehirns. Funktionen übt man aus, Merkmale hat man. Eine Katze übt gelegentlich die Funktion des Mäusefangens aus. Ihr Fell jedoch übt sie nicht aus; die Katze *hat* ein Fell. Mäuse fangen kann auch eine mechanische Mausefalle; die Funktion des Mäusefangens ist multipel realisierbar und somit supervenient. Ein Fell jedoch ist ein intrinsisches Merkmal der Säugetiere; mechanische Mausefallen haben kein Fell. Ein Fell ist keine superveniente Funktion, sondern ein in der Evolution systematisch entwickeltes, an ein spezifisches materielles Substrat gebundenes Charakteristikum der Mammalier.

Zu den Spezifika eines echten Fells gehören – aristotelisch gedacht – nicht nur eine *causa finalis*[37], also eine *Funktion*, die das Fell schließlich ausübt (wie etwa das Warmhalten seines Trägers), sondern ebenso eine *causa materialis*, eine *causa formalis* und eine *causa efficiens.* Nur dann, wenn zwei Felle in *Material*, *Form*, *Entstehungsweise* und *Funktion* übereinstimmen, sind sie wirklich gleich. Auch Bewusstsein, Geist und Gefühle sind keine Funktionen, sie sind vielmehr zwar nur subjektiv wahrnehmbare, gleichwohl biologische,

---

34 Vgl. *Manfred Spitzer*, Geist im Netz, 1996, S. 229–271. Um die raschen Fortschritte auf dem Gebiet der Neurowissenschaften während der letzten 35 Jahre würdigen zu können, vgl. etwa noch *Gordon Rattray Taylor*, Die Geburt des Geistes, 1985.

35 Zur Evolutionstheorie und zur Evolutionären Erkenntnistheorie siehe *Gerhard Vollmer*, Evolutionäre Erkenntnistheorie, 4. Aufl., 1987; *Olivier Rieppel*, Unterwegs zum Anfang, 1992; *Richard Dawkins*, Der blinde Uhrmacher, 2. Aufl., 1996.

36 Der deutsche Titel lautet *Die Wiederentdeckung des Geistes*, vgl. *Searle* (Fn. 26). Eine kritische Auseinandersetzung mit Searle findet sich bei *Wilhelm Kuhlmann/Firoz Kaderali*, Das Ich – ein Produkt des Gehirns?, in: Evangelische Akademie Iserlohn (Hrsg.), Das Gehirn und sein Ich?, 1996, S. 37–48.

37 Man könnte die aristotelische *causa finalis* im postdarwinischen Zeitalter – ganz im Sinne des Funktionalismus – zur nicht teleologischen *causa functionalis* „modernisieren".

emergente Systemmerkmale des lebendigen Gehirns, die mit neurophysiologischen Vorgängen im Gehirn verknüpft sind beziehungsweise die durch diese Vorgänge verursacht werden.[38]

Seine Auffassung bezeichnet Searle als *biologischen Naturalismus.*[39] Im letztgenannten Punkt der kausalen Verursachung des Bewusstseins als eines emergenten Systemmerkmals durch neurophysiologische Vorgänge im Gehirn unterscheidet sich Searle von der Ansicht des Bremer Hirnforschers und Radikalen Konstruktivisten Gerhard Roth, der es in seinem Buch *Das Gehirn und seine Wirklichkeit* ausdrücklich vermied, diese naturale Kausalität herzustellen. Roth differenzierte vielmehr – ähnlich wie Immanuel Kant (1724–1804) zwischen Erscheinungswelt und „Ding an sich" – zwischen der von außen erfassbaren „Wirklichkeit" und einer empirisch nicht zugänglichen „Realität". Roth betonte, dass nicht das uns zugängliche „wirkliche Gehirn" das für uns erfahrbare „wirkliche Bewusstsein" verursache, sondern dass das uns nicht zugängliche „reale Gehirn" sowohl das unserer Anschauung zugängliche „wirkliche Gehirn" als auch das von uns erfahrbare „wirkliche Bewusstsein" hervorbringe.[40]

Während für Searle also eine kausale Relation zwischen Gehirn und Bewusstsein besteht, konzediert Roth zwischen „wirklichem Gehirn" und „wirklichem Bewusstsein" lediglich eine Art des psychophysischen Parallelismus, der an die *prästabilierte Harmonie* von Körper und Geist bei Gottfried Wilhelm Leibniz (1646–1716) erinnert. Die damit verbundene erhebliche metaphysische Last ist jedoch unübersehbar, da bei Roth an die Stelle des „göttlichen Uhrmachers" das empirisch ebenfalls empirisch nicht erkennbare „reale Gehirn" tritt.

X. Die schwache Metaphysik des kausalen Emergentismus

Auch die Vorstellung, das Bewusstsein sei ein emergentes, nicht supervenientes Systemmerkmal des Gehirns, kommt allerdings nicht ohne eine – wenn auch schwache – metaphysische Mitgift aus, die sich hinter dem Begriff der *Emergenz* verbirgt. Nach einer populären Version enthält ein System dann emergente Merkmale, wenn diese Merkmale mehr als die Summe der einzelnen Teile sind. In diesem Sinne wäre Emergenz jedoch trivial, denn bereits ein dreibeiniger Stuhl mit einer kreisrunden Sitzfläche besäße dann gegenüber seinen vier Bauteilen Emergenz.

Eine präzise Definition der Emergenz gab hingegen 1925 der britische Philosoph Charlie Dunbar Broad (1887–1971)[41]: Das Merkmal M eines zusammengesetzten Objekts O ist genau dann emergent, wenn es keine metaphysische Notwendigkeit dafür gibt, dass ein Aggregat, welches aus Einzelteilen gebaut wurde, die exakt die intrinsischen Merkmale der Einzelteile von O haben und die exakt in der Art der Einzelteile von O arrangiert wurden, über das Merkmal M verfügt. Würde man demnach alle intrinsischen Merkmale der Ein-

---

38 Kritisch dazu *Kuhlmann*, Verursacht das Gehirn den Geist?, in: Evangelische Akademie Iserlohn (Hrsg.), Das Gehirn und sein Ich? (Fn. 36), S. 65–70.

39 *Searle* (Fn. 26), S. 13.

40 *Gerhard Roth*, Das Gehirn und seine Wirklichkeit, 1994.; *Kuhlmann* (Fn. 38), S. 68–69.

41 *Charlie Dunbar Broad*, The Mind and its Place in Nature, 1925.

zelteile von O und ihre Anordnung im Raum kennen, so könnte man das emergente Merkmal M gleichwohl nicht voraussagen.[42]

Da die Merkmale des Systems durch die Merkmale seiner Komponenten und deren Beziehungen zueinander zwar faktisch festgelegt sind, der Einfluss zusätzlicher Größen also abgewiesen wird, es gleichwohl aber prinzipiell ausgeschlossen sein soll, die emergenten Systemmerkmale aus den Merkmalen der Komponenten und unter Rückgriff auf allgemeine Gesetzmäßigkeiten zu erklären, stellt der Emergentismus eine vermittelnde Position zwischen Mechanismus und Vitalismus dar.[43] Für John Searle ist das Bewusstsein ein emergentes Merkmal gewisser Neuronensysteme, das durch die Interaktionen zwischen den Elementen des Gehirns auf der Mikroebene zwar *kausal* erklärt, nicht aber *ontologisch* mit diesen Elementen identifiziert werden kann. Als nur subjektiv wahrnehmbares biologisches Phänomen besteht das Bewusstsein auch nach seiner kausalen Rückführung – ontologisch nicht weiter reduzierbar – fort. Die ontologische Irreduzibilität findet ihren Grund darin, dass die subjektive, qualitative Erscheinung gerade die Pointe dessen ist, was wir Bewusstsein nennen.[44] Für Geist und Gefühle gelte diese Argumentation analog.

Es ist gelegentlich die Auffassung vertreten worden, der kausale Emergentismus von Searle führe, angewandt auf das Verhältnis von Gehirn und Bewusstsein, zu einem notwendigen Verzicht auf das Postulat einer menschlichen Willensfreiheit[45]. Dieses Problem ist nicht trivial, denn in der Tat ist es höchst unwahrscheinlich, dass sich im Laufe der biologischen Evolution ausgerechnet im Rahmen der Phylogenese der höheren Säugetiere ein

---

42 Zum Emergenzproblem *Karel Lambert/Gordon G. Brittan, jr*, Eine Einführung in die Wissenschaftsphilosophie, 1991, S. 248–258.

43 *Martin Carrier*, Multiplizität und Heterogenität, in: Eich/Windeler/Bauer et al. (Hrsg.), Wissenschaftlichkeit in der Medizin, Teil 3,1999, S. 80–100; *Martin Carrier/Jürgen Mittelstraß*, Geist, Gehirn, Verhalten, 1989.

44 *Searle* (Fn. 26), S. 131–145.

45 *Kuhlmann* (Fn. 38, S. 68) verweist auf ein Problem, das sich aus der Argumentation Searles ergeben könnte, der zwischen Emergenz$_1$ (wie oben definiert) und Emergenz$_2$ unterscheidet (*Searle*, Fn. 26, S. 131–132). In einer durch Emergenz$_1$ gekennzeichneten Anordnung gibt es jedoch keine unbekannten Kausalkräfte jenseits der Hirnphysik. Aus diesem Grund bliebe dann rätselhaft, wie das Bewusstsein in der Lage sein sollte, „Willensfreiheit" zu generieren, durch deren Handlungskonsequenzen die neuronale Hardware wiederum modifiziert werden könnte. Die konsequente Verneinung einer solchen Willensfreiheit und damit auch die Negation echter „psychosomatischer" Wirkungen bzw. deren „Erklärung" mit Hilfe nicht deterministischer (aber eben auch nicht intentionaler) Quantenphänomene ließe jedoch das Bewusstsein als ein illusionäres und funktionsloses Nebenprodukt der Evolution erscheinen, ein wenig erfreuliches Resultat, das nicht nur im Widerspruch zu unserer Intuition, sondern auch zu den bekannten Prinzipien der Evolutionstheorie stünde. „Dass Bewusstsein eine naturgesetzliche Grundlage hat, bedeutet jedoch nicht, dass wir uns als determinierte Automaten fühlen müssten. Bewusstsein ermöglicht flexibles Planen und Handeln. Wir können überlegen, wählen, korrigieren. In diesem Sinne sind wir frei und verantwortlich. [...] Wenn Bewusstsein einen biologischen Sinn hat, dann hat es auch Effekte", schrieb der Münchener Neurobiologe *Franz Meichsner* (DER SPIEGEL 53/1998, S. 111). Für Dietrich Dörner geht es bei der Willensfreiheit informationstechnisch um eine „geschachtelte" Determiniertheit, also um eine Determination von Determinationen: „Ich betrachte die Determinanten meines Entschlusses, ins Theater zu gehen, und gewichte die Determinanten anders als vorher oder entdecke neue. Diese Redetermination selbst aber ist determiniert, und man kann sie so gut erfassen, dass man sie in die Form eines Computerprogrammes bringen kann. Die ‚Indeterminiertheit' der Freiheit liegt in der Fähigkeit und der Möglichkeit der Redetermination." *Dietrich Dörner*, Liebe ist nur 01101, DIE ZEIT Nr. 3/1999, S. 45.; *Dietrich Dörner*, Bauplan für eine Seele, 1999.

Merkmal systematisch herausgebildet haben sollte, das *de facto* funktionslos und ohne einen spezifischen Vorteil für die differentielle Reproduktion der Spezies wäre.[46] Auch die Alltagsintuition lässt es uns zumindest als plausibel erscheinen, dass das Bewusstsein den entscheidenden Anlass erstens zu Reflexionen und zweitens zu anschließenden Handlungen gibt (und dies nicht etwa in chronologisch umgekehrter Reihenfolge), mit deren Hilfe die rein mechanische Kausalität physikalischer Prozesse durch intentional motivierte Verursachung modifiziert werden kann.[47] Auf diesem Terrain liegt vermutlich die größte theoretische Herausforderung für die künftige Bewährung des kausalen Emergentismus in der Philosophie des Geistes.

XI. Die Relevanz hermeneutischer Verfahren für die Erforschung des Bewusstseins

In den letzten drei Jahrzehnten wurde aufgrund neurophysiologischer Forschungen deutlicher, wie das Gehirn mit seinen neuronalen Netzwerken die Gesundheit des übrigen Körpers beeinflusst, so die Immunabwehr, aber auch die Funktionen von Herz, Kreislauf, Atmung und Verdauung. Auslöser psychosomatischer Erkrankungen sind möglicherweise biographische Traumen, durch welche die synaptischen Verbindungsstärken innerhalb der neuronalen Netzwerke längerfristig verändert werden. Damit liegt zumindest ein empirisches, molekularphysiologisches Modell für die Speicherung von Erfahrungsinhalten und für die Bereitschaft vor, entsprechend diesen Erfahrungen zu reagieren.[48] Der Heidelberger Physiologe Johann Caspar Rüegg (1930–2018), ein Schüler des Schweizer Nobelpreisträgers (1949) Walter Rudolf Hess (1881–1973) hat hierzu in den letzten 25 Jahren seines Lebens entscheidende Forschungsbeiträge geleistet und das Thema auch stärker in die Öffentlichkeit gebracht.[49]

Eine derartige *kausale Reduktion* beinhaltet keine unzulässige Simplifizierung, etwa in dem Sinne, dass durch die Rückführung komplexer psychologischer Motive auf einfachere biologische Mechanismen eine psychologische Betrachtungsweise überflüssig würde. *Kausale Reduktion* bedeutet, dass nach einer biologischen und kontinuierlichen Auffassung des Lebendigen gesucht werden sollte. Die traditionelle Opposition von Biologie und Kultur, von Körper und Geist hat lange Zeit in die Irre geführt. Falls geistige Zustände

46 Der Molekularbiologe *Lee M. Silver* (Fn. 19), S. 311–312, von der Princeton University in New Jersey schrieb 1998 im Sinne des kausalen Emergentismus über die evolutionäre Entstehung des Bewusstseins und über dessen wichtige Funktion als Instanz intentionaler Verursachung: „DNA mag durchaus die Essenz allen zellulären Lebens repräsentieren. Aber menschliches Leben – im wahren Sinne des Wortes – existiert nicht in einem einzelligen Embryo oder in einem einzelnen Neuron. Menschliches Leben tritt erst auf einer sehr viel höheren Ebene zutage, dann, wenn all die Milliarden von Hirnzellen zusammenarbeiten. […] Der Mensch hat nicht mehr nur die Fähigkeit, Gene zu kontrollieren, sondern auch die Macht, neue Gene für sich selbst zu erschaffen."

47 Vgl. den entsprechenden Ansatz von *Searle* (Fn. 15) zur Intentionalität.

48 Siehe hierzu *Johann Caspar Rüegg*, Neuronale Plastizität und Psychosomatik (1), in: Haux/Bauer/Eich et al. (Hrsg.), Wissenschaftlichkeit in der Medizin, Teil 2, 1998, S. 82–120. Vgl. auch *Axel W. Bauer*, Naturwissenschaftliche und hermeneutische Methode in der wissenschaftlichen Medizin, in: ebd., S. 15–38. sowie *Gerd Rudolf*, Neuronale Plastizität und Psychosomatik (2), in: ebd., S. 121–130.

49 *Johann Caspar Rüegg*, Mind & Body, 2010.

biologische Merkmale des Nervensystems sind, kann es einen solchen Gegensatz der Sache nach nicht geben. Bewusstsein und Intentionalität wären dann die verbindenden natürlichen Eigenschaften zwischen Biologie und Kultur.

Wenngleich sich ein Kontinuum von der Chemie der Neurotransmitter bis zum Inhalt geistiger Zustände erstrecken dürfte, unterscheiden sich die letzteren von anderen physischen Phänomenen durch den Symbolismus, also durch die Fähigkeit, einen beliebigen Gegenstand stellvertretend etwas anderes – jenseits seiner selbst – bedeuten zu lassen. Es erscheint der Gedanke zumindest plausibel, dass kognitive und affektive Prozesse emergente Systemmerkmale der materiellen biologischen Realität sind, so dass für ihr semantisches und pragmatisches Verständnis die *hermeneutischen Verfahren* gerade jenes adäquate Medium wären, durch das ein Subjekt mit einem anderen Subjekt kommunizieren und in ihm intentional verursachte Wirkungen auslösen kann.

Schon bald wird man sich mit der Frage beschäftigen müssen, ob die Würde des Menschen als metaphysisch objektive Eigenschaft künftig weiterhin an die Biologie unserer Spezies oder lediglich noch an die intellektuelle Leistungsfähigkeit eines Artefakts geknüpft werden soll. Im Zusammenhang mit der künstlichen Intelligenz erleben wir inzwischen bioethische und juristische Diskussionen darüber, ob man in naher Zukunft nicht womöglich bestimmten Artefakten, etwa einem intelligenten Roboter, Menschenwürde und Menschenrechte zubilligen müsse. Ausgerechnet Saudi-Arabien brachte 2017 zumindest propagandistischen Schwung in diese Debatte: Als erste Nation der Welt sprach das arabische Land dem Roboter *Sophia* der Firma *Hanson Robotics* aus Hongkong seine Staatsangehörigkeit zu. Bei der Zeremonie sagte *Sophia:* „I am very honored and proud for this unique distinction. This is historical to be the first robot in the world to be recognized with a citizenship."[50]

Vermutlich haben Mediziner – wie der Verfasser dieses Beitrags – zum Problem des künstlichen Lebens und der künstlichen Intelligenz intuitiv eine andere Einstellung als etwa Informatiker oder Techniker, die sich mit der Optimierung künstlicher Intelligenz befassen.[51] Der Zugang zu den Inhalten eines fremden Bewusstseins erfolgt mit Hilfe der zwischenmenschlichen Kommunikation durch verbale und nonverbale Zeichen. Die hermeneutischen Methoden sind dafür nicht optimal geeignet, denn sie sind auf ständige Analogieschlüsse von der eigenen Subjektivität auf die Subjektivität des Anderen verwiesen. Sie sind jedoch Wege, die immerhin einen gewissen Zugang zum Erleben des fremden Bewusstseins verschaffen können. Die hermeneutischen Verfahren sind aus diesem in der Natur des Gegenstandes liegenden Grund womöglich prinzipiell nicht durch andere, zum Beispiel physikalische oder biochemische Methoden ersetzbar, denn das menschliche Bewusstsein als ein kausal emergentes Systemmerkmal des Gehirns ist gerade kein Bestandteil der einzelnen Nervenzelle.

Die biologische und anthropologische Einheit des Gegenstandes, die zwar kausal auf die Konfiguration einer spezifischen Materie reduzierbar sein mag, die aber nicht ontologisch mit dieser identifizierbar ist, erfordert auf Dauer eine Pluralität der wissenschaftlichen Zu-

---

50 *Cindy Michel*, Sophia ist der erste Roboter mit Staatsbürgerschaft, GQ-Magazin, 27.10.2017, https://www.gq-magazin.de/auto-technik/article/erst-will-sophia-die-menschheit-zerstoeren-jetzt-ist-sie-der-erste-roboter-mit-staatsbuergerschaft (Stand: 30.6.2020).

51 *Kampf um Worte*, Interview von Stefan Rehder mit Axel W. Bauer, Die Tagespost, 19.4.2018, S. 3.

gänge: Naturwissenschaftliche *und* hermeneutische Verfahren, Erklären *und* Verstehen,[52] sind aus der Philosophie des Geistes ebenso wenig wegzudenken wie aus einer humanen Medizin, einer anthropologischen Ethik und einem dem Menschen gemäßen Recht. Die Realisierbarkeit von Geist und Gefühl in Robotern wird vielleicht ein auf Dauer unrealisierbares Ziel bleiben. Doch ganz sicher dürfen wir uns auch da nicht sein, denn Robotik und KI-Forschung könnten sich als neuartige Formen experimenteller Philosophie und Anthropologie des 21. Jahrhunderts erweisen, die noch manche, womöglich unwillkommene Überraschung für die Menschheit bereithalten.

In einem 2001 vom Deutschlandfunk ausgestrahlten Interview sagte Robert Spaemann: „Die Philosophie ist nach einem Wort Hegels wie die Eule der Minerva, die erst in der Dämmerung ihren Flug beginnt. Das heißt, es ist eigentlich nicht ihre Aufgabe, zu sagen, was kommt. Das ist eher Sache der Kunst, die ein Sensorium hat für das, was in der Luft liegt. Die Philosophie interpretiert eigentlich eher das, was geschehen ist und versucht, zu verstehen, was sich abspielt."[53] Mit dieser intellektuell anspruchsvollen wie zugleich maßlose Ansprüche begrenzenden Aufgabenbestimmung seiner Disziplin durch den hier posthum zu ehrenden großen Philosophen sollen die vorliegenden Reflexionen schließen.

---

52 *Dietrich v. Engelhardt*, Erklären und Verstehen in der Medizin und Psychiatrie, Nagoya Medical Journal 1997, 39–51; *Axel W. Bauer*, Ursachen oder Motive?, Würzburger medizinhistorische Mitteilungen 1998, S. 53–63. Zur Phänomenologie und Hermeneutik des Leibes siehe *Giuseppe Galli*, Psychologie des Körpers, 1998.

53 *Robert Spaemann*, Interview der Woche mit dem Deutschlandfunk vom 21. 10. 2001, http://www.gavagai.de/zitat/philo/de/HHCPDE01.htm (Stand: 30. 6. 2020).

V. DIE BEWEGGRÜNDE SITTLICHEN HANDELNS

ROBERT SPAEMANN ÜBER FRANÇOIS FÉNELON UND DIE KRISE DER MODERNE

Reflexion und Spontaneität im Widerstreit: über Grundlagen und Beweggründe sittlichen Handelns

Von *Christoph Böhr*

Die Philosophie Robert Spaemanns findet erfreulicherweise bis heute – und nicht nur hierzulande – eine breite, meist gar wohlwollende Aufnahme; maßgeblich für die ihm entgegengebrachte große Aufmerksamkeit mag auch sein, dass Spaemann sich selten scheute, in manch aktuelle Debatte einzugreifen; nicht nur Fachgelehrte, sondern ebenso eine breite Öffentlichkeit konnten immer wieder miterleben, wie klare begriffliche Unterscheidungen und ein stupendes Wissen um die Geschichte des abendländischen Geistes zur Klärung von Streitigkeiten weit hilfreicher sind, als das heute gemeinhin angenommen wird, wenn nicht selten unscharfe Begrifflichkeiten und bedauernswerte Unkenntnis über lang zurückliegende Irrwege des Denkens manchen Streit umso mehr befeuern.

Spaemanns wissenschaftliche Herkunft und Prägung waren beeinflusst und bestimmt durch Joachim Ritter und seine Münsteraner ‚Schule', der neben vielen anderen Gelehrten unter anderen auch Odo Marquard, Hermann Lübbe, Ludger Oeing-Hanhoff, Ernst-Wolfgang Böckenförde und Wilhelm Schmidt-Biggemann entstammen. So heterogen dieser Gelehrtenkreis im Einzelnen auch sein mag, so kann doch wenigstens in einer Hinsicht Spaemanns Prägung durch den Lehrer, bei dem er promovierte, kaum bestritten werden: nämlich hinsichtlich der steten Vergewisserung, dass sich philosophisches Denken immer in historischen, sozialen und politischen Bezügen vollzieht.

Nicht zuletzt dies erklärt den Zugang zu einem Thema, mit dem sich zu beschäftigen für einen Philosophen auf den ersten Blick nicht selbstverständlich erscheint. Spaemanns Habilitation geht über den Streit, der im ausgehenden 17. Jahrhundert zwischen François de Salignac de La Mothe-Fénelon und Jacques Bénigne Bossuet, zwei französischen Bischöfen, entbrannt war.[1] Gegenstand dieses geradezu erbittert geführten Streites war die Frage,

---

1 *Robert Spaemann*, Reflexion und Spontaneität. Studien über Fénelon, 1960, Stuttgart 1990; die Beschäftigung mit Fénelon in der deutschsprachigen Geisteswissenschaft heute – anders als im Zeitalter der Aufklärung – wird der Bedeutung dieses Denkers kaum noch gerecht; vier Veröffentlichungen vor allem sind hier zu nennen, die sich zeitgenössisch mit Fénelon auseinandersetzen: *François Varillon*, Einleitung, in: Ders./Peter Manns (Hrsgg.), Fénelon. Geistliche Werke, Düsseldorf 1961, S. 9–129; *Ina Schabert*, Fénelon, in: Tilo Schabert (Hrsg.), Aufbruch zur Moderne. Politisches Denken im Frankreich des 17. Jahrhunderts, München 1974, S. 82–114; *Peter Schallenberg*, Liebe und Subjektivität. Das Gelingen des Lebens im Schatten des ‚amour pur' als Programm theologischer Ethik, Münster 2003, bes. S. 95–171, auch mit einer Auswertung der theologischen Literatur zu Fénelon, sowie *Winfried Rohr* (Hrsg.), Liebe – eine Tugend? Das Dilemma der modernen Ethik und der verdrängte Status der Liebe, Wiesbaden 2018.

Duncker & Humblot · Berlin | https://doi.org/10.3790/978-3-428-58515-1.2025.202601

mit welcher Form von Liebe – die ja dem Begriff und der Sache nach anderes meint als Mitgefühl – der Mensch sich Gott zuzuwenden habe: einer selbstlosen, reinen, ungezweckten Liebe, wie Fénelon forderte, oder einer durchaus eigennützigen, das eigene Wohl stets mitbedenkenden Liebe, wofür Bossuet einstand. Um es vorab zu sagen: Der Streit wurde politisch entschieden, durch eine Intervention des französischen Königs Ludwig XIV. beim Apostolischen Stuhl – gegen Fénelon und zugunsten von Bossuet.[2] Die Politische Theologie der Monarchie wollte unter allen Umständen an der Gleichförmlichkeit der Beziehung des Menschen zu Gott einerseits und zum Herrscher andererseits festhalten: das Glücksstreben sollte jenes Band bleiben, das den Menschen mit Gott wie den Untertan mit dem König wechselseitig verbindet. Dafür stand Bossuet. Ein weiteres Mal hatte die Politik der Theologie – zu deren Lasten – die Richtung gewiesen. In den Augen der Öffentlichkeit aber blieb Fénelon der eindeutige, ja strahlende Sieger, der längst zu einer überragenden Größe der europäischen Geistesgeschichte geworden war.[3]

Wenn anfänglich von einer erfreulich breiten öffentlichen Aufnahme der Philosophie Spaemanns die Rede war, so ist seine Auseinandersetzung mit Fénelon wohl davon eher auszunehmen – so, wie die ganze deutsche Geistesgeschichte die Fénelon-Bossuet-Kontroverse in ihrer Bedeutung ganz gegen die Intention Spaemanns zu verkennen bis heute Gefahr läuft. Kurz vor seinem Tod kam er auf sie noch einmal zurück: indem er der ersten deutschen Übersetzung von Fénelons in lateinischer Sprache geschriebener *Dissertatio de amore puro seu Analysis Controversiae inter Archiepiscopum Cameracensem et Meldensem Episcopum habitae de charitatis natura, nec non de habituali statu puri amoris*, erstmals 1700 veröffentlicht, ein Vorwort beisteuerte.[4] Im Folgenden nun geht es um Fénelon, aber noch mehr um Spaemann und seine Deutung Fénelons, die nicht zuletzt von der Absicht geleitet wird, neuzeitliches Denken – vor allem das über Grundlagen und Beweggründe sittlichen Handelns als Folge einer bestimmten, eben neuzeitlichen Erkenntnislehre – besser zu verstehen.

I. Warum der Streit zwischen Fénelon und Bossuet ein Beben auslöste

Der Streitgegenstand zwischen Fénelon und Bossuet ist nicht neu. Ob die Liebe, in der ein Mensch Gott begegnet, in ihrem Vollzug eigennützige Selbstliebe sein darf oder uneigennützige Selbstlosigkeit sein soll, bewegte Theologie und Philosophie zu allen Zeiten. Warum aber erschütterte dieser Streit am Ende des 17. Jahrhunderts in einer für das Christentum geradezu bedrohlichen Weise ganz Europa? Spaemanns Antwort findet sich gleich in der Einleitung zu seinem Buch: Der Grund für diesen Umstand kann „nur gefunden wer-

---

2 Zur theologischen Argumentation der Verurteilung durch das Lehramt vgl. *Peter Schallenberg*, Liebe und Subjektivität (Fn. 1), bes. S. 125–134.

3 Zu der heute längst vergessenen, seinerzeit aber ungeheuren Wirkung Fénelons auch auf die deutsche Geistesgeschichte vgl. *Leo Just*, Fénelons Wirkung in Deutschland, in: Johannes Kraus/Jean Calvet (Hrsgg.), Fénelon. Persönlichkeit und Werk. Festschrift zur 300. Wiederkehr seines Geburtstages, Baden-Baden 1953, S. 35–62.

4 *Robert Spaemann*, Vorwort, in: Albrecht Kreuzer (Hrsg.), François Fénelon, Abhandlung über die reine Liebe. Die Kontroverse mit dem Bischof von Meaux über den Begriff der Caritas, Freiburg/München 2017, S. 9–14.

den, wenn man fragt, inwiefern das allgemeine philosophische Denken der Zeit und ihr Lebensgefühl Wandlungen erfahren hat, in Anbetracht deren bestimmte alte Antworten nicht mehr als Antworten auf die eigenen Fragen erscheinen." Der theologische Streit entpuppt sich bei näherem Hinsehen als ein durch und durch philosophischer Streit. Das macht Fénelons wichtige Rolle in der Geistesgeschichte der Neuzeit aus, weil er „das Problem christlicher Existenz auf dem Boden der Moderne, auf dem Boden der Entzweiung gestellt hat, einer Entzweiung, die sich methodologisch z. B. in dem Auseinandertreten von Ontologie und Psychologie darstellt und die psychologisch zum Problem der unendlichen Reflexion wird."[5] Das war im mittelalterlichen Denken anders: Für Thomas von Aquin ist die Wirklichkeit für den Geist als sie selbst in diesem anwesend, demzufolge Liebe das Andere als es selbst zu ihrem Gegenstand macht.

Diese Unmittelbarkeit beschreibt Spaemann – im Rückgriff und im Anschluss an Fénelons Begrifflichkeit[6] – in ihrer gnoseologischen wie praktischen Dimension als ‚Spontaneität'. In der Neuzeit nun zerbricht diese Spontaneität durch Reflexion, so dass eine ontologische Differenz – zwischen dem Sein der erkannten Wirklichkeit und dem Bewusstsein des erkennenden Ichs – entsteht: mit der weitreichenden Folge, dass sich „das In-der-Welt-Sein des Menschen und damit alle sozialen Beziehungen auf ihre individualpsychologische Komponente als auf ihre wahre Realität reduzieren."[7] Für Thomas verknüpft ein ontologisches Band Gott und Mensch – ein Band, das aller willensmäßigen Bestimmung vorausliegt. Durch diese Begnadung ist die innerseelische – also subjektiv empfundene – (Gottes-) Liebe ontologisch im Sein des Menschen, genauer: in der vorgängigen Gemeinschaft zwischen Gott und Mensch, gegründet. Gottes- wie Nächstenliebe sind Gnade, die kein Mensch durch eigenes Tun sich erwerben kann.[8] Auf dieser Grundlage eröffnet sich der Kommunikationsraum zwischen Gott und Mensch. Für Johannes Duns Scotus und den Nominalismus wird hingegen „die Liebe selbst als Willensakt oder Habitus zur konstituierenden Realität dieser Kommunikation" zwischen Gott und Mensch. „Die Cartesianer Bossuet und Fènelon stehen beide auf dem Boden der Realidentität von Seele und Vermögen", das ist im Vergleich zur Scholastik eine „Verschiebung der Perspektive", die grundstürzender kaum sein könnte und sich in der „Emanzipation der Psychologie", die jetzt zur neuen Ontologie wird, niederschlägt.[9]

Damit aber ist noch nicht erklärt, wie es zwischen Bossuet und Fénelon zu einem dermaßen erbitterten Streit kommen konnte, obwohl doch beide bekennende und überzeugte

---

5 *Spaemann*, Reflexion und Spontaneität (Fn. 1), S. 23.

6 *Fançois Fénelon*, Abhandlung über die reine Liebe (Fn. 4) I, V, S. 63: Wenn Augustinus sagt, „die *Caritas* will genießen, ist es dasselbe, als wenn er sagte, die Liebe will das lieben, was sie liebt; die Liebe ist spontan. In Liebe Gott anzuhängen um seiner selbst willen, heißt nicht, Gott wie etwas für sich besonders Nützliches zu begehren, sondern heißt *schlicht und einfach in Gott stehen, nicht damit uns daraus etwas erwächst*, und bedeutet dagegen nicht *das Erlangen des Guten* oder der Seligkeit." Hervorhebungen im Original. Im lateinischen Original heißt es: „Quando dicit – sc. Augustinus, cb –, Charitas vult *frui*, idem est ac si diceret, Amor amare vult quod amat: amor spontaneus est." Hervorhebung im Original.

7 *Spaemann*, Reflexion und Spontaneität (Fn. 1), S. 73f.

8 Vgl. *Robert Spaemann*, Glück und Wohlwollen. Versuch über Ethik, Stuttgart 1989, S. 123.

9 *Spaemann*, Reflexion und Spontaneität (Fn. 1), S. 74.

Cartesianer[10] waren und gleichermaßen auf dem Fechtboden jener Entzweiung, die Spaemann als die Signatur der Moderne ausmacht, standen, als sie ihren Streit austrugen.

Der Grund für das Gefecht lag darin, dass Fénelon hellsichtig erkannte, welche Gefahren als Folge der neuzeitlichen Entzweiung mit ihrem grundlegend anderen Verständnis von Wirklichkeit dem Denken drohen. Beispielhaft und sinnfällig wird diese Gefährdung im Blick auf das Verständnis von Liebe. Denn Liebe ist schon für das Denken im 17. Jahrhundert mit aller Selbstverständlichkeit ‚Selbstliebe':[11] Bei allem und jedem, was Gegenstand von Liebe sein kann, spielt der Bezug zum eigenen Wohlbefinden die entscheidende Rolle. Spaemann zitiert bei verschiedenen Gelegenheiten den Satz von David Hume, der eine kaum zu überschätzende Wirkmächtigkeit entfaltete und als stillschweigende Voraussetzung der Moderne gelten muss: „we never really advance one step beyond ourselves".[12] Als Widerspruch und Einrede zu diesem so folgenreichen Satz kann Spaemanns ganze Philosophie gelten: Der Feststellung Humes hält er mit aller nur denkbaren Entschiedenheit entgegen: Der Mensch kann Schritte über sich hinausgehen – so der Titel seiner zweibändigen, noch zu Lebzeiten erschienenen Aufsatzsammlung.[13]

In dieser Hinsicht nun entdeckt Spaemann in Fénelon einen Verwandten im Geiste – einen zudem besonders scharfsinnigen, klugen und weitsichtigen Verwandten. Fénelon nämlich erkannte, dass ein Denken, soweit es dem Grundsatz Humes folgt und ‚Natur' – in völliger Umkehrung des aristotelischen Verständnisses, mithin beraubt seiner teleologischen Dimension – nur noch als Inbegriff blanker Selbsterhaltung versteht, jegliche Möglichkeit einer Selbstüberschreitung des Menschen zurückweisen muss. Das aber erschien ihm als Sünde gegen den Geist des Christentums. Denn wenn Liebe nichts anderes ist als eine Funktion eigennützlicher Selbstsorge, verliert sie jede Verankerung in einem in sich bestimmtem Selbstwert als uneigennütziges Wohlwollen.

In seinem Vorwort zur zweiten Auflage seiner Habilitation über Fénelon kommt Spaemann gleich am Anfang auf diesen Sachverhalt zu sprechen – und wegen der Bedeutung des Gedankens für Spaemanns ganzes Lebenswerk soll er hier ausführlicher zur Sprache kommen: Es geht um die Frage, „ob Liebe zu Gott, zum Nächsten, zum Gemeinwohl ausnahmslos als Funktion von Selbstliebe – aufgeklärter, sublimierter Selbstliebe – begriffen werden müsse und könne oder nicht. Der amour-pur-Streit war für mich vor 30 Jahren Probierstein der These", schreibt Spaemann, „neuzeitliche, ‚bürgerliche' Ontologie und Anthropologie seien gekennzeichnet durch eine Inversion der Teleologie. Selbsterhaltung, Selbstbehauptung, nicht Selbsttranszendenz seien deren neues Paradigma. In dessen Rahmen wird, das zeigt die Kontroverse, Wohlwollen unbegreiflich, wenn es nicht als Funktion des selfish system begriffen wird. ‚Reine Liebe' ist nicht mehr Vollendung der menschlichen Natur,

10 Allerdings hat die cartesische Philosophie für Fénelon und Bossuet sehr verschiedene Funktionen; vgl. *Spaemann* Reflexion und Spontaneität (Fn. 1), S. 107.

11 Bezeichnend dafür ist die Feststellung, die sich bei *François de La Rochefoucauld*, Maximen und Reflexionen, 1664, M. 81, findet: „Wir können nichts lieben, außer in Beziehung auf uns". Man kann den Satz auch, wie er sich bei *Konrad Nußbächer* (Hrsg.), François de La Rochefoucauld, Maximen und Reflexion, Stuttgart 2016, S. 14, in der Übersetzung Nußbächers findet, übersetzen: „Wir lieben alles nur in Bezug auf uns". Nahezu wortgleich übernimmt Fénelon diese Reflexion: vgl. *Spaemann*, Reflexion und Spontaneität (Fn. 1) S. 119.

12 *David Hume*, A Treatise of Human Nature, 1739/1740, I, II, VI.

13 *Robert Spaemann*, Schritte über uns hinaus. Gesammelte Reden und Aufsätze, 2 Bde., Stuttgart 2010 u. 2011.

sondern das, was in ihrem Kontext gar nicht gedacht werden kann, das schlechthin Andere, ‚Tod der Natur'. Die religiöse Antithese zu dieser Mystik ‚reinen guten Willens' als eines unableitbaren ‚Faktums' war zunächst, bei Bossuet, ein trotzig-frommer Eudämonismus, schließlich dann, in unserem Jahrhundert systemtheoretische, biologische, psychologische, soziologische Funktionalisierung der Religion. Schon Ludwig XIV. hatte freilich an deren staatstragende Bedeutung gedacht, die ihm durch Hoffnung und Furcht zuverlässiger gewährleistet schien als durch die ‚Schimäre' reiner Liebe."[14]

II. Im Durchgang der Inversion zum Willen zur Selbstüberschreitung

Es ist die Inversion der Teleologie, die Fénelon zwingt, nach neuen Wegen zu suchen: Denn wenn in der Natur keine vernünftigen Ziele zu finden sind, folglich der gute Wille allein das Handlungsziel bestimmen muss, der aber jetzt nicht mehr Maß nehmen kann an einer der Natur eingewurzelten Teleologie – dem Natürlichen als dem zugleich Vernünftigen und Selbstverständlichen, bleibt er nicht gefeit vor fremder Inanspruchnahme – Funktionalisierungen mithin, die politische wie psychologische Motive haben können. Angesichts dieses Dilemmas erscheint der einzige Ausweg der willentliche Entschluss zu einer reinen Selbstlosigkeit – als Folge der Unmöglichkeit, das spezifisch Sittliche auf irgendwelche natürlichen teleologischen Tendenzen zurückzuführen.[15] Der Wille muss sich zum totalen Désinterèssement zwingen, einer Uneigennützigkeit, deren Eigenart in ihrer anthropologischen Unableitbarkeit besteht.

Wie es scheint, ist Fénelon der Erste, der sich schonungslos diesen Folgen des neuzeitlichen Denkens stellt. Der teleologische Dynamismus in der klassischen Ontologie war ersetzt worden durch eine Ontologie, in deren Mittelpunkt die Selbsterhaltung gerückt war, und eine Psychologie, in deren Mittelpunkt das Motiv der Lust steht.[16] Wie will man unter diesen Vorzeichen von der ‚Reinheit' der Liebe sprechen? Fénelon entwickelt die Theorie des ‚amour désintéressé', die „nun wesentlich negativ, von der Negation der Selbstliebe her verstanden aber doch in ihrer ‚Objektivität' gerettet wird".[17] Auf diese Weise gelingt es ihm, die Selbstimmanenz nicht sprengen zu müssen, sie aber doch auf die Selbsttranszendenz hin zu öffnen. „Die Liebe – das ist eine der großen Einsichten des Erzbischofs von Cambrai – ist überhaupt nicht direkt intendierbar."[18] Das ist für die Neuzeit eine geradezu grausame Einsicht, denn die Inversion der Teleologie bringt alles in die Abhängigkeit des reinen guten Willens und seiner Intentionen. Fénelon steht ganz auf dem Boden dieses Denkens und muss gerade deshalb einen Weg suchen, über eine besondere Bestimmung des Willens

---

14 *Spaemann*, Reflexion und Spontaneität (Fn. 1), S. 13.

15 Über den Versuch der französischen Moralistik, nach der „Auflösung der Teleologie" jetzt „anstelle des teleologischen Daseinsverständnisses eine neue Unmittelbarkeit zu gewinnen", vgl. *Hans Peter Balmer*, Philosophie der menschlichen Dinge. Die europäische Moralistik, Bern/München 1981, S. 108.

16 Dazu und dem Folgenden vgl. *Spaemann*, Reflexion und Spontaneität (Fn. 1), S. 102 f.

17 *Spaemann*, Reflexion und Spontaneität (Fn. 1), S. 102; vgl. auch *ders.*, Reflexion und Spontaneität, S. 103: Fénelon rettet die „uneigennützige ‚Reinheit' der Liebe", muss dies aber bezahlen „mit der wenigstens theoretischen Reduktion der Liebe auf ein von aller Empfindung freies Wohlwollen."

18 *Spaemann*, Reflexion und Spontaneität (Fn. 1), S. 104.

der uneigennützigen Liebe Raum zu schaffen – und er muss dies umso mehr allein als Aufgabe des Willens begreifen, da sein radikaler Skeptizismus zu einem Verzweifeln der theoretischen Vernunft an sich selbst führt, also nur die praktische Vernunft – ganz auf sich gestellt, weil ihrerseits jetzt gänzlich entteleologisiert, und das heißt: ohne über einen Maßstab, der ihr die Richtung weisen könnte, in einem in der Welt durch die theoretische Vernunft erkennbaren Sinn zu verfügen – einen Ort der Gewissheit sichern kann.

Die Inversion der Teleologie ist für Fénelon die conditio sine qua non, hinter die nicht zurückgegangen werden kann. Damit kann Gegenstand der Metaphysik nur noch das Mögliche – als klare Idee –, nicht mehr das Wirkliche sein. Urteile über das Wirkliche sind dann, nach der Abdankung der theoretischen Vernunft, ausnahmslos moralisch-praktische Urteile. „Was aber jenen Übergang ins Praktische bewirkt, ist eben das, was der Gegenstand der alten Metaphysik war, nun aber im Medium der neuen nur in der Form der Möglichkeit erscheinen kann: Gott. Die Realisierung dieser Möglichkeit ist für Fénelon eben dasjenige, was das Moralische ins Spiel bringt ... Wenn Gott ist, dann habe ich dem Gesetz meiner Vernunft zu folgen." Es geht nicht um das eigene Heil, sondern um den Grund aller Gewissheit. Und „durch die Möglichkeit, die Existenz Gottes zu denken, verwandelt sich das Grundproblem der Philosophie und wird ‚existentiell'."[19] Das hat herausragende sittliche Bedeutung – losgelöst von allen sonstigen Interessen. Denn wenn es ein Wesen gibt, das den Menschen gemacht hat – so Fénelon sinngemäß –, um die Wahrheit durch die ihm zugeteilte Vernunft zu erkennen, dann ist es schlechterdings unentschuldbar, sich selbst willkürlich zu verblenden und es bleibt der Zweifel ein Ungeheuer. „Wenn dagegen meine Vernunft falsch ist, bleibe ich entschuldbar, wenn ich ihr folge. Denn was kann ich Besseres tun, als mich treulich alles dessen zu bedienen, was in mir ist, um zu versuchen, gerade auf die Wahrheit zuzugehen?"[20]

Spaemann erkennt in dieser Figur des Denkens ganz zu Recht ein Analogon zur Pascalschen Wette. Es ist bei Fénelon ein Sprung[21] in den Sinn – eine Entscheidung nach Gründen in der Form einer Wette. Der Sprung in den Sinn ist ein Sprung von der Erkenntnislehre, die keine Gewissheit zu erreichen vermag, in die Sittlichkeit. „Seinem Inhalt nach ist das Sittliche zwar anthropologisch –, mich treu dessen bedienen, das in mir ist', nicht aber seiner Form, seiner Verbindlichkeit nach. Die Verbindlichkeit des Sittlichen ist nicht einmal abhängig von der wirklichen Existenz Gottes. Sie macht sich vielmehr schon geltend, ehe diese bewiesen ist, ja sie ist es, die einen Beweis überhaupt erst möglich macht. Die Zustimmung zu dem, was, wenn Gott ist, sein Wille wäre, muß dem Beweis seiner Existenz, ja jedem Beweis und jeder Erkenntnis vorausgehen, wenn diese überhaupt möglich sein sollen."[22] Hier ist nicht der Ort, diesen Gedanken Spaemanns zu vertiefen. Es soll nur betont werden, dass ihm eine außerordentliche Bedeutung zukommt. Eine Erkenntnis Gottes folgt der Zustimmung zu seinem Willen, sie ist keineswegs eine Voraussetzung, die der Zustimmung zu seinem Willen nachfolgend die Bahn bricht. Und so schließt Spaemann seinen

19 *Spaemann*, Reflexion und Spontaneität (Fn. 1), S. 115.

20 *Spaemann*, Reflexion und Spontaneität (Fn. 1), unter Bezugnahme auf *François Fénelon*, Traité de l'Existence et des Attributes de Dieu, posthum 1713 erschienen, zitiert nach der Ausgabe Œuvres complètes de Fénelon, 10 Bde., Paris, Lille u. Besançon 1848–1852, Bd. 1, S. 51.

21 Diese Metapher des ‚Sprungs' findet sich schon bei Ignatius von Loyola; vgl. *Peter Schallenberg*, Liebe und Subjektivität (Fn. 1), S. 142, Fußnote 481.

22 *Spaemann*, Reflexion und Spontaneität (Fn. 1), S. 115f.

Gedankengang ab: „Die Gleichförmigkeit des eigenen Willens mit dem göttlichen ist für Fénelon die Definition der Liebe. Liebe wird so für Fénelon Bedingung der Möglichkeit der Gotteserkenntnis, ja aller Erkenntnis überhaupt. Die Forderung unbezweifelbarer Gewißheit im Ausgang vom denkenden Subjekt führt zum Primat der praktischen Vernunft."[23]

Der Schiffbruch, den die theoretische Vernunft erleidet, ist deren unausweichliches, unabwendbares Schicksal. Angesichts dieses Schiffbruchs gibt es keine Rettung, denn alle Vernunfterkenntnis ertrinkt in ihrer Selbstbezüglichkeit. Und so bleibt am Ende nur das Bekenntnis, das sich im *Traité de l'Existence et des Attributes de Dieu* findet – ein Bekenntnis, das ontologische Gewissheit verspricht, aber eben nur im Bereich des Praktischen: „So bin ich denn schließlich entschlossen zu glauben, daß ich denke, weil ich zweifle; und daß ich bin, weil ich denke."[24] Alle Sicherheit gründet – nur – im Willen, im Entschluss zum Handeln.

Fénelons Einsicht in diesen Primat des Praktischen wird die Philosophie nachhaltig – bis heute – prägen. Darauf wird später noch zurückzukommen sein. Zuvor aber soll mit einigen wenigen Federstrichen eine Skizze gezeichnet werden, die zeigt, was sich hinter Fénelons Theorie des amor purus verbirgt.

III. Von der reditio in seipsum zur abondon total

In jedweder Erkenntnis einer Exteriorität ist eine Erkenntnis der Interiorität enthalten, sind Innerlichkeit und Äußerlichkeit miteinander verschränkt und verwoben.[25] Das steht selbstverständlich schon Thomas von Aquin vor Augen, der in seiner Kommentierung des *Liber de Causis* in Lectio XV den Satz des *Liber* auf: „Omnis sciens scit essentiam suam, ergo est rediens ad essentiam suam reditione completa."[26] „Jedes Wissende weiß sein Wesen, also geht es durch eine vollständige Rückwendung zu seinem Wesen zurück."[27] Für Thomas, der die Anleihen, die das *Liber* bei der *Elementatio theologica* des Neuplatonikers Proklos macht, entdeckt hatte, bedeutet erkennen immer auch eine Hinwendung zu sich selbst. Ein Erkennen der Dinge lässt sich von Selbstbewusstsein – Selbsterkennt-

23 *Spaemann,* Reflexion und Spontaneität (Fn. 1), S. 116.

24 *François Fénelon*, Traité de l'Existence et des Attributes de Dieu (Fn. 20), S. 51, zitiert nach *Spaemann*, Reflexion und Spontaneität (Fn. 1), S. 116.

25 Vgl. Dazu und dem Folgenden *Christoph Böhr*, Das Ende in Vollendung als Anfang: Unabweisbar. Die ontologische Erfahrung als Quellgrund des metaphysischen Denkens, in: ders. (Hrsg.), Metaphysik. Von einem unabweislichen Bedürfnis der menschlichen Vernunft. Rémi Brague zu Ehren, Wiesbaden 2020, S. 423–455, hier bes. S. 430ff.

26 *Thomas von Aquin*, Expositio super librum dc causis. Kommentar zum Buch von den Ursachen, Jakob Georg Heller (Hrsg.), Freiburg im Br. 2017, S. 184.

27 *Thomas von Aquin* Expositio super librum de causis (Fn. 26), S. 185; vgl. dazu *Richard Schenk*, Reditio incompleta in seipsum. Verwandlungen eines platonischen Axioms als Leitfaden einer künftigen Metaphysik, in: Christoph Böhr (Hrsg.), Metaphysik (Fn. 25), S. 331 f.: „In dieser Propositio XV des *Liber* findet sich eine Aussage, die Thomas bereits im Kölner Studium 1248–1252 und dann zu Beginn seiner eigenen Lehrtätigkeit mehrfach beschäftigt hatte: Genuines Erkennen bedeute für den Erkennenden immer auch eine ‚reditio in seipsum completa', welche wiederum ein Indiz sei für die Geistigkeit und Subsistenz der Seele und damit auch für ihre potentielle Trennbarkeit vom Leib." Vgl. auch ebd., S. 332, Schenks wichtige Verweise auf *Thomas von Aquin*, De veritate, wo gleich an sieben Stellen die ‚redtio completa' erwähnt und erläutert wird.

nis – nicht trennen. Und eben in dieser Hinwendung – reditio – zu sich selbst liegt eine Seinserfahrung: Denn es ist „notwendig, dass etwas in sich selbst subsistiert, wenn es gemäß seinem Sein auf sich selbst hingewendet wird.“[28] Mit diesem Verweis auf das allem Seienden subsistierende Sein kann Fénelon nichts mehr anfangen; für ihn ist das Bewusstsein – Interiorität – nicht mehr überschreitbar auf Exteriorität hin.[29] Was immer ‚ist‘, das findet sich in meiner Subjektivität – und nur in ihr.[30]

Nicht in der Bezugnahme auf die äußere, sondern in der innerlichen Welt findet sich der Raum, in dem sich eine Vergewisserung des Guten als die – so versteht es die klassische Metaphysik – alles Sein ermächtigende Kraft vollzieht.[31] Mithin zeigt sich, dass die Erfahrung des Guten – und das ist zugleich seine Erkenntnis, die nur subjektiv erfolgen kann – nur im Rahmen einer ‚reditio in seipsum‘ möglich ist. ‚Reditio‘ meint: zu sich kommen und bei sich sein. Die Frage nach dem Guten erfordert eine Umkehr der Blickrichtung, nämlich von außen nach innen, und verlangt eine Beschäftigung des Menschen mit sich selbst – sokratisch-platonisch gesprochen: die Sorge um die Seele, das Wissen des Wissens und das Sichselbst-Formen.[32] Ontologie ist, so kann man mithin sagen, in ihrer ersten Stufe dasselbe wie Ethos: das Sein des Guten als dessen Bewusstsein – und dieses Bewusstsein vom Guten meint mehr und anderes als eine Vielzahl der Güter.

Wenn sich (1) eine letzte Wirklichkeit nur noch in interiore hominis finden lässt und zudem (2) der Wille keinen ‚natürlichen‘ Bestrebungen zum Guten folgen kann, weil es solche ja nicht geben kann, da Wirklichkeit anderenfalls in exteriore erkennbar wäre – dann kommt die Gottesliebe ins Wanken, sobald der Mensch sich in der Reflexion auf die Beweggründe seines Handelns bewusst wird, dass seine Liebe doch eigentlich ausnahmslos Selbstliebe ist. Er liebt Gott – um seines Glücks, seines Heils, seiner Zufriedenheit, seiner Tugend, seiner Rettung willen, aber eben nicht um Gottes willen. Dieser – seiner Liebe beigemischte – Eigennutz aber ist Ihm, dem sie gilt, dem Schöpfer aller Dinge, offenkundig unwürdig, da Gott in diesem Fall zu einer schlichten Funktion des eigenen Wohlbefindens und der eigenen Heilsgewissheit – zum bloßen Mittel eigennütziger Zwecke – verkürzt wird. Eine Banalisierung der Liebe zum eigenen Nutzen und Frommen ist die unausweich-

---

28 *Thomas von Aquin*, Expositio super librum de causis (Fn. 26), S. 187.

29 Vgl. *Spaemann*, Reflexion und Spontaneität (Fn. 1), S. 240: Für Fénelon war das entscheidende Problem nicht der Beweis des Daseins Gottes, sondern das „des Entschlusses, zu dem die Seinsfrage unter den Bedingungen der sich emanzipierenden Reflexion notwendig“ werden muss.

30 Vgl. *François Fénelon*, Briefe über Fragen der Metaphysik und der Religion, 1713, in: François Varrilon/Peter Manns (Hrsgg.), Fénelon. Geistliche Werke (Fn. 1), S. 135–141 (135): Fénelon unterscheidet zwischen dem Seienden und dem Sein, das ihn, den Seienden, „aus dem Nichts gezogen“ hat, und fährt fort: „Dieses Sein ist alles, ich dagegen bin nichts! ... das erste seiner – sc. des Seins, cb – Geschenke, das alle die anderen begründete, ist das, was ich das *‚Ich-selbst‘* nenne. Dieses Ich hat mir Gott geschenkt, und folglich schulde ich ihm nicht allein, was ich habe, sondern auch alles, was ich bin. ... Gott, der mich gemacht hat, hat mich mir selbst gegeben, und das Ich, das ich so sehr liebe, ist darum nichts als ein Erweis seiner Güte. So muß also Gott in mir sein und ich in ihm ..., denn nur von ihm habe ich ja mein Ich. Ohne ihn wäre ich nicht Ich-Selbst; ohne ihn hätte ich weder mein Ich, auf daß ich es lieben könnte, noch die Liebe, mit der ich es liebend umfange, noch den Willen, der liebt, noch den Gedanken, mit dem ich mich erkenne.“ Hervorhebung im Original.

31 Vgl. *Rémi Brague*, Die Kraft des Guten, in: Christoph Böhr (Hrsg.), Zum Grund des Seins. Metaphysik und Anthropologie nach dem Ende der Postmoderne – Rémi Brague zu Ehren, Wiesbaden 2017, S. 189–215.

32 *Helmut Kuhn*, Das Sein und das Gute, München 1962, S. 216.

liche Folge. Gottesliebe muss deshalb reine, nicht selbstsüchtige Liebe sein: Wie aber ist die zu erreichen? Wie kann ein Mensch in seiner Subjektivität zur Gewissheit finden, keiner (Selbst-)Täuschung zu unterliegen? Das ist die Frage, um die allein es Fénelon geht.

Um es vorab zu sagen: Sie kann nur gefunden werden durch die Überwindung der Reflexion. Jederart Reflexion fördert ein Interesse,[33] eine Selbstliebe, zutage, ja, sie ist selbst Ausdruck von Selbstliebe. Wer also Reinigung von der Selbstliebe anstrebt, muss die Reflexion – man kann auch sagen: das Denken über sein Selbst – hinter sich lassen, um sich ganz Gott zu überantworten. Eben deshalb wurden Fénelon zwei Vorwürfe gemacht: Er laufe 1. einer Schimäre nach, weil sich Gottes- und Selbstliebe gar nicht widersprächen, und fröne 2. dem Quietismus, der alles Gott überlässt und das eigene Tun grundsätzlich für unbedeutend halte. Dem Quietismus folgt Fénelon nun allerdings keinesfalls und ebenso wenig war er – weder im Denken noch im Handeln – ein Rigorist, im Gegenteil: Er war ein den Freuden des Lebens durchaus zugewandter Mensch; hinsichtlich der Frage der möglichen Überwindung von Eigenliebe, Selbstgefälligkeit und Tugendstolz allerdings wollte er keine faulen Zugeständnisse machen.

In diesem Sinne beharrt Fénelon darauf, das ‚Göttliche' der Liebe nicht nur in ihrem Gegenstand, also Gott, zu suchen, sondern ebenso auf einem Weg, der die Liebe zu Gott aus dem Zirkel der Reflexion – durch Selbstliebe veranlasst und Selbstliebe in allem bestätigend – herausführt. So, wie es Gott zukommt, ohne Bedürftigkeit zu lieben, eben so müsse der Mensch, als Bild Gottes geschaffen, in seiner Liebe zu Gott alle Bedürfnisse beiseiteschaffen. Die Liebe ist die Überwindung aller menschlichen Bedürftigkeit und „damit die Erfüllung dessen, was die stoische Apathie zu sein beanspruchte, und es ist deshalb nur kon-

---

33 Der Begriff des Interesses hat im 17. Jahrhundert eine grundlegende Veränderung seiner Bedeutung erfahren, die man im Blick haben muss, um Fénelons Auseinandersetzung zu verstehen. Maßgeblich nachgezeichnet hat diesen Bedeutungswandel *Albert O. Hirschmann*, Leidenschaften und Interessen. Politische Begründungen des Kapitalismus vor seinem Sieg, Frankfurt am Main 1980; Interessen werden in der neuen Bedeutung des Begriffs den Affekten gegenübergestellt, mit den Folgen, ebd., S. 40, „die sich ergeben, wenn die Menschen sich durch Ihre Interessen leiten lassen, dem verhängnisvollen Zustand entgegenzusetzen, der herrscht, wenn die Menschen ihren Leidenschaften die Zügel schießen lassen." In diesem Sinne kommt vernünftige Eigenliebe – nämlich Interesse – der Moral im Kampf gegen die Leidenschaften – Passiones animae – entgegen, weil ansonsten einerseits die Leidenschaften zerstörerisch wirken und andererseits die zügelnde Vernunft wirkungslos bleibt. Vernünftige Eigenliebe domestiziert die zügellosen Leidenschaften, indem sie der Vernunft – jetzt zum Interesse und somit selbst zu einer Art Leidenschaft geworden – Wirkung verschafft. Interesse wird jetzt als Vehikel zur Moralisierung verstanden. Eben dieser Einverleibung der Selbstliebe durch die Sittlichkeit zu deren Beförderung widersetzt sich Fénelon. Genau auf diese Bedeutung des Interesses als Moralisierung durch Zähmung der Leidenschaften kommt Matthias Claudius in der von ihm veranstalteten Ausgabe der Schriften des vielfach bewunderten Fénelon zu sprechen: vgl. *François Fénelon*, Allgemeine Anleitung um den innerlichen Frieden zu haben. Eine Auswahl aus Fenelons Werken religiösen Inhalts von Matthias Claudius, 3 Bde., Hamburg 1800, 1809 u. 1811, Wuppertal 1984, S. 114, in der Originalausgabe Bd. 2, 1823, S. XIV, mit einem allerdings anderen Akzent als Fenelon; denn Claudius schreibt, dass wir „hier in der Zeit, oder Heimath alles Eigennutzes", durch die Leidenschaften, die Platon im Bild der ungestümen Rosse darstellt, „vielen Störungen, Schwierigkeiten und Mißgriffen" ausgesetzt sind, und folgert: „Wir können und sollen, so lange wir ‚der Eitelkeit – sc. dem Irdischen, cb – unterworfen sind,' dem zeitlichen Interesse nicht gar entsagen". Diese Aussage zeigt, wie sehr die Moralistik des 18. Jahrhunderts von der wohltuenden sittlichen Wirkung der Selbstliebe überzeugt war, wobei Claudius immerhin zu einer Grenzverschiebung zulasten der eigennützlichen und zugunsten der selbstlosen Liebe rät, aber Fénelons Weg zum amor purus in der irdischen Welt als Heimat allen Eigennutzes nicht mitgehen zu können meint.

sequent, wenn in der amour-pur-Lehre der Begriff der indifférence, der Gelassenheit, zentral wird, der eindeutig stoischer Herkunft ist."[34]

Gegen Bossuet argumentiert Fénelon, dass die Identität von Gottes-und Selbstliebe eine Fiktion sei, ein schöner und zugleich gefährlicher Schein, der das Generelle und das Individuelle miteinander zu verbinden scheine, ja, sogar erlaube, das Individuell-Private – die Selbstliebe – als das Generelle – die Liebe schlechterdings – auszugeben. Demgegenüber kann die Einheit von Subjekt und Objekt – dem Besitz der Liebe und dem Gegenstand der Liebe – nur aufgehoben werden „in jenem ‚abondon total', jener vollkommenen Hingabe des Subjekts".[35] Es ist die franziskanische Tradition, die Fénelon fortführt, der zufolge Seligkeit nicht in Gotteserkenntnis, sondern in Liebe besteht, „denn in der Erkenntnis ist das Telos noch die Vollendung des Erkennenden durch das Erkannte, während die Liebe – ekstatisch – das Objekt in seinem Selbstsein berührt. Um die ekstatische Interpretation des Wesens des Menschen aber geht es Fénelon in seinem ganzen Werk."[36] Nur wenn der Mensch über sich selbst hinausgreift, berührt er den Gegenstand seiner Liebe in dessen Selbstsein. Die Rückhaltlosigkeit der Liebe verlangt das Selbstvergessen des Liebenden, seine völlig Hingabe. So wird die reditio in seipsum[37] zum abondon total: die Innerlichkeit der Liebe zu sich preisgebender Hingabe.

Das liest sich auf den ersten Blick wie ein Satz der Spirituellen Theologie. Aber hinter Fénelons Gedanken verbirgt sich weit mehr als nur eine Bestimmung von Frömmigkeit. Es geht ihm – und mit ihm Spaemann, dem Philosophen – um die Frage: Was bedeutet es, gut zu handeln? Was verbirgt sich hinter dem Wort ‚gut', wenn der Mensch mit dieser Frage auf seine Subjektivität – seine Reflexion auf Tugend, die immer mit einem Seitenblick nach Selbstliebe schielt – zurückgeworfen wird? Zu fragen ist also nicht nur nach der Rückhaltlosigkeit der Liebe und dem Selbstvergessen des Liebenden, sondern nicht minder – und ganz bedeutungsgleich – nach der Reinheit des Guten und der Selbstvergessenheit dessen, der dem Guten gemäß handelt.

Damit ist klar, dass der geistige Gegner Fénelons der Eudämonismus seiner Zeit ist. Jener Vorstellung, dass Sittlichkeit und Glück zu einer Synthese geführt werden könnten, setzt er

[34] *Spaemann*, Reflexion und Spontaneität (Fn. 1), S. 43.

[35] *Spaemann*, Reflexion und Spontaneität (Fn. 1), S. 46; Bossuet beruft sich auf Thomas von Aquin; ausführlich erläutert Spaemann, warum diese Berufung nicht zulässig ist.

[36] *Spaemann*, Reflexion und Spontaneität (Fn. 1), S. 47.

[37] Vgl. *Spaemann*, Reflexion und Spontaneität (Fn. 1), S. 138: Am Beginn des Weges der Reinigung von Selbstliebe „steht für Fénelon stets die entschiedene Reflexion als Einkehr in sich selbst und Abkehr von der unmittelbaren Befangenheit in der äußeren Welt." Zugleich verurteilt Fénelon – im Wissen um die Ambiguität der reditio in seipsum – die Rückwendung auf sich selbst, sofern sie beim Blick auf den inneren Menschen stehen bleibt und nicht zu einer Selbstentäußerung führt, weil sie ansonsten zu Selbstbefangenheit und Selbstbezogenheit verleitet. Er darf auf dem Weg der reditio nicht auf die eigene Tugend reflektieren, da diese Reflexion nur das Interesse an sich selbst spiegelt, sondern muss einen Zustand der Selbstvergessenheit, der völligen Selbstüberschreitung, erreichen wollen – den Zustand, ebd., S. 143, der „wiederhergestellten vollkommenen Natürlichkeit", reiner Unmittelbarkeit: Das nennt Fénelon amour pur, indifférence, simplicité: reine Liebe, ergebene Gelassenheit, kindliche Einfalt. Es gibt keinen Mittelweg zwischen Reflexion und Spontaneität, wie *François Fénelon*, Über die Notwendigkeit der Selbstentsagung und ihre Verwirklichung, in: François Varillon/Peter Manns (Hrsgg.), Fénelon. Geistliche Werke (Fn. 1), S. 252–261 (254), in aller Schärfe bemerkt: „Hier gibt es kein Mittleres: Entweder müssen wir alles auf Gott oder auf uns selbst beziehen." Ansonsten wird unser Ich zu unserem Gott.

mit aller Schärfe entgegen: Nur der reine gute Wille[38] – eben Spontaneität –, der nicht mehr die Spur eines Glücksverlangens besitzt, kann ‚Liebe' genannt werden. Sittlichkeit ist unableitbar und eigenständig, also nicht verbunden mit Erwartungen, Antriebskräften und Beweggründen, die nicht ihrerseits der reinen Sittlichkeit angehören. Spontaneität setzt allein in die gute Handlung ihr Wohlgefallen, ohne auf irgendeinen Nebenzweck wie Gefallen oder Befriedigung zu achten. Sittlichkeit und Glück gehören verschiedenen Welten an. Wer sie in eine Verbindung setzt oder gar zur Übereinstimmung bringen will, nimmt der Sittlichkeit alles, was sittlich heißen kann. Und das heißt: Liebe ist nie Mittel zu einem anderen Zweck als dem der Liebe.

Für Fénelon und seine Zeitgenossen hatte die Frage nach der Wahrheits- und Heilsgewissheit die erste Stelle eingenommen: Es geht in beiden Fällen um einen subjektiven Befund, nämlich den, der Wahrheit oder des Heils sich selbst gewiss sein zu können. Das ist ein Akt der Reflexion, nicht der Spontaneität. „Das Sein wird fürs Subjekt zum bonum in der Form der Behauptung des Selbstseins",[39] und das Heil, so könnte man, Spaemann ergänzend, hinzufügen, zum bonum in der Form der Behauptung vernünftiger Selbstliebe. Fénelons Problem nun ist, „ob das Eigentümliche der christlichen Existenz in diesen Prozeß der Mediatisierung durch die Reflexion des endlichen Subjekts integriert werden kann, ohne aufzuhören, es selbst zu sein, oder ob die christliche Existenz hinfort nicht vielmehr aus der Verzweiflung hervorgehen muß, die aus der Unendlichkeit dieser Reflexion entspringt."[40] Seine Antwort ist unmissverständlich: Die so verführerische Vereinbarkeit von Hoffnung und Liebe – indem Liebe sich auf die Hoffnung der Erfüllung des Glücksverlangens stützt – kann es für den Christen nicht geben.[41] Hoffnung ist für ihn nicht die Erwartung einer Erfüllung der aus Selbstliebe geborenen Sehnsucht, sondern – geradezu blinder und gerade deshalb liebender – Gehorsam gegenüber dem göttlichen Willen, völlige Preisgabe des Selbst und rückhaltlose Hingabe, weil sie – die Hoffnung – ansonsten zu einer die Liebe verunreinigenden Nebenabsicht aus Selbstliebe wird.

Religiöse Spontaneität – die Unmittelbarkeit des Wohlwollens und der Liebe – kann durch subjektive Reflexion nicht gerettet werden.[42] Gottesliebe verlangt aber nach dieser

---

38 Vgl. *Robert Spaemann*, Perspektive und View from nowhere, 2005, in: Ders., Schritte über uns hinaus (Fn. 13), Bd. 2, S. 267–278 (276): Fénelon hatte „das Moment der *delectatio*, der Freude, aus der Definition der reinen Liebe ausschließen wollen. Es ist dann in die Ästhetik abgewandert. Für die Ethik bleibt nur der reine gute Wille." Hervorhebung im Original.

39 *Spaemann*, Reflexion und Spontaneität (Fn. 1), S. 69.

40 *Spaemann*, Reflexion und Spontaneität (Fn. 1), S. 69 f.; zur Verzweiflung als einer ‚resignatio in infernum' vgl. *Spaemann*, Vorwort, in: Albrecht Kreuzer (Hrsg.), François Fénelon, Abhandlung über die reine Liebe (Fn. 4), S. 9–14 (12).

41 Das ist übrigens schon die Einsicht Platons, auf die *Spaemann*, Reflexion und Spontaneität (Fn. 4), S. 83, verweist. Der vollkommen Gerechte, so liest man bei Platon, *Politeia*, 361e–362b, stirbt am Pfahl: verlassen, verabscheut, gefoltert und gegeißelt, als Verbrecher gebrandmarkt, und kann aus seiner Gerechtigkeit keinerlei Trost beziehen; vgl. zum Thema und zu Platon *Christoph Böhr*, Signum crucis: Symbol religiöser Identität und säkularer Zivilität. Die säkulare Bedeutung des religiösen Sinnbilds: Zur Auslegung eines politisch-theologischen Symbols als epistemologisches Emblem der demokratischen Kultur, in: Christoph Böhr (Hrsg.), Die Verfassung der Freiheit und das Sinnbild des Kreuzes. Das Symbol, seine Anthropologie und die Kultur des säkularen Staates, Wiesbaden 2016, S. 233–301, hier bes. S. 257–268.

42 *Spaemann*, Reflexion und Spontaneität (Fn. 1), S. 85 f.: „Unmittelbarkeit, Spontaneität, Kindlichkeit, in der die ‚Schönheit' Gottes als sie selbst und nicht als ‚bonum mihi' zum Motiv wird, ist

Unmittelbarkeit als Selbstzweck. Fénelon glaubt, sie nur auf einem Weg finden zu können: in der Entscheidung zur reinen Liebe. Dieser Entschluss kann sich nicht auf Erkenntnisse aus der Natur und der Anthropologie stützen; sie ist ‚rein' auch hinsichtlich ihrer Unableitbarkeit. So – und nur so – kann christliche Ethik davor bewahrt werden, zu einer theologischen Variante des politischen Eudämonismus verunstaltet und missbraucht zu werden.[43]

IV. In Folge Fénelons: der Kampf um das subjektive Motiv des Handelns

Der Reflexionsphilosophie, die auf Gewissheit in der Vernunft des Denkens ausgeht, ist es unmöglich geworden, „Freiheit als Freiheit von sich selbst" zu denken, das „Seinlassenkönnen … als menschliche Möglichkeit" zu fassen. Damit, so folgert Spaemann, „erhebt sich die Notwendigkeit, das Wissen einzuschränken, um zum Glauben Platz zu bekommen', und, statt wie die Antike vom Können auszugehen, vom Sollen auf das Können zu schließen."[44] Immanuel Kant vollendet, so könnte man sagen, in dieser Hinsicht die Philosophie Fénelons. Denn tatsächlich sind die Parallelen im Denken der beiden schlagend.[45]

Die Tugend, so schreibt Fénelon, ist um der Tugend selbst als in sich erstrebenswert und durch sich selbst liebenswert, nicht um der mit ihr möglicherweise einhergehenden Lust des Geistes willen.[46] Wer Ethik begreift als Verfolgung der Tugend um der Tugend willen, kommt nicht umhin, dem Motiv einer Handlung, die im Namen der Sittlichkeit erfolgt, nachzuspüren. Von Fénelon an wird diese Frage „bis hin zu Kant" zentral. Erörtert wird das Problem „am Leitfaden des Interessebegriffs".[47] Wie aber kann ein Mensch sicher sein, nicht aus verdecktem Eigeninteresse gehandelt zu haben, sondern mit Gewissheit einem interessenlosen Antrieb gefolgt zu sein? Völlige Sicherheit hinsichtlich der Beantwortung dieser Frage gibt es nicht. Als Probe auf das Exempel kann allerdings die Verzweiflung angesichts der Unentscheidbarkeit der Frage nach dem tatsächlichen Motiv einer Handlung gelten – umso mehr, als es die Unentscheidbarkeit der Frage einen tiefen Grund in der Sache hat: Denn reine, vollkommene Selbstlosigkeit würde, indem sie jedwede Bevorzugung nicht gelten lassen darf, Liebe unmöglich machen. Sie führt also zum Tod der Liebe – und ihrer Wiederherstellung allein durch Gnade. „Wie die theoretische Seinsgewißheit für Fénelon nur gewonnen wird im Durchgang durch den radikalen, Descartes' Zweifel überbietenden Skeptizismus und dessen praktisch-sittliche Überwindung, so die Integrität

ihrerseits für Fénelon eine unendlich vermittelte. Sie muß durch den geistlichen Tod hindurchgegangen sein, um aus ihm als reiner, von keiner Reflexion einholbarer Akt der Freiheit hervorzugehen. Wenn dann von der Schönheit Gottes als einem Gegenstand des Wohlgefallens die Rede ist, so handelt es sich doch um etwas Neues. ‚Da dieses Vergnügen oder Wohlgefallen nichts anderes ist als die Spontaneität der tugendhaften Akte, ist es im Grunde in nichts von der Tugend selbst unterschieden.'" Das Zitat – hier in der Übersetzung Spaemanns – findet sich bei *François Fénelon*, Sur la Charité. Brief an den Bischof von Meaux, 1699, in: Oeuvres complètes de Fénelon (Fn. 20), Bd. 3, S. 354 ff. (357).

43 *Spaemann*, Reflexion und Spontaneität (Fn. 1), S. 81.

44 *Spaemann*, Reflexion und Spontaneität (Fn. 1), S. 87, unter Bezugnahme auf *Immanuel Kant*, Kritik der reinen Vernunft, 1781, B XXX.

45 Vgl. dazu auch *Spaemann*, Reflexion und Spontaneität (Fn. 1), S. 242 ff.

46 Vgl. *François Fénelon*, Sur la Charité (Fn. 42), S. 443, zitiert in der Übersetzung *Spaemanns* in: Reflexion und Spontaneität (Fn. 1), S. 49 f.

47 *Spaemann*, Reflexion und Spontaneität (Fn. 1), S. 80; vgl. dazu Fn. 33.

des Sittlichen, die reine Liebe nur im Durchgang durch jene reflektierte Überzeugung von der eigenen Verdammnis, in der sich die Moralische Skepsis La Rochefoucaulds zur religiösen Verzweiflung steigert.“[48] Aus dieser Verzweiflung kann der Mensch – wenn überhaupt – nur erlöst werden durch Gnade, nicht durch eigenes Zutun.

Der Sprung in den Sinn, so wurde oben gesagt, ist ein Sprung von der Erkenntnis, die sich in einem infiniten Regress verliert, in die Sittlichkeit, die nur als reine Liebe – eine Liebe, die nichts für sich selbst erwartet und begehrt – gedacht werden kann; gelingen kann dieser Sprung nur als ein Sprung in den Glauben.[49] Der Mensch muss werden wie das unschuldige Kind, um am Ende eines langen Weges zur Unmittelbarkeit – Spontaneität – wieder fähig – eigentlich muss man sagen: wieder begnadet – zu werden.

Kant, in dessen Druckschriften zumindest sich kein Hinweis auf Fénelon findet, wird das Problem ein paar Jahrzehnte später anders – und wohl auch schlüssiger – lösen; wenn man das Gesetz als die Form einer Handlungsbestimmung aus Tugend an die Stelle des amor purus setzt[50] – in diesem wie in jenem Fall wird verlangt, völlig vom intérêt propre abzusehen –, so reicht pflichtgemäßes Handeln nicht, um als Ausweis von Tugend gelten zu dürfen, obwohl es sich, rein äußerlich betrachtet, vom Handeln aus Pflicht gar nicht unterscheidet. Aber die Motive sind grundverschiedene. Tugend findet sich nur in einem Handeln, wenn dieses aus Pflicht – um der Achtung des Gesetzes und seiner objektiven Notwendigkeit willen – erfolgt. Das macht den Unterschied von Legalität[51] und Moralität aus. Aber Kant erwartet, anders als Fénelon, mitnichten, dass erst im Durchgang blanker Verzweiflung ein Handeln um der Tugend willen möglich ist. Für ihn ist allein entscheidend, damit jemand „nicht bloß ein *gesetzlich*, sondern *moralisch* guter (Gott wohlgefälliger) Mensch, d. i. tugendhaft nach dem intelligiblen Charakter (virtus noumenon), *werde*“, dass dann, „wenn er etwas als Pflicht erkennt, keiner anderen Triebfeder weiter bedarf, als dieser Vorstellung der Pflicht selbst“.[52] Wo für Fénelon nach dem ‚Tod der Liebe‘ allein deren Wiederherstellung durch Gnade möglich ist, hält Kant „eine Art von Wiedergeburt, gleich als durch eine neue Schöpfung“, durch eine „*Revolution* in der Gesinnung im Menschen (einen Übergang zur Maxime der Heiligkeit derselben)“, als eine „Änderung des Herzens“[53] – und zwar „durch eigene Kräfte“[54] – für jederzeit möglich. Ein „guter Mensch“ ist freilich nur „in

48 *Spaemann*, Reflexion und Spontaneität (Fn. 1), S. 110.

49 Vgl. *François Fénelon*, Allgemeine Anleitung um den innerlichen Frieden zu haben. Eine Auswahl aus Fenelons Werken religiösen Inhalts von Matthias Claudius (Fn. 33), S. 34: Gemeint ist der bloße, nackte Glaube, der nicht durch innere Gnadenerweise und himmlische Tröstungen gestützt wird, „die Nacktheit des dunklen Glaubens, daß ist der völlige Marter-Tod und folglich der Zustand, der von der Täuschung am weitesten entfernt ist.“ Diese „dunkle Nacktheit“ des Glaubens allein entwaffnet den Willen und den Eigensinn, die sich von der Selbstliebe täuschen lassen.

50 Allerdings kennt auch Kant die Liebe zum Gesetz, die er als Heiligkeit bestimmt, wenn die subjektiven Maximen völlig mit dem objektiven Gesetz übereinstimmen, mithin nicht aus Achtung vor dem Gesetz, unter Absehung von Tugend und Pflicht, sondern ohne Gehorsam, aus reiner Liebe zum Gesetz gehandelt wird. Für ein endliches Wesen bleibt das eine Idee, die man in Gott als Person denkt.

51 *Spaemann*, Reflexion und Spontaneität (Fn. 1), S. 138, weist auf die Gefahren hin, die jede „Absage an … gewissenhafte Legalität“, wie sie auch bei Fénelon gefordert wird, birgt.

52 *Immanuel Kant*, Die Religion innerhalb der Grenzen der blossen Vernunft, 1793, B 54. Hervorhebungen im Original.

53 *Immanuel Kant* (Fn. 52), B 54. Hervorhebung im Original.

54 *Immanuel Kant* (Fn. 52), B 54; vgl. dazu *Spaemann*, Reflexion und Spontaneität (Fn. 1), S. 144: Für Fénelon ist „– im Unterschied zu Kant, mit dessen Ethik ihn so viel verbindet – das Gottesver-

kontinuierlichem Wirken und Werden" vorstellbar. Dem würde Fénelon vermutlich zustimmen. Aber Kants Schlussfolgerung beleuchtet dann doch einen tiefgreifenden Unterschied zwischen beiden Philosophen, wenn es heißt: „*Dies*" – nämlich das die Reinheit des Prinzips und die Festigkeit des Willens kontinuierlich bestärkende Wirken und Werden eines guten Menschen – „ist für denjenigen, der den intelligiblen Grund des Herzens (aller Maximen der Willkür) *durchschauet*, für den also diese Unendlichkeit des Fortschritts Einheit ist, d. i. für Gott so viel, als wirklich ein guter (ihm gefälliger) Mensch sein".[55]

Die Affizierung des Willens durch Selbstliebe – also Sinnlichkeit als der mit Tugend verbundenen Glücksverheißung – blieb für Fénelon eine Schwierigkeit, die ihn in die Verzweiflung führte. Kant löst diese Schwierigkeit der Gefahr einer Affizierung durch Selbstliebe dadurch, dass er den Begriff des Gesetzes als objektiv notwendige Regel bestimmt, die alle bloß subjektiv individuellen Nebenabsichten ausschaltet.[56] Gesetze der reinen praktischen Vernunft berücksichtigen nicht die Neigungen der Sinnlichkeit, sie sind formal, ausschließlich vernunftgemäß, und gelten somit allgemeingültig und unbedingt.[57] Die Vernunftform der allgemeinen Gesetzmäßigkeit lässt keinerlei Affizierung durch Eigenliebe zu.

Kants Lösung unterscheidet sich mithin von der Fénelons erheblich.[58] Das darf aber weniger verwundern als die erstaunliche Tatsache, dass beide von der gleichen Ausgangsfrage bedrängt wurden – einer Frage, von der beide zuverlässig erkannten, dass von ihrer Beantwortung nicht nur für die Zukunft von Theologie und Philosophie, sondern für das Denken überhaupt entscheidendes auf dem Spiel steht. Für die Reflexionsphilosophie, wie Spaemann sie nennt und bestimmt, hängt alles davon ab, Gewissheit im Denken des Subjekts zu finden. Fénelon und Kant, die beide auf dem Boden der Reflexionsphilosophie stehen, sind eng verbunden in der Suche nach dem Weg, auf dem dies gelingen kann.[59] Die Antwort Kants ist dabei wohl tragfähiger als die Fénelons. Aber die Tatsache, dass die gleiche Frage die Philosophie heute immer noch so beschäftigt wie im 17. und im 18. Jahrhundert, bezeugt das Gewicht der Frage und die Schwierigkeit, eine befriedigende Antwort auf sie zu finden.

---

hältnis, obgleich selbst an sittliche Voraussetzungen geknüpft, doch auch andererseits eine notwendige Bedingung der Möglichkeit reiner Sittlichkeit".

55 *Immanuel Kant* (Fn. 52), B 55. Hervorhebungen im Original.

56 *François Fénelon*, Allgemeine Anleitung um den innerlichen Frieden zu haben. Eine Auswahl aus Fenelons Werken religiösen Inhalts von Matthias Claudius (Fn. 33), S. 99: „das Gute lieben um des Guten selbst willen." Man kann sagen: Was für Kant das Gesetz, ist für Fénelon der amor purus.

57 Vgl. zum Beispiel *Immanuel Kant*, Grundlegung zur Metaphysik der Sitten, 1785, Vorrede, B IX f.; eben deshalb muss der Moralphilosophie die Metaphysik vorangehen.

58 Zu Gleichklängen und Unterschieden vgl. *Mary Bernard Curran,* What is pure, what is good? Disinterestedness in Fénelon and Kant, The Heythrope Journal 50 (2009) S. 95–105, abrufbar unter https://onlinelibrary.wiley.com/doi/pdf/10.1111/j.1468-2265.2009.00418.x, letzter Aufruf am 11. August 2020.

59 Vgl. *Spaemann*, Reflexion und Spontaneität (Fn. 1), S. 242: „Amour pur als totale ‚Entselbstung' des Selbst, als reiner ‚guter Wille', reines Désintéressement ist einerseits letzte und in ihrer Gültigkeit unbedingte Norm des Menschseins, darin dem kategorischen Imperativ Kants verwandt und ihn vorbereitend." Wer dieser Norm folgt, muss die Entfremdung von aller Unmittelbarkeit auf sich nehmen und in seiner Subjektivität, in der allein er Halt finden kann, und, ebd., S. 241, „als heilbringendes Kreuz zu tragen bereit" sein. „Der Weg des amour pur ist der Weg der schrittweisen Erstarkung der Subjektivität für diese ihre Aufgabe."

Eben diese Zusammenhänge im Übergang zur Moderne hat Spaemann wohl als Erster gesehen. Aus diesem Grund widmet er Fénelon seine Aufmerksamkeit und spricht ihm eine Bedeutung zu, die vielleicht auf den ersten Blick – aber nicht mehr bei näherem Hinsehen – überraschen mag. Denn mit „dem Verblassen der Gestalt Fénelons im europäischen Bewußtsein verblasst etwas Unersetzliches mit … Die Sache, um die es im amour-pur-Streit ging, ist seit Platon für das Denken da. Wie sie zu Leben werden kann, zeigen Fénelons subtile Briefe der Seelenführung“.[60] Für Fénelon war Philosophie immer die Frage nach der Lebensform. Und ein zweites ist festzuhalten: „Die Weise, wie Fénelon die Reflexion als zentrales Problem thematisiert, verleiht ihm mehr als alles seinen Rang in der Geschichte des neuzeitlichen Bewußtseins.“[61]

So ist der erbitterte Streit zwischen den beiden Bischöfen vor allem ein Indiz dafür, dass es um eine Sache ging, der beide eine entscheidende Bedeutung beimaßen. Es ging – und geht bis heute – um die Grundlage und Beweggründe sittlichen Handelns, genauer gesagt um die Frage: Ob Sittlichkeit nicht jene Selbstüberschreitung des Menschen voraussetzt, von der heute großenteils bestritten wird, dass sie überhaupt möglich ist. Wenn es zutrifft, dass erst „die Gottesliebe … das Ich von sich selbst“ befreit und „zu jener Selbstvergessenheit“ führt, „die als höchste Sittlichkeit der Moral spottet“,[62] dann werden schlagartig zwei Dinge klar: nämlich einerseits die Zögerlichkeit von uns Heutigen, eine Befreiung des Ich von sich selbst in den Blick nehmen zu wollen, und andererseits der Überschwang, mit dem heute Moralisierung und Moralismus über alle Stränge schlagen. Das Selbst in sich selbst sterben zu lassen, steht als Ziel ihrer Lebensführung den Menschen nicht mehr vor Augen. Wofür, so meinen viele, sollte man es auch sterben lassen, da es doch das Höchste ist, was dem Leben Halt und Richtung geben kann? Ist Selbstüberschreitung, ja Selbstvergessenheit das Ziel – oder sollte, wie heute regelmäßig behauptet, nicht vielmehr allergrößte Aufmerksamkeit gegenüber dem eigenen Selbst – also Selbstliebe – das Ziel sein? So eindeutig sich unsere Zeit hinsichtlich dieser Frage in Stellung bringt, so unterschwellig bleibt die Spannung zwischen beiden Maximen der Lebensführung bis heute bewusst, wenn die Koordinaten des ‚selfish system‘ manchmal Unbehagen wachrufen. Dennoch: es ist wohl kaum ein Topos ethischer Argumentation in der Gegenwart so verbreitet wie jener, dass ein ethisches Postulat doch im Kern dem Verzicht auf Selbstschädigung entspricht, also der Eigenliebe dient. Als ob es darum ginge! Vielmehr ist Sittlichkeit die Tür, durch die das Unbedingte in das Leben eines Menschen tritt – im Verzicht auf Selbstliebe als ihre eigene, gar eigentliche Triebfeder: also in der Form der Selbstüberschreitung.

---

60 *Spaemann*, Reflexion und Spontaneität (Fn. 1), S. 14.

61 *Spaemann*, Reflexion und Spontaneität (Fn. 1), S. 127; Spaemann fährt fort: „Die philosophische Vernunft hatte mit ihrem Ausgang von der Gewißheitsfrage und der Erkenntnistheorie die Form der alle gegenständliche Erkenntnis mediatisierenden Reflexion angenommen. Wir haben gesehen, wie Fénelon das Problem der Gewißheitsbegründung löst, indem er die Reflexion bis an jenen Punkt führt, wo sich jede Gewißheit auflöst. Erst dann beginnt die Reflexion, sich selbst problematisch zu werden und sich durch einen Sprung aufzuheben. Das metaphysische Problem wird damit letztlich zu einem ethischen, wenngleich dort, wo es um das reale Problem der Überwindung der Reflexion geht, also in der Praxis, an die Stelle des Sprunges ein langwieriger, willkürlich nicht zu beschleunigender Prozeß steht, denn hier ist ‚Überwindung der Reflexion‘ gleichbedeutend mit Überwindung jenes ‚Interesses‘, das die Reflexion aus sich stets hervortreibt.“

62 *Spaemann*, Reflexion und Spontaneität (Fn. 1), S. 50, Fn.; vgl. auch in diesem Beitrag oben, Fn. 30: Das Ich ist Geschenk, nicht sein eigener Gott, und muss sich gerade deshalb auf Gott hin zu überschreiten.

Darauf aufmerksam gemacht zu haben – und angesichts der Alternative, die jeder Mensch im Blick auf seine Lebensführung vor Augen hat, die Reflexion auf diese Alternative wie kaum ein anderer sonst vertieft zu haben[63], gehört zu den großen, bleibenden – man ist versucht zu sagen: unsterblichen – Verdiensten Spaemanns. Man wagt gar nicht, darüber nachzudenken, wie die Theologische Ethik sich in der Nachfolge Kants entwickelt hätte, wenn es nicht das politisch erwirkte Verdikt des Apostolischen Stuhls gegen Fénelon gegeben hätte. Freilich betraf die Verurteilung nur insgesamt dreiundzwanzig Sätze; aber die Wirkung war die von der Politik erhoffte: Fénelon galt forthin der Häresie verdächtig. Dabei hat er nur folgerichtig zu Ende gedacht, was anderen längst zu einer Selbstverständlichkeit geworden war.

Spaemanns Buch über Fénelon – geschrieben in der ersten Hälfte seiner dreißiger Jahre – lenkt den Blick wie durch ein Brennglas auf die vermutlich entscheidende tektonische Verschiebung innerhalb der abendländischen Geistesgeschichte: von der in Subjektivität rezipierten Wirklichkeit hin zu einer durch Subjektivität mediatisierten – heute sagen viele noch zugespitzter: ausschließlich in der Subjektivität konstituierten und konstruierten – Wirklichkeit. Was dieses innere Beben im Denken am Beginn der Neuzeit für sittliches Handeln bis heute bedeutet, hat Spaemann uns wie kein Zweiter in letzter Deutlichkeit vor Augen geführt. Im Denken der Neuzeit findet sich das Gute nicht mehr in der Natur der Dinge, sondern nur noch in der Reflexion des Menschen.

Und doch bleibt das Verhältnis zwischen Spontaneität und Reflexion – dem unvermittelten, reinen guten Willen und dem im Selbstbewusstsein vermittelten Entschluss zum Guten – spannungsgeladen, weil das Selbstbewusstsein immer wieder nach einem Widerlager in der Natur sucht, um eine Beziehung seiner Interiorität zur Exteriorität aufzubauen. Eine zufriedenstellende Erfüllung dieses Wunsches mag dem Menschen letztendlich versagt bleiben. Dennoch ist Versöhnung möglich: als die Aufdeckung des exterioren Seins im interioren Raum des Selbstseins,[64] anders ausgedrückt: im ordo amoris. Auch in dieser Ordnung der Liebe bleiben allerdings uneigennütziges Wohlwollen und glücksverlangendes Begehren nie eindeutig geschieden. Deshalb ist der Entschluss zur ‚Entselbstung' die Voraussetzung für den Vollzug einer in sich guten Handlung. Wie das gelingen kann, hat Spaemann in *Glück und Wohlwollen* eindrucksvoll gezeigt. Sein Weg einer Überwindung der Krise der Moderne durch eine Versöhnung der Spontaneität mit der Reflexion zielt auf die Erkenntnis des Seins, das sich dem Menschen im Selbstsein zeigt, wenn und insofern dieser sich selbst überschreitet. Der Weg, den Spaemann einschlägt, ist die fundamentale Alternative zum zeitgenössischen Moralismus und nimmt seinen Ausgang in den Überlegungen Fénelons. Wie dieser Weg zu einem gelingenden Leben führen kann, hat bis heute vermutlich niemand tiefer ausgelotet als Spaemann.

---

63 Als eine Fortsetzung des Buches über Fénelon – und der dort behandelten Spannung zwischen antiken und modernen Entwürfen von Ethik – kann man Spaemanns *Versuch über Ethik* betrachten; in diesem Buch erläutert er die gedanklichen und tatsächlichen Voraussetzungen einer Ethik, nach der das auf sein Glück hin geordnete Leben sich aus sich selbst heraus überschreitet, wenn es denn gelingen will; vgl. *Spaemann*, Glück und Wohlwollen (Fn. 8), bes. S. 128f.

64 Das meint Spaemanns Wort von der Wirklichkeit als Anthropomorphismus; vgl. dazu die luzide Interpretation bei *Walter Schweidler*, Die Sicherheit des Zweifels. Bemerkungen zu Robert Spaemanns, Wirklichkeit als Anthropomorphismus', in: Josef Kreiml/Michael Stickelbroeck (Hrsgg.), Die Person – ihr Selbstsein und ihr Handeln. Zur Philosophie Robert Spaemanns, Regensburg 2016, S. 60–74, bes. S. 72.

VON DER PFLICHT, DEN GESETZEN ZU GEHORCHEN, UND IHREN GRENZEN

Von *Konstantin Kuchenbauer**

Kreon: Du wagst es, das Gesetz zu übertreten?

Antigone: Nicht achte ich für so mächtig deine Befehle,
dass dir, dem Sterblichen, der Götter ungeschriebenes,
ewiges Gesetz sich beugen müsste.

Sophokles (496/405 v. Chr.), Antigone

I. Einleitung

Politische Entscheidungen, die den Einzelnen und die Gesellschaft fundamental betreffen, haben immer wieder zu zivilen Demonstrationen und Protestaktionen unterschiedlichster ideologischer Gruppierungen geführt. Anfang der 1970er Jahre bildete sich in Deutschland die Anti-Atomkraft-Bewegung als sozialer Protest gegen die friedliche Nutzung der Atomenergie. Der sog. „NATO-Doppelbeschluss", der die Grundlage für die Stationierung neuer atomarer Mittelstreckenraketen in Europa bildete, beherrschte die außen- und innenpolitischen Debatten Deutschlands von 1979 bis 1983 und führte zu Friedensdemonstrationen, Sitzblockaden und Menschenketten. Verschiedene Gruppierungen, sog. „Klimaaktivisten", wollen in jüngerer Zeit mit ihren Aktionen die jeweiligen Regierungen veranlassen, Maßnahmen zum Klimaschutz zu ergreifen.

Im Zusammenhang mit diesen Aktionen, die sich nicht selten über die bestehenden Gesetze hinwegsetzen, wird unter dem Gesichtspunkt des „Zivilen Ungehorsams" diskutiert, ob und ggf. unter welchen Voraussetzungen es zulässig ist, in Verfolgung eines angenommenen, höherrangigen moralischen Rechts das gesetzte Recht zu missachten.[1]

Die vorliegende Abhandlung will untersuchen, ob es eine Pflicht gibt, den bestehenden positiven Gesetzen zu gehorchen, und wenn das zu bejahen ist, wo die Grenzen einer derartigen Pflicht liegen.

---

* Dr. iur., Richter am Oberlandesgericht München.

1 *Braune* (Hrsg.), Ziviler Ungehorsam, Texte von Thoreau bis Occupy, Reclam, 2017; *Glotz* (Hrsg.), Ziviler Ungehorsam im Rechtsstaat, 2015; aus neuester Zeit *Schwarz*, Rechtsstaat und ziviler Ungehorsam, NJW 2023, 275 ff.; *Eidam*, Klimaschutz und ziviler Ungehorsam, JZ 2023, 224 ff.; *Rönnau*, Klimaaktivismus und ziviler Ungehorsam, Jus 2023, 112 ff.; *Honer*, Ziviler Ungehorsam in der freiheitlichen Demokratie des Grundgesetzes, Jus 2023, 408 ff.; *Leitmeier*, Ziviler Ungehorsam und autoritärer Legalismus?, HRRS 2023, 70 ff.

Duncker & Humblot · Berlin | https://doi.org/10.3790/978-3-428-58515-1.2025.387919

Christlicher Glaube und die Staatsphilosophie der Aufklärung haben die Wertordnung des Grundgesetzes maßgeblich geprägt.[2] Es ist deshalb gerechtfertigt, die aufgeworfene Frage zunächst aus der Sicht der katholischen Soziallehre (II.) und der Philosophie der Aufklärung (III.), sodann im Unrechtsstaat (IV.) und schließlich aus der Sicht des demokratischen Rechtsstaats (V.) zu behandeln. Dabei kann es nicht darum gehen, die Fragestellung abschließend zu beantworten, es gilt vielmehr, Grundzüge und Argumentationslinien herauszuarbeiten, die als Grundlage für die eigene Meinungsbildung und für den Diskurs mit Dritten herangezogen werden können. Dazu soll insbesondere die quellenbasierte Darstellung der Problematik beitragen.

II. Gesetzesgehorsam aus der Sicht der katholischen Soziallehre

Die Aussagen der katholischen Soziallehre zu einer Pflicht, dem staatlichen, gesetzten Recht zu gehorchen, sollen anhand des Neuen Testaments und späterer Quellen (1.), nach der Lehre des Kirchenlehrers Augustinus (2.), nach der Gesetzeslehre des Thomas von Aquin (3.) und neueren Lehrschreiben der katholischen Kirche (4.) dargestellt werden.[3]

1. Neues Testament und spätere Quellen

Bereits in seinen Anfangsgründen war das Christentum im römischen Kaiserreich vor die Aufgabe gestellt, sich im Staatsgefüge zu positionieren und sein Verhältnis zur staatlichen Gewalt, zum römischen Kaiser, zu klären.

a) Jesus und die Staatsgewalt

Jesus hat keine Staatstheorie oder Staatsethik entwickelt, er hat sich aber insbesondere im „Zinsgroschengleichnis" und vor Pilatus zur staatlichen Macht verhalten.

Im „Zinsgroschengleichnis" ist ausgeführt:

> „[15] Damals kamen die Pharisäer zusammen und beschlossen, Jesus mit einer Frage eine Falle zu stellen. [16] Sie veranlassten ihre Jünger, zusammen mit den Anhängern des Herodes zu ihm zu gehen und zu sagen: Meister, wir wissen, daß du die Wahrheit sagst und wahrhaftig den Weg Gottes lehrst und auf niemanden Rücksicht nimmst, denn du siehst nicht auf die Person. [17] Sag uns also: Was meinst du? Ist es erlaubt, dem Kaiser Steuer zu zahlen, oder nicht?
> [18] Jesus aber erkannte ihre böse Absicht und sagte: Ihr Heuchler, warum versucht ihr mich? [19] Zeigt mir die Münze, mit der ihr eure Steuern bezahlt! Da hielten sie ihm einen Denar hin. [20] Er fragte sie: Wessen Bild und Aufschrift ist das? [21] Sie antworteten ihm: Des Kaisers. Darauf sagte er zu ihnen:

---

2 BVerfG, NJW 1956, 1393, 1399 – Verfassungswidrigkeit der KPD; BVerfG, NJW 1976, 950f. christliche Gemeinschaftsschule; BVerfG, NJW 1995, 2477, 2479 – Kruzifix in staatlichen Pflichtschulen.

3 Siehe dazu auch *Hergenröther*, Der Gehorsam gegen die weltliche Obrigkeit und dessen Gränzen nach der Lehre der katholischen Kirche,1877; *Schlette*, Die Aussagen des Neuen Testamentes über „den Staat", ARSP 48 (1962), 179ff.

So gebt dem Kaiser, was dem Kaiser gehört, und Gott, was Gott gehört! 22 Als sie das hörten, staunten sie, ließen ihn stehen und gingen weg." [4]

Jesus unterscheidet die geistliche und die weltliche Gewalt. Er hebt die bestehende staatliche Ordnung nicht auf. Der Christ ist dem Staat und Gott im Gewissen zur Loyalität verpflichtet.[5] Ohne eine ausdrückliche Abgrenzung zwischen den Gewalten vorzunehmen, zeigt Jesus die Unzulässigkeit der Ausdehnung der einen Gewalt auf Kosten der anderen auf. Der Schwerpunkt der Sentenz „So gebt dem Kaiser, was dem Kaiser gehört, und Gott, was Gott gehört!" (Vers 21) liegt auf deren zweiten Teil, der auf den Kaiser bezogen lautet, man soll dem Kaiser nicht geben, was Gott gebührt. Die Antwort Jesu lehnt damit Staatsvergottung und Theokratie ab.[6] Überschreitet der Staat seine Begrenzung, erhebt sich etwa der Kaiser zum Gott, droht er als diabolisches Tier aus dem Abgrund seine Bürger zu verschlingen.[7] Gehorsam würde dann zur Verleugnung Gottes führen. Die weltliche Macht ist somit nicht unbeschränkt.[8] Der Gehorsam des Christen gegenüber der weltlichen Obrigkeit darf nicht in Widerspruch zu dem Gehorsam gegen Gott stehen,[9] oder mit den Worten der Apostelgeschichte: „Man muß Gott mehr gehorchen als den Menschen."[10]

Zur weltlichen Macht verhält sich Jesus auch als er als Angeklagter vor Pilatus gebracht worden war. Als er auf Fragen nicht mehr antwortete, entwickelte sich folgender Dialog mit Pilatus:

> 10 Da sagte Pilatus zu ihm: Du sprichst nicht mit mir? Weißt du nicht, daß ich Macht habe, dich freizulassen, und Macht, dich zu kreuzigen? 11 Jesus antwortete ihm: Du hättest keine Macht über mich, wenn es dir nicht von oben gegeben wäre; darum hat auch der eine größere Sünde, der mich dir ausgeliefert hat."[11]

Als Pilatus, als Vertreter der staatlichen Gewalt, die Macht in Anspruch nimmt, mit Jesus nach Belieben zu verfahren, weist Jesus ihn darauf hin, dass absolute Macht nur Gott zukommt, die dieser „von oben" verleiht. Damit wird deutlich, dass die staatliche Macht nicht absolut sein kann, vielmehr in der Verantwortung vor Gott steht. Pilatus verfälschte

---

4 Mt. 22, 15–22; Mk. 12, 13–17; Lk. 20, 20–25; Zitate aus dem Neuen Testament erfolgen hier und nachfolgend nach der Einheitsübersetzung der Heiligen Schrift, 2016.

5 *Spindelböck*, Aktives Widerstandsrecht – Die Problematik der sittlichen Legitimität von Gewalt in der Auseinandersetzung mit ungerechter staatlicher Macht, 1994, S. 20f.; *Ernst*, Das Evangelium nach Markus, 1989, S. 347.

6 *Höffner*, Christliche Gesellschaftslehre, 1983, S. 248.

7 Apk. 13; siehe dazu *Ratzinger*, Die Bedeutung religiöser und sittlicher Werte in der pluralistischen Gesellschaft, in ders., Werte in Zeiten des Umbruchs, 2005, S. 49, 55: „Nicht ist es Aufgabe des Staates, das Glück der Menschheit herbeizuführen, und nicht ist es daher seine Aufgabe, neue Menschen zu erschaffen. Es ist ferner nicht seine Aufgabe, die Welt in ein Paradies zu verwandeln, und er kann es auch nicht; wenn er es dennoch versucht, setzt er sich absolut und verlässt dann seine Grenzen. Er benimmt sich dann, als ob er Gott wäre, und wird dadurch – wie die Apokalypse zeigt – zum Tier aus dem Abgrund, zur Macht des Antichrist."

8 *Ratzinger*, Politische Visionen und Praxis der Politik, in: ders., Werte in Zeiten des Umbruchs, 2005, S. 10, 17–22.

9 *Hergenröther*, a.a.O. (Fn. 3), S. 6.

10 Apg. 5, 29.

11 Joh. 19, 10–11.

die ihm anvertraute staatliche Macht, indem er sich selbst legitimierte, seine Macht nicht mehr an der Wahrheit orientierte, sondern als reine, absolute Macht verstand.[12]

Gegenüber ungerechter staatlicher Gewalt, wenn die staatliche Gewalt fordert, sich dem Willen Gottes zu widersetzen, leistet der Christ Widerstand, jedoch nicht mit Gewalt. „Einen aktiven Widerstand deutet Jesus", worauf Spindelböck hinweist, „weder durch sein Leben noch durch seine Lehre an."[13]

So hat Jesus die Schläge eines Dieners des Hohepriesters Hannas ertragen, ohne sich mit Gewalt zu verteidigen. Er hat lediglich auf das ihm angetane Unrecht hingewiesen.

> „[19] Der Hohepriester befragte Jesus über seine Jünger und über seine Lehre. [20]Jesus antwortete ihm: Ich habe offen vor aller Welt gesprochen. Ich habe immer in der Synagoge und im Tempel gelehrt, wo alle Juden zusammenkommen. Nichts habe ich im Geheimen gesprochen. [21]Warum fragst du mich? Frag doch die, die gehört haben, was ich zu ihnen gesagt habe; siehe, sie wissen, was ich geredet habe. [22]Als er dies sagte, schlug einer von den Dienern, der dabeistand, Jesus ins Gesicht und sagte: Antwortest du so dem Hohepriester? [23] Jesus entgegnete ihm: Wenn es nicht recht war, was ich gesagt habe, dann weise es nach; wenn es aber recht war, warum schlägst du mich?"[14]

Als Petrus ihn im Garten Gethsemane mit dem Schwert verteidigte, um seine Festnahme zu verhindern, hat Jesus ihn zurechtgewiesen und damit weiteren gewaltsamen Widerstand gegen die staatliche Macht verhindert.

> „[10] Simon Petrus, der ein Schwert bei sich hatte, zog es, traf damit den Diener des Hohepriesters und hieb ihm das rechte Ohr ab; der Diener aber hieß Malchus. [11] Da sagte Jesus zu Petrus: Steck das Schwert in die Scheide! Der Kelch, den mir der Vater gegeben hat – soll ich ihn nicht trinken?"[15]

In der Bergpredigt fordert Jesus den freiwilligen Gewaltverzicht.

> „[38] Ihr habt gehört, daß gesagt worden ist: Auge für Auge und Zahn für Zahn. [39] Ich aber sage euch: Leistet dem, der euch etwas Böses antut, keinen Widerstand, sondern wenn dich einer auf die rechte Wange schlägt, dann halt ihm auch die andere hin! [40] Und wenn dich einer vor Gericht bringen will, um dir das Hemd wegzunehmen, dann lass ihm auch den Mantel! [41] Und wenn dich einer zwingen will, eine Meile mit ihm zu gehen, dann geh zwei mit ihm!"[16]

Der Widerstand des Christen ist, wie Ratzinger hervorgehoben hat, nicht der Widerstand aktiver Gewalt, sondern der Widerstand dessen, der für Gottes Wille bereit ist, zu leiden,[17] der bereit ist, das Martyrium auf sich zu nehmen.[18] So ist im *ersten Petrusbrief* ausgeführt:

---

12 *Ratzinger*, a.a.O. (Fn. 7), S. 49, 53f.

13 *Spindelböck*, a.a.O. (Fn. 5), S. 22.

14 Joh. 18, 19–23.

15 Joh. 18, 10f.

16 Matt. 5, 38–41.

17 *Ratzinger*, a.a.O. (Fn. 8), S. 10, 19.

18 *Johannes Paul II.*, Enz. Veritatis splendor, 6. 8. 1993, Ziff. 76: „Es gereicht den Christen zur Ehre, Gott mehr zu gehorchen als den Menschen und dafür auch das Martyrium auf sich zu nehmen, wie es die heiligen Männer und Frauen des Alten und Neuen Testamentes getan haben; sie wurden als heilig anerkannt, weil sie eher ihr Leben hingegeben haben als diese oder jene im Widerspruch zum Glauben oder zur Tugend stehende konkrete Einzelhandlung auszuführen".

„[15] Wenn einer von euch leiden muss, soll es nicht deswegen sein, weil er ein Mörder oder ein Dieb ist, weil er Böses tut oder sich in fremde Angelegenheiten einmischt. [16] Wenn er aber leidet, weil er Christ ist, dann soll er sich nicht schämen, sondern Gott darin verherrlichen."[19]

b) Apostel Paulus

Der Apostel Paulus hat im *Römerbrief* zur Legitimation des Staates und zur Gehorsamspflicht gegenüber seinen Anordnungen ausgeführt:

„[1] Jeder ordne sich den Trägern der staatlichen Gewalt unter. Denn es gibt keine staatliche Gewalt außer von Gott; die jetzt bestehenden, sind von Gott eingesetzt. [2] Wer sich daher der staatlichen Gewalt widersetzt, stellt sich gegen die Ordnung Gottes, und wer sich ihm entgegenstellt, wird dem Gericht verfallen. [3] Vor den Trägern der Macht hat sich nicht die gute, sondern die böse Tat zu fürchten; willst du also ohne Furcht vor der staatlichen Gewalt leben, dann tue das Gute, so daß du ihre Anerkennung findest! [4] Denn sie steht im Dienst Gottes für dich zum Guten. Wenn du aber das Böse tust, fürchte dich! Denn nicht ohne Grund trägt sie das Schwert. Sie steht nämlich im Dienst Gottes und vollstreckt das Urteil an dem, der das Böse tut. [5] Deshalb ist es notwendig, sich unterzuordnen, nicht allein um der Strafe, sondern auch um des Gewissens willen. [6] Das ist auch der Grund, weshalb ihr Steuern zahlt; denn in Gottes Auftrag handeln jene, die Steuern einzuziehen haben. [7] Gebt allen, was ihr ihnen schuldig seid, Steuer, wem ihr Steuer schuldet, Zoll, wem ihr Zoll schuldet, Furcht, wem ihr Furcht schuldet, Ehre, wem ihr Ehre schuldet!"[20]

Der *Römerbrief* beschreibt, worauf Ratzinger hingewiesen hat, den Saat in seiner geordneten Form, der sich an seine Gesetze hält und sich nicht selbst als Quelle von Wahrheit und Recht ausgibt.[21] Diesem Staat gebührt Gehorsam, weil er von Gott eingesetzt ist und im Dienste Gottes steht (Vers 1, 4). Wer sich dieser staatlichen Gewalt widersetzt, stellt sich gegen die Ordnung Gottes und verfällt dem Gericht (Vers 2). Ein Widerstandsrecht ist nicht gegeben.

Die Geheime Offenbarung, so Ratzinger weiter, zeige demgegenüber den Staat, der sich selbst für Gott erklärt und aus Eigenem festlegt, was als gerecht und wahr zu gelten hat. Ein solcher Staat zerstöre den Menschen und könne keinen Gehorsam mehr einfordern.[22] In einem solchen Fall sprechen die im Folgenden dargestellten Überlegungen für eine Begrenzung der Gehorsamspflicht und für ein Widerstandsrecht.

Der Staat erfüllt zwar auch in den Fällen des Missbrauchs seiner Gewalt eine gewisse Ordnungsfunktion, er hört jedoch auf „Staat" zu sein und „staatliche Gewalt" auszuüben, der man sich „unterzuordnen" habe (Vers 1), wenn er sich selbst absolut setzt, oder fundamental gegen seine Verpflichtung verstößt, das Gemeinwohl zu verwirklichen.[23] Ein

---

19 1 Petr. 4, 15 f.

20 Röm. 13, 1–7.

21 *Ratzinger*, a.a.O. (Fn. 7), S. 49, 55; ebenso *Pribilla*, An den Grenzen der Staatsgewalt, 1948, in: A. Kaufmann (Hrsg.), Widerstandsrecht, 1972, S. 211, 218. A. A. *Schlier*, Die Beurteilung des Staates im Neuen Testament, in: ders., Die Zeit der Kirche, Exegetische Aufsätze und Vorträge, 1956, S. 1, 8 f.: „Die Konsequenz der göttlichen Einsetzung jeder staatlichen Autorität ist aber die, dass es für das Gehorchen des Einzelnen absolut gleichgültig ist, welcher Art die regierende Obrigkeit ist: ob sie eine gute oder eine schlechte ist, eine – was damals ja überhaupt nicht in Frage kam – christliche oder eine unchristliche, ob sie ihre Autorität auf diese oder jene Weise begründet oder durchsetzt, ob sie ihrer Verfassung nach Monarchie, Demokratie oder Diktatur ist."

22 *Ratzinger*, a.a.O. (Fn. 7), S. 49, 55.

23 *Spindelböck*, a.a.O. (Fn. 5), S. 29.

weiterer Ansatz für die Begrenzung der Gehorsamspflicht ergibt sich aus ihrer Verankerung im „Gewissen" des Einzelnen (Vers 5). Bei einer Verletzung des Gesetzes Gottes, wenn die staatliche Gewalt Gott nicht gibt, „was Gott gehört",[24] ist ihr nicht zu gehorchen[25] und Widerstand möglich.[26] Schließlich kann Römer 13, 1–7 naturrechtlich interpretiert werden. Danach gebührt, wie Zsifkovits ausgeführt hat, zwar auch dem totalitären Staat noch Gehorsam, „soweit seine Anordnungen noch irgendwie mit den Befehlen Gottes in Verbindung zu bringen sind." Das sei aber dann nicht mehr der Fall, „wenn sie naturrechtlich oder positiv göttlichen Forderungen zuwiderlaufen."[27]

Ist gegen Missbrauch der staatlichen Gewalt Widerstand möglich, leistet der Christ „passiven Widerstand" und nimmt hierfür Leid, Verfolgung bis zum Martyrium auf sich. Das zeigt das Verhalten der Apostel vor dem Hohen Rat und ist den Ausführungen der Geheimen Offenbarung zu entnehmen.

> „[18] Und sie riefen sie herein und verboten ihnen, jemals wieder im Namen Jesu zu verkünden und zu lehren. [19] Doch Petrus und Johannes antworteten ihnen: Ob es vor Gott recht ist, mehr auf euch zu hören als auf Gott, das entscheidet selbst. [20] Wir können unmöglich schweigen über das, was wir gesehen und gehört haben. [21] Jene aber drohten ihnen noch mehr und ließen sie dann gehen; denn sie sahen keine Möglichkeit, sie zu bestrafen, mit Rücksicht auf das Volk, da alle Gott wegen des Geschehenen priesen."[28]

> „[..] Sie stimmten ihm zu, [40] riefen die Apostel herein und ließen sie auspeitschen; dann verboten sie ihnen, im Namen Jesu zu predigen, und ließen sie frei. [41] Sie aber gingen weg vom Hohen Rat und freuten sich, daß sie gewürdigt worden waren, für seinen Namen Schmach zu erleiden. [42] Und sie ließen nicht ab, Tag für Tag im Tempel und in den Häusern zu lehren, und verkündeten das Evangelium von Jesus, dem Christus."[29]

> „[10] Wer zur Gefangenschaft bestimmt ist, geht in die Gefangenschaft. Wer mit dem Schwert getötet werden soll, wird mit dem Schwert getötet. Hier muss sich die Standhaftigkeit und die Glaubenstreue der Heiligen bewähren."[30]

Der Apostel Paulus hat sich in weiteren Briefen zur Gehorsamspflicht gegenüber der staatlichen Gewalt verhalten. Im Brief an Titus, im zweiten Brief an die Thessalonicher und im ersten Brief an Timotheus ermahnt Paulus die Christen, sich in die staatliche Ordnung zu integrieren, friedfertig zu leben, zu arbeiten und für die Herrscher zu beten. Damit tragen die Christen dazu bei, worauf Ratzinger hingewiesen hat, dass die jeweiligen Herrscher ihren Auftrag erfüllen können, „für den inneren und äußeren Frieden" im Staat „zu sorgen". Das sei nur möglich, „wenn die wesentlichen Rechtsgüter des Menschen und der Gemeinschaft gesichert sind."[31]

---

24 Matt. 22, 21.

25 Apg. 5, 27–30: „[27] Man führte sie herbei und stellte sie vor den Hohen Rat. Der Hohepriester verhörte sie [28] und sagte: Wir haben euch streng verboten, in diesem Namen zu lehren; und siehe, ihr habt Jerusalem mit eurer Lehre erfüllt; ihr wollt das Blut dieses Menschen über uns bringen. [29] Petrus und die Apostel antworteten: Man muss Gott mehr gehorchen als den Menschen."

26 *Spindelböck*, a.a.O. (Fn. 5), S. 28f.

27 *Zsifkovits*, Der Staatsgedanke nach Paulus Röm 13, 1–7, 1964, S. 113.

28 Apg. 4, 18–21.

29 Apg. 5, 40–42.

30 Apk. 13, 10.

31 *Ratzinger*, a.a.O. (Fn. 8), S. 10, 20.

„[1] Erinnere sie daran, sich den Obrigkeiten und Machthabern unterzuordnen und ihnen zu gehorchen und zu jedem guten Werk bereit zu sein, [2] niemanden zu schmähen, friedfertig zu sein, gütig und alle Freundlichkeit allen Menschen gegenüber zu zeigen.“[32]

„[11] Wir hören aber, daß einige von euch ein unordentliches Leben führen und alles Mögliche treiben, nur nicht arbeiten. [12] Diesen gebieten wir und wir ermahnen sie in Jesus Christus, dem Herrn, in Ruhe ihrer Arbeit nachzugehen und ihr eigenes Brot zu essen. [13] Ihr aber, Brüder und Schwestern, werdet nicht müde, Gutes zu tun!“[33]

„[1] Vor allem fordere ich zu Bitten und Gebeten, zu Fürbitten und Danksagungen auf, und zwar für alle Menschen, [2] für die Herrscher und für alle, die Macht ausüben, damit wir in aller Frömmigkeit und Rechtschaffenheit ungestört und friedlich leben können. [3] Das ist recht und wohlgefällig vor Gott, unserem Retter.“[34]

c) Apostel Petrus

Die von Paulus geforderte Loyalität gegenüber dem römischen Imperium wird im *ersten Petrusbrief* aufgegriffen, der die Unterordnung unter den Kaiser und seine Statthalter in Freiheit und im Gehorsam gegen den Willen Gottes fordert.[35]

[12] Führt unter den Heiden ein rechtschaffenes Leben, damit sie, die euch jetzt als Übeltäter verleumden, durch eure guten Taten, die sie sehen, Gott verherrlichen am Tag der Heimsuchung. [13] Unterwerft euch um des Herrn willen jeder menschlichen Ordnung: dem Kaiser, weil er über allen steht, [14] den Statthaltern, weil sie von ihm entsandt sind, um die zu bestrafen, die Böses tun, und die auszuzeichnen, die Gutes tun! [15] Denn es ist der Wille Gottes, daß ihr durch euere guten Taten die Unwissenheit unverständiger Menschen zum Schweigen bringt.[16] Handelt als Freie, ohne die Freiheit als Deckmantel der Bosheit zu benutzen, sondern als Knechte Gottes! [17] Erweist allen Menschen Ehre, liebt die Brüder und Schwestern, fürchtet Gott und ehrt den Kaiser!“[36]

Während bei Paulus der Staat „im Dienst Gottes“ steht und Widerstand gegen den Staat Widerstand „gegen die Ordnung Gottes“[37] darstellt, spricht Petrus von der „menschlichen Ordnung“, der man sich „um des Herren willen“ unterwerfen solle (Vers 13). Während bei Paulus die Unterwerfung unter die staatliche Gewalt „nicht allein um der Strafe, sondern auch um des Gewissens willen“ erfolgen soll,[38] soll sie bei Petrus auf Grund einer freien Entscheidung vorgenommen werden (Vers 16), soll sich der Einzelne, wie es Feldmeier ausgedrückt hat, „im Gehorsam gegenüber Gott in das staatliche Machtgefüge als einer seinem Wesen nach guten Ordnung einfügen.“[39]

---

32 Titus 3, 1 f.

33 2 Thess. 3, 11–13.

34 1 Tim. 2, 1–3. Siehe auch den Brief des Propheten Jeremia an die Verbannten in Babel, Jer. 29, 5–7: “[5] Baut Häuser und wohnt darin, pflanzt Gärten und esst ihre Früchte! [6] Nehmt euch Frauen und zeugt Söhne und Töchter, nehmt für eure Söhne Frauen und gebt eure Töchter Männern, damit sie Söhne und Töchter gebären! Ihr sollt euch dort vermehren und nicht vermindern. [7] Suchet das Wohl der Stadt, in die ich euch weggeführt habe, und betet für sie zum Herrn; denn in ihrem Wohl liegt euer Wohl!

35 *Grant/Betz*, in: Theologische Realenzyklopädie, Bd. XVIII, 1989, Kirche und Staat I, S. 364.

36 1 Petr. 2, 12–17.

37 Röm. 13, 2.

38 Röm. 13, 5.

39 *Feldmeier*, Der erste Brief des Petrus, Theologischer Handkommentar zum Neuen Testament, 2005, S. 108.

Grenzen der Gehorsamspflicht zeigt Petrus nicht auf. Es geht ihm vielmehr darum, dass sich der Einzelne durch ein rechtschaffenes Leben (Verse 12, 17) in die staatliche Ordnung einfügt und damit den gegen die Christen erhobenen Vorwurf, sie lehnten sich gegen die rechtliche Ordnung des römischen Staates auf, widerlegt (Verse 12,15).

d) Clemens von Rom

Trotz der vermehrten Anfeindungen und der Christenverfolgung durch Kaiser Nero halten die Christen an ihrer grundsätzlich positiven Grundhaltung gegenüber der staatlichen Gewalt fest, die Ordnung und Rechtssicherheit gewährleistet. So betont Clemens von Rom (50/97 [oder 101]), einer der ersten römischen Bischöfe, in einem Mahnschreiben an die korinthische Kirchengemeinde (ca. 95), dem *ersten Clemensbrief*, den göttlichen Ursprung aller staatlichen Gewalt, der der Christ gehorcht, ohne dem Willen Gottes zu widersprechen. Der Brief schließt mit einem Gebet, das sich an Gott als den Herrn und Lenker aller politischer Gewalt richtet.[40]

> „[1] Du, o Herr, hast ihnen die Vollmacht zu herrschen gegeben durch Deine übergroße und unbeschreibliche Stärke, damit wir die von Dir ihnen verliehene Herrlichkeit und Ehre anerkennend ihnen gehorchen, ohne irgendwie Deinem Willen zu widersprechen; schenke ihnen, Herr, Gesundheit, Frieden, Einigkeit und Stärke, damit sie ohne Anstoß ihre von Dir verliehene Herrschaft führen. [2] Denn Du, o Herr, himmlischer König der Ewigkeit, verleihst den Menschenkindern Ehre, Ansehen und Macht über das, was auf Erden ist; leite Du, o Herr, ihren Sinn so wie es „gut und Dir wohlgefällig ist", damit sie gottesfürchtigen Sinnes in Frieden und Milde ihre von Dir verliehene Gewalt ausüben und so Deiner Gnade teilhaftig werden."[41]

e) Irenäus

Die staatliche Gewalt muss sich innerhalb ihrer Grenzen halten, um für sich Gehorsam beanspruchen zu können. Das ist der Fall, wenn sie ihre Anordnungen gerecht und rechtmäßig als Dienerin Gottes vornimmt. Irenäus (135/200), der die Lehre der Kirche erstmals in ihrer Gesamtheit dargelegt und begründet hat, führt das in seiner Schrift *Contra Heraeses* (180) wie folgt aus:

> Aber nur, was die Obrigkeit gerecht und rechtmäßig anordnet, das thut sie als Dienerin Gottes. Was sie aber zum Umsturze des Rechtes, ungerecht und gottlos und gegen das Gesetz und auf tyrannische Weise ausübt, darin wird sie dem gerechten Gerichte Gottes anheimfallen."[42]

Irenäus unterscheidet Recht und Gesetz. Das Gesetz einer Obrigkeit, die Dienerin Gottes ist, muss der Gerechtigkeit entsprechen, um Recht zu sein. Eine Obrigkeit missbraucht ihre Gewalt, wenn sie Gesetze zum Umsturz des Rechts erlässt. „Die Obrigkeit darf", worauf Hergenröther hingewiesen hat, „nichts Ungerechtes gebieten, nichts dem Gesetze Gottes und dem Naturgesetz Widersprechendes; sie darf nichts gebieten, wozu sie kein Recht von Gott hat, sie muss innerhalb ihrer Grenzen bleiben."[43] Einem Gesetz, das befiehlt, den

---

40 *Grant/Betz*, a.a.O. (Fn. 35), S. 365.

41 *Clemens von Rom*, Epistula ad Corinthios, Kap. 61, 1–2, zit. nach der Online-Version der „Bibliothek der Kirchenväter", https://bkv.unifr.ch/de.

42 *Irenäus*, Contra Haereses, V. 24. 2, zit. nach *Hergenröther*, a.a.O. (Fn. 3), S. 14.

43 *Hergenröther*, a.a.O. (Fn. 3), S. 15.

Götzen zu opfern, war demnach nicht zu gehorchen, da die weltliche Gewalt damit ihre Grenzen überschritten hatte und nicht mehr als Dienerin Gottes tätig geworden war.[44]

f) Origenes

In seiner Abhandlung *Contra Celsum* (244/249), mit der er den christlichen Glauben und die christliche Weltanschauung verteidigt hat, führt der Gelehrte Origenes (185/254) zu den Grenzen der Gehorsamspflicht gegenüber staatlichen Gesetzen aus:

> „Da es nun im Allgemeinen zwei Gesetze gibt, von denen das eine das Naturgesetz ist, das wohl von Gott herrührt, das andere aber das in den Staaten geltende geschriebene Gesetz, so ist es richtig, wo das geschriebene Gesetz mit dem Gesetz Gottes übereinstimmt, die Bürger nicht mit neuen Gesetzen zu beunruhigen. Wenn aber das Naturgesetz, das ist das Gesetz Gottes, etwas anderes anordnet als das geschriebene Gesetz, so entsteht die Frage, ob es nicht eine Forderung der Vernunft ist, den geschriebenen Satzungen und dem Willen jener Gesetzgeber durchaus den Abschied zu geben und dagegen Gott als den Gesetzgeber anzuerkennen und sein Wort zur Richtschnur des Lebens zu wählen, wenn man das auch unter Gefahren und Schande tun muss."[45]

> „Was nun uns Christen betrifft, so sind wir zur Kenntnis des Gesetzes gelangt, welches nach seiner Natur „als König über alle herrscht", da es dasselbe wie das Gesetz Gottes ist, und wollen uns bemühen, nach ihm zu leben; „den Gesetzen aber, die keine Gesetze sind", geben wir auf immer den Abschied."[46]

Dem geschriebenen Gesetz der weltlichen Gewalt ist zu gehorchen, wenn es mit dem Naturgesetz, dem Gesetz Gottes, übereinstimmt. Andernfalls gebietet die Vernunft dem Christen, auch wenn damit Nachteile zu erleiden sind, die geschriebenen Gesetze zu verwerfen, und nach dem Gesetz Gottes zu leben. So schwört der Christ nicht nach der Fortuna des Kaisers,[47] sondern nur nach Gott.

Den Widerstand der Christen gegen eine bestehende Rechtsordnung begründet Origenes wie folgt:

> „Wenn jemand unter die Skythen, die abscheuliche Gesetze haben, geraten wäre und keine Möglichkeit fände zu entkommen, sondern genötigt wäre, unter ihnen zu leben, so dürfte er wohl mit gutem Grunde wegen des Gesetzes der Wahrheit, das bei den Skythen Gesetzwidrigkeit ist, auch gegen die bei jenen bestehenden Gesetze mit Gleichgesinnten Verbindungen schließen. [...] Es ist also nicht unvernünftig, „Verbindungen im Gegensatz zu den gesetzlichen Ordnungen zu schließen", wenn sie der Wahrheit dienen. Würden nicht diejenigen sittlich gut handeln, die „heimliche Verbindungen schließen würden", um einen Tyrannen, der die Herrschaft im Staate widerrechtlich an sich gerissen hat, zu beseitigen?"[48]

---

44 *Hergenröther*, a.a.O. (Fn. 3), S. 15.

45 *Origenes*, Contra Celsum, V, 37; zit. nach der Online-Version der „Bibliothek der Kirchenväter", https://bkv.unifr.ch/de.

46 *Origenes*, Contra Celsum, a.a.O. (Fn. 45), V, 40.

47 *Origenes*, Contra Celsum, a.a.O. (Fn. 45), VIII, 65.

48 *Origenes*, Contra Celsum, a.a.O. (Fn. 45), I, 1.

2. Augustinus

Augustinus (354/430)[49] verfasste sein theologisches und philosophisches Werk zu einer Zeit, als das römische Reich von innen durch Unruhen und moralischen Verfall und von außen durch feindliche Heere bedroht wurde und sich das Christentum gerade erst durchgesetzt hatte. Das Bild vom „Gottesstaat" (*De civitate dei*, 413/426)[50] zeichnet er als ferne Utopie, die sich jedoch auf Grund des göttlichen Heilsplans, der die Geschicke der Menschheit lenke, notwendig verwirklichen werde.[51]

a) Ursprung des Gemeinwesens

Der Staat beruht nach Augustinus auf der von Gott zum gesellschaftlichen Leben bestimmten und veranlagten Natur der Menschen.[52] Die Familie ist Anfang oder Teil des staatlichen Gemeinwesens.

> „Um wieviel mehr wird der Mensch gleichsam durch Naturgesetz dazu gedrängt, gesellige Verbindungen anzuknüpfen und den Frieden, soviel an ihm liegt, mit allen Menschen aufrechtzuerhalten […]."[53]

> „Weil nun die menschliche Familie den Anfang oder ein Teilchen des staatlichen Gemeinwesens bilden soll […]."[54]

b) Civitas dei und civitas terrena

Augustinus unterscheidet den „Gottesstaat" (civitas dei) und den „Erdenstaat" (civitas terrena). Dabei handelt es sich nicht um real existierende Staaten, sondern um „entgegengesetzte metaphysische Prinzipien", die in den Menschen als „gegensätzliche Einstellungen und Willensrichtungen" zu Tage treten.[55] In der realen Welt sind sie miteinander vermischt.

> „Dabei haben wir die Menschen in zwei Arten geteilt, deren eine die umfasst, die nach dem Menschen leben, während die andere die in sich schließt, die nach Gott leben; wir nennen die beiden Arten in einem übertragenen Sinn die zwei Staaten, d. i. die zwei Genossenschaftsgefüge der Menschen, von denen das eine jenes ist, das mit Gott ewig zu herrschen, das andere jenes, das sich mit dem Teufel ewiger Strafe zu unterwerfen vorherbestimmt ist".[56]

---

49 Zur Rechts- und Staatsphilosophie Augustins siehe *Böckenförde*, Geschichte der Rechts- und Staatsphilosophie, Antike und Mittelalter, 2002, § 9 Augustinus, S. 185–213; *Schilling*, Die Staats- und Soziallehre des hl. Augustinus, 1910; *Seidel*, Die Lehre vom Staat beim heiligen Augustinus, 1910; *Hergenröther*, a.a.O. (Fn. 3), S. 33–35.

50 *Augustinus*, De civitate dei, nachfolgend zit. nach der Online-Version der „Bibliothek der Kirchenväter", https://bkv.unifr.ch/de.

51 *Volkmann*, Rechtsphilosophie, 2018, S. 27f., Rdn. 59.

52 *Seidel*, a.a.O. (Fn. 49), S. 41.

53 *Augustinus*, De civitate dei, a.a.O. (Fn. 50), XIX 12.

54 *Augustinus*, De civitate dei, a.a.O. (Fn. 50), XIX 16.

55 *Volkmann*, a.a.O. (Fn. 51), S. 28, Rdn. 61; siehe auch *Höffe*, Geschichte des politischen Denkens, 2016, S. 105, der von „zwei sittlichen Grundeinstellungen und den ihnen entsprechenden ebenfalls gegensätzlichen Gemeinwesen" spricht.

56 *Augustinus*, De civitate dei, a.a.O. (Fn. 50), XV 1; siehe auch ders. XIV 28: „Zweierlei Liebe also hat die beiden Staaten gegründet, und zwar den Weltstaat die bis zur Verachtung Gottes gesteigerte Selbstliebe, den himmlischen Staat die bis zur Verachtung seiner selbst gehende Gottesliebe. Kurz

„Die beiden Staaten sind in dieser Welt ineinander verschlungen und miteinander vermischt, bis sie durch das letzte Gericht getrennt werden.“[57]

Die Staatsgewalt verleiht Gott nach seinem Heilsplan.

„Dieser Gott also, der als der allein wahre Gott Urheber und Spender des Glücks ist, er ist es auch, der irdische Herrschaft den Guten und den Bösen verleiht, und zwar nicht ohne Grund und gleichsam zufällig, da er Gott ist und nicht der Glückszufall, sondern nach einer uns verborgenen, ihm aber in voller Klarheit vorliegenden Ordnung der Verhältnisse und der Zeiten; und dabei ist nicht etwa er dieser Ordnung der Zeiten unterworfen und dienstbar, sondern er regiert sie als der Herr und richtet sie ein als der Leiter [...].“[58]

„Und somit lasst uns die Gewalt, Herrschaft und Reich zu verleihen, allein dem wahren Gott zuschreiben, der die Glückseligkeit im Himmelreich nur den Guten verleiht, dagegen irdische Herrschaft sowohl Frommen als Gottlosen, wie es ihm gefällt, stets aber nach Recht und Billigkeit.“[59]

c) Aufgabe des weltlichen Gemeinwesens

Die weltliche politische Ordnung hat den Frieden zu gewährleisten, dessen sich vorübergehend auch der himmlische Staat bedient.

„So strebt auch der Erdenstaat, der nicht aus dem Glauben lebt, nach dem Frieden auf Erden und setzt die Eintracht der Bürger in Bezug auf Befehlen und Gehorchen darein, daß unter ihnen hinsichtlich der zum sterblichen Leben gehörigen Dinge eine gewisse Willensübereinstimmung der einzelnen stattfinde. Und der himmlische Staat oder vielmehr der Teil davon, der in diesem sterblichen Dasein pilgert und aus dem Glauben lebt, muß sich gleichfalls dieses Friedens bedienen, bis eben dieses sterbliche Dasein, für das ein solcher Friede nötig ist, sein Ende erreicht; und so leistet er unbedenklich, so lange er an der Seite des Erdenstaates sozusagen das Gefangenenleben seiner Pilgerschaft führt, [...], den Gesetzen des Erdenstaates Folge, durch die das geregelt wird, was der Erhaltung des sterblichen Lebens förderlich ist. Es besteht sonach Eintracht zwischen beiden Staaten in den zum vergänglichen Leben gehörigen Dingen, [...]“[60]

Die Erfüllung dieser Friedensfunktion verschafft der weltlichen politischen Ordnung jedoch noch keine ausreichende Legitimation. Zum Frieden muss vielmehr die Gerechtigkeit hinzutreten, um eine moralisch richtige, gerechte Ordnung zu begründen. Unter einer gerechten politischen Ordnung versteht Augustinus die vorbehaltlose Unterwerfung unter Gott und ein Leben nach seinem Willen.[61]

„Was sind überhaupt Reiche, wenn die Gerechtigkeit fehlt, anderes als große Räuberbanden?“[62]

„Wenn der Staat Volkssache ist und zum Begriff Volk der Zusammenschluss durch Rechtsübereinkunft gehört, Recht aber nur da sich findet, wo sich Gerechtigkeit findet, so kann da, wo die Gerechtigkeit mangelt, von einem Staat keine Rede sein. Nun ist aber Gerechtigkeit die Tugend, die

---

gesagt: der eine rühmt sich in sich selbst, der andere im Herrn. Der eine sucht Ruhm bei den Menschen, für den anderen ist der höchste Ruhm Gott, der Zeuge des Gewissens“.

57 *Augustinus,* De civitate dei, a.a.O. (Fn. 50), I 35.

58 *Augustinus,* De civitate dei, a.a.O. (Fn. 50), IV 33.

59 *Augustinus,* De civitate dei, a.a.O. (Fn. 50), V 21.

60 *Augustinus,* De civitate dei, a.a.O. (Fn. 50), XIX 17.

61 *Volkmann,* a.a.O. (Fn. 51), S. 29 f., Rn. 64–66.

62 *Augustinus,* De civitate dei, a.a.O. (Fn. 50), IV 4.

jedem das seine zuteilt. Wie kann man also von Gerechtigkeit beim Menschen reden, wenn nichts Geringeres als eben der Mensch dem wahren Gott entzogen und den unreinen Dämonen unterstellt wird? Heißt das, jedem das seine zuteilen? [...] und wer sich selbst der Herrschaft Gottes, seines Schöpfers, entzieht und sich in den Dienst der bösen Geister begibt, wäre gerecht?"[63]

„[...] würden die Könige der Erde und alle Völker [...], würden sie alle zumal die Vorschriften der christlichen Religion über gute und rechtschaffene Sitten anhören und zur Richtschnur nehmen, das Gemeinwesen müsste durch seinen glücklichen Zustand die Staaten dieser Welt schmücken und sich zu den Höhen des ewigen Lebens emporschwingen, um dort in ungetrübter Seligkeit zu herrschen."[64]

„Wenn aber solche, die in wahrer Frömmigkeit ein gutes Leben führen, die Kunst Völker zu regieren besitzen, so ist es für die Menschheit das größte Glück, wenn sie durch Gottes Erbarmnis die Gewalt haben."[65]

d) Gehorsam und Widerstand

Der Christ schätzt und schützt die auf den irdischen Frieden ausgerichteten Gesetze und Einrichtungen. Eine ungerechte Herrschaft hat er grundsätzlich zu ertragen. Das gilt nach Augustinus jedoch nur, soweit die Herrschaft Dinge des zeitlichen Lebens („res temporales") betrifft, nicht aber für Glaubens und Sittenfragen, die sich auf das ewige Leben beziehen. Steht die weltliche Macht im Widerspruch zu den Geboten Gottes, darf ihr nicht gehorcht werden. Es besteht ein passives Widerstandsrecht.[66]

„Dieser himmlische Staat nun beruft während seiner irdischen Pilgerschaft aus allen Völkern seine Bürger und sammelt seine Pilgergesellschaft aus allen Sprachen, unbekümmert um den Unterschied in Lebensgewohnheiten, Gesetzen und Einrichtungen, wodurch der irdische Friede begründet oder aufrechterhalten wird. Ohne irgend etwas davon zu verneinen oder zu vernichten, schätzt und schützt er vielmehr die bei aller nationalen Verschiedenheit doch auf ein und dasselbe Ziel des irdischen Friedens berechneten Einrichtungen, wofern sie nur nicht der Religion hinderlich sind, nach deren Lehre ein höchster und wahrer Gott zu verehren ist."[67]

„Weil aber der eine hört, der andere ablehnt und die Mehrzahl sich den einschmeichelnden Lastern mehr zuneigt als der heilsamen Herbheit der Tugend, so sind die Diener Christi, seien es nun Könige, Vornehme, Richter oder Soldaten oder Provinzbewohner, Reiche oder Arme, Freie oder Sklaven, Männer oder Frauen, sie sind angewiesen, selbst das schlechteste und sittenloseste Gemeinwesen, wenn es sein müsste, zu ertragen um sich auch durch diese Duldsamkeit einen Platz zu erwerben in der hochheiligen und erhabensten Kurie der Engel und im himmlischen Gemeinwesen, wo der Wille Gottes Gesetz ist."[68]

„Denn was das irdische Leben der Sterblichen anlangt, das sich in wenigen Tagen abspielt und endet, so ist es gleichgültig, unter wessen Herrschaft der zum Tod verfallene Mensch lebt, wenn nur die Machthaber nicht zu Gottlosigkeit und Ungerechtigkeit nötigen."[69]

---

63 *Augustinus,* De civitate dei, a.a.O. (Fn. 50), XIX 21.

64 *Augustinus,* De civitate dei, a.a.O. (Fn. 50), II 19.

65 *Augustinus,* De civitate dei, a.a.O. (Fn. 50), V 19.

66 *Spindelböck*, a.a.O. (Fn. 5), S. 54.

67 *Augustinus,* De civitate dei, a.a.O. (Fn. 50), XIX 17.

68 *Augustinus,* De civitate dei, a.a.O. (Fn. 50), II 19.

69 *Augustinus,* De civitate dei, a.a.O. (Fn. 50), V 17.

„Weil er aber sagt: „Seid also gemäß der Notwendigkeit untertan!", so gilt das, wie wir es verstehen, in der Weise, daß die Pflicht zur Unterordnung wegen dieses Lebens notwendig ist. Wir sollen keinen Widerstand leisten, wenn jene uns etwas wegnehmen wollen gemäß dem, wozu ihnen die Macht gegeben ist: bezüglich der zeitlichen Dinge. Weil diese aber vergehen, darum ist auch diese Unterwerfung nicht hinsichtlich der bleibenden Güter zu leisten, sondern nur in den für diese Zeit notwendigen Dingen."[70]

3. Thomas von Aquin

Thomas von Aquin (1225/1274), der wohl wirkmächtigste Theologe des Mittelalters, hat die antike Philosophie, insbesondere die des Aristoteles, mit der christlichen Theologie vereinigt. Seine Staats- und Gesetzeslehre[71] findet sich insbesondere in seinem Hauptwerk, der *„Summa theologiae"* (zw. 1265/1266 und 1273),[72] und in seiner Schrift *„De regimine principum"* (zw. 1265 und 1273).[73]

a) Ursprung der staatlichen Gemeinschaft

Nach Thomas von Aquin ist es die natürliche Bestimmung des Menschen, mit anderen in einer staatlichen Gemeinschaft zu leben. Damit die Gemeinschaft wegen der unterschiedlichen Interessen der Einzelnen nicht auseinanderbricht, bedarf sie einer Lenkung, die für das Gemeinwohl Sorge trägt.

„Es ist aber die natürliche Bestimmung des Menschen, das für gemeinschaftliches und staatliches Leben erschaffene Geschöpf zu sein, das gesellig lebt, weit mehr als alle anderen Lebewesen. Schon die Notwendigkeit der menschlichen Natur gibt dafür die Erklärung. [...] So ist das gesellige Leben eine Notwendigkeit, damit der eine von dem anderen unterstützt werde [...]."[74]

„Wenn es also der natürlichen Bestimmung des Menschen entspricht, in Gesellschaft mit vielen zu leben, so muß unter den Menschen etwas sein, wodurch die vielen gelenkt werden. Wären nämlich viele Menschen beisammen und jeder nur auf das bedacht, was ihm selbst angemessen erscheint, so würde die Gesellschaft nach entgegengesetzten Richtungen auseinandergeraten, falls nicht eben jemand da wäre, der für das Sorge trägt, was das Wohl der Gesellschaft betrifft."[75]

---

70 *Augustinus,* Expositio quarumdam propositionum ex epistula Romanos, 74, zit. nach *J. Spindelböck,* a.a.O. (Fn. 5), S. 53. f.

71 Siehe dazu *Böckenförde,* a.a.O. (Fn. 49), § 10 Thomas von Aquin, S. 214–264; *Schönberger* (Hrsg.), Die Bestimmung des Menschen und die Bedeutung des Staates, Beiträge zum Staatsverständnis des Thomas von Aquin, 2017; *Wieland,* Gesetz und Geschichte, in: Speer (Hrsg.), Thomas von Aquin: Die Summa theologiae, Werkinterpretationen, 2005, S. 223–245; *Schilling,* Die Staats- und Soziallehre des heiligen Thomas von Aquin, 1930; *Hergenröther,* a.a.O. (Fn. 3), S. 64–74.

72 *Th. von Aquin,* Summa theologiae, nachfolgend zit. nach *Utz/von Galen/Ockenfels* (Hrsg.), Thomas von Aquin, Naturgesetz und Naturrecht, Theologische Summe, Fragen 90–97, Sammlung Politeia, Bd. XXXIV, 1996; im Übrigen zit. nach der Online-Version der „Bibliothek der Kirchenväter", https://bkv.unifr.ch/de.

73 *Th. von Aquin,* De regimine principum, nachfolgend zit. nach *Matz* (Hrsg.), Über die Herrschaft der Fürsten, Reclam, 1987.

74 *Th. von Aquin,* De regimine principum, a.a.O. (Fn. 73), I 1, S. 8 und 9; siehe auch *ders.,* Summa theologiae, a.a.O. (Fn. 72), I-II qq. 94. a. 2 resp.: „So strebt er (Anm. d. Verf.: der Mensch) naturhaft danach, Wahrheitserkenntnis über Gott zu gewinnen, sowie in der Gesellschaft integriert zu sein."

75 *Th. von Aquin,* De regimine principum, a.a.O. (Fn. 73), I 1, S. 10.

Während Thomas von Aquin in seiner Schrift *„De regimine principum"* die Monarchie für die beste Staatsform hält, zieht er in der *„Summa theologiae"* eine Mischform von Monarchie, Aristokratie und Demokratie vor.

„Wie aber die Herrschaft eines Königs die beste ist, so ist die eines Tyrannen die schlechteste. [...] Wie daher bei der gerechten Herrschaft die Regierung je einheitlicher, um so nutzbringender und also das Königtum besser als die Aristokratie, diese aber besser als die Politie ist, so wird bei einer ungerechten Herrschaft das Gegenteil eintreten; je einheitlicher die Regierungsgewalt ist, umso mehr Schaden wird sie stiften können. So ist eine Tyrannis noch schädlicher als eine Oligarchie, eine Oligarchie wieder schädlicher als eine Demokratie."[76]

„So ist nun beschaffen jede wohl geordnete Herrschaft, insoweit 1. einer vorsteht und somit ein Königreich besteht, 2. insoweit unter diesem wenige gemäß der Tugend die leitenden Stellen einnehmen und endlich insoweit 3. die Fürsten erwählt werden können aus den Männern des Volkes und von Seiten des Volkes. Da ist Monarchie, Aristokratie und Demokratie ordnungsmäßig gemischt."[77]

b) Aufgabe der staatlichen Herrschaft

Neben der Ausrichtung der Herrschaft am Gemeinwohl ist es Aufgabe des Herrschers, den Frieden zu bewahren. Frieden wiederum ist das Werk der Gerechtigkeit und der heiligen Liebe.

„Wenn also eine Gesellschaft von Freien von ihrem Herrscher auf das Gemeinwohl der Gesellschaft hingelenkt wird, so wird diese Regierung recht und gerecht sein, wie es Freien angemessen ist. Wenn aber die Herrschaft sich nicht das Gemeinwohl der Gesellschaft, sondern den persönlichen Vorteil des Herrschers zum Ziel setzt, so wird die Herrschaft ungerecht und wider die Natur sein. [78]

„Die Wohlfahrt und das Heil einer zu höherer Gemeinschaft verbundenen Menge ist es aber, jene Einigkeit zu erhalten, die man Friede nennt; ohne sie geht aller Nutzen, der aus dem Leben der Gemeinschaft erwächst, zugrunde, und die entzweite Menge wird sich selbst zur Last. Darauf muss also jeder Herrscher einer Menge vor allem achten, daß er das einigende Band des Friedens behüte."[79]

„Der Friede ist das „Werk der Gerechtigkeit", weil diese die Hindernisse wegräumt; er ist das Werk der heiligen Liebe, weil diese direkt die Einheit hervorbringt und somit den Frieden positiv herstellt."[80]

Die Ordnung der staatlichen Gemeinschaft erfolgt durch am Gemeinwohl orientierte Gesetze. Der Erlass von Gesetzen ist um des Friedens unter den Menschen und der Tugend willen nötig.

„Das Gesetz hat wesenhaft zunächst und hauptsächlich die Hinordnung auf das Gemeinwohl im Auge. Etwas auf das Gemeinwohl hinzuordnen ist aber Sache entweder des ganzen Volkes oder dessen, der das ganze Volk als sein Sachwalter vertritt. Daher steht die gesetzgeberische Tätigkeit

---

76 *Th. von Aquin,* De regimine principum, a.a.O. (Fn. 73), I 3, S. 18 und 19.

77 *Th. von Aquin,* Summa theologiae, a.a.O. (Fn. 72), I-II q. 105 a.1 resp.

78 *Th. von Aquin,* De regimine principum, a.a.O. (Fn. 73), I 1, S. 12.

79 *Th. von Aquin,* De regimine principum, a.a.O. (Fn. 73), I 2, S. 15 f.

80 *Th. von Aquin,* Summa theologiae, a.a.O. (Fn. 72), II-II q. 29 a. 3 ad. 3.

entweder dem ganzen Volk oder der mit öffentlichen Rechten ausgestatteten Person zu, welche das Anliegen des ganzen Volkes vertritt, [...].“[81]

„Um des Friedens unter den Menschen und der Tugend willen war es deshalb nötig, Gesetze zu erlassen, denn, wie Aristoteles im I. Buch seiner Politik bemerkt, „ist der Mensch, falls ihn tugendhafte Vollkommenheit ziert, das beste aller Sinnenwesen, hat er jedoch Gesetz und Gerechtigkeit über Bord geworfen, ist er das schlechteste von allen.“[82]

c) Begriff und Arten des Gesetzes

Thomas von Aquin versteht das Gesetz als ein äußeres Handlungsprinzip, mit dem Gott den Menschen zum Guten bewegt.[83]

„Nunmehr sind die äußeren Bestimmungsfaktoren des Tuns ins Auge zu fassen. Von außen her zum Bösen drängt der Teufel. [...] Von außen her zum Guten bewegt uns Gott, der durch das Gesetz aufzeigt, was zu tun ist, und uns durch seine Gnade Hilfe dabei gewährt.“[84]

„[...] daß die wesenseigene Wirkung des Gesetzes darin besteht, diejenigen, für die es erlassen wird, gut zu machen, entweder schlechthin oder nur in einer bestimmten Hinsicht. Richtet sich die Absicht des Gesetzgebers auf ein wahres Gut, wie es das gemäß der göttlichen Gerechtigkeit geordnete Gemeinwohl ist, dann werden die Menschen durch das Gesetz schlechthin gut. Richtet sich aber die Absicht des Gesetzgebers auf etwas, das nicht schlechthin gut, sondern nur nützlich oder angenehm ist oder der göttlichen Gerechtigkeit zuwiderläuft, dann macht das Gesetz die Menschen nicht schlechthin gut, sondern nur in gewisser Hinsicht, d.h. entsprechend einer bestimmten Regierung. In dieser Weise trifft die Bezeichnung „gut" auch für das an sich Schlechte zu, wie einer als guter Räuber bezeichnet wird, der geschickt auf sein Ziel losgeht“[85]

Das Wesen des Gesetzes fasst Thomas von Aquin mit folgenden Worten zusammen:

„Es ist eine Anordnung der Vernunft im Hinblick auf das Gemeinwohl, hervorgegangen und bekanntgemacht von dem, der die Verantwortung für die Gesamtheit trägt.“[86]

Der thomasische Gesetzesbegriff ist damit vernunftbasiert („eine Anordnung der Vernunft“) und unterschiedet sich grundlegend von einem voluntaristischen Gesetzesbegriff, bei dem der Wille des Gesetzgebers ausschlaggebend ist.[87]

Thomas von Aquin unterscheidet vier Arten des Gesetzes: Der göttlichen Ordnungsplan für die Schöpfung ist das ewige Gesetz (*lex aeterna*). Durch das natürliche Gesetz (*lex naturalis*) hat der Mensch als vernunftbegabtes Geschöpf am ewigen Gesetz Anteil. Die menschliche Vernunft als solche ist aber nicht selbst der Maßstab der Dinge. Vielmehr dienen die der menschlichen Vernunft von Natur aus eingeprägten Prinzipien als allgemeine Regeln, was der Mensch zu tun hat. Das natürliche Gesetz bildet als „Regel und

81 *Th. von Aquin,* Summa theologiae, a.a.O. (Fn. 72), I-II q. 90 a. 3 resp.

82 *Th. von Aquin,* Summa theologiae, a.a.O. (Fn. 72), I-II q. 95 a.1 resp.

83 Dazu *Lüddecke,* Ad pacem hominum et virtutem, Überlegungen zur Bedeutung und Funktion des Gesetzes als Mittel äußerer Bestimmung des Handelns in der Philosophie und Theologie des Thomas von Aquin, in: Schönberger (Hrsg.), Die Bestimmung des Menschen und die Bedeutung des Staates, S. 91 ff.

84 *Th. von Aquin,* Summa theologiae, a.a.O. (Fn. 72), I-II q. 90 prol.

85 *Th. von Aquin,* Summa theologiae, a.a.O. (Fn. 72), I-II q. 92 a. 1 resp.

86 *Th. von Aquin,* Summa theologiae, a.a.O. (Fn. 72), I-II q. 90 a. 4 resp.

87 *Lüddecke,* a.a.O. (Fn. 83), S. 91, 100 f.; *Heinzmann,* Thomas von Aquin, Eine Einführung in sein Denken, 1994, S. 56 f.

Maßstab“[88] die normative Grundordnung, deren konkrete Ausgestaltung zu einer politischen Ordnungsstruktur durch das menschliche Gesetz (*lex humana*) erfolgt.[89] Da der Mensch das Ziel der ewigen Glückseligkeit anstrebt, die außerhalb seiner natürlichen menschlichen Fähigkeiten liegt, muss er außer durch das natürliche und das menschliche Gesetz auch noch durch ein von Gott gegebenes Gesetz (*lex divina*) zu seinem Ziel hingelenkt werden.[90]

Lex aeterna

„Offensichtlich aber wird das gesamte Universum – unter Voraussetzung, daß die Vorsehung Gottes, [...], die Welt regiert – von der göttlichen Vernunft geleitet. Daher verwirklicht die alle Dinge lenkende Vernunft, die in Gott als höchstem Herrn des Universums existiert, den Begriff des Gesetzes. Und weil der Geist Gottes nichts aus zeitlichen Gegebenheiten schöpft, sondern seine Ideen von Ewigkeit her gebildet hat, [...] muß man das Gesetz dieser Art „ewig“ nennen.“[91]

Lex naturalis

„Die vernunftbegabte Kreatur zeichnet sich unter anderem dadurch aus, daß sie auf eine hervorragendere Weise der Göttlichen Vorsehung untersteht, insofern sie selbst Teilhabende der Vorsehung wird, indem sie für sich und andere die Funktion der Vorsehung übernimmt. Daher findet sich auch in ihr eine Teilhabe an der Ewigen Vernunft, wodurch sie eine naturhafte Neigung zu der der Natur entsprechenden Handlung und zum entsprechenden Ziel erhält. Und diese Teilhabe der vernunftbegabten Kreatur am Ewigen Gesetz heißt „Naturgesetz.“[92]

„Die menschliche Vernunft als solche ist nicht Maßstab der Dinge, jedoch dienen die ihr von Natur eingeprägten Prinzipien als allgemeine Regeln und Maßstäbe zu allem, was der Mensch zu tun hat. Für all das steht die natürliche Vernunft als Regel und Maßstab bereit, jedoch ist sie nicht Maßstab dessen, was von Natur gegeben ist.“[93]

„Somit lautet das erste Gebot des Gesetzes: Das Gute ist zu tun und zu verwirklichen, das Böse zu meiden. Dies ist die Grundlage für alle anderen Gebote des Naturgesetzes, alles, was zu tun oder zu meiden ist, gehört zu den Geboten des Naturgesetzes, die die praktische Vernunft spontan als menschliches Gut erfaßt.“[94]

Lex humana

„Die oberste Norm der Vernunft nun ist das Naturgesetz, [...]. Daher besitzt jedes von Menschen verfügte Gesetz insoweit Gesetzeswert, als es aus dem Naturgesetz ableitbar ist. Widerspricht es jedoch in irgendeinem Punkt dem Naturgesetz, dann ist es kein Gesetz, sondern dessen Korrumpierung.“[95]

---

88 *Th. von Aquin,* Summa theologiae a.a.O. (Fn. 72), I-II q. 91 a. 3 ad. 2.

89 *Lüddecke*, a.a.O. (Fn. 83), S. 91, 102.

90 *Th. von Aquin,* Summa theologiae, a.a.O. (Fn. 72), I-II q. 91 a. 4 resp.

91 *Th. von Aquin,* Summa theologiae, a.a.O. (Fn. 72), I-II q. 91 a. 1 resp.

92 *Th. von Aquin,* Summa theologiae, a.a.O. (Fn. 72), I-II q. 91 a. 2 resp.

93 *Th. von Aquin,* Summa theologiae, a.a.O. (Fn. 72), I-II q. 91 a. 3 ad. 2.

94 *Th. von Aquin,* Summa theologiae, a.a.O. (Fn. 72), I-II q. 94 a. 2. resp. Zum Naturgesetz gehört weiter, l. c.: „[...] alles, was das Leben des Menschen erhält und das Gegenteil fernhält, [...] was die Natur alle Sinneswesen gelehrt hat, [...] Wahrheitserkenntnis über Gott zu gewinnen, sowie in die Gesellschaft integriert zu sein.“

95 *Th. von Aquin,* Summa theologiae, a.a.O. (Fn. 72), I-II q. 95 a. 2 resp.

„Denn der Zweck des menschlichen Gesetzes ist die zeitliche Ruhe des Staates; dem entspricht das Gesetz, indem es jene äußeren bösen Thätigkeiten verbietet, welche die öffentliche Ruhe stören können."[96]

Erstens nämlich gehört zum Begriff des menschlichen Gesetzes seine Herkunft aus dem Naturgesetz. [...] Zweitens liegt im Wesen des menschlichen Gesetzes, auf das Gemeinwohl der Gesellschaft hingeordnet zu sein. [...] Drittens gehört, [...], zum Wesen des menschlichen Gesetzes, von der obersten politischen Führung erlassen zu sein. [...] Viertens gehört zum Wesen des menschlichen Gesetzes, die menschlichen Handlungen in die richtige Bahn zu lenken."[97]

„Das menschliche Gesetz wird nun allerdings für eine Vielzahl von Menschen gemacht, von denen die meisten nicht zum Kreis der sittlich Vollkommenen gehören. Daher verbietet es auch nicht durchwegs alle Laster, von denen sich die Tugendhaften freihalten, sondern nur die schlimmeren, von denen zu lassen der größere Teil der Menge imstande ist. Dazu gehört in erster Linie, was dem Nächsten schadet und ohne dessen Verbot die menschliche Gesellschaft keinen Bestand hätte, wie Mord, Diebstahl und dergleichen, was vom menschlichen Gesetz denn auch untersagt wird."[98]

Lex divina:

„Das Naturgesetz vermittelt entsprechend den natürlichen Fähigkeiten der menschlichen Natur eine Teilnahme am Ewigen Gesetz. Der Mensch muß jedoch auf das letzte übernatürliche Ziel auf eine höhere Weise hingelenkt werden. Darum kommt ein von Gott gegebenes Gesetz hinzu, das eine höhere Teilnahme am Ewigen Gesetz mit sich bringt."[99]

d) Gehorsam und Widerstand

Der Sinn eines jeden Gesetzes erfüllt sich nach Thomas von Aquin im Gehorsam der Untergebenen. Den Gesetzen gehorcht man aus Tugendhaftigkeit, bisweilen aus Furcht vor Strafe, bisweilen aus einem Diktat der Vernunft.

„Genauso bewährt sich die Tugend eines Untergebenen im bereitwilligen Gehorsam gegenüber dem Vorgesetzten, wie Aristoteles im I. Buch der Politik bemerkt. Nun aber erfüllt sich der Sinn eines jeden Gesetzes im Gehorsam der Untergebenen. Somit erhellt, daß die eigentliche Funktion des Gesetzes darin besteht, die Untergebenen zu ihrem persönlichen Tugendleben anzuleiten. Da es die Tugend ist, die „den, der sie besitzt, gut macht", folgt, daß die wesenseigene Wirkung des Gesetzes darin besteht, diejenigen, für die es erlassen wird, gut zu machen, entweder schlechthin oder nur in einer bestimmten Hinsicht. Richtet sich die Absicht des Gesetzgebers auf ein wahres Gut, wie es das gemäß der göttlichen Gerechtigkeit geordnete Gemeinwohl ist, dann werden die Menschen durch das Gesetz schlechthin gut."[100]

„Nicht immer gehorcht man dem Gesetz aus vollendeter Tugendhaftigkeit, sondern bisweilen aus Furcht vor Strafe, bisweilen aus reinem Diktat der Vernunft, das, wie oben gesagt, Ausgangsgrund der Tugend ist."[101]

Die von Menschen gemachten Gesetze sind entweder gerecht oder ungerecht.

---

96 *Th. von Aquin,* Summa theologiae, a.a.O. (Fn. 72), I-II q. 98 a. 1 resp.

97 *Th. von Aquin,* Summa theologiae, a.a.O. (Fn. 72), I-II q. 95 a. 4 resp.

98 *Th. von Aquin,* Summa theologiae, a.a.O. (Fn. 72), I-II q. 96 a. 2 resp.

99 *Th. von Aquin,* Summa theologiae, a.a.O. (Fn. 72), I-II q. 91 a. 5 ad.1.

100 *Th. von Aquin,* Summa theologiae, a.a.O. (Fn. 72), I-II q. 92 a. 1 resp.

101 *Th. von Aquin,* Summa theologiae, a.a.O. (Fn. 72), I-II q. 92 a. 1 ad. 2.

„Gerecht heißen Gesetze [...], wenn sie dem Gemeinwohl dienen, [...], wenn das Gesetz die Vollmacht des Gesetzgebers nicht überschreitet [...], wenn den Untergebenen die Lasten im Hinblick auf das Gemeinwohl in gegenseitiger Entsprechung gleichmäßig auferlegt werden. [...]

Ungerecht hingegen sind Gesetze auf zweifache Weise:

Entweder dadurch, daß sie [...] dem menschlichen Wohl widersprechen [...], wenn das Regierungsoberhaupt den Untergebenen drückende Gesetze aufbürdet, die nichts mit dem Gemeinwohl zu tun haben, sondern eher mit seiner persönlichen Begehrlichkeit oder Geltungssucht, [...], wenn jemand bei einem Gesetzeserlass seine Zuständigkeit überschreitet, [...], wenn trotz der Berücksichtigung des Gemeinwohls die Lasten proportional ungleich verteilt werden. Solche Gesetze sind eher Gewaltmaßnahmen als Gesetze [...].

Auf die zweite Weise können Gesetze ungerecht sein durch ihren Gegensatz zum göttlichen Gut, wie dies bei den Gesetzen der Tyrannen der Fall ist, die zum Götzendienst verleiten oder zu irgendetwas anderem, das dem Gesetz Gottes zuwiderläuft.“[102]

Hiervon ausgehend, unterscheidet Thomas von Aquin eine Verpflichtung der Gesetze „im Gewissen“.

„Sind sie gerecht, dann verpflichten sie im Gewissen kraft des Ewigen Gesetzes, von dem sie sich herleiten [...].“[103]

„Daher verpflichten Gesetze solcherart (Anm. d. Verf.: Gesetze, die dem menschlichen Wohl widersprechen) nicht im Gewissen, es sei denn zur Vermeidung von Ärgernis oder Unordnung. Unter solchen Umständen ist der Mensch sogar verpflichtet, auf sein Recht zu verzichten [...].“

„[...] derlei Gesetze (Anm. des Verf.: Gesetze, die im Gegensatz zum göttlichen Gut stehen) darf man in keiner Weise beobachten, wie es in der Apg. 5, 29 heißt: „Man muß Gott mehr gehrochen als den Menschen.“[104]

Staatlichen Machthabern darf man, so Thomas von Aquin, nur nach Maßgabe der Gerechtigkeit gehorchen. Eine Gehorsamspflicht besteht für den Bürger nicht, wenn die Anordnung einer höheren Gewalt widerspricht oder wenn sie sich auf einen Bereich bezieht, der der menschlichen Gewalt entzogen ist.

„Nur soweit die Gerechtigkeit es erheischt, darf der Mensch den weltlichen Fürsten gehorchen. Ist das, was sie vorschreiben, etwas offenbar Unerlaubtes oder ist ihre Herrschaft eine angemaßte, so braucht man ihnen nicht zu gehorchen, außer etwa ein Ärgernis zu vermeiden.“[105]

„Ähnlich nun kann es geschehen, daß ein Untergebener seinem Oberen zu gehorchen nicht verpflichtet ist: 1. wegen der Vorschrift einer höheren Gewalt; [...] 2. in dem, worin der Untergebene nicht der Gewalt des betreffenden Oberen unterliegt. [...]“[106]

Gegenüber einem legal an die Macht gekommenen Herrscher, der zum Tyrannen wird, entwickelte Thomas von Aquin ein abgestuftes Widerstandsrecht. Zunächst gilt es, durch präventive Maßnahmen zu verhindern, dass der rechtmäßig zur Macht gelangte König zu Tyrannen wird. Ist es aber zur Herrschaft eines Tyrannen gekommen, sind die damit

102 *Th. von Aquin,* Summa theologiae, a.a.O. (Fn. 72), I-II q. 96 a. 4 resp.

103 *Th. von Aquin,* Summa theologiae, a.a.O. (Fn. 72), I-II q. 96 a. 4 resp.

104 *Th. von Aquin,* Summa theologiae, a.a.O. (Fn. 72), I-II q. 96 a. 4 resp.

105 *Th. von Aquin,* Summa theologiae, a.a.O. (Fn. 72), II-II q.104 a. 6 ad. 3.

106 *Th. von Aquin,* Summa theologiae, a.a.O. (Fn. 72), II-II q.104 a. 5 resp.

verbundenen Übel mit den ggf. schlimmeren Folgen der Auflehnung gegen sie abzuwägen. Eine gemäßigte Tyrannis ist zu ertragen. Andernfalls besteht ein Recht des Volkes oder des Oberherren, den Tyrannen abzusetzen. Gibt es keine menschliche Hilfe gegen den Tyrannen, muß man sich auf die Hilfe Gottes verlassen. Der Tyrannenmord wird unter Hinweis auf die apostolische Lehre verworfen.

„Wenn nun eine ungerechte Herrschaft durch einen geübt wird, der seinen eigenen Vorteil in der Regierung verfolgt, nicht aber das Wohl der ihm untergebenen Gesellschaft, so wird ein solcher Herrscher Tyrann genannt. Das Wort leitet sich von „Stärke“ ab, weil er nämlich gleichsam mit Gewalt unterdrückt und nicht durch die Gerechtigkeit regiert.“[107]

„[...] muß man mit Sorgsamkeit und allem Eifer darauf bedacht sein, daß sich die Menge bei ihrem König vorsehe, um nicht plötzlich einem Tyrannen in die Hände zu fallen. Vor allem ist es nötig, daß von jenen Männern, die dazu berufen sind, ein Mann von solchen Anlagen zum König erhoben werde, die es kaum wahrscheinlich machen, daß er sich einer Gewaltherrschaft zukehrt. [...] Dann ist die Verwaltung des Königreiches so einzurichten, daß bereits durch die Verfassung dem König jede Gelegenheit, eine Gewaltherrschaft aufzurichten, entzogen wird. Zugleich muß auch seine Macht so eingeschränkt werden, daß er gar nicht imstande ist, sich leichthin der Tyrannei zuzuwenden.“[108]

„Wenn die Gewaltherrschaft nicht zu einem besonderen Übermaß ausartet, ist es wohl besser, eine Tyrannis, die sich in gewissen Grenzen hält, eine Zeitlang zu ertragen, als sich durch Unternehmungen gegen den Tyrannen in Gefahren zu verwickeln, die noch weit schwerer sind als die Tyrannis selbst.“[109]

„Denn wenn es erstens zum Rechte eines Volkes gehört, sich selbst einen König zu bestimmen, so kann mit vollem Rechte der eingesetzte König von ebendemselben Volke von seinem Platze entfernt oder seine Macht eingeschränkt werden, wenn er die königliche Gewalt in tyrannischer Weise mißbraucht. [...] Gehört es aber zu dem Recht eines Oberen, dem Volke einen König zu setzen, so ist auch von ihm Abhilfe gegen die Untauglichkeit des Tyrannen zu erwarten.“[110]

„Wenn man aber überhaupt gegen einen Tyrannen keine menschliche Hilfe haben kann, muß man sich an Gott wenden, der da in Trübsal zu richtiger Stunde als Helfer erscheint. Denn in seiner Macht liegt es, das grausame Gemüt des Tyrannen in Milde zu verwandeln, [...]. Die Tyrannen aber, die er einer Bekehrung für unwürdig erachtet, kann er aus dem Leben hinwegraffen oder sie in die tiefste Niedrigkeit zurückstürzen, [...].“[111]

Vielen scheint es nun, wenn die Ausschreitungen der Gewaltherrschaft ein unerträgliches Maß erreichen, zu der Tugend tapferer Männer zu gehören, den Tyrannen zu ermorden und für die Befreiung des Volkes sich auch einer Todesgefahr auszusetzen. [...] Aber das stimmt nicht mit der Lehre der Apostel überein. Denn Petrus lehrt uns, nicht nur guten und maßvollen, sondern auch harten Herren geziemend Untertan zu sein.“[112]

---

107 *Th. von Aquin,* De regimine principum, a.a.O. (Fn. 73), I 1, S. 12.

108 *Th. von Aquin,* De regimine principum, a.a.O. (Fn. 73), I 6, S. 31 f.

109 *Th. von Aquin,* De regimine principum, a.a.O. (Fn. 73), I 6, S. 31.

110 *Th. von Aquin,* De regimine principum, a.a.O. (Fn. 73), I 6. S. 35 und 37.

111 *Th. von Aquin,* De regimine principum, a.a.O. (Fn. 73), I 6, S. 37 f.

112 *Th. von Aquin,* De regimine principum, a.a.O. (Fn. 73), I 6, S. 33 f. unter Hinweis auf 1 Petr. 2, 19.

Von einem Herrscher, der seine Macht missbraucht, unterscheidet Thomas von Aquin den Usurpator, der die Macht an sich reißt.[113] Gegen diesen ist aktiver Widerstand bis hin zur Tötung erlaubt.

„Der Fehler (die Usurpation) hindert das Herrschaftsrecht selbst; wer nämlich durch Gewalt die Herrschaft an sich reißt, wird nicht wirklich zum Vorgesetzten oder Herrscher gemacht; und wenn sich daher die Möglichkeit ergibt, kann einer eine solche Herrschaft vertreiben."[114]

„[...] wenn jemand die Herrschaft durch Gewalt an sich reißt, wenn es gegen den Willen der Untertanen geschieht, oder wenn diese zur Zustimmung gezwungen werden, und wenn keine Anrufung einer höheren Autorität möglich ist, durch die ein Urteil über den Eindringling gefällt werden könnte, dann nämlich wird der, der den Tyrannen zur Befreiung des Vaterlandes tötet, gelobt und ausgezeichnet."[115]

4. Neuere Lehrschreiben der katholischen Kirche

Die Errichtung einer gerechten Gesellschafts- und Staatsordnung, mit der jedem das Seine zugeteilt wird, ist, wie Benedikt XVI. ausgeführt hat, eine politische Aufgabe. Da es sich aber zugleich auch um eine grundlegend menschliche Aufgabe handle, habe die Kirche die Pflicht, ihren Beitrag zu leisten, damit die Ansprüche der Gerechtigkeit einsichtig und politisch durchsetzbar würden.[116]

Der Mensch ist seiner Natur nach ein Gemeinschaftswesen, das einer Lenkung durch eine politische Autorität bedarf, die sich von Gott herleitet.

„Gott hat aber die Menschen ihrer Natur nach als Gemeinschaftswesen geschaffen, und weil keine Gemeinschaft bestehen kann, wenn nicht einer an der Spitze von allen steht, der durch kräftigen und gleichmäßigen Impuls einen jeden zu dem gemeinsamen Ziel hinwendet, so ergibt sich für die politische Gesellschaft die Notwendigkeit einer Autorität, welche sie regiert; wie die Gesellschaft selbst, hat auch sie in der Natur und somit in Gott selbst ihren Ursprung."[117]

„Die Einzelnen, die Familien und die verschiedenen Gruppen, aus denen sich die politische Gemeinschaft zusammensetzt, wissen, daß sie allein nicht imstande sind, alles das zu leisten, was zu einem in jeder Richtung menschlichen Leben gehört. Sie erfassen die Notwendigkeit einer umfassenderen Gesellschaft, in der alle täglich ihre eigenen Kräfte zusammen zur ständig besseren Verwirklichung des Gemeinwohls einsetzen. So begründen sie denn die politische Gemeinschaft in ihren verschiedenen Formen.

Die politische Gemeinschaft besteht also um dieses Gemeinwohls willen; in ihm hat sie ihre letztgültige Rechtfertigung und ihren Sinn, aus ihm leitet sie ihr ursprüngliches Eigenrecht ab.

[...]

Aber die Menschen, die zu einer politischen Gemeinschaft zusammenfinden, sind zahlreich und verschiedenartig. Sie können mit Recht verschiedene Meinungen haben. Damit nun der Staat nicht

---

113 Dazu *Goertz*, Staat und Widerstandsrecht bei Thomas von Aquin, FZPhTh, 17 (1970), 308, 321 f., 326, 331–337; *Spindelböck*, a.a.O. (Fn. 5), S. 83, 87.

114 *Th. von Aquin*, Sent. II, d. 44 q. 2 a. 2, zit. nach *Goertz*, a.a.O. (Fn. 113), 308, 331.

115 *Th. von Aquin*, Sent. II, d. 44 q. 2 a. 2 ad 5, zit. nach *Goertz*, a.a.O. (Fn. 113), 308, 333.

116 *Benedikt XVI.*, Enz. Deus caritas est, 25. 12. 2005, Ziff. 28.

117 *Johannes XXIII.*, Enz. Pacem in terris, 11. 4. 1963, Ziff. 26 unter Hinweis auf *Leo XIII.*, Enz. Immortale dei, 1. 11. 1885, Ziff. 3.

dadurch, daß jeder seiner eigenen Ansicht folgt, zerfällt, bedarf es einer Autorität, welche die Kräfte aller Bürger auf das Gemeinwohl lenkt, nicht bloß durch die Automatismen des Institutionellen oder durch brutale Gewalt, sondern vor allem als moralische Macht, die sich stützt auf die Freiheit und auf das Bewußtsein einer übernommenen Verantwortung.

Offenkundig sind also die politische Gemeinschaft und die öffentliche Autorität in der menschlichen Natur begründet und gehören zu der von Gott vorgebildeten Ordnung, [...].“[118]

Das Volk kann die jeweilige Staatsform bestimmen. Eine wahrhaft demokratische Regierungsform steht mit der Soziallehre der katholischen Kirche in Einklang.

„Jedoch daraus, daß die Autorität aus Gott stammt, ist durchaus nicht zu folgern, daß die Menschen keine Möglichkeit hätten, diejenigen zu wählen, die an der Spitze des Staates stehen sollen, die Staatsform zu bestimmen und den Umfang sowie die Art und Weise der Gewaltausübung abzugrenzen. Daher kann die Lehre mit jeder demokratischen Regierungsform in Einklang gebracht werden, die diesen Namen wirklich verdient.“[119]

„Die Kirche weiß das System der Demokratie zu schätzen, insoweit es die Beteiligung der Bürger an den politischen Entscheidungen sicherstellt und den Regierten die Möglichkeit garantiert, sowohl ihre Regierungen zu wählen und zu kontrollieren als auch dort, wo es sich als notwendig erweist, sie auf friedliche Weise zu ersetze. [...]

Eine wahre Demokratie ist nur in einem Rechtsstaat und auf der Grundlage einer richtigen Auffassung vom Menschen möglich. [...] Heute neigt man zu der Behauptung, der Agnostizismus und der skeptische Relativismus seien die Philosophie und die Grundhaltung, die den demokratischen politischen Formen entsprechen. Und alle, die überzeugt sind, die Wahrheit zu kennen, und an ihr festhalten, seien vom demokratischen Standpunkt her nicht vertrauenswürdig, weil sie nicht akzeptieren, daß die Wahrheit von der Mehrheit bestimmt werde bzw. je nach dem unterschiedlichen politischen Gleichgewicht schwanke. In diesem Zusammenhang muß gesagt werden, daß dann, wenn es keine letzte Wahrheit gibt, die das politische Handeln leitet und ihm Orientierung gibt, die Ideen und Überzeugungen leicht für Machtzwecke mißbraucht werden können. Eine Demokratie ohne Werte verwandelt sich, wie die Geschichte beweist, leicht in einen offenen oder hinterhältigen Totalitarismus.“[120]

Die politische Autorität hat das geordnete Zusammenleben in der Gemeinschaft sicherzustellen. Sie vollzieht sich im Rahmen der sittlichen Ordnung zur Verwirklichung des Gemeinwohls. Ihre Anordnungen sind dann im Gewissen für die Staatsbürger verpflichtend.

„Ebenso ergibt sich, daß sich die Ausübung der politischen Gewalt in der Gemeinschaft als solcher oder in den für sie repräsentativen Institutionen immer nur im Rahmen der sittlichen Ordnung vollziehen darf, und zwar zur Verwirklichung des Gemeinwohls – dieses aber dynamisch verstanden – und entsprechend einer legitimen juridischen Ordnung, die bereits besteht oder noch geschaffen werden soll. Dann aber sind auch die Staatsbürger im Gewissen zum Gehorsam verpflichtet.“[121]

„Die Träger der staatlichen Gewalt dürfen den Menschen also nur dann im Gewissen verpflichten, wenn ihre Autorität mit Gottes Autorität in Einklang steht und an dieser teilhat. Wo dieses Prinzip

---

118 II. Vatikanisches Konzil, Pastoralkonst. Gaudium et spes, 7. 12. 1965, Ziff. 74.

119 *Johannes XXIII.*, Enz. Pacem in terris, 11. 4. 1963, Ziff. 31; siehe auch *Leo XIII.*, Enz. Diuturnum illud, 29. 6. 1881, Ziff. 6.

120 *Johannes Paul II.*, Enz. Centesimus annus, 1. 5. 1991, Ziff. 46.

121 II. Vatikanisches Konzil, Pastoralkonst. Gaudium et spes, 7. 12. 1965, Ziff. 74.

gilt, wird auch für die Würde der Bürger Sorge getragen. Indem sie nämlich den Regierungen gehorchen, gehorchen sie ihnen keineswegs als bloßen Menschen, sondern sie ehren tatsächlich Gott, den sorgenden Schöpfer aller Dinge, der gebot, daß die Beziehungen unter den Menschen nach der von ihm festgesetzten Ordnung gestaltet werden."[122]

„Befehlsgewalt, die nur oder hauptsächlich auf Drohung und Furcht vor Strafen oder auf Versprechungen von Lohn beruht, treibt keineswegs wirksam dazu an, das gemeinsame Wohl aller zu verwirklichen."[123]

„Sicherlich ist die Aufgabe des staatlichen Gesetzes im Vergleich zu der des Sittengesetzes anders und von begrenzterem Umfang. Jedoch kann in keinem Lebensbereich das staatliche Gesetz das Gewissen ersetzen, noch kann es Normen über das vorschreiben, was über seine Zuständigkeit hinausgeht, die darin besteht, das Gemeinwohl der Menschen durch die Anerkennung und den Schutz ihrer Grundrechte, durch die Förderung des Friedens und der öffentlichen Sittlichkeit sicherzustellen. Denn die Aufgabe des staatlichen Gesetzes besteht darin, ein geordnetes soziales Zusammenlaben in wahrer Gerechtigkeit zu gewährleisten, damit wir alle in Frömmigkeit und Rechtschaffenheit ungestört und ruhig leben können. Eben deshalb muss das staatliche Gesetz für alle Mitglieder der Gesellschaft die Achtung einiger Grundrechte sicherstellen, die dem Menschen als Person eigen sind und die jedes positive Gesetz anerkennen und garantieren muss."[124]

Eine Demokratie vollzieht sich nicht automatisch im Rahmen der sittlichen Ordnung, entscheidend ist vielmehr ihre Übereinstimmung mit dem Sittengesetz, dem normgebenden Bezugspunkt des staatlichen Gesetzes.

„Aber der Wert der Demokratie steht und fällt mit den Werten, die sie verkörpert und fördert: grundlegend und unumgänglich sind sicherlich die Würde jeder menschlichen Person, die Achtung ihrer unverletzlichen und unveräußerlichen Rechte sowie die Übernahme des Gemeinwohls als Ziel und regelndes Kriterium für das politische Leben. Grundlage dieser Werte können nicht vorläufige und wechselnde Meinungsmehrheiten sein, sondern nur die Anerkennung eines objektiven Sittengesetzes, das als dem Menschen ins Herz geschriebenes Naturgesetz normgebender Bezugspunkt eben dieses staatlichen Gesetzes ist."[125]

„Im Hinblick auf die Zukunft der Gesellschaft und die Entwicklung einer gesunden Demokratie ist es daher dringend notwendig, das Vorhandensein wesentlicher, angestammter menschlicher und sittlicher Werte wiederzuentdecken, die der Wahrheit des menschlichen Seins selbst entspringen und die Würde der Person zum Ausdruck bringen und schützen: Werte also, die kein Individuum, keine Mehrheit und kein Staat je werden hervorbringen, verändern oder zerstören können, sondern die sie nur anerkennen, achten und fördern werden müssen."[126]

Der Bürger ist nicht verpflichtet, den Vorschriften der zivilen Autoritäten Folge zu leisten, wenn sie dem natürlichen oder göttlichem Gesetz offenbar widersprechen. Gesetze, die Euthanasie legalisieren oder Suizid und Suizidbeihilfe rechtfertigen, sind schwer ungerecht.

„Nur einen Grund haben die Menschen, nicht zu gehorchen, wenn nämlich etwas von ihnen gefordert werden sollte, was dem natürlichen oder göttlichen Gesetz offenbar widerspricht; denn nichts von allem, wodurch das Naturgesetz oder der Wille Gottes verletzt wird, ist zu gebieten oder

122 *Johannes XXIII.*, Enz. Pacem in terris, 11.4.1963, Ziff. 29.

123 *Johannes XXIII.*, Enz. Pacem in terris, 11.4.1963, Ziff. 28.

124 *Johannes Paul II.*, Enz. Evangelium vitae, 25.3.1995, Ziff. 71.

125 *Johannes Paul II.*, Enz. Evangelium vitae, 25.3.1995, Ziff. 70.

126 *Johannes Paul II.*, Enz. Evangelium vitae, 25.3.1995, Ziff. 71.

zu tun erlaubt. Sollte daher einer in die Lage kommen, daß er sich gezwungen sieht, eines von beiden zu wählen, nämlich entweder Gottes oder des Staatsoberhauptes Gebot zu verletzen, dann hat er Christus zu gehorchen, der gebietet, „dem Kaiser zu geben, was des Kaisers ist, Gott aber, was Gottes ist," und nach dem Beispiel des Apostels mutig zu antworten: „Man muss Gott mehr gehorchen als den Menschen." Auch gibt es keinen Grund, jene, die so handeln, wegen Verweigerung des Gehorsams anzuklagen; denn, wenn der Wille der Staatsoberhäupter Gottes Willen und Gesetzen widerspricht, dann überschreiten sie ihre Machtbefugnis und verletzen die Gerechtigkeit; dann kann eben ihre Autorität keine Anwendung finden, denn wo keine Gerechtigkeit, da keine Autorität."[127]

„An den Geboten dieses Naturrechts kann jedes positive Recht, von welchem Gesetzgeber es auch kommen mag, auf seinen sittlichen Gehalt, damit auf seine sittliche Befehlsmacht und Gewissensverpflichtung nachgeprüft werden. Menschliche Gesetze, die mit dem Naturrecht in unlösbarem Widerspruch stehen, kranken an einem Geburtsfehler, den kein Zwangsmittel, keine äußere Machtentfaltung sanieren kann."[128]

„Da die staatliche Gewalt von der Ordnung der geistigen Wirklichkeit gefordert wird und von Gott ausgeht, können Gesetze oder Anordnungen die Staatsbürger innerlich nicht verpflichten, wenn die Staatslenker gegen diese Ordnung und deshalb gegen Gottes Willen Gesetze erlassen oder etwas vorschreiben; denn „man muss Gott mehr gehorchen als den Menschen"; in diesem Fall hört die Autorität ganz auf; an ihre Stelle tritt grässliches Unrecht, wie der heilige Thomas von Aquin lehrt: „Zum Zweiten ist zu sagen, daß das menschliche Gesetz nur insoweit die Beschaffenheit eines Gesetzes hat, als es der rechten Vernunft gemäß ist. Demzufolge ist offenbar, daß es vom ewigen Gesetz abgeleitet wird. Insofern es aber von der Vernunft abweicht, wird es als ungerechtes Gesetz bezeichnet und hat nicht die Bewandtnis eines Gesetzes, sondern eher die einer Gewalttätigkeit."[129]

„Daher sind die Gesetze, die Euthanasie legalisieren oder Suizid und Suizidbeihilfe rechtfertigen, schwer ungerecht, und zwar wegen des falschen Rechts, einen irrtümlich als würdig definierten Tod zu wählen, der nur deshalb würdig sein soll, weil er gewählt ist. Solche Gesetze wirken sich auf die Grundlagen der Rechtsordnung aus: das Recht auf Leben, das jedes andere Recht trägt, einschließlich der Ausübung der menschlichen Freiheit. Die Existenz dieser Gesetze verletzt tief die menschlichen Beziehungen und die Gerechtigkeit, und bedroht das gegenseitige Vertrauen zwischen den Menschen zutiefst."[130]

Ist das staatliche Gesetz kein wahres, sittlich verpflichtendes Gesetz mehr, steht dem Staatsbürger ein Recht auf Einspruch aus Gewissensgründen zu. In Situationen schwerer

---

127 *Leo XIII.*, Enz. Diuturnum illud, 29.6.1881, Ziff. 15; siehe auch *Leo XIII*, Enz. Sapientiae christianae, 10.1.1890, Ziff. 9: „ Selbstverständlich ist die staatliche Gewalt den Christen heilig, und auch ihr unwürdiger Träger ist ihnen in gewisser Weise Abglanz und Bild der göttlichen Majestät; sie achten die Gesetze in gerechter und gebührender Ehrfurcht, nicht aus Furcht vor Gewalt und Strafe, sondern aus Pflichtbewusstsein [...]." und Ziff. 10: „Wenn aber die Gesetze des Staates mit dem göttlichen Recht in offenbarem Widerspruch stehen, wenn sie der Kirche Unrecht zufügen oder den religiösen Verpflichtungen widerstreiten oder die Autorität Jesu Christi in seinem Hohenpriester verletzen, dann ist Widerstand Pflicht und Gehorsam Frevel, und das selbst im Interesse des Staates, zu dessen Nachteil alles ausschlägt, was der Religion Abbruch tut. Hieraus ergibt sich aber auch, mit welchem Unrecht diese Anschauung der Auflehnung beschuldigt wird, da man doch keiner staatlichen Obrigkeit und keinem Gesetzgeber den schuldigen Gehorsam verweigert, sondern nur jene Vorschriften unbeachtet lässt, zu deren Erlass es keine Gewalt gibt; denn da sie unter Verletzung des göttlichen Rechts erteilt wurden, sind sie ungerecht und eher alles andere als Gesetze."

128 *Pius XI.*, Enz. Mit brennender Sorge, 14.3.1937, Nr. 35.

129 *Johannes XXIII.*, Enz. Pacem in terris, 11.4.1963, Ziff. 30.

130 Kongregation für die Glaubenslehre, Samaritus bonus, Schreiben über die Sorge an Personen in kritischen Phasen und in der Endphase des Lebens, 14.7.2020, Ziff. V. 1.

Ungerechtigkeit besteht ein Recht auf Widerstand gegenüber der staatlichen Autorität, wobei vor Anwendung aktiven Widerstandes genau zu prüfen ist, ob ein sog. „passiver Widerstand" den Regeln der Moral besser entspricht und nicht weniger Erfolg verspricht.

„Abtreibung und Euthanasie sind also Verbrechen, die für rechtmäßig zu erklären sich kein menschliches Gesetz anmaßen kann. Gesetze dieser Art rufen nicht nur keine Verpflichtung für das Gewissen hervor, sondern erheben vielmehr die schwere und klare Verpflichtung, sich ihnen mit Hilfe des Einspruchs aus Gewissensgründen zu widersetzen. Seit den Anfangszeiten der Kirche hat die Verkündung der Apostel den Christen die Verpflichtung zum Gehorsam gegenüber der rechtmäßig eingesetzten staatlichen Autorität eingeschärft, sie aber gleichzeitig entschlossen ermahnt, daß „man Gott mehr gehorchen muss als den Menschen." [...] Aus dem Gehorsam gegenüber Gott – dem allein jene Furcht gebührt, die Anerkennung seiner absoluten Souveränität ist – erwachsen die Kraft und der Mut, den ungerechten Gesetzen der Menschen zu widerstehen."[131]

„Wie alle Menschen guten Willens sind die Christen aufgerufen, aus ernster Gewissenspflicht nicht an jenen Praktiken formell mitzuwirken, die, obgleich von der staatlichen Gesetzgebung zugelassen, im Gegensatz zum Gesetz Gottes stehen. Denn unter sittlichen Gesichtspunkten ist es niemals erlaubt, formell am Bösen mitzuwirken."[132]

„Wo jedoch die Staatsbürger von einer öffentlichen Gewalt, die ihre Zuständigkeit überschreitet, bedrückt werden, sollen sie sich nicht weigern, das zu tun, was das Gemeinwohl objektiv verlangt. Sie haben jedoch das Recht, ihre und ihrer Mitbürger Rechte gegen den Missbrauch der staatlichen Autorität zu verteidigen, freilich innerhalb der Grenzen des Naturrechts und des Evangeliums."[133]

„Der Kampf gegen Ungerechtigkeiten hat nur dann einen Sinn, wenn er auf die Errichtung einer neuen sozialen und politischen Ordnung hinzielt, die den Forderungen der Gerechtigkeit entspricht. Davon müssen bereits die einzelnen Etappen ihrer Errichtung geprägt sein. Es gibt eben auch eine Moral der Mittel.

Diese Prinzipien müssen insbesondere im Extremfall angewandt werden, in dem der bewaffnet Kampf – nach Aussage des Lehramtes – als letzter Ausweg gerechtfertigt sein könnte, um einer eindeutigen und lange dauernden Gewaltherrschaft, die die Grundrechte der Person schwer verletzt und dem Gemeinwohl des Landes ernsten Schaden zufügt, ein Ende zu setzen. Jedoch darf die

---

131 *Johannes Paul II.*, Enz. Evangelium vitae, 25.3.1995, Ziff. 73; siehe auch Kongregation für die Glaubenslehre, Samaritus bonus, Schreiben über die Sorge an Personen in kritischen Phasen und in der Endphase des Lebens, 2020, Ziff. V. 9.: „Das Recht auf Einspruch aus Gewissensgründen darf uns nicht vergessen lassen, dass Christen diese Gesetze (Anm. des Verf.: die Euthanasie oder Suizid legitimieren) nicht aufgrund einer privaten religiösen Überzeugung ablehnen, sondern aufgrund eines grundlegenden und unantastbaren Rechtes jedes Menschen, das für das Gemeinwohl der gesamten Gesellschaft von wesentlicher Bedeutung ist. Tatsächlich geht es um Gesetze, die gegen das Naturrecht verstoßen, da sie die Grundlagen der Menschenwürde selbst und ein durch Gerechtigkeit geprägtes Zusammenleben untergraben."

132 *Johannes Paul II.*, Enz. Evangelium vitae, 25.3.1995, Ziff. 74.

133 II. Vatikanisches Konzil, Pastoralkonst. Gaudium et spes, 7.12.1965, Ziff. 74; siehe auch: *Leo XIII.*, Enz. Quod apostolici muneris, 28.12.1878. Ziff. 7: „Wenn es jedoch zuweilen vorkommt, dass die öffentliche Gewalt von den Fürsten ohne Überlegung und über das Maß ausgeübt wird, so duldet die Lehre der Katholischen Kirche nicht, dass man sich auf eigene Faust gegen sie erhebt, damit nicht Ruhe und Ordnung noch mehr gestört werden und die Gesellschaft dadurch in noch höherem Maße Schaden leidet. Und wenn es dahin gekommen ist, dass keine andere Hoffnung auf Rettung erscheint, so lehrt sie, durch das Verdienst christlicher Geduld und durch inständiges Gebet zu Gott die Hilfe zu beschleunigen. Wenn jedoch die Satzungen der Gesetzgeber und Fürsten etwas bestimmen oder befehlen, was dem göttlichen oder natürlichen Gesetz widerspricht, so mahnen uns Pflicht und Würde des christlichen Namens sowie das Wort des Apostels, „dass man Gott mehr gehorchen muss als den Menschen".

konkrete Anwendung dieser Maßnahme erst nach einer sehr ernsten Analyse der gegebenen Situation ins Auge gefasst werden. Infolge der beständigen Entwicklung der verwendeten Techniken und der zunehmenden Schwere der durch die Anwendung von Gewalt gegebenen Gefahren öffnet nämlich das, was man heute den „passiven Widerstand" nennt, einen Weg, der mit den Moralprinzipien mehr konform geht und nicht weniger erfolgversprechend ist."[134]

III. Gesetzesgehorsam aus der Sicht der Philosophie der Aufklärung

Wie sich die Philosophie der Aufklärung zu einer Pflicht, dem gesetzten Recht zu gehorchen, verhalten hat, soll anhand der Philosophie John Lockes (1.) und Immanuel Kants (2.) dargestellt werden.

1. John Locke

Die Philosophie Lockes (1632/1704) steht an der Schwelle zur Aufklärung.[135] In seinem zentralen Werk zur Staatsphilosophie *„The Second Treatise of Government"*[136] wendet er sich in der ersten Abhandlung gegen die von Filmer vertretene Lehre, nach der die politische Autorität von Gott abgeleitet, Ausdruck göttlichen Willens sei. In der zweiten Abhandlung legt er dann seine eigene Theorie über den wahren Ursprung, die Reichweite und den Zweck der staatlichen Regierung dar, nach der die politische Herrschaft auf der Zustimmung der Herrschaftsunterworfenen beruhe.[137]

a) Vorstaatlicher Naturzustand

„Um politische Gewalt richtig zu verstehen und sie von ihrem Ursprung herzuleiten, müssen wir sehen", so Locke, „in welchem Zustand sich die Menschen von Natur aus befinden."[138] In der Tradition der Naturrechtslehre geht Locke von einem vorstaatlichen Naturzustand aus, in dem alle Menschen vollkommen frei und gleich sind.[139] Im Natur-

---

134 Konstitution für die Glaubenslehre, Instr. über die christliche Freiheit und die Befreiung, 22. 3. 1986, Ziff. 78 f.; siehe auch *Paul VI.*, Enz. Populorum progressio, 26. 3. 1967, Ziff. 30 und 31.

135 Zum Leben und Werk John Lockes: *Höffe*, Geschichte des politischen Denkens, a.a.O. (Fn. 55), S. 241 ff.; *Thiel*, Locke, 1990; *Opitz*, John Locke 1632–1704, in: Rausch (Hrsg.), Politische Denker, Bd. II, 1981, S. 19 ff.; *Hirschberger*, Geschichte der Philosophie, Bd. 2, Neuzeit und Gegenwart, 1969, S. 200 ff. Zur Staatstheorie bei Locke: *Volkmann*, a.a.O. (Fn. 51), S. 51–55, Rdn. 119–133. Zur Konzeption eines Widerstandsrechts bei Locke: *Elpel*, Das Widerstandsrecht, 2017, S. 99–160.

136 *Locke*, The Second Treatise of Government, 1689, nachfolgend zit. nach Mayer-Tasch (Hrsg.), Über die Regierung, Reclam, 2019.

137 Dagegen *Leo XIII.*, Enz. Diuturnum illud, 29. 6. 1881, Ziff. 4 und 5: „Ja, sehr viele, die in neuerer Zeit in die Fußstapfen derer traten, die im vorherigen Jahrhundert sich Philosophen nannten, lassen alle Gewalt vom Volk ausgehen. Jene, welche diese Gewalt im Staate ausüben, üben sie demgemäß nicht als eine ihnen zukommende Gewalt aus, sondern nur als vom Volk übertragene, und zwar unter der Bedingung, dass sie durch den Willen des Volkes, von dem sie übertragen wurde, widerrufen werden kann. Diesen gegenüber leiten die Katholiken das Recht zu befehlen, von Gott als seinem natürlichen und notwendigen Ursprung ab."

138 *Locke*, The Second Treatise of Government, a.a.O. (Fn. 136), II 4 (S. 4).

139 *Locke*, The Second Treatise of Government, a.a.O. (Fn. 136), II 4 (S. 5).

zustand gibt es keine positiven Gesetze, gleichwohl ist dieser Zustand kein rechtloser, vielmehr gilt das natürliche Gesetz, das jeden verpflichtet.

> „Ist dies zwar ein Zustand der Freiheit, so ist es doch nicht ein Zustand der Zügellosigkeit. Obwohl der Mensch in diesem Zustand die unkontrollierbare Freiheit besitzt, über seine Person und seinen Besitz zu verfügen, hat er doch nicht die Freiheit, sich selbst oder irgendein in seinem Besitz befindliches Lebewesen zu zerstören, es sei denn, ein edlerer Zweck als die bloße Erhaltung erfordert es. Im Naturzustand herrscht ein natürliches Gesetz, das für alle verbindlich ist. Die Vernunft aber, welcher dieses Gesetz entspringt, lehrt alle Menschen, wenn sie sie nur um Rat fragen wollen, daß niemand einem anderen, da alle gleich und unabhängig sind, an seinem Leben, seiner Gesundheit, seiner Freiheit oder seinem Besitz Schaden zufügen soll."[140]

Das natürliche Gesetz versteht Locke als ein überpositives, vorstaatliches Recht, eine „den Menschen von Gott gegebene gemeine Regel und Richtschnur"[141], in der der Wille Gottes zum Ausdruck kommt.[142]

> „Ich will hier nicht darüber streiten, ob die Fürsten von den Gesetzen ihres Landes ausgenommen sind oder nicht – allein dessen bin ich sicher: dem Gesetz Gottes und der Natur schulden sie Unterwerfung. Niemand und keine Gewalt kann sie von der Verpflichtung gegenüber diesem ewigen Gesetz befreien."[143]

Die Freiheit des Menschen im Naturzustand gründet im natürlichen Gesetz[144] und erlangt damit normative Qualität. Aus der rechtlich abgesicherten Freiheit im Naturzustand folgt, dass jede Art der Begründung politischer Herrschaft der freiwilligen Zustimmung der Betroffenen bedarf.

> „Die Menschen sind – wie schon gesagt wurde – von Natur alle frei, gleich und unabhängig, und niemand kann ohne seine Einwilligung aus diesem Zustand verstoßen und der politischen Gewalt eines anderen unterworfen werden."[145]

Der Naturzustand hat für die Menschen trotz der dort herrschenden Freiheit nicht unerhebliche Nachteile. Es fehlen eingeführte und anerkannte Gesetze, die als Norm für Recht und Unrecht anerkannt sind.[146] Es gibt keine unparteiischen Richter, die die Streitfälle nach den eingeführten Gesetzen entscheiden.[147] Schließlich fehlt es an einer rechtsförmigen Urteils- und Gesetzesdurchsetzung.[148] Im Naturzustand kann sich der Mensch „nur mit wenig Sicherheit erfreuen" und ist „fortwährend den Übergriffen anderer ausgesetzt."[149]

> „Da nämlich alle in demselben Maße König sind wie er selbst, da alle Menschen gleich sind und der größere Teil von ihnen sich nicht streng an Billigkeit und Gerechtigkeit hält, ist der Besitz seines

---

140 *Locke*, The Second Treatise of Government, a.a.O. (Fn. 136), II 6 (S. 6).

141 *Locke*, The Second Treatise of Government, a.a.O. (Fn. 136), II 11 (S. 10).

142 *Locke*, The Second Treatise of Government, a.a.O. (Fn. 136), II 135 (S. 104).

143 *Locke*, The Second Treatise of Government, a.a.O. (Fn. 136), II 195 (S.148).

144 *Locke*, The Second Treatise of Government, a.a.O. (Fn. 136), II 129 (S. 98).

145 *Locke*, The Second Treatise of Government, a.a.O. (Fn. 136), II 95 (S. 73).

146 *Locke*, The Second Treatise of Government, a.a.O. (Fn. 136), II 124 (S. 96).

147 *Locke*, The Second Treatise of Government, a.a.O. (Fn. 136), II 125 (S. 96).

148 *Locke*, The Second Treatise of Government, a.a.O. (Fn. 136), II 126 (S. 96f.).

149 *Locke*, The Second Treatise of Government, a.a.O. (Fn. 136), II 123 (S. 95).

Eigentums in diesem Zustand höchst unsicher und höchst ungewiss. Das lässt ihn bereitwillig einen Zustand aufgeben, der bei aller Freiheit voll ist von Furcht und ständiger Gefahr, und nicht ohne Grund verlangt es ihn und ist er bereit, sich zu einer Gesellschaft mit anderen zu verbinden, die sich entweder schon vereinigt haben oder doch die Absicht haben, sich zu vereinigen – zur gegenseitigen Erhaltung ihres Lebens, ihrer Freiheit und Güter, was ich ganz allgemein Eigentum nenne."[150]

b) Gesellschaftsvertrag

Der vorstaatliche Naturzustand dauert an, bis die Menschen „unter Zustimmung jedes einzelnen"[151] „ausdrücklich" oder „stillschweigend"[152] übereinkommen, sich zu einer politischen Gesellschaft zusammenzuschließen. Durch die Übereinkunft verpflichten sich die Menschen einander, dem Beschluss der Mehrheit zu gehorchen, „der nach dem Gesetz der Natur und der Vernunft die Gewalt der Gesamtheit besitzt."[153]

„Ich will vielmehr darüber hinaus behaupten, daß sich alle Menschen von Natur her in jenem Zustand befinden und daß sie darin verbleiben, bis sie sich selbst kraft ihrer eigenen Zustimmung zu Gliedern einer politischen Gesellschaft machen."[154]

„Nicht jeder Vertrag setzt dem Naturzustand unter den Menschen ein Ende, sondern nur jener, in welchem sie gegenseitig übereinkommen, in eine Gemeinschaft einzutreten und einen politischen Körper zu bilden."[155]

„Ein jeder also, der mit anderen übereinkommt, einen einzigen politischen Körper unter einer Regierung zu bilden, verpflichtet sich gegenüber jedem einzelnen dieser Gesellschaft, sich dem Beschluss der Mehrheit zu unterwerfen und sich ihm zu fügen."[156]

Der Zustand der politischen Gesellschaft besteht so lange fort, bis eine etwaig im Gesellschaftsvertrag vereinbarte Frist abgelaufen ist oder die politische Autorität ihre Gewalt verwirkt hat.[157]

c) Legitime Herrschaft

Legitime politische Autorität wird nach Locke nicht durch Gott begründet, sondern beruht auf einer freiwilligen Übereinkunft der Menschen.

„Die einzige Möglichkeit, diese natürliche Freiheit aufzugeben und die Fesseln bürgerlichen Gesellschaft anzulegen, ist die, daß man mit anderen Menschen übereinkommt, sich zusammenzuschließen und in eine Gemeinschaft zu vereinigen, mit dem Ziel, behaglich, sicher und friedlich miteinander zu leben [...]."[158]

Durch den Gesellschaftsvertrag ist eine bestimmte Staatsform (Monarchie, Aristokratie, Demokratie oder eine Mischform) nicht vorgegeben. Als ideale Staatsform erachtet Locke

150 *Locke*, The Second Treatise of Government, a.a.O. (Fn. 136), II 123 (S. 95f.).

151 *Locke*, The Second Treatise of Government, a.a.O. (Fn. 136), II 96 (S. 74).

152 *Locke*, The Second Treatise of Government, a.a.O. (Fn. 136), II 119 (S. 92f.).

153 *Locke*, The Second Treatise of Government, a.a.O. (Fn. 136), II 96 (S. 74).

154 *Locke*, The Second Treatise of Government, a.a.O. (Fn. 136), II 15 (S. 14).

155 *Locke*, The Second Treatise of Government, a.a.O. (Fn. 136), II 14 (S. 13).

156 *Locke*, The Second Treatise of Government, a.a.O. (Fn. 136), II 97 (S. 74).

157 *Locke*, The Second Treatise of Government, a.a.O. (Fn. 136), II 243 (S. 186).

158 *Locke*, The Second Treatise of Government, a.a.O. (Fn. 136), II 95 (S. 73).

die gemäßigte Monarchie[159]. Ausgeschlossen ist lediglich eine absolute Monarchie, der es an einer Autorität mangelt, die im Streitfall angerufen werden könnte, so dass sich in ihr der Herrschaftsunterworfene noch im Naturzustand befindet.[160]

Mit dem Zusammenschluss zu einer Gemeinschaft verfolgen die Menschen das Ziel, ihr Eigentum, also ihr Leben, ihre Freiheit und ihre Güter, in Frieden und Sicherheit zu genießen. Dieses Ziel wird durch die Gesetze erreicht, die in der Gesellschaft erlassen worden sind.

> „Das große Ziel, mit welchem Menschen in eine Gesellschaft eintreten, ist der Genuss ihres Eigentums in Frieden und Sicherheit, und das große Werkzeug und Mittel dazu sind die Gesetze, die in dieser Gesellschaft erlassen worden sind. Das erste und grundlegende positive Gesetz aller Staatsgewalt ist daher die Begründung der legislativen Gewalt – so wie das erste und grundlegende natürliche Gesetz, welches selbst über der legislativen Gewalt gelten muss, die Erhaltung der Gesellschaft und (soweit es vereinbar ist mit dem öffentlichen Wohl) jeder einzelnen Person in ihr ist."[161]

„Obwohl die Legislative […] die höchste Gewalt eines jeden Staates darstellt",[162] unterliegt sie gleichwohl den nachfolgend genannten Beschränkungen.

Die Legislative hat keine willkürliche Gewalt über das Leben und das Schicksal des Volkes, sie ist vielmehr an die Erfüllung des Staatszwecks und an das Naturgesetz gebunden.

> „Ihre Gewalt ist – in ihren äußersten Grenzen – auf das öffentliche Wohl der Gesellschaft beschränkt. Es ist eine Gewalt, deren Ziel einzig die Erhaltung ist, die somit niemals das Recht haben kann, die Untertanen zu vernichten, zu versklaven oder mit Vorbedacht auszusaugen. Die Verpflichtung des Naturgesetzes hört nicht etwa in der Gesellschaft auf, sondern wird nur in vielen Fällen enger gezogen, und man hat ihm in Form von menschlichen Gesetzen bekannte Strafen beigefügt, um seine Beachtung zu erzwingen. So steht das Naturgesetz da als eine ewige Regel für alle Menschen, Gesetzgeber wie auch alle anderen. Die Vorschriften, die sie für die Handlungen anderer Menschen geben, müssen wie ihre eigenen Handlungen und die der anderen im Einklang mit dem Naturgesetz, d. h. mit dem Willen Gottes stehen, der in ihm zum Ausdruck gebracht ist – und da das allem zugrunde liegende Naturgesetz die Erhaltung der Menschheit ist, kann keine menschliche Zwangsmaßnahme, die dem Gesetz widerspricht, gut oder gültig sein."[163]

> „Denn geradeso verhält es sich mit einem Großteil der jeweiligen staatlichen Gesetze, die nur insoweit gerecht sind, als sie im Naturgesetz gründen, nach welchem sie auszurichten und auszulegen sind."[164]

---

159 *Locke*, The Second Treatise of Government, a.a.O. (Fn. 136), II 159 (S. 123).

160 *Locke*, The Second Treatise of Government, a.a.O. (Fn. 136), II 90 (S. 67f.).

161 *Locke*, The Second Treatise of Government, a.a.O. (Fn. 136), II 134 (S. 101); siehe auch II 124 (S. 96): „Das große und hauptsächliche Ziel also, zu dem sich Menschen in Staatswesen zusammenschließen und sich unter eine Regierung stellen, ist die Erhaltung ihres Eigentums. Im Naturzustand fehlt dazu vielerlei"; II 222 (S. 166): „Der Grund, aus dem die Menschen in die Gesellschaft eintreten, ist die Erhaltung ihres Eigentums, und das Ziel, um dessentwillen sie eine Legislative wählen und ihr Autorität verleihen, ist, dass Gesetze und Vorschriften geschaffen werden, um über das Eigentum aller Glieder der Gesellschaft zu wachen und es zu schützen und so die Macht und die Herrschaft jedes Teiles oder Gliedes der Gesellschaft zu beschränken und zu mäßigen".

162 *Locke*, The Second Treatise of Government, a.a.O. (Fn. 136), II 135 (S. 102).

163 *Locke*, The Second Treatise of Government, a.a.O. (Fn. 136), II 135 (S. 103f.).

164 *Locke*, The Second Treatise of Government, a.a.O. (Fn. 136), II 12 (S. 11).

Die Legislative ist weiter verpflichtet, nach öffentlich verkündeten Gesetzen und durch anerkannte Richter für Gerechtigkeit zu sorgen und über die Rechte der Untertanen zu bestimmen.

„Zum zweiten kann sich die Legislative oder höchste Gewalt nicht die Macht anmaßen, durch willkürliche Maßnahmeverordnungen zu regieren, sondern ist verpflichtet, nach öffentlich verkündeten stehenden Gesetzen und durch anerkannte und autorisierte Richter für Gerechtigkeit zu sorgen und über die Rechte der Untertanen zu bestimmen."[165]

„Denn da alle Regierungsgewalt einzig dem Wohl der Gesellschaft dient, sollte sie nicht der Willkür und dem Belieben entspringen, sondern nach festen und öffentlich bekanntgemachten Gesetzen ausgeübt werden – damit einerseits das Volk seine Pflichten erkennen und sicher und geschützt innerhalb der Grenzen des Gesetzes leben mag und andererseits auch die Herrscher in den ihnen gebührenden Grenzen gehalten werden und nicht durch die Gewalt, die sie in Ihren Händen haben, in Versuchung geraten, sie zu Zwecken und mit Absichten zu gebrauchen, die das Volk nicht anerkannt und nicht bereitwillig gutgeheißen hätte."[166]

Die Legislative darf keinem Menschen irgendeinen Teil seines Eigentums ohne seine Zustimmung nehmen.

„Da alle Regierung [...], in welche Hände sie auch gelegt sein mag, unter der Bedingung und mit dem Ziel anvertraut wird, den Menschen ihr Eigentum zu belassen und es zu sichern, mögen der Fürst oder Staat zwar die Macht haben, zur Regelung der Eigentumsverhältnisse zwischen den Untertanen Gesetze zu erlassen, sie können aber niemals die Macht haben, sich selbst das ganze oder irgendeinen Teil von dem Eigentum der Untertanen zu nehmen, ohne daß diese ihre Zustimmung geben."[167]

Die Legislative kann schließlich die Gewalt, Gesetze zu erlassen, nicht in andere Hände legen.

„Da diese Gewalt ihnen vom Volk übertragen wurde, können sie diejenigen, die sie innehaben, auch nicht an andere weitergeben. Einzig das Volk kann die Staatsform bestimmen. Es geschieht dies aber durch die Konstituierung der Legislative, indem man bestimmt, in wessen Händen sie liegen soll. [...] Das Volk kann auch keinen Gesetzen verpflichtet sein außer denen, die von jenen Männern erlassen wurden, die es gewählt und ermächtigt hat, ihm Gesetze zu geben."[168]

d) Widerstandsrecht

Die Ansicht Lockes zu einem Widerstandrecht hat sich, so Thiel, gewandelt. In den *„Two tracts on Government"* (1660–1662) habe er noch die Ansicht vertreten, dass die Herrschaftsunterworfenen auch ungerechten Befehlen der Obrigkeit zu gehorchen hätten. In seinem *„Essay concerning toleration"* (1667) gehe er bereits davon aus, dass Untertanen verpflichtet seien, den Gehorsam zu verweigern, wenn die Obrigkeit lasterhafte Befehle erteile. Ein Recht auf aktiven Widerstand vertrete er hier jedoch noch nicht. Auf Grund seiner politischen Erfahrungen in der sog. Exklusionskrise (1679–1681) habe er die Gefahr eines königlichen Machtmissbrauchs erkannt und in *„Two Treatiese of Government"* ein Recht zum Widerstand entwickelt.[169]

165 *Locke*, The Second Treatise of Government, a.a.O. (Fn. 136), II 136 (S. 104).

166 *Locke*, The Second Treatise of Government, a.a.O. (Fn. 136), II 137 (S. 106f.).

167 *Locke*, The Second Treatise of Government, a.a.O. (Fn. 136), II 139 (S. 108).

168 *Locke*, The Second Treatise of Government, a.a.O. (Fn. 136), II 141 (S. 109f.).

169 *Thiel*, a.a.O. (Fn. 135), S. 104.

Das Widerstandsrecht leitet Locke aus dem Gesellschaftsvertrag und dem Staatszweck ab. Wenn der Schutz des Eigentums nicht mehr erfüllt wird, halte sich die herrschende Macht nicht mehr im Rahmen der ihr durch Einwilligung übertragenen Gewalt. Der Herrschaftsunterworfene schulde ihr dann keinen Gehorsam mehr und dürfe sich ihr widersetzen.

„Und wer immer in Ausübung von Amtsgewalt seine gesetzlichen Kompetenzen überschreitet und von der unter seinem Befehl stehenden Gewalt Gebrauch macht, um den Untertanen etwas aufzuzwingen, was das Gesetz nicht erlaubt, hört damit auf, Obrigkeit zu sein. Er handelt ohne Autorität, und man darf sich ihm widersetzen wie jedem anderen Menschen, der gewaltsam in die Rechte anderer eingreift.[170]

Locke stützt das Widerstandsrecht weiter auf das Recht zur Selbstverteidigung und den Gesichtspunkt des Vertrauensbruchs.

„Wer immer Gewalt ohne Recht gebraucht – wie es jeder in der Gesellschaft tut, wenn er sie ohne das Gesetz gebraucht –, versetzt sich denjenigen gegenüber, gegen die er sie gebraucht, in den Kriegszustand. In diesem Zustand aber sind alle früheren Verpflichtungen gelöst, alle anderen Rechte haben ein Ende, und jeder hat das Recht, sich selbst zu verteidigen und dem Angreifenden Widerstand zu leisten.[171]

„Obwohl es in einem verfassten Staatswesen [...] nur eine höchste Gewalt geben kann, die Legislative, der alle übrigen Gewalten untergeordnet sind und sein müssen, ist doch die Legislative nur eine Gewalt, die treuhänderisch zu bestimmten Zwecken handelt, und es verbleibt dem Volk dennoch die höchste Gewalt, die Legislative abzuberufen oder zu ändern, wenn es der Meinung ist, daß sie dem in sie gesetzten Vertrauen zuwiderhandelt. Denn aller Gewalt, die im Vertrauen auf ein bestimmtes Ziel verliehen wird, sind durch jenes Ziel die Grenzen gesetzt, und immer, wenn dieses Ziel offenkundig vernachlässigt oder ihm zuwidergehandelt wird, ist dieses Vertrauen notwendigerweise verwirkt, und die Gewalt fällt zurück in die Hände derjenigen, die sie verliehen haben und die sie dann von neuem so vergeben können wie es ihnen für Ihren Schutz und ihre Sicherheit am besten erscheint."[172]

Nach Locke ermöglicht das Widerstandsrecht die Errichtung einer neuen legitimen Legislative. Greift der Inhaber der staatlichen Gewalt ungerecht oder ungesetzlich in die naturgegebenen Rechte ein, können sie gewaltsam verteidigt werden.

„In diesen und ähnlichen Fällen, wenn die Regierung aufgelöst ist, ist das Volk frei, für sich selbst zu sorgen. Es mag eine neue Legislative errichten, die sich von der früheren in der personellen Zusammensetzung oder der Form oder in beiden unterscheidet – ganz wie es ihm für seine Sicherheit und sein Wohl am besten erscheint."[173]

„In allen Lagen und jedweden Umständen ist es das beste Heilmittel gegen Gewalt ohne Autorität, ihr Gewalt entgegenzusetzen. Die Anwendung von Gewalt ohne Autorität versetzt stets denjenigen,

170 *Locke*, The Second Treatise of Government, a.a.O. (Fn. 136), II 202 (S. 153).

171 *Locke*, The Second Treatise of Government, a.a.O. (Fn. 136), II 232 (S. 175).

172 *Locke*, The Second Treatise of Government, a.a.O. (Fn. 136), II 149 (S. 114). Ein missbrauchtes Vertrauen ist auf Dauer verwirkt, *ders.*, a.a.O. (Fn. 136), II 222 (S. 168): „Welche Macht in der Gesellschaft die haben sollten, die sie dieser Art wider das Vertrauen gebrauchen, welches seit der ersten Begründung Hand in Hand mit ihr ging, ist leicht zu entscheiden. Man kann nicht umhin zu erkennen, dass einem Menschen, der einmal einen Versuch wie diesen unternommen hat, nicht länger vertraut werden kann".

173 *Locke*, The Second Treatise of Government, a.a.O. (Fn. 136), II 220 (S. 165).

der sie anwendet, als den Angreifenden in den Kriegszustand und setzt ihn der Gefahr aus, entsprechend behandelt zu werden."[174]

„[...] Nur ungerechter und ungesetzlicher Gewalt darf Gewalt entgegengesetzt werden. Wer immer in irgendeinem anderen Fall Widerstand leistet, setzt sich selbst der gerechten Verurteilung sowohl Gottes als auch der Menschen aus."[175]

Locke versteht das Widerstandsrecht als Individualrecht,[176] das in der Praxis aber nur dann ausgeübt werde, wenn sich das Volk selbst betroffen fühle.

„Wenn das Unrecht nur einige wenige Privatfälle betrifft, haben die Betreffenden zwar ein Recht, sich zu verteidigen und gewaltsam wieder an sich zu bringen, was ihnen durch unrechtmäßige Gewalt genommen wurde, sie werden sich Kraft dieses Rechtes aber schwerlich in einen Streit einlassen, wenn sie sicher sind, darin ihr Leben zu lassen. Denn einem einzelnen oder nur wenigen Unterdrückten ist es ebenso wenig möglich, die Regierung in Unruhe zu stürzen, wenn sich nicht die Gesamtheit des Volkes betroffen fühlt, wie einem rasenden Irren oder einem hitzköpfigen Störenfried, einen wohlbegründeten Staat umzustürzen."[177]

„Wenn sich die ungesetzlichen Handlungen der Obrigkeit aber auf den größeren Teil des Volkes ausdehnen oder wenn zwar von dem Schaden und der Unterdrückung nur wenige betroffen sind, jedoch in Fällen, die als Präzedenzien und in ihren Folgen alle zu bedrohen scheinen, und die Menschen deshalb in ihrem Gewissen überzeugt sind, daß sich ihre Gesetze und mit diesen ihr Besitz, ihre Freiheit und ihr Leben in Gefahr befinden, dazu vielleicht sogar ihre Religion – wie sie daran gehindert werden sollten, sich der gegen sie gerichteten widerrechtlichen Gewalt zu widersetzen, vermag ich nicht zu sagen."[178]

Das Widerstandsrecht wird durch Gesichtspunkte der Verhältnismäßigkeit beschränkt.

„Wenn man [...] eine Regierung annimmt, in der die Person des höchsten Beamten nicht derart geheiligt ist, so wird ihn diese Lehre von der Rechtmäßigkeit des Widerstandes gegen alle ungesetzliche Ausübung seiner Gewalt doch nicht bei der kleinsten Gelegenheit in Gefahr bringen oder die Regierung in Verwirrung stürzen. Wo der geschädigte Teil Hilfe finden und sein Schaden durch die Anrufung des Gesetzes wieder gutgemacht werden kann, da gibt es keinen Vorwand, Gewalt anzuwenden. Denn Gewalt darf nur dort gebraucht werden, wo man von der Möglichkeit abgeschnitten ist, das Gesetz anzurufen."[179]

2. Immanuel Kant

Wesentliche Werke Kants (1724/1804)[180], in denen er seine Staats- und Rechtslehre entwickelt hat, sind neben der *„Metaphysik der Sitten"*[181] die Schriften *„Über den Ge-*

---

174 *Locke*, The Second Treatise of Government, a.a.O. (Fn. 136), II 155 (S. 119).

175 *Locke*, The Second Treatise of Government, a.a.O. (Fn. 136), II 204 (S. 154f.).

176 Str., zum Streitstand siehe *Elpel*, a.a.O. (Fn. 135), S. 144f.

177 *Locke*, The Second Treatise of Government, a.a.O. (Fn. 136), II 208 (S. 158).

178 *Locke*, The Second Treatise of Government, a.a.O. (Fn. 136), II 209 (S. 158).

179 *Locke*, The Second Treatise of Government, a.a.O. (Fn. 136), II 207 (S. 156f.).

180 Zum Leben und Werk Kants siehe *Höffe*, Immanuel Kant, 2014; *ders.*, Geschichte des politischen Denkens, a.a.O. (Fn. 55), S. 298ff.; *Schultz*, Kant, 1969; *Hirschberger*, a.a.O. (Fn. 135), S. 267ff.; *Baruzzi*, Immanuel Kant 1724–1804, in: H. Rausch (Hrsg.), Politische Denker, Bd. III, 1981, S. 11ff.; zur Rechts- und Staatsphilosophie Kants: *Volkmann*, a.a.O. (Fn. 51), S. 73–83,

meinspruch: Das mag in der Theorie richtig sein, taugt aber nicht für die Praxis",[182] „*Zum ewigen Frieden. Ein philosophischer Entwurf*",[183] „*Der Streit der Fakultäten*"[184] und die Abhandlung „*Idee zu einer allgemeinen Geschichte in weltbürgerlicher Absicht*".[185]

Staat und Recht begründet Kant aus der Vernunft, nicht aus empirischen Befunden oder Nützlichkeitserwägungen.[186]

„Ein Staat (civitas) ist die Vereinigung einer Menge von Menschen unter Rechtsgesetzen. So fern diese als Gesetze a priori nothwendig, d.i. aus Begriffen des äußeren Rechts überhaupt von selbst folgend, (nicht statutarisch) sind, ist seine Form die Form eines Staats überhaupt, d.i. der Staat in der Idee, wie er nach reinen Rechtsprincipien sein soll, welche jeder wirklichen Vereinigung zu einem gemeinen Wesen (also im Inneren) zur Richtschnur (norma) dient."[187]

„Die Idee einer mit dem natürlichen Rechte der Menschen zusammenstimmenden Konstitution: daß nämlich die dem Gesetz Gehorchenden auch zugleich, vereinigt, gesetzgebend sein sollen, liegt bei allen Staatsformen zum Grunde, und das gemeine Wesen, welches, ihr gemäß, durch reine Vernunftbegriffe gedacht, ein platonisches Ideal heißt (respublica noumenon), ist nicht ein leeres Hirngespinst, sondern die ewige Norm für alle bürgerliche Verfassung überhaupt, und entfernet allen Krieg. Eine dieser gemäß organisierte bürgerliche Gesellschaft ist die Darstellung derselben nach Freiheitsgesetzen durch ein Beispiel in der Erfahrung (respublica phaenomenon), und kann nur nach mannigfaltigen Befehdungen und Kriegen mühsam erworben werden."[188]

„Was Rechtens sei (quid sit iuris), d.i. was die Gesetze an einem gewissen Ort und zu einer gewissen Zeit sagen oder gesagt haben, kann er (Anm. d. Verf.: der Rechstgelehrte) noch wohl angeben: aber ob das, was sie wollen, auch recht sei, [...], bleibt ihm wohl verborgen, wenn er nicht eine Zeit lang jene empirischen Principien verlässt, die Quellen jener Urtheile in der bloßen Vernunft sucht (wiewohl ihm dazu jene Gesetze vortrefflich zum Leitfaden dienen können), um zu einer möglichen positiven Gesetzgebung die Grundlage zu errichten. Eine bloß empirische Rechtslehre ist [...] ein Kopf, der schön sein mag, nur Schade! daß er kein Gehirn hat."[189]

Rdn. 178–204; zu einem Widerstandsrecht bei Kant: *Elpel*, a.a.O. (Fn. 135), S. 161 ff.; *Haensel*, Kants Lehre vom Widerstandsrecht, 1926.

181 *Kant*, Metaphysik der Sitten, 1797, nachfolgend zit. nach Toman (Hrsg.), Immanuel Kant, Die Religion innerhalb der Grenzen der bloßen Vernunft. Metaphysik der Sitten, Könemann, 1995, S. 243 ff.

182 *Kant*, Über den Gemeinspruch: Das mag in der Theorie richtig sein, taugt aber nicht für die Praxis, 1793, nachfolgend zit. nach Weischedel (Hrsg.), Immanuel Kant, Schriften zur Anthropologie, Geschichtsphilosophie, Politik und Pädagogik 1, Werksausgabe Bd. XI, Suhrkamp, 2020, S. 125 ff.

183 *Kant*, Zum ewigen Frieden. Ein philosophischer Entwurf, 1795, nachfolgend zit. nach Weischedel (Hrsg.), a.a.O. (Fn. 182), S. 191 ff.

184 *Kant*, Der Streit der Fakultäten, 1798, nachfolgend zit. nach Weischedel (Hrsg.), a.a.O. (Fn. 182), S. 261 ff.

185 *Kant*, Idee zu einer allgemeinen Geschichte in weltbürgerlicher Absicht, 1784, nachfolgend zit. nach Weischedel (Hrsg.), a.a.O. (Fn. 182), S. 31 ff.

186 *Volkmann*, a.a.O. (Fn. 51), S. 73, Rdn. 178.

187 *Kant*, Metaphysik der Sitten, a.a.O. (Fn. 181), RL, 2. Theil, Das Staatsrecht, § 45, S. 243, 375 f.

188 *Kant*, Der Streit der Fakultäten, a.a.O. (Fn. 184), Zweiter Abschnitt, Der Streit der philosophischen mit der juristischen, Kap. 8, S. 349, 364 (= A 154 f.).

189 *Kant*, Metaphysik der Sitten, a.a.O. (Fn. 181), Einleitung in die RL, § B, S. 243, 275 f.

a) Vorstaatlicher Naturzustand

Der vorstaatliche Naturzustand ist nach Kant eine Idee der Vernunft, „eine rationale Konstruktion eines Zusammenlebens“[190] in einem „Zustand äußerlich gesetzloser Freiheit“.[191] Die Vernunft gebiete es, diesen Zustand zu verlassen und „in einer gesetzlichen Verfassung Ruhe und Sicherheit zu suchen.“[192]

„[...] so liegt es doch a priori in der Vernunftidee eines solchen (nicht-rechtlichen) Zustandes, daß, bevor ein öffentlich gesetzlicher Zustand errichtet worden, vereinzelte Menschen, Völker und Staaten niemals vor Gewaltthätigkeit gegen einander sicher sein können, und zwar aus jedes seinem eigenen Recht zu thun, was ihm recht und gut dünkt, und hierin von der Meinung des Anderen nicht abzuhängen; mithin das Erste, was ihm zu beschließen obliegt, wenn er nicht allen Rechtsbegriffen entsagen will, der Grundsatz sei: man müsse aus dem Naturzustande, in welchem jeder seinem eigenen Kopf folgt, herausgehen und sich mit allen anderen (mit denen in Wechselwirkung zu gerathen er nicht vermeiden kann) dahin vereinigen, sich einem öffentlichen gesetzlichen äußeren Zwang zu unterwerfen, also in einen Zustand treten, darin jedem das, was für das Seine anerkannt werden soll, gesetzlich bestimmt und durch hinreichende Macht (die nicht die seinige, sondern ein äußere ist) zu Theil wird, d. i. er solle vor allen Dingen in einen bürgerlichen Zustand treten.“[193]

„In ihrer Vereinigung (Anm. d. Verf.: der drei verschiedenen Gewalten) besteht das Heil des Staates (salus rei publicae suprema lex est); worunter man nicht das Wohl der Staatsbürger und ihre Glückseligkeit verstehen muss [...]: sondern den Zustand der größten Übereinstimmung der Verfassung mit Rechtsprincipien versteht, als nach welchem zu streben uns die Vernunft durch einen kategorischen Imperativ verbindlich macht.“[194]

b) Staat als rechtlich verfasste Gemeinschaft

Den Staat versteht Kant als eine rechtlich verfasste Gemeinschaft. Dabei geht er von einem konstituierenden Gesellschaftsvertrag als einem „von aller Erfahrung unabhängigen Idee der reinen praktischen Vernunft“ aus, dem die rechtliche Ordnung entspringt.[195]

„Der Act, wodurch sich das Volk selbst zu einem Staat constituiert, eigentlich aber nur die Idee desselben, nach der die Rechtmäßigkeit desselben allein gedacht werden kann, ist der ursprüngliche Contract, nach welchem alle (omnes et singuli) im Volk ihre äußere Freiheit aufgeben, um sie als Glieder eines gemeinen Wesens, d.i. des Volks als Staat betrachtet (universi), sofort wieder aufzunehmen, und man kann nicht sagen: der Mensch im Staat habe einen Theil seiner angeborenen äußeren Freiheit einem Zwecke aufgeopfert, sondern er hat die wilde, gesetzlose Freiheit gänzlich verlassen, um seine Freiheit überhaupt in einer gesetzlichen Abhängigkeit, d.i. in einem rechtlichen Zustande, unvermindert wieder zu finden, weil diese Abhängigkeit aus seinem eigenen gesetzgebenden Willen entspringt.“[196]

„Unter allen Verträgen, wodurch eine Menge von Menschen sich zu einer Gesellschaft verbindet (pactum sociale), ist der Vertrag der Errichtung einer bürgerlichen Verfassung unter ihnen (pactum unionis civilis) von so eigentümlicher Art, daß, ob er zwar in Ansehung der Ausführung vieles mit

---

190 *Höffe*, Immanuel Kant, a.a.O. (Fn. 180), S. 233.

191 *Kant*, Metaphysik der Sitten, a.a.O. (Fn. 181), RL, 1. Theil, § 42, S. 243, 372.

192 *Kant*, Idee zu einer allgemeinen Geschichte in weltbürgerlicher Absicht, a.a.O. (Fn. 185), Siebenter Satz, S. 31, 42 (= A 399).

193 *Kant*, Metaphysik der Sitten, a.a.O. (Fn. 181), RL, 2. Theil, Das Staatsrecht, § 44, S. 242, 374.

194 *Kant*, Metaphysik der Sitten, a.a.O. (Fn. 181), RL, 2. Theil, Das Staatsrecht, § 49, S. 243, 382.

195 *Höffe*, a.a.O. (Fn. 180), S. 232 und 235.

196 *Kant*, Metaphysik der Sitten, a.a.O. (Fn. 181), RL, 2. Theil, Das Staatsrecht, § 47, S. 243, 379.

jedem anderen (der eben sowohl auf irgend einen beliebigen gemeinschaftlich zu befördernden Zweck gerichtet ist) gemein hat, er sich doch im Prinzip seiner Stiftung (constitutionis civilis) von allen anderen wesentlich unterscheidet. Verbindung vieler zu irgend einem (gemeinsamen) Zwecke (den alle haben) ist in allen Gesellschaftsverträgen anzutreffen; aber Verbindung derselben, die an sich selbst Zweck ist [...] eine solche ist nur in einer Gesellschaft, sofern sie sich im bürgerlichen Zustande befindet, d.i. ein gemeines Wesen ausmacht, anzutreffen. Der Zweck nun, der in solchem äußeren Verhältnis an sich selbst Pflicht und selbst die oberste formale Bedingung (conditio sine qua non) aller übrigen äußeren Pflicht ist, ist das Recht der Menschen unter öffentlichen Zwangsgesetzen, durch welche jedem das Seine bestimmt und gegen jedes anderen Eingriff gesichert werden kann."[197]

„Ein Staat (civitas) ist die Vereinigung einer Menge von Menschen unter Rechtsgesetzen."[198]

Kant unterscheidet die Staatsformen der Autokratie, der Aristokratie und der Demokratie. Nach der Vernunft ist der Staat aufgefordert, seine Grundordnung so zu gestalten, wie sie dem gemeinschaftlichen Willen aller Betroffenen entspricht.[199] Das Ideal der Regierungsform, bei der jedem Freiheit und Gleichheit gewährt wird, sieht Kant in einer republikanischen Verfassung verwirklicht. Ihre Errichtung und Erhaltung seien schwierige Aufgaben, zu denen der Mensch, wenn er sie verabsäumt, von der Natur gezwungen wird.

„[...] entweder daß Einer im Staate über alle, oder daß Einige, die einander gleich sind, vereinigt, über alle andere, oder daß Alle zusammen über einen jeden, mithin auch über sich selbst gebieten, d. i. die Staatsform ist entweder autokratisch, oder aristokratisch, oder demokratisch."[200]

„[...] mithin ist es Pflicht, [...], vorläufig aber [...] Pflicht der Monarchen, ob sie gleich autokratisch herrschen, dennoch republikanisch (nicht demokratisch) zu regieren, d. i. das Volk nach Prinzipien zu behandeln, die dem Geist der Freiheitsgesetze (wie ein Volk mit reifer Vernunft sie sich selbst vorschreiben würde) gemäß sind [...]."[201]

„Die erstlich nach Prinzipien der Freiheit der Glieder einer Gesellschaft (als Menschen); zweitens nach Grundsätzen der Abhängigkeit aller von einer einzigen gemeinsamen Gesetzgebung (als Untertanen); und drittens, die nach dem Gesetz der Gleichheit derselben (als Staatsbürger) gestiftete Verfassung – die einzige, welche aus der Idee des ursprünglichen Vertrags hervorgeht, auf der alle rechtliche Gesetzgebung eines Volkes gegründet sein muss – ist die republikanische."[202]

„Der Republikanism ist das Staatsprinzip der Absonderung der ausführenden Gewalt (der Regierung) von der gesetzgebenden [...]."[203]

---

197 *Kant,* Über den Gemeinspruch: Das mag in der Theorie richtig sein, taugt aber nicht für die Praxis, a.a.O. (Fn. 182), S. 125, 143 f (= A 232, 234).

198 *Kant,* Metaphysik der Sitten, a.a.O. (Fn. 181), RL, 2. Theil, Das Staatsrecht, § 45, S. 243, 375.

199 *Höffe,* a.a.O. (Fn. 180), S. 235.

200 *Kant,* Metaphysik der Sitten, a.a.O. (Fn. 181), RL, 2. Theil, Das Staatsrecht § 51, S. 243, 407 f.

201 *Kant,* Der Streit der Fakultäten, a.a.O. (Fn. 184), Zweier Abschnitt, Der Streit der philosophischen Fakultät mit der juristischen, Kap. 8, S. 351, 364 f. (= A 155, 156); siehe auch l. c., S. 349, 359 f. Fußnote (= A 148): „Autokratisch herrschen, und dabei doch republikanisch, d. h. im Geiste des Republikanism und nach einer Analogie mit demselben, regieren, ist das, was ein Volk mit seiner Verfassung zufrieden macht".

202 *Kant,* Zum ewigen Frieden, a.a.O. (Fn. 183), Zweiter Abschnitt, Erster Definitivartikel, S. 191, 204 (= BA 20).

203 *Kant,* Zum ewigen Frieden, a.a.O. (Fn. 183), Zweiter Abschnitt, Erster Definitivartikel, S. 191, 206 f. (= BA 25).

„Unter den drei Staatsformen ist die der Demokratie, im eigentlichen Verstande des Wortes, notwendig ein Despotism, weil sie eine exekutive Gewalt gründet, da alle über und allenfalls auch wider Einen (der also nicht mit einstimmt), mithin alle, die doch nicht alle sind, beschließen; welches ein Widerspruch des allgemeinen Willens mit sich selbst und mit der Freiheit ist.

Alle Regierungsform nämlich, die nicht repräsentativ ist, ist eigentlich eine Unform, weil der Gesetzgeber in ein und derselben Person zugleich Volltrecker seines Willens [...] sein kann, und, wenn gleich die zwei anderen Staatsverfassungen so fern immer fehlerhaft sind, daß sie einer solchen Regierungsart Raum geben, so ist es bei ihnen doch wenigstens möglich, daß sie eine dem Geiste eines repräsentativen Systems gemäße Regierungsart annähmen, [...], da hingegen die demokratische es unmöglich macht, weil alles da Herr sein will."[204]

„Nun ist die republikanische Verfassung die einzige, welche dem Recht der Menschen vollkommen angemessen, aber auch die schwerste zu stiften, vielmehr noch zu erhalten ist, [...]. Aber nun kommt die Natur dem verehrten, aber zur Praxis ohnmächtigen allgemeinen, in der Vernunft gegründeten Willen, und zwar gerade durch jene selbstsüchtigen Neigungen, zu Hülfe, so, dass es nur auf eine gute Organisation des Staats ankommt [...], jener ihre Kräfte so gegeneinander zu richten, daß eine die anderen in ihrer zerstörenden Wirkung aufhält, oder diese aufhebt: so daß der Erfolg für die Vernunft so ausfällt, als wenn beide gar nicht da wären, und so der Mensch, wenn gleich nicht ein moralisch guter Mensch, dennoch ein guter Bürger zu sein gezwungen wird. [...] Hier heißt es also: Die Natur will unwiderstehlich[205], daß das Recht zuletzt die Obergewalt erhalte. Was man nun hier verabsäumt zu tun, das macht sich zuletzt selbst, obzwar mit viel Ungemächlichkeit."[206]

Zweck des Staates ist nach Kant nicht das utilitaristische Gebot, das Wohlergehen der Betroffenen oder deren Glück zu fördern, sondern die Sicherung des Rechts der Bürger.[207]

„Die beste Regierungsform ist nicht die, worin es am bequemsten ist zu leben (Eudämonie) sondern worin dem Bürger sein Recht am meisten gesichert ist."[208]

„Eine Regierung, die auf dem Prinzip des Wohlwollens gegen das Volk als eines Vaters gegen seine Kinder errichtet wäre, d. i. eine väterliche Regierung (imperium paternale), wo also die Untertanen als unmündige Kinder, die nicht unterscheiden können, was ihnen wahrhaftig nützlich oder schädlich ist, sich bloß passiv zu verhalten genötigt sind, um, wie sie glücklich sein sollen, bloß von dem Urteile des Staatsoberhaupts, und, daß dieser es auch wolle, bloß von seiner Gütigkeit zu

---

204 *Kant,* Zum ewigen Frieden, a.a.O. (Fn. 183), Zweiter Abschnitt, Erster Definitivartikel, S. 191, 207 (= BA 26).

205 Siehe dazu die Erklärung in: *Kant,* Zum ewigen Frieden, a.a.O. (Fn. 183), erster Zusatz, S. 191, 223 (= A 58): „Wenn ich von der Natur sage: sie will, daß dieses oder jenes geschehe, so heißt das nicht so viel, als: sie legt uns eine Pflicht auf, es zu tun (denn das kann nur die zwangsfreie praktische Vernunft), sondern sie tut es selbst, wir mögen wollen oder nicht (fata volentem ducunt, nolentem trahunt)".

206 *Kant,* Zum ewigen Frieden, a.a.O. (Fn. 183), erster Zusatz, S. 191, 223–225 (= A 59–61); siehe auch: ders., Idee zu einer allgemeinen Geschichte in staatsbürgerlicher Absicht, a.a.O. (Fn. 185), fünfter Satz, S. 31, 39 (= 394): „Das größte Problem für die Menschengattung, zu dessen Auflösung die Natur ihn zwingt, ist die Erreichung einer allgemeinen das Recht verwaltenden bürgerlichen Gesellschaft".

207 *Höffe,* a.a.O. (Fn. 180), S. 219.

208 *Kant,* Nachträge, Vorarbeiten zur Einleitung in die RL, zum Anhang und zur Eintheilung der RL, zit. nach AA, XXIII, S. 257.

erwarten: ist der größte denkbare Despotismus (Verfassung, die alle Freiheit der Untertanen, die alsdann keine Rechte haben, aufhebt)."[209]

„Man sieht hier offenbar, was das Prinzip der Glückseligkeit (welches eigentlich gar keines bestimmten Prinzips fähig ist) auch im Staatsrecht für Böses anrichtet, so wie es solches in der Moral tut, auch selbst bei der besten Meinung, die der Lehrer desselben beabsichtigt. Der Souverän will das Volk nach seinen Begriffen glücklich machen, und wird zum Despot; das Volk will sich den allgemeinen menschlichen Anspruch auf eigene Glückseligkeit nicht nehmen lassen und wird Rebell."[210]

c) *Kants Rechtsbegriff*

Ist der Staat eine rechtlich verfasste Gemeinschaft, stellt sich die Frage nach dem Recht. Das Recht regelt nach Kant den richtigen Gebrauch der Freiheit im äußeren Verhältnis der Menschen zueinander,[211] um ihr Zusammenleben zu ermöglichen. In der Sicherung und Bewahrung der Freiheit, dem einzigen angeborenen Recht jedes Menschen, findet das Recht seinen zentralen Bezugspunkt und seine wesentliche Legitimation, aber auch seine Begrenzung.[212]

„Das Recht ist der Inbegriff der Bedingungen, unter denen die Willkür des einen mit der Willkür des anderen nach einem allgemeinen Gesetz der Freiheit zusammen vereinigt werden kann."[213]

„Eine jede Handlung ist recht, die oder nach deren Maxime die Freiheit der Willkür eines jeden mit jedermanns Freiheit nach einem allgemeinen Gesetze zusammen bestehen kann."[214]

„Also ist das allgemeine Rechtsgesetz: handle äußerlich so, dass der frei Gebrauch deiner Willkür mit der Freiheit von jedermann nach einem allgemeinen Gesetz zusammen bestehen kann, [...]."[215]

„Freiheit (Unabhängigkeit von eines Anderen nöthigender Willkür), sofern sie mit jedes Anderen Freiheit nach einem allgemeinen Gesetze zusammen bestehen kann, ist dieses einzige, ursprüngliche, jedem Menschen kraft seiner Menschheit zustehende Recht."[216]

Vom Recht unterscheidet Kant die Moral, von den Rechtspflichten die Tugendpflichten; von einem rechtlichen Gemeinwesen das ethische Gemeinwesen.

„So wie nämlich das Recht überhaupt nur das zum Objecte hat, was in Handlungen äußerlich ist, so ist das stricte Recht, nämlich das, dem nichts Ethisches beigemischt ist, dasjenige, welches keine anderen Bestimmungsgründe der Willkür als bloß die äußeren fordert; denn alsdann ist es rein und mit keinen Tugendvorschriften vermengt."[217]

„Alle Pflichten sind entweder Rechtspflichten (officia iuris), d.i. solche, für welche eine äußere Gesetzgebung möglich ist, oder Tugendpflichten (officia virtutis s. ethica), für welche eine solche nicht möglich ist; – die letzteren können aber darum nur keiner äußeren Gesetzgebung unterworfen

---

209 *Kant*, Über den Gemeinspruch, a.a.O. (Fn. 182), S. 125, 145 f. (= A 236).

210 *Kant*, Über den Gemeinspruch, a.a.O. (Fn. 182), S. 125, 159 (= A 261).

211 *Zippelius*, Geschichte der Staatsideen, 1980, S. 144.

212 *Dreier*, Kants Republik, JZ 2004, 745, 748.

213 *Kant*, Metaphysik der Sitten, a.a.O. (Fn. 181), Einleitung in die RL, § B, S. 243, 276.

214 *Kant*, Metaphysik der Sitten, a.a.O. (Fn. 181), Einleitung in die RL, § C, S. 243, 277.

215 *Kant*, Metaphysik der Sitten, a.a.O. (Fn. 181), Einleitung in die RL, § C, S. 243, 277.

216 *Kant*, Metaphysik der Sitten, a.a.O. (Fn. 181), Eintheilung der RL, B, S. 243, 286.

217 *Kant*, Metaphysik der Sitten, a.a.O. (Fn. 181), Einleitung in die RL, § E, S. 243, 279.

werden, weil sie auf einen Zweck gehen, der (oder welchen zu haben) zugleich Pflicht ist; sich aber einen Zweck vorzusetzen, das kann durch keine äußerliche Gesetzgebung bewirkt werden (weil es ein innerer Act des Gemüths ist) […].“[218]

„Sollte nun das zu gründende gemeine Wesen ein juridisches sein: so würde die sich zu einem Ganzen vereinigende Menge selbst der Gesetzgeber (der Constitutionsgesetze) sein müssen, weil die Gesetzgebung von dem Prinzip ausgeht: die Freiheit eines jeden auf die Bedingungen einzuschränken, unter denen sie mit jedes anderen Freiheit nach einem allgemeinen Gesetze zusammen bestehen kann (Fn. * Dieses ist das Princip alles äußeren Rechts), und wo also der allgemeine Wille einen gesetzlichen äußeren Zwang errichtet.

Soll das gemeine Wesen aber ein ethisches sein, so kann das Volk als ein solches nicht selbst für gesetzgebend angesehen werden. Denn in einem solchen gemeinen Wesen sind alle Gesetze ganz eigentlich darauf gestellt, die Moralität der Handlungen (welche etwas Innerliches ist, mithin nicht unter öffentlichen menschlichen Gesetzen stehen kann) zu befördern, da im Gegentheil die letzteren, welches ein juridisches gemeines Wesen ausmachen würde, nur auf die Legalität der Handlungen, die in die Augen fällt, gestellt sind und nicht auf (innere) Moralität, von der hier allein die Rede ist. Es muss also ein Anderer als das Volk sein, der für ein ethisches gemeines Wesen als öffentlich gesetzgebend angesehen werden könnte. […] Dieses ist aber der Begriff von Gott als einem moralischen Weltherrscher. Also ist ein ethisches gemeines Wesen nur als ein Volk unter göttlichen Geboten, d. i. als ein Volk Gottes, und zwar nach Tugendgesetzen, zu denken möglich.“[219]

Kant kennt im Anschluss an Ulpian[220] drei Rechtspflichten, die die Notwendigkeit einer staatlichen Ordnung begründen.[221]

„1) Sei ein rechtlicher Mensch (honeste vivere). Die rechtliche Ehrbarkeit (honestas iuridica) besteht darin: im Verhältniß zu Anderen seinen Werth als den eines Menschen zu behaupten, welche Pflicht durch den Satz ausgedrückt wird: 'Mach dich anderen nicht zum bloßen Mittel, sondern sei für sie zugleich Zweck.' Diese Pflicht wird im folgenden als Verbindlichkeit aus dem Rechte der Menschheit in unserer eigenen Person erklärt werden (Lex iusti).

2) Thue niemanden Unrecht (neminem laede), und solltest du darüber auch aus aller Verbindung mit anderen heraus gehen und alle Gesellschaft vermeiden müssen (Lex iuridica).

3) Tritt (wenn du das letztere nicht vermeiden kannst) in eine Gesellschaft mit Anderen, in welcher Jedem das Seine erhalten werden kann (suum cuique tribue). […] Tritt in einen Zustand, worin Jedermann das Seine gegen jeden Anderen gesichert sein kann (Lex iustitiae).“[222]

Rechtmäßig (legal) ist eine Handlung nach Kant schon dann, wenn sie überhaupt mit dem Gesetz übereinstimmt, gleichgültig aus welchem Motiv heraus es erfüllt wird. Eine

---

218 *Kant,* Metaphysik der Sitten, a.a.O. (Fn. 181), Einteilung der Metaphysik der Sitten überhaupt, I., S. 243, 287 f.

219 *Kant,* Religion innerhalb der Grenzen der bloßen Vernunft, Drittes Stück, Erste Abteilung, III., S. 11, 118–120, zit. nach R. Toman (Hrsg.), Könemann, 1995.

220 Dig. 1.1.10. 1 Ulp. 1 reg.: „Iuris praecepta sunt haec: honeste vivere, alterum non laedere, suum cuique tribuere".

221 *Hirsch,* Freiheit und Staatlichkeit bei Kant, 2017, S. 254.

222 *Kant,* Metaphysik der Sitten, a.a.O. (Fn. 181), Eintheilung der RL, A, S. 243, 284 f.

innere Gewissensüberzeugung von der Richtigkeit des Gesetzes ist dafür nicht erforderlich.[223]

„Man nennt die bloße Übereinstimmung oder Nichtübereinstimmung einer Handlung mit dem Gesetze ohne Rücksicht auf die Triebfeder derselben die Legalität (Gesetzmäßigkeit), diejenige aber, in welcher die Idee der Pflicht aus dem Gesetze zugleich die Triebfeder der Handlung ist, die Moralität (Sittlichkeit) derselben.

Die Pflichten nach der rechtlichen Gesetzgebung können nur äußere Pflichten sein, weil diese Gesetzgebung nicht verlangt, dass die Idee dieser Pflicht, welche innerlich ist, für sich selbst Bestimmungsgrund der Willkür des Handelnden sei, und, da sie doch einer für Gesetze schicklichen Triebfeder bedarf, nur äußere mit dem Gesetz verbinden kann."[224]

Recht ermöglicht es, legitimen Zwang auszuüben. Recht ist mit der Befugnis zu zwingen verbunden. Die Zwangsbefugnis folgt aus „der Aufgabe des Rechts, das Zusammenleben äußerer Freiheit widerspruchsfrei zu ermöglichen."[225] Durch die Zwangsbefugnis unterscheidet sich der „rechtlich-bürgerliche" vom „ethisch-bürgerlichen" Zustand.

„Nun ist alles, was ungerecht ist, ein Hindernis der Freiheit nach allgemeinen Gesetzen: der Zwang aber ist ein Hindernis oder Widerstand, der der Freiheit geschieht. Folglich: wenn ein gewisser Gebrauch der Freiheit selbst ein Hindernis der Freiheit nach allgemeinen Gesetzen (d. i. ungerecht) ist, so ist der Zwang, der diesem entgegengesetzt wird, als Verhinderung eines Hindernisses der Freiheit mit der Freiheit nach allgemeinen Gesetzen zusammenstimmend, d. i. recht: mithin ist mit dem Rechte zugleich eine Befugnis, den, der ihm Abbruch thut, zu zwingen, nach dem Satz des Widerspruchs verknüpft."[226]

„[...] Recht und Befugniß zu zwingen, bedeutet also einerlei."[227]

„Ein rechtlich-bürgerlicher (politischer) Zustand ist das Verhältnis der Menschen untereinander, sofern sie gemeinschaftlich unter öffentlichen Rechtsgesetzen (die insgesamt Zwangsgesetze sind) stehen. Ein ethisch-bürgerlicher Zustand ist der, da sie unter dergleichen zwangsfreien, d. i. bloßen Tugendgesetzen vereinigt sind."[228]

d) Vereinigter Volkswille als Souverän

Kant kennt drei Gewalten im Staat, die gesetzgebende, die vollziehende und die rechtsprechende Gewalt.

„Ein jeder Staat enthält drei Gewalten in sich, d. i. den allgemein vereinigten Willen in dreifacher Person (trias politica): die Herrschergewalt (Souveränität) in der des Gesetzgebers, die vollziehende Gewalt in der des Regierers (zu Folge dem Gesetz) und die rechtsprechende Gewalt (als Zuerkennung des Seinen eines jeden nach dem Gesetz) in der Person des Richters (potestas legislatoria, rectoria et iudiciaria) [...]."[229]

---

223 *Zippelius*, a.a.O. (Fn. 211), S. 145; *Dreier*, a.a.O. (Fn. 212), JZ 2004, 745, 746f.; *Höffe*, a.a.O. (Fn. 180), S. 219f.

224 *Kant*, Metaphysik der Sitten, a.a.O. (Fn. 181), Einleitung in die Metaphysik der Sitten, III, S. 243, 262.

225 *Höffe*, a.a.O. (Fn. 180), S. 223.

226 *Kant*, Metaphysik der Sitten, a.a.O. (Fn. 181), Einleitung in die RL, § D, S. 243, 278.

227 *Kant*, Metaphysik der Sitten, a.a.O. (Fn. 181), Einleitung in die RL, § D, S. 243, 279.

228 *Kant*, Religion innerhalb der Grenzen der bloßen Vernunft, a.a.O. (Fn. 219), Drittes Stück, Erste Abteilung, I, S. 11, 114.

229 *Kant*, Metaphysik der Sitten, a.a.O. (Fn. 181), RL, 2. Theil, Das Staatsrecht. § 45, S. 243, 376.

„Der Beherrscher des Volkes (der Gesetzgeber) kann also nicht zugleich der Regent sein, denn dieser steht unter dem Gesetz und wird durch dasselbe folglich von einem Anderen, dem Souverän, verpflichtet. Jener kann diesem auch seine Gewalt nehmen, ihn absetzen, oder seine Verwaltung reformieren, aber ihn nicht strafen [...]; denn das wäre wiederum ein Akt der ausübenden Gewalt [...].“[230]

Ausgehend von dem Gedanken der Selbstgesetzgebung, der Autonomie und Selbstbestimmung kann die positive äußere Gesetzgebung nach Vernunftgesetzen nur eine von allen gebilligte sein.[231] Da der einzelne über die Gesetze mitentscheiden kann, muss er sich ihnen unterordnen.

„Vielmehr ist meine äußere (rechtliche) Freiheit so zu erklären: sie ist die Befugnis, keinen äußeren Gesetzen zu gehorchen, als zu denen ich meine Beistimmung habe geben können.“[232]

„Die Idee einer mit dem natürlichen Rechte der Menschen zusammenstimmenden Konstitution: daß nämlich die dem Gesetz Gehorchenden auch zugleich, vereinigt, gesetzgebend sein sollen, [...].“[233]

„Alles Recht hängt nämlich von Gesetzen ab. Ein öffentliches Gesetz aber, welches für alle das, was ihnen rechtlich erlaubt oder unerlaubt sein soll, bestimmt, ist der Actus eines öffentlichen Willens, von dem alles Recht ausgeht, und der also selbst niemand muß Unrecht tun können. Hierzu aber ist kein anderer Wille als der des gesamten Volks (da alle über alle, mithin ein jeder über sich selbst beschließt), möglich: denn nur sich selbst kann niemand unrecht tun.“[234]

„Die gesetzgebende Gewalt kann nur dem vereinigten Willen des Volles zukommen. Denn da von ihr alles Recht ausgehen soll, so muss sie durch ihr Gesetz schlechterdings niemand Unrecht thun können. Nun ist es, wenn jemand etwas gegen einen Anderen verfügt, immer möglich, dass er ihm dadurch unrecht thue, nie aber in dem, was er über sich selbst beschließt (denn volenti non fit iniuria). Also kann nur der übereinstimmende und vereinigte Wille Aller, so fern ein jeder über Alle und Alle über einen jeden ebendasselbe beschließen, mithin nur der allgemein vereinigte Volkswille gesetzgebend sein.“[235]

Den vereinigten Willen aller, dem die gesetzgebende Gewalt zukommt, versteht Kant nicht empirisch als Wille der Gesamtheit der Bürger. Die Gesetze müssen dem vereinigten Willen nicht tatsächlich entsprungen sein. Entscheidend ist vielmehr eine hypothetische Betrachtung, ob sie ihm hätten entspringen können.[236]

„Sondern es ist eine bloße Idee der Vernunft, die aber ihre unbezweifelte (praktische) Realität hat: nämlich jeden Gesetzgeber zu verbinden, daß er seine Gesetze so gebe, als sie aus dem vereinigten Willen eines ganzen Volkes haben entspringen können, und jeden Untertan, so fern er Bürger sein will, so anzusehen, als ob er zu einem solchen Willen mit zusammen gestimmt habe. Denn das ist der Probierstein der Rechtmäßigkeit eines jeden öffentlichen Gesetzes. Ist nämlich dieses so beschaffen, dass ein ganzes Volk unmöglich dazu seine Einstimmung geben könnte [...], so ist es nicht gerecht; ist es aber nur möglich, dass ein Volk dazu zusammen stimme, so ist es Pflicht, das Gesetz

230 *Kant*, Metaphysik der Sitten, a.a.O. (Fn. 181), RL, 2. Theil, Das Staatsrecht, § 49, S. 243, 380f.

231 *Dreier*, a.a.O. (Fn. 212), JZ 2004, 745, 749.

232 *Kant*, Zum ewigen Frieden, a.a.O. (Fn. 183), Zweiter Abschnitt, Erster Definitivartikel, Fußnote, S. 191, 204 (= BA 21).

233 *Kant*, Der Streit der Fakultäten, a.a.O. (Fn. 184), Zweiter Abschnitt, Der Streit der philosophischen mit der juristischen, Kap. 8, S. 349, 364 (= A 154f.).

234 *Kant*, Über den Gemeinspruch, a.a.O. (Fn. 182), II, S. 125, 150 (= A 244).

235 *Kant*, Metaphysik der Sitten, a.a.O. (Fn. 181), RL, 2. Theil, Das Staatsrecht, § 46, S. 243, 376.

236 *Dreier*, a.a.O. (Fn. 212), JZ 2004, 745, 751.

für gerecht zu halten: gesetzt auch, dass das Volk itzt in einer solchen Lage, oder Stimmung seiner Denkungsart wäre, dass es, wenn es darum befragt würde, wahrscheinlicherweise seine Bestimmung verweigern würde."[237]

e) *Widerstandsrecht und Gehorsamsverweigerung*

Nach Kant herrscht in einer Vereinigung unter Rechtsgesetzen, in einem Staat, gegenüber der gesetzgebenden Gewalt als Souverän eine absolute Gehorsamspflicht, die ein Widerstandsrecht ausschließt.[238]

„Wider das gesetzgebende Oberhaupt des Staates gibt es also keinen rechtmäßigen Widerstand des Volkes; denn nur durch Unterwerfung unter seinen allgemein-gesetzgebenden Willen ist ein rechtlicher Zustand möglich; also kein Recht des Aufstandes (seditio), noch weniger des Aufruhrs (rebellio), am allerwenigsten gegen ihn als einzelne Person (Monarch) unter dem Vorwande des Mißbrauchs seiner Gewalt (tyrannis), Vergreifung an seiner Person, ja an seinem Leben (monarchomachismus sub specie tyrannicidii). Der geringste Versuch hierzu ist Hochverrath (proditio eminens), und der Verräther dieser Art kann als einer, der sein Vaterland umzubringen versucht (parricida), nicht minder als mit dem Tod bestraft werden."[239]

„Hieraus folgt: dass alle Widersetzlichkeit gegen die oberste gesetzgebende Macht, alle Aufwiegelung, um Unzufriedenheit der Untertanen tätlich werden zu lassen, aller Aufstand, der in Rebellion ausbricht, das höchste und strafbarste Verbrechen im gemeinen Wesen ist; weil es dessen Grundfeste zerstört. Und dieses Verbot ist unbedingt, [...]."[240]

„Und man würde einsehen: dass, ehe der allgemeine Wille da ist, das Volk gar kein Zwangsrecht gegen seinen Gebieter besitze, weil es nur durch diesen rechtlich zwingen kann; ist jener aber da, eben sowohl kein von ihm gegen diesen auszuübender Zwang Statt finde, weil es alsdann selbst der oberste Gebieter wäre; mithin dem Volk gegen das Staatsoberhaupt nie ein Zwangsrecht (Widersetzlichkeit in Worten oder Werken) zukomme."[241]

Ein Widerstandsrecht wäre, so Kant, ein Recht zum Rechtsbruch und damit ein Widerspruch in sich.

„Ja es kann auch selbst in der Constitution kein Artikel enthalten sein, der es einer Gewalt im Staat möglich machte, sich im Fall der Übertretung der Constitutionalgesetze durch den obersten Befehlshaber ihm zu widersetzen, mithin ihn einzuschränken. Denn der, welcher die Staatsgewalt einschränken soll, muß doch mehr, oder wenigstens gleiche Macht haben, als derjenige, welcher eingeschränkt wird, und als ein rechtmäßiger Gebieter, der den Unterthanen befähle, sich zu widersetzen, muss er sie auch schützen können und in jedem vorkommenden Fall rechtskräftig urtheilen, mithin öffentlich den Widerstand befehligen können. Alsdann ist aber nicht jener, sondern dieser der Befehlshaber; welches sich widerspricht."[242]

„Denn um zu demselben (Anm. d. Verf.: dem Widerstand) befugt zu sein, müsste ein öffentliches Gesetz vorhanden sein, welches diesen Widerstand des Volks erlaubte, d. i. die oberste Gesetzgebung enthielte eine Bestimmung in sich, nicht die oberste zu sein und das Volk als Unterthan in

237 *Kant,* Über den Gemeinspruch, a.a.O. (Fn. 182), II, S. 125, 153f. (= A 250).

238 Zum Nachfolgenden siehe *Elpel,* a.a.O. (Fn. 135), S. 187ff.

239 *Kant,* Metaphysik der Sitten, a.a.O. (Fn. 181), RL, 2. Theil, Das Staatsrecht, § 49, Allgemeine Anmerkung, A, S. 243, 384f.

240 *Kant,* Über den Gemeinspruch, a.a.O. (Fn. 182), II, S. 125, 156 (= A 255).

241 *Kant,* Über den Gemeinspruch, a.a.O. (Fn. 182), II, S. 125, 159f. (= A 262).

242 *Kant,* Metaphysik der Sitten, a.a.O. (Fn. 181), RL, 2. Theil, Das Staatsrecht, § 49, Allgemeine Anmerkung, A, S. 243, 383f.

einem und demselben Urtheile zum Souverän über den zu machen, dem es unterthänig ist; welches sich widerspricht […].“[243]

In einem Streit zwischen dem Volk und dem Souverän stünde weiter nicht fest, wer den Streit entscheiden soll.

„[…] und wovon der Widerspruch durch die Frage alsbald in die Augen fällt: wer denn in diesem Streit zwischen Volk und dem Souverän Richter sein soll (denn es sind rechtlich betrachtet doch immer zwei verschiedene moralische Personen); wo sich dann zeigt, dass das erstere es in seiner eigenen Sache sein will.“[244]

„[…] dennoch dem Untertan kein Widerstand, als Gegengewalt, erlaubt bleibt. Der Grund davon ist: weil bei einer schon subsistierenden bürgerlichen Verfassung das Volk kein zu Recht beständiges Urteil mehr hat, zu bestimmen: wie jene solle verwaltet werden. Denn man setze: es habe ein solches, und zwar dem Urteile des wirklichen Staatsoberhaupts zuwider: wer soll entscheiden, auf wessen Seite das Recht sei? Keiner von beiden kann es, als Richter in seiner eigenen Sache, tun. Also müßte es noch ein Oberhaupt über dem Oberhaupte geben, welches zwischen diesem und dem Volke entschiede; welches sich widerspricht.“[245]

Ein Widerstandsrecht würde den Rechtszustand in einem Staat auflösen. Das würde zu einem Rückfall in den gesetzlosen Naturzustand führen.

„Der Grund der Pflicht des Volkes einen, selbst den für unerträglich ausgegebenen Mißbrauch der obersten Gewalt dennoch zu ertragen liegt darin: daß sein Widerstand wider die höchste Gesetzgebung selbst niemals anders als gesetzwidrig, ja als die ganze gesetzliche Verfassung zernichtend gedacht werden muss.“[246]

Als weiteren Gesichtspunkt gegen die Annahme eines Widerstandsrechts führt Kant an, die gesetzgebende Gewalt könne niemandem Unrecht tun, da sie auf dem vereinigten Willen des Volkes beruht. Der Wille, den der Souverän ausübe, sei der vereinigte Wille des Volkes.

„Die gesetzgebende Gewalt kann nur dem vereinigten Willen des Volkes zukommen. Denn da von ihr alles Recht ausgehen soll, so muß sie durch ihr Gesetz schlechterdings niemand unrecht thun können.“[247]

---

243 *Kant,* Metaphysik der Sitten, a.a.O. (Fn. 181), RL, 2. Theil, Das Staatsrecht, § 49, Allgemeine Anmerkung, A, S. 243, 385.

244 *Kant,* Metaphysik der Sitten, a.a.O. (Fn. 181), RL, 2. Theil, Das Staatsrecht, § 49, Allgemeine Anmerkung, A, S. 243, 385.

245 *Kant,* Über den Gemeinspruch, a.a.O. (Fn. 182), II, S. 125, 156 (= A 255).

246 *Kant,* Metaphysik der Sitten, a.a.O. (Fn. 181), RL, 2. Theil, Das Staatsrecht, § 49, Allgemeine Anmerkung, A, S. 243, 385; so schon die Argumentation der „Gesetze“ bei *Platon*, Kriton, hier und nachfolgend zit. nach *Platon*, Sokrates im Gespräch, Fischer, 1954, S. 37, 46: „Sag an, Sokrates, was hast du im Sinn zu tun? Die Tat, zu der du dich anschickst, will ja nicht mehr und nicht weniger als uns die Satzungen und damit die gesamte Stadt zerrütten, so viel an dir liegt! Oder glaubst du, daß eine Stadt noch Bestand haben kann und nicht in Trümmer geht, in welcher die ergehenden Urteile keinerlei Wirkung haben, sondern von Privatleuten außer Kraft gesetzt und zunichte gemacht werden?“

247 *Kant,* Metaphysik der Sitten, a.a.O. (Fn. 181), RL, 2. Theil, Das Staatsrecht, § 46, S. 243, 376; der dieser Argumentation zu Grund liegende Gedanke des „volenti non fit iniuria“ findet sich bereits bei *Platon*, Kriton, a.a.O. (Fn. 246), S. 37, 50: „So tust du nichts anderes, würden sie (Anm. d. Verf.: die Gesetze) fortfahren, als den Vertrag mit uns, deine Zusicherung brechen, wo doch nicht Zwang noch falsche Vorspiegelung dein Einverständnis erwirkte […]. Du aber hast nicht Sparta und nicht Kreta vorgezogen denen du immer gute Satzungen nachrühmst, noch irgendeine andere der hellenischen

Auch die Glückseligkeit des Bürgers begründe kein Widerstandsrecht, da sie kein Maßstab für das Recht sein könne.

„In Ansehung der ersteren (der Glückseligkeit) kann gar kein allgemein gültiger Grundsatz für Gesetze gesehen werden. Denn, so wohl die Zeitumstände, als auch der sehr einander widerstreitende und dabei immer veränderliche Wahn, worin jemand seine Glückseligkeit setzt (worin er sie aber setzen soll, kann ihm niemand vorschreiben), macht alle feste Grundsätze unmöglich, und zum Prinzip der Gesetzgebung für sich allein untauglich."[248]

Von dem Widerstandsverbot nimmt Kant ein Beschwerderecht („Freiheit der Feder"[249]) und einen „negativen Widerstand"[250] im Parlament aus.

„Der nicht-widerspenstige Untertan muss annehmen können, sein Oberherr wolle ihm nicht Unrecht tun. Mithin, da jeder Mensch doch seine unverlierbaren Rechte hat, die er nicht einmal aufgeben kann, wenn er auch wollte, und über die er selbst zu urteilen befugt ist; das Unrecht aber, welches ihm seiner Meinung nach widerfährt, nach jener Voraussetzung nur aus Irrtum oder Unkunde gewisser Folgen aus Gesetzen der obersten Macht geschieht: so muss dem Staatsbürger, und zwar mit Vergünstigung des Oberherren selbst, die Befugnis zustehen, seine Meinung über das, was von den Verfügungen desselben ihm ein Unrecht gegen das gemeine Wesen zu sein scheint, öffentlich bekannt zu machen. [...] Also ist die Freiheit der Feder – in den Schranken der Hochachtung und Liebe für die Verfassung, worin man lebt, durch die liberale Denkungsart der Untertanen, die jene noch dazu selbst einflößt, gehalten [...] – das einzige Palladium der Volksrechte."[251]

„Hieraus folgt nun der Satz: der Herrscher im Staat hat gegen den Unterthan lauter Rechte und keine (Zwangs-)Pflichten. – Ferner, wenn das Organ des Herrschers, der Regent, auch den Gesetzen zuwider verführe, z. B. mit Auflagen, Recrutierungen u. dergl. wider das Gesetz der Gleichheit in Vertheilung der Staatslasten, so darf der Unterthan dieser Ungerechtigkeit zwar Beschwerden (gravamina), aber keinen Widerstand entgegensetzen."[252]

„In einer Staatsverfassung, die so beschaffen ist, daß das Volk durch seine Repräsentanten (im Parlament) jener (Anm. d. Verf.: der ausübenden Gewalt) und dem Repräsentanten derselben (dem Minister) gesetzlich widerstehen kann [...], ist gleichwohl kein activer Widerstand [...], sondern nur ein negativer Widerstand, d. i. Weigerung des Volkes (im Parlament), erlaubt, jener in den Forderungen, die sie zur Staatsverwaltung nöthig zu haben vorgibt, nicht immer zu willfahren [...]."[253]

Städte oder der ausländischen, nein du bist seßhafter in der Stadt gewesen als ein Lahmer, Blinder und Krüppel: so ausnehmend vor den anderen Athenern hat dir die Stadt zugesagt – und damit auch wir, ihre Satzungen, denn wem kann eine Stadt ohne ihre Satzungen zusagen? Und da willst du jetzt nicht die Übereinkunft halten?"

248 *Kant,* Über den Gemeinspruch, a.a.O. (Fn. 182), II, Folgerung, S. 125, 154 (= A 251).

249 *Kant,* Über den Gemeinspruch, a.a.O. (Fn. 182), II, Folgerung, S. 125, 161 (= A 265).

250 *Kant,* Metaphysik der Sitten, a.a.O. (Fn. 181), RL, 2. Theil, Das Staatsrecht, § 49, Allgemeine Anmerkung, A, S. 243, 387.

251 *Kant,* Über den Gemeinspruch, a.a.O. (Fn. 182), II, Folgerung, S. 161 (= A 264 f.); siehe bereits die Argumentation der „Gesetze" bei *Platon,* Kriton, a.a.O. (Fn. 246) S. 37, 48: „[...] und in jeder Lage muß man tun was immer die Stadt, das Vaterland befiehlt, oder sie überzeugen, wo das wahre Recht liegt; Gewalt aber anzuwenden ist ruchlos, wie gegen Mutter und Vater so und noch viel mehr gegen das Vaterland".

252 *Kant,* Metaphysik der Sitten, a.a.O. (Fn. 181), RL, 2. Theil, Das Staatsrecht, § 49, Allgemeine Anmerkung, A, S. 243, 383.

253 *Kant,* Metaphysik der Sitten, a.a.O. (Fn. 181), RL, 2. Theil, Das Staatsrecht, § 49, Allgemeine Anmerkung, A, S. 243, 387.

Eine Gehorsamspflicht gegenüber der souveränen gesetzgebenden Gewalt besteht nach Kant nicht, wenn deren Anordnungen der Moralität widersprechen. In einem derartigen Fall besteht zwar kein Widerstandsrecht, es kann aber der Gehorsam aus moralischen Gründen verweigert werden. Ob ein Fall der moralischen Gehorsamsverweigerung vorliegt, entscheidet Gott, aus dem das Sittengesetz entspringt, in dessen Hände sich der Untertan mit seinem Ungehorsam begibt.[254]

„[…] dass es ein kategorischer Imperativ sei: Gehorchet der Obrigkeit (in allem, was nicht dem inneren Moralischen widerstreitet), die Gewalt über euch hat, ist der anstößige Satz, der in Abrede gezogen wird. […].“[255]

„Sobald etwas als Pflicht erkannt wird, wenn es gleich durch die bloße Willkür eines menschlichen Gesetzgebers auferlegte Pflicht wäre, so ist es doch zugleich göttliches Gebot ihr zu gehrochen. Die statutarischen bürgerlichen Gesetze kann man zwar nicht göttliche Gebote nennen, wenn sie aber rechtmäßig sind, so ist die Beobachtung derselben zugleich göttliches Gebot. Der Satz man muß Gott mehr gehorchen, als den Menschen bedeutet nur, dass, wenn die letzten etwas gebieten, was an sich böse (dem Sittengesetz unmittelbar zuwider) ist, ihnen nicht gehorcht werden darf und soll.“[256]

„Die Unterthanen (Fn. * sie können sich niemals widersetzen aber doch widerstehen, d. i. weigern, das an sich moralisch unmögliche zu thun und darüber alles erdulden) haben Recht aber keine erlaubte Gewalt […].“[257]

Schließlich kann der Untertan nach Kant das Land verlassen und auswandern.

„Der Unterthan (auch als Bürger betrachtet) hat das Recht der Auswanderung; denn der Staat könnte ihn nicht als sein Eigenthum zurückhalten.“[258]

IV. Gesetzesgehorsam im Unrechtsstaat

Für einen Unrechtsstaat, etwa die nationalsozialistische Diktatur oder das kommunistische Regime der vormaligen DDR, ist Gesetzesgehorsam eine Machtfrage. Recht wird mit Macht gleichgesetzt, Gehorsam gegenüber den Gesetzen wird mit Macht erzwungen. Gesetz und Recht richten sich nicht nach der Gerechtigkeit, vielmehr nach der politischen Opportunität des jeweiligen Machthabers. Eine effektive Kontrolle der Macht findet nicht statt.

---

254 *Elpel,* a.a.O. (Fn. 135), S. 213 f.

255 *Kant,* Metaphysik der Sitten, a.a.O. (Fn. 181), RL, 2. Theil, Anhang, Beschluß, S. 243, 448.

256 *Kant,* Religion innerhalb der Grenzen der bloßen Vernunft, a.a.O. (Fn. 219), Drittes Stück, Erste Abtheilung, III, S. 11, 119 in Fn. **.

257 *Kant,* Reflexionen, Nr. 7680, AA XIX, S. 487.

258 *Kant,* Metaphysik der Sitten, a.a.O. (Fn. 181), RL, 2. Theil, Das Staatsrecht, § 50, S. 406 f.; siehe bereits die Argumentation der „Gesetze“ bei *Platon,* Kriton, a.a.O. (Fn. 246) S. 37, 48 f.: „Wir haben dich gezeugt, aufgenährt, erzogen […]; und dennoch erbieten wir uns in aller Form, dass es einem jeden Athener, nachdem er in die Bürgerrolle eingetragen ist und sich die Politik der Stadt und uns die Satzungen angesehen hat, nach seinem Willen freistehen soll, wenn wir ihm etwa nicht gefallen, fortzuziehen mit seiner Habe wohin er will […]. Wer aber von euch hierbleibt, er sieht ja auf welche Weise wir Recht sprechen und sonst die Stadt verwalten, der hat damit dann, behaupten wir, durch die Tat uns gegenüber sein Einverständnis erklärt zu tun, was immer wir befehlen […]“.

Dem Staat der Macht steht der Einzelne gegenüber, der als Mensch auf „freie, verantwortliche, sittliche Selbstbestimmung angelegt" und deshalb befähigt ist, „sich für das Recht und gegen das Unrecht zu entscheiden".[259] Zu dieser verantwortlichen Selbstbestimmung des Einzelnen stünde eine generelle Pflicht zum Rechtsgehorsam in einem Unrechtsstaat im Widerspruch.[260]

Damit stellt sich die Frage, ob und ggf. wieweit im Unrechtsstaat eine Pflicht zum Gesetzesgehorsam angenommen werden kann. Das umso mehr, als auch in einem solchen Staat, durch die Gesetze eine gewisse Ordnung und damit Rechtssicherheit hergestellt wird.[261]

Lediglich für die Lehre des gesetzlichen Positivismus, nach der Rechtsnormen, die in einem ordnungsgemäßen Verfahren zustande gekommen sind, jeglichen Inhalt haben können, nach der auch dem absolut unrichtigen und sogar dem unsittlichen Gesetz die Verbindlichkeit nicht abzusprechen ist, ergibt sich diese Problematik nicht.[262] Dieser Ansicht, die auf einer Trennung von Recht und Sittengesetz beruht, ist nicht zu folgen.[263] Sie leistet der Willkür des Gesetzgebers Vorschub und kann die Verbindlichkeit des Rechts nur auf staatliche Machtausübung gründen. „Die innere Verbindlichkeit des Rechts beruht" aber, wie der Große Senat des BGH in Strafsachen festgestellt hat, „gerade auf seiner Übereinstimmung mit dem Sittengebot."[264] Das Recht bedarf eines sittlichen Mindestgehalts, da andernfalls seine freiwillige Befolgung nicht erwartet werden kann.[265] Die

259 BGH GSSt 2, 194, 200; BGHSt 18, 87, 94; s. auch BGHSt 5, 332, 334; BGH GSSt 42, 139, 152: „selbstverantwortliche, sittliche Persönlichkeit".

260 Für das Strafrecht hat der BGHSt 2, 251, 257 entschieden: „Das Strafrecht kennt keinen Entschuldigungsgrund des blinden Gehorsams und kann ihn nicht anerkennen, weil es damit die Grundlage der Verantwortlichkeit des Menschen als Person aufgeben würde."

261 *Radbruch*, Rechtsphilosophie, hrsg. von Wolf, 1956, S. 180f.: „Die Geltung des positiven Rechts wird also gegründet auf die Sicherheit, die ihm allein zukommt, oder wenn wir den nüchternen Ausdruck „Rechtssicherheit" durch gewichtigere Wertformeln umschreiben wollen, auf den Frieden, den es zwischen streitenden Rechtsanschauungen stiftet, auf die Ordnung, die dem Kampfe aller gegen alle ein Ende setzt."

262 *Henkel*, Einführung in die Rechtsphilosophie, 1964, S. 390 und 455f. Siehe auch *Kelsen*, Reine Rechtslehre, Studienausgabe der 1. Auflage 1934, hrsg. von Jestaedt, 2008, S. 29f.: „Diese ideologischen Tendenzen, deren machtpolitische Absichten oder Wirkungen auf der Hand liegen, beherrschen noch immer, auch nach der scheinbaren Überwindung der Naturrechtslehre, die heutige Rechtswissenschaft. Gegen sie ist die Reine Rechtslehre gerichtet. Sie will das Recht darstellen, so wie es ist, ohne es als gerecht zu legitimieren oder als ungerecht zu disqualifizieren; sie fragt nach dem wirklichen und möglichen, nicht nach dem richtigen Recht. Sie ist in diesem Sinn eine radikal realistische Rechtstheorie. Sie lehnt es ab, das positive Recht zu bewerten. Sie betrachtet sich als Wissenschaft zu nichts anderem verpflichtet, als das positive Recht seinem Wesen nach zu begreifen und durch eine Analyse seiner Struktur zu verstehen. Sie lehnt es insbesondere ab, irgendwelchen politischen Interessen dadurch zu dienen, daß sie ihnen die Ideologien liefert, mittels deren die bestehende gesellschaftliche Ordnung legitimiert oder disqualifiziert wird. Dadurch tritt sie zu der traditionellen Rechtswissenschaft in schärfsten Gegensatz [...]."

263 Einen „Rückfall in die Geisteshaltung eines wertungsfreien Gesetzespositivismus" ablehnend auch BVerfG NJW 1954, 65 – Gleichberechtigung von Mann und Frau; ebenso BVerfG VerwRspr. 1969, 261, 264 – Ausbürgerung I.

264 BGH GSSt 6, 47, 52.

265 *Böckenförde*, Staatliches Recht und sittliche Ordnung, in: Breuninger (Hrsg.), Recht, Sittlichkeit, Toleranz, 2001, S. 27, 37; *Schliesky*, Digitale Ethik und Recht, NJW 2019, 3692, 3693 der darauf hinweist, daß ethische Grundüberzeugungen das Recht fundieren; *R. Spaemann*, Sittliche

Trennung von gesetztem und übergesetzlichem Recht führt, worauf Radbruch hingewiesen hat, zu einem Bruch mit der Weisheit der Antike, des christlichen Mittelalters und der Philosophie der Aufklärung, nach der es ein höheres Recht gibt als das Gesetz, ein Naturrecht, ein Gottesrecht, ein Vernunftrecht, ein übergesetzliches Recht, an dem gemessen das Unrecht Unrecht bleibt, auch wenn es in die Form des Gesetzes gegossen ist.[266] Sich von den großen sittlichen und religiösen Kräften der eigenen Geschichte zu lösen wäre, wie es Ratzinger ausgedrückt hat, „Selbstmord einer Kultur und einer Nation".[267]

Die Frage einer Pflicht zum Gesetzesgehorsam im Unrechtsstaat soll nach der Lehre Gustav Radbruchs (1.) sowie ausgewählten Entscheidungen des BGH (2.) und des BVerfG (3.) dargestellt werden.

Normen und Rechtsordnung, in: Marre/Schümmelfeder/Kämper (Hrsg.), Das christliche Freiheitsverständnis in seiner Bedeutung für die staatliche Rechtsordnung, Essener Gespräche zum Thema Staat und Kirche, Bd. 30, 1996, S. 5, der davon ausgeht, „daß der Inhalt dieser Rechtsordnung nicht beliebig ist, d. h. daß eine Zwangsordnung bestimmten sittlichen Bedingungen genügen muss, um als rechtliche gelten zu können und um jene sittlich begründete Unterwerfung beanspruchen zu können, [...]." *Dreier*, Der Begriff des Rechts, NJW 1986, 890, 896, nach dem das Recht „ein Minimum an sozialer Wirksamkeit [...] und ein Minimum an ethischer Rechtfertigung" aufweisen müsse." *Schramm*, Staatsrecht Bd. II, Grundrechte und ihre verfassungsrechtliche Absicherung, 1985, S. 113, der davon ausgeht, daß die Ausklammerung der Ethik, die im Grunde vom Recht nicht trennbar sei, zur Selbstauflösung jeder staatlichen Gemeinschaft führen müsse; *Würtenberger*, Über Freiheit und Sicherheit, in: G. Stratenwerth u. a. (Hrsg.), Festschrift für Welzel zum 70. Geburtstag, 1974, S. 23, 29: „Der Frieden in Staat und Gesellschaft ist aber nur zu bewahren, wenn Recht und Sittlichkeit, die allzu lange getrennt voneinander gesehen wurden, wieder enger zusammenwachsen." *Von Hippel*, Zur Ontologie des Rechts, in A. Kaufmann (Hrsg.) Die ontologische Begründung des Rechts, 1965, S. 403, 411, der ausführt, „die Verbindlichkeit des Rechts" könne „als eine echte nur aus Recht folgen [...] also aus Gerechtigkeit, nicht aber aus Gewalt." Gerechtigkeit aber sei „ein Teil der moralischen Ordnung der Welt, bezogen auf den Menschen"; *Schambeck*, ebd., S. 164, 188, der darlegt, das positive Recht sei „auf die Ergänzung durch sittliche Grundwerte angewiesen", denn sie könnten ihm „jenes Maß an Rechtsgehorsam verschaffen, das mit eine Bestandsgarantie der Geltung" sei; *Coing*, Um die Erneuerung des Naturrechts, in Maihofer (Hrsg.), Naturrecht oder Rechtspositivismus, 1962, S. 108, 111 f., der die „Gerechtigkeit" und die Vorstellung vom Menschen als „sittlich selbstverantwortliche Person" als Grundlage der Rechtsordnung versteht; *Radbruch*, Rechtsphilosophie, a.a.O. (Fn. 261), S. 138: „Die Beziehung beider Normgebiete besteht vielmehr darin, daß die Moral einerseits Zweck des Rechts und, eben deshalb, andererseits Grund seiner verpflichtenden Geltung ist." S. auch: *Ratzinger*, Freiheit und Wahrheit, in: J. Ratzinger/Benedikt XI., Glaube, Wahrheit, Toleranz, 2005, S. 187, 202: nach dem „Maßstab für das wirkliche Recht, das sich als wahres Recht und damit als Freiheitsrecht bezeichnen" dürfe, „nur das Gute des Ganzen, das Gute selber" sein könne. Schlussbericht der Enquete-Kommission „Recht und Ethik der modernen Medizin", BT-Drucks. 14/9020, S. 25: „[...] bezieht sich das positive Recht auf die gemeinsamen ethischen Überzeugungen, insofern es sich an den Rechtsnormen des Grundrechtsteils unserer Verfassung orientiert, in denen diese ethischen Überzeugungen ihren Ausdruck gefunden haben."

266 *Radbruch*, Die Erneuerung des Rechts, 1947, in: Maihofer (Hrsg.), a.a.O. (Fn. 265), 1962, S. 1, 2.

267 *Ratzinger*, Die Freiheit, das Recht und das Gute, Moralische Prinzipien in demokratischen Gesellschaften, in: ders., Werte in Zeiten des Umbruchs, 2005, S. 41, 47; s. auch *MacIntyre*, Der Verlust der Tugend, Suhrkamp, 1995, S. 295: „... die Geschichte meines Lebens ist stets eingebettet in die Geschichte jener Gemeinschaften, von denen ich meine Identität herleite. Ich wurde mit einer Vergangenheit geboren, und der Versuch, mich auf individualistische Art von dieser Vergangenheit abzunabeln, bedeutet die Deformierung meiner gegenwärtigen Beziehungen."

1. Gustav Radbruch

Radbruch hat sich in Zusammenhang mit der Auseinandersetzung mit dem nationalsozialistischen Unrechtsstaat mit der Frage der Grenzen des Rechtsgehorsams auseinandergesetzt. Er hat sie in seinen Schriften *„Fünf Minuten Rechtsphilosophie“*,[268] und *„Gesetzliches Unrecht und übergesetzliches Recht“*[269] näher dargestellt.

Radbruch unterscheidet gerechte Gesetze, ungerechte Gesetze, die um der Rechtssicherheit willen zu befolgen seien, und ungerechte Gesetze, die Gerechtigkeit nicht einmal anstreben, so dass ihnen keine Geltung zukomme und das Volk ihnen keinen Gehorsam schulde. Es müsse deshalb eine Abwägung zwischen der Rechtssicherheit und der Gerechtigkeit erfolgen, bei der das positive Recht auch dann den Vorrang habe, wenn es inhaltlich ungerecht und unzweckmäßig sei, es sei denn, der Widerspruch des positiven Gesetzes zur Gerechtigkeit erreiche ein so unerträgliches Maß, dass das Gesetz als unrichtiges Recht der Gerechtigkeit zu weichen habe. Als Entscheidungskriterien zieht Radbruch die willkürliche Gewährung oder Versagung der Menschenrechte, den Gesichtspunkt der Gleichheit als Kern der Gerechtigkeit und das Naturrecht im Sinne eines Vernunftrechts heran.

In seiner Schrift *„Fünf Minuten Rechtsphilosophie“* führt er dazu aus:

Erste Minute

Befehl ist Befehl, heißt es für den Soldaten. Gesetz ist Gesetz, sagt der Jurist. Während aber für den Soldaten Pflicht und Recht zum Gehorsam aufhören, wenn er weiß, daß der Befehl ein Verbrechen oder ein Vergehen bezweckt, kennt der Jurist, seit vor etwa hundert Jahren die letzten Naturrechtler unter den Juristen ausgestorben sind, keine solche Ausnahme von der Geltung des Gesetzes und vom Gehorsam der Untertanen des Gesetzes. Das Gesetz gilt, weil es Gesetz ist und es ist Gesetz, wenn es in der Regel der Fälle die Macht hat, sich durchzusetzen.

Diese Auffassung vom Gesetz und seiner Geltung (wir nennen sie die positivistische Lehre) hat Juristen wie das Volk wehrlos gemacht gegen noch so willkürliche, noch so grausame, noch so verbrecherische Gesetze. Sie setzt letzten Endes das Recht der Macht gleich, nur wo die Macht ist, ist das Recht.

Zweite Minute

Man hat diesen Satz durch einen anderen Satz ergänzen oder ersetzen wollen: Recht ist, was dem Volke nützt. [...].

Und so hat die Gleichsetzung von Recht und vermeintlichem oder angeblichem Volksnutzen einen Rechtsstaat in einen Unrechtsstaat verwandeln. Nein, es hat nicht zu heißen: alles was dem Volke nützt, ist Recht, vielmehr umgekehrt: nur was Recht ist, nützt dem Volke.

Dritte Minute

Recht ist Wille zur Gerechtigkeit. [...].

Wenn Gesetze den Willen zur Gerechtigkeit bewusst verleugnen, z. B. Menschenrechte Menschen nach Willkür gewähren und versagen, dann fehlt diesen Gesetzen die Geltung, dann schuldet das

[268] *Radbruch,* Fünf Minuten Rechtsphilosophie, 1945, zit. nach ders., Rechtsphilosophie, a.a.O. (Fn. 261), S. 335–337.

[269] *Radbruch,* Gesetzliches Unrecht und übergesetzliches Recht, 1946, zit. nach ders., Rechtsphilosophie, a.a.O. (Fn. 261), S. 347–357.

Volk ihnen keinen Gehorsam, dann müssen auch die Juristen den Mut finden, ihnen den Rechtscharakter abzusprechen.

Vierte Minute

Gewiss, neben der Gerechtigkeit ist auch der Gemeinnutz ein Ziel des Rechts. Gewiss, auch das Gesetz als solches, sogar das schlechte Gesetz, hat noch immer einen Wert – den Wert, das Recht Zweifeln gegenüber sicherzustellen. Gewiss, menschliche Vollkommenheit läßt im Gesetze nicht immer alle drei Werte des Rechts: Gemeinnutz, Rechtssicherheit und Gerechtigkeit, sich harmonisch vereinigen, und es bleibt dann nur übrig abzuwägen, ob dem schlechten, dem schädlichen oder ungerechten Gesetz um der Rechtssicherheit willen dennoch Geltung zuzusprechen, oder um seiner Ungerechtigkeit oder Gemeinschädlichkeit willen die Geltung zu versagen sei. Das aber muß sich dem Bewusstsein des Volkes und der Juristen tief einprägen: es kann Gesetze mit einem solchen Maße von Ungerechtigkeit und Gemeinschädlichkeit geben, daß ihnen die Geltung, ja der Rechtscharakter abgesprochen werden muß.

Fünfte Minute

Es gibt also Rechtsgrundsätze, die stärker sind als jede rechtliche Satzung, so daß ein Gesetz, das ihnen widerspricht, der Geltung bar ist. Man nennt diese Grundsätze das Naturrecht oder das Vernunftrecht. Gewiss sind sie im Einzelnen von manchem Zweifel umgeben, aber die Arbeit der Jahrhunderte hat doch einen festen Bestand herausgearbeitet, und in den sogenannten Erklärungen der Menschen- und Bürgerrechte mit so weitreichender Übereinstimmung gesammelt, daß in Hinsicht auf manche von ihnen nur noch gewollte Skepsis den Zweifel aufrecht erhalten kann. [...].“[270]

In seinem Aufsatz „*Gesetzliches Unrecht und übergesetzliches Recht*“ hat Radbruch diese Gedanken wie folgt konkretisiert:

„Der Positivismus hat in der Tat mit seiner Überzeugung „Gesetz ist Gesetz“ den deutschen Juristenstand wehrlos gemacht gegen Gesetze willkürlichen und verbrecherischen Inhalts. Dabei ist der Positivismus gar nicht in der Lage, aus eigener Kraft die Geltung von Gesetzen zu begründen. Er glaubt, die Geltung eines Gesetzes schon damit erwiesen zu haben, daß es die Macht besessen hat, sich durchzusetzen. Aber auf Macht läßt sich vielleicht ein Müssen, aber niemals ein Sollen oder Gelten gründen. Dieses lässt sich vielmehr nur gründen auf einen Wert, der dem Gesetz innewohnt. Freilich: einen Wert führt schon jedes positive Gesetz ohne Rücksicht auf seinen Inhalt mit sich: es ist immer noch besser als kein Gesetz, weil es zum mindesten Rechtssicherheit schafft. Aber Rechtssicherheit ist nicht der einzige und nicht der entscheidende Wert, den das Recht zu verwirklichen hat. Neben die Rechtssicherheit treten vielmehr zwei andere Werte: Zweckmäßigkeit und Gerechtigkeit. In der Rangordnung dieser Werte haben wir die Zweckmäßigkeit des Rechts für das Gemeinwohl an die letzte Stelle zu setzen. Keineswegs ist Recht alles das, „was dem Volke nützt“, sondern dem Volke nützt letzten Endes nur, was Recht ist, was Rechtssicherheit schafft und Gerechtigkeit erstrebt. Die Rechtssicherheit, die jedem positiven Gesetz schon wegen seiner Positivität eignet, nimmt eine merkwürdige Mittelstellung zwischen Zweckmäßigkeit und Gerechtigkeit ein: sie ist einerseits vom Gemeinwohl gefordert, andererseits aber auch von der Gerechtigkeit. Daß das Recht sicher sei, daß es nicht heute und hier so, morgen und dort anders ausgelegt und angewandt werde, ist zugleich eine Forderung der Gerechtigkeit. Wo ein Widerstreit zwischen Rechtssicherheit und Gerechtigkeit, zwischen einem inhaltlich anfechtbaren, aber positiven Gesetz und zwischen einem gerechten, aber nicht in Gesetzesform gegossen Recht entsteht, liegt in Wahrheit ein Konflikt der Gerechtigkeit mit sich selbst, ein Konflikt zwischen scheinbarer und wirklicher Gerechtigkeit vor. Diesen Konflikt bringt großartig das Evangelium zum Ausdruck,

270 *Radbruch,* Fünf Minuten Rechtsphilosophie, a.a.O. (Fn. 268), S. 335f.

indem es einerseits befiehlt: „seit Untertan der Obrigkeit, die Gewalt über euch hat", und doch andererseits gebietet, „Gott mehr zu gehorchen als den Menschen".

Der Konflikt zwischen der Gerechtigkeit und der Rechtssicherheit dürfte dahin zu lösen sein, daß das positive, durch Satzung und Macht gesicherte Recht auch dann den Vorrang hat, wenn es inhaltlich ungerecht und unzweckmäßig ist, es sei dann, daß der Widerspruch des positiven Gesetzes zur Gerechtigkeit ein so unerträgliches Maß erreicht, daß das Gesetz als „unrichtiges Recht" der Gerechtigkeit zu weichen hat. Es ist unmöglich, eine schärfere Linie zu ziehen zwischen den Fällen des gesetzlichen Unrechts und den trotz unrichtigen Inhalts dennoch geltenden Gesetzen, eine andere Grenzziehung aber kann mit aller Schärfe vorgenommen werden: wo Gerechtigkeit nicht einmal erstrebt wird, wo die Gleichheit, die den Kern der Gerechtigkeit ausmacht, bei der Setzung positiven Rechts bewusst verleugnet wurde, da ist das Gesetz nicht etwa nur „unrichtiges Recht", vielmehr entbehrt es überhaupt der Rechtsnatur. Denn man kann Recht, auch positives Recht, gar nicht anders definieren denn als eine Ordnung und Satzung, die ihrem Sinn nach bestimmt ist, der Gerechtigkeit zu dienen."[271]

2. Rechtsprechung des Bundesgerichtshofs

Die Überlegungen Radbruchs aufgreifend hat der BGH in Zivilsachen zum nationalsozialistischen Unrecht entschieden:

„Selbst wenn dieser Befehl als Gesetz oder Rechtsverordnung verkündet worden wäre, wäre er nicht rechtsverbindlich. Das Gesetz findet dort seine Grenze, wo es in Widerspruch zu den allgemein anerkannten Regeln des Völkerrechtes oder zu dem Naturrecht tritt [...] oder der Widerspruch des positiven Gesetzes zur Gerechtigkeit ein so unerträgliches Maß erreicht, daß das Gesetz als „unrichtiges Recht" der Gerechtigkeit zu weichen hat. Wird der Grundsatz der Gleichheit bei der Setzung des positiven Rechts überhaupt verleugnet, dann entbehrt das Gesetz der Rechtsnatur und ist überhaupt kein Recht [...]. Zu den unveräußerlichen Rechten eines Menschen gehört, daß er nicht ohne Gerichtsverfahren seines Lebens beraubt werden darf."[272]

Weiter hat der BGH in Zivilsachen ein in „einer übergesetzlichen Rechtsordnung"[273] verankertes Widerstandsrecht gegen eine bestehende Unrechtsherrschaft anerkannt.

„Ein gegen eine bestehende Unrechtsherrschaft geleisteter Widerstand kann nur dann als rechtmäßig und demgemäß eine diesen Widerstand ahndende staatliche Maßnahme nur dann als Unrecht im Rechtssinne angesehen werden, wenn die Widerstandshaltung nach ihren Beweggründen, Zielsetzungen und Erfolgsaussichten als ein ernsthafter und sinnvoller Versuch gewertet werden kann, den bestehenden Unrechtszustand zu beseitigen und in Bezug auf dessen Übel eine allgemeine Wende zum Besseren herbeizuführen."[274]

Der BGH in Strafsachen hat sich in mehreren Entscheidungen anhand des nationalsozialistischen Unrechts mit der Frage auseinandergesetzt, was Recht und was Unrecht sein soll. Er hat die Überlegungen Radbruchs aufgegriffen und für die Unterscheidung von Recht und Unrecht auf die Kriterien der Gerechtigkeit, der Gleichheit und die allen Kulturvölkern gemeinsamen Rechtsüberzeugungen, die sich auf den Wert und die Würde der menschlichen Persönlichkeit beziehen, abgestellt.

---

271 *Radbruch*, Gesetzliches Unrecht und übergesetzliches Recht, a.a.O. (Fn. 269), S. 347, 352f.

272 BGH, Urteil vom 12.7.1951, III ZR 168/50, Rdn. 26, zit. nach juris.

273 BGH NJW 1962, 195.

274 BGH NJW 1962, 195 LS.

„Die Freiheit eines Staates, für seinen Bereich darüber zu bestimmen, was Recht und was Unrecht sein soll, mag noch so weit gemessen werden, sie ist doch nicht unbeschränkt. Im Bewusstsein aller zivilisierten Völker besteht bei allen Unterschieden, die die nationalen Rechtsordnungen im einzelnen aufweisen, ein gewisser Kernbereich des Rechts, der nach allgemeiner Rechtsüberzeugung von keinem Gesetz und keiner anderen obrigkeitlichen Maßnahme verletzt werden darf. Er umfasst bestimmte als unantastbar angesehene Grundsätze des menschlichen Verhaltens, die sich bei allen Kulturvölkern auf dem Boden übereinstimmender sittlicher Grundanschauungen im Laufe der Zeit herausgebildet haben und die als rechtlich verbindlich gelten, gleichgültig, ob einzelne Vorschriften nationaler Rechtsordnungen es zu gestatten scheinen, sie zu missachten. [...]

Im Einzelnen kann zweifelhaft sein, wo die Grenze zu ziehen ist zwischen dem Bereich, in dem der Staat darüber befinden darf, was Recht und Unrecht sein soll, und jenem anderen Bereich, in dem auch der Staat mit seinen Maßnahmen Bindungen und Beschränkungen unterliegt. [...]

Sie (Anm. des Verf.: die Grenze) ergab sich aber auch schon für die Zeit, in der die Angeklagten die ihnen zur Last gelegten strafbaren Handlungen begingen, aus dem Grundgedanken der Gerechtigkeit und Menschlichkeit, wie er im Bewusstsein der Allgemeinheit lebt. Mit diesem Grundgedanken ist der Gedanke der Gleichheit untrennbar verbunden. Anordnungen, die die Gerechtigkeit nicht einmal anstreben, den Gedanken der Gleichheit bewusst verleugnen und die allen Kulturvölkern gemeinsame Rechtsüberzeugungen, die sich auf den Wert und die Würde der menschlichen Persönlichkeit beziehen, deutlich missachten, schaffen kein Recht, und ein ihnen entsprechendes Verhalten bleibt Unrecht."[275]

In den Entscheidungen zu den sog. „Mauerschützen" hat der BGH in Strafsachen zur Abgrenzung von Recht und Unrecht seine Rechtsprechung zum nationalsozialistischen Unrecht aufgegriffen und als weitere Abgrenzungskriterien die internationalen Menschenrechtspakte herangezogen, die Anhaltspunkte dafür böten, wann der Staat nach der Überzeugung der weltweiten Rechtsgemeinschaft Menschenrechte verletze.

„Ein zur Tatzeit angenommener Rechtfertigungsgrund kann vielmehr nur dann wegen Verstoßes gegen höherrangiges Recht unbeachtet bleiben, wenn in ihm ein offensichtlich grober Verstoß gegen Grundgedanken der Gerechtigkeit und Menschlichkeit zum Ausdruck kommt; der Verstoß muß so schwer wiegen, daß er die allen Völkern gemeinsamen, auf Wert und Würde des Menschen bezogenen Rechtsüberzeugungen verletzt [...]. Der Widerspruch des positiven Gesetzes zur Gerechtigkeit muß so unerträglich sein, daß das Gesetz als unrichtiges Recht der Gerechtigkeit zu weichen hat [...]. Mit diesen Formulierungen [...] ist nach dem Ende der nationalsozialistischen Gewaltherrschaft versucht worden, schwerste Rechtsverletzungen zu kennzeichnen. Die Übertragung dieser Gesichtspunkte auf den vorliegenden Fall ist nicht einfach, weil die Tötung von Menschen an der innerdeutschen Grenze nicht mit dem nationalsozialistischen Massenmord gleichgesetzt werden kann. Gleichwohl bleibt die damals gewonnene Einsicht gültig, daß bei der Beurteilung von Taten, die in staatlichem Auftrag begangen worden sind, darauf zu achten ist, ob der Staat die äußerste Grenze überschritten hat, die ihm nach allgemeiner Überzeugung in jedem Lande gesetzt ist.

Heute sind konkrete Prüfungsmaßstäbe hinzugekommen: Die internationalen Menschenrechtspakte bieten Anhaltspunkte dafür, wann der Staat nach der Überzeugung der weltweiten Rechtsgemeinschaft Menschenrechte verletzt. [...]"[276]

---

275 BGHSt 2, 234, 237–239; siehe auch BGHSt 2, 173, 177; BGHSt 3, 358, 362 f.

276 BGHSt 39, 1, 15 f.; ebenso BGHSt 39, 168, 183 f.; die aufgestellten Grundsätze konkretisierend BGHSt 41, 101, 105 ff.

3. Rechtsprechung des Bundesverfassungsgerichts

In seinem KPD-Urteil hat das BVerfG zu einem Widerstandsrecht in einem „evidenten Unrechtsregime“ ausgeführt:

„Vor allem ist ein Widerstandsrecht gegen ein evidentes Unrechtsregime der neueren Rechtsauffassung nicht mehr fremd. Daß gegen ein Regime solcher Art normale Rechtsbehelfe nicht wirksam sind, hat die Erfahrung gezeigt. Jedoch bedarf es einer näheren Untersuchung hierüber nicht. Die KPD will zwar gegen das von ihr aus fundamentaler Gegnerschaft bekämpfte Regime in der Bundesrepublik angehen; aber davon, daß die Bundesrepublik heute einem Unrechtsregime der hier vorausgesetzten Art überantwortet ist, kann nicht die Rede sein.“[277]

Zur Frage der Wirksamkeit nationalsozialistischer Beamtenverhältnisse hat das BVerfG entschieden, dass die nationalsozialistische Gesetzgebung, soweit sie nicht offenbares Unrecht gesetzt habe und deshalb jeder Wirkung entbehre, zwar nicht einer legitimen Rechtsordnung entstamme, wohl aber „soziologische Geltungskraft“ erlangt habe und nachträglich nicht ungeschehen gemacht werden könne.

„Es (Anm. d. Verf.: das BVerfG) hat nicht übersehen, daß im „Dritten Reich" die Grundlage der Regierungsgesetzgebung, das sog. Ermächtigungsgesetz, von der damaligen Rechtslage aus beurteilt, hinsichtlich seiner verfassungsrechtlichen Wirksamkeit schwersten Bedenken unterliegt. Es hat auch nicht übersehen, daß unter der nationalsozialistischen Gewaltherrschaft Gesetze mit einem solchen Maße von Ungerechtigkeit und Gemeinschädlichkeit erlassen worden sind, daß ihnen jede Geltung als Recht abgesprochen werden muß [...]. Trotzdem können nicht alle Gesetze, die von der nationalsozialistischen Regierung erlassen worden sind, ohne Prüfung ihres Inhalts und der Frage, ob sie von den Betroffenen noch als geltendes Recht angesehen werden, als rechtsunwirksam behandelt werden. Eine solche Annahme würde übersehen, daß auch eine ungerechte und von geläuterter Auffassung aus abzulehnende Gesetzgebung durch das auch ihr innewohnende Ordnungselement Geltung gewinnen kann; sie schafft wenigstens Rechtssicherheit und ist deshalb, wenn sie sich innerhalb gewisser äußerster Grenzen hält, einem völligen Rechtschaos innerhalb der Rechtsunterworfenen gegenüber das geringere Übel. In diesem Sinne hat das BVerfG angenommen, daß die nationalsozialistische Gesetzgebung, soweit sie nicht offenbares Unrecht gesetzt hat und daher jeder Wirkung entbehrt, zwar nicht als ihrem Ursprung nach legitime Rechtsordnung, wohl aber kraft „soziologischer Geltungskraft" zu beachten ist und nicht etwa als nur tatsächliche Behinderung der Geltung des wirklichen Rechts beiseite geschoben und nachträglich ungeschehen gemacht werden kann.“[278]

In seiner Entscheidung zu den sog. „Mauerschützen“ aus dem Jahr 1996 hat das BVerfG die Entwicklung der Rechtsprechung zum gesetzlichen Unrecht zusammenfassend dargestellt. Die Ergänzung der wegen ihrer Unbestimmbarkeit schwer zu handhabenden Kriterien der „Radbruchschen Formel“ um den Gesichtspunkt der völkerrechtlich geschützten Menschenrechte zur Abgrenzung von Recht und Unrecht durch den BGH hat es als mit dem Grundgesetz für vereinbar angesehen.

„In diesem Zusammenhang haben der Oberste Gerichtshof für die britische Zone und ihm folgend der BGH zu der Frage Stellung genommen, ob die Unbeachtlichkeit einer Norm wegen eines schweren Verstoßes gegen höherrangige Rechtsprinzipien nachträglich zur Strafbarkeit führen kann. Sie haben die Auffassung vertreten, es könne Vorschriften und Anordnungen geben, denen

---

277 BVerfG NJW 1956, 1393, 1398 – Verbot der KPD.

278 BVerfG NJW 1957, 579, 583 – nationalsozialistische Beamtenverhältnisse unter Hinweis auf BVerfG NJW 1954, 21, 24 – nationalsozialistische Beamtenverhältnisse.

trotz ihres Anspruchs, Recht zu setzen, der Rechtscharakter abzusprechen sei, weil sie jene rechtlichen Grundsätze verletzten, die unabhängig von jeder staatlichen Anerkennung gelten; wer sich solchen Vorschriften entsprechend verhalte, bleibe strafbar [...]

Das BVerfG war bisher mit dem Problem des „gesetzlichen Unrechts" nur im außerstrafrechtlichen Bereich befaßt. Es hat in Betracht gezogen, daß in Fällen eines unerträglichen Widerspruchs des positiven Rechts zur Gerechtigkeit der Grundsatz der Rechtssicherheit geringer zu bewerten sein kann als der der materiellen Gerechtigkeit. Es hat dazu auf die Ausführungen von Gustav Radbruch [...], insbesondere die sog. Radbruchsche Formel, Bezug genommen [...]. Dabei hat es mehrfach betont, daß eine Unwirksamkeit des positiven Rechts auf extreme Ausnahmefälle beschränkt bleiben muß und eine bloß ungerechte, nach geläuterter Auffassung abzulehnende Gesetzgebung durch das auch ihr innewohnende Ordnungselement noch Rechtsgeltung gewinnen und so Rechtssicherheit schaffen kann [...]. Indessen habe gerade die Zeit nationalsozialistischer Herrschaft gezeigt, daß der Gesetzgeber schweres „Unrecht" setzen könne [...] und deshalb einer Norm wegen unerträglichen Widerspruchs zur Gerechtigkeit von Anfang an der Gehorsam zu versagen sei [...].

Der BGH hat seine Rechtsprechung nun bei der Beurteilung der sog. Regierungskriminalität während des SED-Regimes in der DDR fortentwickelt [...]. Sie liegt auch den angegriffenen Entscheidungen zugrunde. Danach muß ein Rechtfertigungsgrund bei der Rechtsanwendung unbeachtet bleiben, wenn er die vorsätzliche Tötung von Personen deckte, die nichts weiter wollten, als unbewaffnet und ohne Gefährdung allgemein anerkannter Rechtsgüter die innerdeutsche Grenze zu überschreiten. Denn ein solcher Rechtfertigungsgrund, der einer Durchsetzung des Verbots, die Grenze zu überschreiten, schlechthin Vorrang vor dem Lebensrecht von Menschen gibt, sei wegen offensichtlichen, unerträglichen Verstoßes gegen elementare Gebote der Gerechtigkeit und gegen völkerrechtlich geschützte Menschenrechte unwirksam. Der Verstoß wirke so schwer, daß er die allen Völkern gemeinsamen, auf Wert und Würde des Menschen bezogenen Rechtsüberzeugungen verletze. In einem solchen Fall müsse das positive Recht der Gerechtigkeit weichen.

Das Verhältnis der in diesem Maßstab verknüpften Kriterien der Radbruchschen Formel und der völkerrechtlich geschützten Menschenrechte hat der BGH dahin umschrieben, daß zu den wegen ihrer Unbestimmbarkeit schwer zu handhabenden Kriterien der Radbruchschen Formel konkretere Prüfungsmaßstäbe hinzugekommen seien, weil die internationalen Menschenrechtspakte Anhaltspunkte dafür böten, wann der Staat nach der Überzeugung der weltweiten Rechtsgemeinschaft Menschenrechte verletzt.

Diese Bewertung entspricht dem Grundgesetz. [...]"[279]

V. Gesetzesgehorsam aus der Sicht des demokratischen Rechtsstaats

Gesetzesgehorsam wird in einem demokratischen Rechtsstaat erwartet und als selbstverständlich vorausgesetzt. Eine Begründung hierfür findet sich meist nicht.[280]

---

279 BVerfG NJW 1997, 929, 931 – Regierungskriminalität/SED Regime.

280 *Röttgen*, Plenarprotokoll 15/146, S. 13681 (A)/(B): „Frau Justizministerin, was sollen eigentlich die Bürger denken, von denen der Staat Rechtsgehorsam erwartet? [...] Das Wesen des Staates ist es, daß er Recht kreiert und Recht durchsetzt. [...]"; *Trittin*, Plenarprotokoll 17/188, S. 22714 (D): „Rechtsgehorsam ist keine Auflage, sondern eine Selbstverständlichkeit. Das sollten Sie alle wissen."

Es ist deshalb zu untersuchen, ob und ggf. wie eine Pflicht des Bürgers zum Gesetzesgehorsam begründet werden kann (1.). Danach sind die Grenzen aufzuzeigen, die der Gesetzgeber nicht überschreiten darf, ohne gesetzliches Unrecht zu setzen (2.) Es schließt sich eine Untersuchung an, welche Handlungsmöglichkeiten dem Einzelnen gegen gesetzliches Unrecht zustehen (3.).

1. Verfassungsrechtliche Begründung einer Pflicht zum Gesetzesgehorsam

Der Verfassungsausschuss der Ministerpräsidenten-Konferenz der westlichen Besatzungszonen hat in seinem Verfassungsentwurf von Herrenchiemsee 1948 eine Pflicht zum Rechtsgehorsam in Artikel 19 normiert.[281] Vergleichbare Vorschriften finden sich in den Verfassungen des Freistaats Bayern und Rheinland-Pfalz.

Art. 19 Verfassungsentwurf Herrenchiemsee

„Jeder hat die Pflicht der Treue gegen die Verfassung und hat Verfassung und Gesetze zu achten und zu befolgen“

Art. 117 Bayerische Verfassung

„Der ungestörte Genuss der Freiheit für jedermann hängt davon ab, daß alle ihre Treuepflicht gegenüber Volk und Verfassung, Staat und Gesetzen erfüllen. Alle haben die Verfassung und die Gesetze zu achten und zu befolgen, an den öffentlichen Angelegenheiten Anteil zu nehmen und ihre körperlichen und geistigen Kräfte so zu betätigen, wie es das Wohl der Gesamtheit erfordert.“

Art. 20 Rheinland-Pfälzische Verfassung

„Jeder Staatsbürger hat seine Treuepflicht gegenüber Staat und Verfassung zu erfüllen, die Gesetze zu befolgen und seine körperlichen und geistigen Kräfte so zu betätigen, wie es dem Gemeinwohl entspricht.“

Der BayVerfGH hat dazu entschieden, der Bürger schulde verfassungsmäßigen Gesetzen Achtung und Gehorsam, auch wenn er sie missbillige oder ihren Sinn und Zweck nicht zu erkennen vermöge.[282] Der RhPfVerfGH hat ausgeführt, das Parlament könne dauerhaft nur dann den Rechtsgehorsam der Bürgerinnen und Bürger gegenüber den von ihm verabschiedeten Gesetzen einfordern, wenn es ihn selbst vorlebe, indem seine Mitglieder ebenfalls die für sie geltenden Vorschriften befolgten.[283]

Das Grundgesetz enthält keine ausdrückliche Pflicht des Bürgers zum Gesetzesgehorsam. Das BVerfG spricht von einer „staatsbürgerlichen Pflicht zur Beachtung der Gesetze“ und von der „Rechtstreue der Bevölkerung“, die es zu stärken gelte und die es von einer „Loyalität zum Staat“ unterscheidet.

„Eine Religionsgemeinschaft, die Körperschaft des öffentlichen Rechts werden will, muss rechtstreu sein. Sie muss die Gewähr dafür bieten, daß sie das geltende Recht beachten, insbesondere die

---

281 Der Verfassungsausschuss der Ministerpräsidenten-Konferenz der westlichen Besatzungszonen, Bericht über den Verfassungskonvent auf Herrenchiemsee vom 10. bis 23. August 1948, S. 63.

282 BayVerfGH VerwRspr. 1968, 641, 644; BayVerfGH NJW 1982, 2656, 2659; siehe auch *Hoegner*, Lehrbuch des Bayerischen Verfassungsrechts, 1949, S. 152f., der zu Art. 117 BV ausführt: „Diese Bestimmungen legen nur sittliche Pflichten fest, soweit nicht Strafvorschriften ihre Einhaltung erzwingen.“

283 RhPfVerfGH BeckRS 2010, 55237.

ihr übertragene Hoheitsgewalt nur im Einklang mit den verfassungsrechtlichen und den sonstigen gesetzlichen Bindungen ausüben wird. [...] Freilich darf auch außerhalb des Bereichs hoheitlichen Handelns von den korporierten Religionsgemeinschaften Rechtstreue verlangt werden. Jede Vereinigung hat, wie jeder Bürger, die staatsbürgerliche Pflicht zur Beachtung der Gesetze."[284]

„Es gehört zu den Aufgaben der Strafe, das Recht gegenüber dem vom Täter begangenen Unrecht durchzusetzen, um die Unverbrüchlichkeit der Rechtsordnung vor der Rechtsgemeinschaft zu erweisen und so die Rechtstreue der Bevölkerung zu stärken."[285]

„Von den korporierten Religionsgemeinschaften eine über die genannten Anforderungen hinausgehende Loyalität zum Staat zu verlangen, ist zum Schutz der verfassungsrechtlichen Grundwerte nicht notwendig und mit ihnen im Übrigen auch nicht vereinbar. [...] Grundrechtliche Freiheit ist, vom Staat aus betrachtet, formale Freiheit. Der Grundrechtsträger muss sein Handeln nicht an den Interessen des Staates orientieren. Dies aber würde man von einer Religionsgemeinschaft verlangen, die ihr Wirken auf die Ziele des Staates, seine Verfassungsordnung und die dort niedergelegten Werte „loyal" auszurichten hätte [...]. Überdies ist die Forderung, eine korporierte Religionsgemeinschaft müsse loyal zum Staat stehen, rechtlich nicht leicht zu handhaben. „Loyalität" ist ein vager Begriff, der außerordentlich viele Deutungsmöglichkeiten eröffnet bis hin zu der Erwartung, die Religionsgemeinschaft müsse sich bestimmte Staatsziele zu Eigen machen oder sich als Sachwalter des Staates verstehen. Der Begriff zielt nämlich auch auf eine innere Disposition, auf eine Gesinnung, nicht nur auf ein äußeres Verhalten."[286]

Im Folgenden ist der Frage nachzugehen, ob sich aus dem Menschenbild des Grundgesetzes und aus demokratischen Fundamentalprinzipien eine Pflicht des Bürgers zum Gesetzesgehorsam ableiten und begründen lässt.

a) Gemeinschaftsbezogen- und Gemeinschaftsgebundenheit des Einzelnen

Der Mensch lebt nicht alleine, sondern in einer Gemeinschaft mit anderen. Als „animal soziale" ist er gemeinschaftsbezogen, entfaltet er seine Persönlichkeit im Zusammenleben mit anderen. Das Zusammenleben freier und gleicher Personen in einer Gemeinschaft erfordert eine staatliche Ordnung. Der Staat als Ordnungsmacht sichert durch rechtliche Gebote und gesetzliche Pflichten ein an der Würde des Einzelnen orientiertes Zusammenleben. In diese Gemeinschaftsordnung, die seine allgemeine Handlungsfreiheit beschränkt, hat sich der Einzelne einzufügen.

„Das Menschenbild des Grundgesetzes ist nicht das eines isolierten souveränen Individuums; das Grundgesetz hat vielmehr die Spannung Individuum-Gemeinschaft im Sinne der Gemeinschaftsbezogenheit und Gemeinschaftsgebundenheit der Person entschieden, ohne dabei deren Eigenwert anzutasten. Das ergibt sich insbesondere aus einer Gesamtsicht der Art. 1, 2, 12, 14, 15, 19 und 20 GG. Dies heißt aber: der einzelne muss sich diejenigen Schranken seiner Handlungsfreiheit gefallen

---

284 BVerfG NJW 2001, 429, 431 – Körperschaftsstatus von Religionsgemeinschaften.

285 BVerfG NJW 1977, 1525, 1531 – lebenslange Freiheitsstrafe; BVerfG NJW 2004, 2073, 2075 – erweiterter Verfall; BVerfG NJW 2021, 1222, 1230 Rdn. 151 – Vermögensabschöpfung.

286 BVerfG NJW 2001, 429, 432 – Körperschaftsstatus von Religionsgemeinschaften. Eine allgemeine Treuepflicht des Bürgers gegenüber dem Staat ist im Grundgesetz nicht niedergelegt. Eine Pflicht zur Verfassungstreue wird nur für bestimmte Bereiche oder Personengruppen statuiert, *Schramm*, a.a.O. (Fn. 265), S. 74; siehe auch BVerfG NJW 1975, 1641, 1645 – Radikale im öffentlichen Dienst: „Art. 33 Abs. 5 GG fordert vom Beamten das Eintreten für die verfassungsmäßige Ordnung, Art. 21 Abs. 2 GG lässt dagegen dem Bürger die Freiheit, diese verfassungsmäßige Ordnung abzulehnen und sie politisch zu bekämpfen, solange er es innerhalb einer Partei, die nicht verboten ist, mit allgemein erlaubten Mitteln tut."

lassen, die der Gesetzgeber zur Pflege und Förderung des sozialen Zusammenlebens in den Grenzen des bei dem gegebenen Sachverhalt allgemein Zumutbaren zieht, vorausgesetzt, daß dabei die Eigenständigkeit der Person gewahrt bleibt."[287]

Das bedeutet, dass der Einzelne in der Gemeinschaft nicht nur Rechte in Anspruch nehmen kann, sondern auch Grundpflichten zu erfüllen hat. „Grundpflichten sind", so Schramm, „notwendige Verfassungsvoraussetzungen des Grundgesetzes, weil der Staat als freiheitlich-demokratischer Rechtsstaat nur durch die Erfüllung derartiger Pflichten existieren kann."[288] Zentrale Bürgerpflicht sei die aus Art. 2 Abs. 1 GG ableitbare Pflicht, den verfassungsmäßigen Gesetzen zu gehorchen. Die verfassungsmäßige Ordnung bestimme nicht nur die Grenzen der allgemeinen Handlungsfreiheit, sie lege darüber hinaus dem Bürger als selbstverständliche Bedingung der rechtsstaatlichen Demokratie die verfassungsrechtliche Pflicht auf, die Gesetze zu befolgen.[289]

b) Grundrechtliche Schutzpflichten

Grundrechte sind in erster Linie Abwehrrechte des Bürgers gegen den Staat. Sie verkörpern aber auch eine objektive Wertordnung, die als verfassungsrechtliche Grundentscheidung für alle Bereiche des Rechts gilt. Aus dieser objektiven Wertordnung und aus der Verpflichtung des Staates, die Würde des Menschen zu achten und zu schützen, ergibt sich die Pflicht des Staates, sich schützend und fördernd vor die betroffenen Rechtsgüter zu stellen und sie vor rechtswidrigen Eingriffen Dritter zu bewahren. Der Schutzpflicht des Staates entspricht ein Schutzrecht des betroffenen Bürgers.

„Ebenso richtig ist aber, daß das GG, das keine wertneutrale Ordnung sein will [...], in seinem Grundrechtsabschnitt auch eine objektive Wertordnung aufgerichtet hat und daß gerade hierin eine prinzipielle Verstärkung der Geltungskraft der Grundrechte zum Ausdruck kommt [...].

Dieses Wertsystem, das seinen Mittelpunkt in der innerhalb der sozialen Gemeinschaft sich frei entfaltenden menschlichen Persönlichkeit und ihrer Würde findet, muß als verfassungsrechtliche Grundentscheidung für alle Bereiche des Rechts gelten; Gesetzgebung, Verwaltung und Rspr. empfangen von ihm Richtlinien, und Impulse. So beeinflußt es selbstverständlich auch das bürgerliche Recht; keine bürgerlich-rechtliche Vorschrift darf in Widerspruch zu ihm stehen, jede muß in seinem Geiste ausgelegt werden."[290]

„Als verfassungsrechtlicher Prüfungsmaßstab kommt vor allem das durch Art. 2 Abs. 2 GG geschützte Recht auf körperliche Unversehrtheit in Betracht. Nach anerkannter Rechtsprechung schützt dieses Grundrecht den Staatsbürger nicht nur als subjektives Abwehrrecht gegen staatliche Eingriffe. Vielmehr folgt darüber hinaus aus seinem objektiv-rechtlichen Gehalt die Pflicht der staatlichen Organe, sich schützend und fördernd vor die in Art. 2 Abs. 2 GG genannten Rechtsgüter zu stellen und sie insbesondere vor rechtswidrigen Eingriffen von Seiten anderer zu bewahren. Diese zunächst im Urteil zur Fristenlösung [...] entwickelte und im Schleyer-Urteil [...] bestätigte

287 BVerfG NJW 1954, 1235 – Investitionshilfe; BVerfG NJW 1971, 275, 277 – Notstandsgesetzgebung; BVerfG NJW1972, 1561, 1565 – Numerus clausus; BVerfG NJW 1977, 1525, 1526 – lebenslange Freiheitsstrafe; BVerfG NJW 1981, 1431 f. – Aussagepflicht des Gemeinschuldners; BVerfG NJW 2020, 905, 917, Rdn. 301 – assistierter Suizid.

288 *Schramm*, a.a.O. (Fn. 265), S. 73.

289 *Schramm*, a.a.O. (Fn. 265), S. 73.

290 BVerfG NJW 1958, 257 – Lüth.

Rechtsprechung hat das BVerfG in seinen beiden Atomrechts-Entscheidungen inzwischen auch auf den Umweltschutz angewandt […].“[291]

„Das Grundgesetz verpflichtet den Staat, menschliches Leben zu schützen. Zum menschlichen Leben gehört auch das ungeborene. Auch ihm gebührt der Schutz des Staates. Die Verfassung untersagt nicht nur unmittelbare staatliche Eingriffe in das ungeborene Leben, sie gebietet dem Staat auch, sich schützend und fördernd vor dieses Leben zu stellen, d. h. vor allem, es auch vor rechtswidrigen Eingriffen von Seiten anderer zu bewahren […]. Ihren Grund hat diese Schutzpflicht in Art. 1 Abs. 1 GG, der den Staat ausdrücklich zur Achtung und zum Schutz der Menschenwürde verpflichtet; ihr Gegenstand und – von ihm her – ihr Maß werden durch Art. 2 Abs. 2 GG näher bestimmt.“[292]

„Daß Art. 2 Abs. 2 Satz 1 GG nicht lediglich ein subjektives Abwehrrecht verbürgt, sondern zugleich eine objektivrechtliche Wertentscheidung der Verfassung darstellt, die für alle Bereiche der Rechtsordnung gilt und verfassungsrechtliche Schutzpflichten begründet, ist in ständiger Rechtsprechung beider Senate des BVerfG anerkannt […]. Werden diese Schutzpflichten verletzt, so liegt darin zugleich eine Verletzung des Grundrechts aus Art. 2 Abs. 2 Satz 1 GG, gegen die sich der Betroffene mit Hilfe der Verfassungsbeschwerde zur Wehr setzen kann. Dem Gesetzgeber wie der vollziehenden Gewalt kommt bei der Erfüllung dieser Schutzpflichten ein weiter Einschätzungs-, Wertungs- und Gestaltungsbereich zu, der auch Raum läßt, etwa konkurrierende öffentliche und private Interessen zu berücksichtigen. […] Der mit einer solchen Schutzpflicht verbundene grundrechtliche Anspruch ist im Blick auf diese Gestaltungsfreiheit nur darauf gerichtet, daß die öffentliche Gewalt Vorkehrungen zum Schutze des Grundrechts trifft, die nicht gänzlich ungeeignet oder völlig unzulänglich sind. Nur unter ganz besonderen Umständen kann sich diese Gestaltungsfreiheit in der Weise verengen, daß allein durch eine bestimmte Maßnahme der Schutzpflicht Genüge getan werden kann.“[293]

Schutzpflicht und Schutzanspruch des Bürgers bilden, worauf Link hingewiesen hat, den Kern der mit der modernen Staatlichkeit unabdingbar verbundenen Friedens- und Sicherheitsgewährleistung.[294] Die Erfüllung der staatlichen Schutzpflichten bildet traditionell die Grundlage des staatlichen Anspruchs auf Rechtsgehorsam.[295]

c) Rechtsstaatsprinzip

Das Rechtsstaatsprinzip ist eines der elementaren Prinzipien des Grundgesetzes.[296]

„Es sichert den Gebrauch der Freiheitsrechte, indem es Rechtssicherheit gewährt, die Staatsgewalt an das Gesetz bindet und Vertrauen schützt […]. Das Rechtsstaatsprinzip umfasst als eine der Leitideen des Grundgesetzes auch die Forderung nach materieller Gerechtigkeit […] und schließt

291 BVerfG NJW 1981, 1655, 1656 – Fluglärm.

292 BVerfG NJW 1993, 1751, 1753 – Schwangerschaftsabbruch.

293 BVerfG NJW 1988, 1651, 1653 – Lagerung chemischer Waffen. Zu einem aus den grundrechtlichen Schutzpflichten abgeleiteten Recht des Bürgers auf Schutz siehe *auch Sodan*, Der Anspruch auf Rechtsetzung und seine prozessuale Durchsetzbarkeit, NVwZ 2000, 601, 603; *Jarass*, in: Jarass/Pieroth, Grundgesetz für die Bundesrepublik Deutschland, 2012, Vorb. vor Art. 1 Rdn. 6 a.

294 *Link*, Staatszwecke im Verfassungsstaat – nach 40 Jahren Grundgesetz, VVDStRL 48 (1990), S. 7, 27.

295 *Link*, a.a.O. (294), S. 7, 52 LS 10. Siehe auch *P. Kirchhof/G. Kirchhof*, Das Recht auf unentgeltliche Sicherheit, 2020, S. 2: „Der Staat gewährt Schutz und Frieden, der Bürger leistet Rechtstreue und Steuern.“

296 BVerfG NJW 1967, 195 f. – nulla poena sine culpa; BVerfG NJW 2013, 1058, 1059, Rdn. 55 – Verständigung im Strafprozess.

den Grundsatz der Rechtsgleichheit als eines der grundlegenden Gerechtigkeitspostulate ein […].“[297]

Der Staat des Grundgesetzes ist eine verfasste Friedens- und Ordnungsmacht.[298] Das Recht als Ordnungsfaktor garantiert die Freiheit des Einzelnen und den Frieden.[299] Wahre Freiheit ist nur dort zu finden, wo Gesetz und Recht herrschen.“[300]

Der Rechtsstaat ist, wie Schwarz hervorgehoben hat, Herrschaft des Rechts und verlangt die Durchsetzung des Rechts. Auch der Rechtsgehorsam sei ein Postulat des Rechtsstaats. Wenn das Recht rechtsförmig entstanden ist, sei es zu befolgen, bestehe eine Verpflichtung zum Rechtsgehorsam.[301] Dem ist zuzustimmen. Eine Ordnung des Friedens und der Freiheit kann nur errichtet werden, wenn der Einzelne verpflichtet ist, den ordnungsgemäß zustande gekommenen Gesetzen zu gehorchen. Durch den Rechtsgehorsam respektiert der Einzelne die Freiheit des jeweils anderen, wodurch auch seine eigene Freiheit garantiert wird. Damit trägt die Verpflichtung zum Rechtsgehorsam neben dem Streben nach materieller Gerechtigkeit wesentlich zur Verlässlichkeit und Unverbrüchlichkeit der Rechtsordnung bei.[302] Zu Recht hat deshalb Isensee darauf hingewiesen, dass die Bürgerpflichten Rechtsgehorsam und Friedenspflicht den staatlichen Rechtsfrieden und die freiheitliche Gesetzesherrschaft konstituieren.[303]

d) Mehrheitsprinzip

Grundlegende staatliche Entscheidungen werden nach der Ordnung des Grundgesetzes nach dem Mehrheitsprinzip getroffen.[304] Das Mehrheitsprinzip ist eine parlamentarische Entscheidungsregel und Ausprägung des Demokratieprinzips,[305] das die gleiche Teilhabe

---

297 BVerfG NJW 2013, 1058, 1059f., Rdn. 55 – Verständigung im Strafprozess.

298 BVerfG NJW 1978, 2235, 2237 – Kontaktsperregesetz; BVerfG NJW 2006, 1939, 1942, Rdn. 91 – Rasterfahndung; BVerfG NJW 2008, 822, 829, Rdn. 220 – Online-Durchsuchung NRW.

299 *A. Kaufmann,* Gerechtigkeit – Der vergessene Weg zum Frieden, 1986; Die Deutschen Bischöfe, Gerechtigkeit schafft Frieden, Erklärungen zum Golfkonflikt, 1983/1991.

300 Entwurf eines Gesetzes zur Änderung des Strafgesetzbuches, Strafrechtsänderungsgesetz 1950, BTDrucks. 1307 S. 27; siehe auch BVerfG, NJW 1983, 2757f. – Vollstreckung ausländischer Titel, das von der „Verlässlichkeit der Rechtsordnung“ als „wesentliche(r) Voraussetzung für Freiheit“ spricht.

301 *Schwarz,* a.a.O. (Fn. 1), NJW 2023, 275, 277, Rdn. 11–13.

302 Zur Verlässlichkeit der Rechtsordnung als „Grundbedingung freiheitlicher Verfassungen“ siehe BVerfG NJW 2004, 739, 747 – Höchstdauer der Sicherungsverwahrung; ähnlich BVerfG NJW 1983, 2757, 2758 – Vollstreckung ausländischer Titel. Zur Unverbrüchlichkeit der Rechtsordnung als Mittel zur Stärkung der Rechtstreue der Bevölkerung siehe BVerfG NJW 2021, 1222, 1224, Rdn. 114 – Vermögensabschöpfung; BVerfG NJW 2004, 2073, 2075 – erweiterter Verfall.

303 *Isensee,* Widerstand und demokratische Normalität, in: Eisenmann/Rill (Hrsg.), Jurist und Staatsbewußtsein, 1987, S. 41, 42. An anderer Stelle, *Isensee,* Ein Grundrecht auf Ungehorsam gegen das demokratische Gesetz? – Legitimation und Perversion des Widerstandsrechts, 1983, in: A. Braune (Hrsg.), Ziviler Ungehorsam, Reclam, 2017, S. 232, 237 hebt er den Gesetzesgehorsam als „naturrechtliche Voraussetzung der demokratischen Gesetzlichkeit“ hervor.

304 BVerfG NJW 1977, 751f. – Öffentlichkeitsarbeit der Bundesregierung.

305 *Pieroth,* in: Jarass/Pieroth, a.a.O. (Fn. 293), Art. 42, Rdn. 3.

aller an staatlichen Herrschaftsakten gewährleistet.[306] Es gehört zu den fundamentalen Grundsätzen der freiheitlichen Demokratie.[307]

Das Grundgesetz ermächtigt die Mehrheit zu entscheiden, setzt ihrer Gestaltungsfreiheit aber Schranken. Es verbürgt den Schutz der Minderheit.[308] Der Schutz der Minderheit geht nicht dahin, sie vor Sachentscheidungen der Mehrheit zu bewahren, wohl aber dahin, ihr zu ermöglichen, ihren Standpunkt in den Willensbildungsprozess einzubringen.[309] Nur unter diesen Voraussetzungen kann die Entscheidung der Mehrheit bei der Ausübung von Staatsgewalt als Wille der Gesamtheit gelten und nach der Idee der freien Selbstbestimmung aller Bürger Verpflichtungskraft für alle entfalten.

„Aber auch dort, wo das Grundgesetz in staatlichen Organen der Mehrheitsherrschaft Raum gibt, entläßt es sie nicht aus der verfassungsrechtlichen Grundverpflichtung, daß alle Staatsgewalt um des Schutzes der Würde und Freiheit aller und der sozialen Gerechtigkeit gegenüber allen anvertraut ist, mithin stets am Wohl aller Bürger ausgerichtet zu sein hat.

Und nur wenn die Mehrheit aus einem freien, offenen, regelmäßig zu erneuernden Meinungs- und Willensbildungsprozeß, an dem grundsätzlich alle wahlmündigen Bürger zu gleichen Rechten teilhaben können, hervorgegangen ist, wenn sie bei ihren Entscheidungen das – je und je zu bestimmende – Gemeinwohl im Auge hat, insbesondere auch die Rechte der Minderheit beachtet und ihre Interessen mitberücksichtigt, ihr zumal nicht die rechtliche Chance nimmt oder verkürzt, zur Mehrheit von morgen zu werden, kann die Entscheidung der Mehrheit bei Ausübung von Staatsgewalt als Wille der Gesamtheit gelten und nach der Idee der freien Selbstbestimmung aller Bürger Verpflichtungskraft für alle entfalten.

Der Staat des Grundgesetzes ist der Entscheidungs- und Verantwortungszusammenhang – zunehmend eingebettet in internationale Wirkungsbereiche –, vermittels dessen sich das Volk nach der Idee der Selbstbestimmung aller in Freiheit und unter der Anforderung der Gerechtigkeit seine Ordnung, insbesondere seine positive Rechtsordnung als verbindliche Sollensordnung setzt. Weil er der freien Selbstbestimmung aller unter Gewährleistung von Frieden und Ordnung einen institutionellen Rahmen verbürgt, kommt dem Staat Hoheitsgewalt, d. h. die Macht zu, Akte zu setzen, die für alle verbindlich sind, insbesondere Recht zu schaffen und Herrschaftsorgane einzusetzen. […]

Bereitschaft und Verpflichtung aller Bürger zum Rechtsgehorsam und damit eine unerläßliche Bedingung für Freiheit und Frieden in einem Gemeinwesen würden verlorengehen, wenn staatliche Gewalt als Werkzeug zur Perpetuierung der Herrschaft einer bestimmten Mehrheit dienen könnte. Der Staat, den das Grundgesetz verfaßt hat, wird vom ganzen Volk getragen, nicht allein von den jeweils regierenden Mehrheiten und den hinter ihnen stehenden politischen Kräften.“[310]

---

306 *Brocker*, in: Epping/Hillgruber (Hrsg.), BeckOK Grundgesetz, Art. 42 Rdn. 15, Stand 15. 8. 2023; *Badura*, Staatsrecht, Systematische Erläuterung des Grundgesetzes für die Bundesrepublik Deutschland, 1986, S. 174, D 8.

307 BVerfG BeckRS 1970, 104616 – Wahlprüfung; BVerfG NJW 2005, 203, 206 – Besetzung des Vermittlungsausschusses.

308 Dazu *Baumgartner*, Zur ethischen Bewältigung gesellschaftlicher Überzeugungskonflikte, JCWS 32 (1991), 265, 272 unter Hinweis auf *Isensee*, Mehrheitswille und Minderheit im demokratischen Verfassungsstaat, in: Rauscher (Hrsg.), Mehrheitsprinzip und Minderheitenrecht, 1988, S. 109–133.

309 BVerfG NJW 1986, 907, 910 – Haushaltskontrolle der Nachrichtendienste; BayVerfGH NJW 1989, 1918.

310 BVerfG NJW 1977, 751 f. – Öffentlichkeitsarbeit der Bundesregierung.

Die Minderheit hat die Entscheidung der Mehrheit zu akzeptieren, auch wenn sie sie inhaltlich ablehnt.[311] Mängel und Irrtümer der Mehrheitsentscheidungen können mit rechtlichen Mitteln korrigiert werden.[312]

2. Grenzen des Gesetzgebers und gesetzliches Unrecht

Der Gesetzgeber ist in seiner Regelungsbefugnis nicht frei, vielmehr ist er an die „verfassungsmäßige Ordnung" gebunden (Art. 20 Abs. 3 GG). Damit setzt der gesamte Normbestand des Grundgesetzes dem Gesetzgeber Grenzen, die er nicht überschreiten darf. Der besonderen Bedeutung der Grundrechte entsprechend, hebt Art. 1 Abs. 3 GG zudem hervor, dass „die nachfolgenden Grundrechte" den Gesetzgeber „als unmittelbar geltendes Recht" binden. Nach der Rechtsprechung des BVerfG setzen auch „überpositive Rechtsgrundsätze" dem Gesetzgeber Grenzen, die er zu beachten hat. Insbesondere dürfen gesetzliche Regelungen nicht „fundamentalen Prinzipien der Idee der Gerechtigkeit widersprechen."

Eine schrankenlose Regelungsbefugnis des Gesetzgebers würde, wie das BVerfG hervorgehoben hat, einen „Rückfall in die Geisteshaltung eines wertungsfreien Gesetzespositivismus" bedeuten.

> „Recht und Gerechtigkeit stehen nicht zur Disposition des Gesetzgebers. Die Vorstellung, daß ein Verfassungsgeber alles nach seinem Willen ordnen kann, würde einen Rückfall in die Geisteshaltung eines wertungsfreien Gesetzespositivismus bedeuten, wie sie in der juristischen Wissenschaft und Praxis seit längerem überwunden ist. Gerade die Zeit des nationalsozialistischen Regimes in Deutschland hat gelehrt, daß auch der Gesetzgeber Unrecht setzen kann."[313]

Der BGH in Strafsachen hat in einer frühen Entscheidung aus dem Jahr 1952 zu den Grenzen des Gesetzgebers unter der Geltung des Grundgesetzes ausgeführt:

> „Im Einzelnen kann zweifelhaft sein, wo die Grenze zu ziehen ist zwischen dem Bereich, in dem der Staat darüber befinden darf, was Recht und Unrecht sein soll, und jenem anderen Bereich, in dem auch der Staat mit seinen Maßnahmen Bindungen und Beschränkungen unterliegt. Sie ergibt sich heute aus den Art. 1 – 19 des Grundgesetzes, in denen die von Gesetzgebung, Rechtsprechung und Verwaltung in gleicher Weise zu achtenden Grundrechte näher umschrieben sind."[314]

In seiner Entscheidung zum Südweststaat hat das BVerfG darauf hingewiesen, dass der Landesverfassungsgeber nur „an die jedem geschriebenen Recht vorausliegenden überpositiven Rechtsgrundsätze" und an die Schranken der Bundesverfassung gebunden ist. Die Verfassungsmäßigkeit des Hypothekensicherungsgesetzes hat es auch anhand „übergesetzlichen Rechts" geprüft.

---

311 *Lindner*, in: Lindner/Möstl/Wolff, Verfassung des Freistaats Bayern, 2017, Art. 2, Rdn. 10.

312 *Badura*, a.a.O. (Fn. 306), S. 175, D 8.

313 BVerfG VerwRspr. 1969, 261, 264 – Ausbürgerung I unter Hinweis auf BVerfG NJW 1954, 65 f. – Gleichberechtigung von Mann und Frau.

314 BGHSt 2, 234, 238; siehe auch BayVerfGH VerwRspr 1950, 3, 5: „Der Bayerische Verfassungsgeber fasst die elementaren Grundrechte als dem positiven Recht vorausliegende, allen Menschen zustehende natürliche Rechte auf, die die Staatsgewalt beschränken und für sie eine unübersteigbare Schranke bilden."

„Das Gesetz sieht die Einberufung einer verfassungsgebenden Landesversammlung vor. [...] Sie ist im Besitz des „pouvoir constituant". Sie schafft die neue, für den werdenden Start verbindliche, mit besonderer Kraft ausgestattete Verfassungsordnung. Mit dieser besonderen Stellung ist es unverträglich, daß ihr von außen Beschränkungen auferlegt werden. Sie ist nur gebunden an die jedem geschriebenen Recht vorausliegenden überpositiven Rechtsgrundsätze und – als verfassungsgebenden Versammlung eines werdenden Gliedes des Bundesstaates – an die Schranken, die die Bundesverfassung für den Inhalt der Landesverfassungen enthält (Art. 28 Abs. 1 GG). Im Übrigen ist sie ihrem Wesen nach unabhängig."[315]

„Es ist auch die Annahme abzulehnen, daß in der hier in Betracht kommenden Zeit jede entschädigungslose Enteignung etwa nach übergesetzlichen Recht unzulässig gewesen sei. Eine übergesetzliche Norm, die es dem Gesetzgeber schlechthin verböte, eine dem Wohl der Allgemeinheit dienende Enteignung ohne Einschränkung anzuordnen oder zuzulassen, kann nicht festgestellt werden. Wer das Bestehen einer solchen übergesetzlichen Norm annimmt, muss notwendig zu dem Ergebnis kommen, daß Art. 153 WeimRV insoweit nichtig war, als er entschädigungslose Enteignungen auf reichsgesetzlicher Grundlage zuließ. Diese Folgerung aber ist noch von niemandem gezogen worden."[316]

Das BVerfG hat weiter hervorgehoben, dass der Gesetzgeber keine Regelungen treffen darf, die den „fundamentalen Prinzipien der Idee der Gerechtigkeit" widersprechen. Bereits der Parlamentarische Rat sei bei der Abfassung des Grundgesetzes bemüht gewesen, die „Idee der Gerechtigkeit" zu verwirklichen. Dieser Idee werde nicht schon dadurch Rechnung getragen, dass die gesetzliche Regelung in dem vorgeschriebenen Verfahren erlassen werde.

„Als der Parlamentarische Rat an die Abfassung des Grundgesetzes ging, stand seine Arbeit noch unter der frischen Erfahrung der geschichtlichen Katastrophe, die durch den nationalsozialistischen Unrechtsstaat herbeigeführt worden war. In entschiedener Abkehr von einer Haltung, die in Recht und Gerechtigkeit keine Werte zu sehen vermochte, war er bemüht, im Grundgesetz die Idee der Gerechtigkeit zu verwirklichen."[317]

„Die Verfasser des Grundgesetzes gingen bei der Abfassung des Art. 116 Abs. 2 GG von der Überzeugung aus, daß der durch Akte des nationalsozialistischen Staates aus rassenideologischen Gründen angeordnete Entzug der deutschen Staatsangehörigkeit krasses Unrecht darstellte. Das beruht auf der Einsicht, daß Geltungsanordnungen, sollen sie als Recht gelten, diese Qualität nicht lediglich dadurch erlangen, daß sie von der staatlichen Macht im jeweils vorgesehenen Verfahren gesetzt sind, sondern daß sie darüber hinaus inhaltlich nicht fundamentalen Prinzipien der Idee der Gerechtigkeit widersprechen dürfen."[318]

Die Prinzipien der „Idee der Gerechtigkeit" hat das BVerfG näher ausdifferenziert. Es hat dabei die Grundsätze der „materialen Gerechtigkeit", der „Rechtssicherheit" sowie der „Rechtsgleichheit und des Willkürverbots" hervorgehoben.

„Gerade die Zeit des nationalsozialistischen Regimes in Deutschland hat gelehrt, daß auch der Gesetzgeber Unrecht setzen kann, daß also, soll die praktische Rechtsausübung solchen geschichtlich denkbaren Entwicklungen nicht ungewappnet gegenüberstehen, in äußersten Fällen die

---

315 BVerfG NJW 1951, 877, 879 – Südweststaat; siehe auch LS 27 der genannten Entscheidung: „Das Bundesverfassungsgericht erkennt die Existenz überpositiven, auch den Verfassungsgesetzgeber bindenden Rechtes an und ist zuständig, das gesetzte Recht daran zu messen", zit. nach juris.

316 BVerfG NJW 1953, 1017f. – Hypothekensicherungsgesetz.

317 BVerfG NJW 1954, 65f. – Gleichberechtigung von Mann und Frau.

318 BVerfG NJW 1980, 2797 – Ausbürgerung II.

Möglichkeit gegeben sein muss, den Grundsatz der materialen Gerechtigkeit höher zu werten als den der Rechtssicherheit, wie er in der Geltung des positiven Gesetzes für die Regel der Fälle zum Ausdruck kommt."[319]

„Rechtssicherheit ist ein wesentliches Element des rechtsstaatlichen Prinzips [...]. Dieses Prinzip seinerseits gehört zu den im Grundgesetz getroffenen Grundentscheidungen, die echte Gerechtigkeitspostulate verwirklichen wollen. Die Rechtssicherheit zu vernachlässigen, kann also auch dem Verfassungsgeber nur bis zu einer bestimmten Grenze gestattet sein. Würde eine Norm die dem Recht immanente Funktion der Friedensbewahrung verleugnen, verfälschen oder in unerträglichem Maße missachten, so könnte sie selbst in der Gestalt einer ursprünglichen Verfassungsnorm nichtig sein. Dabei darf jedoch nicht übersehen werden, daß das Prinzip der Rechtssicherheit mit der Forderung nach materialer Gerechtigkeit häufige im Widerstreit liegt und daß es in erster Linie Aufgabe des Gesetzgebers sein muss, einen solchen Widerstreit bald nach der Seite der Rechtssicherheit, bald nach der Seite der materialen Gerechtigkeit hin zu entscheiden. Geschieht dies ohne Willkür, so kann ein solches Verfahren nicht beanstandet werden."[320]

„Der Sinn des allgemeinen Gleichheitssatzes liegt zu einem wesentlichen Teil darin, daß nicht alle tatsächlichen Verschiedenheiten zu unterschiedlicher Behandlung im Recht führen dürfen, sondern nur solche tatsächlichen Ungleichheiten, denen aus Erwägungen der Gerechtigkeit und Zweckmäßigkeit auch für das Recht unterscheidende Bedeutung zukommt. Dies zu entscheiden ist in erster Linie Sache des Gesetzgebers. Doch findet sein Ermessen eine Grenze – und damit Art. 3 Abs. 1 GG seinen aktuellen Gehalt – im Willkürverbot und in den Konkretisierungen des Gleichheitssatzes durch die Verfassung selbst [...]."[321]

Der Gesetzgeber hat weiter zu beachten, dass das Grundgesetz „eine wertgebundene Ordnung aufgerichtet [hat], die den einzelnen Menschen und seine Würde in den Mittelpunkt seiner Regelungen stellt."

„Dem Grundgesetz liegen Prinzipien der Staatsgestaltung zugrunde, die sich nur aus der geschichtlichen Erfahrung und der geistig-sittlichen Auseinandersetzung mit dem vorangegangenen System des Nationalsozialismus erklären lassen. Gegenüber der Allmacht des totalitären Staates, der schrankenlosen Herrschaft über alle Bereiche des sozialen Lebens für sich beanspruchte und dem bei der Verfolgung seiner Staatsziele die Rücksicht auch auf das Leben des Einzelnen grundsätzlich nichts bedeutete, hat das Grundgesetz eine wertgebundene Ordnung aufgerichtet, die den einzelnen Menschen und seine Würde in den Mittelpunkt aller seiner Regelungen stellt. Dem liegt, wie das BVerfG bereits früh ausgesprochen hat [...], die Vorstellung zugrunde, dass der Mensch in der Schöpfungsordnung einen eigenen selbstständigen Wert besitzt, der die unbedingte

319 BVerfG NJW 1954, 65 f. – Gleichberechtigung von Mann und Frau unter Hinweis auf *Radbruch*, Gesetzliches Unrecht und übergesetzliches Recht, in; ders. Rechtsphilosophie, 1950, S. 347 ff.

320 BVerfG NJW 1954, 65, f. – Gleichberechtigung von Mann und Frau; siehe auch BVerfG BeckRS 2023, 29790, Rdn. 78 – Wiederaufnahme zuungunsten des Verurteilten: „Da sowohl das Prinzip der materialen Gerechtigkeit als auch das Prinzip der Rechtssicherheit mit Verfassungsrang ausgestattet sind, ist es grundsätzlich Sache des Gesetzgebers, welchem der beiden Prinzipien im konkreten Fall der Vorzug gegeben werden soll. [...] Etwas anderes gilt jedoch, wenn das Grundgesetz diese Entscheidung bereits selbst getroffen hat [...]. Eine solche Entscheidung beinhaltet Art. 103 Abs. 3 GG. Indem Art. 103 Abs. 3 GG bestimmt, daß wegen derselben Tat keine erneute Bestrafung erfolgen darf, hat das Grundgesetz für den Anwendungsbereich dieser Bestimmung, mithin den Bereich strafgerichtlicher Urteile, bereits entschieden, daß dem Prinzip der Rechtssicherheit Vorrang vor dem Prinzip der materialen Gerechtigkeit zukommt."

321 BVerfG NJW 1954, 65, 67 – Gleichberechtigung von Mann und Frau; siehe auch BayVerfGH VerwRspr. 1959, 905, 910: „Der Gleichheitssatz als Willkürverbot und Ausdruck der materialen Gerechtigkeit, den Art. 118 Abs. 1 BV enthält, verkörpert überpositives, der Verfassung vorausliegendes, von ihr nur anerkanntes Recht [...]."

Achtung vor dem Leben jedes einzelnen Menschen, auch dem scheinbar sozial „wertlosen“, unabdingbar fordert und der es deshalb ausschließt, solches Leben ohne rechtfertigenden Grund zu vernichten. Diese Grundentscheidung der Verfassung bestimmt Gestaltung und Auslegung der gesamten Rechtsordnung. Auch der Gesetzgeber ist ihr gegenüber nicht frei; gesellschaftspolitische Zweckmäßigkeitserwägungen, ja staatspolitische Notwendigkeiten können diese verfassungsrechtliche Schranke nicht überwinden [...]. Auch ein allgemeiner Wandel der hierüber herrschenden Anschauungen – falls er überhaupt festzustellen wäre – würde daran nichts ändern können.“[322]

Die Einhaltung des Gesetzgebungsverfahrens in einem demokratischen Rechtsstaat und die Entscheidung nach dem Mehrheitsprinzip begründen zwar eine gewisse Vermutung der inhaltlichen Richtigkeit der getroffenen Entscheidung, stellen diese jedoch nicht fest.[323] Zuzustimmen ist deshalb Ratzinger, wenn er ausführt:

„Der Gedanke, in der Demokratie könne nur die Mehrheit entscheiden und Rechtsquelle könnten nur die mehrheitsfähigen Überzeugungen der Bürger sein, hat zweifellos etwas Bestechendes an sich. Denn wann immer man etwas nicht von der Mehrheit Gewolltes und Entschiedenes für die Mehrheit verbindlich macht, scheint eben der Mehrheit ihre Freiheit abgesprochen und damit das Wesen der Demokratie verneint zu sein. [...]

Aber andererseits kann auch die Irrtumsfähigkeit der Mehrheit nicht bestritten werden, und ihre Irrtümer können sich nicht nur auf Peripheres beziehen, sondern auch grundlegende Güter in Frage stellen, sodass die Menschenwürde und die Menschenrechte nicht mehr gewährleistet sind, also das Wozu der Freiheit zu Fall kommt. Denn was Menschenrechte sind und worin Menschenwürde besteht, liegt keineswegs immer für die Mehrheit offen zutage. Dass sie verführbar und manipulierbar ist und dass Freiheit gerade im Namen der Freiheit zerstört werden kann, hat die Geschichte unseres Jahrhunderts dramatisch bewiesen.“[324]

3. Handlungsmöglichkeiten des Einzelnen gegen gesetzliches Unrecht

Im Folgenden ist zu untersuchen, ob dem Einzelnen gegen gesetzliches Unrecht ein Widerstandsrecht zusteht (a), ob er dagegen „zivilen Ungehorsam“ üben kann (b) und ob und ggf. welche sonstigen Handlungsmöglichkeiten für ihn bestehen (c).

a) Widerstandsrecht gegen gesetzliches Unrecht

Geht man davon aus, dass auch in einem demokratischen Rechtsstaat gesetzliches Unrecht denkbar ist, stellt sich die Frage nach einem Widerstandsrecht des Einzelnen.

---

322 BVerfG NJW 1975, 573, 582 – Schwangerschaftsabbruch I; siehe auch: Die Deutschen Bischöfe, Zur Neuregelung des § 218, 1976, S. 3 f.: „Recht und Ethik gehören beide zum Freiheitsraum des Menschen. Für die Ordnung von Recht und Gesellschaft gibt es sittliche Wertvorstellungen, die von fundamentaler und allgemeiner Gültigkeit sind. An sie ist auch der Gesetzgeber in einem pluralistischen Staat gebunden.“

323 BVerfG, Sondervotum Mahrenholz, NJW 1986, 907, 911 – Haushaltskontrolle der Nachrichtendienste, der darauf hinweist, dass „die Abstimmung nach dem Mehrheitsprinzip keine Feststellung der Wahrheit“ ist. Siehe dazu auch *Lindner*, in: Lindner/Möstl/Wolff, a.a.O. (Fn. 310), Art. 2, Rdn. 12, der hervorhebt, daß der Mehrheitsentscheid ein formales Prinzip sei, das nicht automatisch die Richtigkeit der Entscheidung nach sich ziehe, aber ihre Akzeptanz erhöhen könne.

324 *Ratzinger*, a.a.O. (Fn. 7), S. 49, 57.

aa) Widerstandsrecht in Landesverfassungen

Ein Widerstandsrecht bei der Verletzung der Grund- und Menschenrechte kennen die Landesverfassungen von Berlin und der Freien und Hansestadt Bremen. Darüber hinausgehend gewährt die Verfassung des Landes Hessen ein Widerstandsrecht gegen verfassungswidrig ausgeübte öffentliche Gewalt. Mit Ausnahme der Landesverfassung von Berlin postulieren die genannten Landesverfassungen auch eine Pflicht zum Widerstand.[325]

Art. 36 Abs. 3 Verfassung von Berlin

„Werden die in der Verfassung festgelegten Grundrechte offensichtlich verletzt, so ist jedermann zum Widerstand berechtigt."

Art. 19 Verfassung der Freien Hansestadt Bremen

„Wenn die in der Verfassung festgelegten Menschenrechte durch die öffentliche Gewalt verfassungswidrig angetastet werden, ist Widerstand jedermanns Recht und Pflicht."

Art. 147 Verfassung des Landes Hessen

Abs. 1: „Widerstand gegen verfassungswidrig ausgeübte öffentliche Gewalt ist jedermanns Recht und Pflicht."

Abs. 2: „Wer von einem Verfassungsbruch oder einem auf Verfassungsbruch gerichteten Unternehmen Kenntnis erhält, hat die Pflicht, die Strafverfolgung des Schuldigten durch Anrufung des Staatsgerichtshofs zu erzwingen. Näheres bestimmt ein Gesetz."[326]

---

325 Zur Fortgeltung der normierten Widerstandsrechte siehe exemplarisch *Böckenförde/Grawert*, Rechtsgutachten zu der Frage, inwieweit Bestimmungen der Bremischen Landesverfassung durch das Grundgesetz oder anderes Bundesrecht außer Kraft gesetzt werden, 18.3.1970, S. 58ff., zit. nach https://www.transparenz.bremen.de: „Art. 19 LV: Das ‚jedermann' zustehende Widerstandsrecht und die Widerstandspflicht sind in den Art. 1 bis 18 GG nicht als Grundrecht enthalten. In Art. 19 Abs. 4 verweist das GG den in seinen Rechten Verletzten vielmehr zunächst auf den Rechtsweg; erst als ultima ratio gesteht Art. 20 Abs.4 GG ‚allen Deutschen' ein Widerstandsrecht zum Schutz der verfassungsmäßigen Ordnung zu. Nur in deren Rahmen können also die von Art. 19 LV für schutzwürdig erklärten Menschenrechte aufgrund Art. 20 Abs.4 GG durch Widerstand verteidigt werden; Art. 19 LV ist insoweit einerseits enger, anderseits stringenter, weil er eine Widerstandspflicht statuiert. Die Grenzen, die das BVerfG [...] für ein grundgesetzgemäßes Widerstandsrecht herausgearbeitet hat, nämlich erst nach Ausschöpfung aller Rechtsbehelfe als letztmögliches Mittel gegen offenkundiges Unrecht zur Konservierung der Rechtsordnung dienen zu können, sind auch bei Art. 19 LV mitgedacht; zumindest lässt sich Art. 19 LV entsprechend interpretieren.

Da Art. 19 LV nicht wie Art. 20 Abs.4 GG nur ein einfaches Verfassungsrecht, sondern ein echtes Grundrecht über die Art. 1 bis 18 GG hinaus und zu deren Schutz gewährt, gilt er nach Art. 142 GG fort. Erweitert bzw. gewährleistet das Widerstandsrecht den aktuellen Bestand der Menschenrechte, so bedeutet eine Widerstandspflicht anderseits eine Freiheitsbeschränkung des Verpflichteten, sofern diese Pflicht nicht nur als sittliches Postulat normiert ist, was jedoch anzunehmen ist [...], da ihr prinzipiell keine Erzwingbarkeit eignet. Würde sie als Rechtspflicht verstanden, wäre ihre Fortgeltung nicht anzunehmen, da Art. 20 Abs. 4 GG nur ein Widerstandsrecht normiert und seiner systematischen Stellung im 2. Abschnitt des GG ("Bund und Länder") wie auch seiner Intention nach nicht nur gegenüber der Bundesstaatsgewalt, sondern gegenüber jeder Art Staatsgewalt in der Bundesrepublik gelten will. Art. 19 LV gilt damit mit der Maßgabe, daß er keine Rechtspflicht zum Widerstand normiert, fort."

326 Nach ständiger Rechtsprechung des *Staatsgerichtshofs Hessen* ist Art. 147 Abs. 2 der Verfassung des Landes Hessen durch Bundesrecht außer Kraft gesetzt worden, siehe dazu Staatsgerichtshof des Landes Hessen, Beschluss vom 12.7.2006, P. St. 2099, Rdn.10, 11 mwN, zit. nach juris.

Zu Art. 23 Abs. 3 (nunmehr Art. 36 Abs. 3) der Berliner Landesverfassung hat der dortige Verfassungsgerichtshof festgestellt, dass ein Widerstandsrecht nur dann in Betracht kommen könne, wenn die Inanspruchnahme der Rechtsverfolgungschancen des Rechtsstaats faktisch unmöglich sei. Das Widerstandsrecht sei kein allgemeiner Rechtfertigungsgrund zur Gewaltausübung, wenn der Rechtsweg erfolglos beschritten worden sei oder wenn ein Begehren des Bürgers nicht mit der erwarteten Zügigkeit verbeschieden werde.

„Die Inanspruchnahme des Widerstandsrechts kann von vornherein nur in Betracht kommen, wenn gegen offensichtliches Unrecht die Inanspruchnahme der Rechtsverfolgungschancen des Rechtsstaates faktisch unmöglich ist, also insbesondere in einer Notstands- oder Staatsstreichsituation. Art. 23 Abs. 3 VvB steht unter dem selbstverständlichen Vorbehalt, daß die von der Rechtsordnung zur Verfügung gestellten Rechtsbehelfe versagen und demzufolge die Ausübung des Widerstandsrechts als letztes verbleibendes Mittel zur Rechtswahrung erscheint. Es ist offensichtlich, daß eine derartige Situation nicht besteht. Die von dem Beschwerdeführer wohl angestellte Vermutung, es könne sich bei dem Widerstandsrecht um eine Art allgemeinen Rechtfertigungsgrund zur Gewaltausübung handeln, auf den sich derjenige berufen könne, der den Rechtsweg erfolglos beschritten hat oder – wie hier – über dessen Begehren nicht mit der erwarteten Zügigkeit entschieden wird, geht fehl.“[327]

Hinsichtlich des Widerstandsrechts des Staatsbürgers nach Art. 147 Abs. 1 der Verfassung des Landes Hessen hat der BGH entschieden, dass innerhalb der rechtsstaatlichen Ordnung Selbsthilfe zum Zweck der Wiederherstellung eines verfassungsgemäßen Zustands gegenüber einzelnen verfassungswidrigen Verwaltungsakten unzulässig ist. Insoweit sei der Rechtsweg zu beschreiten.

„Diese Bestimmung spricht zwar davon, daß Widerstand gegen verfassungswidrig ausgeübte Gewalt jedermanns Recht und Pflicht sei. Zu ihrer Auslegung muß aber neben dem Wortlaut ihr Sinn und Zweck erforscht werden. [...] Aus einer solchen Gesamtbetrachtung der in Art. 147 Abs. 1 Hess. Verf. jedermann eingeräumten Rechtsstellung innerhalb der rechtsstaatlichen Ordnung des staatlichen Lebens geht klar hervor, daß das Widerstandsrecht ebenso wie andere verletzte Rechte in den Fällen des leichteren Verfassungsbruchs, zu denen verfassungswidrige einzelne Verwaltungsakte gehören, nur auf dem hierfür eingerichteten Rechtsweg geltend gemacht werden darf. [...] Ein außerhalb dieser Rechtsbehelfe liegendes eigenmächtiges verteidigungsweises oder angriffsweises Vorgehen ist gesetzlich unzulässig und durch Art. 147 Hess. Verf. nicht gedeckt. [...]

Es kann nicht dem richtig verstandenen Willen der Schöpfer einer Verfassung, die eine rechtsstaatliche Ordnung im Lande sichern soll, entsprechen, ein solches Recht zu eigenmächtigem Vorgehen gegen polizeiliche Einzelmaßnahmen jedermann einzuräumen und so ihm an Stelle des zuständigen Gerichts die Vorentscheidung darüber anzuvertrauen, ob der von ihm angegriffene Zustand verfassungs- und gesetzmäßig ist.“[328]

bb) Widerstandsrecht im Grundgesetz

Bis zur Einführung des Art. 20 Abs. 4 war ein Widerstandsrecht im Grundgesetz nicht vorgesehen.

---

327 VerfGH Berlin, BeckRS 1993, 124155 Rn. 7.

328 BGH NJW 1953, 1639.

(1) Verfassungskonvent von Herrenchiemsee und Parlamentarischer Rat

Der Verfassungsausschuss des Herrenchiemseer Verfassungskonvents, der in seinem Verfassungsentwurf in Art. 19 eine Treuepflicht zur Verfassung und eine Pflicht zur Achtung und Befolgung der Gesetze normiert hat, hat die Frage eines individuellen Widerstandsrechts gegen verfassungswidrig ausgeübte öffentliche Gewalt erörtert. Wegen seiner „unabsehbaren Tragweite" hat die Mehrheit des Ausschusses eine Aufnahme eines Widerstandsrechts in die Verfassung abgelehnt.[329] Wegen der Schwierigkeiten der praktischen Ausführung hat der Parlamentarische Rat ein Widerstandsrecht in das Grundgesetz nicht aufgenommen.[330]

(2) Entscheidung des BVerfG zu einem Verbot der KPD

In seinem KPD-Urteil vom 17. 8. 1956 hat das BVerfG die Frage erörtert, ob in der grundgesetzlichen Ordnung ein Widerstandsrecht anzuerkennen sei. Auch wenn die entsprechenden Urteilspassagen eine offene bis positive Tendenz zu einem Widerstandsrecht erkennen lassen,[331] hat es die Frage letztlich nicht entschieden.

Das BVerfG hat zunächst die Inanspruchnahme eines Widerstandsrechts gegen ein „evidentes Unrechtsregime" von derjenigen gegen „einzelne tatsächliche oder vermeintliche Grundgesetzwidrigkeiten" unterschieden. Während es im ersten Fall davon ausging, dass der neueren Rechtsauffassung ein Widerstandsrecht nicht fremd sei, hat es im zweiten Fall die Frage aufgeworfen, ob im Hinblick auf die Ausbalancierung der staatlichen Gewalten und die Möglichkeit des Rechtsschutzes im Rahmen der grundgesetzlichen Ordnung überhaupt noch ein Bedürfnis für ein Widerstandrecht bestehe. Diese Frage hat es offengelassen, da, selbst wenn man ein derartiges Widerstandsrecht annähme, im zu entscheidenden Fall die an seine Ausübung zu stellenden Voraussetzungen nicht erfüllt wären.

> „Das GG erwähnt ein Widerstandsrecht nicht. Damit ist aber die Frage, ob ein solches Widerstandsrecht in der grundgesetzlichen Ordnung anzuerkennen ist, nicht von vornherein verneinend entschieden.
>
> Vor allem ist ein Widerstandsrecht gegen ein evidentes Unrechtsregime der neueren Rechtsauffassung nicht mehr fremd. Daß gegen ein Regime solcher Art normale Rechtsbehelfe nicht wirksam sind, hat die Erfahrung gezeigt. Jedoch bedarf es einer näheren Untersuchung hierüber nicht. Die KPD will zwar gegen das von ihr aus fundamentaler Gegnerschaft bekämpfte Regime in der Bundesrepublik angehen; aber davon, daß die Bundesrepublik heute einem Unrechtsregime der hier vorausgesetzten Art überantwortet ist, kann nicht die Rede sein. […]
>
> Soweit es sich aber um die Inanspruchnahme eines Widerstandsrechtes gegen einzelne tatsächliche oder vermeintliche Grundgesetzwidrigkeiten handelt, gilt folgendes:
>
> Berücksichtigt man die Abwehr von Verfassungsverletzungen, die schon im System der gegenseitigen Hemmung und des Gleichgewichts staatlicher Gewalten gegeben ist, und den wirksamen

---

329 Verfassungsausschuss der Ministerpräsidenten-Konferenz der westlichen Besatzungszonen, a.a.O. (Fn. 281), S. 22 Stichwort „Widerstandsrecht".

330 *Sachs*, Grundgesetz, 2021, Art 20, Rdn. 167. Siehe auch *Grzeszick*, in: Dürig/Herzog/Scholz (Hrsg.), Grundgesetz Kommentar, 2023, Art. 20, IX. Widerstandsrecht, Rdn.10 (Stand Jan. 2022), der darauf hinweist, die Aufnahme eines Widerstandsrechts in das Grundgesetz sei an Bedenken wegen einer möglichen missbräuchlichen Berufung auf eine entsprechende Regelung gescheitert.

331 *Grzeszick*, a.a.O. (Fn. 330), Art. 20, IX. Widerstandsrecht, Rdn. 11.

Rechtsschutz, der in der Bundesrepublik gegen Verfassungsverstöße und -verfälschungen von Staatsorganen durch den weiten Ausbau der Gerichtsbarkeit, vor allem der Verfassungsgerichtsbarkeit besteht, so fragt sich, ob überhaupt noch ein Bedürfnis für ein Widerstandsrecht anzuerkennen ist. Diese Frage braucht hier nicht erörtert zu werden; denn selbst wenn man auch hier das grundsätzliche Bestehen eines Widerstandsrechtes bejaht, so sind an seine Ausübung jedenfalls Anforderungen zu stellen, die bei der KPD nicht vorliegen."[332]

Ein Widerstandsrecht gegen einzelne Grundgesetzwidrigkeiten, könne, wenn man dessen Existenz annähme, nur unter Beachtung strenger Voraussetzungen erfolgen.

„Ein Widerstandsrecht gegen einzelne Rechtswidrigkeiten kann es nur im konservierenden Sinne geben, d. h. als Notrecht zur Bewahrung oder Wiederherstellung der Rechtsordnung. Ferner muß das mit dem Widerstande bekämpfte Unrecht offenkundig sein und müssen alle von der Rechtsordnung zur Verfügung gestellten Rechtsbehelfe so wenig Aussicht auf wirksame Abhilfe bieten, daß die Ausübung des Widerstandes das letzte verbleibende Mittel zur Erhaltung oder Wiederherstellung des Rechtes ist."[333]

Zur bewahrenden Funktion eines Widerstandsrechts im Rahmen der grundgesetzlichen Ordnung hat das BVerfG ausgeführt:

„Vor allem fehlt ihr (Anm. d. Verf.: der KPD) aber diese Berechtigung auch deshalb, weil ihr Widerstand nicht auf die Erhaltung der bestehenden Ordnung gerichtet ist. Was die KPD mit ihrem „Widerstande" erreichen will, ist eine andere, eine nach ihrer Ansicht bessere Ordnung, Hierzu aber dürfte das Widerstandsrecht nur dann benutzt werden, wenn die bestehende Ordnung ein offenbares und fundamentales Unrechtsregime wäre. Das hat die KPD selbst nicht in Anspruch nehmen wollen.

Die Ordnung in der Bundesrepublik ist legitim. Sie ist es nicht nur deshalb, weil sie auf demokratische Weise zustande gekommen und seit ihrem Bestehen immer wieder in freien Wahlen vom Volke bestätigt worden ist. Sie ist es vor allem, weil sie – nicht notwendig in allen Einzelheiten, aber dem Grundsatze nach – Ausdruck der sozialen und politischen Gedankenwelt ist, die dem gegenwärtig erreichten kulturellen Zustand des deutschen Volkes entspricht. Sie beruht auf einer ungebrochenen Tradition, die – aus älteren Quellen gespeist – von den großen Staatsphilosophen der Aufklärung über die bürgerliche Revolution zu der liberal-rechtsstaatlichen Entwicklung des 19. und 20. Jh. geführt und der sie selbst das Prinzip des Sozialstaates, d. h. das Prinzip der sozialen Verpflichtung, hinzugefügt hat. Die sich hieraus ergebenden Wertsetzungen werden von der übergroßen Mehrheit des deutschen Volkes aus voller Überzeugung bejaht. Hieraus erwächst dieser Ordnung die innere Verbindlichkeit, die das Wesen der Legitimität ausmacht. Nur wer seinen Widerstand gegen eine Störung dieser Ordnung richtet, um sie selbst zu verteidigen oder wiederherzustellen, dürfte für diesen Widerstand selbst Legitimität in Anspruch nehmen."[334]

Zu den weiteren Voraussetzungen eines Widerstandsrechts im Rahmen der grundgesetzlichen Ordnung, der Offenkundigkeit des bekämpften Unrechts und dem Erfordernis, dass innerhalb der bestehenden Rechtsordnung andere wirksame Abhilfe nicht zu erreichen ist, hat das BVerfG festgestellt:

„Selbst wenn nicht jede der Handlungen, an denen sich die KPD stößt, in Übereinstimmung mit dem GG stehen sollte, so kann doch weder die Rede davon sein, daß die Verfassungswidrigkeit offenkundig wäre, noch davon, daß alle gesetzlich verliehenen Rechtsbehelfe so wenig Aussicht auf

332 BVerfG NJW 1956, 1393, 1398 f. – KPD-Verbot.

333 BVerfG NJW 1956, 1393, 1399 – KPD-Verbot.

334 BVerfG NJW 1956, 1393, 1399 – KPD-Verbot.

wirksame Abhilfe böten, daß zum Widerstande als dem letzten Mittel gegriffen werden dürfte. Das ist nach der Überzeugung des BVerfG evident. Wer hier bereits ein Widerstandsrecht anerkennen wollte, übersähe den grundsätzlichen Unterschied zwischen einer intakten Ordnung, in der im Einzelfalle auch Verfassungswidrigkeiten vorkommen mögen, und einer Ordnung, in der die Staatsorgane aus Nichtachtung von Gesetz und Recht die Verfassung, das Volk und den Staat im Ganzen verderben, so daß auch die etwa in solcher Ordnung noch bestehenden Rechtsbehelfe nichts mehr nützen."[335]

(3) Einführung des Art. 20 Abs. 4 in das Grundgesetz

Durch das 17. Gesetz zur Ergänzung des Grundgesetzes vom 24.6.1968[336] wurde mit Art. 20 Abs. 4 GG ein Widerstandsrecht in das Grundgesetz aufgenommen.[337]

Art. 20 Abs. 4 GG

„Gegen jeden, der es unternimmt, diese Ordnung zu beseitigen, haben alle Deutschen das Recht zum Widerstand, wenn andere Abhilfe nicht möglich ist."

Das Widerstandsrecht nach Art. 20 Abs. 4 GG schützt die freiheitliche demokratische Grundordnung wie sie in Art 20 Abs. 1 bis Abs. 3 GG niedergelegt ist und dient ihrer Wiederherstellung.[338] Das Grundgesetz räumt ein Widerstandsrecht gegen Bestrebungen ein, die darauf abzielen, die freiheitliche demokratische Grundordnung zu beseitigen. Dabei macht es keinen Unterschied, ob die Bestrebungen unter Mißbrauch oder Anmaßung staatlicher Machtbefugnisse (Staatsstreich „von oben") oder durch revolutionäre Kräfte aus dem nichtstaatlichen Bereich (Staatsstreich „von unten") erfolgen.[339] Ein Widerstandsrecht des Bürgers kommt erst zum Tragen, wenn andere Abhilfe nicht möglich ist.

Für das Verständnis des Widerstandsrechts nach Art. 20 Abs. 4 GG ist es von entscheidender Bedeutung, dass es „den beginnenden Funktionsverlust der staatlichen Gewalt in der Grenzsituation ihres drohenden Zerfalls voraussetzt."[340] Erst in einer Situation, in der „der Staat die verfassungsmäßige Ordnung nicht hinreichend schützen kann"[341], steht

335 BVerfG NJW 1956, 1393, 1399 – KPD-Verbot.

336 BGBl. 1968 I 709.

337 Krit. zu dieser Positivierung des Widerstandsrechts *A. Kaufmann*, Das Widerstandsrecht in Geschichte und Grundgesetz, 1986, in: ders.: Vom Ungehorsam gegen die Obrigkeit, 1991, S. 37, 39: „Die Positivierung des Widerstandsrechts ist ein Widerspruch in sich, denn das wäre die Positivierung eines Rechts, das seinem Wesen nach nur überpositiv gelten kann, die Normierung des schlechthin Unnormierbaren. So wie man eine freie Gewissensentscheidung nicht befehlen kann, ebenso wenig kann man den Widerstand gegen staatliches Unrecht von Staats wegen reglementieren. Ein Rechtssystem kann seine eigene systemexterne Kontrolle nicht systemintern institutionalisieren."

338 Schriftlicher Bericht des Rechtsausschusses über den von der Bundesregierung eingebrachten Entwurf eines Gesetzes zur Ergänzung des Grundgesetzes – Drucksache V/1879 – und über den von den Abgeordneten Dorn, Busse und Frau Dr. Diemer-Nicolaus u.a. eingebrachten Entwurf eines Gesetzes zur Sicherung der rechtsstaatlichen Ordnung im Verteidigungsfall – Drucksache V/2130 –, BTDrucks. V/2873, S. 9; str. zum Streitstand siehe *Grzeszick*, a.a.O. (Fn. 330), Art. 20, IX. Widerstandsrecht, Rdn. 19.

339 Schriftlicher Bericht des Rechtsausschusses, a.a.O. (Fn. 338), S. 9.

340 *Grzeszick*, a.a.O. (Fn. 330), Art. 20, IX. Widerstandsrecht, Rdn. 21.

341 *Grzeszick*, a.a.O. (Fn. 330), Art. 20, IX. Widerstandsrecht, Rdn. 23.

dem verantwortlichen Bürger im Wege der „Verfassungshilfe“[342] ein Widerstandsrecht zu. Zutreffend hat Scholz deshalb darauf hingewiesen, dass dem Bürger ein Widerstandsrecht nicht zukommt, solange Demokratie und Rechtsstaat funktionierten. Wer sich gegen einen Verfassungs- oder Rechtsbruch wehren wolle, müsse die hierfür vorgesehenen demokratischen und rechtsstaatlichen Wege beschreiten.[343]

Eine bloße Beeinträchtigung der freiheitlichen demokratischen Grundordnung genügt für eine legitime Ausübung des Widerstandsrechts eben so wenig wie das bloße Vorliegen eines Rechts- oder Verfassungsverstoßes[344] oder einer bloßen Störung der öffentlichen Ordnung.[345] Das Widerstandsrecht nach Art. 20 Abs. 4 GG kann auch nicht als allgemeiner Rechtfertigungsgrund zur Gewaltausübung bei erfolgloser Beschreitung des Rechtswegs in Anspruch genommen werden.[346] Die Friedenspflicht des Bürgers besteht gerade darin, worauf Isensee hingewiesen hat, sich dem staatlichen Verfahren zu unterwerfen und damit auch die Möglichkeit einer Niederlage zu akzeptieren.[347]

Das Widerstandsrecht dient schließlich nicht dazu, wie das Hess. Finanzgericht hervorgehoben hat,

> „Einzelnen oder einzelnen Gruppen die Befugnis zu verschaffen, aus eigener Kompetenz darüber zu entscheiden, was rechtens ist und was nicht und überall dort, wo man glaubt, Anlass zur Unzufriedenheit oder Auflehnung zu haben, dies gegenüber dem Staat oder allen anderen Bürgern gegenüber – gegebenenfalls mit Gewalt – durchzusetzen.“[348]

cc) Kleiner Widerstand

Von dem Widerstand gegen ein Unrechtsregime unterscheidet Arthur Kaufmann im Rechtsstaat ein „Widerstandsrecht der kleinen Münze“[349], das dem Recht wesensimmanent sei.

> „Widerstand in diesem Sinn ist nicht das letzte Mittel gegen einen bereits völlig pervertierten Staat, sondern weit eher das erste Mittel gegen sich ankündigende Abweichungen vom rechten Weg, seine Funktion ist, schon den Anfängen der Perversion zu wehren. Der beharrliche Widerstand gegen einen sie verfestigenden Zustand ist notwendig, damit Recht und Rechtsstaat immer und immer wieder regeneriert werden, sodass es zu einer solchen Ausnahmesituation gar nicht erst kommt, in

---

342 *Scholz*, Rechtsfrieden im Rechtsstaat – Verfassungsrechtliche Grundlagen, aktuelle Gefahren und rechtspolitische Folgerungen, NJW 1983, 705, 707 unter Hinweis auf *Schneider*, Widerstand im Rechtsstaat, 1969, S. 13. Siehe auch *Schramm*, a.a.O. (Fn. 265), S. 287, der von einem „Notrecht zur Bewahrung und Wiederherstellung der Rechtsordnung“ spricht.

343 *Scholz*, a.a.O. (Fn. 342), NJW 1983, 705, 707; *Rux*, in: Epping/Hillgruber, a.a.O. (Fn. 306), Art. 20, Rdn. 225.

344 *Grzeszick*, a.a.O. (Fn. 330), Art. 20, IX. Widerstandsrecht, Rdn. 20.

345 *Rönnau*, in: Leipziger Kommentar, Strafgesetzbuch, 2019, Vorb. zu den §§ 32 ff., Rdn. 131.

346 *Rönnau*, a.a.O. (Fn. 345), Vorb. zu §§ 32 ff. Rdn. 135.

347 *Isensee*, 1983, a.a.O. (Fn. 303), S. 232, 243.

348 Hess. Finanzgericht, Beschluss vom 27. 7. 2016, 1 V 102/16, Rdn. 27, zit. nach juris; siehe auch *Badura*, a.a.O. (Fn. 306), S. 172 f., D 5, der darauf hinweist, dass das Widerstandsrecht nach Art. 20 Abs. 4 GG nicht als „Rechtfertigungsgrund für Rechtsverletzungen beim Kampf gegen eine bestimmte Politik oder gegen sonst missbilligte Erscheinungen der verfassungsgemäß ausgeübten Staatsgewalt“ diene.

349 *A. Kaufmann*, a.a.O. (Fn. 337), S. 37, 44.

der dem Unrecht allenfalls noch mittels Gewalt begegnet werden kann. Dieser „kleine“ Widerstand muss beständig geleistet werden, damit der „große“ Widerstand entbehrlich wird. Man muss unter normalen Verhältnissen dafür sorgen, dass der Ernst- und Extremfall nicht eintritt. So verstanden, ist der Widerstand ein Wesenselement des Rechts, gleichsam sein dynamisches Element und als solches einer gesetzlichen Fixierung naturgemäß entzogen.“[350]

Der so verstandene Widerstand sei „keine Sache der Gewalt, auch nicht der lauten Agitation, sondern eine Sache des Geistes, eine staatsbürgerliche Haltung“.[351]

„Da Widerstand in dieser Form sich nicht gegen eine illegitime Obrigkeit richtet, sondern gegen eine legale, aber das Gemeinwohl gefährdende Machtausübung, ist die Anwendung von Gewalt aber auch der offene zivile Ungehorsam unter allen Umständen untersagt.“[352]

„Wem etwas nicht paßt, wer sich nicht der Mehrheitsentscheidung unterordnen will, wer nicht bereit ist, dem Gemeinwohl auch einmal ein Opfer zu bringen, geht auf die Straße, um sein angebliches „Recht“ zu erkämpfen, und sei es auch mit Gewalt gegen Personen und Sachen. Demgegenüber muss mit allem Nachdruck betont werden, dass Widerstand nur um des Rechts willen und nicht zur Befriedigung persönlicher Interessen und Bedürfnisse gerechtfertigt sein kann und Gewalt in einem rechtlich intakten Staatswesen außer in gesetzlich vorgesehenen Fällen niemals erlaubt ist.“[353]

Der „Widerstand der kleinen Münze“ könne auf vielfältige Art und Weise ausgeübt werden:

„Misstrauen gegenüber den Mächtigen, Mut zu offener Kritik, Demaskierung von Übelständen, Neinsagen zum Unrecht, auch und gerade, wenn es „von oben“ kommt oder die „herrschende Meinung“ ist, Nichtmitmachen an als unheilvoll erkannten Aktionen, wiewohl man sich dadurch Sympathien verscherzen mag – der Möglichkeiten sind Legion.“[354]

Bei derartigen Handlungsformen handle es sich nicht nur um „Akte im Rahmen der bestehenden Ordnung,“ sondern um „ein Wider-Stehen, ein Sich-entgegen-Stellen, das unter Umständen Opfer abverlangt, das aber dem Gemeinwohl geschuldet, von diesem freilich auch inhaltlich begrenzt wird.“[355]

b) „Ziviler Ungehorsam“ gegen gesetzliches Unrecht

Weiter ist zu untersuchen, ob der Bürger gegen gesetzliches Unrecht „zivilen Ungehorsam“ üben kann. Nach der Darstellung ausgewählter Literaturpositionen zum „zivilen Ungehorsam (aa), wird aufgezeigt werden, dass „ziviler Ungehorsam“ gegen fundamentale Prinzipien eines demokratisch verfassten Rechtsstaats verstößt (bb).

350 *A. Kaufmann*, a.a.O. (Fn. 337), S. 37, 44f.

351 *A. Kaufmann*, a.a.O. (Fn. 337), S. 37, 45.

352 *A. Kaufmann*, a.a.O. (Fn. 337), S. 37, 45.

353 *A. Kaufmann*, a.a.O. (Fn. 337), S. 37, 47.

354 *A. Kaufmann*, a.a.O. (Fn. 337), S. 37, 45.

355 *A. Kaufmann*, a.a.O. (Fn. 337), S. 37, 48 und 49.

aa) Ausgewählte Literaturpositionen zum zivilen Ungehorsam

Aus der Vielzahl der in der Literatur veröffentlichten Meinungen zum „zivilen Ungehorsam" sollen exemplarisch die Theorien von Rawls und Habermas dargestellt werden, da sie diese in das Modell eines demokratischen Rechtsstaats eingebunden haben.

(1) John Rawls

Rawls hat seine Theorie zum „zivilen Ungehorsam" in seinem Hauptwerk *„Eine Theorie der Gerechtigkeit"* für den Spezialfall einer fast gerechten Gesellschaft entwickelt, die nach seiner Auffassung eine demokratische Regierungsform voraussetze.

„Wie ich schon sagte, gilt diese Theorie nur für den Spezialfall einer fast gerechten Gesellschaft, die also größtenteils wohlgeordnet ist, in der aber doch einige ernsthafte Gerechtigkeitsverletzungen vorkommen. Ein fast gerechter Zustand setzt nach meiner Auffassung eine demokratische Regierungsform voraus; damit bezieht sich die Theorie auf die Rolle und die Angemessenheit des zivilen Ungehorsams gegenüber einer rechtmäßigen demokratischen Gewalt. Sie bezieht sich weder auf andere Regierungsformen noch im allgemeinen auf andere Arten der Abweichung oder des Widerstands.

[...]

Das Problem des zivilen Ungehorsams, wie ich es verstehe, entsteht nur in einem mehr oder weniger gerechten demokratischen Staat für die Bürger, die die Verfassung anerkennen. Das Problem besteht in einem Pflichtenkonflikt. An welchem Punkt ist die Pflicht, sich den von einer Gesetzgebungs-Mehrheit beschlossenen Gesetzen (oder den von ihr unterstützten Handlungen der ausführenden Gewalt) zu fügen, angesichts des Rechtes zur Verteidigung seiner Freiheiten und der Pflicht zum Widerstand gegen Ungerechtigkeit nicht mehr bindend? Diese Frage rührt an den Sinn und die Grenzen der Mehrheitsregel."[356]

Ausgehend von Überlegungen, warum man den Gesetzen in einer demokratischen Regierungsform gehorchen müsse, und ob eine Pflicht zum Gesetzesgehorsam auch gegenüber ungerechten Gesetzen bestehe, kommt Rawls zu der Erkenntnis, dass es Situationen geben könne, in denen „ziviler Ungehorsam" gerechtfertigt sein könne.

„Ganz offensichtlich macht es keine Schwierigkeiten, zu erklären, warum man gerechten Gesetzen, die unter einer gerechten Verfassung zustande gekommen sind, gehorchen soll. In diesem Fall ergeben sich die betreffenden Pflichten und Verpflichtungen aus den Grundsätzen der natürlichen Pflicht und dem Fairnessgrundsatz. Bürger sind ganz allgemein durch die Pflicht zur Gerechtigkeit gebunden, und wer bevorzugte Ämter und Positionen übernommen hat, oder wer bestimmte Möglichkeiten zur Förderung seiner Interessen ausgenutzt hat, ist außerdem durch den Fairnessgrundsatz verpflichtet, die entsprechenden Erwartungen zu erfüllen."[357]

„Ich nehme der Einfachheit halber an, dass eine Form der Mehrheitsregel in passender Fassung praktisch notwendig ist. Doch Mehrheiten (oder Koalitionen von Minderheiten) werden Fehler machen, wenn nicht aus Mangel an Informationen und Urteilskraft, dann wegen parteiischer und eigennütziger Auffassungen. Trotzdem bindet uns unsere natürliche Pflicht zur Unterstützung gerechter Institutionen, uns ungerechten Gesetzen und Praktiken zu fügen oder sie jedenfalls nicht

---

356 *Rawls*, Eine Theorie der Gerechtigkeit, 1971, zit. nach Braune (Hrsg.), Ziviler Ungehorsam, Texte von Thoreau bis Occupy, Reclam, 2017, S. 101, 108.

357 *Rawls,* a.a.O. (Fn. 356), S. 101.

mit ungesetzlichen Mitteln zu bekämpfen, solange sie ein gewisses Maß der Ungerechtigkeit nicht überschreiten."[358]

„Einmal liegt es auf der Hand, dass unsere Pflicht oder Verpflichtung, die vorhandenen Regelungen zu akzeptieren, manchmal gegenüber den Grundsätzen des Rechten zurücktreten muss, die in manchen Situationen unter Beachtung aller Gesichtspunkte Ungehorsam rechtfertigen können, und zwar in Abhängigkeit davon, wie ungerecht die Gesetze und Institutionen sind."[359]

Den Begriff des „zivilen Ungehorsam" umschreibt Rawls wie folgt:

„Ich beginne mit der Definition des zivilen Ungehorsams als einer öffentlichen, gewaltlosen, gewissensbestimmten, aber politischen gesetzwidrigen Handlung, die gewöhnlich eine Änderung der Gesetze oder der Regierungspolitik herbeiführen soll. Mit solchen Handlungen wendet man sich an den Gerechtigkeitssinn der Mehrheit der Gesellschaft und erklärt, nach eigener wohlüberlegter Ansicht seien die Grundsätze der gesellschaftlichen Zusammenarbeit zwischen freien und gleichen Menschen nicht beachtet worden."[360]

„Ziviler Ungehorsam" sei eine „öffentliche Handlung". Sie finde in der Öffentlichkeit statt, nicht insgeheim, dass sie auch ausreichend wahrgenommen werden könne.[361] „Ziviler Ungehorsam" sei eine „politische Handlung", da sie sich an die Mehrheit richte, die die politische Macht habe. Wer „zivilen Ungehorsam" ausübe, berufe sich nicht auf Grundsätze der persönlichen Moral oder auf religiöse Lehren, nicht allein auf Gruppen- und Eigeninteressen, sondern auf die gemeinsamen Gerechtigkeitsvorstellungen, die der politischen Ordnung zugrunde lägen.[362]

Wegen seines Appellcharakters und weil er vor dem Forum der Öffentlichkeit stattfinde, sei der „zivile Ungehorsam" gewaltlos.

„Er versucht, Gewalt zu vermeiden, insbesondere gegenüber Menschen, nicht wegen grundsätzlicher Abscheu davor, sondern weil sie ein endgültiger Ausdruck für einen Standpunkt wäre. Gewalthandlungen, die Menschen verletzen können, sind unverträglich mit dem zivilen Ungehorsam als einer Art Appell. Jede Beeinträchtigung der bürgerlichen Freiheiten anderer würde vielmehr die Aktion nicht mehr als zivilen Ungehorsam erscheinen lassen. Wenn der Appell fehlschlägt, kann man sich manchmal überlegen, ob man zu gewaltsamem Widerstand greifen soll. Doch der zivile Ungehorsam drückt gewissenhafte und tiefe Überzeugungen aus; er kann warnen und mahnen, aber er droht nicht."[363]

„Ziviler Ungehorsam" sei eine „gesetzwidrige Handlung". Das Gesetz werde zwar gebrochen, die Gesetzestreue desjenigen, der „zivilen Ungehorsam" leiste, ergebe sich aber daraus, dass er öffentlich und gewaltlos handle und die gesetzlichen Folgen seiner Handlungsweise auf sich nehme. Rawls räumt jedoch ein, dass der „zivile Ungehorsam" an „der Grenze der Gesetzestreue" stehe.

„Der zivile Ungehorsam soll auf jeden Fall etwas Gesetzwidriges sein, mindestens in dem Sinne, dass nicht lediglich ein Testfall für eine Prüfung auf Verfassungsmäßigkeit geschaffen wird; der Widerstand soll bestehen bleiben, auch wenn das, wogegen er sich richtet, als verfassungsgemäß

358 *Rawls,* a.a.O. (Fn. 356), S. 101, 106.

359 *Rawls,* a.a.O. (Fn. 356), S. 101, 103.

360 *Rawls,* a.a.O. (Fn. 356), S. 101, 109f.

361 *Rawls,* a.a.O. (Fn. 356), S. 101, 111f.

362 *Rawls,* a.a.O. (Fn. 356), S. 101, 111.

363 *Rawls,* a.a.O. (Fn. 356), S. 101, 112.

erklärt wird. [...] Wer mit zivilem Ungehorsam gegen ungerechte Gesetze protestiert, ist nicht bereit, aufzugeben, wenn sich schließlich die Gerichte seiner Auffassung nicht anschließen, so angenehm ihm auch die umgekehrte Entscheidung gewesen wäre."[364]

„Er drückt Ungehorsam gegenüber dem Gesetz innerhalb der Grenzen der Gesetzestreue aus, wenn er sich auch an deren Rand bewegt. Das Gesetz wird gebrochen, doch die Gesetzestreue drückt sich im öffentlichen und gewaltlosen Charakter der Handlung aus, in der Bereitschaft, die gesetzlichen Folgen der Handlungsweise auf sich zu nehmen. Diese Gesetzestreue trägt dazu bei, der Mehrheit zu verdeutlichen, dass die Handlung tatsächlich gewissenhaft und aufrichtig ist und sich an den Gerechtigkeitssinn der Öffentlichkeit wendet."[365]

„Der zivile Ungehorsam wurde so definiert, dass er ein Mittelding ist zwischen gesetzmäßigem Protest und der Schaffung von Testfällen einerseits und der Weigerung aus Gewissensgründen und den verschiedenen Formen des Widerstands andererseits. In diesem Bereich ist er jene Form der Nonkonformität, die an der Grenze der Gesetzestreue steht."[366]

Rawls sieht „zivilen Ungehorsam" als gerechtfertigt an, wenn drei Bedingungen erfüllt sind. Zunächst müsse er auf Fälle „wesentlicher und eindeutiger Ungerechtigkeit" beschränkt bleiben. Weiter müsse er als letzter Ausweg „notwendig" sein. Schließlich sei die Möglichkeit der Schädigung Dritter zu berücksichtigen.

„Der erste Punkt betrifft die Art der Missstände, bei denen ziviler Ungehorsam am Platze ist. Betrachtet man diesen als einen politischen Akt, der sich an den Gerechtigkeitssinn der Gesellschaft wendet, so erscheint es unter sonst gleichen Bedingungen als vernünftig, ihn auf Fälle wesentlicher und eindeutiger Ungerechtigkeit zu beschränken, möglichst auf solche, die der Beseitigung anderer Ungerechtigkeiten im Wege stehen. Das spricht für die Beschränkung des zivilen Ungehorsams auf schwere Verletzungen des ersten Gerechtigkeitsgrundsatzes, des Grundsatzes der gleichen Freiheit, und auf eklatante Verletzungen des zweiten Teils des zweiten Grundsatzes, des Grundsatzes der fairen Chancengleichheit."[367]

„Eine weitere Bedingung für den zivilen Ungehorsam ist folgende. Nehmen wir an, die gewöhnlichen Appelle an die politische Mehrheit seien aufrichtig erfolgt, aber gescheitert. Die legalen Korrekturmöglichkeiten haben versagt. [...] Da der zivile Ungehorsam ein letzter Ausweg ist, sollte man sicher sein können, dass er notwendig ist. [...] Doch wenn die bisherigen Aktionen gezeigt haben, dass die Mehrheit unbeweglich oder stumpf ist, kann man weitere Versuche vernünftigerweise für sinnlos halten, und eine zweite Bedingung für die Berechtigung zivilen Ungehorsams ist erfüllt. Diese gilt aber nur unter Vorbehalten. Es kann so extreme Fälle geben, dass man nicht die Pflicht hat, zunächst nur legale Mittel der politischen Opposition anzuwenden."[368]

„Diese Bedingungen sind noch nicht erschöpfend; man muss noch die Möglichkeit der Schädigung Dritter, Unbeteiligter berücksichtigen. Mir scheint aber, dass sie das Wesentliche enthalten.

Dann bleibt natürlich immer noch die Frage, ob es klug ist, das Recht auszuüben. [...] Da der zivile Ungehorsam ein Appell vor dem Forum der Öffentlichkeit ist, muß man darauf achten, dass er auch verstanden wird. Die Ausübung des Rechts auf zivilen Ungehorsam, wie die jedes anderen Rechts,

---

364 *Rawls,* a.a.O. (Fn. 356), S. 101, 110f.

365 *Rawls,* a.a.O. (Fn. 356), S. 101, 112f.

366 *Rawls,* a.a.O. (Fn. 356), S. 101, 113.

367 *Rawls,* a.a.O. (Fn. 356), S. 101, 118.

368 *Rawls,* a.a.O. (Fn. 356), S. 101, 120.

sollte also vernünftig geplant werden, damit sie den eigenen Zielen oder denen der Menschen, denen man helfen will, auch dient."[369]

Das Problem des „zivilen Ungehorsams" ist für Rawls „ein Prüfstein für jede Theorie der moralischen Grundlage der Demokratie".[370] Neben Wahlen und unabhängigen Gerichten misst er dem „zivilen Ungehorsam" stabilisierende Kräfte für eine Demokratie zu.

„Wird aber die Gesellschaft als ein System der Zusammenarbeit zwischen Gleichen aufgefasst, so brauchen sich die, denen schweres Unrecht geschieht, nicht zu fügen. Vielmehr ist der zivile Ungehorsam [...] eine der Stabilisierungskräfte eines konstitutionellen Systems, wenn auch definitionsgemäß gesetzwidrig. Zusammen mit regelmäßigen freien Wahlen und unabhängigen Gerichten, die die [...] Verfassung auszulegen haben, trägt sparsamer und ausgewogener ziviler Ungehorsam zur Erhaltung und Stärkung der gerechten Institutionen bei. Der Widerstand gegen Ungerechtigkeit im Rahmen der Gesetzestreue trägt zur Verhinderung von Gerechtigkeitsverletzungen oder doch zu ihrer Berichtigung bei. Eine allgemeine Bereitschaft zu gerechtfertigtem zivilen Ungehorsam bringt einer wohlgeordneten oder fast gerechten Gesellschaft Stabilität."[371]

(2) Jürgen Habermas

Der Rechtsstaat, so Habermas, mute seinen Bürgern zu, „die Rechtsordnung nicht aus Furcht vor Strafe, sondern aus freien Stücken anzuerkennen".[372] Dabei könne er seine Legitimität nicht auf bloße Legalität, auf das ordnungsgemäße Zustandekommen der Gesetze, sondern auf die Einhaltung anerkennungswürdiger Prinzipien stützen, die er in den unverletzlichen und unveräußerlichen Menschenrechten erblickt.[373]

„Deshalb kann der moderne Verfassungsstaat von seinen Bürgern Gesetzesgehorsam nur erwarten, wenn und soweit er sich auf anerkennungswürdige Prinzipien stützt, in deren Licht dann, was legal ist, als legitim gerechtfertigt – und gegebenenfalls als illegitim verworfen werden kann. [...].

Dafür sind in der Tradition des Vernunftrechts und der Kantischen Ethik eine Reihe von Vorschlägen ausgearbeitet worden. Sie alle folgen der Intuition, dass nur solche Normen gerechtfertigt sind, die ein verallgemeinerungsfähiges Interesse zum Ausdruck bringen und daher die wohlerwogene Zustimmung aller Betroffenen finden könnten. Und zwar wird diese Zustimmung an eine Prozedur vernünftiger Willensbildung gebunden; deshalb schließt dieser Begründungsmodus den heute beliebten Rückgriff auf eine historisch eingelebte materiale Wertordnung aus. Wie man sich zu diesen Moraltheorien auch stellen mag, ein demokratischer Rechtsstaat kann, weil er seine Legitimität nicht auf schiere Legalität gründet, von seinen Bürgern keinen unbedingten, sondern nur einen qualifizierten Rechtsgehorsam fordern. Dem trägt auch das Grundgesetz in Art. 1 Abs. 2 mit einem Bekenntnis zu unverletzlichen und unveräußerlichen Menschenrechten Rechnung. [...] Auch die im Grundgesetz (Art. 20 Abs. 3) getroffene Unterscheidung von „Gesetz" und „Recht" legt diesen Schluss nahe."[374]

---

369 *Rawls,* a.a.O. (Fn. 356), S. 101, 121.

370 *Rawls,* a.a.O. (Fn. 356), S. 101, 108.

371 *Rawls,* a.a.O. (Fn. 356), S. 101, 123.

372 *Habermas*, Ziviler Ungehorsam – Testfall für den demokratischen Rechtsstaat. Wider den autoritären Legalismus in der Bundesrepublik, 1983, in: Glotz (Hrsg.), Ziviler Ungehorsam im Rechtsstaat, 2015, S. 29, 36.

373 *Habermas*, a.a.O. (Fn. 372), S. 29, 36–38.

374 *Habermas*, a.a.O. (Fn. 372), S. 29, 37 f.

Habermas hält „zivilen Ungehorsam" für einen „notwendigen Bestandteil der politischen Kultur" einer rechtsstaatlichen Demokratie, für einen „Prüfstein für den Reifezustand der ersten demokratischen Republik auf deutschen Boden".

„Jede rechtsstaatliche Demokratie, die ihrer selbst sicher ist, betrachtet den zivilen Ungehorsam als normalisierten, weil notwendigen Bestandteil ihrer politischen Kultur."[375]

„Weil dieser Staat in letzter Instanz darauf verzichtet, von seinen Bürgern Gehorsam aus anderen Gründen als dem einer für alle einsichtigen Legitimität der Rechtsordnung zu verlangen, gehört ziviler Ungehorsam zu dem unverzichtbaren Bestand einer reifen politischen Kultur."[376]

„Demgegenüber (Anm. d. Verf.: der Ansicht, der zivile Ungehorsam setze im Rechtsstaat den Rechtsfrieden aufs Spiel) behauptet nun Rawls, dass der zivile Ungehorsam geradezu einen Prüfstein für das angemessene Verständnis der moralischen Grundlagen der Demokratie darstellt und – so können wir im Hinblick auf die Bundesrepublik hinzufügen – einen Prüfstein für den Reifezustand der ersten demokratischen Republik auf deutschem Boden, die von allen sozialen Schichten getragen wird [...]."[377]

In seinem Verständnis von „zivilem Ungehorsam" greift Habermas auf die Definition von Rawls zurück.

„Ziviler Ungehorsam ist ein moralisch begründeter Protest, dem nicht nur private Glaubensüberzeugungen oder Eigeninteressen zugrunde liegen dürfen; er ist ein öffentlicher Akt, der in der Regel angekündigt ist und von der Polizei in seinem Ablauf kalkuliert werden kann; er schließt die vorsätzliche Verletzung einzelner Rechtsnormen ein, ohne den Gehorsam gegenüber der Rechtsordnung im Ganzen zu affiziieren; er verlangt die Bereitschaft, für die rechtlichen Folgen der Normverletzung einzustehen; die Regelverletzungen, in der sich ziviler Ungehorsam äußert, hat ausschließlich symbolischen Charakter – daraus ergibt sich schon die Begrenzung auf gewaltfreie Mittel des Protestes."[378]

„Zivilen Ungehorsam", den der Bürger als „Hüter der Legitimität" ausübe, rechtfertigt Habermas mit folgender Überlegung. Auch eine intakte Rechtsordnung biete keinen automatischen Schutz gegen moralische Entwurzlungen. Der Rechtsstaat müsse deshalb das Misstrauen seiner Bürger gegen Unrecht, das in legaler Form auftrete, schützen, ohne das institutionell absichern zu können. Erforderlich sei eine Kultur, die die Bürger sensibilisiere, legale Verletzungen der Legitimität zu erkennen und ggf. aus moralischer Einsicht auch ungesetzlich zu handeln. Der Bürger werde so zum „Hüter der Legitimität".

„In den Institutionen der rechtsstaatlichen Demokratie verkörpert sich das Misstrauen gegen die fallible Vernunft und die korrumpierbare Natur des Menschen. [...] Denn weder die Einhaltung des Rechtswegs noch die Autorität der wissenschaftlichen Jurisprudenz bieten vor der moralischen Entwurzelung einer der Form nach intakten Rechtsordnungen und Rechtswissenschaft einen automatischen Schutz. [...] Der Rechtsstaat, der mit sich identisch bleiben will, steht vor einer paradoxen Aufgabe. Er muss das Misstrauen gegen ein in legalen Formen auftretendes Unrecht schützen und wachhalten, obwohl es eine institutionell gesicherte Form nicht annehmen kann. Mit dieser Idee eines nicht institutionalisierbaren Misstrauens gegen sich selbst ragt der Rechtsstaat über das Ensemble seiner jeweils positiv gesetzten Ordnung hinaus. Das Paradox findet seine Auflösung in einer politischen Kultur, die die Bürgerinnen und Bürger mit der Sensibilität, mit dem

375 *Habermas*, a.a.O. (Fn. 372), S. 29, 32.

376 *Habermas*, a.a.O. (Fn. 372), S. 29, 43.

377 *Habermas*, a.a.O. (Fn. 372), S. 29, 36.

378 *Habermas*, a.a.O. (Fn. 372), S. 29, 35.

Maß an Urteilskraft und Risikobereitschaft ausstattet, welches in Übergangs- und Ausnahmesituationen nötig ist, um legale Verletzungen der Legitimität zu erkennen und um notfalls aus moralischer Einsicht auch ungesetzlich zu handeln."[379]

„Was prima facie Ungehorsam ist, kann sich, weil Recht und Politik in steter Anpassung und Revision begriffen sind, sehr bald als Schrittmacher für überfällige Korrekturen und Neuerungen erweisen. In diesen Fällen sind zivile Regelverletzungen moralisch begründete Experimente, ohne die sich eine vitale Republik weder ihre Innovationsfähigkeit noch den Legitimationsglauben ihrer Bürger erhalten kann. Wenn die Repräsentativverfassung vor Herausforderungen versagt, die die Interessen aller berühren, muss das Volk in Gestalt seiner Bürger, auch einzelner Bürger, in die originären Rechte des Souveräns eintreten dürfen. Der demokratische Rechtsstaat ist in letzter Instanz auf diesen Hüter der Legitimität angewiesen."[380]

Schließlich wendet sich Habermas gegen einen „autoritären Legalismus".

„Der demokratische Rechtsstaat geht in seiner Legalordnung nicht auf. Für den Ausnahmefall des Versagens der Repräsentativverfassung stellt er seine Legalität denen zur Disposition, die dann noch für seine Legitimität sorgen können. [...] Der zivile Ungehorsam bezieht seine Würde aus diesem hochgesteckten Legitimationsanspruch des demokratischen Rechtsstaats. Wenn Staatsanwälte und Richter diese Würde nicht respektieren, den Regelverletzter als Kriminellen verfolgen und mit den üblichen Strafen belegen, verfallen sie einem autoritären Legalismus. In den Begriffen eines konventionellen, aus vormodernen Rechtsverhältnissen stammenden Staatsverständnisses verkennen und verkürzen sie die moralischen Grundlagen und die politische Kultur eines entwickelten demokratischen Gemeinwesens."[381]

bb) Ziviler Ungehorsam" als Verstoß gegen fundamentale Prinzipien eines demokratischen Rechtsstaats

„Ziviler Ungehorsam" verstößt gegen fundamentale Prinzipien eines demokratischen Rechtsstaats. Er kann deshalb die Übertretung von Recht und Gesetz oder gar die Anwendung von Gewalt nicht rechtfertigen.

Bei den nachfolgenden Ausführungen wird der Begriff des „zivilen Ungehorsams" zu Grunde gelegt, wie ihn die Rechtsprechung entwickelt hat.

„Unter zivilem oder bürgerlichem Ungehorsam wird – im Unterschied zum Widerstandsrecht gegenüber einem Unrechtssystem – ein Widerstehen des Bürgers gegenüber einzelnen gewichtigen staatlichen Entscheidungen verstanden, um einer für verhängnisvoll und ethisch illegitim gehaltenen Entscheidung durch demonstrativen, zeichenhaften Protest bis zu aufsehenerregenden Regelverletzungen zu begegnen."[382]

---

379 *Habermas*, a.a.O. (Fn. 372), S. 29, 38 f.

380 *Habermas*, a.a.O. (Fn. 372), S. 29, 40 f.

381 *Habermas*, a.a.O. (Fn. 372), S. 29, 43.

382 BVerfG NJW 1987, 43, 47 – Strafbarkeit von Sitzdemonstrationen unter Hinweis auf die Denkschrift „Evangelische Kirche und freiheitliche Demokratie", 1985, S. 21 f. BayObLG BeckRS 2023, 8998, Rdn. 51; ähnlich OLG Celle NStZ 2023, 113, Rdn. 9: „Unter zivilem Ungehorsam wird gemeinhin ein Verhalten verstanden, mit dem ein Bürger durch demonstrativen, zeichenhaften Protest bis hin zu aufsehenerregenden Regelverletzungen einer als verhängnisvoll oder ethisch illegitim angesehenen Entscheidung entgegentritt bzw. in einer Angelegenheit von wesentlicher allgemeiner Bedeutung, insbesondere zur Abwendung schwerer Gefahren für das Allgemeinwesen in dramatischer Weise auf den öffentlichen Meinungsbildungsprozess einwirken möchte."

Aktionen „zivilen Ungehorsams" stellen, wie es Baumgartner formuliert hat, „den organisierten und kalkulierten Versuch dar, durch die punktuelle und gezielte Verweigerung des Rechtsgehorsams bestimmte politische Entscheidungen zu erzwingen bzw. zu verhindern, in jedem Fall aber als Minorität das Gesetz des Handelns an sich zu reißen."[383]

Gegen „zivilen Ungehorsam" bestehen durchgreifende Bedenken:

(1) Verstoß gegen die Pflicht zum Rechtsgehorsam

Die Pflicht zum Rechtsgehorsam ergibt sich aus der Gemeinschaftsbezogen- und Gemeinschaftsgebundenheit des Bürgers, als Korrelat aus der Erfüllung staatlicher Schutzpflichten gegenüber dem Bürger, aus dem Rechtsstaatsprinzip und aus dem demokratischen Mehrheitsprinzip.[384] Gegen diese Pflicht zum Rechtsgehorsam verstößt der „zivile Ungehorsam", der durch den Bruch von Gesetz und Recht auf seine zur absoluten Wahrheit erhobene Maxime aufmerksam machen und sie gegenüber der demokratisch legitimierten Mehrheitsentscheidung durchsetzen will. Nicht die Verachtung oder das Beiseiteschieben des Rechts, sondern die Achtung vor ihm gehört, worauf Wassermann hingewiesen hat, zur Essenz einer verfassungsstaatlichen Demokratie.[385] Der „zivile Ungehorsam" stellt „die generelle Pflicht zum Rechtsgehorsam und damit ein Kernelement moderner demokratischer Rechtsstaatlichkeit in Frage."[386]

(2) Verstoß gegen die Friedenspflicht und Gefährdung des Rechtsfriedens

Durch die Begrenzung des Widerstandsrechts nach Art 20 Abs. 4 GG auf eine Situation, in der die grundgesetzliche Ordnung der Bundesrepublik im Ganzen bedroht ist, besteht im Umkehrschluss, so das OLG Celle, eine Friedenspflicht zu allen anderen Zeiten.[387] Die Friedenspflicht des Bürgers ergibt sich weiter aus dem staatlichen Gewalt- und Rechtsmonopol, aus den Grundrechten und dem Demokratieprinzip.[388] Die Inanspruchnahme von Rechten und ihre Ausübung steht im demokratischen Rechtsstaat unter dem Vorbehalt der Friedlichkeit. Nur so ist gewährleistet, dass „die Freiheit eines Bürgers neben der Freiheit seines Nächsten bestehen kann, und dass grundrechtliche Freiheit nach einem allgemeinen Gesetz Freiheit der Gleichen ist."[389]

Diesen Grundsätzen widersprechend möchte eine Minderheit der Bürger durch die Ausübung von „zivilen Ungehorsams" die Maxime ihres Handelns, die zumindest derzeit noch nicht mehrheitsfähig ist, der Allgemeinheit als Gesetz aufzwingen. Im Widerspruch zur bürgerlichen Friedenspflicht nimmt damit eine Minderheit ein Wahrheits-, Gewissens- und ggf. ein Aggressionsmonopol für sich in Anspruch.[390] Es ist deshalb dem BayObLG

---

383 *Baumgartner*, a.a.O. (Fn. 308), S. 265, 275.

384 Siehe oben V. 1. a)–d).

385 *Wassermann*, Zur Rechtsordnung des politischen Kampfes in der verfassungsrechtlichen Demokratie, JZ 1984, 263, 265.

386 *Schwarz*, a.a.O. (Fn. 1), NJW 2023, 275, 280.

387 OLG Celle NStZ 2023, 113, Rdn. 11.

388 *Scholz*, a.a.O. (Fn. 342), NJW 1983, 705, 708.

389 *Isensee*, 1987, a.a.O. (Fn. 303), S. 41, 45.

390 Siehe dazu *Isensee*, 1987, a.a.O. (F. 303), S. 41, 45; *Linck*, Protestaktionen gegen Castor-Transporte und das geltende Recht, ZRP 2011, 44, 45 f., der ausführt: „Solange das geltende Recht

zuzustimmen, wenn es davon ausgeht, dass der „zivile Ungehorsam“ die innerstaatliche Friedenspflicht verletze.[391]

Durch die Übertretung von Gesetz und Recht erschüttert „ziviler Ungehorsam“ das Vertrauen der rechtstreuen Bürger in die Unverbrüchlichkeit des Rechts.[392] Er gefährdet damit den Rechtsfrieden, einen „zentralen Grundwert des demokratischen Rechtsstaates“ und „einen der höchsten ethischen Staatszwecke.“[393] Dem Recht ist es immanent, den Frieden zu bewahren.[394] Dieser friedenssichernden Funktion kann das Recht nur genügen, wenn es beachtet wird. Nur dann kann es den Frieden sowie die Freiheit und Gleichheit der Bürger sicherstellen. Nur der Rechtsfriede gewährleistet, worauf Scholz hingewiesen hat, „die Einhaltung und Wahrung des allgemeingültigen demokratisch legitimierten und für alle Bürger in gleicher Weise verbindlichen Rechts.“[395]

(3) Verstoß gegen die Regeln des demokratischen Meinungsbildungsprozesses

Durch die Errichtung einer freiheitlichen demokratischen Grundordnung hat sich, wie das BVerfG in seiner Entscheidung zur Verfassungswidrigkeit der Parteienfinanzierung ausgeführt hat, der Grundgesetzgeber für einen freien und offenen Prozess der Meinungs- und Willensbildung des Volkes entschieden. Dieser Prozess münde ein in den für die Willensbildung im Staat entscheidenden Akt der Parlamentswahl. Das Recht des Bürgers auf Teilhabe an der politischen Willensbildung äußere sich nicht nur in der Stimmabgabe bei Wahlen, sondern auch in der Einflussnahme auf den ständigen Prozess der politischen Meinungsbildung, der Bildung der öffentlichen Meinung. Die öffentliche Meinung beeinflusse die Entschlüsse der Staatsorgane. Weiterhin versuchten Gruppen, Verbände und gesellschaftliche Gebilde verschiedener Art auf die Maßnahmen der Regierung und die Beschlüsse der gesetzgebenden Körperschaften im Interesse ihrer Mitglieder einzuwirken. Vor allem seien es die politischen Parteien, die zwischen den Wahlen im Sinne der von ihnen mitgeformten Meinung des Volkes die Entscheidung der Verfassungsorgane, insbesondere die Beschlüsse des Parlaments beeinflussten. Sie wirkten auch auf die Bildung

jedoch Bestand hat, ist es zu akzeptieren – und sei es zähneknirschend. Niemand hat das Recht, sich darüber hinwegzusetzen, weil er sich subjektiv im Besitz einer „höheren Wahrheit" wähnt. Ein derartig missionarisch-totalitäres Denken und Handeln widerspricht unserer pluralistischen Demokratie und ist typischerweise in kommunistischen Systemen zu Hause.“ *Hesse*, Grundzüge des Verfassungsrechts der Bundesrepublik Deutschland, 1982, § 6 Rdn. 197: „Noch immer haben totalitäre Bestrebungen ihren Kampf mit der Behauptung einer höheren Legitimität geführt, Legitimität gegen Legalität ausgespielt und versucht, diese Legalität aufzuweichen, um dann, wenn sie ihr Ziel erreicht hatten, um so strikter auf die Einhaltung ihrer Gesetzlichkeit zu bestehen.“

391 BayObLG BeckRS 2023, 8998, Rdn. 53.

392 Zutreffend *Karpen*, „Ziviler Ungehorsam“ im demokratischen Rechtsstaat, JZ 1984, 249, 258, der darauf hinweist, der „zivile Ungehorsam“ bringe „durch seine Aktionen das Vertrauen der Bürger zur Rechtsordnung ins Wanken.“ Ähnlich *Wassermann*, a.a.O. (Fn. 385), JZ 1984, 263, 265 zu den Folgen, die bei einer Akzeptanz des „zivilen Ungehorsams“ eintreten würden: „Die Hinnahme selektiven Rechtsgehorsams, auch wenn er politisch motiviert und als Gewissensentscheidung ausgegeben wird, tangiert das gesellschaftliche Rechtsbewußtsein und kann zur Auflösung jener konkreten Verbindung führen, die der demokratische Gedanke in der Bundesrepublik mit dem Rechtsstaat eingegangen ist.“

393 *Scholz*, a.a.O. (Fn. 342), NJW 1983, 705.

394 BVerfG NJW 1954, 65 f. – Gleichberechtigung von Mann und Frau.

395 *Scholz*, a.a.O. (Fn. 342), NJW 1983, 705, 708.

des Staatswillens ein. Über die Parteien nehme das Volk auch zwischen den Wahlen Einfluss auf die Entscheidungen der Verfassungsorgane.[396]

Der Einzelne, aber auch Minderheiten, haben danach verschiedenste Möglichkeiten, am demokratischen Meinungsbildungsprozess teilzunehmen, wenn das friedlich und unter Einhaltung der Rechtsordnung geschieht.[397] An diese Vorgaben hält sich der „zivile Ungehorsam“ nicht. Er versteht die Maxime seines Handelns als absolute Wahrheit und versucht durch den Bruch von Gesetz und Recht, also mit illegalen Mitteln, Aufmerksamkeit zu erregen und die staatliche Willensbildung zu beeinflussen. Mit den Grundprinzipien des demokratischen Rechtsstaats schlechthin unvereinbar ist es jedoch, worauf Perron hinweist, wenn eine Minderheit mit bewussten Normverletzungen versucht, auf den öffentlichen Willensbildungsprozess einzuwirken.[398]

(4) Verstoß gegen das demokratische Mehrheitsprinzip

Das demokratische Mehrheitsprinzip leitet sich aus den Prinzipien der demokratischen Freiheit und Gleichheit ab und beruht auf einem politischen Grundkonsens.[399] Die Mehrheitsentscheidung erlangt ihre demokratische Legitimität, wenn einerseits die prinzipielle Einigkeit darüber besteht, dass die Mehrheit den Ausschlag gibt und dass es auf die wirklich oder vermeintlich bessere Einsicht der Minderheit nicht ankommt, und andererseits die unterlegene Minderheit die Möglichkeit hat, in einem späteren Fall die Mehrheit zu gewinnen.[400] Der demokratische Rechtsstaat zwing die Minderheit nicht, die Überzeugungen und Wertungen der Mehrheit zu teilen, erwartet von ihr aber Rechtsgehorsam. Das gilt auch bei irreversiblen politischen Entscheidungen, da andernfalls mit Blick auf den erforderlichen Interessenausgleich eine Entscheidung nicht mehr getroffen werden könnte.[401]

Ein „ziviler Ungehorsam“, der die Maxime seines Handelns als höhere Wahrheit verabsolutiert und durch den Bruch von Gesetz und Recht der Mehrheit aufzwingen will, verstößt gegen das demokratische Mehrheitsprinzip. Durch den Gesetzesbruch wendet er sich gegen den legitimen Anspruch der Mehrheit auf Verwirklichung ihrer im Gesetz manifestierten Gemeinwohlidee.[402] Die Mehrheitsdemokratie wird aufgegeben, worauf Karpen hingewiesen hat, „wenn eine Minderheit – sich im Besitz der Wahrheit wähnend –

396 BVerfG NJW 1966, 1499, 1502, f. – Verfassungswidrigkeit der Parteifinanzierung aus Haushaltsmitteln.

397 OLG Celle NStZ 2023, 113, Rdn. 11 f. Zutreffend weist *Offenloch*, Zur rechtlichen Bewertung der Blockade von Militäreinrichtungen, JZ 1988, 12, 17 darauf hin, dass es eine unverzichtbare Voraussetzung sei, „dass sich die Teilnahme an der politischen Auseinandersetzung unter Wahrung des Rechts“ vollziehe. Siehe auch *Karpen*, a.a.O. (Fn. 392), JZ 1984, 249, 258, nach dem die Friedenspflicht als Kern des Rechtsgehorsams verlange, „den Kampf um das Recht und politische Gestaltung nur in den Bahnen des Rechts zu führen, in privaten und politischen Konflikten auf die Anwendung und Androhung von Gewalt zu verzichten sowie die Freiheit des anderen zu achten.“

398 *Perron*, in: Schönke/Schröder, Strafgesetzbuch, 2019, § 34, Rdn. 41a.

399 *Grzeszick*, a.a.O. (Fn. 330), Art. 20, II. Demokratie, Rdn. 46f.

400 *Hesse*, 1982, a.a.O. (Fn. 390), § 5 Rdn. 143.

401 *Rönnau*, a.a.O. (Fn. 1), Jus 2023, 112, 113; im Ergebnis ebenso *Offenloch*, a.a.O. (Fn. 397), JZ 1988, 12, 17; a. A. *Frankenberg*, Ziviler Ungehorsam und rechtsstaatliche Demokratie, JZ 1984, 266, 274.

402 *Hesse*, 1999, a.a.O. (Fn. 390), § 23 Rdn. 758.

rechtswidrig (und u.U. gewaltsam) mit Mitteln des ‚zivilen Ungehorsams' ihren Willen gegen die Mehrheit durchsetzen will und dazu die legitimen Staatsorgane unter Druck setzt."[403] „Ziviler Ungehorsam" richtet sich damit gegen die Handlungsfähigkeit der pluralistischen Demokratie.[404]

Zutreffend hat deshalb das BayObLG unter Hinweis auf Rönnau[405] entschieden, dass sich „ziviler Ungehorsam" gegen eine verfassungsmäßig zustande gekommene Mehrheitsentscheidung – einen fundamentalen Gemeinschaftswert – richte und diese gestützt auf vorgeblich verallgemeinerungsfähige, aber noch nicht mehrheitlich getragene Prinzipien und Wertvorstellungen in Frage stelle. Statt auf legale Weise um eine Mehrheit zu werben, werde die Überlegenheit der eigenen Ansicht vorausgesetzt, und daraus das Recht abgeleitet, diese auch mit illegalen Mitteln durchsetzen zu dürfen. Ein solches Recht zuzugestehen würde bedeuten, der Ansicht der Minderheit ein höheres Gewicht beizumessen als der im Rahmen des demokratischen Willensbildungsprozess entstandenen Entscheidung der Mehrheit. Das verstieße nicht nur gegen Art. 3 Abs. 3 GG, der die Bevorzugung einer aktiv geltend gemachten politischen Anschauung ausdrücklich verbiete, sondern stelle durch den Verzicht auf die Durchsetzung der Mehrheitsregel auch eine Selbstaufgabe von Demokratie und Rechtsfrieden durch die Rechtsordnung dar.[406]

(5) Verstoß gegen das Toleranzgebot

Die Inanspruchnahme einer absoluten Wahrheit verstößt gegen das Toleranzgebot einer pluralistischen demokratischen Gesellschaft. Im offenen Wettstreit der Meinungen werden die Entscheidungen getroffen und das Gemeinwohl konkretisiert. In Form eines säkularen Fundamentalismus setzt sich der „zivile Ungehorsam" über diese Form der Entscheidungsfindung hinweg, setzt die Maxime seines Handelns absolut und will sie den anderen durch das Mittel des Gesetzes- und Rechtsbruchs aufzwingen. In einer Rechtsordnung der relativen Werte gibt es jedoch nur einen einzigen absoluten Wert, die Würde des Menschen (Art. 1 Abs. 1 GG); sie gilt universell, ist unantastbar und damit absolut.[407]

(6) Anmaßung von Kompetenzen der rechtsprechenden Gewalt

„Ziviler Ungehorsam" maßt sich die Kompetenzen der rechtsprechenden Gewalt an. Einzelne oder eine Minderheit von Bürgern nehmen für sich das Recht in Anspruch, aus eigener Kompetenz darüber zu entscheiden, was Recht und was Unrecht ist, um in der Folge ihren Willen den staatlichen Behörden und den anderen Bürgern aufzwingen zu können. Die Feststellung von Recht und Unrecht obliegt im demokratischen Rechtsstaat jedoch nicht dem einzelnen Bürger, sondern der richterlichen Gewalt, die „ihre Autorität nicht nur äußerlich auf die Verfassung, sondern – dem Wesen ihrer Tätigkeit entsprechend – in gewisser Weise auf die Idee des Rechts selbst gründet."[408]

403 *Karpen*, a.a.O. (Fn. 392), JZ 1984, 249, 259.

404 *Isensee*, 1988, a.a.O. (Fn. 308), 109, 128f.

405 *Rönnau*, a.a.O. (Fn. 345), Vorb. zu den §§ 32ff., Rdn. 142.

406 BayObLG BeckRS 2023, 8998, Rdn. 53.

407 *Isensee*, Menschenwürde: die säkulare Gesellschaft auf der Suche nach dem Absoluten, AöR 131 (2006), 173, 175.

408 BVerfG NJW 1954, 65f. – Gleichberechtigung von Mann und Frau.

(7) Verstoß gegen die Rechte gleichberechtigter Dritter

Im demokratischen Rechtsstaat stehen die Freiheitsrechte allen Bürgern in gleicher Weise zu. Das bedingt, dass die Freiheit des Einzelnen in der Freiheit der anderen ihre Begrenzung finden muss, oder wie es des Grundgesetzt in Art. 2 Abs. 1 GG ausdrückt, „Jeder hat das Recht auf die freie Entfaltung seiner Persönlichkeit, soweit er nicht die Rechte anderer verletzt [...]." Wer in Ausübung „zivilen Ungehorsams" die Maxime seines Handelns zur absoluten Wahrheit erhebt, die er durch Übertretung von Recht und Gesetz anderen aufzwingen will, verschiebt die Grenzen der ihm in der Gemeinschaft zukommenden Freiheit und verletz damit die Rechte der anderen.[409] Die Rechtsprechung hat diese Überlegungen dahingehend zusammengefasst, dass niemand berechtigt sei, in die Rechte anderer einzugreifen, um auf diese Weise die Aufmerksamkeit der Öffentlichkeit zu erregen und den eigenen Auffassungen Geltung zu verschaffen.[410] Die Ausübung „zivilen Ungehorsams" stellt somit keine Grundrechtsausübung innerhalb der durch die verfassungsmäßige Ordnung gezogenen Grenzen dar.[411]

(8) Gefahr der Entgrenzung des „zivilen Ungehorsams"

Rawls und Habermas definieren „zivilen Ungehorsam" als „gewaltlos"[412] bzw. „gewaltfrei".[413] Zumindest Rawls stellt dieses Erfordernis des „zivilen Ungehorsams" jedoch wieder in Frage, wenn er ausführt, er (der zivile Ungehorsam) „versucht, Gewalt zu vermeiden, insbesondere gegen Menschen."[414] Rawls hat damit ersichtlich erkannt, dass der Anwendung „zivilen Ungehorsams" die Gefahr innewohnt, von einem gewaltfreien Protest in die Anwendung von Gewalt umzuschlagen. Ein weiteres kommt hinzu. „Zivilem Ungehorsam" soll eine Appellfunktion zukommen, die Mehrheit zu veranlassen, die von ihr getroffene Entscheidung zu überdenken und im Sinne derjenigen, die „zivilen Ungehorsam" üben, zu revidieren. Was aber geschieht, wenn ein derartiger Appell keine Wirkung (mehr) zeigt? Liegt es dann nicht nahe, dass der Druck auf die Mehrheit erhöht, dass dann doch Gewalt ausgeübt wird? Rawls räumt das ein, wenn er ausführt

> „Wenn der Appell fehlschlägt, kann man manchmal überlegen, ob man zu gewaltsamem Widerstand greifen soll."[415]

Aber wann kann man das überlegen und wo ist die Grenze? Ist Gewalt gegen Sachen erlaubt, aber gegen Menschen nicht, oder auch gegen Menschen, aber nur in einer gewissen Intensität? Diese Überlegungen und die aufgeworfenen Fragen zeigen die Fragwürdigkeit der behaupteten Gewaltfreiheit des „zivilen Gehorsams" und das in seiner Ausübung liegende Potenzial, letztlich in Gewalt umzuschlagen.

---

409 Siehe dazu *Scholz,* a.a.O. (Fn. 342), NJW 1983, 705, 708.

410 BVerfG NJW 1987, 43, 47 f. – Strafbarkeit von Sitzdemonstrationen; BayObLG BeckRS 2023, 8998, Rdn. 52 f.; BayObLG NJW 1993, 212 f.; OLG Celle NStZ 2023, 113, Rdn. 11; ebenso für tätliche Eingriffe in die Rechte Dritter, insbesondere die Ausübung von Gewalt, bereits BGHSt 23, 46, 56.

411 *Rönnau,* a.a.O. (Fn. 1), Jus 2023, 112 f. A. A. *Dreier,* Widerstandsrecht und ziviler Ungehorsam im Rechtsstaat, in: Glotz (Hrsg.), Ziviler Ungehorsam im Rechtsstaat, 2015, S. 54, 64 ff.

412 *Rawls,* a.a.O. (Fn. 356), 2017, S. 101, 109.

413 *Habermas,* a.a.O. (Fn. 372), S. 29, 35.

414 *Rawls,* a.a.O. (Fn. 356), S. 101, 112.

415 *Rawls,* a.a.O. (Fn. 356), S. 101, 112.

c) Sonstige Handlungsmöglichkeiten

In einem demokratischen Rechtsstaat ist auf vielfältige Art und Weise gegen Machtmissbrauch und gegen „gesetzliches Unrecht“ Vorsorge getroffen. Unter der freiheitlichen Ordnung des Grundgesetzes werden die Freiheitsrechte des Einzelnen als Grundrechte in der Verfassung positiviert und durch das Bekenntnis zu den unverletzlichen und unveräußerlichen Menschenrechten (Art. 1 Abs. 2 GG), durch Verweis auf vorstaatliche fundamentale Rechtsgrundsätze, abgesichert. Die Staatsgewalt wird vom Volk in Wahlen und Abstimmungen und durch besondere Organe der Gesetzgebung, der vollziehenden Gewalt und der Rechtsprechung ausgeübt (Art. 20 Abs. 2 Satz 2 GG), wodurch Machtmissbrauch vorgebeugt wird. Macht steht unter dem Recht. Die Gesetzgebung ist an die verfassungsmäßige Ordnung, die vollziehende Gewalt und die Rechtsprechung sind an Gesetz und Recht gebunden (Art. 20 Abs. 3 GG). Die in Art. 1 GG und 20 GG niedergelegten Grundsätze können auch durch Mehrheitsentscheidung nicht abgeändert werden (Art. 79 Abs. 3 GG).

Gleichwohl sind auch in einem demokratischen Rechtsstaat Machtmissbrauch und gesetzliches Unrecht denkbar. Auch insoweit ist Vorsorge getroffen. Es gilt gerade nicht der Grundsatz „Gesetz ist Gesetz“, der einem „autoritären Legalismus“[416] entspräche. Dem Einzelnen ist es vielmehr unbenommen, von der Mehrheit beschlossene Normen und Maßnahmen zu überprüfen und – abweichend von der Mehrheitsentscheidung – normativ zu bewerten. In einem derartigen Fall steht ihm der Rechtsweg offen (Art. 19 Abs. 4 Satz 1 GG). Außerhalb formaler Verwaltungs- und Rechtsmittelverfahren kann sich der Einzelne durch Bitten und Beschwerden (Petitionen) an die zuständigen Stellen und an die Volksvertretung wenden (Art. 17 GG). Darüber hinaus kann er, wenn er sich durch die Mehrheitsentscheidung nicht vertreten sieht, durch die Teilnahme an Wahlen und Abstimmungen (Art. 20 Abs. 2 Satz 2 GG) dazu beitragen, die Mehrheitsverhältnisse zu ändern. Dazu kann er sich auch in Parteien engagieren (Art. 21 Abs. 1GG). Schließlich kann sich der Einzelne auch in den öffentlichen Meinungsbildungsprozess einbringen, um die beschlossenen Normen und Maßnahmen zu ändern.

Dem Einzelnen ist es in einem demokratischen Rechtsstaat aber nicht gestattet, durch den Bruch von Gesetz und Recht gegen von ihm angenommenen Machtmissbrauch oder gesetzliches Unrecht vorzugehen. Den „zivilen Ungehorsam“ und damit den Gesetzes- und Rechtsbruch mit Habermas als „notwendigen Bestandteil der politischen Kultur“ jeder rechtsstaatlichen Demokratie anzuerkennen,[417] hieße, die Ordnung des Grundgesetzes in Frage zu stellen. Im demokratischen Rechtsstaat ist der Bruch von Gesetz und Recht, ist die Anwendung von Gewalt, kein Mittel der politischen Auseinandersetzung.

416 Zu diesem in der Sache unbegründeten Vorwurf: *Habermas*, a.a.O. (Fn. 372), S. 29, 43; *Leitmeier*, a.a.O. (Fn. 1), HRRS 2023, 70ff.

417 *Habermas*, a.a.O. (Fn. 372), S. 29, 32.

DER RELIGIÖSE GEWISSENSKONFLIKT

Eine grundrechtsdogmatische Einordnung und seine Implikationen für Reichweite und Grenzen des schulischen Bildungs- und Erziehungsauftrags[1]

Von *A. Katarina Weilert*

I. Prolog: Der Gewissensbegriff Spaemanns

Es wundert nicht, dass der Philosoph Robert Spaemann, der zeitlebens durch biographische Bedingtheiten (sein Vater ließ sich nach dem Tode seiner Mutter zum Priester weihen) und eigene theologischen Studien eine große Nähe zu zentralen Fragen des Glaubens hatte, sich in seinem breiten Œuvre auch mit dem Gewissensbegriff auseinandergesetzt hat. Glaubens- und Gewissensfreiheit sind, wie zu zeigen sein wird, in rechtlicher und insbesondere in rechtshistorischer Hinsicht aufs Engste miteinander verbunden. Die Verortung in einem gemeinsamen Grundrecht zeugt davon.

Bei Spaemann finden sich bereits zentrale Elemente eines Gewissensbegriffs, die ebenso durch Rechtsprechung und juristisches Schrifttum für das Verständnis der grundrechtlichen Gewissensfreiheit entwickelt wurden. So soll, in Würdigung seiner Leistung auch auf diesem Teilgebiet der Philosophie, sein Gewissensbegriff diesem Beitrag vorangestellt werden.

Spaemann stellt Gewissen und Menschenwürde in einen unmittelbaren Zusammenhang: „Von Gewissen reden heißt, von der Würde des Menschen reden. Es heißt davon reden, daß der Mensch nicht Fall eines Allgemeinen, Exemplar einer Gattung ist, sondern jeder einzelne als Einzelner selbst eine Totalität, selbst schon ‚das Allgemeine'"[2]. Das Gewissen ist also zugleich höchster Ausdruck der Individualität, aber auch des über den Menschen hinausreichenden Guten. Die Spannung des über-individuell Richtigen und individuell Erkannten fasst Spaemann in die Worte: „Im Gewissen macht sich […] das Allgemeine, die objektive Rangordnung der Güter und die Forderung, ihnen Rechnung zu tragen, unmittelbar als unser eigenes Wollen geltend."[3] Weiter heißt es: „Weil dadurch im einzelnen Menschen selbst schon das Allgemeine, das Objektive, das Absolute gegenwärtig ist, dar-

---

[1] Der Artikel stellt eine ergänzte und überarbeitete Version des Beitrags „Das religiöse Gewissen. Eine grundrechtsdogmatische Reflexion und ihre Bedeutung für den schulischen Bereich" dar, der in: *A. K. Weilert/Ph. W. Hildmann* (Hrsg.), Religion in der Schule. Zwischen individuellem Freiheitsrecht und staatlicher Neutralitätsverpflichtung. Tübingen 2018, S. 11–37 publiziert wurde.

[2] *R. Spaemann:* Der Einzelne oder: Muß man immer seinem Gewissen folgen?, in: R. Spaemann (Hrsg.), Moralische Grundbegriffe, 8. Aufl. München 2009, S. 73 – 84, hier: 74.

[3] *R. Spaemann*, Der Einzelne (Fn. 2), S. 75.

Duncker & Humblot · Berlin | https://doi.org/10.3790/978-3-428-58515-1.2025.202602

um sprechen wir von der Würde des Menschen.“[4] Wichtig ist, gerade in heutigen Zeiten, in denen Menschenwürde mehr und mehr als Chiffre für eine nur auf sich selbst bezogene Selbstbestimmung verkommt, dass Spaemann trotz der hohen Individualität des Gewissens dieses (und damit die Menschenwürde) gerade als über die Ichbezogenheit hinausreichend betrachtet hat. Das Gewissen führe den Menschen über sich hinaus.[5] In der Bildung und Anspannung des Gewissens relativiere der Mensch „seine eigenen Interessen und Wünsche“[6] und frage „nach dem, was an sich gut und richtig ist“[7]. Um seine eigenen Maßstäbe zu hinterfragen, „um sicher zu sein, dass er sich dabei nichts vormacht“[8], trete er in den Diskurs ein. „Wer sagt: ‚Sitten und Gründe interessieren mich nicht; ich weiß selbst, was richtig und gut ist‘, der macht sich gerade nicht objektiv und allgemein. Was er sein Gewissen nennt, ist von privater Laune, von Idiosynkrasie gar nicht unterscheidbar.“[9]

Für Spaemann gehört also die Bereitschaft zum Diskurs, zur Information und Gewissensbildung aufs Engste zur Konstitution des Gewissens selbst. „Ohne solche Bereitschaft wird man nur in Grenzfällen von Gewissen sprechen können“.[10] Damit ist das Gewissen ebenso wenig ein Ort des Egoismus, wie die Menschenwürde sich nicht in der allein in einer ausschließlich von selbstbezogenen Interessen geleiteten Selbstbestimmung erschöpft.[11]

Neben der Ausrichtung des Gewissens zur Findung des allgemein Guten hat das Gewissen nach Spaemann einen höchst individuellen Bezug. Es sei die Verantwortung für das eigene Handeln, das nur die Person selbst verantworten kann und muss.[12] Der Einzelne müsse irgendwann aus dem allgemeinen Diskurs austreten und eine eigene Überzeugung bilden und diese zur Handlungsmaxime erheben. Der innere Zwang des Gewissens sei dabei Ausdruck höchster Freiheit.[13] Es ist ein „Ich will nicht anders. Ich kann nicht anders wollen, und ich will auch nicht anders können.“[14]

Das Gewissen könne bei alledem auch irren.[15] Daher sei das Gewissen auch nicht der alleinige Maßstab für das Handeln-Dürfen.[16] Rechte anderer bildeten die Grenze der eigenen Gewissenshandlung.[17] Hier habe der Staat das Recht, die Gewissensausübung zu verhindern.[18]

---

4 *Spaemann* (Fn. 3).

5 *Spaemann* (Fn. 3).

6 *Spaemann* (Fn. 3).

7 *Spaemann* (Fn. 3).

8 *Spaemann* (Fn. 3).

9 *Spaemann*, Der Einzelne (Fn. 2), S. 76.

10 *Spaemann* (Fn. 9).

11 Die Tendenz einer Interpretation der Menschenwürde im Sinne einer Selbstbestimmung tritt deutlich zutage im Urteil des BVerfG zur Suizidbeihilfe (BVerfG, DVBl 2020, S. 868 ff.; Urteilsanmerkung: *A. K. Weilert*, DVBl. 2020, S. 879 – 882).

12 *Spaemann*, Der Einzelne (Fn. 2), S. 76.

13 *Spaemann*, Der Einzelne (Fn. 2), S. 79.

14 *Spaemann* (Fn. 13).

15 *Spaemann*, Der Einzelne (Fn. 2), S. 82; s. auch *Spaemann*, Einleitung zu Thomas von Aquin, Über sittliches Handeln, Summa theologiae I-II q. 18 – 21, R. Schönberger (Hrsg.), S. 7 – 18, hier: 16 f.

16 *Spaemann*, Der Einzelne (Fn. 2), S. 83.

17 *Spaemann* (Fn. 16).

II. Das Gewissen

Das Gewissen steht, wie schon der Gewissensbegriff Spaemanns zeigt, in zentraler Rückbindung zur Identität des Menschen.[19] Es ist nicht unveränderbar angeboren, sondern bildet sich in sozialer Beziehung und in Wechselwirkung mit der Persönlichkeitsentwicklung aus. Gewissensbildende Faktoren sind in vielerlei Gestalt denkbar, neben Erziehung, persönlicher Lebenserfahrung und Bildung wird das Gewissen besonders auch durch religiöse Überzeugungen bestimmt, die teils durch Erziehung tradiert sowie teils durch äußere Anstöße oder eigene Sinnsuche als persönlich verbindlich erkannt wurden.[20] Die enge Beziehung, die religiöse Glaubensüberzeugungen und das Gewissen verbindet, lässt sich in der deutschen Verfassungsgeschichte bereits an der textlichen Verbindung von Gewissens- und Religionsfreiheit ausmachen. Allerdings besteht kein notwendiger wechselseitiger Zusammenhang zwischen beiden. Während die zu eigen gemachte Religion, die regelmäßig mit Ansichten über moralische Kernfragen von ‚Gut' und ‚Böse' verbunden ist, Auswirkungen auf das Gewissen und persönliche Gewissensentscheidungen haben wird, ist das Gewissen keinesfalls ein Alleinstellungsmerkmal religiöser Menschen. Vielmehr wird allgemein[21] – und so auch im Recht – davon ausgegangen, dass potentiell jeder Mensch ein Gewissen hat, welches ein Bestimmungsfaktor für individuelle Entscheidungen sein kann.[22]

Die persönliche Identität des Einzelnen zu achten und eine Person nicht mit Zwang zu einem identitätsverletzenden Verhalten zu bewegen, ist ein Grundpfeiler eines freiheitlichen Staates. Für den schulischen Bereich liegt es daher nahe zu fragen, wie der staatliche Bildungs- und Erziehungsauftrag der öffentlichen Schule hierzu steht, wenn sich Eltern und Schüler auf ihr religiöses Gewissen berufen, um eine Teilnahme an Schulveranstaltungen oder Unterrichtsinhalte zu umgehen. Nach Eberhard Schmidt-Aßmann hat die Schule aufgrund ihres Bildungs- und Erziehungsauftrags einen Beitrag zur Gewissensbildung zu leisten. Zwar erwähnten die landesgesetzlichen Grundlagen selbst diesen Auftrag nicht explizit, aber implizit sei er durch Erziehungsziele wie „Selbstverantwortung" oder auch „Per-

---

18 *Spaemann* (Fn. 16).

19 Vgl. *N. Luhmann*, Die Gewissensfreiheit und das Gewissen, AöR 90 (1965), S. 257–286, hier: 264, 267; *N. Slenczka*, Gewissen und Gott, in: St. Schaede/Th. Moos (Hrsg.), Das Gewissen, Tübingen 2015, S. 235–283, hier: 261 ff.; *C. Zarnow*, Institution und Gewissen, in: St. Schaede/Th. Moos, Das Gewissen, Tübingen 2015, S. 469–492, hier: 469 ff.; *H. Stössel*, Das religiöse Gewissen als Raum der Identität, in: A. K. Weilert/Ph. W. Hildmann (Hrsg.) Religion in der Schule. Zwischen individuellem Freiheitsrecht und staatlicher Neutralitätsverpflichtung, Tübingen 2018, S. 39–56, hier: 40, der zwischen der Rolle organisierter Religion für die Identität (Erik Erikson) und der Bildung religiöser Identität unterscheidet. Aus dem juristischen Schrifttum: *U. Mager*, Art. 4, in: I. v. Münch/Ph. Kunig (Hrsg.), Grundgesetz, Kommentar, Bd. 1, 6. Aufl. München 2012, Rn. 51; *M. Morlok*, Art. 4, in: H. Dreier (Hrsg.), Grundgesetz Kommentar, Bd. 1, 3. Aufl. Tübingen 2013, Rn. 102.

20 Vgl. zu den gewissensbildenden Faktoren auch *R. Spaemann*, Der Einzelne (Fn. 2), S. 77 ff.

21 *H. Stössel*, Das religiöse Gewissen (Fn. 19), S. 39.

22 Dies zeigt sich etwa im Strafrecht, wenn der BGH die Frage eines schuldausschließenden Verbotsirrtums nach § 17 Strafgesetzbuch (StGB) unter anderem davon abhängig macht, ob bei „gebührender Gewissensanspannung" die Einsicht, Unrecht zu tun, hätte erlangt werden können (BGHSt Bd. 35, S. 347 (350). Vgl. hier auch *F. Filmer*, Das Gewissen als Argument im Recht, Berlin 2000, der sich unter anderem damit auseinandersetzt, inwiefern der Staat durch das Recht und seinen Verweis auf das Gewissen den Einzelnen appellhaft in Pflicht nimmt.

sönlichkeit" umschrieben.[23] Vor dem Hintergrund des staatlichen Schulzwanges, der nur durch die Privatschulfreiheit ein gewisses Ventil enthält, ist ein staatlicher Auftrag zur Gewissensbildung in der Schule allerdings mit Anfragen behaftet. Soweit sich das Gewissen im schulischen Diskurs hinterfragen, vergewissern und schärfen kann, kann der schulische Auftrag förderlich sein.[24] Wo aber liegen die Grenzen zur manipulativen staatlichen Beeinflussung, gerade im sensiblen Bereich der Kinder- und Jugendbildung? Ein Diskurs unter Erwachsenen, die freiwillig entscheiden können, ob sie am Diskurs teilnehmen, ist von der Schulsituation zu unterscheiden, die nicht freiwillig erfolgt (Schulpflicht), bei der eine Auseinandersetzung nicht „unter Gleichen", sondern im Lehrer-Schüler-Gefälle stattfindet, und der Schüler zudem durch Schulnoten einem Zwang bis hin zur Übernahme bestimmter Ansichten unterliegt. Juristisch manifestiert sich der Konflikt in der Schule insbesondere in der Gewissensentscheidung. Eltern wollen eine bestimmte ‚Gewissensprägung' verhindern (Sexualkundeunterricht) oder sehen die Teilnahme an einer Schulveranstaltung als Verstoß gegen eine (religiöse) Gewissenspflicht an. Wann kann sich ein Schüler bzw. seine Eltern bei der Entscheidung zur Unterrichtsverweigerung auf die Gewissensfreiheit berufen? Wie grenzt sich die Gewissensfreiheit dabei von der Religionsfreiheit ab? So bedeutet die Teilnahme am Schwimmunterricht für die muslimische Schülerin nicht nur einen äußeren Konflikt mit den von ihr für verbindlich gehaltenen religiösen Überzeugungen, sondern zugleich einen inneren Gewissenskonflikt. Gleiches gilt für Schulveranstaltungen wie ‚Karneval' oder dem Film *Krabat*[25], wenn die eigene Teilnahme als Überschreiten einer inneren Linie von ‚Gut' zu ‚Böse' empfunden wird. Dieser Beitrag geht der andernorts meist wenig beachteten Frage nach, ob religiös motivierte Gewissenskonflikte allein nach der grundgesetzlichen Religionsfreiheit beurteilt werden sollten, oder ob ein Rekurs auf das Grundrecht der Gewissensfreiheit angezeigt ist. Hierfür ist darzustellen, wie beide Grundrechte historisch miteinander verbunden sind (III.), wie die religiöse Gewissensfreiheit unter dem Grundgesetz geschützt ist (IV.) und schließlich in welchem Verhältnis Religions- und Gewissensfreiheit zueinander stehen (V.). Der Beitrag endet mit einer spezifischen Reflexion des Umfangs der Gewissensfreiheit in der Schule (VI.).

III. Entwicklung der Gewissensfreiheit aus der Glaubensfreiheit

Die historischen Wurzeln der grundgesetzlichen Gewissensfreiheit sind stark mit der Religionsfreiheit verwoben bzw. fallen mit ihr zusammen.[26] ‚Gewissen' wurde gleichgesetzt mit religiösem Gewissen und als „religiöses Existenzminimum" geschützt.[27] Nach dem

23 *E. Schmidt-Aßmann*, Verfassungsfragen staatlicher Gewissensbildung. Zur Verantwortung des Staates für eine freiheitliche Ausbildung des kollektiven und des individuellen Gewissens, in: St. Schaede/Th. Moos (Hrsg.), Das Gewissen, Tübingen 2015, S. 81–118, hier: 86.

24 Vgl. hier schon *Spaemann*, Der Einzelne (Fn. 2), S. 76, der die Wichtigkeit des Diskurses betont, allerdings nicht spezifisch für den schulischen Kontext.

25 BVerwG, NJW 67 (2014), S. 804–809 – „Krabat".

26 Ausführlich zur Rechtsgeschichte: *M. Borowski*, Die Glaubens- und Gewissensfreiheit des Grundgesetzes, Tübingen 2006, S. 8 ff.

27 *U. Mager*, Die Gewissensfreiheit im liberalen Verfassungsstaat, in: M. Anderheiden et al. (Hrsg.), Verfassungsvoraussetzungen, Gedächtnisschrift für Winfried Brugger, Tübingen 2013, S. 559–569, hier: 560; s. auch *U. Mager*, Art. 4 (Fn. 19), Rn. 5.

Dreißigjährigen Krieg kam es im Friedensvertrag von Osnabrück (Teil des Westfälischen Friedens) zu einer Regelung, nach der Menschen anderen konfessionellen Glaubens als ihr jeweiliger Landesherr „sich mit freiem Gewissen zu Hause" einer privaten Andacht widmen bzw. an öffentlichen Gottesdiensten teilnehmen sowie ihre Kinder in privaten Schulen ihrer Konfession bzw. von Hauslehrern unterrichten lassen durften (Art. V, § 34 IPO[28]). Das Recht auf Auswahl der eigenen Konfession (begrenzt auf das katholische, evangelische und reformierte Bekenntnis), das Recht auf Hausandacht und das Auswanderungsrecht wurden unter der „Gewissensfreiheit" verhandelt.[29]

Eine Trennung von Gewissens- und Religionsfreiheit begann erst dann in das Bewusstsein zu treten, als die Religionsfreiheit über die drei evangelischen Bekenntnisse hinaus erweitert und in ihrer Reichweite vertieft wurde. Die Ideen der Aufklärung führten zunächst in Brandenburg-Preußen dazu, eine umfängliche Religionsfreiheit schon gegen Ende des 17. Jahrhunderts „in praktischer Übung" anzuerkennen.[30] Den wichtigsten Durchbruch bedeutete die Verankerung der Glaubens- und Gewissensfreiheit im 1794 erlassenen Allgemeinen Preußischen Landrecht (Zweiter Teil, Elfter Titel, insbesondere §§ 1–4, 7–8 ALR). In § 2 ALR heißt es: „Jedem Einwohner im Staate muss eine vollkommene Glaubens- und Gewissensfreiheit gestattet werden." Damit galt die Religionsfreiheit auch für die bis dahin nicht anerkannten Religionsgemeinschaften. Durch diese textliche Anerkennung der Glaubensfreiheit verlor die Gewissensfreiheit ihren ursprünglichen Anwendungsbereich als Kern der Religionsfreiheit. Ihre explizite Erwähnung blieb aber dennoch auch in späteren Verfassungstexten, sowohl der Verfassung der Paulskirche als auch der Weimarer Verfassung, erhalten. Durch den Einfluss der Aufklärung und des Rationalismus, insbesondere durch die Schriften Immanuel Kants, wurde das Gewissen außerrechtlich zunehmend neu konnotiert als „letzte und höchste Instanz der autonomen Persönlichkeit"[31], als „Organ" der „moralischen Erkenntnis"[32], was im Rahmen der „Selbstgesetzgebung" (anstelle religiös vorgegebener Moral) große Relevanz entfalte. Diese geistesgeschichtlichen Entwicklungen hatten unmittelbare Auswirkungen auf die Gestaltung des Weimarer Verfassungsstaates mit seiner Religionsneutralität.[33] Der Staat war nun vor allem ein „weltliches Gemeinwesen".[34] Das durch die Weimarer Reichsverfassung (WRV) ge-

---

28 Übersetzung des IPO (von 1975) in *K. Müller*, Deutsche Übersetzung des IPO, in: Die Westfälischen Friedensverträge vom 24. Oktober 1648. Texte und Übersetzungen (Acta Pacis Westphalicae. Supplementa electronica, 1), http://www.pax-westphalica.de/ipmipo/pdf/o_1975dt-mueller.pdf (zuletzt abgerufen im Mai 2021).

29 *E.-W. Böckenförde*, Das Grundrecht der Gewissensfreiheit, VVDStRL 28 (1970), S. 33–88: hier 37; *M. Morlok*, Art. 4 (Fn. 19), Rn. 4.

30 *E.-W. Böckenförde*, Gewissensfreiheit (Fn. 29), S. 38; *M. Borowski*, Glaubens- und Gewissensfreiheit (Fn. 26), S. 23. *Ch. Starck*, Art. 4, in: H. v. Mangoldt/F. Klein/Ch. Starck (Hrsg.), Kommentar zum Grundgesetz, 77. Aufl. München 2018, Rn. 4, verweist auch auf die spannungsreiche Situation des calvinistischen Herrscherhauses und die mehrheitlich lutherische Bevölkerung bei einer zahlreichen katholischen Minderheit, die Preußen zu einer besonderen Politik der Toleranz veranlasste.

31 *Böckenförde*, Gewissensfreiheit (Fn. 29), S. 40.

32 *Böckenförde*, Gewissensfreiheit (Fn. 29), S. 40.

33 Art. 135 WRV: „Alle Bewohner des Reichs genießen volle Glaubens- und Gewissensfreiheit. Die ungestörte Religionsübung wird durch die Verfassung gewährleistet und steht unter staatlichem Schutz. Die allgemeinen Staatsgesetze bleiben hiervon unberührt."

34 *Böckenförde*, Gewissensfreiheit (Fn. 29), S. 42.

schaffene neue Verhältnis von Staat und Kirche gilt als „Epochenwende".[35] Da man nicht mehr notwendig von religiös gebundenen Staatsbürgern ausging, konnte die moralische Identität des Einzelnen nicht mehr allein durch die Religionsfreiheit bzw. Freiheit des religiösen Gewissens gewahrt werden, sondern die Gewissensfreiheit musste darüber hinaus reichen.[36] Art. 135 WRV verbürgt für alle Bewohner des Reichs „volle Glaubens- und Gewissensfreiheit". Interessant ist, dass sich fast alle Parteien gerade bei der Frage der Ausgestaltung des Schulwesens, um die in der Weimarer Nationalversammlung leidenschaftlich gestritten wurde, auf die Gewissensfreiheit bezogen und daran ihre Schul- und Erziehungskonzepte festmachten.[37] Mit der Neujustierung des Verhältnisses von Staat und Kirche und der Verankerung der weitreichenden Religionsfreiheit boten sich Anlass und Notwendigkeit, der Gewissensfreiheit einen neuen Anwendungsbereich zu geben. Anstelle des religiösen Gewissens wurde nunmehr als Bezugspunkt das „sittliche Gewissen" vorgeschlagen.[38] Mit Art. 135 S. 3 WRV wurde allerdings zugleich ein allgemeiner Gesetzesvorbehalt verankert, so dass einer individuellen Gewissensfreiheit kein großer Anwendungsraum eröffnet wurde. Eine vertiefte Debatte zwischen staatlicher Normgeltung und identitätsstiftender individueller Selbstgesetzgebung war somit rechtlich nicht veranlasst.

IV. Religiöse Gewissensfreiheit unter dem Grundgesetz

Unter dem Grundgesetz formierte sich die Frage, inwieweit die Weimarer Tradition der Glaubens- und Gewissensfreiheit fortgesetzt werden sollte. Einerseits verwarf man die Aufnahme eines allgemeinen Gesetzesvorbehalts nach Weimarer Vorbild,[39] andererseits wurde gleichsam ‚in letzter Minute' der Art. 136 WRV über Art. 140 GG in das Grundgesetz integriert.[40] Damit stellte sich die – bis heute umstrittene – Frage, ob über Art. 136 Abs. 1 WRV[41] ein Gesetzesvorbehalt für die Religionsfreiheit nach Art. 4 GG gilt. Umstritten sind also sowohl die Anwendbarkeit als auch die Auslegung des Art. 136 Abs. 1 WRV. Teils wird er als allgemeiner Gesetzesvorbehalt verstanden, wohl überwiegend jedoch als Diskriminierungsverbot bzw. als Grundsatz staatlicher Neutralität. Schon weil Art. 135 WRV mit seinem Vorbehalt in S. 3 nicht inkorporiert wurde, ist die Annahme eines allgemeinen Gesetzesvorbehalts für die Religionsfreiheit wenig überzeugend. Nach der Rechtsprechung des Bundesverfassungsgerichts sind die Schranken aus der Weimarer Reichsverfassung nicht auf Art. 4 GG zu übertragen.[42] Vielmehr setzten nur verfassungs-

---

35 *M. Borowski*, Glaubens- und Gewissensfreiheit (Fn. 26), S. 48.

36 *Böckenförde*, Gewissensfreiheit (Fn. 29), S. 43.

37 *Böckenförde*, Gewissensfreiheit (Fn. 29), S. 43 mit weit reichenden Nachweisen in Fn. 30.

38 Vgl. *F. Giese*, Die Verfassung des Deutschen Reiches, Berlin 8. Aufl. Berlin 1931, Anm. 1 zu Art. 135 (S. 286); *G. J. Ebers*, Staat und Kirche im neuen Deutschland, München 1930, S. 151.

39 *K.-H. Kästner/M. Droege*, Art. 4, in: K. Stern/F. Becker, Grundrechte-Kommentar, 3. Aufl. Köln 2019, Rn. 15.

40 *Kästner/Droege*, Art. 4 (Fn. 39), Rn. 17; Umstritten ist die Auslegung dieser historischen Tatsache, s. *U. Mager*, Art. 4 (Fn. 19), Rn. 36.

41 Art. 136 Abs. 1 WRV: „Die bürgerlichen und staatsbürgerlichen Rechte und Pflichten werden durch die Ausübung der Religionsfreiheit weder bedingt noch beschränkt."

42 Im Grunde hat sich das BVerfG dazu nur inzidenter geäußert, s. BVerfGE 19, 206 (219 f.) – „Kirchenbausteuer"; vor allem Bd. 24, S. 236 (246) – „Rumpelkammer"; Bd. 33, S. 23 (30) –

immanente Schranken, also Gesetze, die die Grundrechte Dritter oder Güter von Verfassungsrang zur Geltung bringen, der Glaubens- und Gewissensfreiheit Grenzen.[43] Das Bundesverwaltungsgericht[44] und das Schrifttum sind dieser Rechtsprechung nur in Teilen gefolgt und wenden mitunter einen Gesetzesvorbehalt für die Religionsfreiheit an.[45] Die Gewissensfreiheit wird dagegen nach allgemeiner Ansicht nicht in den Verweis auf die Schranken der WRV einbezogen.[46]

1. Gewissensbegriff

Das Bundesverfassungsgericht prägte mit seiner Entscheidung zur Kriegsdienstverweigerung vom 20. Dezember 1960 das juristische Verständnis des grundgesetzlich geschützten Gewissensphänomens.[47] Mit seiner weiten Begriffsbestimmung stellte es sich bewusst nicht in eine bestimmte Tradition theologischer, weltanschaulicher oder philosophischer Erkenntnisse und Überzeugungen.

> „‚Gewissen' im Sinne des allgemeinen Sprachgebrauchs und somit auch im Sinne des Art. 4 Abs. 3 GG ist als ein (wie immer begründbares, jedenfalls aber) real erfahrbares seelisches Phänomen zu verstehen, dessen Forderungen, Mahnungen und Warnungen für den Menschen unmittelbar evidente Gebote unbedingten Sollens sind."[48]

An dieses Gewissensverständnis wurde auch im juristischen Schrifttum angeknüpft.[49] Das Gewissen hat nicht mit einer etwaigen Werteordnung zu korrespondieren, vielmehr

---

„Zeugeneid"; in der sich anschließenden Rspr. wird auf Art. 136 WRV als Schranke nicht mehr eingegangen. Das BVerfG betont aber, dass die in Bezug genommen Vorschriften der WRV vollgültiges Verfassungsrecht darstellen (BVerfGE 19, 206 (219) – „Kirchenbausteuer").

43 Siehe nur BVerfGE 32, 98 (107 f.) – „Gesundbeter".

44 Für eine Einschränkbarkeit durch einen Vorbehalt allgemeiner Gesetze: BVerwGE 112, 227 (231 f.) – „Schächtgebot". Für nur verfassungsimmanente Schranken: BVerwGE 147, 362 (364) – „Burkini"; BVerwG, NJW 67 (2014), S. 804 (805) – „Krabat".

45 Für eine Einschränkbarkeit von Art. 4 GG durch Art. 140 GG i.V.m. Art. 136 Abs. 1 WRV als Vorbehalt allgemeiner Gesetze sprechen sich aus *V. Epping*, Grundrechte, 8. Aufl. Berlin/Heidelberg 2019, Rn. 317 ff.; *St. Muckel*, Art. 4, in: H. Friauf/W. Höfling (Hrsg.), Berliner Kommentar zum Grundgesetz, Berlin 51. Aktualisierung 2016, Rn. 52 f. Gegen eine Einschränkbarkeit als „einfacher Gesetzesvorbehalt": *M. Morlok*, Art. 4 (Fn. 19), Rn. 20; *U. Mager*, Art. 4 (Fn. 19), Rn. 37 (zwar entfalte Art. 136 Abs. 1 WRV keinen „einfachen" Gesetzesvorbehalt, sei aber als „Grundsatz staatlicher Neutralität" von Bedeutung und könne daher in diesem Rahmen als Schranke bei ihrem Zweck und ihrer Wirkung nach religions- und weltanschauungsneutralen Gesetzen herangezogen werden).

46 *St. Muckel*, Art. 4 (Fn. 45), Rn. 71 f.

47 Das Gewissensphänomen als solches soll hier nicht vertieft werden. Statt einer unüberschaubaren Bandbreite an Literatur sei hier nur auf den interdisziplinären Sammelband *Das Gewissen* verwiesen, der aus einer Forschungsgruppe an der Forschungsstätte der Evangelischen Studiengemeinschaft (FEST) hervorgegangen ist (St. Schaede/Th. Moos (Hrsg.), Das Gewissen, Tübingen 2015).

48 BVerfGE 12, 45 (54) – „Kriegsdienstverweigerung"; ferner Bd. 19, S. 206 (216) – „Kirchenbausteuer".

49 Vgl. *St. Mückl*, Art. 4, in: W. Kahl/Ch. Waldhoff/Ch. Walter (Hrsg.), Bonner Kommentar zum Grundgesetz, Heidelberg 1866. Aktualisierung 099/2017 (Bearbeitungsstand von Art. 4: 135. Aktualisierung 08/2008), Rn. 79; *K.-H. Kästner/M. Droege*, Art. 4 (Fn. 39), Rn. 112 ff. (offener Gewissensbegriff wird als „alternativlos" bezeichnet, Rn. 117).

ist es ein höchst individuelles Phänomen.[50] Für den Schulkontext ist dies bedeutsam, da gesellschaftlich konsentierte Erziehungsziele durchaus mit der Gewissensfreiheit des Einzelnen in Konflikt geraten können und das Gewissen nicht danach zu beurteilen ist, ob es einer angenommenen ethisch ‚herrschenden Meinung' entspricht.

Analog zur Religionsfreiheit, die anerkanntermaßen nicht nur ein *forum internum* (Freiheit des Glaubens), sondern auch ein *forum externum* (Bekenntnisfreiheit, Religionsausübungsfreiheit) umfasst,[51] wird auch die Gewissensfreiheit meist in diesen beiden Kategorien verhandelt.[52] Art. 4 GG schütze sowohl die Bildung des Gewissens (*forum internum*) als auch eine an den Gewissensüberzeugungen ausgerichtete Lebensweise, die sich in Form einer Gewissensentscheidung (*forum externum*) manifestiert.

2. Schutz der Gewissensbildung

In Frage steht, ob der Staat nach Art. 4 GG verpflichtet ist, sich jeglicher zielgerichteter Gewissensbildung zu enthalten. Diese Dimension ist bisher nicht nur ungeklärt, sondern auch weitreichend unbeachtet geblieben.[53] Meist wird die Freiheit der Gewissensbildung nur kurz als selbstverständlich erwähnt[54] oder allenfalls durch drastische Beispiele staatlicher Freiheitsverletzung untermauert.[55] Gehirnwäsche und starke Manipulation sowie das Ausschalten jeglicher Kritik an verfälschten gewissensbildenden Tatsachen sind jedoch bereits durch andere Grundrechte wie Meinungs- und Pressefreiheit – und als große Leitplanke die Achtung der Menschenwürde – sowie rechtsstaatliche Garantien verbürgt. Für den Raum jenseits dieser Beispiele eröffnet sich ein diffuser Bereich, schon weil alles andere als

---

50 *Ch. Starck*, Art. 4 (Fn. 30), Rn. 63, 66.

51 Vgl. nur: *M. Morlok*, Art. 4 (Fn. 19), Rn. 63 u. 66; *K.-H. Kästner*, Art. 4 (Fn. 39), Rn. 55.

52 Vgl. *Kästner/Droege*, Art. 4 (Fn. 39), Rn. 124; *M. Germann*, Art. 4, in: V. Epping/Ch. Hillgruber (Hrsg.), Grundgesetz Kommentar, 33. Aufl. München 2020 Rn. 89; *St. Rixen*, Die Gewissensfreiheit der Gesundheitsberufe aus verfassungsrechtlicher Sicht, in: F.-J. Bormann/V. Wetzstein (Hrsg.), Gewissen: Dimensionen eines Grundbegriffs medizinischer Ethik, Berlin/Boston 2014, S. 65–88, hier: 70; s. auch *J. Froese*, Innere Tatsachen als Herausforderung für die Rechtsordnung – Staatliche Definitionshoheit und individuelle Selbstverständnisse –, DÖV 70 (2017), S. 228–236, hier: 234.

53 Diskussionen finden sich bei *U. Mager*, Art. 4 (Fn. 19), Rn. 52 f.; *E. Schmidt-Aßmann*, Gewissensbildung (Fn. 23), S. 94 ff. und S. 97. Beide tendieren dahin, die Gewissensbildungsfreiheit unter Art. 4 GG eng zu fassen oder sogar aus dem Schutzbereich herauszunehmen. S. auch *J. Kokott*, in: M. Sachs, Grundgesetz, 8. Aufl. 2017, Art. 4, Rn. 100: „Allerdings ist nicht jede Einflussnahme auf die Gewissensbildung verboten. Im Rahmen der Erziehung an staatlichen Schulen sollen vielmehr gerade auch Werte vermittelt werden, die für die Bildung eines Gewissens von Bedeutung sind." *U. Preuß* will Gewissensbildungsfreiheit nicht ohne weiteres Art. 4 GG zuordnen „… da die Herausbildung eines inneren moralischen Kontrollapparates durch eine Vielzahl von individuellen und sozialen Bedingungen bestimmt wird, deren Abwesenheit eine Gewissensbildung überhaupt verhindern würde." (*U. Preuß*, Art. 4, in: E. Denninger et al. (Hrsg.), Alternativkommentar zum Grundgesetz für die Bundesrepublik Deutschland, 3. Aufl. Neuwied/Kriftel 2001, Rn. 40).

54 So z. B. bei *M. Germann*, Art. 4 (Fn. 52), Rn. 89.

55 *M. Morlok*, Art. 4 (Fn. 19), Rn. 122: „Faktische Einflussnahmen auf die Gewissensbildung haben jedenfalls dann Eingriffsqualität, wenn die Einflussnahme massiv ist (psychotrope Medikamente oder sog. Gehirnwäsche)".

geklärt ist, welche Faktoren und Einflüsse tatsächlich gewissensbildend sind.[56] Man kann zwar von einigen Gegebenheiten mit an Sicherheit grenzender Wahrscheinlichkeit annehmen, dass sie zur Gewissensbildung beitragen, so etwa die (religiöse) Kindererziehung, bei anderen aber lässt sich dies nicht so genau bestimmen, zumal das, was bei einer Person Einfluss auf das Gewissen nimmt, nicht notwendigerweise für alle diesem Einfluss Ausgesetzten gelten muss. Für den Bereich der Schule sieht Ernst-Wolfgang Böckenförde die Freiheit der Gewissensbildung (nicht jedoch die Gewissensbetätigungsfreiheit) als berührt an, hält dies aber dann für unproblematisch, wenn (relativ) bekenntnisneutrale öffentliche Schulen von Privatschulen flankiert werden,[57] so dass niemand zum Besuch einer Schule eines für ihn fremden Bekenntnisses gezwungen ist. Heute stellt sich das Problem zunehmend weniger in Bezug auf nicht geteilte christliche Bekenntnisse als vielmehr in Gestalt der Gewissensbildung entlang Überzeugungen einer zunehmend säkularen Gesellschaft, die von einer Mehrheit der Bevölkerung als verbindlich für alle Mitglieder der Gesellschaft angesehen werden und von einer Minderheit, oft aus religiösen Erwägungen heraus, nicht mitgetragen werden.[58] Grundrechtlich ergibt sich der Rahmen zulässiger staatlicher Gewissensbildung in der Schule aus einer Zusammenschau von Art. 4 GG („Gewissensbildungsfreiheit") und dem nach überwiegender Rechtsansicht aus Art. 7 GG abgeleiteten staatlichen Auftrag zu Bildung und Erziehung,[59] welcher wiederum in Einklang zu bringen ist mit dem elterlichen Recht auf Erziehung nach Art. 6 Abs. 2 GG. Der grundgesetzliche Wortlaut des Art. 7 Abs. 1 GG („Das gesamte Schulwesen steht unter der Aufsicht des Staates") gibt keinen näheren Hinweis auf etwaige Erziehungsziele. Unter Juristen strittig ist daher, ob die Erziehungsziele sich nur in den grundgesetzlichen Konstitutionsprinzipien erschöpfen

---

56 Vgl. hier *G. Friesecke*, Das Bundesverfassungsgericht und Grundrechte bei der schulischen Sexualerziehung, DVBl 130 (2015), S. 680–685, hier: 680, die für den Bereich schulischer Sexualerziehung die Gewissensbildungsrelevanz entfaltet.

57 *Böckenförde*, Gewissensfreiheit (Fn. 29), S. 87 (Leitsätze).

58 Vgl. hier die Diskussionen um den Entwurf für den Bildungsplan 2015 in Baden-Württemberg, der daraufhin zum Bildungsplan 2016 überarbeitet wurde: Ein Arbeitspapier der grün-roten Landesregierung wollte die fächerübergreifende Erziehung zur Akzeptanz sexueller Vielfalt (lesbischer, schwuler, bisexueller, transsexueller, transgender und intersexueller Menschen) und der Gleichwertigkeit nichtehelicher Lebensmodelle als Unterrichtsinhalt verpflichtend vorsehen (*Kultusministerium BW* (Hrsg.), Arbeitspapier für die Hand der Bildungsplankommissionen als Grundlage und Orientierung zur Verankerung der Leitprinzipien, Stand 18.11.2013). Dies rief vielseitigen Protest, unter anderem von Seiten der Kirchen, hervor, vgl. die Berichterstattung: Der Tagesspiegel v. 13.01.2014: „Sexuelle Vielfalt im Unterricht: Wieso ist der Lehrplan so umstritten?", abrufbar unter https://www.tagesspiegel.de/politik/sexuelle-vielfalt-im-unterricht-wieso-ist-der-lehrplan-so-umstritten/9326766.html (letzter Aufruf 21.10.2020).

59 Umstritten ist, ob Art. 7 Abs. 1 GG tatsächlich einen staatlichen Erziehungsauftrag enthält. Die Rechtsprechung (BVerfGE 93, 1 (21) – „Kruzifix"; BVerwGE 107, 75 (81) – „Ethikunterricht") und überwiegende Meinung in der juristischen Literatur ist – trotz des „mageren" Wortlautes (Schulwesen steht „unter der Aufsicht des Staates") – dieser Ansicht: Ebenso *H. Avenarius*, Bildungsstandards auf dem rechtlichen Prüfstand, RdJB 53 (2005), S. 423–435, hier: 432; *A. Guckelberger*, Ganztagsschule und elterliches Erziehungsrecht, RdJB 54 (2006), S. 11–28, hier: 15; *W. Loschelder*, Grenzen staatlicher Wertevermittlung in der Schule, ZBR 49 (2001), S. 6–14, hier: 8; *M. Thiel*, Der Erziehungsauftrag des Staates in der Schule, Berlin 2000. Andere sehen in Art. 7 Abs. 1 GG nur einen staatlichen Bildungsauftrag, s. *F. Brosius-Gersdorf*, Art. 7, in: H. Dreier (Hrsg.), Grundgesetz Kommentar, 3. Aufl. Tübingen 2013, Rn. 23 ff.; *G. Beaucamp*, Homeschooling: Ist die ausnahmslose Durchsetzung der Schulpflicht verfassungsgemäß?, in: A. K. Weilert/Ph. W. Hildmann (Hrsg.), Religion in der Schule. Zwischen individuellem Freiheitsrecht und staatlicher Neutralitätsverpflichtung, Tübingen 2018, S. 183 – 196.

(also Menschenwürde und allgemeine Menschenrechte sowie Rechtsstaatlichkeit und Demokratie) oder ob der Staat durch Art. 7 Abs. 1 GG eine Ermächtigung und einen Auftrag zu einer weitreichenden ‚wertgebundenen' und damit auch gewissensprägenden Erziehung erhalten hat, also letztlich zur Erziehung zu „verbindlichen Maßstäben", die über die bloße Anerkennung und Befolgung der bestehenden Gesetze hinausgehen.[60] Inwieweit der Rechtsstaat über die Gesetzesbefolgung hinaus von seinen Bürgern die Anerkennung einer etwaigen ‚Werteordnung' verlangen kann, ist allerdings zweifelhaft. Die Idee einer ‚Wertegemeinschaft' als Grundlage des Rechts und einer Gesellschaft gewinnt gerade dort politisch immer mehr an Boden, wo andere gemeinsame gesellschaftliche Bezugssysteme, allen voran eine von einer Bevölkerungsmehrheit geteilte Religion mit ihren Wertüberzeugungen, schwinden. Es ist also die Werteerziehung in der Schule als Ausschnitt einer größeren Debatte um ‚Wertephilosophie' zu sehen, die mit Namen verbunden sind wie Rudolf Hermann Lotze (1817–1881), der von der Geltung objektiver Werte ausging, und seinem Schüler Wilhelm Windelband (1848–1915), der Erziehung als einen Prozess verstand, beim Edukanden eine bestimmte gefühlsbasierte Bevorzugung oder Ablehnung – also Werte – zu bewirken.[61] Aufgrund der Subjektivität und Kulturrelativität von Werten sah *Windelband* es als Herausforderung an, einen „Wert-an-sich" zu definieren.[62] Hierfür müsse auf ein „Normalbewusstsein" abgestellt werden. Dieses weise auf eine „übergreifende Vernunftsordnung"[63], welche wiederum als „absolute Vernunft, d.h. Gottes"[64] zu denken sei.[65] Max Scheler[66] (1874–1928), der eine Stufenordnung der Werte etablierte, und Nicolai Hartmann[67] (1882–1950) entwickelten diese Ideen weiter und gelten als Vertreter einer materialen Werteethik. Hartmann widmet in seiner Ethik (1926) auch einen Abschnitt dem Zusammenhang von „Ethik und Pädagogik". Darin heißt es, dass jeder Unterricht zugleich bestimmte Werte vermittelt, der besonders junge und „unfertige" Lernende beeinflusst. „Frühzeitige Einzwängung in eine einseitige, beschränkte oder gar parteiliche Lebensauffassung, sittliche Verbildung und Schematisierung, geistige Uniformierung der Jugend sind die Folgen. Sie sind im späteren Leben selten wiedergutzumachen."[68] Hartmann geht in seiner Ethik von einer Absolutheit der Werte und einer Apriorität der Werterkenntnis

60 Für eine wertgebundene Erziehung: *E. Schmidt-Aßmann*, Gewissensbildung (Fn. 23), S. 102; *W. Loschelder*, Grenzen staatlicher Wertevermittlung in der Schule (Fn. 59), S. 9 f. Gegen eine wertgebundene Erziehung: *M. Thiel*, Art. 7, in: M. Sachs (Hrsg.), GG, Kommentar, 88. Aufl. München 2018, Rn. 26; *F. Brosius-Gersdorf*, Art. 7 (Fn. 59), Rn. 30, hält staatliche Erziehungsziele für zulässig, „soweit sie Werte des Grundgesetzes verkörpern oder ihnen jedenfalls nicht widersprechen".

61 *W. Windelband*, Einleitung in die Philosophie, Tübingen 1920, § 13, S. 246–257. Prägnante Zusammenfassung der Wertphilosophie Windelbands bei *K. Fees*, Werte und Bildung, Wertorientierung im Pluralismus als Problem für Erziehung und Unterricht, Opladen 2000, S. 177 ff.

62 *Windelband*, Philosophie (Fn. 61), S. 255.

63 *Windelband* (Fn. 62).

64 *Windelband*, Philosophie (Fn. 61), S. 256.

65 *Windelband*, Philosophie (Fn. 61), S. 255 f.: „Sobald man nun diese Ordnungen als Inhalte eines realen höheren Bewusstseins in Analogie zu dem in uns erlebten Verhältnis des Bewusstseins zu seinen Gegenständen und Werten denken will, müssen sie als die Inhaltsbestimmungen einer abstrakten Vernunft, d.h. Gottes, vorgestellt werden."

66 *M. Scheler*, Der Formalismus in der Ethik und die materiale Wertethik, Halle a. d.S. 1916, insbes. S. 1–19.

67 *N. Hartmann*, Ethik, Berlin 1926, S. 119 ff.

68 *Hartmann*, Ethik (Fn. 67), S. 32.

aus.[69] Teilweise fanden die materiale Werteethik sowie das Naturrechtsdenken Eingang in Rechtsüberzeugungen der frühen Bundesrepublik.[70] Die behauptete Geltung objektiver Grundwerte für eine Gesellschaft ist jedoch nicht unwidersprochen geblieben. Ein scharfer Kritiker war der Staatsrechtler Carl Schmitt (1888–1985). Er hebt hervor, dass die Geltung der Werte auf Setzungen subjektiver Entscheidungen der Menschen beruht.[71] Werte hätten kein „Sein", sondern nur eine „Geltung", die „fortwährend aktualisiert, das heißt: geltend gemacht werden [muss], wenn sie sich nicht in leeren Schein auflösen soll".[72] Weiter heißt es: „Wer Wert sagt, will geltend machen und durchsetzen. Tugenden übt man aus; Normen wendet man an; Befehle werden vollzogen; aber die Werte werden gesetzt und durchgesetzt. Wer ihre Geltung behauptet, muß sie geltend machen. Wer sagt, daß sie gelten, ohne daß ein Mensch sie geltend macht, will betrügen."[73] Schmitt spricht (unter Rekurs auf Nicolai Hartmann) von einer „Tyrannei der Werte" und zeichnet das Bild einer „wertzerstörenden Werteverwirklichung" [74], da sich Überzeugungen und Interessen in einem „andauernden Kampf"[75] befänden. Auch Ernst-Wolfgang Böckenförde reiht sich in die Reihe der Kritiker ein und warnt vor einer Wertefundierung des Rechts.[76] Eine anzuerkennende Werteordnung würde von den Bürgern eine bestimmte Gesinnung verlangen, die über die Gesetzesbefolgung hinausginge.[77] Werte müssten von der Gesellschaft ausgehen, nicht vom Staat.[78] Nach Böckenförde hat der Wertebezug die Leerstelle eingenommen, die die fehlende gemeinschaftlich geteilte religiöse Wertebindung hinterlassen hat. Da aber die Werte in einer Gesellschaft subjektiv ausgehandelt sind und keine universelle Geltung hätten,[79] dürften sie keine dem Recht vergleichbare Befolgung beanspruchen, da anderenfalls

---

69 *Hartmann*, Ethik (Fn. 67), S. 125.

70 Vgl. näher hierzu *H. Hofmann*, Rechtsphilosophie nach 1945, Berlin 2012, S. 17 ff. Die Lüth-Rechtsprechung geht zwar nicht von einem über der Verfassung schwebenden Naturrecht aus, erhebt dafür aber gleichsam die Grundrechte selbst zum Naturrecht (*H. Hofmann*, Rechtsphilosophie, a.a.O. S. 24), indem sie diese als objektive Wertordnung postuliert, die „als verfassungsrechtliche Grundentscheidung für alle Bereiche des Rechts gilt." (1. LS).

71 *C. Schmitt*, Die Tyrannei der Werte, in: C. Schmitt./E. Jüngel/S. Schelz, Die Tyrannei der Werte, Hamburg 1979, S. 9–43, hier: 31.

72 *Schmitt*, Werte (Fn. 71), S. 33.

73 *Schmitt*, Werte (Fn. 71), S. 33.

74 *Schmitt*, Werte (Fn. 71), S. 37.

75 *Schmitt*, Werte, (Fn. 71), S. 37.

76 *E.-W. Böckenförde*, Kritik der Wertbegründung des Rechts, in: R. Löw (Hrsg.), ΟΙΚΕΙΩΣΙΣ. Festschrift für Robert Spaemann, Weinheim 1987, S. 1–21; *E.-W. Böckenförde*, Zur Kritik der Wertbegründung des Rechts, ARSP-B 37 (1990), S. 33–46 (überarbeitete Fassung des vorgenannten Festschriftbeitrags); *Böckenförde*, Die Entstehung des Staates als Vorgang der Säkularisation, mehrfach publiziert, zuletzt in: Böckenförde (Hrsg.), Der säkularisierte Staat. Sein Charakter, seine Rechtfertigung und seine Probleme im 21. Jahrhundert, 2. Aufl. München 2015, S. 43–72, hier: 70.

77 *E.-W. Böckenförde*, Der säkularisierte Staat. Sein Charakter, seine Rechtfertigung und seine Probleme im 21. Jahrhundert. Vortrag gehalten in der Carl-Friedrich von Siemens Stiftung am 26. Oktober 2006, in: Böckenförde (Hrsg.), Der säkularisierte Staat. Sein Charakter, seine Rechtfertigung und seine Probleme im 21. Jahrhundert, 2. Aufl. München 2015, S. 11–411, hier: 29 u. 30.

78 Vgl. die Interpretation Böckenfördes von *A. Reuter*, Religion in der verrechtlichten Gesellschaft, Göttingen 2014, S. 297.

79 *Böckenförde*, Zur Kritik der Wertbegründung des Rechts (Fn. 76), hier: 41: „[...] der Rückgriff auf Werte als Grundlage des Rechts [ist] – wegen des Fehlens einer rationalen Begründung der Werte – die Schleuse für das Einströmen methodisch nicht kontrollierbarer subjektiver Meinungen und An-

die Freiheitlichkeit auf dem Spiel stünde.[80] Sein berühmtes Diktum, dass der freiheitliche, säkularisierte Staat von Voraussetzungen lebe, die er selbst nicht garantieren könne, steht gerade in diesem Zusammenhang. Der Staat sei angewiesen auf die „moralische Substanz des einzelnen“, könnte genau dies aber nicht gebieten oder mit Zwang durchsetzen, ohne seine Freiheitlichkeit aufzugeben.[81]

Es stellt sich die Frage, was dies für die Erziehung im Rahmen der Schulpflicht bedeutet. Landesverfassungen und Schulgesetze der Länder gehen nämlich zum Teil explizit vom Auftrag der Schule zur Werteerziehung und damit auch Gewissensprägung aus.[82] Dies kann Anlass zu gesellschaftspolitischen Auseinandersetzungen bieten.[83]

Interessanterweise wird der Aspekt der Gewissensfreiheit in den Streitfällen des Fernbleibens vom Unterricht, insbesondere des Homeschooling, kaum thematisiert, obwohl es hier dem Grund nach auch um die ‚Gewissensbildungshoheit‘ geht (jedenfalls dann, wenn das Homeschooling nicht aus pädagogischen Gründen – wie bei den Freilernern –, sondern aus religiös-weltanschaulicher Motivation heraus angestrebt wird).[84] Die mangelnde Reflexion der Gewissensbildungsfreiheit findet wohl nicht zuletzt ihre Ursache darin, dass sich die Gewissensbildung durch die Schule kaum greifen und judizieren lässt. Daher tritt die Gewissensbildungsfreiheit im Grunde nur im Gewand der Freiheit zur *Gewissensentscheidung* in Erscheinung.

---

schauungen der Richter und Rechtslehrer sowie der vorherrschenden zeitigen Tageswerte und -wertungen der Gesellschaft in die Auslegung, Anwendung und Fortbildung des Rechts“.

80 *Böckenförde*, Entstehung des Staates (Fn. 76), hier 71: „[…] die Proklamierung eines ‚objektiven Wertsystems‘“ hebt „gerade jene Entzweiung auf, aus der sich die staatliche Freiheit konstituiert“.

81 *Böckenförde* (Fn. 80).

82 Vgl. Art. 131 Abs. 1 BayVerf (Schulen sollen „Herz und Charakter bilden“); Art. 16 Abs. 1 Verf BW („In christlichen Gemeinschaftsschulen werden die Kinder auf der Grundlage christlicher und abendländischer Bildungs- und Kulturwerte erzogen.“); § 1 Abs. 2 SchulG BW (Erziehung zur „Anerkennung der Wert- und Ordnungsvorstellungen der freiheitlich-demokratischen Grundordnung“).

83 Exemplarisch sei dies am Beispiel der Erziehung zur Befürwortung von sexueller Vielfalt, thematisiert in den Diskussionen um den Bildungsplan 2015 in Baden-Württemberg (s. oben Fn. 58), umrissen: Die Gewissensfreiheit hebt auf ein individuelles Für-‚Gut‘-und-‚Böse‘-Befinden ab, richtet sich also nicht nach einem Durchschnittsgewissen oder einem gegenwärtigen moralischen Mainstream. Sexuelle Orientierungen und Lebensweisen wurden in vielen Kulturen seit jeher mit unterschiedlichen moralischen Bewertungen in den Kategorien von ‚Gut‘ und ‚Böse‘ bemessen (gegenwärtig ist dies in der Bundesrepublik Deutschland etwa noch der Fall für das Verbot der Polygamie (§ 172 StGB) und des Inzests (§ 173 StGB)). Die unmittelbar auf die ethische Urteilsbildung zielende Erziehung zu sexueller Vielfalt als Norm könnte als ein Eingriff in die Gewissensbildungsfreiheit angesehen werden, vorausgesetzt, dass man die Gewissensbildungsfreiheit als Schutzgut des Art. 4 GG ansieht. Es wäre dann zu prüfen, ob möglicherweise andere Güter von Verfassungsrang oder Grundrechte Dritter diese bewusste staatliche (und für die Schüler unausweichliche) Gewissensprägung rechtfertigen können. Nach hiesiger Ansicht kann eine Rechtfertigung dann nicht mehr angenommen werden, wenn nicht nur zu einer Toleranz, sondern positiven Befürwortung erzogen wird, die auf die individuelle Gewissenprägung für die eigene Lebensführung abhebt.

84 Auch BVerfG, Nichtannahmebeschluss vom 15. Oktober 2014 zum Homeschooling – 2 BvR 920/14 –, juris Rn. 24/27/29 stellt auf die „Gewissensentscheidung“ ab.

3. Schutz der Gewissensentscheidung

Art. 4 GG schützt nach allgemeiner Ansicht nicht nur die Gewissensüberzeugung, sondern und vor allem auch die Gewissensentscheidung. Diese bildet, wenn sie mit der Rechtsordnung konfligiert, für die Rechtswissenschaft das Zentrum der Gewissensfreiheitsgarantie des Grundgesetzes.[85] Da die Gewissensfreiheit nach Art. 4 GG nur verfassungsimmanenten Schranken unterliegt, muss die rechtliche Definition einer so geschützten Gewissensentscheidung eng gefasst werden. Anderenfalls könnte sich jeder unter Verweis auf sein persönliches Gewissen über die staatliche Rechtsordnung hinwegsetzen, und anstelle eines durch Gesetze geregelten Zusammenlebens würde die Inneneinsicht jedes Individuums den Maßstab für sein rechtlich zulässiges Handeln bilden. Nur für die in diesem Sinne eng verstandene Gewissensentscheidung kann gelten, dass der „Verzicht des Staates, im Konfliktsfall ein Handeln gegen das Gewissen zu erzwingen und dadurch das Gewissen zu ‚kränken' [...] nicht die Auflösung staatlicher Entscheidungsgewalt, sondern eher deren Voraussetzung und Legitimation" bedeutet.[86] Auch in Bezug auf die Kategorie der Gewissensentscheidung hat das Bundesverfassungsgericht in der genannten Kriegsdienstentscheidung Wegmarken gesetzt, auf die bis heute im juristischen Schrifttum ungebrochen Bezug genommen wird: „Als eine Gewissensentscheidung ist [...] jede ernste sittliche, d. h. an den Kategorien von ‚Gut' und ‚Böse' orientierte Entscheidung anzusehen, die der Einzelne in einer bestimmten Lage als für sich bindend und unbedingt verpflichtend innerlich erfährt, so daß er gegen sie nicht ohne ernste Gewissensnot handeln könnte."[87]

Stefan Mückl identifiziert im Anschluss an diese Definition vier Kriterien für eine von Art. 4 GG „geschützte Betätigung des Gewissens", namentlich *Individualität* (kein „verobjektiviertes Durchschnittsgewissen")[88], *Moralität* (Ausrichtung an den Kategorien von „Gut" und „Böse"), *Existentialität* (Wesentlichkeit der Entscheidung für die Persönlichkeit des Betroffenen) und *Plausibilität* (Darlegung der Moralität und Existentialität).[89] Während das Kriterium der Individualität eine entgegen der herrschenden Auffassung bestehende Gewissensentscheidung ermöglichen soll, beschreibt die Moralität den Gegenstand der Gewissensentscheidung näher. Existentialität und Plausibilität sollen dagegen sicherstellen, dass nicht die die gesamte ethische Fragen berührende Rechtsordnung einem Individualitätsvorbehalt unterliegt. Bei letzteren Kriterien geht es also im Kern um die Reichweite der Gewissensfreiheit, wobei im Einzelnen vieles umstritten ist. Wie existentiell muss sich die Befolgung der Gewissensentscheidung für den Einzelnen auswirken? Muss, wie das Bundesverwaltungsgericht früher forderte, die „sittliche Persönlichkeit" zu „zerbrechen" drohen oder mindestens geschädigt werden?[90] Oder gilt, dass – so das Bundesverwaltungsgericht heute in Abschwächung seiner früheren Rspr. – eine „schwere Ge-

---

85 Vgl. *E. Schmidt-Aßmann*, Gewissensbildung (Fn. 23), S. 84.

86 *E.-W. Böckenförde*, Gewissensfreiheit (Fn. 29), S. 84 (Leitsätze).

87 BVerfGE 12, 45 (55) – „Kriegsdienstverweigerung"; Bezugnahme zuletzt in BVerfG, Urteil vom 26. Februar 2020 – 2 BvR 2347/15 –, juris Rn. 309 – Suizidbeihilfe. Vgl. auch *H. Stössel*, Das religiöse Gewissen (Fn. 19), S. 44 f. der darlegt, inwieweit das Bundesverfassungsgericht an Gedankengut der römischen Stoa anknüpft.

88 Vgl. hier auch *N. Luhmann*, Die Gewissensfreiheit und das Gewissen (Fn. 19), S. 235: Gewissen ist „höchstpersönlich" und nicht auf „(intersubjektive) Wahrheiten" gerichtet.

89 *Mückl*, Art. 4 (Fn. 49), Rn. 79 ff.

90 BVerwGE 7, 242 (247) – „Kriegsdienstverweigerung aus Gewissensgründen".

wissensnot" zu fordern ist, die zu einem „schweren seelischen Schaden" führen kann, aber nicht muss?[91] Stephan Rixen zufolge müsse die Person zu „zerbrechen" drohen, „ohne dass damit ein psychiatrisch relevanter Leidensdruck verbunden sein" müsse.[92] Ein Mensch müsse sich gezwungen sehen, seinem „für das personale Selbstbild konstitutiven ethischen Selbstverständnis zuwider[zu]handeln".[93] Hierin bestehe ein „Zwang, sich selbst fremd zu werden".[94] Mückl schlägt als Maßstab die „Maßgeblichkeit der in Rede stehenden Entscheidung für die Konstituierung oder Dekonstituierung der Person" vor.[95] Ähnlich heißt es bei Christian Starck, dass der Mensch „im Kern seiner Persönlichkeit", also in der „Identität seiner Persönlichkeit", betroffen sein müsse.[96] Nach Michael Germann muss es sich um eine „innerlich als unwiderstehlich, zwingend, die personelle Identität bedingend empfundene Motivation" handeln.[97] Das Bundesverfassungsgericht spricht, wie gezeigt, von einer „Gewissensnot". Die Gewissenentscheidung müsse danach den „Charakter eines unabweisbaren, den Ernst eines die ganze Persönlichkeit ergreifenden sittlichen Gebots" haben.[98] Karl-Hermann Kästner fasst die Gewissensnot als „seelische" Not, die die „sittlich-moralische Integrität" des Einzelnen berührt.[99] Martin Borowski sieht einen gemeinsamen Nenner in den verschiedenen Ansichten zur Intensität des moralischen Appels darin, dass die „Identität der Persönlichkeit durch das Zuwiderhandeln gegen als strikt bindend empfundene moralische Ge- oder Verbote gefährdet oder beschädigt wird".[100] Letztlich nimmt die Diskussion der „Existentialität" zum Teil die Abwägung im Rahmen der möglichen Beschränkbarkeit der Gewissensfreiheit vorweg. Denn je existentieller sich ein Gewissenszwang auswirkt, desto weniger kann seine Beschränkung gerechtfertigt werden.[101]

Eine Gewissensentscheidung ist nur dann von Art. 4 GG geschützt, wenn der sich hierauf Berufende *plausibel darlegen* kann, dass es sich um eine moralische Entscheidung von für ihn existentieller Bedeutung handelt.[102] Eine bloße Behauptung reicht hier nicht aus. Plausibel muss dabei nicht der Inhalt der Gewissenentscheidung sein, sondern dass der Einzelne für sich eine innerliche Verpflichtung von genanntem Ausmaß erfährt.[103] Dies muss widerspruchsfrei und stimmig dargelegt werden können. Indizien hierfür sind etwa die Kohärenz mit dem bisherigen Lebensweg sowie die die Persönlichkeit bisher maßgeblich prägenden Einflüsse religiöser, weltanschaulicher, erzieherischer und sozialer Natur.[104] Als Anzeichen für die Intensität des moralischen Appels wird teils eine gewisse Opferbereitschaft

91 BVerwGE 81, 239 (241) sowie Leitsatz – „Gewissensentscheidung".

92 *Rixen*, Die Gewissensfreiheit (Fn. 52), S. 70.

93 *Rixen* (Fn. 92).

94 *Rixen* (Fn. 92).

95 *Mückl*, Art. 4 (Fn. 49), Rn. 82.

96 *Starck*, Art. 4 (Fn. 30), Rn. 67.

97 *Germann*, Art. 4 (Fn. 52), Rn. 88.

98 BVerfGE 12, 45 (55) – „Kriegsdienstverweigerung".

99 *Kästner*, Art. 4 (Fn. 39), Rn. 118; nunmehr: *Kästner/Droege*, Art. 4 (Fn. 39), Rn. 119.

100 *Borowski*, Glaubens- und Gewissensfreiheit (Fn. 26), S. 557.

101 Vgl. hier auch *Mager*, Art. 4 (Fn. 19), Rn. 54: „Wegen der Subjektivität der Gewissensbetroffenheit sind Schutzbereich, Eingriff und Schranken untrennbar miteinander verbunden".

102 Vgl. *Borowski*, Glaubens- und Gewissensfreiheit (Fn. 26), S. 558 ff.

103 *Borowski*, Glaubens- und Gewissensfreiheit (Fn. 26), S. 557.

104 *Rixen*, Die Gewissensfreiheit (Fn. 52), S. 73.

gefordert.[105] Eine echte Gewissensentscheidung zeige sich demnach daran, dass der sich auf sie Berufende auch Nachteile in Kauf zu nehmen bereit ist. An der Opferbereitschaft ließe sich dann der Grad der persönlich empfundenen Verbindlichkeit des moralischen Gebots ablesen. Auch Spaemann hat im Übrigen die „Bereitschaft des Betreffenden, eine unangenehme Alternative in Kauf zu nehmen" als „einziges Indiz für die Echtheit der Gewissensentscheidung" angesehen,[106] allerdings daraus nicht den Umkehrschluss formuliert, dass ohne eine Opferbereitschaft keine Gewissensentscheidung vorläge. Ein äußeres Kriterium für eine Gewissensentscheidung gebe es nicht.[107] Verlangt man das Hinnehmen von Nachteilen, würde man damit zugleich den Schutz der Gewissensfreiheit als solchen empfindlich einschränken oder gar aufheben.[108] Während es bei der Gewissensprüfung im Rahmen der Kriegsdienstverweigerung noch ein geeignetes Kriterium sein konnte, ob der Verweigerer ‚lästigen' Ersatzdienst zu leisten bereit war (damit also zumindest keinen Vorteil gegenüber Wehrdienstleistenden erhielt bzw. in zeitlicher Hinsicht mit dem längeren Ersatzdienst ein ‚Opfer' brachte), würde etwa eine schlechte Benotung in der Schule aufgrund verweigerter Unterrichtsteilnahme bedeuten, dass der Staat die Gewissensentscheidung faktisch nicht anerkennt und nicht schützt. Zu Recht wird daher eine „Feuerprobe" im Sinne einer „Bereitschaft […], […] Nachteile in Kauf zu nehmen" als notwendiges, die Gewissensentscheidung konstituierendes Kriterium abgelehnt.[109] Vielmehr sollte im Einzelfall aus den vorgetragenen Umständen ermittelt werden, ob die moralische Norm eine so intensive Forderung an den Grundrechtsträger stellt, dass dieser sich nicht nur aus einem Unbehagen, einer Verärgerung oder aufgrund bloßer Bedenken in Widerspruch zu seinen Rechtspflichten setzt. Da die Annahme einer Gewissensentscheidung nicht auch automatisch die grundrechtliche Legitimation für das Handeln bedeutet, sondern eine Einschränkung durch kollidierende Grundrechte Dritter oder Güter von Verfassungsrang möglich ist, sollten die Voraussetzungen nicht so hoch gehängt werden, dass sie gleichsam der Frage der praktischen Konkordanz, also des schonenden Ausgleichs der Güter, schon vorgreifen. Für Schüler und in gewissem Umfang auch ihre Eltern[110] kann die Entscheidung zur Nichtteilnahme an bestimmten Unterrichtsinhalten eine Gewissensentscheidung sein.

105 Vgl. *Rixen*, Die Gewissensfreiheit (Fn. 52), S. 73, im Anschluss an *Kästner*, Individuelle Gewissensbindung und normative Ordnung, ZevKR 37 (1992), S. 127–148, hier: 143 (Kästner sieht in der Opferbereitschaft ein Indiz für eine gewisse Ernsthaftigkeit der Gewissensentscheidung).

106 *Spaemann*, Der Einzelne (Fn. 2), S. 84.

107 *Spaemann* (Fn. 106).

108 Vgl. zur Problematik *M. Borowski*, Glaubens- und Gewissensfreiheit (Fn. 26), S. 559; s. auch *J. Froese*, Innere Tatsachen als Herausforderung für die Rechtsordnung (Fn. 52), S. 235: Zwar können die Opferbereitschaft die Ernsthaftigkeit unterstreichen, der Umkehrschluss lasse sich aber nicht ziehen.

109 *Mückl*, Art. 4 (Fn. 49), Rn. 83.

110 *E. Schmidt-Aßmann*, Gewissensbildung (Fn. 23), S. 105, betont allgemein im Rahmen der Homeschoolingdebatte, dass Art. 4 GG keinen „Konfrontationsschutz" bereithalte. Zu einem spezifischen Problem *elterlicher* Gewissensfreiheit können solche Fälle nur werden, wenn dargelegt wird, „dass die schulischen Maßnahmen die Betroffenen in eine echte Gewissensnot bringen; dies ist keineswegs immer der Fall, wenn die entsprechenden Vorbehalte eine religiös-weltanschauliche Grundlage besitzen".

V. Die religiös motivierte Gewissensentscheidung als Symbiose der Religions- und Gewissensfreiheit

In Bezug auf die Einordnung der religiös motivierten Gewissensentscheidung divergieren die Meinungen der Verfassungsrechtler und der Rechtsprechung. Oft fehlt eine hinreichend klare Differenzierung. Obwohl dahingehend Einigkeit besteht, dass Gewissens- und Religionsfreiheit unter Art. 4 GG zwei voneinander zu unterscheidende und eigenständige Grundrechte sind,[111] wird dennoch allgemein auch betont, dass zentraler Gewissensbildungsfaktor die Glaubensüberzeugung des Einzelnen ist. Eine Abgrenzung ist bedeutsam, weil sich beide Grundrechte in ihrem Schutzumfang unterscheiden. Während der Schutzbereich der Religionsfreiheit allgemein sehr weit gespannt wird,[112] ist der Schutzbereich der Gewissensfreiheit relativ enger. Ein weiterer Unterschied liegt in der Schrankensystematik. Die Gewissensfreiheit unterliegt nur verfassungsimmanenten Schranken, für die Religionsfreiheit ist dies wie gezeigt umstritten. Ob sich nun der engere Schutzbereich der Gewissensfreiheit und die vielfach befürwortete großzügigere Schrankensystematik der Religionsfreiheit gegeneinander in Bezug auf das effektive Schutzniveau ‚aufheben', kann allgemein nicht beantwortet werden, sondern wäre an jedem Fall gesondert zu prüfen.

1. Verschiedene Ansätze der Einordnung der religiösen Gewissensentscheidung in der juristischen Literatur

Karl-Hermann Kästner/ Michael Droege vertreten die Auffassung, dass die Gewissensfreiheit als *lex specialis* gegenüber der Religionsfreiheit anzusehen ist, sofern es sich um eine den Anforderungen von Art. 4 GG genügende Gewissensentscheidung handelt.[113] Da die meisten Gewissensentscheidungen religiös motiviert sind, würde es ansonsten bei Vorrangigkeit der Zuordnung zur Religionsfreiheit kaum noch einen Anwendungsbereich der Gewissensfreiheit geben.[114] Damit wird das Kriterium der Existentialität (neben dem Bezug zur religiösen Motivation, die bei der Gewissensentscheidung nicht notwendigerweise vorliegen muss) zum Abgrenzungskriterium zwischen Religions- und Gewissensfreiheit.[115] Dies muss vor dem Hintergrund gelesen werden, dass Kästner/Droege über Art. 140 GG i.V.m. Art. 136 WRV eine Beschränkbarkeit der Religionsfreiheit auch für Art. 4 GG annehmen.[116] Würde nun jede religiös motivierte Gewissensentscheidung der

---

111 *Böckenförde*, Gewissensfreiheit (Fn. 29), S. 83 (Leitsätze); *Schmidt-Aßmann*, Gewissensbildung (Fn. 23), S. 94; *Starck*, Art. 4 (Fn. 30), Rn. 63; *Muckel*, Art. 4 (Fn. 45), Rn. 62.

112 BVerfGE 138, 296 (328 f). – „Kopftuchverbot"; BVerfGE 24, 236 (245) – „Rumpelkammer"; *Morlok*, Art. 4 (Fn. 19), Rn. 66 f.; s. aber *Muckel*, Art. 4 (Fn. 45), Rn. 5 ff.

113 *K.-H. Kästner/M. Droege*, Art. 4 (Fn. 39), Rn. 121.

114 *Kästner*, Art. 4 (Fn. 39), Rn. 49.; nicht mehr ganz so eindeutig: *Kästner/Droege*, Art. 4 (Fn. 39), Rn. 121 f.

115 *Kästner/Droege*, Art. 4 (Fn. 39), Rn. 121.: „existenzielle Bezüge zur Persönlichkeit des die Handlung Ausübenden".

116 *Kästner/Droege*, Art. 4 (Fn. 39), Rn. 213 ff. Allerdings weisen Kästner/Droege explizit darauf hin, dass damit nicht „Staatsgesetz gilt vor Religionsgebot" im Sinne eines „uneingeschränkten einfachen Gesetzesvorbehalts" gilt, sondern markiert wird vielmehr die „‚Wechselwirkung' zwischen beschränktem Grundrecht und beschränkendem Gesetz" (Rn. 214).

Religionsfreiheit zuzuordnen sein, stünde diese praktisch unter allgemeinem Gesetzesvorbehalt. Um dies zu vermeiden und nur verfassungsimmanente Schranken gelten zu lassen, konstruieren Kästner/Droege die „Spezialität" und damit vorrangige Anwendbarkeit der Gewissensfreiheit vor der Religions- und Weltanschauungsfreiheit. Damit wird im Grunde die Gewissensfreiheit höher angesiedelt als die Religionsfreiheit, wobei das „religiöse Existenzminimum" über die Aufnahme in die Gewissensfreiheit einen ebenfalls weit reichenden Schutz erhielte. Die Abgrenzung zwischen Religions- und Gewissensfreiheit verläuft für Kästner/Droege also nicht an der Grenze zwischen individueller Glaubensüberzeugung und einer von einer Religionsgemeinschaft geteilten Ansicht[117], sondern an der Erheblichkeit (Existentialität) für den Einzelnen.

Demgegenüber definieren Karl-Heinz Ladeur[118], Stefan Mückl[119] und wohl auch Martin Morlok[120] ein Abgrenzungskriterium an der Wegmarke, ob es sich um eine rein subjektive Gewissensüberzeugung handelt oder ob diese in einer Religionsgemeinschaft Resonanz findet. Die Bekenntnisfreiheit setze eine *kollektive* Dimension voraus. Eine vereinzelte, nur individuelle und nicht von der kirchlichen Lehre und Religionsgemeinschaft geteilte Glaubensüberzeugung sei nicht von der Religionsfreiheit, sondern nur von der Gewissensfreiheit geschützt.[121] Mückl untermauert diese These dreifach[122]: Steht, erstens, individuelles Selbstverständnis gegen das der Glaubensgemeinschaft, so wäre ein unauflösbarer Widerspruch gegeben, wenn nicht das korporative Selbstverständnis Vorrang genösse. Glaube und Religion zeichneten sich, zweitens, durch ein geteiltes Sinnsystem aus. Daher sei nicht nur die im Widerspruch zur Gemeinschaft stehende Individualmeinung der Gewissensfreiheit zuzuordnen, sondern auch eine religiös motivierte Verhaltensweise, die der Religionsgemeinschaft zwar nicht widerspricht, aber auch nicht von ihr gefordert wird. Der Grat ist hier schmal, denn unter die Religionsfreiheit soll eine individuelle Überzeugung auch dann fallen, „wenn sie sich als ‚überobligationsmäßig'" darstellt. Schließlich führt Mückl, drittens, systematische Gründe an: Dem eigenständigen Grundrecht der Gewissensfreiheit wäre praktisch der Anwendungsbereich entzogen, wären alle religiös motivierten Gewissensentscheidungen der Religionsfreiheit zuzuordnen. Hierin drückt sich zugleich die Annahme aus, dass es nur vereinzelte nicht religiös motivierte Gewissensentscheidungen gäbe, was im gegenwärtigen Trend der Auflösung religiöser Bindungen zugunsten von anderen in Weltanschauungen fundierten Überzeugungen nicht notwendigerweise zutreffend ist. Nach dieser Ansicht wäre also die Einordnung einer Überzeugung davon abhängig, ob die entsprechende Glaubensgemeinschaft eine solche Norm anerkennt. Handelt es sich um eine nur individuell angenommene religiöse Vorschrift, wäre der Schutz der Gewissensfreiheit maßgeblich. Morlok konstruiert, obwohl ein Vertreter des Grund-

---

117 *Kästner/Droege*, Art. 4 (Fn. 39), Rn. 118: „in Parallele zur Religions- und Weltanschauungsfreiheit ist mithin das Selbstverständnis des einzelnen Grundrechtsträgers von maßgeblicher Bedeutung".

118 *K.-H. Ladeur*, Das islamische Kopftuch in der christlichen Gemeinschaftsschule, JZ 70 (2015), S. 633–637, hier: 633.

119 *St. Mückl*, Religionsfreiheit und Sonderstatusverhältnisse – Kopftuchverbot für Lehrerinnen?, Der Staat 40 (2001), S. 96–127, hier: 115 f.

120 *M. Morlok*, Art. 4 (Fn. 19), Rn. 57, 97.

121 *K.-H. Ladeur*, Das islamische Kopftuch (Fn. 118), S. 633.

122 *St. Mückl*, Religionsfreiheit und Sonderstatusverhältnisse (Fn. 119), S. 115 f.

rechtssubjektivismus,[123] eine Auffangfunktion der Gewissensfreiheit gegenüber der Glaubensfreiheit, wenn die „als verpflichtend empfundene persönliche Entscheidung nicht in offenbarem Zusammenhang mit den Lehren einer Religion oder Weltanschauung“ steht.[124] An die Gewissensentscheidung seien aber insgesamt „höhere Anforderungen zu richten als an die Religionsausübung“, da das Gewissen vollständig individuell bestimmt sei, während Religion ein „intersubjektives Kommunikationsphänomen“ darstelle und insofern einer „sozialen Selbstkontrolle“ unterliege.[125] Gegenüber anderen Grundrechten setze sich jeweils das Grundrecht durch, das den effektiveren Schutz vermittele.[126]

Einige Stimmen im Schrifttum gehen davon aus, dass die Gewissensfreiheit insgesamt nur dann zum Tragen kommt, wenn andere Grundrechte nicht bereits hinreichenden Schutz bieten. Ernst-Wolfgang Böckenförde spricht von der Gewissensfreiheit als „Abschluss und Vollendung der Freiheitsrechte“.[127] Ute Mager leitet diese „Auffangfunktion“ im Anschluss an Georg Jellinek[128] aus dem „Primat der Gewissensfreiheit“ ab.[129] Die Gewissensfreiheit verbürge einen Bereich individueller Selbstverantwortung, der dem Zugriff des Staates entzogen sei, und der die ideengeschichtliche Basis auch der anderen – spezielleren – Grundrechte bilde. Die Gewissensfreiheit verlange nach der Zuerkennung weiterer, sie erst ermöglichender, Freiheiten.[130] Da die Gewissensfreiheit auf die „individuelle moralische Zumutbarkeit“ ziele und damit einen subjektiven Maßstab bilde, komme sie „nur zum Zuge gegenüber solchen Rechtszwängen, die nicht bereits am Maßstab anderer Grundrechte scheitern“.[131] Ähnlich geht Stefan Huster – wenngleich dogmatisch auf anderen Voraussetzungen ruhend – für religiös motivierte Gewissensentscheidung im Schulkontext davon aus, dass die Gewissensfreiheit des Schülers oder seiner Eltern ein gleichsam letztes Ventil gegenüber dem Erziehungsauftrag des Staates nach Art. 7 GG biete.[132] Im Rahmen

123 *M. Morlok*, Art. 4 (Fn. 19), Rn. 60 („Der Schutzbereich ist stets anhand von subjektiven Kriterien, dem Selbstverständnis der Grundrechtsträger, zu bestimmen“) und Rn. 66 f.; *M. Morlok*, Selbstverständnis als Rechtskriterium, Tübingen 1993, S. 393 ff. Vgl. auch Darstellung des Grundrechtssubjektivismus bei *St. Mückl*, Art. 4 (Fn. 49), Rn. 87. Auch die jüngere Verfassungsrechtsprechung folgt einem Grundrechtssubjektivismus (Nachweise bei *Mückl*, Art. 4 (Fn. 49), Rn. 86 m.w.N.).

124 *Morlok*, Art. 4 (Fn. 19), Rn. 97. Etwas unklar bleibt, ob die Pointe hier auf dem Zusammenhang mit den Lehren einer Religion oder Weltanschauung liegt oder auf der individuellen Berufung auf religiöse Gründe (Der Gewissensfreiheit komme eine „Auffangfunktion für diejenigen Fälle zu, die nicht zweifelsfrei der Religionsfreiheit zugeordnet werden können“, Rn. 97; s. aber auch Rn. 57: Religion als Sinnkomplex einer organisierten Personenmehrheit im Gegensatz zur „individuellen Gewissensentscheidung“).

125 *Morlok*, Art. 4 (Fn. 19), Rn. 102.

126 *Morlok*, Art. 4 (Fn. 19), Rn. 190.

127 *E.-W. Böckenförde*, Gewissensfreiheit (Fn. 29), S. 65.

128 *G. Jellinek*, Die Erklärung der Menschen- und Bürgerrechte, 2. erw. Aufl. Leipzig 1904, der ein historisches Primat der Gewissensfreiheit postulierte, s. *U. Mager*, Die Gewissensfreiheit im liberalen Verfassungsstaat (Fn. 27), S. 560.

129 *Mager*, Art. 4 (Fn. 19), Rn. 53.

130 *Mager* (Fn. 129).

131 *Mager* (Fn. 129). Im Ergebnis so auch *R. Herzog*, Art. 4, in: Th. Maunz/G. Dürig (Hrsg.), Grundgesetz. Kommentar, München 90. Aktualisierung 02/2020 (Bearbeitungsstand von Art. 4: 27. Aktualisierung 03/1988), Rn. 163.

132 *St. Huster*, Endlich: Abschichtung statt Abwägung – Neues zum Verhältnis von schulischem Erziehungsauftrag und elterlichem Erziehungsrecht, DÖV 67 (2014), S. 860–866; *St. Huster*, Er-

seines Abschichtungsmodells liegt kein Eingriff in Elternrecht und Glaubensfreiheit des Schülers vor, solange staatliche Bildungs- und Erziehungsinhalte religiös-weltanschaulich begründungsneutral sind. Die Gewissensfreiheit hat hier die Funktion, durch schulische Erziehung hervorgerufene „unzumutbare Identitätsbeeinträchtigungen im Einzelfall" zu vermeiden.[133] Matthias Jestaedt kritisiert dies und führt aus, dass die Gewissensfreiheit nicht als Auffangrecht tauge, da sie sich – im Gegensatz zu Elternrecht und Glaubensfreiheit – „erst bei einer ausgesprochen hohen Beeinträchtigungsintensität" aktualisiere.[134]

Nach wohl herrschender Auffassung stehen Glaubens- und Gewissensfreiheit in Idealkonkurrenz zueinander, wenn es sich um religiös motivierte Gewissensüberzeugungen handelt.[135] Eine glaubensgeleitete Gewissensentscheidung werde also durch Gewissensfreiheit und Glaubensfreiheit gleichermaßen geschützt.[136] Dies führe aber nicht dazu, dass notwendigerweise in der Güterabwägung (im Rahmen der Schrankensystematik) einer religiös motivierten Gewissensüberzeugung ein höheres Gewicht als einer auf anderen Prämissen beruhenden Gewissensüberzeugung zukomme, auch wenn letztere nur über die Gewissensfreiheit geschützt sei.

2. Die religiöse Gewissensentscheidung in der Rechtsprechung

Das *Bundesverfassungsgericht* hat sich zur Einordnung der religiös motivierten Gewissensentscheidung bislang nicht in einer Weise geäußert, die eine klare Abgrenzung zwischen den Grundrechten der Glaubens- und Gewissensfreiheit erkennen ließe. In frühen Urteilen hat das Gericht die glaubensgeleitete Gewissensentscheidung allein nach der Religionsfreiheit beurteilt.[137] Seit rund 40 Jahren zieht das Bundesverfassungsgericht auch die Gewissensfreiheit als solche heran,[138] allerdings fehlt bis heute eine eindeutige Zuordnung,

ziehungsauftrag des Staates und Erziehungsrecht der Eltern im Konflikt, in: A. K. Weilert/ Ph. W. Hildmann (Hrsg.) Religion in der Schule. Zwischen individuellem Freiheitsrecht und staatlicher Neutralitätsverpflichtung, Tübingen 2018, S. 155 – 170, hier: 166f.

133 *St. Huster*, Erziehungsauftrag (Fn. 132).

134 Kritisch *M. Jestaedt*, Religiöses Elternrecht und staatlicher Erziehungsauftrag, ZevKr 62 (2017), S. 152–177, hier: 164ff. u. insbes. 169f.

135 *M. Borowski*, Glaubens- und Gewissensfreiheit (Fn. 26), S. 562; *St. Muckel*, Religiöse Freiheit und staatliche Letztentscheidung, Berlin 1997, S. 155 f.; *E.-W. Böckenförde*, Gewissensfreiheit (Fn. 29), S. 83 (Leitsätze): „Die Ausübung der Glaubens- Bekenntnis- oder Religionsausübungsfreiheit muß nicht, aber sie kann – im Einzelfall – zugleich eine Ausübung der Gewissensfreiheit sein."; *K.-H. Kästner*, Art. 4 (Fn. 39), Rn. 120, stimmt einer Realkonkurrenz (trotz Annahme eines Spezialitätsverhältnisses) zu, „solange sich im effektiven Schutzniveau angesichts der unterschiedlichen Schranken die Gewissensfreiheit durchsetzt"; *J. Kokott*, Art. 4 (Fn. 53), Rn. 26, sieht bei der auf religiösen Grundsätzen beruhenden Gewissensentscheidung „Überschneidungen" mit der Religionsfreiheit, ohne ihr Verhältnis zueinander zu klären.

136 Allerdings gilt es hier zu betonen, dass die Gewissensfreiheit insofern „enger" ist, als „nicht jeder Grad von Motivation geschützt ist", sondern es sich vielmehr um eine identitätsrelevante Motivation handeln muss (*M. Germann*, Art. 4 (Fn. 52), Rn. 88).

137 BVerfGE 32, 98 (106) – „Gesundbeter"; BVerfGE 33, 23 (28) – „Zeugeneid" – dies ist die Folge einer subjektiven Auslegung der Religionsfreiheit; *U. Mager*, Art. 4 (Fn. 19), Rn. 10. Zum unklaren Kurs des BVerfG vgl. *St. Mückl*, Art. 4 (Fn. 49), Rn. 86.

138 BVerfGE 41, 29 (52) – „Simultanschule".

so dass wohl davon auszugehen ist, dass das Gericht bei einer religiös motivierten Gewissensentscheidung beide Grundrechte gleichermaßen als betroffen ansieht.[139] Die jüngste Rechtsprechung legt wiederum nahe, dass die religiöse Gewissensentscheidung eher als Unterfall der Religionsfreiheit behandelt wird. In seinem Beschluss von 2007 zum Zeugnisverweigerungsrecht eines katholischen Gefängnisseelsorgers, der sich auch auf „Gewissensnöte" berief, zog das Gericht nur die Glaubensfreiheit als Maßstab heran. Trotz des grundsätzlich vom Bundesverfassungsgericht sehr großzügig angenommenen Schutzbereiches für die Glaubensfreiheit („sein gesamtes Verhalten an den Lehren seines Glaubens auszurichten und dieser Überzeugung gemäß zu handeln"[140]), forderte es im Falle des Gefängnisseelsorgers in direkter Analogie zur Gewissensfreiheit, „dass es sich um eine zwingende Verhaltensregel handelt, von der der Betroffene nicht ohne innere Not absehen kann."[141] Das Gericht bemisst also die religiös motivierte Gewissensentscheidung am Maßstab der Glaubensfreiheit, zieht aber unter Bezug auf die Gewissensfreiheit den Schutzbereich der Glaubensfreiheit enger. Insofern als damit letztlich die engen Voraussetzungen einer Gewissensentscheidung vorliegen müssen, richtet sich das Schutzniveau der religiösen Gewissensentscheidung nicht nach der weiteren Glaubensfreiheit, sondern nach der enger gezogenen Gewissensfreiheit. Auch im Kopftuchbeschluss von 2015 stellte das Bundesverfassungsgericht nur auf die Religionsfreiheit ab,[142] obwohl sich die Beschwerdeführerin ausdrücklich auch darauf berief, dass der Verzicht auf das Kopftuch für sie einen starken Gewissenskonflikt bedeute.

Das Bundesverwaltungsgericht differenziert ebenfalls nicht klar zwischen Glaubens- und Gewissensfreiheit. Dies wohl schon deswegen, weil es auch die Glaubensfreiheit rein subjektiv auslegt, d. h. diese als betroffen ansieht, wenn sich jemand auf eine Glaubensüberzeugung beruft, die nicht notwendigerweise auch von einer Glaubensgemeinschaft dargetan wird.[143] In seinem Urteil „Krabat" ging das Bundesverwaltungsgericht von einem „ersthaften, glaubensbedingten Gewissenskonflikt" der Kläger aus,[144] spricht an anderer

139 BVerfGE 79, 69 (76) – „Eidespflicht": Der Antragsteller beruft sich auf sein Gewissen und seinen christlichen Glauben („Glaube in der Form eines Gewissensgebots"). Das Gericht stellt auf die „Glaubens- und Gewissensfreiheit" ab, ohne näher zwischen beiden zu differenzieren.

140 BVerfG, NJW 60 (2007), S. 1865 (1867) – Gefängnisseelsorger.

141 Die Glaubensfreiheit umfasse auch „[…] die äußere Freiheit, diese Überzeugungen zu bekennen und zu verbreiten und sein gesamtes Verhalten an den Lehren seines Glaubens auszurichten und dieser Überzeugung gemäß zu handeln […]. Andererseits wird nicht jede Handlung, die im weitesten Sinne auf religiöse Ansichten zurückgeführt werden kann, durch die Glaubensfreiheit geschützt. Erforderlich ist – ähnlich wie bei der Ausübung der Gewissensfreiheit […], dass es sich um eine zwingende Verhaltensregel handelt, von der der Betroffene nicht ohne innere Not absehen kann […] Ob dies der Fall ist, hängt auch vom Selbstverständnis der betroffenen Religionsgemeinschaft ab […], wobei den Betroffenen im Zweifelsfall eine Darlegungslast trifft […]." (BVerfG, NJW 60 (2007), S. 1865 (1867).

142 Die Gewissensfreiheit wird lediglich erwähnt, aber nicht weiter ausgeführt.

143 BVerwGE 147, 362 (373) – „Burkini": „Selbstverständnis der betroffenen Glaubensgemeinschaft bzw. des individuellen Grundrechtsträgers". Noch ausdrücklicher in BVerwG, NJW 67 (2014), S. 804 (805) – „Krabat". Da das Gericht teils für die Religionsfreiheit den Vorbehalt allgemeiner Gesetze statuiert, wäre die Abgrenzung im Blick auf die Begrenzbarkeit (Schranken) von Bedeutung, da die Gewissensfreiheit nur verfassungsimmanenten Schranken unterliegt.

144 BVerwG, NJW 67 (2014), S. 804 (805).

Stelle aber pauschal von „Glaubens- bzw. Gewissenskonflikt".[145] Im Spannungsverhältnis von Art. 7 Abs. 1 GG und Art. 6 Abs. 2 GG sowie Art. 4 GG hat das Gericht für den Schulkontext im Wege praktischer Konkordanz die Reichweite einer religiös motivierten Gewissensentscheidung ausgelotet. Im Rahmen dieses schonenden Ausgleichs unterschiedlicher Grundrechte bzw. Güter von Verfassungsrang legte das Bundesverwaltungsgericht denselben strengen Maßstab an, der für die Definition einer Gewissensentscheidung gilt. Das Gericht spricht davon, dass die Beeinträchtigung eine „besonders gravierende Intensität"[146] aufweisen müsse, was wiederum voraussetze, dass das religiöse Verhaltensgebot einen „imperativen Charakter" beinhalte.[147] Es dürfe also nicht nur um eine aus religiöser Sicht vorzugswürdige Lebensführung gehen, um einen „Glaubens- bzw. Gewissenskonflikt unzumutbaren Ausmaßes" annehmen zu können.[148] Es komme mithin darauf an, welchen Stellenwert imperativ bindende religiöse Verhaltensgebote in Bezug auf das Gesamtgerüst der Glaubensüberzeugungen eines Menschen hätten und ob bei Nichtbeachtung von einer besonders schwerwiegenden Beeinträchtigung auszugehen sei.[149] Individuelle religiöse Tabuisierungsvorstellungen genössen keinen Vorrang vor dem schulischen Erziehungsrecht des Staates, sofern nicht „das religiöse Weltbild der Betroffenen nach ihrer Wahrnehmung insgesamt negiert" würde.[150] Mit diesen Anforderungen, die an die religiös motivierte Gewissensentscheidung gestellt werden, werden Religions- und Gewissensfreiheit in ihrem Schutzgehalt jedenfalls für den Bereich der Abgrenzung von schulischem und elterlichem (religiösen) Erziehungsrecht im Blick auf die Nichtteilnahme an schulischen Unterrichtsinhalten einander gleichgestellt.

VI. Zusammenfassende Implikationen für die Gewissensfreiheit in der Schule

Die Gewissensfreiheit kann im Rahmen der Schule sowohl als Gewissensbildungsfreiheit als auch Schutz der Gewissensentscheidung in Erscheinung treten. Die Freiheit zur Gewissensbildung ist von Art. 4 GG zwar nach überwiegender Ansicht umfasst, allerdings für den Schulkontext bisher weitgehend konturenlos geblieben, da Bildung und Erziehung potentiell in vielfacher Hinsicht gewissensbildend sind – man denke nur an erzieherische Maßnahmen zum gedeihlichen Miteinander in der Schule oder an die Erziehung zu Pflichtbewusstsein und Verantwortungsübernahme. Hält man trotz dieser Schwierigkeiten die Gewissensbildung selbst auch für ein Schutzgut der Gewissensfreiheit nach Art. 4 GG, so ergibt sich der Spielraum zulässiger Gewissensbildung in der Schule aus einer Abwägung mit dem Schutz der Grundrechte Anderer und anderen Gütern von Verfassungsrang.[151] Vor Ge-

145 BVerwG, NJW 67 (2014), S. 804 (808) – „Krabat". Auf S. 809 wird nur noch von „ernsthaftem Glaubenskonflikt" gesprochen.

146 BVerwG, ebd.

147 BVerwG, ebd.

148 BVerwG, ebd.

149 BVerwG, ebd.; BVerwGE 147, 362 (373) – „Burkini".

150 BVerwG, NJW 67 (2014), S. 804 (809) – „Krabat".

151 Auch verfassungsimmanente Schranken erfordern jedoch eine gesetzliche Grundlage. Insofern muss sich aus den Landesverfassungen bzw. den jeweiligen Schulgesetzen eine Grundlage für zielgerichtet gewissensbildende Themenbereiche ergeben.

richt wird die Gewissensfreiheit relevant besonders in der Frage nach der Freiheit, sich gegen die Teilnahme an bestimmten Unterrichtsinhalten oder Veranstaltungen entscheiden zu dürfen. Die Annahme einer von Art. 4 GG geschützten Gewissensfreiheit hat grundsätzlich gesteigerten Anforderungen zu genügen, um zu verhindern, dass subjektive Maßstäbe die Rechtsgeltung aushebeln und der Gesellschaft hierdurch Schaden zugefügt wird. Es besteht ein „Spannungsverhältnis zwischen der Achtung des ‚Selbstverständnisses' des Grundrechtsträgers und den Gemeinschaftsinteressen", das in Ausgleich zu bringen mit Schwierigkeiten behaftet ist.[152] Im Bereich der Schule ist die Gewissensfreiheit (der Schüler oder im Rahmen ihres Erziehungsrechtes der Eltern) in einen schonenden Ausgleich (praktische Konkordanz) mit der Schulaufsicht des Staates nach Art. 7 Abs. 1 GG zu bringen. Für die Abwägung maßgeblich ist, in welchem Umfang sich aus Art. 7 Abs. 1 GG ein Erziehungsauftrag des Staates ableiten lässt. Dieser muss jedenfalls, ebenso wie dies für das Elternrecht nach Art. 6 Abs. 2 GG gilt, an das Kindeswohl gekoppelt sein. Führt der Staat seinen Auftrag im Sinne einer ‚Tugenderziehung' und Bemühung um Integration der Gesellschaft aus, darf er überindividuelle gesellschaftliche Interessen nicht gegen das individuelle Kindeswohl ausspielen. Schon im Rahmen der Bindung des Erziehungsauftrags des Staates an das Kindeswohl kann also ein Gewissenkonflikt in Anschlag zu bringen sein, wenn eine Schulveranstaltung das Gewissen des Kindes ‚überfährt'. Ein staatlicher Erziehungsauftrag muss jedenfalls aber gegenüber einer aus Gewissensnot resultierenden und nicht anders abwendbaren Gewissensentscheidung zurücktreten. Die von Gerichten[153] zunehmend bemühte ‚Integrationsfunktion' der Schule wird verfassungsrechtlich vielfach als Ausfluss eines staatlichen Erziehungsrechts nach Art. 7 Abs. 1 GG angesehen, ohne dies jedoch ausreichend zu begründen. Da ‚Integration' eine Freiformel für Anpassungsdruck und Missachtung von Minderheitenrechten sein kann, darf diese nicht unbesehen als Einschränkung für eine gewissensmotivierte Entscheidung gelten. Vielmehr müsste staatlicherseits der Nachweis erbracht werden, dass die einzelne Gewissensentscheidung die gesellschaftliche Integration so erheblich schädigt, dass das hohe Gut der identitätsrelevanten Gewissensentscheidung zurücktreten muss. Das – umstrittene bzw. in seinen Grenzen näher zu bestimmende – Recht des Staates auf Erziehung und die daraus abgeleitete Integrationsfunktion nach Art. 7 Abs. 1 GG kann also grundsätzlich einen Eingriff in nach Art. 4 GG geschützte, ‚echte' Gewissensentscheidungen nicht rechtfertigen.

Beruht die Gewissensentscheidung auf religiösen Motiven, so ist sie zugleich über die Religionsfreiheit geschützt. Da die Religionsfreiheit nach zutreffender Ansicht (wie die Gewissensfreiheit) nur verfassungsimmanenten Schranken unterliegt, in ihrem Schutzbereich aber weiter gefasst ist als die Gewissensfreiheit, sind im Ergebnis religiös motivierte Entscheidungen mit einem breiteren Schutzniveau verbunden als solche, die keinen Bezug zu einem weiteren Sinnsystem entfalten. Je mehr sich der Sachverhalt allerdings von direkt religiösen Bezügen (wie Schulgottesdienst etc.) entfernt und sich auf allgemeine Lebenssachverhalte erstreckt, desto mehr nähern sich Religionsfreiheit und Gewissensfreiheit einander in ihrem Schutzniveau an. Lässt sich eine religiöse Gewissensentscheidung auf gar keine von einer religiösen Gruppe geteilte Meinung mehr zurückführen, ist sie rechtlich wie eine Gewissensentscheidung zu behandeln. Im Rahmen der Schule kann als Schwelle allerdings nicht ein etwaiges Zerbrechen der Persönlichkeit verlangt werden, sondern es

152 *J. Froese*, Innere Tatsachen als Herausforderung für die Rechtsordnung (Fn. 52), S. 229.

153 Zur schulischen Integrationsfunktion siehe z. B. BVerwG, NJW 67 (2014), S. 804 (806) – „Krabat".

muss genügen, dass Schüler oder Eltern schwerwiegende Gründe plausibel und kohärent vortragen.[154] Geht es um die Nichtteilnahme an vereinzelten Unterrichtseinheiten, so droht in der Regel kein Schaden für die Gesellschaft als solche, wenn diese Kinder in Ermangelung ausweichender und für die Betroffenen akzeptabler Lösungen nicht teilnehmen. Hier sollte eher Großzügigkeit walten. Anders könnte es sein, wenn infolge einer Fülle an ‚Gewissensentscheidungen' ein geordneter Schulablauf gestört würde. In diesem Falle würde der Staat in seiner Schulaufsicht nach Art. 7 Abs. 1 GG unmittelbar behindert. Es gilt aber, analog des jüngsten Kopftuchbeschlusses des Bundesverfassungsgericht,[155] dass eine solche Gefahr nicht pauschal angenommen werden kann, sondern im Einzelfall zu prüfen wäre.

VII. Ein Schlusswort

Wird eine Person gezwungen, aktiv gegen ihr Gewissen zu handeln, so bedeutet dies eine Verletzung der Menschenwürde, so Spaemann.[156] Ein solcher Zwang ist dem Staat, auch in Form der Schule, verwehrt. Das innere Gewissen ist nicht nur wichtiger Teil der eigenen Persönlichkeit, sondern es ist Teil der Rückgebundenheit des Menschen an außerhalb seiner Sphäre stehende höhere Werte, die zugleich zu einem Bestandteil seiner selbst werden. Diese Hochrangigkeit des Gewissens macht auch entscheidend, unter welchen Einflüssen das Gewissen gebildet wird. Schule und Elternhaus sind Orte der Gewissensbildung. Sie können sich ergänzen oder aber in Konflikt miteinander geraten. Der Staat darf nicht versuchen, seinen Bürgern ein eigenes Wertesystem einzupflanzen, sondern muss sich damit begnügen, allein die Voraussetzungen für ein erträgliches Miteinander anzustreben. Damit kommt dem Elternhaus eine übergeordnete Rolle in der Gewissensbildung zu. Aber, so Spaemann zu Recht, das Gewissen ist mehr als ein bloßes „Erziehungsprodukt".[157] Das Gewissen wird durch Erziehung geprägt, aber nicht bestimmt. Der Mensch bedarf jedoch „der Hilfe anderer [...] um das zu werden, was er von sich selbst her eigentlich ist".[158]

---

154 Vgl. *J. Froese*, Innere Tatsachen als Herausforderung für die Rechtsordnung (Fn. 52), S. 234, die auf die Kriterien der Plausibilität, Kohärenz und Widerspruchsfreiheit zur Ermittlung innerer Tatsachen abstellt.

155 BVerfGE 138, 296 ff. – „Kopftuchverbot".

156 *Spaemann*, Der Einzelne (Fn. 2), S. 84.

157 *Spaemann*, Der Einzelne (Fn. 2), S. 78.

158 *Spaemann*, Der Einzelne (Fn. 2), S. 79.

CHRISTENTUM UND SÄKULARER STAAT

Anmerkungen zu Entstehen und Gelingen freiheitlicher Verfassungsordnungen

Von *Arnd Uhle*

In seiner Apologie „Preußen und die Verfassungsfrage" stellt Joseph von Eichendorff fest: „Keine Verfassung [...] garantiert sich selbst, ihre Garantie beruht lediglich auf dem moralischen Volksgefühl von ihrer inneren Notwendigkeit, welches sich aber wiederum nur da erzeugen kann, wo die Verfassung auf die vorgedachte organische Weise wirklich ins Leben getreten ist."[1] Mit anderen Worten: Eine Verfassung kann nicht von außen aufgedrängt werden, sondern bedarf der organischen Hervorbringung aus dem Volk. Und nur eine Verfassung, die auf einer solchen Grundlage basiert und daher vom Volk akzeptiert wird, hat Aussicht auf Gelingen.

Entstehen aber auch moderne, freiheitliche Verfassungen dadurch, dass der Verfassungsgeber an die geistige Situation seiner Zeit anknüpft, an Ordnungsideen, gesellschaftlich akzeptierte Prinzipien und organisch gewachsene Rechtsüberzeugungen? Verdanken sich die für eine solche Anknüpfung in Betracht kommenden Ideen und Grundsätze nur den Einflüssen von Antike, Renaissance und Aufklärung oder auch dem Christentum? Und bestehen jenseits historischer Ableitungszusammenhänge soziokulturelle Gelingensbedingungen moderner Staatlichkeit, zu deren Existenz und Erneuerung das Christentum auch heute Wesentliches beitragen kann?[2]

Bereits diese Fragestellungen zeigen an, dass eine Annäherung an das Verhältnis von Christentum und säkularem Staat, das im wissenschaftlichen Œuvre von Robert Spaemann einen breiten Raum einnimmt,[3] dreierlei erfordert: eine verfassungstheoretische Vorklä-

---

[1] So *J. von Eichendorff*, Preußen und die Verfassungsfrage, in: W. Frühwald/B. Schilbach/H. Schultz (Hrsg.), Werke in sechs Bänden, Band 5, Adel und Revolution – Autobiographische Dichtungen, Historische und politische Schriften, Frankfurt a. M. 1993, S. 599 (610 f.).

[2] Zum Verhältnis von Christentum und säkularem Staat *T. Stein*, Himmlische Quellen und irdisches Recht. Religiöse Voraussetzungen des freiheitlichen Verfassungsstaates, Frankfurt a. M./New York 2007; *M. Rhonheimer*, Christentum und säkularer Staat. Geschichte – Gegenwart – Zukunft, Freiburg i. Br./Basel/Wien 2012; *C. Hillgruber* (Hrsg.), Das Christentum und der Staat. Annäherungen an eine komplexe Beziehung und ihre Geschichte, Göttingen 2014.

[3] Stellvertretend für den damit berührten Fragenkreis, dem sich Robert Spaemann namentlich unter dem Aspekt des Verhältnisses säkularer Rechtsvorstellungen und dem christlichem Menschenbild gewidmet hat, *R. Spaemann*, Grenzen der Verantwortung, in: L. Heidbrink (Hrsg.), Staat ohne Verantwortung? Zum Wandel der Aufgaben von Staat und Politik, Frankfurt a. M. 2007, S. 37–57; E.-W. Böckenförde/R. Spaemann (Hrsg.), Menschenrechte und Menschenwürde. Historische Voraussetzungen – säkulare Gestalt – christliches Verständnis, Stuttgart 1987; *R. Spaemann*, Staat und Gesellschaft, in: W. Leisner (Hrsg.), Staatsethik, Köln 1977, S. 40–44; *ders.*, Religion und Ethos, in: E. Kellner (Hrsg.), Religionslose Gesellschaft, Wien 1976, S. 89–107.

Duncker & Humblot · Berlin | https://doi.org/10.3790/978-3-428-58515-1.2025.202619

rung, eine historische Vergewisserung und eine zukunftsbezogene Versicherung. Daher soll im Folgenden zunächst erörtert werden, welche Bedeutung allgemein konsentierte Ordnungsvorstellungen für das Entstehen wie auch für das Gelingen freiheitlicher Verfassungsordnungen besitzen.[4] Im Anschluss hieran ist zu untersuchen, ob und inwieweit diese Vorstellungen auch Resultat christlicher Prägung sind und sich in Verfassungen wie dem Grundgesetz widerspiegeln.[5] Schließlich gilt es zu fragen, welche Leistungen das Christentum für die Erhaltung der Grundlagen des freiheitlichen Verfassungsstaates erbringen kann.[6] Ein Fazit rundet die nachfolgenden Gedanken ab.[7]

I. Verfassungstheoretische Vorklärung: Die doppelte Relevanz geistiger Ordnungsideen und ethisch-kultureller Anschauungen für die freiheitliche Verfassungsordnung

Wendet man sich zunächst der Frage zu, welche Bedeutung gesellschaftlich akzeptierten Prinzipien und organisch gewachsenen Rechtsüberzeugungen in verfassungstheoretischer Hinsicht zukommt, überprüft man also gleichsam die Feststellung von Joseph von Eichendorff, dass Verfassungen in derartigen Überzeugungen gründen, so zeigt sich: Die vorherrschenden Ordnungsideen sind in der Tat gleichermaßen *Entstehungs-* wie auch *Gelingensbedingungen* einer freiheitlichen Verfassungsordnung.[8]

Als *Entstehungsbedingungen* sind sie von Relevanz für die Gestalt einer Verfassung deshalb, weil auch der Verfassungsgeber keine vollumfängliche Neugestaltung des Lebens vornehmen kann, weil daher die von einer Verfassung errichtete neue Ordnung stets nur eine teilweise Neuordnung sein kann und weil zudem jede Verfassungsordnung Ergebnis eines geschichtlichen Evolutionsprozesses ist:[9] Dem kann auch der Verfassungsgeber nicht entgehen. Denn auch er ist „von geistigen Ordnungsideen, [von] ethisch-sittlichen Anschauungen und Grundsätzen [und von] politischen Impulsen bestimmt, die im Volk lebendig sind".[10] Daher ist zu Recht festgestellt worden, dass sich keine der Verfassungen, die heute in Geltung stehen bzw. die jemals gültig gewesen sind, einer Gründungssituation völ-

---

4 Hierzu nachfolgend sub I.

5 Dazu unten sub II.

6 Hierzu unten sub III.

7 Dazu unten sub IV. – Der nachfolgende Beitrag ist in lediglich geringfügig modifizierter Weise veröffentlicht unter dem Titel „Christentum und Verfassungsstaat" in: E. Nass/W. Spindler/J. Zabel (Hrsg.): Kultur des Gemeinwohls. Festschrift zum 70. Geburtstag von Wolfgang Ockenfels, Trier 2017. Dem Paulinus-Verlag, Trier, sei an dieser Stelle für die Erlaubnis des erneuten Abdrucks gedankt. Zu Vorüberlegungen: *A. Uhle*, Unser Lebenselixier. Ursprung und Zukunft des freiheitlichen Verfassungsstaates und der westlichen Moderne: Das Christentum, in: FAZ vom 24.12.2015 (Nr. 299), S. 7 (Staat und Recht).

8 Hierzu *A. Uhle*, Freiheitlicher Verfassungsstaat und kulturelle Identität, Tübingen 2004, S. 22 ff.

9 *J. Isensee*, Staat und Verfassung, in: ders./P. Kirchhof (Hrsg.), HStR, Bd. II, 3. Aufl., Heidelberg 2004, § 15 Rn. 43 f.

10 *E.-W. Böckenförde*, Die verfassunggebende Gewalt des Volkes – Ein Grenzbegriff des Verfassungsrechts, Frankfurt a. M. 1986, S. 30.

liger Unabhängigkeit und unbegrenzter Entscheidungsmöglichkeiten der verfassunggebenden Gewalt verdankt.[11]

Was philosophisch angesichts endlicher Handlungskapazitäten als die „Unverfügbarkeit des Vorgefundenen“[12] und systemtheoretisch als Reduktion des Komplexitätsdrucks „durch Übernahme der Geschichte als Handlungsgrundlage“ begriffen wird,[13] das ist verfassungstheoretisch die Auffassung, dass sich eine freiheitliche Verfassung wie das Grundgesetz als System der Anknüpfung an Bestehendes darstellt.[14] Trotz der Neuformulierung des Wortlauts einer Verfassung ist diese damit „notwendig das Produkt ihrer historischen Situation und abhängig von den Gegebenheiten, die sie vorfindet“; „sie wird [daher] immer mehr hinnehmen, als sie verändern, immer mehr voraussetzen müssen, als sie regeln kann“.[15] So betrachtet, erscheint Verfassungsgebung als das Gegenteil eines „juristischen Urknalles“, als Absage an Spontanakte der Wertungen,[16] als Gegenteil einer voraussetzungslosen Erfindung einer neuen Ordnung, kurz: als Absage an eine creatio ex nihilo.[17]

Entstehensquelle für freiheitliches Verfassungsrecht ist demgemäß nicht nur der Wille des Verfassungsgebers, sondern ebenso die ihn umgebende und formende Kultur,[18] mithin die geistige Situation der Zeit, in der die Verfassung organisch vorgedacht wird[19] – ganz so, wie Joseph von Eichendorff es in seiner Apologie formuliert. Denn diese geistige Situation ist zwar prinzipiell vorrechtlicher Natur. Doch einzelne ihrer Elemente werden im Rahmen der Verfassungsgebung ausgewählt, hierbei interpretierend konkretisiert sowie gestaltend ausgeformt und insofern jedenfalls partiell in positives Recht überführt: Das ist das Phänomen der Anknüpfung einer Verfassung an das herrschende ethisch-kulturelle Fundament einer Epoche, das deshalb inhaltsprägende „*Entstehungsbedingung*“ des schließlich positivierten Verfassungstextes und Richtschnur für die materiale Ausprägung wesentlicher Verfassungsgrundsätze ist.[20] Die inhaltliche Anknüpfung wirkt sich auf die Verfassung demgemäß gestaltspendend, formgebend, inhaltsprägend, auch: zielerrichtend aus. Ihren Niederschlag findet sie typischerweise vor allem in grundlegenden Verfassungsprinzipien.

---

11 *J. Isensee*, Das Volk als Grund der Verfassung. Mythos und Relevanz der Lehre von der verfassunggebenden Gewalt, Opladen 1995, S. 53.

12 Vgl. *O. Marquard*, Ende des Schicksals?, in: ders., Abschied vom Prinzipiellen, Stuttgart 1981, S. 76 ff.

13 *N. Luhmann*, Legitimation durch Verfahren, 2. Aufl., Neuwied 1975, S. 149; vgl. auch *ders.*, Status quo als Argument, in: H. Baier (Hrsg.), Studenten in Opposition, Bielefeld 1968, S. 73 ff.

14 Zu einer Verfassungstheorie der Anknüpfung *A. Uhle*, Innere Integration, in: J. Isensee/P. Kirchhof (Hrsg.), HStR, Bd. IV, 3. Aufl., Heidelberg 2006, § 82 Rn. 13 ff., 17 ff., jeweils m. w. N.; *ders.*, Freiheitlicher Verfassungsstaat und kulturelle Identität (Anm. 8), S. 29 ff.

15 *J. Isensee*, Das Volk als Grund der Verfassung (Anm. 11) S. 57.

16 *P. Kirchhof*, Die Identität der Verfassung, in: J. Isensee/ders. (Hrsg.), HStR, Bd. II, 3. Aufl., Heidelberg 2004, § 21 Rn. 23.

17 *J. Isensee*, Das Volk als Grund der Verfassung (Anm. 11), S. 57 f.

18 *P. Kirchhof*, Die kulturellen Voraussetzungen der Freiheit, Heidelberg 1995, S. 7 f.

19 *K. Hesse*, Die normative Kraft der Verfassung, Tübingen 1959, S. 13.

20 *A. Uhle*, Freiheitlicher Verfassungsstaat und kulturelle Identität (Anm. 8), S. 22 ff., v. a. 29 ff.; *ders.*, Innere Integration (Anm. 14), § 82, Rn. 13, 15 und 17 ff.

Daneben ist die ideelle Grundierung der Gesellschaft auch als *Gelingensbedingung* einer freiheitlichen Verfassungsordnung bedeutsam.[21] Denn eine kulturgeprägte Verfassung kann dauerhafte Realität nur in einer Kulturgemeinschaft erlangen, die den verfassungsgeberisch vorausgesetzten Grundprämissen und ihren geistigen Gehalten wesentlich entspricht.[22] Nur dann, wenn die Freiheitsberechtigten selbst, jedenfalls in ihrer überwiegenden Mehrheit und in freier Entscheidung, kontinuierlich der freiheitlichen Verfassungsordnung zustimmen und diesen Konsens in grundrechtlicher Autonomie verwirklichen, kann die freiheitliche Verfassungsordnung von Vitalität und Dauerhaftigkeit geprägt werden; nur dann wird sie als normative Verfassungsordnung auch die Realität prägen, nur dann wird sie gelingen.[23]

Daher muss zunächst der Verfassungskonsens tagtäglich neu gewonnen werden, denn er bildet den eigentlichen Nährquell des Verfassungsstaates,[24] weil alleine der Willensakt des historischen Verfassungsgebers die „Verwirklichung" der Verfassung, ihre „reale" Geltung, weder zu begründen noch zu erhalten vermag.[25] Die Einigkeit unter den Vätern und Müttern einer Verfassung – der Verfassungskonsens – muss daher prinzipiell unter denen fortbestehen, die später unter dieser Verfassung zu leben haben.[26] Entscheidend hierfür ist vor allem der Fortbestand des realen gesellschaftlichen Wertkonsenses,[27] der seinerseits wiederum maßgeblich beeinflusst wird von den herrschenden sittlich-kulturellen Anschauungen, die in der Gesellschaft lebendig sind.

Doch die beständige Erneuerung des Verfassungskonsenses alleine reicht noch nicht aus, um eine freiheitliche Verfassungsordnung Realität werden zu lassen. Erforderlich hierfür ist vielmehr zusätzlich eine Kultur der tatsächlichen Freiheitsausübung. Denn eine freiheitliche Verfassungsordnung ist in ihrer realen Existenz darauf angewiesen, dass die Freiheitsberechtigten die verfassungsrechtlich verbürgten Freiheitsangebote auch tatsächlich annehmen.[28] Allerdings zielt die Erwartung der Verfassung nicht auf eine irgendwie geartete

---

21 Hierzu *A. Uhle*, Freiheitlicher Verfassungsstaat und kulturelle Identität (Anm. 8), S. 41 ff.

22 Vgl. *E.-W. Böckenförde*, Die verfassungsgebende Gewalt des Volkes (Anm. 10), S. 31 f., der zu Recht auf das Erfordernis der generationenübergreifenden Erneuerung und Stabilisation des geistig-kulturellen Erbes hinweist; vgl. auch *ders.*, Die Entstehung des Staates als Vorgang der Säkularisation, in: ders., Recht, Staat, Freiheit, Frankfurt a. M. 1991, S. 92 ff. (112); vgl. ferner *J. Isensee*, Demokratischer Rechtsstaat und staatsfreie Ethik, in: Essener Gespräche 11 (1977), S. 92 ff. (106 f.).

23 Zur wechselseitigen Verwiesenheit von realer und normativer Verfassung *J. Isensee*, Staat und Verfassung (Anm. 9), § 15 Rn. 179 ff.

24 *J. Isensee*, Das Volk als Grund der Verfassung (Anm. 11), S. 93.

25 *K. Hesse*, Grundzüge des Verfassungsrechts der Bundesrepublik Deutschland, 20. Aufl., Heidelberg 1995, Rn. 42; *ders.*, Verfassung und Verfassungsrecht, in: E. Benda/W. Maihofer/H.-J. Vogel (Hrsg.), Handbuch des Verfassungsrechts, 2. Aufl., Berlin/New York 1995, § 1 Rn. 20; *A. Uhle*, Innere Integration (Anm. 14), § 82 Rn. 23.

26 *K. Hesse*, Grundzüge des Verfassungsrechts der Bundesrepublik Deutschland (Anm. 25), Rn. 44; *ders.*, Verfassung und Verfassungsrecht (Anm. 25), § 1 Rn. 20; *A. Uhle*, Freiheitlicher Verfassungsstaat und kulturelle Identität (Anm. 8), S. 41 ff., v. a. 44 ff.

27 Vgl. *J. Isensee*, Verfassungsgarantie ethischer Grundwerte und gesellschaftlicher Konsens, in: NJW 1977, S. 545 ff. (548); vgl. zu Wertkonsens und Verfassungskonsens auch *H. Vorländer*, Verfassung und Konsens, Berlin 1981, S. 143 ff.

28 *J. Isensee*, Demokratischer Rechtsstaat und staatsfreie Ethik (Anm. 22), S. 92 ff. (105); *ders.*, Das Dilemma der Freiheit im Grundrechtsstaat, in: K.-H. Kästner/K. Nörr/K. Schlaich (Hrsg.), Fs. f.

Freiheitswahrnehmung ab, sondern auf eine solche, die zugleich mit der legitimen Realisierung des Eigennutzes auch das bonum commune schafft – nicht zwingend der subjektiven Absicht der Freiheitsberechtigten nach, aber doch im objektiven Effekt. Die Realität der Verfassung hängt daher davon ab, dass die Bürger die Freiheitsrechte in der verfassungsrechtlich erwarteten Weise in Anspruch nehmen und mit Leben erfüllen.

So erwartet eine Verfassungsordnung zunächst, dass die Bürger in ihrem Handeln gesetzestreu sind: Denn auch ein Staat mit perfektem Herrschaftsinstrumentarium kann stets nur eine Minderheit seiner Bürger zu Rechtsgehorsam bei der Wahrnehmung ihrer Freiheitsrechte zwingen und ist im Übrigen auf deren freiwillige Treue ihm gegenüber angewiesen.[29] Der als Tugend erbrachte Gehorsam gegenüber verfassungskonformen Gesetzen ist daher unabdingbare Voraussetzung jeder realen Verfassungsstaatlichkeit.[30]

Auch der so erbrachte Gesetzesgehorsam reicht indessen einer freiheitlichen Verfassungsordnung zu ihrer Verwirklichung nicht. Denn ihr Spezifikum besteht darin, dass sich das Verhalten, auf welches das Gemeinwesen angewiesen ist, über die schlichte Gehorsamspflicht hinaus staatlicher Verfügungsmacht entzieht und stattdessen dem freien Engagement der Staatsbürger anvertraut und überantwortet ist.[31] Eine freiheitliche Verfassungsordnung ist in ihrer realen Existenz daher auch durch eine Kultur der Bürger bedingt, die eine tatsächliche und zudem ethisch rückgebundene, damit dem Gemeinwohl dienende Freiheitsausübung anstößt und leitet – ohne eine solche Ausübung der Freiheit wird die freiheitliche Verfassungsordnung nicht Realität.[32] Das wird besonders deutlich, wenn die Folgen der fehlenden Bereitschaft, die Freiheitsrechte entsprechend auszufüllen, in den Blick genommen werden: Dort, wo die Freiheitsberechtigten in Abkehr von dem verfassungsrechtlich erwarteten Verhalten exemplarisch die Entscheidung über Ehe und Familie in negativer Weise treffen, sich mithin gegen Ehe und Familie entscheiden, stirbt die Gesellschaft an ihrer Wurzel[33] und erledigt sich das Elternrecht als aktuelles Thema.[34] Dort, wo die Träger der Freiheitsrechte die erwartete Annahme und Ausfüllung der Berufsfrei-

---

M. Heckel, Tübingen 1999, S. 739 ff.; *A. Uhle*, Freiheitlicher Verfassungsstaat und kulturelle Identität (Anm. 8), S. 50 ff.; *ders.*, Innere Integration (Anm. 14), § 82 Rn. 26 f.

29 Vgl. etwa *D. Grimm*, Das Grundgesetz nach 50 Jahren – Versuch einer staatsrechtlichen Würdigung, in: BMI (Hrsg.), Bewährung und Herausforderung. Die Verfassung vor der Zukunft, Opladen 1999, S. 39 ff. (39 f.); grundlegend zuvor *J. Isensee*, Demokratischer Rechtsstaat und staatsfreie Ethik (Anm. 22), S. 92 ff. (103 f.); vgl. zum Rechtsgehorsam ferner *H. H. Klein*, Verfassungstreue und Schutz der Verfassung, in: VVDStRL 37 (1979), S. 53 ff. (107 ff.).

30 Staats- und Verfassungstheorie des Gehorsams: *H. Krüger*, Allgemeine Staatslehre, 2. Aufl., Stuttgart/Berlin/Köln/Mainz 1966, S. 940 ff.; *ders.*, Die Verfassung als Programm der Nationalen Integration, in: D. Blumenwitz/A. Randelzhofer (Hrsg.), Fs. f. F. Berber, München 1973, S. 247 ff. (257 ff.); zum Verhältnis von freiheitlichem Verfassungsstaat und Tugend näher: *E. Forsthoff*, Der moderne Staat und die Tugend, in: ders, Rechtsstaat im Wandel, 2. Aufl., München 1976, S. 13 ff.

31 Vgl. hierzu *P. Kirchhof*, Gerechtigkeit im sozialen Rechtsstaat, in: Zur Debatte 2000, S. 1 ff. (1 f.).

32 *A. Uhle*, Innere Integration (Anm. 14), § 82 Rn. 26 f.

33 Vgl. dazu *P. Kirchhof*, Ehe und Familie als Grundlage einer freiheitlichen Gesellschaft, in: Stimmen der Zeit 1999, S. 507 ff.

34 *J. Isensee*, Menschenrechte – Staatsordnung – Sittliche Autonomie, in: J. Schwartländer (Hrsg.), Modernes Freiheitsethos und christlicher Glaube, München/Mainz 1981, S. 70 ff. (95 f.).

heit[35] und der Eigentumsfreiheit ablehnen, kommt zunächst das Wirtschaftsleben des Staates zum Erliegen und hernach die Sozialstaatlichkeit faktisch an ihr Ende, weil der Sozialstaat über die Steuer am ökonomischen Erfolg der Freiheitsberechtigten partizipiert, von deren Leistungsbereitschaft er damit abhängt, ohne dass er diese hervorbringen könnte.[36] Und dort, wo beispielsweise von der Meinungsfreiheit kein Gebrauch mehr gemacht wird, endet der Prozess der gegenseitigen Überzeugungsversuche, der öffentlichen Meinungsbildung und dort endet schließlich auch die Demokratie, die wesentlich auf der Wahrnehmung der Meinungsfreiheit durch die Freiheitsberechtigten basiert.[37]

In der Wahrnehmung der verfassungsrechtlich verbürgten Freiräume des Einzelnen liegen damit die „Grundlagen des Gemeinwesens, die vitalen wie geistigen, die ökonomischen wie die kulturellen".[38] Demgemäß erwächst das Leben des Gemeinwesens wesentlich aus diesen grundrechtlichen Wurzeln. Auch wenn sich die grundrechtlichen Gewährleistungen einer Verfassung in aller Regel zunächst auf die Sicherstellung der Freiheitsgewähr richten, liegt demgemäß hierin doch keine Absage an die Gemeinwohlrelevanz der Grundrechtsmaterien. Vielmehr bilden die Grundrechte „die Ermächtigung der Bürger, an der Herstellung des Gemeinwohls mitzuwirken, in den verschiedenen Wirkungsfeldern, welche sie ihren Inhabern offenhalten: Familie, Beruf, Wirtschaft, Kultur, öffentliche Meinung, politische Willensbildung".[39] In diesem Sinne enthalten die Grundrechte neben der Verbürgung der Freiheitsräume zugleich einen Kompetenztitel zur Hervorbringung des Gemeinwohls, erwarten indessen zugleich, dass die Freiheitsberechtigten in ihren jeweiligen Lebensbereichen jene Grundrechtsaktivität entwickeln, deren das Gemeinwohl bedarf.[40]

So betrachtet wurzelt eine freiheitliche Verfassungsordnung wie das Grundgesetz in der Bereitschaft und der Fähigkeit der Bürger, die individualrechtlich gesicherte Freiheit nicht nur im Gehorsam gegenüber den Gesetzen des Staates, sondern selbstverantwortlich anzunehmen.[41] Freiheitsbereitschaft und Freiheitsfähigkeit avancieren damit, neben dem kontinuierlich zu erneuernden Verfassungskonsens, zu *Gelingensbedingungen* der freiheitlichen Verfassungsordnung.[42] Diese freilich sind ihrerseits wesentlich durch die herrschenden Vorstellungen und Überzeugungen ihrer Zeit bedingt: durch ein kulturell geformtes sä-

35 Vgl. hierzu *P. Kirchhof*, Die Gewissheit verlässlicher Werte als Grundlage eines demokratischen Rechtsstaates, Mühlheim/Ruhr 1996, S. 14 f.

36 Hierzu näher *P. Kirchhof*, Gerechtigkeit im sozialen Rechtsstaat (Anm. 31), S. 1 ff. (1 f.).

37 Vgl. hierzu auch *J. Isensee*, Demokratischer Rechtsstaat und staatsfreie Ethik (Anm. 22), S. 92 ff. (104 f.).

38 So ausdrücklich, auch zum Folgenden, *J. Isensee*, Gemeinwohl und Staatsaufgaben im Verfassungsstaat, in: ders./P. Kirchhof (Hrsg.), HStR, Bd. IV, 3. Aufl., Heidelberg 2006, § 71 Rn. 115.

39 *J. Isensee*, Gemeinwohl und Staatsaufgaben im Verfassungsstaat (Anm. 38), § 71 Rn. 115.

40 *J. Isensee*, Die verdrängten Grundpflichten des Bürgers, in: DÖV 1982, S. 609 ff. (615 ff.); *ders.*, Grundrechtliche Freiheit – Republikanische Tugend, in: E. Geißler (Hrsg.), Verantwortete politische Bildung, Bonn 1988, S. 65 ff.; *ders.*, Grundrechtsvoraussetzungen und Verfassungserwartungen an die Grundrechtsausübung, in: ders./P. Kirchhof (Hrsg.), HStR, Bd. IX, 3. Aufl., Heidelberg 2011, § 190 Rn. 206.

41 Ausdrücklich so auch *P. Kirchhof*, Gerechtigkeit im sozialen Rechtsstaat (Anm. 31), S. 1 ff. (2); hierzu auch *J. Isensee*, Demokratischer Rechtsstaat und staatsfreie Ethik (Anm. 22), S. 92 ff. (104 ff.).

42 *A. Uhle*, Innere Integration (Anm. 14), § 82 Rn. 27. Zu Freiheitsbereitschaft und Freiheitsfähigkeit als Verfassungs- bzw. Grundrechtsvoraussetzungen *ders.*, Verfassungsvoraussetzungen, in: H. Kube/ R. Mellinghoff/G. Morgenthaler/U. Palm/T. Puhl/C. Seiler (Hrsg.), Leitgedanken des Rechts. Paul Kirchhof zum 70. Geburtstag, Bd. I, Heidelberg 2013, § 14 Rn. 13 ff.

kulares Weltbild, durch die Entbindung kulturgeprägter Aktivität, durch eine dem Maßstab der Rationalität genügende Inanspruchnahme der Freiheitsrechte, durch die ethische Bindung menschlicher Autonomie.[43] Denn nur die Bürger, die aus einem säkularen und aktivitätsbejahenden Weltbild heraus handeln, werden bereit sein, ihre Freiheitsrechte tatsächlich wahrzunehmen, und nur diejenigen, die diese Freiheit zugleich von innen her, aus ihrer moralischen Substanz heraus zu regulieren und rational zu nutzen wissen, erbringen die Freiheitsrealisierung, die eine freiheitliche Verfassungsordnung erwartet: eine maßvolle, insgesamt dem Gemeinwohl entsprechende Wahrnehmung der gesicherten Individualfreiheiten,[44] die nicht Auslöschung, sondern lediglich ethische Einbindung des menschlichen Eigennutzes verlangt.[45] Das belegt, dass das ethisch-kulturelle Fundament einer Epoche neben der Entstehung auch für das Gelingen einer freiheitlichen Verfassungsordnung von entscheidender Bedeutung ist.

II. Historische Vergewisserung: Der Beitrag des Christentums zur Entstehung von westlicher Moderne und freiheitlicher Verfassungsordnung

Die Ideen und Grundsätze, an die im Akt der Verfassungsgebung angeknüpft wird, sind Resultat geistiger Strömungen, die in vielen Jahrhunderten in Europa gewachsen sind. Zu ihnen zählen nach allgemein anerkannter Anschauung u. a. Antike, Renaissance und Aufklärung. Ob sie aber ebenso auch Derivate, genauer: säkulare Derivate des Christentums sind, ist eine seit langem und bis heute umstrittene Frage.[46]

Die historische Vergewisserung nimmt ihren Ausgang in der Unterscheidung von weltlicher und geistlicher Sphäre. Diese ist eine genuine Wirkung des lateinischen Christen-

---

43 Näher *A. Uhle*, Freiheitlicher Verfassungsstaat und kulturelle Identität (Anm. 8), S. 52 ff., insbes. 57 ff., 61 ff., 66 ff., sowie 70 ff., insbes. 71 ff. und 80 ff.; zusammenfassend *ders.*, Innere Integration (Anm. 14), § 82 Rn. 27. Offen für die Annahme, dass „ein nicht aufgebbares Vernunftfundament oder, wenn man so will „Naturrecht" des säkularisierten Staates [besteht], das womöglich an den antikjüdischen-christlichen Kulturkreis im Reflexionshorizont der Aufklärung gebunden ist": *E.-W. Böckenförde*, Der säkularisierte Staat. Sein Charakter, seine Rechtfertigung und seine Probleme im 21. Jahrhundert, München 2006, S. 41.

44 *E.-W. Böckenförde*, Die Entstehung des Staates als Vorgang der Säkularisation (Anm. 22), S. 92 ff. (112).

45 *J. Isensee*, Menschenrechte – Staatsordnung – Sittliche Autonomie (Anm. 34), S. 70 ff. (97); zum menschlichen Eigeninteresse und der Freiheitsfähigkeit *A. Uhle*, Freiheitlicher Verfassungsstaat und kulturelle Identität (Anm. 8), S. 66 ff., 71 ff.

46 Ihrer Erörterung seien zwei Vorbemerkungen vorangestellt. So ist zum einen klarzustellen, dass die Untersuchung, ob und inwieweit die verfassungsgeberisch in Bezug genommenen Prinzipien auch Ergebnis christlicher Prägung sind, ausschließlich in der Absicht historischer Vergewisserung erfolgt und nicht dazu dient, den Einfluss und die geschichtliche Bedeutung anderer Epochen zu schmälern. Zum anderen ist darauf hinzuweisen, dass sich eine derartige Untersuchung mit dem ideengeschichtlichen Einfluss des Christentums auseinanderzusetzen hat, nicht mit dem der Kirche. Daher ist es nicht ausgeschlossen, auf christliche Einflussnahmen auch dort hinzuweisen, wo zwar die Kirche den zu schildernden Entwicklungen zeitweise distanziert, ablehnend oder gar mit Widerstand begegnet ist, wo indessen christliche Fundamentalwertungen Entwicklungen befördert haben, die die ethisch-kulturellen Grundlagen der westlichen Moderne maßgeblich mitgeprägt haben.

tums.[47] Das wird manifest in dem berühmten Brief von Papst Gelasius I. an Kaiser Anastasius aus dem Jahre 494, in dem unter Anknüpfung an das Zwei-Schwerter-Wort Jesu im Lukas-Evangelium[48] sowie unter Anknüpfung an das Zins-Groschen-Wort Jesu[49] das wegweisende Wort von den „zwei Gewalten" geprägt wird und in dem nachhaltig zwischen imperium und sacerdotium, zwischen weltlichem und geistlichem Bereich differenziert wird.[50] In diesem Schreiben begründet Gelasius I. die Ansicht, dass die geistliche von der weltlichen Macht unabhängig und jede für ihren Bereich zuständig sei. Freilich soll hierbei die weltliche der geistlichen Gewalt insofern untergeordnet sein, als die Könige vor Gott Rechenschaft für ihr Tun abzulegen haben; umgekehrt sollen indes die Kirchenlenker im Bereich der öffentlichen Ordnung den kaiserlichen Gesetzen gehorchen. Dieser Brief entfaltet herausragende historische Bedeutung, weil damit in fortan wirkmächtiger Weise ebenso der Dualismus zwischen weltlicher und geistlicher Macht, zwischen Kaiser und Papst, wie auch das Fundament für die Herausbildung einer säkularen Weltsicht grundgelegt ist.[51] Nichts verdeutlicht dies mehr als der im 11. Jahrhundert einsetzende Investiturstreit (1057–1122),[52] der als „Ursprung der westlichen [d. h. der freiheitlichen] Rechtstradition"[53] bezeichnet worden ist:[54] Denn dem in diesem Streit verfochtenen Freiheits- und Suprematieanspruch der kirchlichen gegenüber der weltlichen Gewalt liegt nicht nur die ausschließliche Beanspruchung alles Geistlichen und Sakralen für die Kirche zugrunde. Vielmehr ist in ihm – worauf namentlich Ernst-Wolfgang Böckenförde hingewiesen hat – implizit auch die Entlassung der politischen Ordnung aus ihrem geistlichen Standort und die Anerkennung der prinzipiellen Säkularität der Politik angelegt, da diese Voraussetzung für das Geltendmachen der Suprematie ist.[55] Auch wenn die überkommene politisch-religiöse Einheit der res publica christiana im Bewusstsein ihrer Zeit zunächst fortbesteht und die alten Ordnungsformen formal überdauern, verhilft der Investiturstreit so dem Gedanken der Eigenständigkeit weltlicher Belange über die Jahrhunderte hinweg doch zu historischer Wirkung. Das ist zu Recht als Revolution gewürdigt worden,[56] weil hierdurch für

47 Zum Folgenden *A. Uhle*, Staat – Kirche – Kultur, Berlin 2004, S. 67 ff.

48 Lk 22, 38.

49 Mk 12, 17; Mt 22, 22; Lk 20, 26.

50 Hierzu etwa *H. Rahner*, Kirche und Staat im frühen Christentum, München 1961, S. 227; *G. Tellenbach*, Libertas. Kirche und Weltordnung im Zeitalter des Investiturstreites, Stuttgart 1936, S. 42 ff.; *P. Mikat*, Das Verhältnis von Kirche und Staat nach der Lehre der katholischen Kirche, in J. Listl/D. Pirson (Hrsg.), HdbStKirchR, Bd. 1, 2. Aufl., Berlin 1994, § 4, S. 127; vgl. auch *C. Starck*, Das Christentum und die Kirchen in ihrer Bedeutung für die Identität der Europäischen Union und ihrer Mitgliedstaaten, in: Essener Gespräche 31 (1997), S. 5 ff. (8 f., Anm. 2).

51 *H. Maier*, Christentum und Staat: Modelle des Rechts, Entwicklungsphasen der Geschichte, in: C. Hillgruber (Hrsg.), Das Christentum und der Staat (Anm. 2), S. 31 ff. (35 ff.).

52 *E.-W. Böckenförde*, Die Entstehung des Staates als Vorgang der Säkularisation (Anm. 22), S. 92 ff. (98).

53 *H. J. Berman*, Recht und Revolution. Die Bildung der westlichen Rechtstradition, Frankfurt a. M. 1991, S. 144.

54 *C. Starck*, Das Christentum und die Kirchen in ihrer Bedeutung für die Identität der Europäischen Union und ihrer Mitgliedstaaten (Anm. 50), S. 5 ff. (9).

55 *E.-W. Böckenförde*, Die Entstehung des Staates als Vorgang der Säkularisation (Anm. 22), S. 92 ff. (98).

56 *H. J. Berman*, Recht und Revolution (Anm. 53), S. 144, spricht von der „erste[n] Revolution des Abendlandes".

die westliche Hemisphäre des Christentums eine vollständige Einheit von weltlicher und geistlicher Herrschaft abgewiesen und damit eine schlechthin unentbehrliche Grundlage für die Entstehung des freiheitlichen Verfassungsstaates geschaffen worden ist.[57] Im Fortgang sind es, wie zum Teil nicht ohne Verwunderung bemerkt worden ist, im Kampf um die kirchliche Freiheit katholische Gelehrte, die als die „radikalsten Vertreter der Weltlichkeit des Staates" auftreten und so zum advocatus dei eines säkularen Weltverständnisses werden.[58]

Genuinen Einfluss nimmt das Christentum daneben, historisch betrachtet, auch auf die Ideen von Menschenwürde, Freiheit und Gleichheit. So ist das christliche Menschenbild zentral geprägt von der Vorstellung der Menschenwürde – einer Vorstellung, die erst mit dem Eintritt des Christentums in die Menschheitsgeschichte moderne Gestalt, historische Wirkmächtigkeit und allgemeine Durchsetzungskraft gewinnt.[59] Das Christentum definiert diese Würde im Gegensatz zum Verständnis der Antike von Anbeginn als Eigenschaft jedes Menschen; es bejaht auch die Würde des Sünders und auch die des Sklaven.[60] In der christlichen Offenbarung wird die menschliche Würde folglich als eine allen Menschen von Natur aus zukommende, ebenso unverdienbare wie unverlierbare Wesenseigenschaft des Menschen begriffen. Ihren Grund findet sie darin, dass der Mensch von Gott nach seinem Bilde geschaffen sei – die Idee der Gottesebenbildlichkeit des Menschen wird grundgelegt,[61] der Mensch zur imago dei.[62] Das ist nicht nur eine essentielle Quelle für die Idee der Gleichheit. Vielmehr erwächst hieraus auch der christliche Personenbegriff und aus diesem wiederum die Idee der Unverfügbarkeit und Unantastbarkeit des Individuums als Person.[63] Eine solche Sichtweise aber muss zwangsläufig die antike Einbindung des Einzelnen in den kollektiven Verband der Gesellschaft aufbrechen, sein restloses Aufgehen im gesell-

---

57 „Der moderne Staat wurde, was er ist, im Ringen und im Bündnis mit Kirche und Religion, in der Einheit und der Trennung beider Sphären, in wechselseitigen Übergriffen, aber ebenso in der Kooperation des sich respektierenden Miteinanders. Ohne die wechselvolle Geschichte von politischer Herrschaft und christlicher Religion, stammend aus den antiken Wurzeln und über die mittelalterliche Prägung, ist weder das moderne Recht noch der moderne Staat zu verstehen": *U. Di Fabio*, Staat und Kirche: Christentum und Rechtskultur als Grundlage des Staatskirchenrechts, in: C. Hillgruber (Hrsg.), Das Christentum und der Staat (Anm. 2), S. 91 ff. (91).

58 So *H. Krüger*, Allgemeine Staatslehre (Anm. 30), S. 39 unter Hinweis u. a. auf *L. v. Ranke*, Die Idee der Volkssouveränität in den Schriften der Jesuiten, in: Sämtliche Werke, Bd. 24, Leipzig 1872, S. 225 ff.

59 Ausführlich *A. Uhle*, Freiheitlicher Verfassungsstaat und kulturelle Identität (Anm. 8), S. 120 ff.; vgl. ferner *A. Zimmermann*, Zur Herkunft der Idee der Menschenwürde, in: H. Fechtrup/F. Schulze/T. Sternberg (Hrsg.), Aufklärung durch Tradition, Münster 1995, S. 73 ff.; *W. J. Hoye*, Demokratie und Christentum. Die christliche Verantwortung für demokratische Prinzipien, Münster 1999, S. 342 f. und 350.

60 Vgl. Gal 3, 26–28.

61 Vgl. etwa Gen 1, 26 und 27; Eph 4, 24; ebenso *W. Pannenberg*, Grundlage der Ethik. Philosophisch-theologische Perspektiven, Göttingen 1996, S. 111; vgl. auch *ders.*, Christliche Wurzeln des Gedankens der Menschenwürde, in: W. Kerber (Hrsg.), Menschenrechte und kulturelle Identität, München 1991, S. 61 ff.

62 Gen 1, 17; hierzu umfassend *L. Scheffczyk*, Die Frage nach der Gottesebenbildlichkeit in der modernen Theologie, in: ders., Der Mensch als Bild Gottes, Darmstadt 1969, S. IX ff. (XXVIII).

63 *U. Matz*, Zum Einfluss des Christentums auf das politische Denken der Neuzeit, in: G. Rüther (Hrsg.), Geschichte der Christlich-Demokratischen und Christlich-Sozialen Bewegungen in Deutschland, Bonn 1984, S. 27 ff. (36).

schaftlichen und staatlichen Ganzen verabschieden und ihn gewissermaßen zu dessen Gegenüber machen.

In der Konsequenz ändert sich über die Jahrhunderte hinweg mit dem Christentum auch die Vorstellung von der Freiheit des Menschen.[64] Wird noch in der griechischen Antike und – cum grano salis – auch von den Römern Freiheit nur als Freiheit durch das Gesetz und unter dem Gesetz verstanden,[65] so bedeutet Freiheit nach christlichem Verständnis auch Freiheit vom Gesetz und gegen das Gesetz, kurz: Freiheit von der Welt.[66] Das ist eine wesentliche Grundbedingung für ein modernes Verständnis von Freiheit. Gleichwohl unterbleibt bis zum Beginn der Neuzeit die Ableitung und Begründung moderner Individualrechte. Ein wesentlicher Grund dafür ist, dass die christlichen Vorstellungen von Menschenwürde und Personalität, von persönlicher Freiheit und Gleichheit zunächst im Horizont des Glaubens gründen und daher als spirituelle Ideen verstanden werden, die nicht zuvörderst im Raum von Gesellschaft und Reich, sondern in der Beziehung zu Gott und im Raum der christlichen (Ur-)Gemeinde ihre Verwirklichung finden.[67] Trotzdem sind mit ihnen die Voraussetzungen und Grundlagen dafür geschaffen, dass in einer komplexen, weder linear kausal verlaufenden noch von Widersprüchen freien Wirkungsgeschichte moderne Freiheits- und Gleichheitsrechte haben entstehen können – in einem Prozess, dessen bedeutungsvollste weitere Stationen Renaissance und Humanismus, Reformation und Aufklärung sind. Zwar setzt die Kirche gerade der Aufklärung, genauer: bestimmten Strömungen der Aufklärung, ihren entschiedenen Widerstand entgegen. Doch dies ändert nichts an dem Umstand, dass selbst die Protagonisten der Aufklärung, für die die Entgöttlichung der Welt, die Unverfügbarkeit der Würde des Menschen als Person, seine Gleichheit und persönliche Freiheit selbstverständlich geworden sind, Erben christlicher Weltwirkung sind.[68]

Vor diesem Hintergrund verdanken sich wesentliche Elemente des ethisch-kulturellen Fundaments in Europa auch einer christlichen Prägung. Denn das Christentum stellt nicht nur die ideengeschichtliche Initialzündung für die Unterscheidung zwischen weltlicher und geistlicher Sphäre dar, sondern begründet auch die Ideen der Menschenwürde, der Freiheit und der Gleichheit transzendent, verbindet diese mit der ihm eigenen religiösen Wirkmächtigkeit und trägt damit zur Entwicklung eines Menschenbildes bei, das Teil der Normierungs- und Realisierungsbedingungen einer menschenwürdefokussierten und freiheitli-

---

64 Hierzu *A. Uhle*, Freiheitlicher Verfassungsstaat und kulturelle Identität (Anm. 8), S. 153 ff.

65 *M. Heckel*, Der Einfluss des christlichen Freiheitsverständnisses auf das staatliche Recht, in: Essener Gespräche 30 (1996), S. 82 ff. (90).

66 *M. Heckel*, Der Einfluss des christlichen Freiheitsverständnisses auf das staatliche Recht (Anm. 65), S. 82 ff. (91 f.); ebenso etwa *G. May*, Artikel „Christliche Freiheit", in: O. Brunner/W. Conze/R. Koselleck (Hrsg.), Geschichtliche Grundbegriffe, Bd. 2, Stuttgart 1975, S. 436 ff. (437).

67 *U. Matz*, Zum Einfluss des Christentums auf das politische Denken der Neuzeit (Anm. 63), S. 27 ff. (31 f.) – Folglich verlieren in der Urgemeinde die gesellschaftlichen Unterschiede und Ungleichheiten weitgehend ihre Gültigkeit und Bedeutung. So sind in ihr beispielsweise Frauen, aber auch Sklaven, gleichberechtigte Gemeindemitglieder. Siehe dazu *J. Punt*, Die Ideen der Menschenrechte, Paderborn/München/Wien/Zürich 1987, S. 20 m. w. N.

68 Zur Kritik der Päpste des 19. Jahrhunderts an den Menschenrechten nach wie vor wegweisend *J. Isensee*, Keine Freiheit für den Irrtum – Die Kritik der katholischen Kirche des 19. Jahrhunderts an den Menschenrechten als staatsphilosophisches Paradigma, in: ZRG 104 (1987), Kan. Abt., S. 296 ff. Zum Verhältnis von katholischer Kirche und Grundrechten aus jüngerer Zeit: *C. Waldhoff*, Katholizismus und Verfassungsstaat, in: Jahres- und Tagungsbericht der Görres-Gesellschaft 2010, S. 43 ff. (47 ff.).

chen Verfassungsordnung ist. An sein Erbe hat, wie das Grundgesetz belegt,[69] der deutsche Verfassungsgeber ebenso anknüpfen können wie an das Vermächtnis anderer Epochen.[70] Papst Johannes Paul II. hat folglich zu Recht darauf hingewiesen, dass außer Zweifel stehe, dass der christliche Glaube tiefgreifend und maßgebend zu den Fundamenten der europäischen Kultur gehöre und dass das Christentum Europa dadurch Gestalt gegeben hat, dass es ihm grundlegende Werte einprägte.[71]

III. Zukunftsbezogene Versicherung: Der Beitrag des Christentums zum Gelingen einer freiheitlichen Verfassungsordnung

Indes leistet das Christentum nicht nur in historischer Perspektive Wirkmächtiges für die Grundlagen des freiheitlichen Verfassungsstaates, sondern auch in gegenwarts- und zukunftsbezogener Perspektive: Es ist nicht nur von Bedeutung für das Entstehen einer freiheitlichen Verfassungsordnung, sondern auch für deren Gelingen.[72] Das gilt zunächst für die Regeneration von Verfassungskonsens und Rechtsgehorsam. So stärkt es auf der einen Seite die generationenübergreifende Erneuerung der gesellschaftlichen Akzeptanz wesentlicher Verfassungsinhalte. Zu ihnen zählen neben säkularer Staatlichkeit und unantastbarer

---

69 Die inhaltsprägende Bedeutung dieses Fundaments zeigt sich neben der Säkularität des Verfassungsstaates u. a. an grundlegenden Verfassungsbestimmungen. So formuliert die Fundamentalbestimmung des Art. 1 Abs. 1 des Grundgesetzes, dass die Würde des Menschen unantastbar ist, dass ihre Achtung und ihr Schutz Verpflichtung aller staatlichen Gewalt ist; hierbei verzichtet die Verfassung auf eine Ableitung der Menschenwürde, die sie – im Bewusstsein der Vielfalt möglicher Begründungsansätze – als kulturelles Allgemeingut begreift (zur Sicht des historischen siehe *Theodor Heuss*, in: 4. Sitzung des Ausschusses für Grundsatzfragen am 23. September 1948, in: Bundestag/Bundesarchiv (Hrsg.), Der Parlamentarische Rat 5/I, Boppard am Rhein 1993, S. 67: Als „nicht interpretierte These" könne die Menschenwürde „der eine theologisch, der andere philosophisch, der dritte ethisch auffassen"). In Art. 1 Abs. 2 und 3 führt das Grundgesetz sodann aus, dass sich das deutsche Volk *darum*, d. h. um der Menschenwürde willen, zu den Menschenrechten wie auch zu den im Grundgesetz im Einzelnen normierten bzw. konkretisierten grundrechtlichen Freiheits- und Gleichheitsverbürgungen bekennt; das Grundgesetz begreift demgemäß die Menschenwürde als den Grund der Grundrechte. Diese werden in Art. 2 ff. GG konkretisiert und erstrecken sich etwa von dem Recht auf freie Entfaltung der Persönlichkeit über das Recht auf Leben und auf körperliche Unversehrtheit sowie die Freiheit der Person bis hin zur Glaubens- und Gewissensfreiheit sowie zur Meinungs-, Kunst- und Wissenschaftsfreiheit. Zu diesen und weiteren Freiheitsverbürgungen treten sodann der allgemeine Gleichheitssatz des Art. 3 Abs. 1 GG und weitere spezielle Gleichheitsgewährleistungen hinzu – u. a. in Art. 3 Abs. 2 GG die Bestimmung, dass Männer und Frauen gleichberechtigt sind. Bereits diese Belege bestätigen den verfassungstheoretischen Befund der unausweichlichen inhaltlichen verfassungsgeberischen Anknüpfung an das ethisch-kulturelle Fundament Europas. Das gilt umso mehr, als sich die Reihe der Beispiele für eine verfassungsrechtliche Anknüpfung an dieses Fundament mühelos erweitern ließe, exemplarisch etwa um die grundgesetzliche Bestimmung zur Sozialstaatlichkeit.

70 Zur Verfassungstheorie der Anknüpfung siehe oben sub I.

71 *Papst Johannes Paul II.*, Nachsynodales Apostolisches Schreiben „Ecclesia in Europa" vom 28. Juni 2003, abgedruckt in: Sekretariat der Deutschen Bischofskonferenz (Hrsg.), Verlautbarungen des Apostolischen Stuhls 161, Bonn 2003, Nr. 108,2 und 109,2 (S. 89 f.).

72 Zum Christentum als soziokultureller Voraussetzung des Verfassungsstaates *J. Isensee*, Der lange Weg zu „Dignitatis humanae" – Konvergenzen und Divergenzen von kirchlichem Wahrheitsanspruch und verfassungsstaatlichem Freiheitsverständnis, in: C. Hillgruber (Hrsg.), Das Christentum und der Staat (Anm. 2), S. 51 ff. (69 ff.).

Menschenwürde[73] auch moderne Gleichheits- und Freiheitsrechte, deren genuin christlichen Gehalt die Kirche heute, nach erfolgter Aussöhnung mit ihrer vormaligen Widersacherin, der Aufklärung, erkennt und die sie gegen totalitäre Ansprüche verteidigt.[74] Auf der anderen Seite gibt das Christentum der Rechtstreue mit seiner biblischen Begründung des Gehorsams gegenüber der weltlichen Macht eine neue Grundlage.[75] Auf diese Weise befördert es die freiwillige Befolgung des staatlichen Rechts, die für die Realisierung des Verfassungsstaates aufs Ganze gesehen unerlässlich ist.[76]

Hierüber weit hinausgehend, trägt das Christentum zudem dazu bei, das Lebenselixier einer freiheitlichen Ordnung, die tatsächliche und selbstverantwortete Freiheitswahrnehmung des Einzelnen, zu stärken. Denn es wirkt auch an der Erneuerung und Bekräftigung von Freiheitsbereitschaft und Freiheitsfähigkeit mit. So steuert es zunächst zur Regeneration bürgerlicher Freiheits*bereitschaft* nicht nur ein Verständnis bei, das den Menschen als von Gott zur Freiheit in der Welt berufen ansieht.[77] Vielmehr ist es auch Quelle einer säkularen Mentalität, die sich im Anschluss an den Investiturstreit über die Jahrhunderte hinweg entwickelt.[78] Erst in deren Folge erscheinen weltliche Geschehensabläufe nicht mehr als unabwendbares Schicksal, sondern als gestaltbare Herausforderungen. Zugleich eröffnen sich Attraktivität und Anziehungskraft menschlicher Freiheit. Damit ermöglicht eine säkulare Weltsicht nicht nur die Freiheit der Bürger, sondern regt zugleich deren Gebrauch an – und ist so für die Freiheitsbereitschaft des Einzelnen von ebenso entscheidender Bedeutung wie eine aktivitätsbejahende Grundhaltung.[79] Diese Aktivität als Grundstimmung der westlichen Moderne wird durch das Christentum ihrerseits in zweifacher Weise beatmet:[80] einerseits durch die Auffassung, dass die weltliche Sphäre dem Menschen von Gott zur eigenverantwortlichen Gestaltung und Beherrschung überantwortet ist[81] und dass das jenseitige Leben nicht gewinnen kann, wer das diesseitige Leben nicht nutzt, um in weltverändernder Gottes- und Nächstenliebe zu wachsen; andererseits durch ein Weltverständnis, das – im Gegensatz etwa zu asiatischen Wiedergeburtslehren – „die innerweltliche Einmaligkeit und Endgültigkeit des Lebens sowie die Bewährung in der Welt" in seinem Zentrum hat und das diese Bewährung im Leben als einmalige, nicht in späteren Leben nach-

---

73 Dass die freiheitliche Ordnung des Grundgesetzes „in normativer Existenzialität" auf der Menschenwürde basiert, ohne diese zu begründen (dazu Anm. 69), hat nicht nur zur Folge, dass der Staat des Grundgesetzes „an einem seidenen Faden" hängt, sondern auch in besonderer Weise einer extraverfassungsrechtlichen Begründung der Menschenwürde bedarf, zu der das Christentum Wesentliches beizutragen vermag: *C. Hillgruber*, Wie viel Christentum braucht, wie viel Christentum verträgt der Staat des Grundgesetzes?, in: F. Kirchhof/H.-J. Papier/H. Schäffer (Hrsg.), Rechtsstaat und Grundrechte. Festschrift für Detlev Merten zum 70. Geburtstag, Heidelberg 2007, S. 23 ff. (23 f.).

74 *J. Isensee*, Verfassungsstaatliche Erwartungen an die Kirche, in: Essener Gespräche 25 (1991), S. 104 ff. (140); vgl. auch *E.-W. Böckenförde*, Zum Verhältnis von Kirche und Moderner Welt, in: R. Koselleck (Hrsg.), Studien zum Beginn der modernen Welt, Stuttgart 1977, S. 154 ff.; *ders.*, Kirche und modernes Bewußtsein, in: Communio 15 (1986), S. 153 ff. (157 f.).

75 Vgl. Röm 13, 1–7; Tit 3, 1; 1 Petr 2, 13 f.

76 Dazu oben sub I.

77 Vgl. Gal 5, 1 und 13; 2. Kor 3, 17.

78 Vgl. zur Entfaltung einer säkularen Weltdeutung vorstehend sub II.

79 *A. Uhle*, Freiheitlicher Verfassungsstaat und kulturelle Identität (Anm. 8), S. 57 ff., 61 ff.

80 Näher zu den ideengeschichtlichen Wurzeln der Aktivität *A. Uhle*, Freiheitlicher Verfassungsstaat und kulturelle Identität (Anm. 8), S. 324 ff.

81 Gen 1, 26–28.

holbare Chance begreift.[82] Aus beiden Haltungen heraus wendet sich „der Christ [...] aktiv der Welt zu, weil er sich in ihr, hier und nirgendwo anders, für immer zu beweisen hat“[83] – eine Haltung, die, ihrer ursprünglich theologischen Begründung entkleidet, zur Haltung des westlichen Kulturkreises avanciert ist. Daher ist es berechtigt, auf die Verankerung der Aktivität im Kulturboden Europas hinzuweisen, ja: (auch) sie als Derivat des Christentums zu bezeichnen.[84]

Indes wirkt das Christentum nicht nur auf die Freiheitsbereitschaft der Menschen, sondern auch auf deren Freiheits*fähigkeit*, verstanden als die Begabung zu einer vernunftgerechten und selbstverantworteten Inanspruchnahme individueller Freiheitsrechte, ein. Für sie wird zunächst die Durchsetzung einer rationalen Weltdeutung bedeutsam, die erkennt und anerkennt, dass in der Welt natürliche Kausalzusammenhänge walten, dass daher die Abläufe in der Welt plan- und änderbar sind und dass individuelle Freiheiten nur dann sinnvoll ausgefüllt werden, wenn sie rational gehandhabt werden.[85] Für die Herausbildung und Durchsetzung einer solchen rationalen Weltsicht ist das Christentum, trotz des Widerstands der Kirche gegen die Aufklärung, wiederum bedeutsam. Denn durch die christliche Vorstellung vom Menschen als imago dei wird zwar einerseits der Ausschließlichkeitsanspruch einer rationalistischen Weltsicht zurückgewiesen und dem Glauben an eine transzendente Wirklichkeit Raum verschafft. Andererseits indessen werden Glaube und Vernunft auch miteinander versöhnt, was sich bereits daran zeigt, dass es Thomas von Aquin ist, der die Auffassung vertritt, die menschliche Gottesebenbildlichkeit werde treffend dadurch gekennzeichnet, dass mit ihr „die Vernunft, der freie Wille und die Herrschaft über das Tun und Lassen bezeichnet wird“.[86] Diese unmittelbare Verbindung der menschlichen Vernunft mit der Vorstellung des Menschen als göttlichem Geschöpf, diese Versöhnung von Transzendenzglaube und rationaler Weltsicht beeinflussen die Entfaltung des Freiheitspostulats in Europa wesentlich, denn erst eine solche rationale Sichtweise entbindet im Zusammenspiel mit einer säkularen Weltdeutung und einer aktivitätsbejahenden Grundstimmung zur tatsächlichen und vernunftgerichteten Inanspruchnahme individueller Freiheitsrechte, die aus der Sicht des Einzelnen überflüssig wäre, wenn die Welt ohnehin durch Menschenhand nicht oder nicht sinnvoll beeinflussbar wäre. Doch das Christentum wirkt sich unter dem Aspekt der Freiheitsfähigkeit nicht nur unterstützend auf die Durchsetzung eines rationalen Weltverständnisses aus. Vielmehr fördert es auch die Vorstellung der individuellen Verant-

---

82 Hierzu und zum Folgenden *J. Isensee*, Artikel „Staat“, in: Görres-Gesellschaft (Hrsg.), Staatslexikon, Bd. 5, 7. Aufl., Freiburg/Basel/Wien 1989, Sp. 134 ff. (140); vgl. auch *H. Maier*, Europa ohne Christentum – was wäre anders?, in: FAZ vom 17.5.2001 (Nr. 114), S. 12 (Zeitgeschehen); vgl. *ders.*, Welt ohne Christentum – was wäre anders?, 3. Aufl., Freiburg/Basel/Wien 1999, S. 33 ff., v. a. 56 ff.

83 *J. Isensee*, Verfassungsstaatliche Erwartungen an die Kirche (Anm. 74), S. 104 ff. (139). – Zu den christlichen Auswirkungen auf die Wertschätzung der Arbeit vgl. *H. Maier*, Welt ohne Christentum – was wäre anders? (Anm. 82), S. 64 ff., 71 ff.; *W. Conze*, Artikel „Arbeit, Arbeiter“, in: O. Brunner/W. Conze/R. Koselleck (Hrsg.), Geschichtliche Grundbegriffe, Bd. 2 (Anm. 66), S. 154 ff., 216 ff. m. w. N.

84 *J. Isensee*, Verfassungsstaatliche Erwartungen an die Kirche (Anm. 74), S. 104 ff. (139).

85 Dazu *A. Uhle*, Freiheitlicher Verfassungsstaat und kulturelle Identität (Anm. 8), S. 80 ff., 342 ff.

86 *T. v. Aquin*, Summa theologiae, 1, 29, 1; siehe auch 1, 29, 3 ad 2; hierzu auch *P. Kondylis*, Artikel „Würde“, in: O. Brunner/W. Conze/R. Koselleck (Hrsg.), Geschichtliche Grundbegriffe, Bd. 7, Stuttgart 1992, S. 645 ff. (649 f.).

wortlichkeit als Korrektiv menschlicher Freiheit.[87] Denn mit ihm verbreitet sich nicht nur die Idee der Bindung der menschlichen Freiheit an Gottes Gebote, sondern auch die Vorstellung eines umfassend verstandenen Endgerichts Gottes,[88] in dem nach christlichem Verständnis Gott als allwissender Richter Gericht über das gesamte Leben eines jeden Menschen hält.[89] Im ausgehenden Mittelalter, insbesondere dann auch in den Epochen der Renaissance und der Aufklärung, wird diese Eschatologie zugunsten der Moral zurückgedrängt. Die ursprüngliche Bindung der menschlichen Freiheit an die Verantwortung vor Gott wird nunmehr gewissermaßen in den Menschen hinein verlegt. Fortan wird der Mensch im Abendland als eigenverantwortlich, sich selbst und seinem Gewissen verpflichtet begriffen. Damit wird die zunächst religiös begründete Idee ethisch gebundener Freiheit zwar aus ihrer ausschließlichen theologischen Herleitung gelöst, bleibt aber als solche erhalten.[90]

Vor diesem Hintergrund fungiert das Christentum im pluralen Konzert der heute vertretenen Weltanschauungen und gesellschaftspolitischen Vorstellungen als gegenwarts- und zukunftsbezogene Stütze einer verfassungsrechtlichen Ordnung der Freiheit. Denn zum einen ist es eine der Quellen der generationenübergreifenden Erneuerung des Konsenses über eine säkulare Ordnung, in deren Zentrum die Menschenwürde steht und deren Leitideen Freiheit sowie Gleichheit bilden; auf diese Weise trägt es dazu bei, den Konsens über wesentliche Grundentscheidungen des Verfassungsstaates fortlaufend zu erneuern. Zum anderen ist das Christentum auch bedeutsam für die fortlaufende Regeneration von Freiheitsbereitschaft und Freiheitsfähigkeit: Denn es ist auch eine der permanenten Quellen der Erneuerung der hierfür entscheidenden Haltungen von säkularem Weltverständnis, aktivitätsbejahender Lebenshaltung, rationaler Sichtweise und sittlicher Autonomie; die hierauf basierende tatsächliche, rational regulierte und ethisch verantwortete Freiheitswahrnehmung des Einzelnen indessen ist entscheidend für die Vitalität der freiheitlichen Verfassungsordnung. So betrachtet ist das Christentum auch heute eine der Wurzeln, aus denen die eingangs skizzierten Gelingensbedingungen einer freiheitlichen Verfassungsordnung gespeist werden.

IV. Fazit

Auch wenn das Christentum Wesentliches zur dauerhaften Verwirklichung des säkularen Verfassungsstaates beizusteuern vermag, also nicht nur historisch zu dessen Entstehen, sondern auch gegenwärtig zu seinem Bestehen beiträgt, stellen beide doch inkommensurable Größen dar. Das zeigt sich bereits daran, dass die genuinen Weltwirkungen des Christen-

87 Hierzu und zum Folgenden *A. Uhle*, Freiheitlicher Verfassungsstaat und kulturelle Identität (Anm. 8), S. 71 ff., 333 ff.

88 Vgl. Mt 25, 31–46; 2 Kor 5, 10; Mt 24, 44.

89 Vgl. zum Zusammenhang von Freiheit und Selbstverantwortung – wenngleich mit der ihm eigenen, einseitigen Negativ-Bewertung des Christentums – *F. Nietzsche*, Götzen-Dämmerung, in: Werke in 3 Bänden, hrsg. von Karl Schlechta, Bd. 2, München 1955, S. 939 ff. (976 f.): „Wir haben heute kein Mitleid mehr mit dem Begriff ‚freier Wille': wir wissen nur zu gut, was er ist – das anrüchigste Theologen-Kunststück, das es gibt, zum Zweck, die Menschheit in ihrem Sinne ‚verantwortlich' zu machen."

90 *H. Krings*, Artikel „Freiheit" (I-III), in: Görres-Gesellschaft (Hrsg.), Staatslexikon, Band 2, 7. Aufl., Freiburg – Basel – Wien 1986, Sp. 696 ff. (698); *G. Morgenthaler*, Freiheit durch Gesetz. Der parlamentarische Gesetzgeber als Erstadressat der Freiheitsgrundrechte, Tübingen 1999, S. 160.

tums aus dessen Sicht stets externe Effekte und damit säkulare Nebenwirkungen des Glaubens bleiben, auf die es nicht vorrangig abzielt.[91] Aus der Perspektive des Verfassungsstaates indessen stellt sich die Lage umgekehrt dar: Sein Interesse richtet sich auf die säkularen Folgen des christlichen Glaubens als soziokulturelle Bedingungen eigenen Gelingens, während deren religiöse Grundierung außerhalb seines Horizonts liegt. Die zukunftsgerichtete Erneuerung dieser Voraussetzungen gewinnt für seine Ordnung umso mehr an Bedeutung, je pluraler das Konzert gesellschaftlicher Ansichten wird.[92] Denn die von Joseph von Eichendorff formulierte Überzeugung gilt nicht nur für die historische Herkunft, sondern auch für die Zukunft der freiheitlichen Verfassung: dass diese auf Geltung nur dort hoffen kann, wo sie organisch gewachsen ist und vom Volk in „ihrer inneren Notwendigkeit" bejaht wird.

---

91 *J. Isensee*, Der lange Weg zu „Dignitatis humanae" (Anm. 72), S. 51 ff. (70 m. w. N.).

92 Zur Rolle des Christentums in diesem Konzert siehe hier nur *E. Jüngel*, Religion, Zivilreligion und christlicher Glaube. Das Christentum in einer pluralistischen Gesellschaft, in: Essener Gespräche 39 (2005), S. 53 ff.

Klaus Mathis (Hrsg.)

Inklusion – Exklusion

Interdisziplinäre Perspektiven auf aktuelle gesellschaftliche Herausforderungen

Wer gehört dazu? Wer wird ausgeschlossen? Inklusion und Exklusion beschreiben das Verhältnis Einzelner zur Gesellschaft. In diesem Tagungsband werden gesellschaftliche Phänomene und Mechanismen der Exklusion und Strategien der Inklusion theoretisch und anhand konkreter Fallbeispiele interdisziplinär analysiert, verglichen und die daraus gewonnenen Erkenntnisse integriert.
In den einzelnen Beiträgen werden verschiedene insbesondere soziologische und rechtliche Themen behandelt, darunter die Rolle von Inklusions- und Exklusionsmechanismen in der Gesellschaft, die Bedeutung des Rechts für deren Stabilisierung, Bildungschancen und das Schulsystem, sowie Fragen der Rechtspersönlichkeit von nicht-menschlichen Naturpersonen. Weiter finden sich Diskussionen zu Inklusion und Grundversorgung sowie zum Zugang zur Wasserversorgung. Den Abschluss bilden eine historische Perspektive auf Armut und Obdachlosigkeit, eine kritische Reflexion der schweizerischen Asylrechtspraxis und eine Darstellung der Inklusionsprozesse in der katholischen Kirche.

Recht und Philosophie, Band 16
2 Tab., Abb., 411 Seiten, 2024
ISBN 978-3-428-19184-0, € 99,90
Titel auch als E-Book erhältlich.

FSC
www.fsc.org
MIX
Papier | Fördert
gute Waldnutzung
FSC® C083411

Kolibri 360 GmbH
Ferdinand-Jühlke-Straße 7
99095 Erfurt, Deutschland
produktsicherheit@kolibri360.de